Jean-Pierre Pernaut
présente

CONNAISSEZ-VOUS **LA FRANCE** ?

Stéphanie Bouvet
Bertrand Labes

• MARABOUT •

Riche France… Riche de traditions, de patrimoine, de cultures, d'histoire, de métiers et de passions. Mais riche également par sa diversité et ses régions aux particularités si marquées. Voici plus de dix-huit ans que je m'efforce quotidiennement, au sein de l'équipe de rédaction du journal de 13 h sur TF1, de mettre ces richesses en avant afin de les préserver, bien sûr, mais aussi de les transmettre et de les pérenniser. La tache est infinie et passionnante, et les milliers de reportages réalisés n'ont pas épuisé ce vivier sans cesse renouvelé, sans cesse changeant et en mouvement.

Du savoir-faire propre à la fabrication de santons de Provence au secret de la recette du kouign amann breton, en passant par les traditionnels défilés de Géants du Nord, il y a tant à découvrir, à apprendre, à révéler sur notre beau pays. Tant de fiertés nationales, régionales ou communales à exalter en ces temps de pessimisme ambiant et de dénigrements faciles.

Pour avancer en confiance sur le chemin de la vie, il est essentiel de savoir d'où l'on vient et de connaître ses racines. Ce livre y contribue sur un mode ludique par le biais de 10 000 questions aussi variées que leurs sujets. QCM, vrai ou faux, jeux visuels, questions ouvertes, phrases à compléter, vous n'aurez que l'embarras du choix pour vous distraire seul, en famille ou entre amis, pour vous tester, enrichir vos connaissances et élargir vos centres d'intérêt. Gastronomie, histoire, géographie, cinéma, chansons, personnalités, sports, tourisme, habitudes de vie, l'éclectisme règne en maître dans cet ouvrage. Toutes les rubriques sont volontairement mélangées afin que vous ne vous cantonniez pas à un domaine précis mais que vous puissiez papillonner de quiz en quiz, au gré de vos envies et de vos découvertes.

Bon jeu !

Jean-Pierre Pernaut

Célébrité

001 LES CHANTEURS

- **1.** Quelle « place » Patrick Bruel a-t-il chantée ?
- **2.** Qui est « tombé pour elle » ?
- **3.** Qui Yves Duteil nous invite-t-il à prendre par la main ?
- **4.** Où le temps dure-t-il longtemps dans une chanson de Nino Ferrer ?
- **5.** Dans quelle chanson Boris Vian écrit-il au président de la République ?
- **6.** Qui est « malade » ?
- **7.** Qui a chanté ***Ma liberté de penser*** ?
- **8.** Quelle île d'Italie Hervé Villard évoque-t-il dans son plus grand tube ?
- **9.** Qui se cache derrière le pseudonyme M ?
- **10.** Qui se voyait déjà « en haut de l'affiche » ?
- **11.** Qui est l'interprète de ***C'est extra*** ?
- **12.** À qui Pierre Perret dit-il d'ouvrir la cage ?
- **13.** Où Gérald de Palmas est-il « toute la sainte journée » dans une chanson ?
- **14.** Qui chantait « une chanson douce » à Henri Salvador ?
- **15.** Une chanson de Philippe Lavil s'intitule ***Elle préfère l'amour…***
- **16.** Qui a chanté ***Qu'est-ce que t'es belle*** en duo avec Catherine Ringer, Marc Lavoine ou Bernard Lavilliers ?
- **17.** Dans quelle ville Étienne Daho passe-t-il le week-end dans une chanson ?
- **18.** Qui chantait ***Un beau roman*** ?
- **19.** Quel tennisman s'est reconverti dans la musique avec brio ?
- **20.** À qui Polnareff dit-il « good'bye » dans une chanson ?

Réponses ▸ p. 268

002 ISABELLE ADJANI

- **1.** Quelle reine Isabelle Adjani a-t-elle incarnée, dans un film de Patrice Chéreau ?
- **2.** Dans quel film de Luc Besson Isabelle Adjani a-t-elle joué ?
- **3.** Avec quel acteur britannique Isabelle Adjani a-t-elle un fils, Kenneth Branagh ou Daniel Day-Lewis ?
- **4.** En 2005, Isabelle Adjani a-t-elle présidé le jury du festival de Cannes ou la cérémonie des césars ?
- **5.** Avec qui Isabelle Adjani partage-t-elle l'affiche de ***Mortelle randonnée***, Michel Serrault ou Guy Marchand ?
- **6.** Dans quel « état » est Isabelle Adjani dans une chanson ?
- **7.** Isabelle Adjani a-t-elle joué dans ***Obsession*** ou ***Possession*** ?
- **8.** Qui donne une gifle à Isabelle Adjani dans le film ***La Gifle*** ?
- **9.** Quel est le premier film d'Isabelle Adjani, ***Violette et François*** ou ***Le Petit Bougnat*** ?
- **10.** Dans ***L'Histoire d'Adèle H.***, l'actrice incarne-t-elle la fille de Victor Hugo ou d'Édouard Herriot ?
- **11.** Isabelle Adjani a joué dans un film intitulé ***Tout feu…***
- **12.** Combien de césars Isabelle Adjani a-t-elle obtenus pour la meilleure actrice ?
- **13.** De quel pays la mère d'Isabelle Adjani est-elle originaire, l'Algérie ou l'Allemagne ?
- **14.** Dans quel film Isabelle Adjani utilise-t-elle son petit ami pour assouvir une vengeance ?
- **15.** Quelle sculpteuse Isabelle Adjani a-t-elle incarnée ?
- **16.** Quelle actrice américaine joue avec Isabelle Adjani dans ***Diabolique***, Kim Basinger ou Sharon Stone ?
- **17.** Quelle est la couleur du pull d'Isabelle Adjani dans une chanson ?
- **18.** Comment sont les « types » que rencontre Clara, jouée par Isabelle Adjani dans le film de Jacques Monnet ?
- **19.** De quel grand couturier Isabelle Adjani fut-elle l'ambassadrice des années durant ?
- **20.** Isabelle Adjani a-t-elle déjà joué au théâtre ?

Réponses ▸ p. 268

003 LE CODE DE LA ROUTE

1. À combien la vitesse est-elle limitée en agglomération ?
2. Quelle est la couleur de fond des panneaux autoroutiers ?
3. Quel est le nombre maximal de points que peut comporter le permis de conduire ?
4. À quoi correspondent les deux derniers numéros sur les plaques minéralogiques ?
5. Quel est le taux d'alcool dans le sang maximum autorisé pour pouvoir prendre le volant ?
6. Les airbags sont-ils obligatoires dans les voitures récentes ?
7. De quand datent les premiers radars automatiques, 2003 ou 2005 ?
8. Quel permis faut-il pour conduire une motocyclette ?
9. À partir de quel âge un enfant peut-il voyager à l'avant du véhicule ?
10. Combien d'heures de conduite faut-il prendre au minimum pour pouvoir passer le permis de conduire ?
11. À quelle fréquence ont lieu les contrôles techniques des véhicules de plus de 4 ans ?
12. Quelles sont la forme et la couleur des panneaux de danger ?
13. Quel organisme informe les usagers des conditions de circulation ?
14. Quels feux est-on invité à allumer quand on circule de jour hors agglomération ?
15. Le rétroviseur côté passager est-il obligatoire ?
16. Combien de points perd-on pour un excès de vitesse compris entre 20 et 30 km/h ?
17. Quel est l'âge requis pour pouvoir passer le permis accompagné ?
18. Quelle est la couleur de fond des panneaux indiquant les lieux-dits ?
19. La roue de secours est-elle obligatoire ?
20. De quoi est-on coupable si l'on continue de rouler après avoir provoqué un accident ?

Réponses ▶ p. 268

004 HONORÉ DE BALZAC

1. En quelle année Balzac est-il né : 1799 ou 1899 ?
2. Sous quel titre sont regroupées la majorité des œuvres de Balzac ?
3. Quel est le nom du colonel dont Balzac raconte la « résurrection » ?
4. De quelle région Balzac était-il originaire : la Touraine ou la Provence ?
5. Quelle œuvre n'est pas de Balzac : ***Le Médecin de campagne*** ou ***Bel-Ami*** ?
6. Balzac est l'auteur d'une œuvre intitulée ***La Peau de…***
7. Quel « père » vit misérablement, ayant donné tout son argent à ses filles ?
8. Qui fut la protectrice puis la maîtresse de Balzac : la comtesse Hanska ou la comtesse de Ségur ?
9. Quel est le titre exact : ***César Birotteau*** ou ***Gaspard Birotteau*** ?
10. Quel roman de Balzac se déroule en Bretagne sous la Terreur ?
11. Comment se prénomme la « cousine » de Balzac : Bette ou Berthe ?
12. Balzac a-t-il mené une carrière d'homme politique ?
13. Quel sculpteur du XIXe siècle a réalisé une statue de Balzac de 2,80 mètres ?
14. Comment sont les « illusions » de Balzac ?
15. Balzac a-t-il écrit les ***Mémoires de deux jeunes mariées*** ou de ***deux jeunes soldats*** ?
16. Quel est le prénom du jeune de Rastignac, héros récurrent de Balzac ?
17. Quel est le titre exact : ***Le Neveu Pons*** ou ***Le Cousin Pons*** ?
18. Quelle fleur pousse dans la « vallée » de Balzac ?
19. Quel est le métier de Derville : notaire ou journaliste ?
20. La correspondance de Balzac avec sa maîtresse est intitulée ***Lettres à Élise*** ou ***Lettres à l'Étrangère*** ?

Réponses ▶ p. 268

005 LES PRÉSIDENTS DE LA RÉPUBLIQUE

- **1.** Georges Pompidou est-il mort pendant ou après son mandat présidentiel ?
- **2.** Qui était président de la République française pendant la Première Guerre mondiale ?
- **3.** Quelle a été la durée de la plus longue présidence ?
- **4.** Quelle a été la durée la plus courte d'une présidence ?
- **5.** Qui fut par deux fois président par intérim sous la Ve République ?
- **6.** Qui a été le premier président de la Ve République ?
- **7.** Quel président de la République a-t-il dû démissionner pour troubles mentaux ?
- **8.** Quel a été le président le plus âgé lors de son élection, à 74 ans ?
- **9.** Combien de présidents la IVe République a-t-elle compté ?
- **10.** René Coty a-t-il été président de la IVe ou de la Ve République ?
- **11.** Quel a été le président le plus jeune lors de son élection, à 40 ans ?
- **12.** Après son mandat, un président de la République peut-il devenir membre du gouvernement ?
- **13.** Lequel des présidents Albert Lebrun ou Paul Doumer a-t-il été déposé ?
- **14.** Alexandre Millerand a-t-il terminé son mandat ou a-t-il démissionné ?
- **15.** Par qui Paul Doumer a-t-il été assassiné le 26 mai 1933 ?
- **16.** À quel âge Valery Giscard d'Estaing a-t-il été élu président de la République ?
- **17.** Combien de temps la présidence de Louis Napoléon Bonaparte a-t-elle duré ?
- **18.** Sous la IIIe République, quel a été le seul président à ne porter ni barbe ni moustache ?
- **19.** À la demande de quel président le premier mandat présidentiel d'une durée de 7 ans a-t-il été voté ?
- **20.** Le maréchal Pétain a-t-il été président de la République ou chef de l'État français ?

Réponses ▸ p. 268

006 COMPTINES POUR ENFANTS

- **1.** Que doit sonner frère Jacques ?
- **2.** Pourquoi la bergère doit-elle rentrer ses blancs moutons ?
- **3.** Qui est Nagawicka ?
- **4.** Complétez : « J'ai trouvé l'eau si claire que… »
- **5.** Que n'y a-t-il pas dans la troupe ?
- **6.** Quelle est la couleur de la souris qui « courait dans l'herbe » ?
- **7.** Que doit prêter l'ami Pierrot ?
- **8.** Dans la chanson, qui reviendra mardi matin, mercredi matin etc. ?
- **9.** Dans quoi Petrouchka est-elle invitée à entrer ?
- **10.** Qui dit au roi Dagobert qu'il est mal culotté ?
- **11.** Que n'avait jamais fait le petit navire ?
- **12.** Complétez ce refrain : « Ah ! Vous dirai-je maman… »
- **13.** Qui dit à la mère Michel que son chat n'est pas perdu ?
- **14.** « Promenons-nous dans les bois pendant que… »
- **15.** Que va-t-il arriver à la gentille alouette ?
- **16.** Dans la chanson, que plante-t-on à la mode de chez nous ?
- **17.** Que font les petites marionnettes ?
- **18.** Qui a trois maisons ?
- **19.** Sur quoi l'éléphant se balançait-il ?
- **20.** À qui le coucou répond-il dans la forêt lointaine ?

Réponses ▸ p. 268

007 ACTEURS

Classez ces acteurs du plus jeune au plus vieux.

Réponses ▶ p. 268

008 LA DIÉTÉTIQUE

- **1.** 100 g de brie apportent-ils 230 ou 330 cal. ?
- **2.** Une cuillerée de mayonnaise vaut-elle 5 ou 10 fois plus de calories qu'une cuillerée de moutarde ?
- **3.** Quels sont les besoins de calories quotidiens pour un homme : environ 2 600 ou 2 200 cal. ?
- **4.** Combien de calories 100 g de boudin apportent-ils : 490 ou 425 cal. ?
- **5.** Combien de calories apporte une baguette de 250 g ?
- **6.** Un kir de 10 cl représente-t-il 80 ou 50 cal. ?
- **7.** 150 g de bifteck grillé représentent-ils 180 ou 260 cal. ?
- **8.** Une cuisse de poulet contient-elle 2 ou 3 fois moins de calories qu'une côte de porc ?
- **9.** 150 g de bœuf bourguignon apportent-ils 320 ou 420 cal. ?
- **10.** Un bifteck frites est-il équivalent à un sandwich jambon-beurre ou est-il 2 fois plus énergétique ?

Réponses ▶ p. 268

009 SCIENCES

1 Qui a rédigé de nombreux articles sur les mathématiques pour *L'Encyclopédie*, dirigée par Diderot ?
- A : Blaise Pascal.
- B : René Descartes.
- C : Jean d'Alembert.

2 Quelle opération délicate le chirurgien Christian Barnard fut-il le premier à accomplir ?
- A : Un triple pontage.
- B : Une ablation du poumon.
- C : Une greffe cardiaque.

3 Quel virus le professeur Luc Montagnier a-t-il découvert ?
- A : Le virus de la grippe aviaire.
- B : Le virus HIV.
- C : Le virus de la poliomyélite.

4 Quelle plante ne possède pas de propriétés sédatives ?
- A : La fleur d'oranger.
- B : La sauge.
- C : La verveine.

5 Quelle propriété le thym ne possède-t-il pas ?
- A : Antiseptique.
- B : Cicatrisant.
- C : Anticoagulant.

6 Le marbre est une roche…
- A : Calcaire.
- B : Granitique.
- C : Métamorphique.

7 De quelle roche le quartz n'est-il pas un constituant ?
- A : L'améthyste.
- B : Le cristal de roche.
- C : La citrine.

8 Quelle est une des caractéristiques de la pierre ponce ?
- A : Elle est noire veinée de rouge.
- B : Elle s'effrite très facilement.
- C : Elle est extrêmement légère.

9 On parle de pollution atmosphérique lorsque des substances présentes dans l'atmosphère sont polluantes :
- A : Pour l'homme.
- B : Pour les animaux.
- C : Pour les plantes.

10 Quel gaz est particulièrement impliqué dans la destruction de la couche d'ozone ?
- A : Le fréon.
- B : Le néon.
- C : L'argon.

11 Comment appelle-t-on une aire géographique où les conditions écologiques sont à peu près constantes ou cycliques ?
- A : Un écosystème.
- B : Un biotope.
- C : Un écotype.

12 À quel règne appartient le phytoplancton ?
- A : Minéral.
- B : Végétal.
- C : Animal.

13 Les précipitations sont généralement :
- A : Acides.
- B : Neutres.
- C : Basiques.

14 Le symbole du cuivre est :
- A : C.
- B : Cu.
- C : Cul.

15 En France, les appareils électriques sont conçus pour fonctionner à :
- A : 110 volts.
- B : 200 volts.
- C : 220 volts.

Réponses ▶ p. 268

010 LES VINS

1. Les premiers vignobles de Bandol ont-ils été plantés vers 500 av. J.-C. ou 500 ap. J.-C. ?
2. Quelle maladie détruisit une partie du vignoble français au début du XXe siècle ?
3. Depuis quand les vins blancs de Meursault, en Bourgogne, sont-ils produits ?
4. Le césar est-il un cépage bourguignon ou un cépage vendéen ?
5. Existe-t-il des jurançons secs ?
6. Les vins du Frontonnais étaient-ils déjà appréciés par François Ier ou par Louis XIII ?
7. Le gigondas s'est-il développé au XIXe siècle ou au XIVe siècle ?
8. Le cépage gamay noir produit-il un jus blanc ou un jus coloré ?
9. Comment appelle-t-on la quantité de vin qui s'évapore des barriques pendant son élaboration ?
10. Selon la légende, quel roi a été baptisé au vin du Jurançon ?
11. Dans le Sud-Ouest, le cépage tannat produit-il un vin blanc léger ou un vin noir puissant ?
12. La culture de la vigne a-t-elle été introduite en Corse par les Grecs phocéens ou par les Romains ?
13. Le châteauneuf-du-pape peut-il combiner jusqu'à 10 ou 13 cépages définis ?
14. Le 1er classement des vins de Bordeaux a-t-il été établi pour l'Exposition universelle de 1900 ?
15. Le beaujolais rouge est issu d'un seul cépage. Est-ce du gamay noir à jus blanc ou du pinot gris ?
16. Le vignoble de Buzet a-t-il été partiellement ou totalement détruit par le phylloxéra ?
17. Que rajoute-t-on dans les tonneaux de vin de paille, en Arbois, au fur et à mesure de l'évaporation ?
18. Qui a ordonné le classement des vins de Bordeaux ?
19. Le colombard est-il un cépage très acide ou peu acide ?
20. En Lorraine, le vignoble était-il moins étendu au XIXe siècle qu'il ne l'est de nos jours ?

Réponses ▸ p. 268

Tous en chœur !

011 JOE DASSIN

1. Dans quelle ville Joe Dassin est-il né, Londres ou New York ?
2. Quel était le métier de son père Jules ?
3. Quels célèbres bandits ont été chantés par Joe Dassin ?
4. Quelle chanson Joe Dassin n'a-t-il pas interprétée : ***Les Aventuriers*** ou ***San Francisco*** ?
5. Quel défaut physique était commun à Joe Dassin et Dalida ?
6. De quoi Joe Dassin parle-t-il lorsqu'il chante : « Je veux l'avoir et je l'aurai » ?
7. Quel fut le premier tube de Joe Dassin : ***Bip-bip*** ou ***C'est bon l'amour*** ?
8. En 1974, Joe Dassin chante : « Si tu t'appelles… »
9. Qui le chanteur épouse-t-il en 1966 : Sylvie ou Maryse ?
10. Dans quel film le chanteur a-t-il tourné : ***Lady L*** ou ***L'Arnaque*** ?
11. Avec quelles fleurs Joe Dassin part-il attendre sur la colline ?
12. Quelle est la couleur du « costume » de Joe Dassin, noir ou blanc ?
13. À qui Joe Dassin avait-il envie de dire bonjour dans ***Champs-Élysées*** ?
14. Avec qui Joe Dassin chanta-t-il en duo ***Crésus et Roméo*** : Claude François ou Carlos ?
15. Dans quelle chanson Joe Dassin demande-t-il pourquoi il existerait ?
16. En 1975, Joe Dassin chante : « Ça va pas changer… »
17. Où Joe Dassin est-il mort, à Moscou ou à Tahiti ?
18. Quelle célèbre chanson de Joe Dassin évoque une ville cubaine ?
19. Combien d'enfants Joe et sa femme Christine ont-ils eus ?
20. De quoi Joe Dassin est-il mort ?

Réponses ▸ p. 268

012 NOËL

1. Que fête-t-on le jour de Noël ?
2. Quand la date du 25 décembre a-t-elle été choisie pour représenter Noël ?
3. Comment les fêtes païennes du solstice d'hiver célébrées dans les temps anciens s'appelaient-elles ?
4. Dans l'Église primitive, attachait-on une plus grande importance à Pâques ou à Noël ?
5. La messe célébrée le 24 décembre au soir est-elle la messe de Minuit ou la messe de Noël ?
6. Combien de messes consécutives ont longtemps été dites pour Noël dans certaines régions ?
7. Combien de desserts sont présentés le soir de Noël en Provence ?
8. Dans la crèche, Jésus est-il entouré par un bœuf et un âne ou par un bœuf et un cheval ?
9. Par combien de jours Noël et l'Épiphanie sont-ils séparés ?
10. Les chants profanes comme ***Mon beau sapin*** sont-ils apparus au XIXe ou au XXe siècle ?
11. En Lorraine, on célèbre saint Nicolas le 5 décembre. De qui est-il accompagné ?
12. Les pièces jouées du XIVe au XVIe siècle le soir de Noël étaient-elles des pastorales ou des mystères ?
13. Quand le dessert appelé bûche de Noël a-t-il été créé ?
14. Le mot crèche vient du germanique ***krippe*** : signifie-t-il ***maison*** ou ***mangeoire*** ?
15. Que signifie le mot provençal ***sentoun***, d'où vient le mot ***senton*** ?
16. Dans une grotte de quelle région François d'Assise a-t-il transporté le thème de la Nativité en 1223 ?
17. Que placent généralement les enfants devant la cheminée ou le sapin le soir de Noël ?
18. Longtemps, les seuls cadeaux ont-ils été des cadeaux alimentaires ou des livres ?
19. Quand les premières crèches familiales sont-elles apparues en France ?
20. En Provence, jusqu'à quelle période la crèche est-elle souvent présente ?

Réponses ▸ p. 268

25 décembre

013 GÉOGRAPHIE

1. Quelle forme géographique la France a-t-elle ?
2. Certaines régions de la métropole sont-elles à risque sismique ?
3. Combien la France possède-t-elle de fleuves principaux ?
4. L'espace littoral représente-t-il 10 ou 15 % de l'espace régional méditerranéen ?
5. La France est-elle le 2e ou le 3e pays maritime du monde ?
6. Combien de pays sont limitrophes de la France métropolitaine ?
7. L'ensemble des territoires français est plus grand maintenant qu'il y a 50 ans. Vrai ou faux ?
8. Combien la France possède-t-elle de ports : environ 100 ou environ 300 ?
9. En France, les pluies sont-elles peu fréquentes et peu abondantes ou fréquentes et abondantes ?
10. Combien de grandes mers ou de grands océans bordent la métropole ?
11. Dans quelle région de France dit-on qu'il pleut le plus souvent ?
12. Les côtes françaises sont-elles stables dans leur ensemble ?
13. Depuis 1850, la surface forestière de la France a-t-elle doublé ou été réduite de moitié ?
14. La métropole compte-t-elle 783 ou 883 communes littorales maritimes ?
15. Quelle est la longueur du littoral métropolitain : 5 500 ou 4 500 km ?
16. En France métropolitaine, y a-t-il plus de côtes rocheuses que de côtes sableuses ?
17. Quel courant marin adoucit le climat littoral de l'ouest de l'Europe, dont celui de la France ?
18. La forêt représente-t-elle près du quart ou près du cinquième du territoire métropolitain ?
19. Le littoral de la Guyane, de la Guadeloupe et de la Martinique réunies représente-t-il 460 ou 720 km ?
20. La France fait partie des deux seuls pays au monde présents dans les trois grands océans. Vrai ou faux ?

Réponses ▸ p. 268

014 LOUIS XIV

- **1.** À qui Louis XIV a-t-il succédé ?
- **2.** À quel âge devint-il roi de France, 5 ou 15 ans ?
- **3.** Louis XIV a-t-il connu le XVIIIe siècle ?
- **4.** Quelle guerre Louis XIV a-t-il menée, la guerre de Hollande ou la guerre de Dévolution ?
- **5.** Combien d'années dura son règne, 48 ou 72 ans ?
- **6.** Quel symbole a donné son surnom au roi ?
- **7.** Qui assura la régence auprès d'Anne d'Autriche pendant la jeunesse de Louis XIV ?
- **8.** Quel nom donne-t-on aux troubles politiques importants qui marquèrent cette époque ?
- **9.** Qui fut l'épouse de Louis XIV, Marie-Thérèse d'Autriche ou Marie Leczinska ?
- **10.** Qui Louis XIV épousa-t-il secrètement à la mort de la reine ?
- **11.** Où cette femme fonda-t-elle un établissement pour jeunes filles nobles sans fortune ?
- **12.** Louis XIV était-il un Bourbon ou un Valois ?
- **13.** Qui Louis XIV choisit-il comme contrôleur général des Finances ?
- **14.** Quel palais est indissociable de Louis XIV ?
- **15.** Quel édit Louis XIV révoqua-t-il en 1685 ?
- **16.** Quel art Louis XIV affectionnait-il particulièrement et pratiquait-il régulièrement ?
- **17.** Qui était le jardinier officiel de Louis XIV ?
- **18.** Qui fut le prolifique commissaire général des fortifications de Louis XIV ?
- **19.** Quelle favorite de Louis XIV lui donna 8 enfants ?
- **20.** Quel lien de parenté y avait-il entre Louis XIV et Louis XV, son successeur ?

Réponses ▸ p. 268

Dansons la capucine

015 CHANSONS TRADITIONNELLES

- **1.** Auprès de qui fait-il bon dormir ?
- **2.** De quoi est chaussée la jeune fille dans la chanson ***En passant par la Lorraine*** ?
- **3.** Complétez ce refrain populaire : « Je cherche fortune tout au long… »
- **4.** Qui Jeanneton rencontre-t-elle dans la chanson ?
- **5.** Selon la chanson, pourquoi n'irons-nous plus au bois ?
- **6.** Qui vient voir le prisonnier dans ***Les Prisons de Nantes*** ?
- **7.** Chez qui Perrine était-elle servante ?
- **8.** Qu'y avait-il « sur la route de Dijon », une hirondelle ou une fontaine ?
- **9.** Complétez ce refrain populaire : « V'là l'bon vent… »
- **10.** Dans la chanson, qui a « des chapeaux ronds » ?
- **11.** Qui aime « à rire et à boire » ?
- **12.** Qu'y a-t-il « derrière chez ma tante » ?
- **13.** Comment s'appelle le « compère » de la chanson, Arlequin ou Guilleri ?
- **14.** D'où descend-elle à cheval dans la chanson ?
- **15.** Quel est le titre exact : ***Ne pleure pas Jeannette*** ou ***Ne pleure pas Suzette*** ?
- **16.** Qu'ont fait les gens de la ville au jeune pêcheur de moules ?
- **17.** Que font les colchiques dans les prés ?
- **18.** Qui est invité à « goûter voir si le vin est bon » ?
- **19.** Qui chante avec le loup et le renard : un lapin ou une belette ?
- **20.** Quel est le titre exact : ***Bonjour ma tantine*** ou ***Bonjour ma cousine*** ?

Réponses ▸ p. 268

016 SPORTS

1 Le Vendée globe est…
- A: Un tour du monde en solitaire
- B: Une transatlantique en solitaire
- C: Un tour du monde en équipes

2 Quel navigateur français est un ancien second d'Eric Tabarly?
- A: Olivier de Kersauson
- B: Philippe Poupon
- C: Catherine Chabaud

3 Quelle est la largeur maximale d'une piste d'escrime?
- A: 2 m
- B: 3 m
- C: 4 m

4 Quelle est la devise de l'escrime?
- A: « Plutôt mourir que se déshonorer »
- B: « Honni soit qui mal y pense »
- C: « Ne me dégaine pas sans raison, ne me rengaine pas sans honneur »

5 Quel judoka français a remporté la médaille d'or aux Jeux olympiques en 1996 dans la catégorie Lourds?
- A: Djamel Bouras
- B: David Douillet
- C: Pascal Tayot

6 Quel cycliste a remporté cinq fois le Tour de France?
- A: Jacques Anquetil
- B: Miguel Indurain
- C: Eddy Merckx

7 Quelle discipline est inspirée du motocross dont il est en quelque sorte la version cycliste?
- A: Le VTT
- B: Le freestyle
- C: Le BMX

8 Comment appelle-t-on une course qui relie deux villes suivant un parcours prédéterminé?
- A: Une classique
- B: Un critérium
- C: Une course par étapes

9 Lorsqu'on part en randonnée en montagne, il est recommandé de se munir d'un ARVA. Mais que signifie cet acronyme?
- A: Appareil de Recherche des Victimes d'Avalanche
- B: Adaptateur de Randonnée pour les Voies Abruptes
- C: Altimètre Radiocommandé pour la Varappe Alpine

10 Quelle est la particularité des vélos de contre-la-montre?
- A: La roue arrière est pleine
- B: Ils ont des roues à jantes
- C: Ils n'ont pas de dérailleur

11 Quelle est la particularité du Trophée Andros?
- A: C'est une course sur sable
- B: C'est une course sur glace
- C: C'est une course de côte

12 Dans quelle discipline de motocyclisme la vitesse n'entre-t-elle pas en ligne de compte?
- A: Le trial
- B: L'enduro
- C: Le motocross

13 En course, quelle est la signification du drapeau rouge?
- A: Arrêt immédiat de la course
- B: Adhérence de la piste détériorée
- C: Fin de course

14 De quel rallye-raid Thierry Sabine est-il le créateur?
- A: Le rallye des pharaons
- B: Le trophée Aïcha des gazelles
- C: Le Paris-Dakar

15 Quelle « formule » automobile n'existe pas?
- A: La formule 3000
- B: La formule 3
- C: La formule 2000

Réponses ▸ p. 268

017 LES DOM-TOM

1 Quel est le surnom de l'île Mayotte?
- A: L'île colorée.
- B: L'île aux parfums.
- C: L'île aux oiseaux.

2 Où peut-on admirer des colibris par dizaines pendant la saison des fleurs?
- A: Aux Antilles.
- B: Aux îles Kerguelen.
- C: À Saint-Pierre-et-Miquelon.

3 À combien de kilomètres de Paris les territoires de Wallis-et-Futuna sont-ils situés?
- A: À 15 800 km.
- B: À 19 500 km.
- C: À 22 000 km.

4 Où peut-on découvrir le Jardin des orchidées, lieu unique à la Réunion?
- A: À Saint-Denis.
- B: À Sainte-Rose.
- C: À Saint-Joseph.

5 Avant 1866, comment Nouméa, la capitale de la Nouvelle-Calédonie, s'appelait-elle?
- A: Port-de-France.
- B: Napoléonville.
- C: Nouvelle-France.

6 Pour avoir l'appellation « vieux », combien de temps le rhum blanc des Dom doit-il vieillir en fûts de chêne?
- A: 2 ans.
- B: 3 ans.
- C: 4 ans.

7 Quel homme politique français autorisa la colonisation de la Guyane?
- A: Richelieu.
- B: Louis XVI.
- C: Napoléon Ier.

8 Quand les archipels des îles australes ont-ils pris le nom de Polynésie française?
- A: En 1946.
- B: En 1957.
- C: En 1968.

9 Avec l'avocat et la morue, quel est le 3e ingrédient de l'entrée martiniquaise appelée « féroce »?
- A: Des légumes.
- B: De la farine de manioc.
- C: Du crabe.

10 De combien de districts les Terres australes et antarctiques françaises sont-elles composées?
- A: 4 districts.
- B: 5 districts.
- C: 6 districts.

11 En 2005, quel homme fort anti-indépendantiste était au pouvoir en Nouvelle-Calédonie?
- A: Roch Wamytan.
- B: Bernard Dutour.
- C: Jacques Lafleur.

12 Quelle est la forme de la Terre Adélie, en Antarctique?
- A: Un triangle.
- B: Un croissant.
- C: Un ovale étiré.

13 Quels régimes politiques sont installés à Wallis et Futuna?
- A: Des royaumes.
- B: Des républiques.
- C: Un royaume et une république.

14 Combien d'habitants vivent à Saint-Pierre-et-Miquelon?
- A: 2 500
- B: 6 350
- C: 9 550

15 Par quel animal la faune est-elle principalement représentée aux îles Crozet, dans les TAAF?
- A: Par les phoques.
- B: Par les pingouins.
- C: Par les éléphants de mer.

Réponses ▸ p. 268

018 LES PROVERBES

Quelle est la fin de chacun de ces proverbes ?

- **1.** Pierre qui roule…
- **2.** À bon chat…
- **3.** Qui vole un œuf…
- **4.** Après la pluie…
- **5.** Qui peut le plus…
- **6.** C'est en forgeant…
- **7.** Chose promise…
- **8.** Loin des yeux…
- **9.** Faute de grives…
- **10.** L'habit ne fait pas…
- **11.** L'occasion…
- **12.** Œil pour œil…
- **13.** Qui trop embrasse…
- **14.** Il n'y a pas de fumée…
- **15.** Les jours se suivent…
- **16.** La fête passée…
- **17.** Heureux au jeu…
- **18.** Petite pluie…
- **19.** Rira bien qui…
- **20.** Qui se ressemble…

Réponses ▸ p. 268

019 LES ANNÉES 1940

- **1.** Antoine de Saint-Exupéry publie à New York un conte qui fera le tour de la Terre. Lequel ?
- **2.** En 1948, quelle loi impose une régulation des loyers, la loi De Gaulle ou Loucheur ?
- **3.** Quel célèbre animal fait son apparition dans ***L'Humanité*** en 1945 ?
- **4.** Quel écrivain fonde les éditions de Minuit en 1941 ?
- **5.** La première retransmission télévisée en direct d'une pièce de théâtre a-t-elle lieu en 1945 ou en 1949 ?
- **6.** En 1943, le résistant Jean Moulin meurt-il sous la torture organisée par Barbie ou par Pétain ?
- **7.** Un célèbre festival international du film voit le jour en 1946. Lequel ?
- **8.** Quel romancier encore inconnu écrit en 1942 ***La Peste***, Albert Camus ou Jean d'Ormesson ?
- **9.** Quel antibiotique miracle fait son apparition dans les pharmacies en 1945 ?
- **10.** Quelle ville de Haute-Vienne est exterminée par une division allemande le 10 juin 1944 ?
- **11.** En quelle année ***La Belle et la Bête*** et ***La Bataille du rail*** sortent-ils sur les écrans ?
- **12.** En 1947, quel couturier crée la tendance « new look », Christian Dior ou André Courrèges ?
- **13.** Quel grand bagne français est définitivement fermé en 1946 ?
- **14.** En 1944, le prix Goncourt est attribué pour la première fois à une femme. Laquelle ?
- **15.** Marthe Richard est-elle célèbre pour avoir fermé les maisons closes ou les cafés ouverts la nuit ?
- **16.** Le 13 octobre 1948, comment la IVe Constitution est-elle adoptée ?
- **17.** En 1947, quel Français reçoit le prix Nobel de littérature ?
- **18.** En quelle année des communistes sont-ils nommés ministres pour la première fois en France ?
- **19.** Dans les kiosques, quel titre succède début 1949 à la revue ***Match*** d'avant-guerre ?
- **20.** Le 10 juillet 1940, qu'a reçu le maréchal Pétain de la part de la Chambre des députés ?

Réponses ▸ p. 268

020 POINT COMMUN

Quel est le lien entre ces images ?

Réponse ▶ p. 268

021 LES LOISIRS AÉRIENS

1. Quel sport peut-on pratiquer depuis le pont d'Espagne, dans les Hautes-Pyrénées ?
2. Où peut-on monter dans un ballon captif à Paris ?
3. Dans quelle grande région de France peut-on pratiquer facilement le vol en planeur ?
4. Que faut-il présenter aux organisateurs pour vouloir s'initier au saut en parachute ?
5. Quel est le festival de Calvi où l'on peut faire de l'ULM, fin octobre ?
6. Où le rassemblement de montgolfières le Mondial Air Ballons a-t-il lieu fin juillet ?
7. Combien coûte un baptême de l'air en hélicoptère de 35 min, par personne ?
8. Peut-on s'entraîner à la voltige aérienne à partir de Pontoise, dans le Val-d'Oise ?
9. Où peut-on faire de la montgolfière en France ?
10. Un saut en tandem en parachute vaut-il environ 180 ou 230 € ?

Réponses ▶ p. 268

022 LE PAIN

1 En 1900, quelle était la consommation journalière de pain, en France, par habitant ?
- A : 630 g.
- B : 900 g.
- C : 980 g.

2 En 2002, quelle était la consommation journalière de pain, en France, par habitant ?
- A : 160 g.
- B : 175 g.
- C : 200 g.

3 Vers 1936, combien coûtait une consommation moyenne quotidienne de 400 g de pain ?
- A : 1/6e de journée de travail d'un ouvrier.
- B : 1/10e de journée de travail d'un ouvrier.
- C : 1/100e de journée de travail d'un ouvrier.

4 De quoi dépend essentiellement la qualité d'un pain cuit au feu de bois ?
- A : De la qualité du levain.
- B : Du chauffage du four.
- C : De la longueur du malaxage.

5 Quel est le temps de cuisson au feu de bois d'un pain de 2,2 kg en pâte ?
- A : 50 min.
- B : 1 h.
- C : 1 h 15.

6 Avec quelles meules les meilleures farines à pain sont-elles fabriquées ?
- A : Des meules d'acier.
- B : Des meules de pierre.
- C : Des meules composites.

7 Pendant la cuisson, combien un pain de 2,2 kg en pâte perd-il d'eau ?
- A : 150 g.
- B : 200 g.
- C : 300 g.

8 Quand Lionel Poilâne a-t-il abandonné la scarification en carré des pains pour le tracé en P majuscule ?
- A : En 1995.
- B : En 2000.
- C : En 2005.

9 De quelle région le pain cordon, de 1 kg, est-il originaire ?
- A : De Bourgogne.
- B : De Normandie.
- C : Des Vosges.

10 De quelle région le pain chapeau est-il originaire ?
- A : D'Alsace.
- B : De Bretagne.
- C : Des Pyrénées-Atlantiques.

11 Jusqu'à quand les tickets de rationnement de pain resteront-ils en service après la guerre ?
- A : Jusqu'en 1948.
- B : Jusqu'en 1950.
- C : Jusqu'en 1952.

12 Combien la boule de pain appelée bonimate, dans le Morbihan, pèse-t-elle ?
- A : De 1 à 2 kg.
- B : De 2 à 3 kg.
- C : De 3 à 7 kg.

13 Quel nom le pain fendu porte-t-il en Corse ?
- A : La navette.
- B : La cagitia.
- C : La comitia.

14 À partir du XIe siècle, quel est l'autre nom des boulangers ?
- A : Les talemeliers.
- B : Les tamisiers.
- C : Les mitrons.

15 Avec quelle eau se faisait jadis le pain de Cherbourg ?
- A : De l'eau de source.
- B : De l'eau sucrée.
- C : De l'eau de mer.

Réponses ▶ p. 268

023 LES INVENTEURS

1. Par qui la photographie a-t-elle été inventée, par Nicéphore Nièpce ou par les frères Lumières ?
2. À qui doit-on les premiers pneus cyclistes démontables ?
3. Qui a inventé une méthode de lecture à l'aide de points pour les non-voyants ?
4. En 1783, le premier ballon à air chaud prend son envol. À qui est-il dû ?
5. La petite pièce de caoutchouc appelée rustine a-t-elle été créée par Louis Rustin ?
6. À quel genre de balance de son invention Roberval a-t-il donné son nom ?
7. Quel célèbre poêle antiadhésive le Français M. Grégoire met-il au point en 1954 ?
8. Quel instrument Claude Chappe a-t-il inventé en 1793 ?
9. L'inventeur de la machine à coudre était-il tailleur ou ingénieur ?
10. Comment le premier fusil, mis au point par Antoine Chassepot en 1866, s'est-il appelé ?
11. Qu'ont inventé les frères Lumières ?
12. En 1879, quel caoutchouc le Français Bouchardat a-t-il mis au point ?
13. Quel célèbre verre la société Saint-Gobain créa-t-elle en 1939 ?
14. Par qui la clémentine a-t-elle été conçue par hasard, par le père Clément ou par la société Clause ?
15. À qui doit-on la première soucoupe plongeante, créée en 1959 ?
16. Quel instrument Louis Cartier a-t-il inventé pour l'aviateur Santos-Dumont en 1904 ?
17. Sous quel nom l'objectif à focale variable créé par Pierre Angénieux en 1935 est-il plus connu ?
18. En 1983, Roland Moreno a-t-il inventé la carte téléphonique ou la puce électronique ?
19. En 1951, quelle expression populaire sur le travail doit-on au poète Pierre Béarn ?
20. Quel sous-vêtement un bonnetier de Troyes, Pierre Valton, créa-t-il en 1918 ?

Réponses ▶ p. 268

Transports

024 LES MÉTROS, TRAMS ET FUNICULAIRES

1. Paris compris, combien de villes françaises comptent-elles un métro ?
2. La 1re ligne de métro parisienne a-t-elle été inaugurée le 17 juillet 1900 ou le 17 juillet 1902 ?
3. Combien de lignes de métro y a-t-il à Marseille ?
4. La ville de Nantes possède-t-elle un tramway surbaissé ou un tramway articulé standard ?
5. Y a-t-il un métro dans les DOM-TOM ?
6. La ligne 14 du métro parisien, entièrement automatisée, s'appelle-t-elle Météor ou Rapidor ?
7. Quelle est la longueur du métro parisien ?
8. Où le 1er métro au monde entièrement automatique, le Val, a-t-il été construit ?
9. Quand la ligne A du métro de Toulouse a-t-elle été inaugurée ?
10. Le funiculaire de Montmartre, à Paris, a-t-il une pente de 35,2 % ou de 30,2 % ?
11. À qui doit-on le métro de Paris ?
12. Quelle est la spécificité du tramway de Nancy ?
13. La longueur minimale d'un quai de station de métro parisien est-elle de 55 m ou de 75 m ?
14. Où le 1er funiculaire français a-t-il été inauguré, en 1862 ?
15. En quoi le tramway sur pneus de Nice a-t-il été transformé en 2005 ?
16. Quand la 1re ligne de RER a-t-elle été construite, le 1er août 1964 ou le 1er août 1967 ?
17. Comment le métro reliant la ville d'Antony à l'aéroport d'Orly s'appelle-t-il ?
18. Par quoi le métro initialement prévu à Bordeaux a-t-il été remplacé ?
19. Quelle sera la longueur du tramway parisien situé sur le boulevard des Maréchaux Sud ?
20. En France, où y a-t-il un transport urbain sur monorail ?

Réponses ▶ p. 268

025 LES VILLES

- **1.** Dans quelle ville peut-on visiter l'Abbaye aux hommes ?
- **2.** Comment s'appelait Châlons-en-Champagne avant 1995 ?
- **3.** Dans quelle ville peut-on se promener sur la Croisette ?
- **4.** Quelle sainte fut brûlée à Rouen ?
- **5.** Dans quelle ville Pétain avait-il établi son gouvernement ?
- **6.** La ville d'Auxerre se situe-t-elle dans l'Yonne ou la Nièvre ?
- **7.** Quelle ville de l'Aude est célèbre pour ses remparts ?
- **8.** Quelle ville du Var abrite l'arsenal de la Marine nationale ?
- **9.** Dans quelle ville se situe le troisième aéroport de Paris ?
- **10.** Quelle ville est le fief de Michelin ?
- **11.** Dalí a-t-il rendu célèbre la gare de Valence ou celle de Perpignan ?
- **12.** Quelle ville de Saône-et-Loire accueille des rassemblements œcuméniques : Taizé ou Aubenas ?
- **13.** Quelle ville abrite les usines de la célèbre cristallerie qui porte son nom ?
- **14.** Pour quoi la ville de Carnac, dans le Morbihan, est-elle célèbre ?
- **15.** Quelle ville abrite le palais des ducs de Bourgogne ?
- **16.** Pour quoi Grasse est-elle mondialement renommée ?
- **17.** Quelle ville de Loire-Atlantique est un important centre de construction navale ?
- **18.** La ville d'Amiens se situe-t-elle dans la Somme ou dans le Pas-de-Calais ?
- **19.** Quelle course à la voile autour du monde en solitaire part des Sables-d'Olonne ?
- **20.** Quel événement sportif a rendu Albertville mondialement célèbre ?

Réponses ▸ p. 268

75%
de citadins

026 LES ANIMAUX

- **1.** Quel animal à fourrure produit des sécrétions à l'odeur très forte lorsqu'il se sent menacé ?
- **2.** Pour se défendre, le hérisson utilise-t-il ses piquants ou ses griffes ?
- **3.** Quelle est la plus commune de nos chauves-souris ?
- **4.** Quelle est la longueur d'un rat musqué visible en France ?
- **5.** Où peut-on rencontrer des grands tamanoirs ?
- **6.** Peut-on voir des marmottes en France ?
- **7.** Il existe une quinzaine d'ours bruns en France aujourd'hui, combien y en avait-il vers 1900 ?
- **8.** Quel était le nom de l'ours femelle tuée il y a quelques mois par un chasseur pyrénéen ?
- **9.** Après un accouplement, que font aux mâles les femelles mantes religieuses ?
- **10.** Jusqu'à combien de petits une renarde peut-elle mettre au monde ?
- **11.** Où a-t-on réintroduit des loups en France : dans les Alpes ou dans les Vosges ?
- **12.** Quel autre nom donne-t-on au chamois dans les Pyrénées ?
- **13.** La truite de Corse est-elle en pleine expansion actuellement ?
- **14.** Peut-on rencontrer des phasmes dans notre pays ?
- **15.** Quel mammifère de taille moyenne a-t-on réintroduit en Alsace ces dernières années ?
- **16.** On rencontre des castors en France, quelle est leur durée de vie ?
- **17.** En Guyane, y a-t-il des tatous géants ou des iguanes géants ?
- **18.** La vipère d'Orsini se rencontre-t-elle dans les Alpes du Sud ou en Corse ?
- **19.** Les loirs, familiers de certains greniers, se nourrissent-ils de fruits ou de petits mammifères ?
- **20.** Qu'est-ce que le desman des Pyrénées ?

Réponses ▸ p. 268

027 Célébrités

1. Qui est le fondateur de la communauté d'Emmaüs ?
2. Quelle physicienne a ouvert la voie à la radiographie ?
3. Quelle sainte est une figure emblématique de la guerre de Cent Ans ?
4. Quel roi incarne la monarchie absolue ?
5. Quel chef suprême des tribus gauloises opposa une farouche résistance aux armées romaines ?
6. Quel judoka a été élu personnalité préférée des Français en 2001 ?
7. Quel est le romancier français le plus connu à l'étranger ?
8. Quel pilote français de Formule 1 a remporté le plus de titres de champion du monde ?
9. Quel chef de la Résistance est mort en 1943 des suites de ses blessures, après avoir été torturé par les Allemands ?
10. Quel écrivain a consacré de nombreuses années à la rédaction de ses *Essais* ?
11. Quel physicien et mathématicien a donné son nom à une unité d'intensité du courant électrique ?
12. À quelle sainte le nom de Lourdes est-il associé ?
13. Quel aviateur est aussi un écrivain de renom ?
14. Quelle grande dame de la chanson française mesurait moins de 1,5 mètre ?
15. Quel souverain a donné son nom à une route reliant Golfe-Juan à Grenoble ?
16. Quel grand dramaturge a défendu l'idéal de l'honnête homme dans des comédies intemporelles ?
17. Quel fondateur de la IIIe République, chef du parti républicain, fut élu à l'Assemblée nationale après être devenu député de l'Alsace ?
18. Quel commandant passa sa vie à explorer et à faire découvrir le monde sous-marin ?
19. Qui a percé le secret des hiéroglyphes des anciens Égyptiens ?
20. Quel souverain conquérant est abusivement connu pour avoir « inventé l'école » ?
21. Sous quel nom l'actrice Catherine Dorléac est-elle plus connue ?
22. Quel est le plus grand fabuliste que la France ait connu ?
23. Quelle religieuse choisit, à 62 ans, de partager la vie des chiffonniers du Caire ?
24. Quel auteur compositeur, inséparable de sa guitare, demeure un modèle pour tous les chanteurs « à textes » des nouvelles générations ?
25. Quel peintre, un temps influencé par l'impressionnisme, fut ensuite marqué par les grands maîtres italiens avant de connaître une période « nacrée » ?
26. Quel géologue et volcanologue a fait partager sa passion des volcans au grand public ?
27. Quel homme politique, président du Conseil pendant 3 ans, fut surnommé « Le Père de la victoire » ?
28. Quel poète rebelle et génial du XIXe siècle, critique acerbe de la société bourgeoise de son temps, apparaît comme un éternel adolescent ?

29. Quel leader socialiste fut assassiné par un nationaliste en 1914 ?

30. Quel navigateur, vainqueur de nombreuses régates à bord de ses différents *Pen Duick*, a disparu en mer d'Irlande en 1998 ?

31. Quel « père de la chirurgie moderne », attaché au service de plusieurs souverains français, a découvert la ligature artérielle pour stopper les hémorragies ?

32. Quels frères ont inventé le cinématographe ?

33. Quel maître prolifique du roman réaliste a dépeint dans plus de 100 œuvres les travers de la société bourgeoise du début du XIXe siècle ?

34. Quel cardinal combattit les protestants et soumit la noblesse au pouvoir absolu du roi ?

35. Quel joueur de football s'est vu décerner le Ballon d'or pendant 3 années consécutives, de 1983 à 1985 ?

36. Quel légendaire pilote de l'Aéropostale a disparu au large de Dakar en 1936 ?

37. Quel roi chevalier est mort de la peste en 1270 devant Tunis ?

38. Quelle artiste de music-hall d'origine américaine fut découverte dans *La Revue nègre* ?

39. Qui devint le premier Président de la cohabitation en 1986 ?

40. Quelle actrice aux initiales mythiques fut un véritable sex-symbol dans les années 1950-1960 ?

41. Qui a mis au point le vaccin contre la rage ?

42. Au nom de quel général associe-t-on la France libre ?

43. Quel écrivain fut condamné pour sa prise de position dans l'affaire Dreyfus, dont il dénonçait les irrégularités ?

44. Quel cardinal, amateur et collectionneur d'art éclairé, ouvrit sa bibliothèque personnelle aux savants en 1643 ?

45. Face à quel cycliste Raymond Poulidor était-il « l'éternel second » ?

46. Quel philosophe et savant du XVIIe siècle est l'auteur d'une « méthode » pour conduire sa raison à la découverte de la vérité ?

47. Quel chanteur de rock'n roll charismatique des années 1960 continue encore aujourd'hui à être adulé et à remplir des stades ?

48. Quel souverain humaniste de la Renaissance fut un grand protecteur des arts et des lettres ?

49. Quel peintre, qui travaillait depuis son bateau-atelier d'Argenteuil, peut être considéré comme le chef de file des impressionnistes ?

50. Quel écrivain du XIXe siècle peut être considéré comme le père du roman d'anticipation scientifique ?

Réponses ▶ p. 268

Terroir

028 LES GRANDS VOYAGEURS

- **1.** Quelle terre Jacques Cartier découvrit-il ?
- **2.** À quels aviateurs doit-on la première traversée aérienne d'est en ouest sans escale, en 1930 ?
- **3.** Avec quel engin Alain Bombard traversa-t-il l'Atlantique en octobre 1952 ?
- **4.** Quel titre de noblesse l'explorateur La Pérouse possédait-il, comte ou vicomte ?
- **5.** Maud Fontenoy s'illustre-t-elle dans la navigation à la rame ou dans la course en solitaire ?
- **6.** Avec quel célèbre bateau Jean Charcot prospecta-t-il les terres australes en 1908-1910 ?
- **7.** Quelle chaîne montagneuse Jean Mermoz fut-il le premier à survoler en 1929 ?
- **8.** Au-dessus de quelle mer Antoine de Saint-Exupéry disparut-il en mission en 1944 ?
- **9.** Quelles îles Samuel de Champlain visita-t-il en 1599 ?
- **10.** Jean-Louis Étienne est-il connu pour avoir navigué autour des Pôles ou dans l'Atlantique ?
- **11.** Dans le livre ***20 000 lieues sous les mers***, qui dirige le sous-marin le Nautilus ?
- **12.** Par qui la Croisière jaune fut-elle organisée en 1931-1932, entre le Liban et Pékin ?
- **13.** Quelle terre Laurence de la Ferrière a-t-elle été la première Française à atteindre en 1997 ?
- **14.** Quel exploit Louis-Antoine de Bougainville fut-il le premier à réaliser, au XVIIIe siècle ?
- **15.** Sur quel bateau Alain Colas fit-il son tour du monde en solitaire, en 1973-1974 ?
- **16.** Dans quelle grande étendue glacée Paul-Émile Victor a-t-il dirigé plusieurs expéditions ?
- **17.** En 1852, à l'aide de quel engin de sa conception Henri Giffard relia-t-il Paris à Trappes ?
- **18.** Par qui la terre Adélie fut-elle découverte en 1840 ?
- **19.** En quelle année Jean-Pierre Blanchard traversa-t-il la Manche en ballon non dirigé ?
- **20.** Dans quelles circonstances le navigateur Éric Tabarly trouva-t-il la mort en 1998 ?

Réponses ▶ p. 268

029 LES FROMAGES

- **1.** Dans quelle région le camembert est-il produit ?
- **2.** Par quoi le valençay est-il recouvert ?
- **3.** Que trouve-t-on à l'intérieur d'une bûche de sainte-maure ?
- **4.** Quel est le poids d'une tomme de salers ?
- **5.** Le chabichou est-il un fromage du Poitou-Charentes ou du Centre ?
- **6.** Le maroilles a-t-il la forme d'un carré ou d'un losange ?
- **7.** Au XVe siècle, à quoi le cabécou, produit dans le Quercy, servait-il ?
- **8.** Le broccio est-il produit en Corse ou au Pays basque ?
- **9.** La fourme de Montbrisson est-elle fabriquée en Auvergne ou en Alsace ?
- **10.** Par qui le munster a-t-il été créé ?
- **11.** Quel fromage typique produit-on dans les maisons pastorales appelées burons ?
- **12.** Depuis quand le livarot est-il connu ?
- **13.** Napoléon Ier était friand de l'époisses. Dans quelle région est-il produit ?
- **14.** Quel est le diamètre d'une roue de morbier ?
- **15.** Le crottin de Chavignol est-il produit dans le Centre ou en région PACA ?
- **16.** Depuis quand le camembert, créé en 1791, est-il enfermé dans une petite boîte ronde ?
- **17.** De quel fromage Charlemagne avait-il déjà vanté les qualités gustatives ?
- **18.** D'où le fol épi est-il originaire ?
- **19.** Quel est l'autre nom du vacherin ?
- **20.** Où le royal raisin est-il fabriqué ?

Réponses ▶ p. 268

030 LES COURS D'EAU

1. Quel est la longueur du plus long fleuve français, la Loire ?
2. Quelle est la plus grande rivière de France ?
3. En France, un seul fleuve possède un delta, lequel ?
4. La Seine fait-elle 605 ou 776 km de long ?
5. La Loire est-elle plus connue pour ses bancs de sable ou ses bancs de poissons ?
6. Doit-on classer la Somme comme une rivière ou comme un fleuve côtier ?
7. Quel nom l'embouchure d'un fleuve qui se jette dans la mer porte-t-elle ?
8. Dans quel fleuve la Drôme se jette-t-elle ?
9. La Dordogne se jette-t-elle dans la Garonne ou dans l'estuaire de celle-ci ?
10. Quelle est la longueur de l'estuaire de la Loire ?
11. La Loire n'est-elle navigable qu'en amont ou qu'en aval de Nantes ?
12. Le principal affluent de la Seine est-il l'Oise ou la Marne ?
13. Où l'Aube naît-elle ?
14. Sur une longueur du Rhône de 812 km, la partie française représente-t-elle 522 ou 722 km ?
15. Quel fleuve français naît au mont Gerbier-de-Jonc, dans l'Ardèche ?
16. Où la Rance se jette-t-elle ?
17. L'Aveyron est-il un affluent ou un sous-affluent de la Garonne ?
18. La Veule est le plus petit fleuve côtier de France, quelle est sa longueur ?
19. Autrefois, le Cher rejoignait la Loire à Tours par un canal de 2 km. Qu'est devenu ce canal ?
20. La Rance a-t-elle un estuaire ?

Réponses ▶ p. 269

031 ARTE

1. Arte est une chaîne française et…
2. A-t-elle remplacé la Sept ou la Cinq ?
3. Est-elle présente sur la TNT ?
4. Dans quelle ville se trouve le siège d'Arte, Paris ou Strasbourg ?
5. Comment s'appellent les soirées que la chaîne consacre à un sujet particulier ?
6. ***Karambolage*** est-il un magazine de société ou une série historique ?
7. La chaîne a-t-elle vu le jour en 1983 ou 1991 ?
8. Quel est le domaine de prédilection d'Arte ?
9. Qui est le président d'Arte depuis 2003, Jérôme Clément ou Jérôme Deschamps ?
10. Quel est le numéro du réseau hertzien attribué à Arte ?
11. À quoi est consacrée l'émission ***Tracks*** ?
12. Quel jour est-elle diffusée ?
13. Comment s'appelle le journal d'actualités diffusé sur Arte à 19 h 45 ?
14. De quel autre journal est-il suivi à 20 h, le journal de l'Europe ou le journal de la culture ?
15. Que signifie ARTE, Association relative à la télévision européenne ou Art et Télévision ?
16. Quel médecin de l'Antiquité a donné son nom à une émission d'Arte consacrée à la santé ?
17. À quel domaine est consacrée l'émission de début de soirée du mercredi ?
18. À quel public s'adresse le magazine ***Lola*** ?
19. L'un des magazines proposés par Arte s'intitule-t-il ***Pigé !*** ou ***Capté !*** ?
20. Arte fait-elle partie du groupe France Télévisions ?

Réponses ▶ p. 269

Dalida

032 DALIDA

1. Quel était le vrai prénom de Dalida ?
2. De quel pays Dalida avait-elle été élue Miss ?
3. Qui Dalida invite-t-elle à « gratter sur sa mandoline » dans une chanson ?
4. Complétez : « Come prima, tu me donnes… »
5. De quelle chanson de Dalida ***Y a du soleil y a des nanas*** est-elle une adaptation très libre ?
6. Dans la chanson ***Il venait d'avoir 18 ans***, quel âge la chanteuse dit-elle avoir ?
7. Quel est le prénom du frère de Dalida, devenu un célèbre producteur musical ?
8. Quel vêtement féminin un tube de Dalida a-t-elle rendu célèbre ?
9. Quelle chanson de Serge Lama Dalida a-t-elle chantée en 1973 ?
10. Avec qui Dalida chantait-elle en duo ***Parole, parole*** ?
11. Où Dalida disait-elle vouloir mourir, dans une chanson ?
12. De quel pays les grands-parents de Dalida étaient-ils originaires : la Russie ou l'Italie ?
13. L'un des tubes de Dalida s'intitule : ***Laissez-moi***…
14. À qui Dalida dit-elle : « Reviens donc ici » ?
15. Quelle chanson fut d'abord chantée en arabe avant de l'être dans d'autres langues ?
16. En quelle année Dalida est-elle morte : 1980 ou 1987 ?
17. Dalida a chanté une chanson intitulée : ***Que reste-t-il de***…
18. Dans quel quartier de Paris Dalida avait-elle une maison : Belleville ou Montmartre ?
19. À quelle chanson ***Gigi in Paradisco*** fait-elle suite ?
20. Dalida a chanté : ***Confidences sur***…

Réponses ▸ p. 269

033 LES ROMANCIERS

1. De quel célèbre roman épistolaire Choderlos de Laclos est-il l'auteur ?
2. Quel romancier raffolait des madeleines ?
3. Sous quel nom le romancier Henri Beyle est-il plus connu : Stendhal ou Flaubert ?
4. Quel animal a donné son nom à un roman de Joseph Kessel ?
5. Qui est l'auteur du roman ***Une vie*** ?
6. Qui est l'auteur du roman ***Le Petit Chose*** ?
7. Laquelle n'est pas Française : Amélie Nothomb ou Colette ?
8. Quel est le prénom de madame Bovary, l'héroïne de Flaubert : Emma ou Clara ?
9. De quel célèbre roman d'Alexandre Dumas d'Artagnan est-il le héros ?
10. Qui a écrit ***Pantagruel*** : Rabelais ou Montaigne ?
11. De quelle couleur est la jument de Marcel Aymé ?
12. Dans quel roman d'Émile Zola les héros sont-ils des mineurs : ***L'Assommoir*** ou ***Germinal*** ?
13. Qu'ont en commun les deux romancières Duras et Yourcenar ?
14. Qui est l'auteur des ***Mémoires d'outre-tombe*** ?
15. Quel était le métier d'Antoine de Saint-Exupéry : pilote d'avion ou banquier ?
16. Qui a écrit ***Carmen*** et ***Le Capitaine Fracasse*** ?
17. De quel célèbre musicien George Sand fut-elle la maîtresse : Chopin ou Strauss ?
18. À quel siècle Diderot a-t-il vécu ?
19. Quel roman d'Alexandre Dumas fils est aussi une pièce de théâtre : ***La Dame aux camélias*** ou ***Le Fils naturel*** ?
20. Quel est le prénom de l'amie de Candide, dont Voltaire raconte les aventures ?

Réponses ▸ p. 269

034 LES NŒUDS

Associez chaque nom à un nœud marin : nœud de vache, nœud de chaise, nœud en huit, nœud de carrick.

A
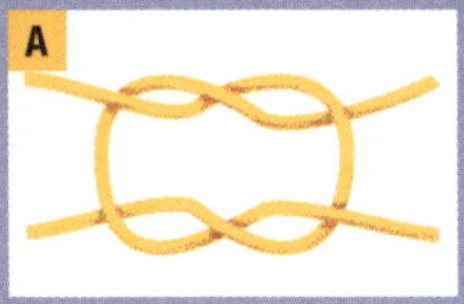

B

C
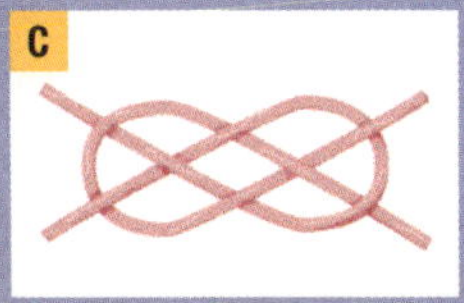

D

Réponses ▸ p. 269

035 LA BOURSE

- **1.** Dans quel bâtiment la Bourse française est-elle située ?
- **2.** Quel est l'indice phare de la bourse française ?
- **3.** Par qui le marché de la bourse est-il animé, les courtiers ou les compagnies de change ?
- **4.** Quand la bulle Internet a-t-elle éclaté en France ?
- **5.** Comment la Commission des opérations de bourse, la COB, est-elle surnommée ?
- **6.** À Paris, sur quel marché les grandes entreprises sont-elles cotées ?
- **7.** La 1re sicav monétaire date-t-elle de 1982 ou de 1983 ?
- **8.** Avec quelles bourses celle de Paris a-t-elle fusionné en septembre 2000 pour former l'Euronext Paris ?
- **9.** Lors de l'élection de François Mitterrand, de combien la bourse française a-t-elle baissé ?
- **10.** Le Matif est-il un marché au comptant ou un marché à terme ?

Réponses ▸ p. 269

036 LES FRUITS EXOTIQUES

1 Où les bananes peuvent-elles être produites ?
☐ A : Partout. ☐ B : Dans le sud.
☐ C : Dans la seule région de Nice.

2 Que peut-on dire de la grenade ?
☐ A : Elle ressemble à un petit ananas orangé.
☐ B : Elle possède une multitude de pépins assez gros.
☐ C : Elle est très énergétique.

3 De quel végétal le fruit de la passion est-il le fruit ?
☐ A : Une plante grimpante.
☐ B : Un arbuste.
☐ C : Un arbre de moyenne importance.

4 Que peut-on dire du pamplemoussier originel ?
☐ A : Il donne de gros fruits non comestibles.
☐ B : Il pousse naturellement en Corse.
☐ C : Il ne pousse qu'en Guyane.

5 En France, où les citrons peuvent-ils être produits ?
☐ A : Uniquement dans le Midi.
☐ B : Partout, en situation abritée.
☐ C : Partout, en situation abritée et chaude.

6 Où la mangue pousse-t-elle ?
☐ A : En Corse. ☐ B : Aux Antilles.
☐ C : En Afrique.

7 Comment est la chair des corossols ?
☐ A : Elle est blanche et sucrée.
☐ B : Elle est jaune et sucrée.
☐ C : Elle est rouge et épicée.

8 Où les kumquats peuvent-ils fructifier en France ?
☐ A : Uniquement en Bretagne.
☐ B : Presque partout.
☐ C : Uniquement dans le Midi.

9 En quelle quantité la banane pousse-t-elle dans les Dom ?
☐ A : Abondamment.
☐ B : Petitement.
☐ C : Irrégulièrement.

10 Quelle forme la carambole a-t-elle ?
☐ A : Elle est ronde.
☐ B : Elle possède de grandes côtes.
☐ C : Elle est très longue et fine.

11 Quel fruit le chadeck est-il ?
☐ A : Une petite orange.
☐ B : Un gros citron.
☐ C : Un gros pamplemousse.

12 Où les figuiers de barbarie poussent-ils en France ?
☐ A : Dans le Midi et en Corse.
☐ B : Uniquement en Corse.
☐ C : Uniquement dans le Midi.

13 De quel végétal la banane est-elle le fruit ?
☐ A : D'un arbre.
☐ B : D'une longue herbe.
☐ C : D'une plante.

14 En Guadeloupe, en quelle période la pomme cythère est-elle abondante ?
☐ A : En fin d'année.
☐ B : De mars à mai.
☐ C : En été.

15 Comment est la pulpe du macacuja ?
☐ A : Sucrée.
☐ B : Sans goût.
☐ C : Acidulée.

Réponses ▸ p. 269

037 GUY DE MAUPASSANT

- **1.** À quel siècle Guy de Maupassant a-t-il vécu ?
- **2.** Quel était le genre littéraire de prédilection de Guy de Maupassant ?
- **3.** Quel surnom d'une héroïne de Maupassant a donné son titre à une œuvre ?
- **4.** Est-elle danseuse ou prostituée ?
- **5.** Quel est le prénom de l'héroïne de ***Une Vie***, Jeanne ou Thérèse ?
- **6.** À quel genre littéraire cette œuvre appartient-elle ?
- **7.** Quel est la profession du héros éponyme de ***Bel-Ami*** ?
- **8.** Dans quelle ville se déroule l'action de cette œuvre ?
- **9.** Dans quelle œuvre de Maupassant est-il question d'un être fantomatique débarqué d'un bateau ?
- **10.** Quel oiseau a donné son nom au titre d'un recueil de contes de Maupassant ?
- **11.** Quel écrivain fut un grand ami de Maupassant, Émile Zola ou Marcel Proust ?
- **12.** De quelle œuvre Georges Duroy est-il le personnage principal ?
- **13.** Quelle œuvre n'est pas de Maupassant, ***Mademoiselle Fifi*** ou ***Salammbô*** ?
- **14.** Qu'arrive-t-il au héros du ***Horla***, à la fin de l'œuvre ?
- **15.** Maupassant est l'auteur d'un récit intitulé ***La main d'***...
- **16.** Maupassant est-il particulièrement célèbre pour ses récits historiques ou fantastiques ?
- **17.** Dans quelle œuvre est-il question de Forestier et de madame de Marelle ?
- **18.** Quelle maladie vénérienne Guy de Maupassant avait-il contractée ?
- **19.** Pendant quelle guerre l'action de ***Boule-de-Suif*** se déroule-t-elle ?
- **20.** Quel est le titre exact de ce roman de Maupassant, ***Paul et Jacques*** ou ***Pierre et Jean*** ?

Réponses ▸ p. 269

038 LES PARTIS POLITIQUES

- **1.** À sa création en 1976, qui a été élu président du RPR, Jacques Chirac ou Jérôme Monod ?
- **2.** Qui était secrétaire général du parti communiste en mai 1968 ?
- **3.** Quel parti Jean-Marie Le Pen a-t-il fondé ?
- **4.** Aux élections législatives de 1968, de quel parti politique François Mitterrand est-il président ?
- **5.** Quel est le président de l'UMP, Nicolas Sarkozy ou Alain Juppé ?
- **6.** Quand le parti socialiste a-t-il été recréé ?
- **7.** De quel parti Michèle Alliot-Marie est-elle présidente ?
- **8.** Pour la présidentielle de 2002, par quel parti Christiane Taubira a-t-elle été investie ?
- **9.** En 1936, quel est le plus grand parti de France ?
- **10.** Georges Marchais a-t-il été élu secrétaire général du parti communiste en juin 1972 ou en juin 1969 ?
- **11.** Henri Emmanuelli a-t-il été 1er secrétaire du PCF ou du PS ?
- **12.** De quel parti François Bayrou est-il le président ?
- **13.** Les Verts ont-ils été fondés en janvier 1984 ou en novembre 1982 ?
- **14.** Quel était le premier nom du Parti communiste français, jusqu'en 1943 ?
- **15.** Aux présidentielles de 2002, quel est le score du Front national au 1er tour ?
- **16.** Quel congrès, en décembre 1920, va être à l'origine d'une scission à l'intérieur du parti socialiste ?
- **17.** De quel parti Arlette Laguiller est-elle le porte-parole depuis 1973 ?
- **18.** Depuis 1996, les adhérents au parti communiste ont-ils doublé ou ont-ils diminué de moitié ?
- **19.** Combien le Centre royaliste d'Action française compte-t-il de militants et d'adhérents ?
- **20.** Quel parti Brice Lalonde a-t-il créé en 1990 ?

Réponses ▸ p. 269

039 BÊBÊTES EN TOUS GENRES

1 En pleine nature quelle taille le lézard vert peut-il atteindre?
A: 25 cm.
B: 35 cm.
C: 45 cm.

2 Quels poissons d'âge respectable voit-on parfois dans les douves des châteaux de la Loire?
A: Des truites.
B: Des carpes.
C: Des saumons.

3 En France, dans quelle région peut-on entendre les cigales?
A: En Bretagne.
B: Dans le Midi.
C: En Vendée.

4 Que possède sur son dos la vipère aspic de nos régions?
A: Une ligne en zigzag.
B: Un signe en forme de V.
C: Des petites taches jaunes.

5 De quoi les coccinelles se nourrissent-elles?
A: De pucerons.
B: Des jeunes pousses des plantes.
C: Du miellat des pucerons.

6 Combien l'anguille parcourt-elle de kilomètres pour aller frayer dans la mer des Sargasses?
A: Entre 3 000 et 4 000 km.
B: Entre 4 000 et 6 000 km.
C: Entre 6 000 et 8 000 km.

7 Quel poisson vit dans le fond vaseux des étangs?
A: La tanche.
B: Le brochet.
C: La truite.

8 Jusqu'où une couleuvre d'Esculape peut-elle monter?
A: Jusqu'au sommet des buissons.
B: Jusqu'au sommet des arbustes.
C: Jusqu'en haut des arbres.

9 Quel est le surnom des hydromètres que l'on voit posés sur la surface des mares?
A: Les araignées d'eau.
B: Les patineurs d'eau.
C: Les puces d'eau.

10 Dans le métro de Paris, quels petits insectes peut-on parfois entendre?
A: Des criquets.
B: Des cigales.
C: Des grillons.

11 Où les larves de moustiques se développent-elles?
A: Dans le sol. B: Dans l'eau.
C: Sur les plantes.

12 Dans quelle sorte de rivière les truites peuvent-elles vivre?
A: Des rivières à forte pente, à l'eau entre 5 et 10 °C.
B: Des rivières moyennement rapides, à l'eau entre 10 et 20 °C.
C: Des rivières calmes et larges, à l'eau supérieure à 15 °C.

13 Quel animal est l'orvet commun?
A: Un serpent inoffensif.
B: Un serpent avec de toutes petites pattes.
C: Un lézard sans pattes.

14 Que mangent les gardons?
A: Des plantes et de l'herbe.
B: Des insectes et des vers.
C: De plus petits poissons.

15 Quel est le nom de la petite araignée à l'abdomen jaune rayé de noir, tissant dans la nature?
A: La ténégaire. B: L'argiope fasciée.
C: Le thomise.

Réponses ▶ p. 269

040 LES MOTS D'AUTREFOIS

1 Dans l'ancien français, que signifie le mot «geline»?
A: Une dinde. B: Un poulet.
C: Un froid sec.

2 Qu'est-ce qu'un liard?
A: Une monnaie en cuivre.
B: Une unité de longueur.
C: Une ficelle en chanvre.

3 Que signifie le verbe «gésir»?
A: Geindre.
B: Se coucher.
C: Gesticuler.

4 Qu'est-ce qu'un vassal?
A: Un propriétaire de navire.
B: Une personne liée à un suzerain.
C: Une personne malade.

5 Qu'est-ce qu'une pécune?
A: Une petite bourse.
B: Un gros tas d'or.
C: Une monnaie en argent.

6 Qu'était un four banal au Moyen Âge?
A: Un four communal et public.
B: Un four particulier quelconque.
C: Un four communal réservé aux pauvres.

7 Qu'est-ce qu'un tétin?
A: Une mamelle.
B: Une tétine.
C: Le mamelon du sein.

8 Que signifie l'expression «faire le Jacques»?
A: Faire l'intéressant.
B: Faire l'imbécile.
C: Prêter attention.

9 Au Moyen Âge, qu'était une brosse?
A: Un chiffon.
B: Un pinceau long d'artiste peintre.
C: Un buisson.

10 Au Moyen Âge, qu'était la corvée?
A: Un travail fatigant.
B: Un travail qui n'en finissait pas.
C: Un travail gratuit dû au seigneur.

11 Que désignait le mot «fouaille»?
A: Du bois de chauffage.
B: La mise à mort d'une brebis.
C: Un toit en chaume.

12 Qu'était une dame, en vieux français?
A: Une femme mariée.
B: Une jeune fille qui allait se marier.
C: Une veuve.

13 Qu'est-ce que le guignon?
A: La malchance.
B: Une petite touffe de gui.
C: L'arbre sur lequel pousse le gui.

14 En vieux français, que signifie le verbe «ester»?
A: Aller vers.
B: Demeurer.
C: Tenter.

15 Qu'est-ce qu'une peignée?
A: L'action de se peigner.
B: Une correction.
C: Un assemblage de peignes.

Réponses ▶ p. 269

041 LES JOUEURS DE FOOT

1. Où Lilian Thuram est-il né ?
2. Combien de fois Jean-Pierre Papin a-t-il été élu meilleur butteur en championnat de France ?
3. En quelle année Éric Cantona a-t-il été champion de France ?
4. Quel club de football Michel Platini a-t-il entraîné ?
5. Fabien Barthez est-il avant-centre ou gardien de but ?
6. De quelle origine Christian Karembeu est-il ?
7. Quel record de buts Just Fontaine a-t-il marqué pendant la Coupe du monde de 1958 ?
8. Combien de fois Michel Platini a-t-il été élu Ballon d'or ?
9. À qui Michel Hidalgo a-t-il succédé comme sélectionneur de l'équipe de France en 1976 ?
10. Où Marcel Dessailly a-t-il débuté ?
11. Quel club Bixente Lizarazu a-t-il rejoint en 2004 ?
12. Quel est le meilleur buteur français de tous les temps ?
13. Dans quel club professionnel Emmanuel Petit a-t-il joué pour la première fois ?
14. Combien de buts Djibril Cissé a-t-il marqués en championnat de France en 2004 ?
15. Quel numéro Robert Pirès porte-t-il ?
16. Combien de fois Michel Platini a-t-il été sélectionné en équipe de France ?
17. Quel est le vrai nom de Raymond Kopa ?
18. Quel poste David Trézéguet occupe-t-il dans l'équipe de France ?
19. Dans combien de clubs Thierry Henry a-t-il joué comme professionnel ?
20. Quel joueur a le plus beau palmarès français ?

Réponses ▸ p. 269

Festivals

042 LES FESTIVALS D'ÉTÉ

1. Quel est le grand festival d'été de théâtre en France ?
2. Quel genre de festival se déroule en juillet au Pin-au-Haras, dans l'Orne ?
3. Outre de la musique, le festival de Sablé-sur-Sarthe présente-t-il de la danse ou des arts de la rue ?
4. Les Vieilles Charrues, à Carhaix, est-il un festival de musique ou un festival sur le folklore ?
5. Que sont les Fêtes d'été à Lyon, en septembre ?
6. Où le festival les Eurockéennes a-t-il lieu ?
7. Quelle grande radio organise un festival de musique à Montpellier ?
8. Où un festival de musique sacrée a-t-il lieu en juin en Charente-Maritime ?
9. Un festival a été créé en 2005 à Lusigny, dans l'Allier. Quel en est le thème ?
10. Grenoble organise-t-elle un festival de jazz ou un festival de théâtre européen ?
11. Combien de personnes le festival des Francofolies réunit-il chaque année ?
12. Le festival de Juan-les-Pins s'intéresse-t-il à la musique classique ou au jazz ?
13. Quel genre de théâtre a lieu pendant les Médiévales de Domfront, dans l'Orne ?
14. Quel genre de festival la ville de Vaison-la-Romaine organise-t-elle en juillet ?
15. En 2006, le festival de la Chaise-Dieu en sera-t-il à sa 35e ou 40e édition ?
16. Le festival de Belle-Île-en-Mer est-il un festival d'art lyrique ou de musique locale ?
17. Quelle ville du Sud-Ouest organise chaque année début août un festival international de jazz ?
18. Le festival de Saint-Loup, à Guingamp, s'intéresse-t-il aux binious ou à la danse bretonne ?
19. Dans l'Isère, où les Rencontres Brel ont-elles lieu ?
20. Quel genre de festival est les Saint-B'Rêves de vent, à Saint-Brévin-les-Pins ?

Réponses ▸ p. 269

043 RICHES ET CÉLÈBRES

- **1.** Quelle était la couleur des célèbres fêtes d'Eddy Barclay ?
- **2.** Quel homme d'affaires est connu pour ses polars financiers ?
- **3.** Quelle baronne donne des leçons de savoir-vivre ?
- **4.** Quel club de football Bernard Tapie a-t-il présidé ?
- **5.** Quel héritier du trône de France a dilapidé la fortune de sa famille ?
- **6.** Quel DJ parisien a ouvert le Queen, célèbre discothèque parisienne, en 1992 ?
- **7.** Quel industriel a bâti un immense empire dans le domaine du multimédia et de l'édition notamment ?
- **8.** Quel baron belge, enlevé à Paris, s'est fait couper le petit doigt par ses ravisseurs ?
- **9.** De qui Sarah Marshall est-elle la petite-fille ?
- **10.** Quelle organisation syndicale Ernest-Antoine Seillière a-t-il présidée ?
- **11.** Dans quel domaine Élizabeth Teissier s'est-elle fait connaître ?
- **12.** Qui est l'homme le plus riche de France, Serge Dassault ou Bernard Arnault ?
- **13.** De quel immense groupe ce dernier est-il le PDG ?
- **14.** En quelle année Clotilde Courau a-t-elle épousé le prince Emmanuel Philibert de Savoie ?
- **15.** Quel groupe automobile Louis Schweitzer a-t-il présidé jusqu'en 2005 ?
- **16.** Quel avocat fut le défenseur de Klaus Barbie ?
- **17.** Quel basketteur français a participé au prestigieux championnat NBA ?
- **18.** Quel est le titre de noblesse d'Hermine de Clermont-Tonnerre ?
- **19.** Quel ancien champion de formule 1 a monté une écurie qui porte son nom ?
- **20.** De quel acteur américain Céline Balitran fut-elle la compagne ?

Réponses ▶ p. 269

People **et** potins

044 LA BANDE DESSINÉE

- **1.** Quelle particularité physique permet de différencier les Dupont/d ?
- **2.** Quelle est la couleur du pull col roulé de Gaston Lagaffe ?
- **3.** François Bourgeon est l'auteur d'une série intitulée ***Les Passagers du...***
- **4.** Quel est le titre de noblesse de Pacôme de Champignac, ami de Spirou et Fantasio ?
- **5.** De quel marin devenu célèbre Hugo Pratt raconte-t-il les aventures ?
- **6.** Quel auteur de bande dessinée a-t-il revisité l'histoire de Peter Pan ?
- **7.** Quel est le couple de « beaufs » le plus célèbre de la bande dessinée ?
- **8.** De combien de tomes la série ***Le Décalogue*** est-elle constituée ?
- **9.** Quel drôle d'animal jaune à la queue démesurée est une création de Franquin ?
- **10.** Jodorowsky et Gimenez sont les auteurs d'une série intitulée ***La Caste des...***
- **11.** Comment s'appelle le monde où vit Lanfeust ?
- **12.** Lequel porte la barbe, Blake ou Mortimer ?
- **13.** À la quête de quel oiseau partent les héros de Loisel ?
- **14.** Quel est la profession de David Elliot Hanneth Solomon, alias Soda ?
- **15.** François Froideval est l'auteur des ***Chroniques de la lune...***
- **16.** Quel animal est Gai-Luron, dans la BD du même nom ?
- **17.** Quelle planète imaginaire donne son nom à une série de bande dessinée de Léo ?
- **18.** Qui veut être calife à la place du calife ?
- **19.** Quelle est la couleur des « Tuniques » de Raoul Cauvin ?
- **20.** Les héros de ***Blacksad*** ont-il une tête de chat ou de souris ?

Réponses ▶ p. 269

Je pense, donc…

045 LES PHILOSOPHES

1. De quel penseur le cartésianisme est-il la philosophie ?
2. Sous quel nom Émile Chartier est-il plus connu, Alain ou Proudhon ?
3. De quelle doctrine de la Renaissance Guillaume Budé est-il l'un des représentants ?
4. Quel article de ***L'Encyclopédie*** D'Alembert écrivit-il, celui sur le Beau ou sur le Vrai ?
5. À qui doit-on L***e Nouvel Esprit scientifique*** et ***Psychanalyse du feu*** ?
6. Auguste Comte a-t-il fondé l'école positiviste ou causaliste ?
7. À quel siècle Gilles Deleuze a-t-il vécu ?
8. Bernard de Fontenelle est l'auteur d'***Entretiens sur la pluralité des***…
9. Quel moraliste du XVIIe siècle est célèbre pour ses ***Maximes*** ?
10. Comment sont les « tropiques » de Claude Levi-Strauss ?
11. À qui doit-on ***L'Être et le Néant*** ?
12. Quel célèbre ouvrage regroupe les notes de Pascal sur la religion ?
13. Qui a écrit : ***Cogito ergo sum*** (Je pense donc je suis) ?
14. De quel discours cette phrase est-elle extraite ?
15. Quelle doctrine religieuse du XVIIe siècle doit son nom au théologien hollandais Jansénius ?
16. Qui a écrit ***De l'esprit des lois*** ?
17. Spinoza était-il un philosophe français ?
18. Quel saint est célèbre pour ses ***Confessions*** ?
19. Descartes est l'auteur de ***Méditations***…
20. À quel siècle Montesquieu a-t-il vécu ?

Réponses ▶ p. 269

046 L'ESCRIME

1. Depuis 1906, dans quelle discipline les Français ont-ils été le plus de fois champions du monde ?
2. Quand Georges de la Falaise a-t-il été le premier Français champion du monde au fleuret ?
3. Quelle est la langue officielle de l'escrime, l'anglais ou le français ?
4. En Coupe du monde, le Français le plus titré est Éric Srecki. Combien a-t-il engrangé de victoires ?
5. La partie du terrain destinée au combat s'appelle-t-elle la piste ou la place ?
6. Combien de disciplines y a-t-il en escrime ?
7. Y a-t-il des compétitions en équipe ?
8. Combien y a-t-il de licenciés en escrime en France ?
9. Combien de temps un match au fleuret dure-t-il ?
10. En quelle année s'est déroulé le premier championnat du monde à l'épée ?
11. Depuis 1896, les escrimeurs français ont-ils le record français de médailles tous sports confondus ?
12. Lors de quelle olympiade le sabre féminin est-il apparu ?
13. Dans quelle discipline Christian d'Oriola a-t-il été champion du monde et champion olympique ?
14. Quand l'ancêtre de la fédération française d'escrime a-t-il été créé ?
15. L'escrime a-t-elle toujours figuré au programme des Jeux olympiques ?
16. La carte de l'arbitre indiquant l'expulsion d'un joueur est-il un carton jaune ou un carton noir ?
17. Combien de titres olympiques Jean-François Lamour a-t-il remportés ?
18. Quelle escrimeuse a remporté le championnat du monde à l'épée dames en 1998 ?
19. Quel est le dernier Français champion du monde ?
20. Qui a été la première Française championne du monde ?

Réponses ▶ p. 269

047 POINT COMMUN

Qu'ont en commun ces quatre femmes ?

A

B

C

D

Réponse ▶ p. 269

048 LA CITOYENNETÉ

▶ **1.** Quand l'obligation du service militaire a-t-elle été votée ?

▶ **2.** En France, qui peut voter aux élections nationales ?

▶ **3.** Qui a droit de circulation totale dans l'espace Schengen ?

▶ **4.** La majorité est-elle passée de 21 à 18 ans en juillet 1974 ou en juillet 1981 ?

▶ **5.** Pendant la Révolution, quel mot le terme de citoyen a-t-il remplacé ?

▶ **6.** Le droit de pétition est-il un droit de citoyenneté ?

▶ **7.** Quand la 1re Journée d'appel de préparation à la défense pour les jeunes gens a-t-elle vu le jour ?

▶ **8.** La responsabilité civile commence-t-elle à 16 ou à 18 ans ?

▶ **9.** Quel article de la Charte des droits fondamentaux de l'Union européenne est consacré à la citoyenneté ?

▶ **10.** Que perdent, entre autres, les personnes mises en faillite par un tribunal ?

Réponses ▶ p. 269

049 LA VOLAILLE ET LES LAPINS

1 À quoi correspond le label volaille de Loué ?
- A : À un règlement technique européen.
- B : Aux normes françaises.
- C : À un règlement d'ordre public.

2 Combien de jours au minimum un chapon de Bresse doit-il être élevé ?
- A : 185 j.
- B : 224 j.
- C : 246 j.

3 Quels légumes entrent dans la composition du poulet à la picarde ?
- A : Des lentilles.
- B : Des bettes.
- C : Des poireaux.

4 À combien le cheptel français de poulets était-il évalué en 2003 ?
- A : 145 millions.
- B : 159 millions.
- C : 175 millions.

5 Avec quel ingrédient le sauté de lapin aux légumes nouveaux se fait-il cuire ?
- A : Avec du bouillon.
- B : Avec de la bière.
- C : Avec du vin blanc.

6 Quel est le seul poulet au monde à avoir une appellation AOC ?
- A : Le poulet de Loué.
- B : Le poulet de Gascogne.
- C : Le poulet de Bresse.

7 Combien de temps doit-on faire cuire un coq à la bière et à l'alcool de genièvre, spécialité du Nord ?
- A : 1 h 20.
- B : 1 h 40.
- C : 2 h.

8 Quel légume est incorporé abondamment dans un cari de poulet réunionnais ?
- A : La tomate.
- B : Le poivron.
- C : L'aubergine.

9 Quelle a été, en tonnes, la production française de viande de lapin en 2004 ?
- A : 65 200 t.
- B : 75 300 t.
- C : 85 300 t.

10 Quelle a été, en tonnes, la consommation de foie gras en France, en 2003 ?
- A : 15 500 t.
- B : 17 700 t.
- C : 18 900 t.

11 Par rapport à l'Italie, comment la production de viande de dinde en France se situe-t-elle ?
- A : Elle est équivalente.
- B : Elle est deux fois inférieure.
- C : Elle est deux fois supérieure.

12 Dans un lièvre entier, quel est le pourcentage de la partie comestible ?
- A : 55 %.
- B : 65 %.
- C : 75 %.

13 En Corse, comment cuit-on le pigeon aux olives ?
- A : En cocotte, au four.
- B : Dans un plat non couvert, sur le feu.
- C : Dans une sauteuse, sur le feu.

14 Combien de temps un poulet de Challans doit-il cuire au four à 180 °C ?
- A : 1 h.
- B : 1 h 15.
- C : 1 h 30.

15 Combien de temps un foie gras mi-cuit peut-il se conserver, entre 0 et + 4 °C ?
- A : 6 mois.
- B : 9 mois.
- C : 12 mois.

Réponses ▶ p. 269

050 LES PRIX LITTÉRAIRES

- **1.** Quel est le plus connu des prix littéraires français ?
- **2.** Combien de prix et concours littéraires existe-t-il en France ?
- **3.** Combien l'Académie française décerne-t-elle de prix littéraires : 20 ou 50 ?
- **4.** Combien de jurés participent aux prix et concours littéraires français ?
- **5.** Quand le prix Goncourt a-t-il été décerné pour la première fois ?
- **6.** Le lauréat du prix Goncourt reçoit-il 10 € ou 100 000 € ?
- **7.** De quelle année les tout premiers prix littéraires français datent-ils ?
- **8.** Peut-on refuser un prix littéraire qui vous est décerné ?
- **9.** Quel est le grand prix littéraire français créé en réaction à la misogynie des frères Goncourt ?
- **10.** Colette était-elle jurée du prix Femina ou du prix Goncourt ?
- **11.** Le prix des Ambassadeurs est-il décerné à des ambassadeurs ou par des ambassadeurs ?
- **12.** Quelle maison d'édition a refusé, en 1944, le prix Femina : Gallimard ou les Éditions de Minuit ?
- **13.** Quel écrivain a-t-il reçu deux fois le prix Goncourt sous des noms différents ?
- **14.** Les Jeux floraux peuvent-ils couronner des ouvrages autres que de poésie ?
- **15.** Le prix Interallié est-il attribué à un roman ou à un ouvrage sur la guerre ?
- **16.** À quelle période de l'année le prix Décembre est-il remis ?
- **17.** Quelle récompense le lauréat du prix des Vendanges littéraires de Rivesaltes reçoit-il ?
- **18.** Le prix du Quai des Orfèvres est-il attribué à un roman policier ou d'aventure ?
- **19.** Le prix Albert Londres est-il remis à Paris ou à Londres ?
- **20.** En quelle année un seul livre est-il arrivé au jury du prix Goncourt ?

Réponses ▶ p. 269

Incontournable

051 GÉRARD DEPARDIEU

- **1.** Quel personnage au long nez Gérard Depardieu a-t-il incarné ?
- **2.** Dans quel film avec Coluche Depardieu enlève-t-il Dominique Lavanant ?
- **3.** Comment se prénomme la fille de Gérard Depardieu ?
- **4.** Quel est le compère de Depardieu dans ***Les Valseuses*** ?
- **5.** Quel personnage de Pagnol Depardieu a-t-il incarné ?
- **6.** Dans quel film Depardieu père et fils incarnent-ils un même musicien à deux âges différents ?
- **7.** Quelle actrice a partagé la vie de Depardieu, Fanny Ardant ou Carole Bouquet ?
- **8.** Quel personnage de bande dessinée Depardieu a-t-il incarné ?
- **9.** Avec qui Depardieu forme-t-il un duo savoureux dans ***La Chèvre*** ?
- **10.** Depardieu est-il également viticulteur ou éleveur de chevaux ?
- **11.** Quel film de Truffaut a valu un César à Depardieu en 1981 ?
- **12.** Dans quel film Depardieu n'a-t-il pas joué, ***Police*** ou ***I comme Icare*** ?
- **13.** De quel « fort » Depardieu a-t-il été le héros ?
- **14.** Dans ***Mon père ce héros***, qui joue la fille de Depardieu, Marie Gillain ou Virginie Ledoyen ?
- **15.** Quel écrivain Depardieu a-t-il incarné dans un téléfilm de Josée Dayan ?
- **16.** Depardieu a-t-il joué dans ***Le Zèbre*** ?
- **17.** Dans quel film américain Depardieu a-t-il joué, ***Un divan à New York*** ou ***Green Card*** ?
- **18.** Dans quel film Vanessa Paradis incarne-t-elle la fille de Depardieu ?
- **19.** Comment se prénomme l'ex-femme de Gérard Depardieu ?
- **20.** Quel sculpteur Depardieu a-t-il incarné ?

Réponses ▶ p. 269

052 LES COCKTAILS

1. Que fait-on fermenter dans de l'eau pour obtenir de l'hydromel ?
2. Le cocktail Mai Tai contient-il des rhums blancs et ambrés ou uniquement du rhum blanc ?
3. L'absinthe cocktail contient-il de l'absinthe ou est-ce un spiritueux anisé ?
4. Le Stinger est fait de crème de menthe blanche à laquelle on ajoute du cognac ou de la vodka ?
5. Qu'ajoute-t-on au champagne pour obtenir un champagne cocktail ?
6. Le mimosa est un mélange de jus d'orange et de…
7. Dans quel pays trouve-t-on les meilleurs Piñas Coladas ?
8. Quel cocktail mélange vin blanc et crème de cassis ?
9. Qu'ajoute-t-on au nectar de pêche et à du jus de citron frais pour obtenir un Bellini ?
10. Le pierrot est un mélange de Grand-Marnier, de Campari et de jus d'orange ou de jus de citron ?
11. Quel est le cocktail fétiche des Dom-Tom ?
12. Quelle partie de l'œuf le vin jaune à l'œuf nécessite-t-il ?
13. Quelle sorte d'eau minérale faut-il inclure dans le punch normand ?
14. Grand-Marnier + rhum blanc + sirop de coco + jus d'ananas + jus de maracuja = ?
15. Quel peintre français de la fin du XIXe siècle sert volontiers des cocktails à ses amis ?
16. Quel est l'ingrédient principal du kir normand ?
17. Le Daiquiri est-il à base de rhum blanc ou de rhum ambré ?
18. Vermouth sec + Pernod + eau gazeuse + rondelle de citron vert = ?
19. Le cassis spécial contient du cassis, une boule de sorbet au citron et… du gin ou de l'eau ?
20. Le porto-flip contient-il de l'armagnac ou du cognac ?

Réponses ▶ p. 269

053 NOTRE-DAME DE PARIS

1. Notre-Dame de Paris est-elle une basilique ou une cathédrale ?
2. À quel style correspond son architecture ?
3. Sur quelle île de la capitale est-elle située ?
4. Quel point particulier se trouve sur le parvis de Notre-Dame de Paris ?
5. À quel siècle son édification a-t-elle débuté, au Xe ou au XIIe siècle ?
6. Outre un clou et un morceau de la croix du Christ, quelle relique est conservée dans le trésor de Notre-Dame ?
7. Quel architecte du XIXe siècle a restauré mais aussi modifié Notre-Dame de Paris ?
8. Quelle partie, haute de 90 mètres, a-t-il totalement reconstruite ?
9. Les rois de quel royaume sont représentés en statues dans la célèbre galerie ?
10. Quelle est la longueur approximative de l'église, 103 ou 130 mètres ?
11. Quel empereur fut sacré à Notre-Dame de Paris ?
12. Quand les statues de la galerie des rois (pris à tort pour des rois de France) furent-elles détruites ?
13. Quelle scène est représentée sur le portail central, ***La Cène*** ou ***Le Jugement dernier*** ?
14. Maurice de Sully, qui posa la première pierre de Notre-Dame, était-il l'évêque ou le maire de Paris ?
15. Quel nom porte le bourdon (grosse cloche) de Notre-Dame, Lazare ou Emmanuel ?
16. Combien de rosaces Notre-Dame de Paris comporte-t-elle ?
17. Quel roi a remplacé le chœur initial de l'église par un chœur baroque, Louis XIV ou Louis-Philippe ?
18. Quelle tour peut-on visiter ?
19. Combien de portails la façade compte-t-elle ?
20. Quel écrivain a consacré un roman à Notre-Dame de Paris ?

Réponses ▶ p. 269

054 LA BRETAGNE

1. Où peut-on visiter le parlement breton, à Rennes ou à Dinan ?
2. Dans quelle forêt l'enchanteur Merlin vivait-il ?
3. Où la seule colonie de fous de Bassan est-elle située ?
4. Le port de Redon est-il un port de commerce ou un port de plaisance ?
5. Peut-on visiter la rade de Brest ?
6. Comment appelle-t-on les processions religieuses dédiées à un saint local ?
7. Quel musée de Saint-Malo était la demeure d'un grand explorateur français ?
8. Quel est le nom du grand site breton où l'on peut découvrir 5 000 menhirs ?
9. Quel festival annuel de BD se déroule à Saint-Malo ?
10. Combien de tours les remparts de Dinan possèdent-ils ?
11. L'Océanopolis de Brest est-il un aquarium géant ou un musée de la Pêche ?
12. Quelle est la hauteur maximale des monts d'Arrée, 317 ou 387 m ?
13. Qu'est-ce que la réserve du cap Sizun ?
14. Que trouve-t-on à foison à Pont-Aven, des galeries de peinture ou des galeries souterraines ?
15. Dans quelle ville se déroule au printemps une grande fête de la coquille Saint-Jacques ?
16. La Côte de Granit rose est-elle située au nord ou à l'ouest de la Bretagne ?
17. La pointe du Raz est-elle un passage facile ou un passage difficile pour la navigation ?
18. Quelle est la demeure d'enfance de Chateaubriand ?
19. Que mange-t-on lorsque l'on déguste une cotriade ?
20. Quel musée d'Étel, dans le Morbihan, reconstitue un ancien port de pêche ?

Réponses ▸ p. 269

055 CYRANO DE BERGERAC

1. Qui est l'auteur de ***Cyrano de Bergerac*** ?
2. À quel siècle la pièce a-t-elle été écrite ?
3. Quelle est la particularité physique de Cyrano de Bergerac ?
4. Qui est Roxane, la femme qu'il aime secrètement, par rapport à Cyrano ?
5. Quel comte est également amoureux de la jeune femme ?
6. Quel réalisateur a adapté la pièce au cinéma : Claude Berri ou Jean-Paul Rappeneau ?
7. Qui incarnait Roxane dans cette adaptation : Juliette Binoche ou Anne Brochet ?
8. Où se passe la première scène de la pièce : au théâtre ou sur les quais de la Seine ?
9. Quel est la profession de Ragueneau, ami de Cyrano ?
10. La pièce est-elle écrite en vers ou en prose ?
11. Quel nom a-t-on donné à la plus célèbre tirade de l'œuvre ?
12. Dans quel acte se trouve-t-elle : le premier ou le dernier ?
13. Où Roxane se retire-t-elle à la fin de l'œuvre ?
14. À qui Cyrano prête-t-il sa verve ?
15. À quels jeunes gens Cyrano enseigne-t-il le maniement des armes ?
16. Cyrano de Bergerac a-t-il réellement existé ?
17. Quel est le dernier mot de la pièce : « mort » ou « panache » ?
18. L'ami de Cyrano se nomme-t-il Le Bret ou Léandre ?
19. Quel titre de noblesse porte le mari de Roxane ?
20. Comment meurt-il ?

Réponses ▸ p. 269

C'est un

056 LES JEUX OLYMPIQUES

1. Qui a redonné vie aux Jeux olympiques ?
2. Quel hymne retentit lorsqu'un athlète français monte sur le podium ?
3. Quand les premiers Jeux d'hiver ont-ils eu lieu ?
4. Les concurrents sont-ils des sportifs professionnels ou des sportifs amateurs ?
5. Jean Galfione s'est-il illustré au saut à la perche ou au saut en hauteur ?
6. Comment appelle-t-on les Jeux olympiques pour handicapés ?
7. Quelle ville a inauguré les premiers Jeux d'hiver ?
8. Un athlète convaincu de dopage est-il sermonné ou éliminé ?
9. En judo, dans quelle catégorie David Douillet a-t-il remporté ses médailles olympiques ?
10. En quelle année Jean-Claude Killy a-t-il remporté 3 médailles d'or ?
11. En résultats d'athlétisme, y a-t-il déjà eu des doublés individuels féminins français ?
12. Quel comité a-t-on spécialement créé pour les Jeux olympiques ?
13. Franck Piccard s'est-il illustré en ski nordique ou en ski alpin ?
14. Combien de titres olympiques Marcel Cerdan a-t-il remportés ?
15. Combien de fois la France a-t-elle accueilli les Jeux olympiques d'hiver ?
16. En ski alpin, quelles sœurs ont fait vibrer les cœurs français au milieu des années 1960 ?
17. Depuis quand les Jeux d'hiver n'ont-ils plus lieu la même année que les jeux de l'Olympiade ?
18. Quelle spécialité Guy Drut affectionnait-il, le 110 m haies ou le 100 m ?
19. Alain Mimoun est célèbre pour avoir gagné quelle course en 1956, le marathon ou le 10 000 m ?
20. Dans quelle discipline Laure Manaudou a-t-elle remporté une médaille d'or en 2004 ?

Réponses ▸ p. 269

cap...

Et la gagnante est...

057 MISS FRANCE

1. Quelle taille faut-il mesurer au minimum pour participer au concours de Miss France ?
2. Sur quelle chaîne de télévision l'élection de Miss France fut-elle diffusée jusqu'en 1995 ?
3. Qui présentait l'émission ?
4. En quelle année la France a-t-elle élu sa première miss, 1920 ou 1969 ?
5. Quelle femme a pris la présidence du comité Miss France en 1981 ?
6. Comment se prénomme son fils, avec qui elle partage cette charge ?
7. Combien y a-t-il eu de Miss France jusqu'à ce jour, 42 ou 58 ?
8. Jusqu'à quel âge peut-on s'inscrire pour les sélections du concours des miss ?
9. Quelle doit être la situation de famille des candidates ?
10. Combien Miss France a-t-elle de dauphines ?
11. Quelle ancienne Miss France a animé ***Téléfoot*** ?
12. D'où venait Mareva Galanter, Miss France 1999, de Corse ou de Tahiti ?
13. En quelle année Élodie Gossuin a-t-elle été élue Miss France ?
14. Quel titre Élodie Gossuin a-t-elle remporté après celui de Miss France ?
15. En 2004, est-elle devenue conseillère municipale ou régionale ?
16. Quelle ancienne Miss France présente ***M6 Boutique***, Sylvie Bertin ou Valérie Pascal ?
17. De quelle ville Sylvie Tellier était-elle originaire, Paris ou Lyon ?
18. Pourquoi Lætitia Bléger, Miss France 2004, a-t-elle été remplacée par sa dauphine ?
19. En quelle année Sonia Rolland est-elle devenue Miss France, 1995 ou 2000 ?
20. Quelle est la profession de Léa Parker, qu'elle incarne dans la série du même nom ?

Réponses ▸ p. 269

058 CHARLES DE GAULLE

- **1.** De quelle République Charles de Gaulle fut-il le premier président ?
- **2.** Quel parti politique fut fondé par le général de Gaulle ?
- **3.** De quelle ville de Gaulle lança-t-il son célèbre appel du 18 juin 1940 ?
- **4.** À quel âge de Gaulle est-il mort, 65 ans ou 80 ans ?
- **5.** Combien de temps de Gaulle passa-t-il en captivité durant la Première Guerre mondiale, 2 ans et demi ou 4 ans ?
- **6.** Quelle organisation suivit de Gaulle après l'armistice de 1940, les Forces françaises libres ou les Armées de la France libre ?
- **7.** Quel était le prénom de l'épouse de Charles de Gaulle ?
- **8.** Quel type de suffrage de Gaulle instaura-t-il pour l'élection du président de la République ?
- **9.** Que fit de Gaulle après l'échec de son référendum en 1969 ?
- **10.** Charles de Gaulle est-il l'auteur de ***Mémoires*** ou de ***Récits de combat*** ?
- **11.** Quel président appela de Gaulle à former un gouvernement en 1958, Georges Pompidou ou René Coty ?
- **12.** À l'entrée de quel pays dans la CEE de Gaulle opposa-t-il son veto ?
- **13.** Où le général de Gaulle fut-il la cible d'un attentat manqué ?
- **14.** De Gaulle était-il pro ou anti-européen ?
- **15.** Combien d'enfants de Gaulle a-t-il eus, 2, 3 ou 4 ?
- **16.** À quel bâtiment de la Marine nationale de Gaulle a-t-il donné son nom ?
- **17.** À quelle guerre d'indépendance Charles de Gaulle contribua-t-il à mettre fin ?
- **18.** Philippe de Gaulle, le fils du général, a-t-il été amiral ou colonel ?
- **19.** Quel parti politique se revendique gaulliste, le RPR ou l'UDF ?
- **20.** Dans quelle ville Charles de Gaulle est-il mort ?

Réponses ▶ p. 269

059 LES PARCS NATURELS

- **1.** Un parc naturel régional a-t-il un équilibre fragile et menacé ou un équilibre stable et assuré ?
- **2.** Combien y a-t-il de parcs naturels régionaux en France : 22 ou 32 ?
- **3.** En quelle année le premier parc national a-t-il été créé ?
- **4.** Le premier parc naturel régional a-t-il été créé avant ou après le premier parc national ?
- **5.** Combien y a-t-il de parcs nationaux en France ?
- **6.** Dans quelle partie du territoire d'un parc national l'activité humaine est-elle strictement réglementée ?
- **7.** Entre quelles grandes villes le parc naturel régional de Brotonne s'étend-il ?
- **8.** Le parc du Mercantour est-il un parc naturel régional ou un parc national ?
- **9.** Quelle superficie du territoire métropolitain les parcs naturels régionaux couvrent-ils ?
- **10.** Un parc national français est situé en Outre-Mer, où ?
- **11.** Y a-t-il un parc national dans les Pyrénées-Orientales ou dans les Pyrénées-Atlantiques ?
- **12.** Quel est le parc naturel régional situé au-dessus de Saint-Nazaire ?
- **13.** Quel genre de parc le parc du Morvan est-il ?
- **14.** Combien y a-t-il de parcs naturels situés dans les Dom ?
- **15.** Les parcs nationaux métropolitains représentent-ils 0,8 ou 8 % de l'Hexagone ?
- **16.** Quel a été le premier parc national métropolitain créé en 1963 ?
- **17.** Où le parc naturel régional du Queyras est-il situé ?
- **18.** Le parc naturel régional Scarpe-Escaut est-il situé dans le département du Nord ou dans celui de la Loire ?
- **19.** Quel genre de parc le parc naturel régional de Port-Cros est-il ?
- **20.** Le parc naturel régional du Pilat est-il sec et inhabité ou riche en rivières et en sources ?

Réponses ▶ p. 269

060 LES CHAPEAUX

Donnez le nom de chaque chapeau.

Réponses ▸ p. 269

061 LES DEUX-ROUES

- **1.** En 2004, les immatriculations de motos neuves ont-elles dépassé les 150 000 ou les 200 000 ex. ?
- **2.** Quel est le pourcentage de motos légères, de moins de 125 cm^3, dans le parc français ?
- **3.** Combien y a-t-il de motards en France, 900 000 ou 1 million ?
- **4.** Par combien le parc des cyclomoteurs a-t-il été divisé depuis 1990, par 3 ou par 4 ?
- **5.** Avec Peugeot, quelle est la seule autre marque française de moto ?
- **6.** En France, vend-on chaque année plus de scooters de 50 cm^3 ou plus de cyclomoteurs ?
- **7.** Quelle est la marque de motos la plus vendue en France en 2004 ?
- **8.** Depuis quand les cyclomoteurs neufs doivent-ils être immatriculés ?
- **9.** À partir de quel âge un jeune peut-il conduire une moto de moins de 80 cm^3, 15 ou 16 ans ?
- **10.** Quand les scooters de 100 cm^3 sont-ils apparus, en 1995 ou en 1997 ?

Réponses ▸ p. 270

062 LA FAMILLE

1 **En France, la notion de famille fait toujours référence à des couples mariés ou non ayant des enfants.**
☐ Vrai
☐ Faux

2 **En 1999, les familles monoparentales étaient plus importantes que les familles recomposées.**
☐ Vrai
☐ Faux

3 **Les familles avec deux enfants sont plus nombreuses que celles avec un seul enfant.**
☐ Vrai
☐ Faux

4 **Le nombre de familles recomposées a augmenté de 10 % entre 1990 et 1999.**
☐ Vrai
☐ Faux

5 **En terme de réussite scolaire, les filles dépassent les garçons depuis 30 ans.**
☐ Vrai
☐ Faux

6 **En France, après une séparation, les enfants vivent plus souvent avec leur mère qu'avec leur père.**
☐ Vrai
☐ Faux

7 **Les Françaises ont moins d'enfants maintenant qu'au cours des années 1990.**
☐ Vrai
☐ Faux

8 **La participation des hommes aux tâches ménagères a beaucoup augmenté depuis 30 ans.**
☐ Vrai
☐ Faux

9 **Le pourcentage d'enfants nés hors mariage était de 46,2 % en 2003.**
☐ Vrai
☐ Faux

10 **En pourcentage, il y a deux fois plus de naissances hors mariage en France qu'en Espagne.**
☐ Vrai
☐ Faux

11 **En France, il est aisé pour une femme d'exercer une activité professionnelle et d'élever des enfants.**
☐ Vrai
☐ Faux

12 **Le divorce est la première cause de la monoparentalité.**
☐ Vrai
☐ Faux

13 **La moitié des couples vivent avec au moins un enfant.**
☐ Vrai
☐ Faux

14 **57 % des jeunes de 20 à 24 ans vivent encore chez leurs parents.**
☐ Vrai
☐ Faux

15 **C'est vers la 5e année de mariage que la fréquence des divorces est la plus élevée.**
☐ Vrai
☐ Faux

Réponses ▸ p. 270

063 LES ANNÉES 1920

- **1.** Quelle célèbre ligne de fortification est construite en 1929 au nord de la France ?
- **2.** Quel salon ouvre ses portes à Paris, principalement dédié aux travaux féminins ?
- **3.** Quel film magistral Abel Gance sort-il en 1927, sur triple écran ?
- **4.** Quel célèbre assassin de femmes, à la barbe noire, est inculpé puis exécuté au début de la décennie ?
- **5.** Quel est l'auteur de ***Chéri***, publié en 1920 ?
- **6.** L'acteur et réalisateur Linder meurt le 30 octobre 1925. S'appelait-il Henri ou Max ?
- **7.** Le 1er avril 1923, la durée du service militaire est-elle réduite à 18 mois ou à 20 mois ?
- **8.** Jean Cocteau publie-t-il ses ***Enfants terribles*** en 1929 ou en 1927 ?
- **9.** Quelle ville française accueille les Jeux olympiques de 1924, Paris ou Marseille ?
- **10.** Quel prix hippique est créé en hommage à l'intervention américaine pendant la Grande Guerre ?
- **11.** Quand la loi Loucheur sur les logements voit-elle le jour ?
- **12.** Quelle célèbre radio parisienne émet pour la première fois en 1922 ?
- **13.** En novembre 1924, un homme est condamné à perpétuité pour un crime qu'il niera toujours. Qui est-ce ?
- **14.** En 1923, le franc perd-il 30 ou 50 % de sa valeur ?
- **15.** Quand les socialistes français adhèrent-ils à la IIIe Internationale communiste ?
- **16.** Les cendres de quel grand homme transfère-t-on au Panthéon le 23 novembre 1924 ?
- **17.** Quel écrivain a droit à des funérailles nationales en juin 1923 ?
- **18.** Georges Carpentier devient champion du monde des mi-lourds en octobre 1920. Quel était son ancien métier ?
- **19.** En quelle année l'hebdomadaire ***Gringoire*** sort-il son 1er numéro ?
- **20.** Le 1er film parlant français sort le 31 octobre 1929. Quel est son titre ?

Réponses ▶ p. 270

Musique !

064 JULIEN CLERC

- **1.** Quel est le vrai prénom de Julien Clerc : Charles-Henri ou Paul-Alain ?
- **2.** Que Lili voulait-elle aller danser dans la chanson ?
- **3.** Comment s'appelle la métisse dont Julien Clerc parle dans une chanson ?
- **4.** Selon la chanson, Julien Clerc a un cœur de…
- **5.** Qui fut longtemps le parolier de Julien Clerc : Étienne Roda-Gil ou Pierre Delanoë ?
- **6.** Que porte la « fille » du tube de Julien Clerc ?
- **7.** Quelle comédienne bien connue a eu une fille prénommée Jeanne avec Julien Clerc ?
- **8.** Julien Clerc a-t-il chanté ***Noé*** ou ***Moïse*** ?
- **9.** Quel titre ont en commun une chanson de Julien Clerc et une de Roch Voisine ?
- **10.** Qu'est-ce qui caractérise Julien Clerc, une voix éraillée ou un vibrato ?
- **11.** L'un des tubes de Julien Clerc s'intitule : ***Fais-moi***…
- **12.** Qu'est-ce qui « passe » selon la chanson ***Ce n'est rien*** ?
- **13.** Dans quelle comédie musicale Julien Clerc a-t-il tenu le rôle principal : ***Starmania*** ou ***Hair*** ?
- **14.** Qu'est-ce qui est « trop dur » selon une chanson bien connue de Julien Clerc ?
- **15.** Julien Clerc a-t-il chanté ***Utile*** ou ***Jaloux*** ?
- **16.** Avec quelle chanteuse Julien Clerc eut-il une relation de 1969 à 1975 ?
- **17.** Quel est le titre exact de la chanson de Julien Clerc : ***Si on chantait*** ou ***Si on s'aimait*** ?
- **18.** À qui le chanteur dit-il : « Je vous aime », dans un de ses tubes ?
- **19.** Quel État américain a donné son nom à une chanson de Julien Clerc ?
- **20.** Julien Clerc a-t-il chanté ***Le Cœur volcan*** ou ***Le Cœur océan*** ?

Réponses ▶ p. 270

065 LES BONBONS ET FRIANDISES

- 1. Uzès, dans le Gard, a-t-elle pour spécialité la fabrication de bonbons à la réglisse ou à la violette ?
- 2. Quelles douceurs trouve-t-on parfois sous forme de bornes kilométriques ?
- 3. Les grains de millet sont-ils des bonbons en forme de mûre ou des cachous à la réglisse ?
- 4. Quels bonbons sont fabriqués à Isigny, en Normandie ?
- 5. Les mirabelles confites sont-elles une spécialité de Strasbourg ou de Grenoble ?
- 6. Quelle forme les pastilles au sel de Vichy ont-elles depuis 1833 ?
- 7. Quel est le bonbon fétiche de Cambrai : la bêtise ou la sottise ?
- 8. À quoi les bergamotes de Nancy sont-elles aromatisées ?
- 9. Les cocons sont-ils une spécialité de Lyon ou de Besançon ?
- 10. Que sont les pavés bizontins ?
- 11. Quels bonbons fabrique-t-on à la Palisse, dans l'Allier ?
- 12. À Roubaix, les magnificats sont-ils des caramels ou des pâtes de fruits ?
- 13. Les caisses de Wassy sont-elles des meringues ou des chocolats ?
- 14. Où les chevriers, petits bonbons en forme de flageolets, sont-ils fabriqués : à Arpajon ou à Tarbes ?
- 15. Quel est le nom des bonbons de forme ovale fabriqués à Pau, Lourdes ou Bagnères-de-Bigorre ?
- 16. À Alès, dans le Gard, mange-t-on plutôt du nougat noir ou du nougat blanc ?
- 17. Quel est le nom des caramels mous au chocolat de Bordeaux ?
- 18. Quel goût ont les brazadoux, bonbons fabriqués à Quiberon ?
- 19. Que sont les tourons ?
- 20. Où fabrique-t-on des quernons d'ardoise ?

Réponses ▶ p. 270

Mmmh...

066 LES SCIENTIFIQUES

- 1. Quel astronome né en 1842 porte le même nom qu'une grande maison d'édition parisienne ?
- 2. À qui doit-on le terme de chaptalisation, procédé utilisé pour élaborer certains vins ?
- 3. Dans quelle discipline Haroun Tazieff s'est-il fait connaître ?
- 4. Jacques Monod s'est-il illustré dans des recherches sur le Sahara ou sur le pôle Nord ?
- 5. Le scientifique Pierre-Gilles de Gennes a-t-il eu une activité dans l'enseignement ?
- 6. Quel livre l'astrologue et médecin Nostradamus a-t-il écrit en 1555 ?
- 7. Quelle sorte de radioactivité Frédéric et Irène Joliot-Curie ont-ils inventée en 1934 ?
- 8. À qui doit-on la géométrie descriptive, au XVIIIe siècle ?
- 9. La Pascaline, conçue par Blaise Pascal, était-elle une machine à calculer ou une sorte de vélo ?
- 10. Par quel savant français les hiéroglyphes égyptiens ont-ils été déchiffrés ?
- 11. Que doit-on à Augustin Fresnel, les lentilles à échelons pour phares ou le thermomètre ?
- 12. Au XVIIIe siècle, Lavoisier a-t-il été connu pour ses travaux sur la mécanique ou sur la chimie ?
- 13. En travaillant sur quelle mécanique le marquis de Laplace s'est-il illustré au XVIIIe siècle ?
- 14. Le procédé de conservation des bières appelé pasteurisation est-il toujours utilisé ?
- 15. Quel instrument d'écoute du cœur le professeur Laennec inventa-t-il en 1815 ?
- 16. Avec qui Pierre de Fermat a-t-il été le fondateur du calcul des probabilités ?
- 17. Avec qui Guérin inventa-t-il le vaccin antituberculeux dit BCG ?
- 18. Mort en 1912, Henri Poincaré fut-il un grand savant en physique ou en mathématiques ?
- 19. Quel instrument le Français Bourseul inventa-t-il en 1854, attribué à tort à l'Américain Bell ?
- 20. Sur quelle section des mathématiques Évariste Gallois travailla-t-il au XIXe siècle ?

Réponses ▶ p. 270

067 LYON

1. Qui est le maire de Lyon en 2006 : Gérard ou Francisque Collomb ?
2. Qu'est-ce que la cervelle de canut : une spécialité fromagère ou un alcool ?
3. Quelle célèbre marionnette est originaire de Lyon ?
4. Quel était le nom latin de Lyon ?
5. Combien de gares en activité la ville compte-t-elle ?
6. Quelle chanteuse est née à Lyon : Liane Foly ou Axelle Red ?
7. Quel était le métier des fameux canuts de la Croix-Rousse ?
8. Quel est le nom de l'équipe de football de Lyon ?
9. Quelle place lyonnaise est la plus grande d'Europe : Bellecour ou Terreaux ?
10. Quels célèbres frères, inventeurs du cinéma, étaient originaires de Lyon ?
11. Comment appelle-t-on les petits restaurants typiques de Lyon : les bahuts ou les bouchons ?
12. Quel transport en commun a fait sa réapparition à Lyon en 2001 ?
13. Quelle fête célèbre-t-on à Lyon le 8 décembre ?
14. Quel quartier historique est classé au patrimoine mondial de l'Humanité : Saint-Luc ou Saint-Jean ?
15. Quelle basilique surplombe la ville ?
16. Quel est le nom du gros saucisson spécialité de la ville ?
17. De quoi Lyon est-elle la capitale historique ?
18. Quel est le nom du stade de Lyon ?
19. Quel illustre chef cuisinier a son restaurant non loin de Lyon ?
20. Quels sont les deux cours d'eau qui traversent la ville ?

Réponses ▸ p. 270

068 SOPHIE MARCEAU

1. Qui incarne la grand-mère de Sophie Marceau dans ***La Boum*** ?
2. Quel âge Sophie Marceau avait-elle quand elle a tourné ce film ?
3. Quel statut envié a-t-elle acquis en tournant ***Le monde ne suffit pas***, aux côtés de Pierce Brosnan ?
4. Dans ***Marquise***, dans lequel elle incarne la marquise du Parc, Sophie Marceau intègre-t-elle la troupe de Corneille ou de Molière ?
5. Dans quel film Sophie Marceau est-elle possédée par l'esprit d'une momie tueuse ?
6. Dans quel film Sophie Marceau incarne-t-elle une jeune institutrice sous la Révolution ?
7. Combien Sophie Marceau a-t-elle d'enfants, 0, 1 ou 2 ?
8. Sophie Marceau a-t-elle joué aux côtés de Mel Gibson ou de Harrison Ford ?
9. Dans quel film était-ce ?
10. Qui est le petit ami de Sophie Marceau dans ***L'Étudiante*** ?
11. Dans ***Firelight***, Sophie Marceau est-elle chanteuse ou gouvernante ?
12. Quelle héroïne de Tolstoï Sophie Marceau a-t-elle incarnée ?
13. Avec quel chanteur Sophie Marceau a-t-elle chanté en duo ***Dream in Blue*** ?
14. Andrzej Zulawski, avec qui l'actrice a vécu pendant plus de 15 ans, est-il Hongrois ou Polonais ?
15. Quel césar l'actrice a-t-elle obtenu pour ***La Boum 2*** ?
16. Quel acteur incarne le père de Sophie Marceau dans ***La Fille de d'Artagnan*** ?
17. Dans quel film adapté d'un roman d'Alexandre Jardin Sophie Marceau a-t-elle joué ?
18. Qui était son partenaire dans ce film, Vincent Pérez ou Daniel Auteuil ?
19. Combien d'albums Sophie Marceau a-t-elle enregistrés ?
20. Quel est le vrai nom de l'actrice, Martin ou Maupu ?

Réponses ▸ p. 270

069 LES FORMES DES FROMAGES

1 Quel est le diamètre d'un camembert?
- A: 10 cm.
- B: 11 cm.
- C: 12 cm.

2 Quelle est la longueur d'une bûche de sainte-maure?
- A: De 14 à 16 cm.
- B: De 18 à 21 cm.
- C: De 10 à 12 cm.

3 Quelle est la forme du pouligny-saint-pierre?
- A: Une pyramide tronquée.
- B: Un cylindre.
- C: Un carré.

4 Le maroilles a la forme d'un carré, combien mesure son côté?
- A: 11 cm.
- B: 13 cm.
- C: 15 cm.

5 Quel est le diamètre d'un brie de Meaux?
- A: De 27 à 29 cm.
- B: De 31 à 32 cm.
- C: De 35 à 37 cm.

6 Quelle est la forme du murol?
- A: Une roue pleine.
- B: Une roue avec un trou central.
- C: Un palet.

7 De ces trois fromages, lequel a la forme d'une fleur à six pétales?
- A: Le saint-albray.
- B: Le tamié de Savoie.
- C: La tomette du Pays basque.

8 Quel fromage a la forme d'une boule aplatie à sa base?
- A: Le napoléon corse.
- B: La mimolette lilloise.
- C: Le gaperon auvergnat.

9 Quelle est l'épaisseur du chabichou?
- A: 5 cm.
- B: 6 cm.
- C: 7 cm.

10 Quelle est la forme du fromage de Laguiole?
- A: Un carré.
- B: Un cylindre.
- C: Un triangle.

11 Lequel de ces fromages a la forme d'un cœur?
- A: Le neufchâtel.
- B: Le coulommiers fermier.
- C: L'explorateur.

12 Quelle est la forme de la cabrette du Périgord?
- A: Une boule.
- B: Une figue.
- C: Un cœur.

13 Quel fromage a la forme d'un petit dôme?
- A: Le brocciu corse.
- B: Le boursin.
- C: La taupinière.

14 Quelle particularité la rouelle blanche du Tarn a-t-elle?
- A: Elle possède un trou central.
- B: Elle a une forme triangulaire.
- C: Elle est piquée de deux pailles croisées.

15 Le vieux pané a la forme d'un carré, combien mesure son côté?
- A: 18 cm.
- B: 22 cm.
- C: 25 cm.

Réponses ▶ p. 270

070 L'IMPÔT SUR LE REVENU

1 Quand l'impôt sur le revenu a-t-il été créé?
- A: En 1917. B: En 1926.
- C: En 1939.

2 Entre 1990 et 2005, combien de fois l'impôt sur le revenu a-t-il été réformé?
- A: 1 fois. B: 3 fois. C: 5 fois.

3 Qui doit payer des impôts en France si l'on perçoit des revenus suffisants?
- A: Les Français métropolitains uniquement.
- B: Les Français métropolitains et des Dom-Tom.
- C: Les personnes touchant des revenus en France.

4 Combien y avait-il de tranches d'impôt sur le revenu en 1990?
- A: 7. B: 10. C: 13.

5 Quel était le taux marginal d'imposition sur le revenu en 1995?
- A: 60,5 %. B: 56,8 %. C: 53,2 %.

6 Quel était le taux marginal d'imposition sur le revenu en 2005?
- A: 48,09 %. B: 49,13 %.
- C: 49,90 %.

7 Quel pays a un taux maximum d'imposition près de deux fois moindre que la France, avec 25 %?
- A: L'Allemagne.
- B: La Suède.
- C: Les États-Unis.

8 Combien l'impôt sur le revenu a-t-il rapporté en 2004?
- A: 50 milliards d'euros.
- B: 50,9 milliards d'euros.
- C: 53,4 milliards d'euros.

9 Quel document de référence a été créé sur les relations entre les contribuables et l'Administration?
- A: La charte du contribuable.
- B: La charte de l'Administration fiscale.
- C: La charte fisc-contribuable.

10 En 2006, il y a deux abattements sur les revenus, de 10 et de 20 %, qu'en sera-t-il en 2007?
- A: Les deux abattements subsistent.
- B: L'abattement de 10 % disparaît.
- C: L'abattement de 20 % disparaît.

11 Quels revenus subissent l'impôt sur le revenu?
- A: Uniquement les revenus salariaux.
- B: Tous les revenus.
- C: Tous les revenus sauf les gains en capital.

12 Pour quelle habitation le crédit d'impôt en faveur du développement durable est-il accordé?
- A: Pour la résidence principale.
- B: Pour la résidence secondaire.
- C: Pour toutes sortes d'habitation.

13 Quel est le taux du crédit d'impôt pour les dépenses de matériaux d'isolation thermique?
- A: 15 %. B: 25 %. C: 40 %.

14 En 2006, à combien la réduction pour dons aux organismes d'intérêt général passe-t-elle?
- A: À 60 % des versements, limités à 20 % des revenus.
- B: À 66 % de ces versements.
- C: À 69 % de ces versements.

15 Quel jour du mois les prélèvements ont-ils lieu lorsque l'on opte pour le prélèvement automatique?
- A: Le 5. B: Le 10. C: Le 15.

Réponses ▶ p. 270

Tourisme

071 LES FRUITS

1. La beurrée hardy est-elle une poire ou une pêche ?
2. La griotte de Montmorency est-elle une cerise sucrée ou une cerise acidulée ?
3. Le groseillier à maquereau est-il connu en Europe depuis le XVIe siècle ou depuis le XIXe siècle ?
4. La chair de la mangue est-elle blanche ou jaune ?
5. La Damas de Tours est-elle une prune ou une cerise ?
6. La framboise est-elle très calorique ou peu calorique ?
7. Quelle est la seule poire d'hiver : la passe-crassane ou la Pierre Corneille ?
8. La mirabelle a-t-elle une couleur jaune orangé ou vert-jaune ?
9. Les citrons à punch, en Guadeloupe, sont-ils de grosse taille ou de petite taille ?
10. Le kaki est-il le fruit du plaqueminier ou du kakier ?
11. La melrose est-elle une pêche ou une pomme ?
12. Le coing est-il un fruit énergétique ou très peu énergétique ?
13. Les nèfles communes mûrissent-elles en été ou en automne ?
14. La fraise de nos étals a-t-elle été importée vers 1714 du Chili ou d'Espagne ?
15. Les noix fraîches peuvent-elles se déguster toute l'année ?
16. L'amande séchée a-t-elle des vertus défatigantes ?
17. Quelle est la couleur des caramboles guadeloupéennes ?
18. Le kiwi est-il le fruit de l'actinidia ou du kiwisier ?
19. La pêche est-elle 5 fois moins ou 10 fois moins calorique que la noisette fraîche ?
20. La banane-pomme d'outre-mer est-elle grande et effilée ou petite et dodue ?

Réponses ► p. 270

072 LES CHÂTEAUX DE LA LOIRE

1. Quel château est célèbre pour son jardin potager ?
2. Quel cours d'eau le château de Chenonceau enjambe-t-il ?
3. Combien la galerie située au-dessus de l'eau mesure-t-elle, 60 ou 120 m ?
4. Dans quel château surplombant la Loire peut-on visiter le chapelle Saint-Hubert ?
5. À quelle époque ont été bâtis la plupart des châteaux de la Loire ?
6. Lequel est le plus près de Tours, le château de Chambord ou celui de Langeais ?
7. Quelle célèbre tapisserie le château d'Angers abrite-t-il ?
8. Ce château était-il celui du roi David ou du roi René ?
9. Quel château est construit sur l'eau, Cheverny ou Azay-le-Rideau ?
10. Quel cours d'eau baigne ce château, le Cher ou l'Indre ?
11. Quelle est la particularité de l'escalier de Chambord ?
12. Pour quel conte Charles Perrault se serait-il inspiré du château d'Ussé ?
13. Quel savant et artiste italien est enterré au château d'Amboise ?
14. Quel château possède une façade en brique et pierre comportant une statue équestre ?
15. Quel souverain cette statue représente-t-elle, Louis XII ou Louis XVI ?
16. Lequel n'est pas un château royal, Amboise ou Cheverny ?
17. À qui Valençay a-t-il appartenu, Robespierre ou Talleyrand ?
18. Le château de Chantilly fait-il partie des châteaux de la Loire ?
19. Pour quel château de bande dessinée Hergé s'est-il inspiré de Cheverny ?
20. De quel château peut-on visiter les terrasses, Amboise ou Chambord ?

Réponses ► p. 270

073 LE TENNIS

1. En tournoi officiel, une balle de tennis peut-elle être de couleur jaune ?
2. Le mot « tennis » vient-il d'un vieux mot français ou d'un vieux mot gallois ?
3. Combien y a-t-il de joueurs classés en France ?
4. Quel mot français emploie-t-on pour ***tie-break*** ?
5. Quel matériau donne aux terrains de tennis en terre battue leur couleur rouge ?
6. Quel est l'actuel capitaine de l'équipe de France de tennis ?
7. Les internationaux de France se déroulent-ils sur gazon ou sur terre battue ?
8. En 2004, deux Français réalisent le match le plus long de l'ère open : a-t-il duré 6 h 33 ou 5 h 33 ?
9. Combien d'internationaux spécifiques faut-il remporter la même année pour réaliser un grand chelem ?
10. Quel était le surnom de l'équipe formée par Borotra, Brugnon, Cochet et Lacoste ?
11. Quel Français a été le seul à atteindre la finale de la Master Cup en 2001 ?
12. Quel Français peut s'enorgueillir d'avoir remporté un grand chelem ?
13. Où les internationaux de France sont-ils disputés ?
14. Avec qui Yannick Noah a-t-il gagné en double à Roland Garros en 1984 ?
15. Un Français a-t-il déjà gagné à Wimbledon ?
16. Le point marqué au service sans que l'adversaire touche la balle est-il un ace ou un lob ?
17. Comment s'appelle la coupe remportée lors des simples dames aux internationaux de France ?
18. Dans un match international, une finale dames peut-elle se jouer en 5 manches ?
19. À combien de reprises les joueurs français ont-ils perdu la finale des internationaux de France ?
20. Quel Français a été le plus jeune champion du monde junior à 16 ans ?

Réponses ▶ p. 270

074 LES PRÉSENTATEURS DE JT

1. Quel présentateur de JT présente également l'émission ***Combien ça coûte*** ?
2. Quel présentateur de JT était l'époux de Jacqueline Joubert ?
3. Qui présentait le JT de 13 h avec Rachid Arhab, Carole Gaessler ou Florence Aubenas ?
4. Quel journaliste fut le premier à présenter le JT depuis un lieu extérieur aux studios ?
5. Quelle journaliste présente les JT de 20 h du week-end sur France 2 depuis 1997 ?
6. Claude Sérillon a-t-il présenté le JT sur TF1 ou Antenne 2 ?
7. En 2007, depuis combien d'années Patrick Poivre d'Arvor présentera-t-il le JT de TF1, 10 ou 20 ans ?
8. Ancien présentateur de JT, Bernard Rapp est-il également réalisateur ou homme politique ?
9. Qui présente le ***Six minutes*** de M6 ?
10. Quel comédien partage la vie de Claire Chazal ?
11. Sur quelle chaîne David Pujadas présente-t-il le JT ?
12. Jean-Marie Cavada a-t-il déjà présenté le JT ?
13. À quelle heure Élise Lucet présente-t-elle le JT ?
14. Qui fut le premier présentateur du ***19/20***, Louis Laforge ou Henri Sannier ?
15. Quel présentateur du JT a également animé ***Intervilles*** avec Guy Lux pendant plusieurs années ?
16. Bruno Masure a-t-il présenté le JT de TF1 ?
17. De quel homme politique la présentatrice Christine Ockrent est-elle l'épouse ?
18. Quel journaliste sportif, animateur de ***Stade 2*** depuis 2005 a présenté le JT de 13 h ?
19. Pourquoi Paul Amar a-t-il été renvoyé du JT ?
20. Laure Adler a-t-elle déjà présenté le JT ?

Réponses ▶ p. 270

Mesdames, mesdemoiselles, messieurs…

075 FRANÇOIS TRUFFAUT

- **1.** De quel mouvement cinématographique François Truffaut fut-il l'un des initiateurs ?
- **2.** Dans quel film de Spielberg François Truffaut joue-t-il, ***Rencontres du troisième type*** ou ***E.T.*** ?
- **3.** Qui fut la dernière compagne de Truffaut, Sandrine Bonnaire ou Fanny Ardant ?
- **4.** En quelle couleur est habillée la « mariée » de François Truffaut ?
- **5.** Quelle actrice l'incarna ?
- **6.** Qui était l'acteur fétiche de François Truffaut, Jean-Pierre Léaud ou Claude Rich ?
- **7.** Qu'aimait « l'homme » de François Truffaut ?
- **8.** Quel fut le premier succès de Truffaut, ***La Peau douce*** ou ***Les Quatre Cents Coups*** ?
- **9.** Combien de césars ***Le Dernier Métro*** a-t-il obtenus, 6 ou 10 ?
- **10.** À quelle époque se passe l'intrigue de ce film ?
- **11.** Quelle actrice fut la « femme d'à côté » de Truffaut ?
- **12.** Dans lequel de ses films Truffaut a-t-il le rôle principal, ***Tirez sur le pianiste*** ou ***La Chambre verte*** ?
- **13.** En quelle année Truffaut est-il mort, 1984 ou 1990 ?
- **14.** Pour quel réalisateur Truffaut a-t-il écrit le scénario du film ***À bout de souffle*** ?
- **15.** Quel personnage apparaît dans 5 films de Truffaut, Jean Duchemin ou Antoine Doinel ?
- **16.** Quel roman de science-fiction américain Truffaut a-t-il adapté pour le cinéma ?
- **17.** Dans quel film Truffaut raconte-t-il le tournage d'un film ?
- **18.** Le dernier film de Truffaut s'intitule-t-il ***Vivement les vacances !*** ou ***Vivement dimanche !*** ?
- **19.** Quel acteur Truffaut a-t-il révélé, Gérard Depardieu ou Jean-François Stévenin ?
- **20.** ***L'Histoire d'Adèle H.*** est-il un film de Truffaut ?

Réponses ▸ p. 270

076 LES PONTS

- **1.** À quel peuple doit-on le célèbre pont du Gard ?
- **2.** Combien compte-t-il de rangées d'arcades, 1, 2 ou 3 ?
- **3.** Le viaduc de Garabit est-il une construction métallique ou en pierre ?
- **4.** À quel moyen de transport est-il réservé ?
- **5.** Quel pont parisien Lady Diana a-t-elle rendu tristement célèbre ?
- **6.** Quel fleuve le pont de Brotonne enjambe-t-il ?
- **7.** Sous quel nom de ville le pont Saint-Bénezet est-il plus connu ?
- **8.** Quel pont français est le plus haut viaduc du monde ?
- **9.** Quel type de voie passe sur ce pont ?
- **10.** En quelle année a-t-il été inauguré, 2000 ou 2004 ?
- **11.** Quel cours d'eau le pont de Tancarville enjambe-t-il ?
- **12.** De quel type de pont s'agit-il ?
- **13.** Quel est le plus ancien pont de Paris ?
- **14.** Quel fleuve le canal du Centre peut-il franchir grâce au pont-canal de Digoin ?
- **15.** Quelle île est reliée au continent par un pont, l'île de Ré ou l'île d'Oléron ?
- **16.** La traversée du pont de Saint-Nazaire est-elle payante ?
- **17.** Quel célèbre pont du Rhône, plusieurs fois détruit puis restauré, est aujourd'hui rompu ?
- **18.** Quelle passerelle parisienne relie l'Institut de France au Louvre ?
- **19.** Quel pont relie Le Havre à Honfleur ?
- **20.** A-t-il été inauguré en 1983 ou en 1995 ?

Réponses ▸ p. 270

077 LES DOUCEURS ET GÂTEAUX

1 **Les sablés de Retz ont été inventés en 1920.**
- Vrai
- Faux

2 **Les chocolats de Grignan, en Eure-et-Loir, étaient appréciés par la marquise de Sévigné.**
- Vrai
- Faux

3 **Le pain d'épices de Dijon est plus ancien que celui de Reims.**
- Vrai
- Faux

4 **Les papillotes doivent leur nom à M. Papillot, commerçant lyonnais de la fin du XVIIIe siècle.**
- Vrai
- Faux

5 **Les cochelins, de Chartres, datent du Moyen Âge.**
- Vrai
- Faux

6 **Le nougat date de deux siècles et demi.**
- Vrai
- Faux

7 **Les papalines de Lyon ont tout juste 45 ans.**
- Vrai
- Faux

8 **Les pâtes de fruit appelées cotignac étaient déjà connues à l'époque de Jeanne d'Arc.**
- Vrai
- Faux

9 **C'est en 1880 qu'un pharmacien de Toulouse a inventé le cachou.**
- Vrai
- Faux

10 **Les truffes blanches de Lyon sont une création récente.**
- Vrai
- Faux

11 **Les mentchikoffs de Chartres sont une création récente.**
- Vrai
- Faux

12 **La confiserie appelée forestine, à Bourges, doit son nom depuis 1879 à son inventeur, M. Forest.**
- Vrai
- Faux

13 **Les violettes de Toulouse ont un siècle d'existence.**
- Vrai
- Faux

14 **Les berlingots de Carpentras existent depuis moins d'un siècle.**
- Vrai
- Faux

15 **Les nieulles d'Armentières sont connus depuis 500 ans.**
- Vrai
- Faux

Réponses ▶ p. 270

078 LA DÉMOGRAPHIE

1 **Au 1er janvier 2005, la France comptait 62,4 millions d'habitants, quelle était la part des Dom-Tom ?**
- A : 1,8 million.
- B : 2,1 millions.
- C : 2,5 millions.

2 **Selon la loi du 28 février 2002, quelles sont les nouvelles modalités du recensement en France ?**
- A : Des collectes quinquennales complètes.
- B : Des collectes annuelles partielles.
- C : Des collectes biennales partielles.

3 **Entre 1936 et 1999, quel est le pourcentage d'augmentation de la population des villes ?**
- A : 100 %.
- B : 150 %.
- C : 200 %.

4 **Selon les tendances actuelles, quelles sont les prévisions de population française pour 2030 ?**
- A : 63,9 millions.
- B : 64,3 millions.
- C : 65,1 millions.

5 **Quel pourcentage de la population de l'Europe des 25 la population de la France représente-t-elle ?**
- A : 11,5 %.
- B : 13 %.
- C : 15,3 %.

6 **Laquelle de ces régions métropolitaines est la plus habitée ?**
- A : La région Paca.
- B : Le Nord-Pas-de-Calais.
- C : La région Rhône-Alpes.

7 **En France, combien d'habitants vivent dans des villes ?**
- A : 39 millions.
- B : 45 millions.
- C : 48 millions.

8 **Entre 1990 et 1999, de combien la population rurale a-t-elle baissé ?**
- A : De 250 000 personnes.
- B : De 400 000 personnes.
- C : De 500 000 personnes.

9 **Par rapport à 1931, comment la population étrangère en France se situe-t-elle en 2005 ?**
- A : Elle est supérieure.
- B : Elle est inférieure.
- C : Elle est sensiblement égale.

10 **En 1962, 6,1 % de personnes vivaient seules en France, quel est le taux actuel ?**
- A : 7,9 %.
- B : 9,5 %.
- C : 12,6 %.

11 **Lequel de ces pays a l'espérance de vie la plus importante ?**
- A : La France.
- B : La Belgique.
- C : La Suède.

12 **Lequel de ces pays a le taux de mortalité le plus bas ?**
- A : La France.
- B : L'Irlande.
- C : Le Portugal.

13 **Combien y a-t-il eu d'interruptions volontaires de grossesse estimées en 2002 ?**
- A : 185 000.
- B : 206 000.
- C : 234 000.

14 **En France, quand les personnes âgées seront-elles plus nombreuses que les moins de 20 ans ?**
- A : Dès 2011.
- B : Dès 2016.
- C : Dès 2020.

15 **Par rapport à la population ouvrière, que peut-on dire de la population des employés ?**
- A : Elle est plus nombreuse.
- B : Elle est moins nombreuse.
- C : Elle est de taille équivalente.

Réponses ▶ p. 270

079 LES CHANSONS POPULAIRES

- **1.** Combien de temps dure le « plaisir d'amour » ?
- **2.** Sur quoi Pierre Perret nous dira-t-il tout ?
- **3.** Où voit-on « danser » la mer selon Charles Trénet ?
- **4.** Quel groupe chantait ***Viens boire un p'tit coup à la maison*** ?
- **5.** Dans la chanson, que font les canards en sortant de la mare ?
- **6.** Que boit-on « sous les tonnelles » ?
- **7.** Selon la chanson, « le temps est loin de nos… » vingt ans ou trente ans ?
- **8.** De quelle couleur est la java dans la chanson ?
- **9.** Que ne faut-il pas faire dans la chanson ***Boire un petit coup*** ?
- **10.** Le « temps » de quel fruit fait l'objet d'une chanson bien connue ?
- **11.** Complétez ce refrain : « Aujourd'hui peut-être… »
- **12.** La « belle » de quelle ville Luis Mariano a-t-il chantée ?
- **13.** Une chanson de Maurice Chevalier s'intitule : ***Dans la vie, faut pas***…
- **14.** « On n'est pas là » pour quoi selon une chanson de Boris Vian ?
- **15.** Qui chantait ***Le Tirelipimpon*** ?
- **16.** Dans quelle chanson de Zébu tout le monde « s'éclate » et « se marre » ?
- **17.** Quels sont les « deux amours » de Joséphine Baker ?
- **18.** La « tactique » de qui Bourvil a-t-il chantée ?
- **19.** Qu'est-ce qui « part toujours à l'heure » dans une chanson de la Bande à Basile ?
- **20.** Qui est « la plus belle du monde » selon la chanson ?

Réponses ▶ p. 270

080 LE GOUVERNEMENT

- **1.** Quel titre le Premier ministre portait-il jusqu'en 1958 ?
- **2.** Qui détermine et conduit la politique de la nation, le Président ou le Gouvernement ?
- **3.** Par qui les membres du Gouvernement sont-ils nommés ?
- **4.** Un secrétaire d'État siège-t-il au Conseil des ministres ou n'y siège-t-il pas ?
- **5.** La première cohabitation date-t-elle de François Mitterrand ou de Louis-Philippe ?
- **6.** Le Conseil des ministres se tient-il généralement le mercredi ou le jeudi ?
- **7.** Un Premier ministre en fonction peut-il exercer une fonction ministérielle ?
- **8.** La motion de censure met-elle en cause la responsabilité du Gouvernement ou celle du Président ?
- **9.** Qui peut engager la responsabilité d'un gouvernement ?
- **10.** De quand les Premiers ministres d'État datent-ils ?
- **11.** Quel fut le plus jeune Premier ministre de la Ve République ?
- **12.** Les membres du Gouvernement ont-ils accès au Sénat ou à l'Assemblée nationale ?
- **13.** En mai 1968, le Premier ministre était-il Georges Pompidou ou Maurice Couve de Murville ?
- **14.** Sous la Ve République, quel est le Premier ministre à avoir eu la plus grande longévité ?
- **15.** Sous la Ve République, quel ministre a eu la plus courte carrière ?
- **16.** Sous la IVe République, combien de jours le gouvernement le plus court dura-t-il ?
- **17.** Quelle fut la seule femme Premier ministre de France ?
- **18.** En 1992, le ministre de la Ville démissionne. Quel est son nom ?
- **19.** En quelle année Lionel Jospin est-il devenu Premier ministre ?
- **20.** Quel a été le Premier ministre de la première cohabitation de François Mitterrand ?

Réponses ▶ p. 270

Politique

Fragrances

081 LES PARFUMS

- 1. Quel parfum de légende Marilyn Monroe rendit-elle célèbre ?
- 2. Quelle est la marque du parfum ***Trésor*** ?
- 3. Quelle est la forme du flacon du parfum classique de Jean-Paul Gautier pour femme ?
- 4. À qui est destiné le parfum ***Tartine et chocolat*** ?
- 5. Quelle est la couleur du parfum ***Poison***, de Christian Dior ?
- 6. Quel parfum d'Yves Saint-Laurent portait le nom d'une boisson ?
- 7. Quelle est la dernière création de Givenchy, ***Very Irresistible*** ou ***Ysatis*** ?
- 8. Quel parfum d'Hermès porte le nom du logo de la marque ?
- 9. Quel parfum de Guerlain porte le nom d'une célèbre avenue parisienne ?
- 10. Lequel n'est pas un parfum de Chanel, ***Égoïste*** ou ***Hypocrite*** ?
- 11. Quelle est la couleur du flacon du parfum ***Byzance*** de Rochas ?
- 12. ***Eau sauvage***, de Christian Dior est-il un parfum pour homme ou pour femme ?
- 13. Que contient le flacon du parfum ***Noa*** de Cacharel, des paillettes ou une perle ?
- 14. Quelle est la marque du parfum ***XS*** ?
- 15. Quel est le nom exact du parfum d'Yves Saint-Laurent, ***Rive droite*** ou ***Rive gauche*** ?
- 16. Lanvin propose-t-il des parfums pour homme ?
- 17. Quelle est la couleur de la boîte du parfum ***Poême*** de Lancôme ?
- 18. Quelle est la forme du flacon du parfum ***Angel*** de Thierry Mugler ?
- 19. Lequel est un parfum de Guerlain, ***Shalimar*** ou ***Samsara*** ?
- 20. Quelle est la marque du parfum ***Loulou*** ?

Réponses ▶ p. 270

082 LE SKI

- 1. Quel autre nom le ski alpin porte-t-il ?
- 2. Le ski est-il le 3e ou le 5e sport national français ?
- 3. Dans quelle discipline Richard Gay a-t-il été médaillé olympique en 2002 ?
- 4. Dans quelle décennie le virage parallèle a-t-il été inventé ?
- 5. Quand le premier club de ski fut-il fondé ?
- 6. Le ski alpin est-il accessible aux personnes unijambistes ?
- 7. La France est-elle le 1er ou le 5e domaine skiable du monde ?
- 8. La première médaille olympique française est-elle gagnée en 1936 ou en 1956 ?
- 9. Où les 16es Jeux olympiques se sont-ils déroulés ?
- 10. Combien y a-t-il de disciplines en ski alpin ?
- 11. À quel skieur doit-on l'invention de la position en descente de l'œuf ?
- 12. Le ski nordique est-il pratiqué en France ?
- 13. Qui a remporté la descente dames aux Jeux olympiques de Salt Lake City ?
- 14. Quelle vitesse la Française Karine Dubouchet a-t-elle atteint au KL en avril 2002 aux Arcs ?
- 15. Combien de fois la France a-t-elle obtenu les 2 premières places à des Jeux olympiques d'hiver ?
- 16. En descente, de combien la dénivellation peut-elle être au maximum ?
- 17. Un Français a-t-il déjà gagné la Coupe du monde hommes de ski nordique ?
- 18. Combien de médailles d'or Jean-Claude Killy a-t-il remportées aux Jeux olympiques en 1968 ?
- 19. Par qui le premier titre de l'histoire en Super G fut-il gagné ?
- 20. Régine Cavagnoud s'est-elle tuée en Autriche lors d'une compétition ou lors d'un entraînement ?

Réponses ▶ p. 270

Théâtre

083 MOLIÈRE

- **1.** Quel était le vrai nom de Molière ?
- **2.** De quel roi Molière avait-il la faveur ?
- **3.** Quelle charge le père de Molière avait-il à la cour : celle de jardinier ou de tapissier ?
- **4.** Quelle troupe Molière et ses amis fondèrent-ils en 1643 ?
- **5.** À quel séducteur Molière a-t-il consacré une pièce ?
- **6.** Comment sont les « précieuses » de Molière ?
- **7.** Quel est le nom de l'avare de Molière ?
- **8.** La troupe de Molière s'installa-t-elle à l'hôtel de Bourgogne ou au Petit-Bourbon ?
- **9.** Quel personnage est Tartuffe ?
- **10.** Molière a-t-il été brièvement emprisonné pour propos licencieux ou pour dettes ?
- **11.** Où se trouve le tombeau de Molière ?
- **12.** Quelles sont les deux « écoles » auxquelles Molière a consacré des pièces ?
- **13.** De qui Molière raconte-t-il les « fourberies » ?
- **14.** ***Le Bourgeois gentilhomme*** est-elle une pièce en vers ou en prose ?
- **15.** Qui fut la maîtresse de Molière : Armande ou Madeleine Béjart ?
- **16.** Molière a-t-il joué à l'étranger ?
- **17.** Lequel n'est pas un personnage de Molière : Sganarelle ou Scaramouche ?
- **18.** Quel est le nom du bourgeois gentilhomme de Molière ?
- **19.** Quelle pièce jugée scandaleuse sera interdite pendant cinq ans ?
- **20.** Que Molière jouait-il au théâtre quand il est mort ?

Réponses ▶ p. 270

084 LES ARBRES

- **1.** Le chêne est-il commun dans l'hémisphère nord ou uniquement dans l'Europe du Nord ?
- **2.** Les peupliers ont-ils besoin d'un terrain sec ou d'un terrain humide ?
- **3.** D'où le bouleau est-il originaire ?
- **4.** Quelle hauteur l'épicea commun peut-il atteindre : 30 ou 50 m ?
- **5.** Les chênes verts adultes atteignent-ils la même hauteur que les autres variétés de chêne ?
- **6.** Quelle est la hauteur de pousse annuelle d'un érable ?
- **7.** Quelle largeur un saule adulte peut-il atteindre ?
- **8.** Le marronnier préfère-t-il les terrains argileux ou les terrains calcaires ?
- **9.** Quel est l'autre nom du pin pignon ?
- **10.** Outre de Nouvelle-Guinée, d'où les eucalyptus proviennent-ils également ?
- **11.** Quelle hauteur un tulipier de Virginie peut-il atteindre ?
- **12.** L'aulne aime-t-il les terrains secs ou les terrains détrempés ?
- **13.** Le hêtre blanc pousse-t-il bien en terrain argileux ?
- **14.** Quel arbre est appelé localement, notamment dans le Sud, verne ou vergne ?
- **15.** L'enracinement des bouleaux est-il profond ou superficiel ?
- **16.** Un platane adulte atteint-il de 10 à 20 m ou de 20 à 30 m de haut ?
- **17.** Que faut-il faire à un arbre de Judée qui vient de geler pour le faire repartir ?
- **18.** Le cyprès de Provence a-t-il une forme de fuseau ou un port étalé ?
- **19.** En 25 ans, un mûrier aura-t-il grandi de 5 ou de 10 m ?
- **20.** Où peut-on découvrir des arbres à pain ?

Réponses ▶ p. 270

Si on chantait...

085 LES CHANTEURS FRANCOPHONES

- **1.** De qui Annie Cordy est-elle la bonne dans une chanson ?
- **2.** Quel chanteur canadien à la voix rauque a été révélé par la comédie musicale ***Notre-Dame de Paris*** ?
- **3.** De quel pays Stephan Eicher est-il originaire ?
- **4.** Quel chanteur est l'interprète de ***Je reviendrai à Montréal*** ?
- **5.** Quel couple d'aveugles, originaires du Mali, chante ***Mon amour, ma chérie*** ?
- **6.** Quelle Australienne a chanté en français ***Aller plus haut*** : Tina Arena ou Nathalie Imbruglia ?
- **7.** La Belge Axelle Red a-t-elle chanté ***Authenticité*** ou ***Sensualité*** ?
- **8.** Le tube ***Aïcha*** est-il de Khaled ou de Cheb Mami ?
- **9.** Quelle chanson de Jacques Brel a pour thème son pays natal ?
- **10.** Qui écrit des chansons aux textes drôles sur des thèmes quotidiens : Isabelle Boulay ou Linda Lemay ?
- **11.** Quel chanteur belge s'est fait connaître grâce au tube ***Ça plane pour moi*** ?
- **12.** De quel pays Nana Mouskouri est-elle originaire ?
- **13.** Qui a tout emporté avec son ***Ouragan*** dans les années 1980 ?
- **14.** Quel chanteur pour enfants est originaire de Suisse : Henri Dès ou Philippe Chatel ?
- **15.** Qui chante ***Pour que tu m'aimes encore*** ?
- **16.** Une chanson célèbre de Diane Tell s'intitule : ***Si j'étais***...
- **17.** Qui évoque dans une chanson sa « gueule de métèque, de Juif errant, de pâtre grec » ?
- **18.** De quel pays Dave est-il originaire ?
- **19.** Qui est l'inoubliable serveuse automate de la première version de ***Starmania*** ?
- **20.** Où est née la chanteuse Anggun, en Chine ou en Indonésie ?

Réponses ▶ p. 270

086 COUPLES CÉLÈBRES

- **1.** De quelle princesse Vincent Lindon a-t-il été le compagnon ?
- **2.** Quelle actrice italienne est l'épouse de Vincent Cassel ?
- **3.** De qui l'ex-miss France Nathalie Marquay est-elle la compagne ?
- **4.** Quelle jeune femme Jérémy, de la Star Academy, a-t-il épousée à Las Vegas, Lorie ou Alizée ?
- **5.** Quel acteur américain est le père des enfants de Vanessa Paradis ?
- **6.** Quel footballeur partage la vie d'Elsa ?
- **7.** De quel homme politique Anne Sinclair est-elle l'épouse ?
- **8.** Quelle chanteuse australienne partage la vie d'Olivier Martinez ?
- **9.** Quel réalisateur fut le premier mari de Brigitte Bardot ?
- **10.** Quel jeune acteur est le père d'un enfant de Juliette Binoche ?
- **11.** De qui Benjamin Castaldi est-il l'époux ?
- **12.** Avec quelle chanteuse anglaise Serge Gainsbourg forma-t-il un couple célèbre ?
- **13.** Qui est la mère de David, le fils de Johnny Hallyday ?
- **14.** Comment se prénommait l'épouse de François Mitterrand ?
- **15.** Quel humoriste fut l'époux de Véronique Sanson ?
- **16.** Qui est la compagne de Jean Dujardin, après avoir été sa complice à l'écran ?
- **17.** Quel est le titre de noblesse d'Emmanuel Philibert de Savoie, l'époux de Clotilde Courau ?
- **18.** Quelle actrice est l'épouse de Christian Clavier ?
- **19.** Quels étaient les prénoms des époux Carpentier ?
- **20.** Comment se prénomme le mannequin qui est l'épouse de Christian Karembeu ?

Réponses ▶ p. 270

087 LA F1

- **1.** Où le Grand Prix de France de F1 se court-il ?
- **2.** En quelle année l'écurie Renault est-elle revenue en F1 ?
- **3.** Un pilote d'origine étrangère peut-il courir dans une écurie française de F1 ?
- **4.** Quelle durée un Grand Prix de F1 ne doit-il pas dépasser ?
- **5.** Quel est le premier Français à avoir remporté le Grand Prix de France ?
- **6.** Depuis le début de la F1, combien y a-t-il eu de podiums 100 % français ?
- **7.** Où le circuit Paul Ricard, utilisé pour le Grand Prix de France jusqu'en 1990, était-il situé ?
- **8.** En 1991, dans quelle écurie Alain Prost et Jean Alesi ont-ils couru ?
- **9.** Combien de tours sont effectués sur le circuit de Magny-Cours lors du Grand Prix de France ?
- **10.** Quelle écurie a remporté le championnat du monde des constructeurs en 2005 ?
- **11.** En quelle année le Grand Prix de France a-t-il été créé ?
- **12.** Combien de Français ont remporté un Grand Prix en F1 ?
- **13.** Quel Français a gagné le plus de titres mondiaux ?
- **14.** Un pilote peut-il courir aux 24 heures du Mans et en F1 ?
- **15.** Jean Alesi a-t-il participé à plus de grands prix ou à moins de grands prix qu'Alain Prost ?
- **16.** Quel Français a été sacré champion du monde de F1 ?
- **17.** Combien de pilotes français ont couru en F1 en 2004 ?
- **18.** Quelle loi interdit les publicités pour les tabacs et les alcools sur les circuits français ?
- **19.** En 1993, Alain Prost a-t-il gagné le Grand Prix de France sur Ferrari ou sur Williams-Renault ?
- **20.** Combien de pilotes français ayant remporté un Grand Prix en F1 sont-ils morts en course automobile ?

Réponses ▶ p. 270

Vraoumm

088 LA TÉLÉ

- **1.** Quelle émission, animée par Bernard Pivot, a fait suite à ***Apostrophes*** ?
- **2.** Quelle émission est « le magazine de la mer » ?
- **3.** Sur quelle chaîne est diffusée l'émission ***C dans l'air*** ?
- **4.** De quel domaine traite l'émission ***Capital*** ?
- **5.** Quelle émission a un nom inspiré de la célèbre formule d'Einstein ?
- **6.** L'émission ***Au théâtre ce soir*** a-t-elle été diffusée pendant 12 ou 22 ans ?
- **7.** L'émission ***Arrêt sur images*** est-elle consacrée à l'actualité ou au cinéma ?
- **8.** Quelle animatrice présentait ***7 sur 7*** ?
- **9.** Quelle émission de M6 était consacrée à la publicité ?
- **10.** Qui était « Monsieur cinéma » ?
- **11.** Quelle ville d'Amérique australe a donné son nom à une émission de Nicolas Hulot ?
- **12.** Sur quelle chaîne est diffusée l'émission ***Des racines et des ailes*** ?
- **13.** ***Campus*** est-il un magazine littéraire ou politique ?
- **14.** Qui anime l'émission ***Turbo*** ?
- **15.** À quoi l'émission ***Le Divan*** d'Henry Chapier était-elle consacrée ?
- **16.** Sylvain Augier a présenté une émission intitulée ***Faut pas***...
- **17.** Sur quelle chaîne est diffusée l'émission ***Envoyé spécial*** ?
- **18.** Dans ***Les Dossiers de l'écran***, de quoi le film était-il suivi ?
- **19.** L'émission ***Auto Moto*** est-elle hebdomadaire ou mensuelle ?
- **20.** À quoi l'émission ***30 millions d'amis*** est-elle consacrée ?

Réponses ▶ p. 270

089 POINT COMMUN

Quel est le lien entre ces dessins ?

Réponse ▶ p. 270

090 DUELS CÉLÈBRES

1. Lors du duel opposant Lamartine au colonel Gabriele Pepe, vers 1824, qui fut blessé au bras ?
2. En 1815, Adolphe Thiers, futur président de la République, s'est-il battu en duel au pistolet ou au sabre ?
3. Mirabeau acceptait-il ou refusait-il tous les duels ?
4. Contre qui Serge Lifar, maître à l'Opéra de Paris, se bat-il en duel en 1958 ?
5. Henri II meurt-il dans un tournoi des suites d'une blessure à l'œil ou d'une blessure au ventre ?
6. En avril 1967, qui le député du Val-d'Oise René Ribière provoque-t-il en duel à l'épée ?
7. Avec quelle arme Léon Daudet, directeur de l'Action française, se battait-il en duel ?
8. En 1892, contre qui Georges Clemenceau s'est-il battu en duel ?
9. Le chevalier Bayard s'est-il battu en duel ?
10. À qui doit-on un édit sur les duels, en 1626 ?

Réponses ▶ p. 270

091 LES VILLES THERMALES

1 Quelle est la plus importante ville thermale de France ?
- A : Dax.
- B : Vichy.
- C : Aix-les-Bains.

2 Quelles sont les grandes affections traitées à Vittel, dans les Vosges ?
- A : Les affections neurologiques.
- B : Les maladies métaboliques.
- C : Les affections urinaires.

3 Quel couple célèbre venait prendre les eaux à Aix-les-Bains ?
- A : Yvonne et Charles de Gaulle.
- B : Napoléon III et l'impératrice Eugénie.
- C : La reine Victoria et son mari.

4 Quels traitements peut-on trouver à Plombières-les-Bains, dans les Vosges ?
- A : Des bains d'eau salée.
- B : Des bains radio-gazeux.
- C : Des bains d'eau froide.

5 Combien la ville thermale de Vichy compte-t-elle de sources ?
- A : 7
- B : 10
- C : 13

6 Pour quelles sortes de soins va-t-on en cure à Luchon, dans les Pyrénées ?
- A : Pour la rhumatologie et les voies respiratoires.
- B : Pour la rhumatologie et la gynécologie.
- C : Pour l'obésité et l'arthrite.

7 À quelle température l'eau de la station de Bourbon-l'Archambault, dans l'Allier, jaillit-elle ?
- A : 50° C
- B : 55° C
- C : 63° C

8 À quelle température l'eau mésothérapique de Bagnoles-de-L'Orne sort-elle de terre ?
- A : 24,6° C
- B : 34,6° C
- C : 44,6° C

9 Par quelles sources l'établissement thermal de Saint-Lary, dans les Hautes-Pyrénées, est-il alimenté ?
- A : Les sources de la Nonette.
- B : Les sources de la Garette.
- C : Les sources de la Gimone.

10 Quel genre de cure peut-on faire à Saint-Nectaire, dans le Puy-de-Dôme ?
- A : Une cure de boisson, d'eau froide.
- B : Une cure de douches, d'eau chaude.
- C : Les deux cures.

11 En quelle année l'eau thermale de Rochefort-sur-Mer a-t-elle été déclarée thérapeutique ?
- A : En 1899.
- B : En 1929.
- C : En 1959.

12 Quelle est la principale indication thérapeutique de Chaudes-Aigues, dans le Cantal ?
- A : La rhumatologie.
- B : Les voies respiratoires.
- C : L'appareil digestif.

13 Quelles affections, entre autres, sont soignées à la Bourboule, dans le Puy-de-Dôme ?
- A : Les affections ORL.
- B : Les affections cardiaques.
- C : Les affections gynécologiques.

14 Jusqu'au début du siècle, comment les malades rentraient-ils de la station à leur hôtel ?
- A : En calèche.
- B : En chaise à porteurs.
- C : En petit train.

15 À quelle profondeur l'eau d'Amnéville-les-Thermes, en Moselle, est-elle captée ?
- A : 550 m.
- B : 720 m.
- C : 900 m.

Réponses ▶ p. 270

092 LA CORSE

1. Quelle est la capitale de la Corse, Bastia ou Ajaccio ?
2. Quel arbre, naturel en Corse, est l'un des symboles de l'île ?
3. Peut-on skier en Corse ?
4. Les scènes du débarquement du ***Jour le plus long*** ont-elles été tournées au nord ou au sud de l'île ?
5. Qui a été nommé le Père de la patrie corse ?
6. L'eau d'Orezza, naturellement gazeuse, est-elle connue depuis l'Antiquité ?
7. Quel animal est l'emblème de la Corse, le mouflon ou la chèvre ?
8. Comment la coutume autorisant à tuer quelqu'un qui a manqué de respect au clan s'appelle-t-elle ?
9. Le rustinu est-il un fromage de vache ou de brebis ?
10. Où le plus grand site méditerranéen de menhirs est-il situé ?
11. Quel est l'apéritif emblématique de la Corse ?
12. Que trouve-t-on en Corse, des châtaignes ou des marrons ?
13. La coppa est-elle faite avec du porc ou du cheval ?
14. Le Tour de Corse est-il une course de 4 x 4 ou un rallye automobile ?
15. Au nord-est de Calvi, L'Île-Rousse est-elle une île déserte ou une station balnéaire ?
16. Le plus ancien pèlerinage de l'île a-t-il lieu à Calacuccia ou à Saint-Florent ?
17. Un circuit de grande randonnée est situé en Corse : lequel ?
18. La Corse produit-elle des huîtres ?
19. Le plus ancien café d'Ajaccio s'appelle-t-il le Grand Café Napoléon ou le Grand Café Paoli ?
20. Comment la célèbre grotte située à proximité de Bonifacio, visible en bateau, s'appelle-t-elle ?

Réponses ▶ p. 270

093 LES MOULINS

1. Quel moulin à vent de la Marne a été entièrement détruit par la tempête de décembre 1999 ?
2. Quel célèbre moulin à papier peut-on visiter à Ambert, dans le Puy-de-Dôme ?
3. Où peut-on visiter un splendide moulin à vent dans le Val-de-Marne ?
4. Les moulins de Sazos, dans les Hautes-Pyrénées, étaient-ils des moulins à eau ou des moulins à vent ?
5. Quel est le diamètre de la roue à aube du Moulin-Bas à Walheim, en Alsace : 3,85 ou 4,85 m ?
6. Qu'est-il arrivé au moulin de Valmy le 20 septembre 1792, lors de la bataille du même nom ?
7. Quel est le seul moulin de France à avoir tourné sans interruption, toujours au vent, depuis son origine ?
8. Quelle sorte de moulins pouvait-on voir sur la Seine au Moyen Âge ?
9. Pendant les guerres de Vendée, que pouvait montrer la position des ailes des moulins ?
10. À Bidard, dans les Pyrénées-Atlantiques, peut-on voir le moulin de Bassilour ou le moulin d'Olce ?
11. Combien reste-t-il de moulins à vent sur les sept autrefois présents sur le mont vendéen des Alouettes ?
12. Tous genres confondus, combien de moulins existe-t-il en France ?
13. À Paris, combien reste-t-il de moulins à vent sur la butte Montmartre ?
14. Outre dans les Flandres, où rencontre-t-on principalement des moulins sur pivot ?
15. Le Vieux Moulin, à Fontaine-Française, en Côte-d'or, est-il un moulin à eau ou un moulin à vent ?
16. De quelle période le moulin de Longchamp, dans le bois de Boulogne, à Paris, date-t-il ?
17. Les moulins de la région Rhône-Alpes sont-ils des moulins à eau ou des moulins à vent ?
18. À Charroux, en Auvergne, que meut l'huilerie Claude Maenner dans ses deux moulins ?
19. Peut-on visiter le moulin à huile de Serra-di-Scopamène, en Corse ?
20. Quand le dernier moulin bateau existant a-t-il coulé ?

Réponses ▶ p. 271

094 LES SPÉCIALITÉS RÉGIONALES SALÉES

- **1.** Les rougets à la nantaise sont-ils une spécialité des Pays-de-la-Loire ou d'Aquitaine ?
- **2.** La choucroute est-elle un plat lorrain ou alsacien ?
- **3.** Le bœuf miroton est-il un plat en sauce d'Île-de-France ou de Bourgogne ?
- **4.** Les lentilles au figatellu sont une spécialité corse. Mais qu'est-ce que le figatellu ?
- **5.** La tartiflette est-elle originaire de Savoie ou de Franche-Comté ?
- **6.** Les gougères sont-elles une spécialité de Champagne-Ardennes ou de Bourgogne ?
- **7.** Mange-t-on du cari poulet et du cari cabri à la Réunion ou à la Martinique ?
- **8.** La salade de gésiers est-elle une entrée d'Aquitaine ou du Languedoc ?
- **9.** La gratinée à l'oignon est-elle un plat parisien ou un plat marseillais ?
- **10.** Quelle est la région de prédilection du poulet au vin jaune ?
- **11.** Comment appelle-t-on la spécialité de Lyon que sont les steaks de gras-double panés puis poêlés ?
- **12.** En Martinique ou en Guadeloupe, les acras sont-ils des beignets de morue ou de légumes ou bien des desserts ?
- **13.** Le gratin de crozets est un plat savoyard. Que sont les crozets, des morceaux de pâtes ou des lardons ?
- **14.** Le gratin dauphinois, contenant pommes de terre, beurre et lait, nécessite-t-il du fromage râpé ?
- **15.** La poule au pot est-elle un classique du Béarn ou du Pays basque ?
- **16.** Avec quoi les raviolis niçois sont-ils farcis ?
- **17.** En région PACA, cuisine-t-on du loup au fenouil ou du loup niçois ?
- **18.** Prépare-t-on des tielles de calamar dans le Languedoc-Roussillon ou en Bretagne ?
- **19.** En Bretagne, déguste-t-on de la morue à la paimpolaise ou de la morue Roscoff ?
- **20.** La soupe appelée bébélé est-elle cuisinée à Tahiti ou à Marie-Galante, en Guadeloupe ?

Réponses ▸ p. 271

Bon **vent**...

095 LA VOILE

- **1.** Quelle est la ville de départ du Vendée Globe ?
- **2.** Comment une course entre voiliers entre 3 bouées s'appelle-t-elle ?
- **3.** Quand la voile est-elle devenue sport olympique ?
- **4.** Sur quel bateau Olivier de Kersauson a-t-il essayé en vain de battre le record du Trophée Jules Verne ?
- **5.** Où la course la Route du Rhum prend-elle son départ ?
- **6.** Quand Paul Vatine est-il mort en mer ?
- **7.** L'année de création du plus ancien club de voile français est-elle 1838 ou 1868 ?
- **8.** En voile, combien y a-t-il de catégories de championnats en France ?
- **9.** Sur quel trimaran Éric Tabarly a-t-il battu le record de l'Atlantique détenu par Charly Barr ?
- **10.** Qui a gagné le Vendée Globe 2004-2005 ?
- **11.** La Route du Café Jacques Vabre est-elle une transat en solitaire ou une transat en double ?
- **12.** Combien la France a-t-elle remporté de médailles en voile aux Jeux olympiques depuis 1900 ?
- **13.** En combien de temps l'***Hydroptère***, un voilier à foils, a-t-il traversé la Manche le 9 février 2005 ?
- **14.** La planche à voile est-elle une discipline olympique ?
- **15.** Quel est le temps record du tour du monde à la voile sans escale réalisé par Bruno Peyron ?
- **16.** La Solitaire du Figaro est-elle une course en 4 ou en 6 étapes ?
- **17.** Francis Joyon a-t-il gagné le tour du monde en solitaire et sans moteur à l'envers ou à l'endroit ?
- **18.** La transat Québec-Saint-Malo a-t-elle lieu tous les 2 ans ou tous les 4 ans ?
- **19.** Lors de quelle course Loïc Caradec est-il mort en 1987 ?
- **20.** Quel est le concepteur du dériveur à 2 personnes nommé 4.70 ?

Réponses ▸ p. 271

096 En quelle année…

1. … Napoléon Ier remporta-t-il la bataille des Trois empereurs, à Austerlitz, face aux armées autrichiennes et russes, 1795 ou 1805 ?

2. … le maréchal Pétain assura-t-il à Hitler la collaboration de la France, lors de l'entrevue de Montoire, quelques mois après l'appel du général de Gaulle ?

3. … l'esclavage fut-il aboli en France et la monarchie de Juillet fut-elle renversée, poussant Louis-Philippe à abdiquer et voyant l'avènement de la IIe République ?

4. … Léon Blum dirigea-t-il le premier gouvernement du Front populaire, à l'origine de mesures sociales comme la création des congés payés et des conventions collectives ?

5. … les députés du tiers état prêtèrent-ils le célèbre serment du Jeu de paume ?

6. … eut lieu le terrible massacre de la Saint-Barthélemy, dans lequel périrent des milliers de protestants, 1472 ou 1572 ?

7. … Victor Hugo est-il né, quelques mois avant que Napoléon Bonaparte ne devienne consul à vie à la suite d'un plébiscite ?

8. … Charlemagne fut-il sacré empereur d'Occident ?

9. … Philippe Auguste remporta-t-il la bataille de Bouvines, 1214 ou 1521 ?

10. … débuta la « drôle de guerre », guerre de position opposant, sans combats, les forces françaises et allemandes ?

11. … la France prit-elle part à la première guerre du Golfe contre l'Irak, auprès de 29 autres pays, après l'invasion du Koweït ?

12. … Charles Martel arrêta-t-il l'invasion sarrasine à Poitiers, 732 ou 1145 ?

13. … le règne du jeune Louis XIV, alors âgé de 5 ans, a-t-il débuté, sa mère, Anne d'Autriche, appelant Mazarin auprès d'elle pour assurer la régence ?

14. … Foch et Clemenceau sont-ils morts, tandis que l'Amérique connaissait une crise boursière sans précédent ?

15. … Louis XVI et son épouse, victime du tout nouveau Tribunal révolutionnaire, ont-ils perdu la tête, tandis que le Comité de salut public instaurait la Terreur ?

16. … la France, nouvellement entrée au Conseil de l'Europe, ratifia-t-elle le pacte de l'OTAN et la 4e Convention de Genève, relative aux prisonniers de guerre ?

17. … François Ier, vainqueur de la bataille de Marignan, succéda-t-il à Louis XII à la tête du royaume ?

18. … les Françaises ont-elles voté pour la première fois, alors que la France libérée réglait ses comptes, condamnant le maréchal Pétain et Pierre Laval ?

19. … Henri IV rendit-il le célèbre édit de Nantes, légalisant le statut de l'Église réformée, à qui il accordait la liberté de conscience et de culte, 1598 ou 1702 ?

20. … la guerre de Sept Ans, qui opposa la France et l'Autriche à l'Angleterre et à la Prusse débuta-t-elle, 1589 ou 1756 ?

21. … Émile Zola publia-t-il son article « J'accuse », adressé au Président Félix Faure, dans ***L'Aurore***, déclenchant la célèbre affaire Dreyfus ?

22. … la terrible épidémie de la grande peste, ou peste noire, qui décima la population européenne, fut-elle enrayée, 1353 ou 1678 ?

23. … la Déclaration des droits de l'homme et du citoyen, à la base de la constitution de la monarchie constitutionnelle, fut-elle votée par l'Assemblée constituante ?

24. … l'aviateur Louis Blériot effectua-t-il la première traversée aérienne de la Manche à bord de son monoplan, le ***Blériot IX***, 1954 ou 1909 ?

25. … éclatèrent de violentes contestations ouvrières et étudiantes, menées notamment par Daniel Cohn-Bendit, avec barricades et occupation des universités ?

26. … Richelieu prit-il la cité de la Rochelle aux mains des protestants assiégés, 1592 ou 1628 ?

27. … la France signa-t-elle les accords d'Évian, qui mettaient fin à la guerre d'Algérie, et approuva-t-elle l'indépendance du pays par référendum ?

28. … Émile Loubet inaugura-t-il l'Exposition universelle à Paris, peu avant l'ouverture, toujours dans la capitale, des 2e Jeux olympiques des temps modernes ?

29. … Vercingétorix a-t-il battu César à Gergovie et s'est-il fait battre à Alésia, en 52 avant J.-C. ou en 52 après J.-C. ?

30. … Louis IX fut-il canonisé, 27 ans après sa mort, 1297 ou 1456 ?

31. … eut lieu la première bataille de la Marne contre les Allemands, tandis qu'à l'appel du président Poincaré, tous les partis se rassemblèrent pour former l'« Union sacrée » ?

32. … les frères Lumière ont-ils fait breveter leur cinématographe et ont-ils proposé la première séance de projection publique à Paris ?

33. … le paquebot Normandie a-t-il été inauguré par le président Albert Lebrun, remplaçant de Paul Doumer, assassiné quelques mois plus tôt ?

34. … Clovis remporta-t-il la victoire sur le gouverneur romain Syagrius à Soissons, faisant de la Gaule un royaume mérovingien, 486 ou 759 ?

35. … la Comédie-Française fut-elle créée, par arrêté du roi Louis XIV et par la fusion de la troupe de l'hôtel de Bourgogne avec celle du Théâtre Guénégaud, 1578 ou 1680 ?

36. … Joséphine de Beauharnais fut-elle sacrée impératrice des Français, couronnée des mains mêmes de Napoléon Ier, son impérial époux ?

37. … Jacques Cartier accosta-t-il au Canada, dont il prit possession au nom de François Ier, alors qu'il cherchait une route vers l'Asie par le continent nord-américain, 1492 ou 1534 ?

38. … eut lieu la longue et meurtrière bataille de Verdun, qui fut la plus importante de la Première Guerre mondiale ?

39. … Godefroi de Bouillon parvint-il, à l'issue de la première croisade, à prendre la ville de Jérusalem dont il fit un royaume, 867 ou 1099 ?

40. … les troupes américaines ont-elles débarqué sur les plages normandes puis en Provence ?

41. … le peuple parisien envahit-il les Tuileries avant d'enfermer la famille royale au Temple et que ne soient perpétrés les massacres de septembre ?

42. … la peine de mort a-t-elle été abolie en France, sous le mandat du premier président socialiste de la Ve République, élu quelques mois auparavant ?

43. … les guerres de religion ont-elles débuté, après le massacre des protestants à Wassy sur l'ordre du duc de Guise, 1456 ou 1562 ?

44. … le traité de Versailles fut-il signé, le président Wilson réussissant à faire passer ses « 14 points », dont la création de la Société des Nations, ancêtre de l'ONU ?

45. … débuta la guerre contre la Prusse, Mac-Mahon se retirant à Sedan après plusieurs défaites successives en Alsace, alors que Napoléon III était emprisonné en Allemagne ?

46. … la défaite de Waterloo marqua-t-elle la fin des Cent-Jours et la seconde abdication de Napoléon Ier, qui, revenu de l'île d'Elbe, affrontait une coalition européenne ?

47. … eurent lieu le premier lancement de la fusée ***Ariane*** et le premier Paris-Dakar, sur fond de crise de la sidérurgie et de choc pétrolier ?

48. … Jeanne d'Arc fut-elle jugée et brûlée vive à Rouen, 2 ans après avoir fait sacrer Charles VII, tandis que naissait à Paris le poète François Villon, 1237 ou 1431 ?

49. … Louis XVI et la famille royale ont-ils été arrêtés à Varennes, alors qu'ils avaient secrètement fui Paris pour se mettre à l'abri des révolutionnaires ?

50. … la Communauté économique européenne fut-elle créée, par la signature du traité de Rome, 1957 ou 1977 ?

Réponses ▸ p. 271

097 LA POSTE

1. Qu'est-ce qui « a de l'avenir », selon le slogan de La Poste, la sécurité ou la confiance ?
2. Quelle administration unique La Poste et France Télécom ont-elles remplacée ?
3. Quel service de transport et de livraison express est proposé par La Poste ?
4. En 2006, combien coûte le timbre pour une lettre de moins de 20 g à expédier en France ?
5. Comment s'appelle le pôle colis et logistique du groupe La Poste, TransPost ou GeoPost ?
6. Quelle est la couleur du timbre pour une lettre de moins de 20 g envoyée au tarif lent ?
7. Comment s'appellent les enveloppes pré-affranchies proposées par La Poste ?
8. Quand La Poste a-t-elle changé de logo, en décembre 2005 ou en mars 2006 ?
9. De quand datent les premiers chèques postaux, 1918 ou 1945 ?
10. Quel est le supplément à payer pour envoyer une lettre de moins de 20 g dans les DOM ?
11. Quel produit de La Poste à valeur juridique permet d'avoir une preuve du lieu et de la date du dépôt ?
12. De quelle opération caritative pour les enfants hospitalisés La Poste est-elle partenaire ?
13. Quel est le poids maximum autorisé pour une lettre ?
14. De quoi le nom de la commune doit-il être précédé lorsqu'on rédige une enveloppe ?
15. Le baccalauréat est-il nécessaire pour devenir facteur ?
16. Après un déménagement, pendant combien de temps La Poste fait-elle suivre le courrier, 3 ou 6 mois ?
17. Quelle option permet de s'assurer que le destinataire a bien reçu l'envoi ?
18. Combien de lignes au maximum doit comporter le libellé d'une adresse, 4 ou 6 ?
19. La lettre suivie permet-elle de connaître la date de la distribution ou d'écrire à une personne en vacances ?
20. Quelle figure féminine trouve-t-on sur les timbres « de base » ?

Réponses ▶ p. 271

098 LES ROMANCIERS DU XXe SIÈCLE

1. Qui est l'auteur de ***La Symphonie pastorale*** : André Gide ou André Breton ?
2. De quel romancier et philosophe Simone de Beauvoir fut-elle la compagne ?
3. Quel roman fait suite à ***La Gloire de mon père*** de Marcel Pagnol ?
4. Qui se cache sous le pseudonyme de San Antonio ?
5. Qu'est-ce que le petit prince de Saint-Exupéry souhaite qu'on lui dessine ?
6. Quel roman sulfureux de Marguerite Duras fut porté à l'écran par Annaud : ***L'Amant*** ou ***Les Impudents*** ?
7. Quel était le prénom de Céline : Jean-Charles ou Louis-Ferdinand ?
8. De quelle couleur sont les « rivières » de Jean-Christophe Grangé ?
9. Quel est le titre du célèbre cycle en sept tomes de Marcel Proust ?
10. Qui a écrit ***La Peste*** ?
11. De quel roman de Daniel Defoe, ***Vendredi ou la vie sauvage*** de Michel Tournier est-il une adaptation ?
12. Quel écrivain le roman ***Les Fourmis*** a-t-il rendu célèbre ?
13. Quel est le prénom de l'héroïne de ***La Bicyclette bleue*** de Régine Desforges : Lisa ou Léa ?
14. Comment sont les « enfants » de Cocteau, « terribles » ou « prodiges » ?
15. Quelle est la spécialité de Christian Jacq ?
16. Daniel Pennac est-il l'auteur de ***La Fée carabine*** ou ***La Fée baïonnette*** ?
17. Quel présentateur du journal télévisé est l'auteur de nombreux romans à succès ?
18. Qui a écrit ***Le Hussard sur le toit*** et ***Un roi sans divertissement*** ?
19. Comment se prénomme la fille de Jean de Florette, le héros de Pagnol ?
20. À qui doit-on ***Le Grand Meaulnes***, à Alain-Fournier ou à André Malraux ?

Réponses ▶ p. 271

099 JEAN-PAUL BELMONDO

- **1.** En quelle année Jean-Paul Belmondo est-il né, 1933 ou 1945 ?
- **2.** Jean-Paul Belmondo a joué dans un film intitulé ***Les Tribulations d'un Chinois***…
- **3.** Comment Jean-Paul Belmondo est-il surnommé ?
- **4.** Dans ***Le Cerveau***, Jean-Paul Belmondo souhaite-t-il attaquer une banque ou un train ?
- **5.** Quel est le prénom du fils de Jean-Paul Belmondo ?
- **6.** Jean-Paul Belmondo a-t-il joué dans ***Les Misérables*** ou ***Germinal*** ?
- **7.** Quel film avec Jean-Paul Belmondo tient son titre du nom d'un chapeau ?
- **8.** Quelle est la profession de Jean-Paul Belmondo dans ***Le Professionnel*** ?
- **9.** Dans ***Les Morfalous***, Jean-Paul Belmondo est-il légionnaire ou gendarme ?
- **10.** À la télévision, Jean-Paul Belmondo a-t-il joué dans ***Imogène*** ou ***Louis la brocante*** ?
- **11.** Dans quelle discipline le fils de Jean-Paul Belmondo s'est-il distingué ?
- **12.** Qui joue la jeune maîtresse de Jean-Paul Belmondo dans ***Joyeuses Pâques*** ?
- **13.** Jean-Paul Belmondo a joué dans un film intitulé ***Itinéraire d'un***…
- **14.** À quelle époque se déroule l'action de ***L'As des as*** ?
- **15.** Jean-Paul Belmondo a-t-il incarné Nestor Burma pour la télévision ?
- **16.** Dans ***L'Homme de Rio***, Belmondo va-t-il au Brésil pour chercher un diamant ou retrouver sa fiancée ?
- **17.** Dans ***Hold-up***, Jean-Paul Belmondo incarne-t-il un policier ou un voleur ?
- **18.** Qui partage la vie de Jean-Paul Belmondo depuis 1989, Nelly ou Natty ?
- **19.** Avec quel grand acteur Belmondo partage-t-il l'affiche d'***Une chance sur deux*** ?
- **20.** Jean-Paul Belmondo a-t-il déjà joué dans un film de Jean-Luc Godard ?

Réponses ▶ p. 271

100 LA RÉGION PACA

- **1.** Quel fruit est la spécialité de Cavaillon ?
- **2.** Où le village des tortues, unique en France, se trouve-t-il ?
- **3.** Quelle ville du Sud produit un savon à la teneur exceptionnelle en acides gras ?
- **4.** Quel est l'espace naturel local, paradis des oiseaux migrateurs, des chevaux et des taureaux ?
- **5.** Comment appelle-t-on les criques étroites et escarpées qui parsèment la côte ?
- **6.** Où un célèbre carnaval se déroule-t-il, fin février-début mars ?
- **7.** Les empilements de pierres sèches formant des abris coniques sont-ils les bories ou les cabanons ?
- **8.** Dans le comtat Venaissin, quel mont fait toujours parler de lui pendant le Tour de France ?
- **9.** Quel est le nom du héros d'un roman d'Alphonse Daudet habitant Tarascon ?
- **10.** Dans quelle ville Jean Giono a-t-il habité de 1929 jusqu'à sa mort en 1970 ?
- **11.** Les Saintes-Marie-de-la-Mer sont-elles le lieu d'un pèlerinage annuel de gitans ou de handicapés ?
- **12.** À quelle essence unique les berlingots de Carpentras étaient-ils à l'origine parfumés ?
- **13.** Quelle est la spécialité de la ville de Cogolin ?
- **14.** Quelle boisson alcoolisée est caractéristique de la Provence et de son soleil ?
- **15.** Quelle grotte rupestre a été découverte en 1991 par un scaphandrier ?
- **16.** Où la fondation regroupant quantité de toiles de Van Gogh se trouve-t-elle ?
- **17.** En quelle matière nombre de campaniles de Provence sont-ils fabriqués ?
- **18.** Quel célèbre personnage a été enfermé dans le fort de l'île Sainte-Marguerite sous Louis XIII ?
- **19.** Une île face au Lavandou est réservée en partie aux naturistes. Quelle est-elle ?
- **20.** Quelle ville parsemée de canaux est la capitale locale des brocanteurs et antiquaires ?

Réponses ▶ p. 271

101 LES RELIGIEUX

- **1.** De quelle origine Mazarin était-il ?
- **2.** Quelle organisation l'abbé Pierre a-t-il fondée en 1949 ?
- **3.** Quel ordre religieux saint François d'Assise a-t-il créé ?
- **4.** Par quel homme d'Église le tribunal qui a condamné Jeanne d'Arc à mort était-il présidé ?
- **5.** Qui a été archevêque de Paris de 1981 à 2005 ?
- **6.** Sous quel nom Armand Jean du Plessis est-il plus connu ?
- **7.** Après les apparitions de la Vierge Marie, Bernadette Soubirous est-elle entrée dans les ordres ?
- **8.** Quel évêque français Jean-Paul II a-t-il suspendu en 1995 ?
- **9.** Dans quel ordre religieux l'abbé Prévost, auteur de ***Manon Lescaut***, était-il ?
- **10.** Par qui fut créée la fondation des Dames de la Charité ?
- **11.** Quel homme politique Richelieu a-t-il nommé cardinal sans qu'il ait été prêtre ?
- **12.** Quel ordre religieux Henri Lacordaire a-t-il rétabli vers 1840 ?
- **13.** Sous quel nom saint Jean-Marie Vianney est-il plus connu ?
- **14.** Quel a été le dernier pape français ?
- **15.** Quel archevêque français a été excommunié par Jean-Paul II en 1988 ?
- **16.** Le père Teilhard de Chardin était-il jésuite ou bénédictin ?
- **17.** Quel a été le 1er Français à être nommé secrétaire d'État au Vatican, par Paul VI ?
- **18.** À quel homme d'Église doit-on l'amélioration de la technique de fabrication du champagne ?
- **19.** Avec qui saint François de Sales a-t-il fondé l'ordre de la Visitation ?
- **20.** Quel est l'actuel archevêque de Lyon ?

Réponses ▶ p. 271

Buuut...

102 FOOTBALL

- **1.** Quelle est la plus grande compétition française de football ?
- **2.** Quel club Guy Roux a-t-il mené au titre de champion de France en 1996 ?
- **3.** Quel club français a gagné le plus de matches en Coupe d'Europe ?
- **4.** En quelle année la finale du championnat de France a-t-elle eu lieu ?
- **5.** Quel est le surnom de l'équipe de France ?
- **6.** Dans quel stade la finale de la Coupe du monde 1998 s'est-elle déroulée ?
- **7.** Quand la Coupe de France a-t-elle été créée ?
- **8.** Combien y a-t-il de clubs en ligue 1 ?
- **9.** Quel club a été le plus grand nombre de fois champion de France ?
- **10.** Quel club a été le plus de fois finaliste en Coupe d'Europe ?
- **11.** En 1998, par quel score la France a-t-elle battu le Brésil en Coupe du monde ?
- **12.** Quand la Coupe de la ligue a-t-elle été créée ?
- **13.** Quel animal est représenté sur le blason du club de Sochaux ?
- **14.** En 1985, quelle compétition d'importance l'équipe de France a-t-elle remportée ?
- **15.** Quel est le doyen des clubs de football français fondé en 1872 ?
- **16.** Quel est le premier club de football français à avoir remporté une Coupe d'Europe en 1993 ?
- **17.** Qu'est-il arrivé à la finale de la Coupe de France 1992 entre Marseille et Monaco ?
- **18.** Quel est le chiffre d'affaires annuel du PSG ?
- **19.** Quel club a gagné la Coupe de France 2005 ?
- **20.** Quel est l'âge de la retraite pour un arbitre international ?

Réponses ▶ p. 271

103 CÉSARS

Ces actrices ont toutes reçu un césar de la meilleure actrice. Classez ces photos par ordre chronologique.

Réponses ▶ p. 271

104 LA FRANCE DANS L'EUROPE

▶ **1.** Par sa superficie, la France est-elle toujours le 1er ou le 2e pays de l'Union européenne ?

▶ **2.** La population française métropolitaine représente-t-elle 13 % ou 16 % de l'Union européenne ?

▶ **3.** L'islam est la seconde religion de France. L'est-elle également dans l'Union européenne ?

▶ **4.** Le principal client de la France est-il l'Allemagne ou le Royaume-Uni ?

▶ **5.** Les eurodéputés français sont-ils au nombre de 78 ou de 87 ?

▶ **6.** Le nombre de cadres européens est-il 4 fois supérieur ou 2 fois supérieur à celui des ouvriers ?

▶ **7.** Entre les taux de natalité et de mortalité, lequel est plus important en France que dans l'U. E. ?

▶ **8.** Depuis 1990, la croissance en Europe est-elle supérieure à celle de la France ?

▶ **9.** En pourcentage, les dépenses militaires françaises sont-elles supérieures ou inférieures à celles de l'U. E. ?

▶ **10.** L'espérance de vie en France est-elle supérieure ou inférieure à la moyenne dans l'U. E. ?

Réponses ▶ p. 271

105 LE BOIS

1 Quelle est l'utilisation du bois de châtaignier ?
- A : Comme combustible.
- B : Pour faire des piquets.
- C : En menuiserie et charpenterie.

2 À quoi utilise-t-on le bois du cognassier ?
- A : Comme combustible.
- B : À la réalisation de placage.
- C : Il n'est plus utilisé.

3 À quoi le bois de cerisier sert-il ?
- A : À réaliser de la petite menuiserie.
- B : À réaliser des placages.
- C : À réaliser des piquets pour l'agriculture.

4 À quoi le bois de noisetier est-il encore utilisé de nos jours ?
- A : Pour réaliser de petits objets courants.
- B : En marqueterie, pour la finesse de son grain.
- C : Pour réaliser de grandes allumettes.

5 Quelle est l'utilisation principale du bois de poirier ?
- A : Pour la marqueterie.
- B : Pour faire du charbon de bois.
- C : Pour faire des tuteurs.

6 Quel combustible le bouleau est-il ?
- A : Un combustible dégageant beaucoup de fumée.
- B : Un combustible très moyen.
- C : Un excellent combustible.

7 Pour quelles caractéristiques le bois de hêtre est-il utilisé en charpente ?
- A : Il est raide et peu résistant à la flexion.
- B : Il est peu attaqué par les parasites.
- C : Il éloigne les araignées.

8 Pour quel usage utilise-t-on le bois d'orme ?
- A : Pour faire du charbon de bois.
- B : Comme bois de chauffage.
- C : En ébénisterie, pour réaliser des meubles.

9 Quelle est l'utilisation du bois de frêne ?
- A : La réalisation de manches d'outils.
- B : La réalisation de piquets.
- C : La fabrication de skis.

10 Quel bois, pratiquement imputrescible lorsqu'il est immergé, permet de réaliser des pilotis ?
- A : L'aulne.
- B : L'acacia.
- C : Le chêne.

11 Quel était le matériau de choix de la construction navale jusqu'au XXe siècle ?
- A : Le chêne-liège.
- B : Le chêne rouvre.
- C : Le chêne vert.

12 Quelle est l'utilisation actuelle du tilleul ?
- A : La réalisation de moulures ou de crayons.
- B : La réalisation de moyeux.
- C : La réalisation d'allumettes.

13 Quel bois de piètre qualité se prête mal au travail, sauf à la fabrication de cageots à fruits ?
- A : Le saule.
- B : Le marronnier.
- C : Le pin d'Autriche.

14 Quelle était jadis l'utilisation du bois du mûrier ?
- A : La construction navale.
- B : La menuiserie.
- C : La réalisation de charbon de bois.

15 En quel bois les allumettes sont-elles réalisées ?
- A : En peuplier tremble.
- B : En peuplier d'Italie.
- C : En peuplier blanc de Hollande.

Réponses ▶ p. 271

Prenez de la hauteur

106 LES ONG

1. Quel est le slogan de l'association SOS Racisme ?
2. En quelle année Coluche a-t-il fondé Les Restos du cœur ?
3. Quand le Secours populaire français a-t-il vu le jour, en 1945 ou en 1970 ?
4. De quelle association Adriana Karembeu est-elle ambassadrice ?
5. Quel homme politique et médecin français a participé à la création de Médecins du monde ?
6. L'association Emmaüs n'existe-t-elle qu'en France ?
7. Quelle association organise chaque année une collecte nationale de denrées alimentaires ?
8. À qui l'association Valentin Haüy vient-elle en aide, les malentendants ou les malvoyants ?
9. Contre quoi l'organisation Handicap international milite-t-elle ?
10. Comment s'appelle l'association fondée par sœur Emmanuelle, Asmae ou Ismaël ?
11. Quel type de commerce promeut l'association Artisans du monde ?
12. Quelle association lutte pour la liberté de la presse dans le monde ?
13. À qui l'association L'Enfant bleu vient-elle en aide ?
14. La campagne « 10 millions d'étoiles » a-t-elle été lancée par le Secours catholique ou Perce-Neige ?
15. En 2005, l'association Habitat et Humanisme a-t-elle fêté ses 10 ans ou ses 20 ans ?
16. À qui la Fondation d'Auteuil vient-elle en aide ?
17. Qui a créé l'association Neuf de cœur, Jean-Pierre Papin ou Éric Cantona ?
18. Quelle « armée », fondée par un pasteur anglais, aide les plus démunis ?
19. Médecins du monde a été créée après une scission au sein d'une organisation, laquelle?
20. Qui est la présidente de la fondation Hôpitaux de Paris-Hôpitaux de France ?

Réponses ▸ p. 271

107 LES MONTAGNES

1. Les Pyrénées sont-elles des montagnes jeunes ou des montagnes anciennes ?
2. Les monts d'Auvergne sont-ils découpés ou très érodés ?
3. Où est situé le massif armoricain ?
4. Quel est le plus haut sommet de France ?
5. Sur quel département le massif des Maures s'étend-il ?
6. Quelle est l'altitude maximale du massif armoricain ?
7. Quel est le plus grand massif montagneux de France ?
8. La hauteur du mont Blanc est-elle de 4 805 m ou de 5 805 m ?
9. Qu'est-ce qui recouvre le sommet du mont Blanc ?
10. Quelles sont les plus jeunes montagnes françaises ?
11. Quelle est la longueur du massif des Alpes ?
12. Les plus hauts sommets du Jura se trouvent-ils à l'est ou à l'ouest du massif ?
13. De quel massif le mont Lozère fait-il partie ?
14. Quel est le plus haut sommet des Pyrénées ?
15. Où le mont d'Or est-il situé ?
16. Quel est le principal sommet de Corse ?
17. Le plus haut sommet du Jura est-il le Reculet ou le Grand-Cormier ?
18. En Corse, les plus hauts sommets sont-ils situés au nord ou au sud de l'île ?
19. Dans le Massif Central, quel est le mont le moins haut entre le puy de Sancy et le puy de Dôme ?
20. Quelle est l'altitude du piton de la Fournaise, à la Réunion ?

Réponses ▸ p. 271

108 LES APÉRITIFS ET DIGESTIFS

1. Quelle est la base principale du pastis ?
2. Où la bénédictine est-elle élaborée ?
3. Quel est le degré d'alcool minimal de l'armagnac ?
4. Un vermouth est un spiritueux à base d'herbes aromatiques et… de vin blanc ou de vin rouge ?
5. Le guignolet est-il un apéritif ou un digestif ?
6. Quelle est la saveur de l'Ambassadeur ?
7. Les ratafias sont-ils préparés à base d'eau-de-vie ou de vin blanc ?
8. Quel fruit rentre dans la composition du cherry-brandy ?
9. Quel alcool de distillation est fabriqué essentiellement en Charente et Charente-Maritime ?
10. Le pineau des Charentes est un mélange de jus de raisin et… d'armagnac ou de cognac ?
11. Quel est l'arôme principal de la Marie-Brizard ?
12. Avec quelle plante les vins de Byrrh sont-ils aromatisés ?
13. La fine champagne est une appellation donnée à un cognac issu d'un mélange de deux ou de trois cépages ?
14. La Suze est-elle une liqueur à base de menthe ou à base de gentiane ?
15. Par qui le digestif répondant au nom de Fernet-Branca a-t-il été élaboré ?
16. Quel est le nom de l'eau-de-vie alsacienne des bouilleurs de cru composée d'un mélange de fruits ?
17. Quel alcool a été interdit en France par la loi du 15 mars 1915 ?
18. Le Grand-Marnier est un assemblage de cognacs et d'essences d'écorces… d'oranges ou de citrons ?
19. Quelle est la liqueur du Pays basque ?
20. Quelle eau-de-vie fabrique-t-on avec des baies de genévrier ?

Réponses ▸ p. 271

109 LES BRONZÉS

1. Qui a réalisé ***Les Bronzés*** ?
2. De quelle pièce le film est-il inspiré, ***Sea, Sex and Sun*** ou ***Amour, coquillages et crustacés*** ?
3. Quelle actrice est Gigi ?
4. Quelle est la profession du personnage joué par Christian Clavier ?
5. De quelle troupe de café-théâtre les comédiens des Bronzés faisaient-ils partie ?
6. Quel est le nom du personnage joué par Michel Blanc ?
7. Quelle chanson entonne-t-il lorsqu'il se retrouve bloqué sur le télésiège ?
8. L'ami de Dominique Lavanant dans ***Les bronzés font du ski*** s'appelle-t-il Marcus ou Polo ?
9. Dans quel plat s'amuse-t-il à mettre du fil dentaire ?
10. Quel est le surnom du personnage joué par Thierry Lhermitte ?
11. Quel est le sous-titre des ***Bronzés 3***, ***Jusqu'où iront-ils*** ou ***Amis pour la vie*** ?
12. Quelle actrice incarne la femme de Gérard Jugnot, Josiane Balasko ou Marie-Anne Chazel ?
13. Les Bronzés sont-ils sortis en 1978 ou en 1985 ?
14. Dans ***Les bronzés font du ski***, Thierry Lhermitte travaille-t-il dans un magasin de skis ou est-il pisteur ?
15. Qui cherche toujours à « conclure » ?
16. Dans ***Les Bronzés 3***, l'hôtel s'appelle-t-il ***Citrus Inn*** ou ***Prunus Resort*** ?
17. Quel acteur ne joue pas dans ***Les Bronzés***, Martin Lamotte ou Roland Giraud ?
18. Quel sport de combat est enseigné aux vacanciers au bord de l'eau dans ***Les Bronzés*** ?
19. Quel animal y a-t-il au fond de la bouteille d'eau-de-vie des montagnards ?
20. Selon la B.O. du film, dans le club de vacances, « y a du soleil et… »

Réponses ▸ p. 271

110 PÂQUES

1. Comment appelle-t-on le dimanche qui suit la pleine lune venant après l'équinoxe de printemps ?
2. Quelle fête le jour de Pâques célèbre-t-il ?
3. Comment le Christ est-il mort ?
4. Où le Christ est-il mort ?
5. Combien de jours après sa mise à mort la Résurrection du Christ a-t-elle eu lieu ?
6. En quelle année la méthode de calcul de la date de Pâques a-t-elle été fixée ?
7. De quel jour Pâques est-il suivi ?
8. À Pâques, quelle surprise les enfants peuvent-ils découvrir dans les jardins ?
9. Le lundi de Pâques est-il férié ou ouvré ?
10. Quels objets sont bénits lors de la Chandeleur ou de la veillée pascale ?
11. Qu'entend-on pendant le ***Gloria*** de la messe de Pâques : les cloches ou les trompettes ?
12. Depuis quand les cloches s'étaient-elles tues ?
13. Que suggère le lièvre de Pâques : le temps qui court ou la multiplication ?
14. Une viande est à l'honneur lors du repas pascal, laquelle ?
15. Comment le premier dimanche après Pâques s'appelle-t-il ?
16. Ce dimanche après Pâques avait un autre nom, outre celui de Petites Pâques, lequel ?
17. Que décorent de peinture les enfants à Pâques : des œufs de poule ou leur visage ?
18. Pour la Pâque juive, les Hébreux devaient-ils offrir en sacrifice un agneau ou un bélier ?
19. La couleur des vêtements des nouveaux baptisés, à Pâques, était-elle le blanc ou le rouge ?
20. Selon la tradition, où les cloches vont-elles se faire bénir ?

Réponses ▶ p. 271

Du grand art !

111 LES PEINTRES

1. Que fait la Liberté dans un célèbre tableau d'Eugène Delacroix ?
2. Quel tableau de Millet a inspiré Salvador Dalí pour plusieurs tableaux ?
3. Combien de personnages peut-on voir sur cette toile ?
4. Nicolas Poussin est-il un peintre classique ou impressionniste ?
5. Quel célèbre radeau a fait l'objet d'une toile de Géricault ?
6. Quel douanier est connu pour ses peintures de style naïf ?
7. Qui a peint ***Le Déjeuner des canotiers*** ?
8. De quel siècle cette toile date-t-elle ?
9. Dans quel tableau célèbre peut-on voir une femme nue pique-niquer avec deux hommes habillés ?
10. Quel était le prénom de Matisse ?
11. Quelle montagne inspira toute une série d'œuvres à Paul Cézanne ?
12. Benjamin Vautier, plus connu sous le nom de Ben, est-il un artiste français ?
13. Quel mouvement pictural Georges Braque créa-t-il avec Picasso ?
14. Qui fut le peintre officiel de l'Empire napoléonien ?
15. Quelle est la particularité de la toile ***Le Bain turc***, d'Ingres ?
16. Quel peintre était un ami de Van Gogh, qu'il avait rejoint à Arles ?
17. Quel était le pays natal de Marc Chagall ?
18. À quel mouvement appartient l'œuvre de Camille Pissarro ?
19. Georges de La Tour a-t-il peint ***Le Tricheur à l'as de carreau*** ou ***Le Tricheur à l'as de trèfle*** ?
20. Quelle commune de Seine-et-Marne a donné son nom à une école picturale ?

Réponses ▶ p. 271

112 LES CHÂTEAUX

- 1. Quel château, résidence de François Ier, est célèbre pour son escalier en fer à cheval ?
- 2. Par quoi le palais des Tuileries fut-il détruit ?
- 3. Quel écrivain a vécu au château de Saché, en Touraine ?
- 4. Quel est le plus grand château de France ?
- 5. À quel célèbre paysagiste doit-on les jardins de Vaux-le-Vicomte ?
- 6. À qui ce château appartenait-il, Fouquet ou Sully ?
- 7. Quel cours d'eau le château de Chinon surplombe-t-il, la Vienne ou l'Eure ?
- 8. Qui a édifié Château-Gaillard, Louis XII ou Richard Cœur de Lion ?
- 9. Était-ce au XIIe ou au XVe siècle ?
- 10. Quel château fort médiéval du Val-de-Marne fut une résidence royale ?
- 11. Qu'abrite le parc du château de Thoiry ?
- 12. Dans quelle ville se trouve le château des ducs de Bretagne ?
- 13. Les ruines du château du Haut-Kœnigsbourg furent-elles offertes au roi d'Italie ou à l'empereur d'Allemagne ?
- 14. Se situe-t-il en Savoie ou dans le Bas-Rhin ?
- 15. Que sont les châteaux de Quéribus, de Peyrepertuse et de Montségur ?
- 16. Quel musée le château de Chantilly abrite-t-il, le musée de Condé ou de Navarre ?
- 17. En quelle année une partie des remparts du château de Saumur s'est écroulée, 1995 ou 2001 ?
- 18. Quelle ville abrite le palais des Papes ?
- 19. Quel est le style architectural de cet édifice ?
- 20. Où se trouvait le château de George Sand, à Angoulême ou à Nohant ?

Réponses ▸ p. 271

Tin tin tin...

113 RENAUD

- 1. Quels bonbons ont été chantés par Renaud ?
- 2. Quel est le nom de Renaud : Cerdan ou Séchan ?
- 3. Qu'est-ce qui est « blême » dans une chanson de Renaud ?
- 4. Que fera le chanteur « dès que le vent soufflera » ?
- 5. Quel est le titre exact, ***Chanson pour Pierrot*** ou ***Chanson pour Momo*** ?
- 6. Chez la mère de qui est-ce que « c'est tout p'tit » dans une chanson ?
- 7. Dans quelle chanson Renaud parle-t-il d'une femme enceinte ?
- 8. Selon la chanson, « une gonzesse de perdue c'est... »
- 9. À qui le chanteur dit-il : « Je suis morgane de toi » ?
- 10. Que fait la « Doudou » de Renaud au mois d'août ?
- 11. L'une des dernières chansons de Renaud s'intitule ***Docteur Renaud, mister***...
- 12. Qui le chanteur a-t-il « dans la peau », Mireille ou Germaine ?
- 13. L'album ***Putain de camion*** a-t-il été écrit en hommage à Coluche ou à Daniel Balavoine ?
- 14. À quelle femme politique Renaud a-t-il consacré une chanson ?
- 15. Quelle chanson Renaud a-t-il écrite en 1985 dans un but humanitaire ?
- 16. Dans quel film de Claude Berri Renaud interprète-t-il le rôle d'Étienne Lantier ?
- 17. Quelle chanson commence par ces mots : « J'étais tranquille, j'étais peinard » ?
- 18. Dans les années 1980, que Renaud portait-il toujours autour du cou ?
- 19. Quelle chanson de Renaud a donné son nom à un film avec Michel Blanc et Gérard Lanvin ?
- 20. Renaud a-t-il interprété des chansons en patois ch'timi ou alsacien ?

Réponses ▸ p. 271

114 LES ANIMAUX FAMILIERS

- **1.** Au début 2006, y avait-il plus de chats ou de chiens en France ?
- **2.** L'importation des tortues de Floride est-elle autorisée ?
- **3.** En France, à partir de quel poids les chiens morts doivent-ils être incinérés ?
- **4.** Les rongeurs familiers sont-ils 2,3 millions ou 3,2 millions en France ?
- **5.** Quels chiens doivent être obligatoirement tatoués ?
- **6.** En 2000, à combien pouvait-on estimer le nombre de pitbulls en France ?
- **7.** Y a-t-il 8,8 millions ou 9,7 millions de chiens en France ?
- **8.** Qu'est-ce que la FFF ?
- **9.** En pourcentage, combien de foyers ont au moins un animal familier ?
- **10.** Pour qui achète-t-on le plus souvent des poissons ?
- **11.** Quelle place la France occupe-t-elle en Europe pour le nombre d'animaux familiers ?
- **12.** Le Nord a-t-il une plus forte densité d'animaux familiers que l'Île-de-France ou est-ce le contraire ?
- **13.** Combien de chiens vivent à Paris ?
- **14.** Quelle somme les Français dépensent-ils chaque année pour leurs animaux, hors achat ?
- **15.** Rencontre-t-on le plus d'animaux dans les foyers avec enfants ou dans les foyers sans enfants ?
- **16.** En France, combien vaut à l'achat un petit python royal ?
- **17.** Les chiens parisiens déversent-ils 10 tonnes ou 14 tonnes d'excréments par an ?
- **18.** Quel pourcentage de chiens n'appartient à aucune race particulière ?
- **19.** Les chiens sont-ils plus souvent pris pour tenir compagnie ou pour la garde ?
- **20.** La taille et le poids moyens des chiens possédés est-elle en diminution ou en augmentation ?

Réponses ▸ p. 271

Plus grand ou **plus petit** ?

115 LES SUPERFICIES

- **1.** Quelle est la superficie de la France ?
- **2.** Quelle est la plus petite région de France métropolitaine ?
- **3.** La taille moyenne d'une région française est-elle de 24 725 km^2 ou de 37 725 km^2 ?
- **4.** De combien de départements la Bretagne est-elle composée ?
- **5.** Par rapport à l'ancienne province du même nom, la Picardie est-elle plus petite ou plus grande ?
- **6.** Quelle est la plus grande région de France métropolitaine ?
- **7.** La Guadeloupe est-elle plus grande ou plus petite que la Martinique ?
- **8.** Par rapport à la région PACA, la Bourgogne est-elle beaucoup plus petite ou de taille équivalente ?
- **9.** Le Limousin actuel est plus grand que l'ancienne région du même nom, quel département a été ajouté ?
- **10.** Quelle est la surface de Paris ?
- **11.** L'ancienne Île-de-France était plus grande que la région actuelle, quels départements a-t-elle perdus ?
- **12.** Le Midi-Pyrénées renferme-t-il 6 ou 8 départements ?
- **13.** Combien de fois la Guyenne est-elle plus grande que la Gironde ?
- **14.** Quel est le plus petit des départements entourant Paris ?
- **15.** Le plus grand département de France métropolitaine est-il les Landes ou la Gironde ?
- **16.** La surface totale des Territoires d'Outre-Mer est-elle comparable à celle de la Lorraine ?
- **17.** Quelle est la surface de la Corse ?
- **18.** La Nouvelle-Calédonie est-elle plus petite ou plus grande que la Polynésie française ?
- **19.** Combien de fois le Val-d'Oise est-il plus grand que le Val-de-Marne ?
- **20.** Quelle est la surface de la Polynésie française ?

Réponses ▸ p. 271

116 LES CHAMPIGNONS

1 Quelle valeur gustative le cèpe de Bordeaux a-t-il ?
- A : C'est un comestible moyen.
- B : C'est un très bon comestible.
- C : C'est un champignon parfois toxique.

2 Si la morille commune est un champignon excellent une fois cuite, qu'en est-il quand elle est crue ?
- A : Elle est toxique.
- B : Elle est mortelle.
- C : Elle est également comestible.

3 Quelle est la valeur nutritive du bolet satan, commun en France en été et en automne ?
- A : Il est comestible.
- B : Il est mortel.
- C : Il est toxique.

4 Quelle est la valeur nutritive de l'amanite des Césars ?
- A : Elle est toxique.
- B : Elle est mortelle.
- C : C'est un bon comestible.

5 La galère marginée est mortelle, où la trouve-t-on ?
- A : Dans les prés.
- B : Sur la souche des conifères.
- C : Dans les hauts alpages.

6 Dans les Alpes et le Jura, on peut rencontrer des tricholomes tigrés, quels comestibles sont-ils ?
- A : Bons comestibles.
- B : Toxiques.
- C : Mortels.

7 Quel champignon provoque de graves troubles gastro-intestinaux et surtout nerveux ?
- A : L'amanite rougissante.
- B : L'amanite tue-mouche.
- C : L'amanite phalloïde.

8 Quelle est la valeur gustative de la trompette de la mort ?
- A : C'est un bon comestible.
- B : Elle est toxique.
- C : C'est un comestible très moyen.

9 Quelle amanite est un excellent comestible ?
- A : L'amanite panthère.
- B : L'amanite rougissante.
- C : L'amanite épaisse.

10 Quelle est la valeur nutritive de la langue-de-bœuf poussant sur les chênes morts ?
- A : Elle est comestible.
- B : Elle est toxique.
- C : Elle est mortelle.

11 La pezize orangée est commune et comestible, quelle est la valeur de sa chair ?
- A : Très goûteuse.
- B : Très acide.
- C : Très médiocre.

12 Quelle sorte de lépiote est un excellent comestible ?
- A : La lépiote à lames fourchues.
- B : La lépiote crêtée.
- C : La lépiote déguenillée.

13 Quelle est la toxicité du gyromitre frais, commun dans les Vosges ?
- A : Il est légèrement toxique.
- B : Il est mortel.
- C : Il produit des hallucinations.

14 Pourquoi le clitocybe nébuleux est-il souvent considéré comme non comestible ?
- A : Il peut provoquer des gastro-entérites.
- B : Il peut provoquer des hallucinations.
- C : Il peut provoquer des crises d'urticaire.

15 Une de ces russules est toxique, provoquant vomissements ou purges, laquelle ?
- A : La russule olivacée.
- B : La russule dorée.
- C : La russule fétide.

Réponses ▶ p. 271

117 LES SAINTS PATRONS

1 Quelle est la patronne des artificiers, des artilleurs et des pompiers ?
- A : Sainte Léonie.
- B : Sainte Blandine.
- C : Sainte Barbe.

2 De quel métier sainte Véronique est-elle la patronne ?
- A : Des lavandières.
- B : Des lingères.
- C : Des sourds-muets.

3 Quel est le patron des épiciers et des emballeurs ?
- A : Saint Nicolas.
- B : Saint Louis.
- C : Saint Maurice.

4 La saint-Louis est fêtée le 15 août, de quel métier ce saint est-il le patron ?
- A : Les coiffeurs.
- B : Les confiseurs.
- C : Les cordonniers.

5 Quel saint les chasseurs fêtent-ils le 3 novembre ?
- A : Saint Charles.
- B : Saint Hubert.
- C : Saint Apollinaire.

6 Quel est le célèbre patron des jardiniers et des potiers d'étain ?
- A : Saint Jean.
- B : Saint Éloi.
- C : Saint Fiacre.

7 Quand la sainte-Madeleine, la patronne des parfumeurs, est-elle fêtée ?
- A : Le 22 juillet.
- B : Le 14 juillet.
- C : Le 31 juillet.

8 Quel est le saint patron des relieurs ?
- A : Saint Barthélemy.
- B : Saint Jean.
- C : Saint Bertrand.

9 De quel métier saint Yves est-il le patron ?
- A :Des confiseurs.
- B : Des avocats.
- C : Des couteliers.

10 Même les ivrognes ont droit à un saint patron, quel est-il ?
- A : Saint Urbain.
- B : Saint Côme.
- C : Saint Blaise.

11 Quelle est la sainte patronne des ménagères ?
- A : Sainte Catherine.
- B : Sainte Claire de Vienne.
- C : Sainte Marthe.

12 De quelle corporation sainte Cécile est-elle la sainte patronne ?
- A : Des musiciens.
- B : Des orfèvres.
- C : Des vignerons.

13 Saint Vincent est le patron des vignerons, quand est-il fêté ?
- A : Le 14 janvier.
- B : Le 22 janvier.
- C : Le 1er février.

14 De quelle corporation saint Pierre est-il le patron ?
- A : Des vitriers.
- B : Des tailleurs de pierre.
- C : Des plâtriers.

15 Par qui les piétons sont-ils, a priori, protégés ?
- A : Par saint Georges.
- B : Par saint Martin.
- C : Par saint Thomas.

Réponses ▶ p. 271

118 MARSEILLE

1. Quelle basilique surplombe la ville ?
2. De quel département Marseille est-elle le chef-lieu ?
3. Quel est le nom de l'immense centre commercial de la ville : Grand large ou Grand littoral ?
4. Quelles sont les couleurs du maillot des joueurs de football de Marseille ?
5. Quelle boisson anisée est une spécialité de Marseille ?
6. Quelle forteresse, bâtie sur la mer en face de Marseille, est connue grâce à l'œuvre d'Alexandre Dumas ?
7. Comment s'appelle l'aéroport de Marseille : Marignane ou Waterloo ?
8. Où se tient le célèbre marché aux poissons ?
9. Quelle sculpture de César orne un rond-point de Marseille : ***Le Pouce*** ou ***La Main*** ?
10. Quel est le nom de la plus célèbre avenue de Marseille ?
11. Quel produit d'hygiène a fait la renommée de Marseille ?
12. Quel humoriste est originaire de Marseille : Patrick Bosso ou Titoff ?
13. Quel bâtiment a été conçu pour accueillir des orphelins : la Vieille Charité ou le pavillon Daviel ?
14. Quel plat marseillais est confectionné avec des morceaux de poissons cuits dans un bouillon ?
15. Quel était le nom romain de Marseille ?
16. À quels petits personnages de terre cuite une foire est-elle consacrée chaque année ?
17. Quelle résidence fut offerte par la ville à Napoléon III : le palais Longchamp ou le palais du Pharo ?
18. Quel acteur, interprète inoubliable de Don Camillo, est né à Marseille ?
19. Quel écrivain du xxe siècle est l'auteur d'une célèbre trilogie marseillaise ?
20. Marseille est aussi appelée la cité…

Réponses ▶ p. 271

119 VICTOR HUGO

1. À quel siècle Victor Hugo est-il né ?
2. Comment se prénomme la jeune héroïne de ***Notre-Dame de Paris*** ?
3. Qui Jean Valjean recueille-t-il dans ***Les Misérables*** ?
4. Quelle comédienne fut longtemps la maîtresse de Victor Hugo : Juliette Drouet ou Sarah Bernhardt ?
5. Comment Léopoldine, la fille de Victor Hugo, est-elle morte ?
6. Quelle œuvre de Victor Hugo fut à l'origine d'une célèbre bataille littéraire ?
7. De quoi Quasimodo est-il chargé à Notre-Dame de Paris ?
8. Quelle œuvre n'est pas de Victor Hugo : ***Les Châtiments*** ou ***Les Filles du feu*** ?
9. À quel courant littéraire Victor Hugo appartient-il : au romantisme ou au surréalisme ?
10. Comment se nomme le couple d'aubergistes cruels des ***Misérables*** ?
11. ***Ruy Blas*** est-il une pièce de théâtre ou un roman ?
12. Est-ce à Victor Hugo que l'on doit ***L'Éducation sentimentale*** ?
13. Victor Hugo est l'auteur d'un poème intitulé ***L'Art d'être…***
14. Quel animal accompagne la gitane de ***Notre-Dame de Paris*** : une chèvre ou un chat ?
15. Quel personnage des ***Misérables*** incarne le « titi » parisien ?
16. Victor Hugo a-t-il écrit ***La Légende dorée*** ou ***La Légende des siècles*** ?
17. À quel souverain français Victor Hugo s'est-il ouvertement opposé ?
18. Quel est le nom de l'archidiacre de ***Notre-Dame de Paris*** qui recueille Quasimodo ?
19. Où Victor Hugo a-t-il été exilé : sur l'île de Jersey ou sur l'île d'Elbe ?
20. Où Victor Hugo est-il enterré ?

Réponses ▶ p. 271

120 DOUCEURS

- **1.** La spécialité de Commercy est-elle les madeleines ou les croquants ?
- **2.** Les nonettes sont-elles des petits pains d'épices ronds ou des chocolats au lait ?
- **3.** Quel est le nom des petits gâteaux secs aux amandes, plus ou moins durs ou croustillants ?
- **4.** Les chamagnons de Lorraine sont des chocolats fourrés à la liqueur, laquelle ?
- **5.** Quelle est la plus célèbre ville ayant pour spécialité les macarons ?
- **6.** Les rochers du Morvan, fabriqués à Autun, sont-ils des chocolats ou des petits gâteaux ?
- **7.** La ville de Gap, dans les Hautes-Alpes, produit-elle des tourons au miel ou des pruneaux fourrés ?
- **8.** À Langres, comment appelle-t-on les meringues : des caissettes ou des meringuettes ?
- **9.** Que sont les champignons de Dourdan ?
- **10.** Comment les crêpes Kreisler, de Saint-Pol-de-Léon, sont-elles conditionnées ?
- **11.** Les pastis sont des chaussons feuilletés aux pruneaux fourrés : quel alcool contiennent-ils ?
- **12.** Dans quelle grande ville de France fabrique-t-on des palets au chocolat ?
- **13.** Quel genre de croquets concocte-t-on à Narbonne ?
- **14.** Quelle forme les petits Janots, gâteaux anisés d'Albi, ont-ils ?
- **15.** Où les petits gâteaux appelés nieulles sont-ils fabriqués ?
- **16.** Les tuiles de Grenoble sont-elles des chocolats ou des biscuits en forme de tuile ?
- **17.** Les petits ramoneurs sont des chocolats fourrés à la crème pralinée, quelle liqueur contiennent-ils ?
- **18.** Les rousquilles sont-ils des biscuits aux amandes ou des biscuits aux pistaches ?
- **19.** Que sont les nenes de Saint-Affrique, dans le Cantal ?
- **20.** Les couques au cédrat sont-ils fabriqués à Cahors ou à Bourges ?

Réponses ▸ p. 272

Vélo

121 LE CYCLISME

- **1.** Combien de fois Gilbert Duclos-Lassalle a-t-il gagné Paris-Roubaix ?
- **2.** Quel est le meilleur descendeur du monde en VTT ?
- **3.** Dans le Tour de France, Raymond Poulidor a-t-il été plus souvent 2e ou 3e ?
- **4.** Comment Bernard Hinault était-il surnommé ?
- **5.** En grand prix des Nations, la France détient-elle le record de victoires par pays ?
- **6.** Combien de fois Bernard Hinault a-t-il gagné le Tour d'Italie ?
- **7.** Quand la première course cycliste a-t-elle eu lieu entre Paris et Saint-Cloud ?
- **8.** Depuis quand le cyclisme est-il sport olympique ?
- **9.** Combien une épreuve de cross-country masculine dure-t-elle ?
- **10.** Quel Français a été Vélo d'or en 1995 ?
- **11.** Combien y a-t-il de vélodromes en France ?
- **12.** Quelle course appelle-t-on « l'enfer du Nord » ?
- **13.** Arnaud Tournant est-il spécialisé dans le VTT ou dans le critérium ?
- **14.** Quel est le degré d'inclinaison des virages d'une course sur piste ?
- **15.** De 1979 à 2005, combien de fois Jeannie Longo a-t-elle gagné le championnat du monde sur route ?
- **16.** Dans la course Paris-Roubaix, quel revêtement de la chaussée couvre un cinquième du parcours ?
- **17.** Combien la France compte-t-elle de licenciés en vélo ?
- **18.** Sur piste, il existe 2 types de courses, dont l'épreuve d'endurance. Quelle est l'autre épreuve ?
- **19.** En quelle année les premiers clubs cyclistes ont-ils été créés ?
- **20.** Combien la course Paris-Tours fait-elle de kilomètres ?

Réponses ▸ p. 272

122 MIOU-MIOU

- **1.** Dans quel film Miou-Miou donne-t-elle la réplique à Gérard Depardieu et à Patrick Dewaere ?
- **2.** Duquel de ces deux acteurs Miou-Miou a-t-elle eu une fille ?
- **3.** En quelle année est-elle née, 1950 ou 1962 ?
- **4.** Quel est le nom de famille de Miou-Miou ?
- **5.** Quel césar l'actrice a-t-elle obtenu en 1980 pour son rôle dans ***La Dérobade*** ?
- **6.** Qui incarne le mari de Miou-Miou dans ***La Totale !*** ?
- **7.** Dans ce film, que devient son personnage un peu malgré lui ?
- **8.** Quel personnage de Zola Miou-Miou a-t-elle incarné ?
- **9.** À qui Miou-Miou doit-elle son nom de scène, Thierry Le luron ou Coluche ?
- **10.** Dans quel film Miou-Miou incarne-t-elle une femme vivant parmi les Indiens d'Amazonie ?
- **11.** Qui est le père de son fils dans ce même film ?
- **12.** Comment sont les « quelques messieurs » de Georges Lautner, trop bons ou trop tranquilles ?
- **13.** Dans quel film Miou-Miou travaille-t-elle dans un pressing ?
- **14.** Miou-Miou a-t-elle joué dans ***Milou en mai*** ou ***Le Bonheur est dans le pré*** ?
- **15.** De qui Miou-Miou incarne-t-elle la fille dans ***Les Aventures de Rabbi Jacob*** ?
- **16.** Qui est son compagnon dans ***Un génie, deux associés, une cloche***, Terence Hill ou Mel Gibson ?
- **17.** Combien l'actrice a-t-elle d'enfants, 1, 2 ou 3 ?
- **18.** Dans quel film Miou-Miou lit-elle des histoires à Patrick Chesnais ?
- **19.** Dans ***Blanche et Marie***, Miou-Miou est Blanche mais qui incarne Marie ?
- **20.** Dans quel film Miou-Miou partage-t-elle l'affiche avec Jean Dujardin et Mathilde Seigner ?

Réponses ▸ p. 272

123 LES ANNÉES 1970

- **1.** En quelle année la démolition des halles de Paris commence-t-elle ?
- **2.** Quel important programme de gouvernement le PCF, le MRG et le PS signent-ils en juin 1972 ?
- **3.** Le port de la ceinture de sécurité en voiture est-il rendu obligatoire en 1978 ou en 1973 ?
- **4.** En 1974, quel grand choc va bouleverser la vie de la France et du monde entier ?
- **5.** En quelle année l'hebdomadaire ***Le Point*** est-il créé ?
- **6.** En août 1970, quel célèbre mouvement contre les hommes voit le jour, le MLC ou le MLF ?
- **7.** En quelle année la R5 sort-elle ?
- **8.** En 1973, quelle grande tour parisienne est achevée, devenant la plus haute d'Europe ?
- **9.** Quelle loi permet de dépénaliser l'interruption volontaire de grossesse, la loi Veil ou la loi Debré ?
- **10.** Le 13 mars 1977, le premier maire de Paris est-il Jacques Chirac ou Jean Tibéri ?
- **11.** Quel mois de mars Claude François meurt-il ?
- **12.** En avril 1976, Peugeot prend-il le contrôle de Simca ou de Citroën ?
- **13.** Bertrand Blier sort un film qui fera date : ***Les Valseuses***. En quelle année ?
- **14.** Quelle loi répressive de 1920 le procès de Bobigny de 1972 met-il en cause ?
- **15.** Quel est le nom de l'ennemi public n° 1 abattu par la police en plein Paris en 1979 ?
- **16.** Un célèbre baron est enlevé en janvier 1979 à Paris : le baron Hausmann ou le baron Empain ?
- **17.** Quelle peine Christian Ranucci a-t-il subie, jugé coupable du meurtre d'un enfant en 1976 ?
- **18.** Le 27 décembre 1974, un coup de grisou tue 42 mineurs. Était-ce à Carmaux ou à Liévin ?
- **19.** En 1977, quel est le nouveau nom du ***France***, racheté par un milliardaire saoudien ?
- **20.** Un monument culturel s'ouvre à Paris en 1977 : Bercy ou le Centre Pompidou ?

Réponses ▸ p. 272

124 POINT COMMUN

Qu'ont en commun ces quatre édifices ?

Réponse ▶ p. 272

125 LES AVANCÉES SOCIALES

1. Quelle avancée sociale la loi votée le 11 juin 1936 par 563 voix contre 1 a-t-elle imposée ?
2. Quand la Couverture médicale universelle a-t-elle été mise en place ?
3. Quelle loi de 1983 devait rendre obligatoire l'égalité des salaires hommes-femmes pour un travail égal ?
4. Quelle entreprise nationalisée a accordé la 4e semaine de congés payés 7 ans avant les autres ?
5. Le RMI est-il entré en fonction en octobre 1990 ou en octobre 1988 ?
6. En quelle année les Chèque-Déjeuner ont-ils vu le jour ?
7. En octobre 1946, quelle médecine spécifique est créée dans le commerce et l'industrie ?
8. Quelle avancée sociale sur les familles a vu le jour le 11 mars 1932 ?
9. Depuis quand les femmes ont-elles le droit de vote en France ?
10. Les ordonnances sur la Sécurité sociale datent-elles d'octobre 1945 ou d'octobre 1946 ?

Réponses ▶ p. 272

126 LES COULEURS DU VIN

1 Le bourgueil se décline en vins rouges et rosés.
☐ Vrai ☐ Faux

2 Le pouilly-fumé n'existe qu'en vins blancs.
☐ Vrai ☐ Faux

3 L'irancy n'existe qu'en vins rouges.
☐ Vrai ☐ Faux

4 Le sancerre existe en rouge, blanc et rosé.
☐ Vrai ☐ Faux

5 Connu pour ses vins blancs, le saint-péray produit aussi des vins rouges.
☐ Vrai ☐ Faux

6 Le pécharmant est un vin rouge très fin, à boire rapidement.
☐ Vrai ☐ Faux

7 Les côtes-de-nuits-villages existent en rouges et en blancs.
☐ Vrai ☐ Faux

8 Les vins de Condrieu sont des vins rouges.
☐ Vrai ☐ Faux

9 Les margaux n'existent pas en blancs.
☐ Vrai ☐ Faux

10 Les saint-romain blancs sont des vins doux.
☐ Vrai ☐ Faux

11 On peut trouver des faugères blancs.
☐ Vrai ☐ Faux

12 Vin rouge, le saint-amour est le seul saint du Beaujolais.
☐ Vrai ☐ Faux

13 On peut acheter des costières-de-nîmes rouges, blancs et rosés.
☐ Vrai ☐ Faux

14 Le barsac ne produit que des vins blancs.
☐ Vrai ☐ Faux

15 Le sainte-croix-de-monts est un vin blanc bordelais liquoreux.
☐ Vrai ☐ Faux

Réponses ▶ p. 272

127 LES CHANTEUSES

1. Quelle chanteuse voit la vie « en rouge et noir » ?
2. Qui fut la compagne de Michel Berger ?
3. Quel instrument accompagne Catherine Lara ?
4. Pour qui les brunes ne comptent-elles pas pour des prunes ?
5. Que fait le lapin dans la chanson de Chantal Goya ?
6. Grâce à quelle chanson la jeune Alizée s'est-elle fait connaître ?
7. Qu'est-ce qui faisait tout le charme de la chanteuse Desireless dans les années 1980 ?
8. Quel âge avait Elsa lorsqu'elle interpréta la chanson ***T'en vas pas*** ?
9. Quelle est la première chanteuse à avoir remporté la Star Academy ?
10. Quelle est la couleur de « l'aigle » de Barbara ?
11. Quelle chanteuse voulait être « la plus belle pour aller danser » ?
12. Quelle chanson a révélé Vanessa Paradis ?
13. Qui interprète le titre ***Entre nous***, Chimène Badi ou Nolwenn Leroy ?
14. Quel fut le premier tube de Patricia Kaas ?
15. Quelle chanteuse et actrice est mariée à Bernard-Henri Lévy ?
16. Quel concours Marie Myriam a-t-elle remporté ?
17. Quel était le rôle de Julie Zenatti dans la comédie musicale Notre-Dame de Paris ?
18. Qui chante « Zen, soyons zen » ?
19. Quelle ancienne miss Égypte a fait carrière en France ?
20. Mylène Farmer a interprété une chanson intitulée ***Pourvu qu'elles soient***...

Réponses ▸ p. 272

128 LES PRÉFECTURES

1. Qui est à la tête d'une préfecture ?
2. Au maximum, combien peut-il y avoir de préfets par département ?
3. Par qui les préfets sont-ils nommés ?
4. Quelle institution le préfet représente-t-il ?
5. Quelle est la préfecture de l'Ardèche ?
6. Quelles sortes de pouvoir de police le préfet a-t-il ?
7. Par qui les premiers préfets ont-ils été nommés ?
8. Les sous-préfectures peuvent-elles être plus peuplées que les préfectures ?
9. De 1982 à 1988, quelle a été la nouvelle dénomination des préfets ?
10. Où la première femme préfet a-t-elle été nommée, en 1981 ?
11. Quelle est la préfecture de la Guyenne ?
12. Quelle particularité le préfet du Jura Aïssa Dermouche a-t-il ?
13. Les préfets ont-ils un habit spécifique ?
14. En 2004, combien y a-t-il de femmes préfètes ?
15. Le plus jeune préfet fut nommé à Marseille, en 1848, quel âge avait-il ?
16. Préfecture de la Haute-Marne, Chaumont est-elle plus grande que sa sous-préfecture Saint-Dizier ?
17. De quel département Dzaoudzi est-elle la préfecture ?
18. Quel préfet a été abattu par balles en 1998 ?
19. Quelle est la seule préfecture de police de France ?
20. En Seine-Saint-Denis, combien de villes sont-elles plus peuplées que leur préfecture Bobigny ?

Réponses ▸ p. 272

Un peu d'instruction civique ?

129 LA BASSE-NORMANDIE

- **1.** Quel célèbre mont peut-on admirer dans une baie de la Manche ?
- **2.** Les plages de Normandie ont-elles été utilisées pour le débarquement allié en 1918 ou en 1944 ?
- **3.** Une région du Calvados s'appelle-t-elle la Suisse normande ou la Normandie suisse ?
- **4.** Quel animal célèbre-t-on dans la ville du Pin-au-Haras ?
- **5.** Quel fromage normand très connu est fabriqué dans le pays d'Auge ?
- **6.** Le point d'Alençon est-il un point de musique ou un point de dentelle ?
- **7.** Deauville est-elle située sur la Côte de Nacre ou la Côte fleurie ?
- **8.** La Cité de la mer se trouve-t-elle à Cherbourg ou à Avranches ?
- **9.** Quelle est la spécialité gastronomique de Vire ?
- **10.** Le week-end précédant mardi gras, quelle manifestation se déroule à Granville ?
- **11.** Quelle grande œuvre le centre Guillaume le Conquérant, à Bayeux, renferme-t-il ?
- **12.** Quel animal, broutant sur les herbes de la baie du Mont-Saint-Michel, est dit de pré-salé ?
- **13.** Après les bombardements de la Seconde Guerre mondiale, comment a-t-on surnommé Saint-Lô ?
- **14.** Où se trouve la cité du cuivre ?
- **15.** Dans quelle ville s'étend le Grand Hôtel cher à Marcel Proust ?
- **16.** Une grande fête a lieu à Honfleur chaque année en mai : laquelle ?
- **17.** Dans quelle ville peut-on visiter le musée de la Comtesse de Ségur ?
- **18.** Existe-t-il des parcs à huîtres en Normandie ?
- **19.** Quel est le nom de la basilique de Lisieux ?
- **20.** Pour visiter le Mémorial de la paix, faut-il aller à Avranches ou à Caen ?

Réponses ▸ p. 272

Télé...

130 M6

- **1.** Comment la chaîne fut-elle longtemps surnommée ?
- **2.** Quel jour est diffusée l'émission ***Zone interdite*** ?
- **3.** Que signifie le « M » de M6, multidiffusion ou métropole ?
- **4.** Comment s'appelle l'ensemble de 3 séries diffusées sur la chaîne le samedi soir ?
- **5.** Quelle série n'a jamais été diffusée sur M6, ***X-files*** ou ***Mac Gyver*** ?
- **6.** Qui héberge l'opérateur téléphonique M6 mobile, Bouygues Telecom ou Orange ?
- **7.** Comment s'appelle le journal télévisé diffusé à 19 h 50 sur M6 ?
- **8.** Quel était le slogan de la chaîne en 1998, « 0 % foot » ou « 100 % détente » ?
- **9.** Qui présentait l'émission ***Fan de*** sur M6 jusqu'en 1995 ?
- **10.** Quel type de programme la chaîne diffuse-t-elle à 20 h 05 ?
- **11.** Quelles sont les couleurs du logo de la chaîne ?
- **12.** À quoi l'émission ***Tubissimo*** est-elle consacrée, à l'automobile ou à l'actualité musicale ?
- **13.** Quel type de programme la chaîne était-elle la première à proposer en avril 2001 ?
- **14.** M6 est-elle une chaîne privée ou publique ?
- **15.** Quel programme n'est pas diffusé sur M6, ***La Minute de l'immobilier*** ou ***Consomag*** ?
- **16.** Quelle chaîne musicale M6 a-t-elle lancée en 1998 sur le câble ?
- **17.** L'émission ***Ciné six*** existait-elle à la naissance de la chaîne ?
- **18.** De quel bouquet numérique la chaîne est-elle actionnaire ?
- **19.** Comment s'appelle l'émission de télé-achat de M6 ?
- **20.** De quand la chaîne date-t-elle, 1976 ou 1987 ?

Réponses ▸ p. 272

131 NAPOLÉON

- **1.** De quelle ville Napoléon est-il originaire ?
- **2.** Qui fut la première épouse de Napoléon ?
- **3.** Dans quel pays Bonaparte dirigea-t-il une expédition comprenant de nombreux savants ?
- **4.** Quand eut lieu le coup d'État auquel Bonaparte participa, le 21 vendémiaire ou le 18 brumaire ?
- **5.** Sur qui eut lieu la victoire d'Iéna, la Prusse ou la Russie ?
- **6.** Dans quelle cathédrale eut lieu le sacre de Napoléon ?
- **7.** Quel code a été créé par Napoléon, le code civil ou le code de la route ?
- **8.** Quel événement sonna le glas de la campagne de Russie ?
- **9.** Comment fut surnommé le fils de l'empereur ?
- **10.** Quelle bataille Bonaparte remporta-t-il en Égypte ?
- **11.** Où Napoléon fut-il exilé une première fois ?
- **12.** En quelle année Napoléon fut-il couronné empereur, 1800 ou 1804 ?
- **13.** La bataille d'Austerlitz se solda-t-elle par une victoire ou une défaite ?
- **14.** Quel était le nom de l'armée de Napoléon ?
- **15.** Comment appelle-t-on la période durant laquelle Napoléon reprit le pouvoir au retour de son premier exil ?
- **16.** Dans quel pays se trouve la ville de Waterloo, où Napoléon fut vaincu ?
- **17.** Quel ordre Napoléon a-t-il mis en place pour récompenser le patriotisme ?
- **18.** Où se trouve le tombeau de Napoléon ?
- **19.** Avant d'être empereur, Napoléon était-il consul ou proconsul ?
- **20.** Où Napoléon est-il mort ?

Réponses ▶ p. 272

132 LE PATINAGE ARTISTIQUE

- **1.** En quelle année la fédération française des sports de glace a-t-elle été créée ?
- **2.** Quel patineur français est connu pour ses interprétations artistiques de personnages célèbres ?
- **3.** Combien la fédération française compte-t-elle de licenciés ?
- **4.** Quel patineur français a obtenu au moins 6 médailles aux championnats du monde ?
- **5.** Comment le Trophée de France s'appelle-t-il depuis 2005 ?
- **6.** Le Cercle des patineurs de Paris a-t-il été créé en 1865 ou en 1905 ?
- **7.** En championnat de France, quand la catégorie danse a-t-elle été créée : en 1974 ou en 1984 ?
- **8.** Que patineur français a été médaille de bronze aux Jeux olympiques de 1968 et de 1969 ?
- **9.** La danse sur glace comporte-t-elle 2 ou 3 épreuves ?
- **10.** Le premier palais des glaces français a été construit à Paris. En quelle année ?
- **11.** Les championnats d'Europe ont-ils lieu tous les ans ou tous les 2 ans ?
- **12.** Quelle est la première femme à avoir réussi un quadruple saut ?
- **13.** Quel ancien patineur a été nommé ministre de la Jeunesse et des Sports en 1984 ?
- **14.** Quelle était la meilleure patineuse française des années 1960 ?
- **15.** Dans quelle catégorie Marina Anissina et Gwendal Peizerat se sont-ils distingués ?
- **16.** Combien de fois Patrick Péra a-t-il été champion de France ?
- **17.** Quel homme politique a introduit le patinage en France ?
- **18.** Dans la danse sur glace, combien de danses sont-elles reconnues par la fédération internationale ?
- **19.** Dans quelle catégorie a-t-on pu voir Sarah Abitbol et Stéphane Bernardis ?
- **20.** Quelle Française a été la première à exécuter un saut périlleux arrière ?

Réponses ▶ p. 272

133 LES PETITS MAMMIFÈRES

1 **À la campagne, le lérot est souvent surnommé le bandit masqué.**
☐ Vrai ☐ Faux

2 **La fouine a à peu près la taille d'un chat.**
☐ Vrai ☐ Faux

3 **La souris ne creuse jamais de terriers dans les champs.**
☐ Vrai ☐ Faux

4 **Le campagnol roussâtre a une queue courte.**
☐ Vrai ☐ Faux

5 **La musaraigne est une grosse souris.**
☐ Vrai ☐ Faux

6 **Le mulot ne mange jamais de fruits.**
☐ Vrai ☐ Faux

7 **La martre est le seul animal à pouvoir attraper un écureuil à la course dans un arbre.**
☐ Vrai ☐ Faux

8 **Une fouine peut saccager toute l'isolation d'un grenier en la grignotant.**
☐ Vrai ☐ Faux

9 **Le blaireau fait des crottes irrégulières de 4 à 8 cm de long.**
☐ Vrai ☐ Faux

10 **La taupe peut mesurer plus de 20 cm de long.**
☐ Vrai ☐ Faux

11 **Le lérot hiberne de mars à octobre.**
☐ Vrai ☐ Faux

12 **Le campagnol terrestre est deux fois plus petit que le campagnol des champs.**
☐ Vrai ☐ Faux

13 **L'écureuil fait de petites crottes de quelques millimètres.**
☐ Vrai ☐ Faux

14 **Le lérot grimpe très facilement aux murs.**
☐ Vrai ☐ Faux

15 **Le putois va chasser le lapin dans son terrier.**
☐ Vrai ☐ Faux

Réponses ▸ p. 272

134 LES IMPÔTS €

1 **Quel impôt a été adossé à l'impôt sur le revenu en 2005 ?**
☐ A : L'impôt foncier.
☐ B : La taxe d'habitation.
☐ C : La redevance télévisuelle.

2 **Qui paie la taxe d'habitation sur un logement ?**
☐ A : Les propriétaires.
☐ B : Les locataires.
☐ C : Les personnes occupant au 1er janvier les locaux.

3 **Lorsqu'elle a été créée, à qui était destiné le produit de la vignette automobile ?**
☐ A : Aux personnes âgées.
☐ B : À la sécurité sociale.
☐ C : Au remboursement de la dette.

4 **En France, qu'en est-il de la mensualisation de la taxe d'habitation ?**
☐ A : On doit y souscrire obligatoirement.
☐ B : On peut y souscrire si l'on veut.
☐ C : On ne peut y souscrire en aucun cas.

5 **Qu'arrive-t-il en cas de trop perçu par l'Administration fiscale ?**
☐ A : L'argent est reporté sur l'année fiscale suivante.
☐ B : L'argent est acquis au fisc.
☐ C : L'argent est remboursé par virement.

6 **Depuis le 1er janvier 2006, quelle est la fréquence des abattements pour les donations et successions ?**
☐ A : Tous les 5 ans.
☐ B : Tous les 6 ans.
☐ C : Tous les 7 ans.

7 **À quelles plus-values l'imposition des gains en capital est-elle appliquée ?**
☐ A : Aux plus-values immobilières.
☐ B : Aux plus-values mobilières ou de droits sociaux.
☐ C : À toutes ces plus-values.

8 **Quel est le seuil de dispense de déclaration de successions en ligne directe depuis 2006 ?**
☐ A : 35 000 €.
☐ B : 50 000 €.
☐ C : 65 000 €.

9 **Hors prélèvements sociaux, à combien s'élève l'impôt sur les plus-values ?**
☐ A : 16 %.
☐ B : 13 %.
☐ C : 20 %.

10 **Quels sont les biens taxés à l'ISF ?**
☐ A : Les biens situés en France.
☐ B : Les biens situés en France et à l'étranger.
☐ C : Les biens situés uniquement à l'étranger.

11 **Quel était le seuil d'imposition de l'ISF 2005 ?**
☐ A : 732 000 €.
☐ B : 720 000 €.
☐ C : 685 000 €.

12 **En 2005, l'impôt sur le revenu a rapporté 55 milliards d'euros, combien la CSG a-t-elle rapporté ?**
☐ A : 127,28 milliards.
☐ B : 71,3 milliards.
☐ C : 42,6 milliards.

13 **Quelle est la date limite pour déposer et payer une déclaration d'ISF ?**
☐ A : Le 15 mai.
☐ B : le 15 juin.
☐ C : Le 15 juillet.

14 **Depuis 2005, à combien s'élève le taux de la CSG applicable aux revenus du patrimoine ?**
☐ A : 6,9 %.
☐ B : 7,5 %.
☐ C : 8,2 %.

15 **À sa création en 1991, à combien s'élevait le taux de la CSG ?**
☐ A : 1,1 %.
☐ B : 2,5 %.
☐ C : 3,2 %.

Réponses ▸ p. 272

Vins, soleil et douceurs...

135 BORDEAUX

- **1.** De quelle région Bordeaux est-elle le chef-lieu ?
- **2.** Quel Premier ministre de Jacques Chirac a été maire de Bordeaux ?
- **3.** Quel est le nom des joueurs de football de Bordeaux ?
- **4.** Y a-t-il un tramway à Bordeaux ?
- **5.** Quel peuple a fondé la ville : les Huns ou les Bituriges ?
- **6.** Quel fleuve arrose la ville de Bordeaux ?
- **7.** Quel humoriste est né à Bordeaux : Pierre Palmade ou Jean Dujardin ?
- **8.** De quoi Bordeaux est-elle la capitale mondiale ?
- **9.** Quel ancien résistant fut maire de la ville pendant presque cinquante ans ?
- **10.** La ville compte-t-elle plus ou moins de 300 000 habitants ?
- **11.** Dans quel département se trouve Bordeaux ?
- **12.** Quel monument se situe sur la place de la Comédie : le Grand théâtre ou l'hôtel de ville ?
- **13.** Lequel n'est pas un quartier de Bordeaux : Bacalan ou la Guillotière ?
- **14.** Quel illustre écrivain français du XVIe siècle fut maire de la ville ?
- **15.** Quelle est la plus grande place de la ville : la place des Quinconces ou la place de la Bourse ?
- **16.** Quel est le nom du club de rugby de la ville ?
- **17.** La ville est-elle divisée en arrondissements ?
- **18.** Quelle petite pâtisserie au rhum est une spécialité de Bordeaux ?
- **19.** Quel est le nom de l'aéroport de Bordeaux : Mérignac ou Gradignan ?
- **20.** Quel philosophe est originaire de la région de Bordeaux : Montesquieu ou Rousseau ?

Réponses ▶ p. 272

136 LES HUMORISTES

- **1.** Quelle émission Michaël Youn a-t-il animée sur M6 pendant plus de 2 ans ?
- **2.** Quel humoriste, duétiste avec Francis Blanche, représenta la voix de la France en 1943-1944 ?
- **3.** Quel imitateur se produit dans l'émission dominicale de Michel Drucker ?
- **4.** Dans un sketch de Fernand Raynaud, qui répondait au facteur à travers la porte ?
- **5.** Avec qui Élie Semoun a-t-il fait un duo explosif ?
- **6.** Quel humoriste a créé et présenté à la télévision ***La Minute nécessaire de monsieur Cyclopède*** ?
- **7.** Dans quel sitcom Gad Elmaleh a-t-il commencé à la télévision ?
- **8.** Quel auteur, interprète notamment sur scène de ***Madame Serfati***, mourut en 1999 ?
- **9.** Un artiste chante ***La Chanson pour Moralès*** en 2003 dans un one-man show. Qui est-il ?
- **10.** Avant d'être humoriste, quel métier Michel Leeb exerça-t-il pendant un an et demi ?
- **11.** Qui reçut le césar du meilleur second rôle masculin pour son rôle dans ***Le Dîner de cons*** ?
- **12.** Avec qui Roger Pierre faisait-il un célèbre duo dans les années 1960-1970 ?
- **13.** Avant d'aller sur Canal+ en 1997, sur quelle radio Jamel Debbouze s'est-il fait remarquer ?
- **14.** Quel humoriste exige dans un restaurant qu'on lui apporte le homard vainqueur ?
- **15.** Quel métier Sylvie Joly exerça-t-elle avant de devenir humoriste ?
- **16.** Quel est le vrai nom de Gaston Lagaffe ?
- **17.** Quel imposant humoriste, maître en jeux de mots, porte-t-il toujours un nœud papillon ?
- **18.** Dans quelle émission de télévision Pierre Palmade a-t-il fait ses débuts ?
- **19.** Le vrai nom du professeur Choron était-il Georges Bernier ou Michel Bernier ?
- **20.** Après avoir interrompu ses études, quel métier Jean-Marie Bigard exerça-t-il pendant 2 ans ?

Réponses ▶ p. 272

137 LES CHAMPIGNONS

Donnez le nom de chacun de ces champignons.

Amanite phalloïde ; chanterelle ; lépiote ; morille

Réponses ▸ p. 272

138 LES SCANDALES POLITIQUES

1. En janvier 2006, combien de politiques sont à la barre des accusés dans l'affaire des HLM de Paris ?
2. Quelle affaire économico-politique ***Le Canard enchaîné*** dévoile-t-il en décembre 1983 ?
3. Quel président du gouvernement indépendantiste provisoire de Nouvelle-Calédonie est assassiné en 1989 ?
4. Dans l'affaire du sang contaminé, qui a dit : « Responsable, mais pas coupable » ?
5. Dans quoi Robert Boulin s'est-il officiellement suicidé en forêt de Rambouillet, en octobre 1979 ?
6. Quel homme politique se suicide le 1er mai 1995 pour une affaire de prêt immobilier et d'honneur ?
7. Début 1972, de quel homme politique ***Le Canard enchaîné*** publie-t-il la déclaration de revenus ?
8. Action Directe assassine le 17 novembre 1986 Georges Besse. De quelle entreprise était-il le P.D.G. ?
9. Où François Durand de Grossouvre, proche de François Mitterrand, se suicide-t-il ?
10. Comment l'ancien ministre de droite Joseph Fontanet est-il mort, le 2 février 1980 ?

Réponses ▸ p. 272

139 LES GRANDS PATRONS

1 Quelle société Antoine Riboud a-t-il créée ?
- A : Carrefour.
- B : Danone.
- C : Saint-Gobain.

2 Qui est président du conseil de surveillance de la société Axa ?
- A : Claude Bébéar.
- B : Vincent Bolloré.
- C : François Pinault.

3 Quel a été le parcours de Francis Bouygues, fondateur de la société du même nom ?
- A : Il est sorti de Centrale.
- B : Il est sorti de Polytechnique.
- C : Il est sorti de Sup de Co.

4 Quel a été le patron emblématique d'Hachette et de Matra jusqu'en 2003 ?
- A : Daniel Filipacchi.
- B : Jean-Luc Lagardère.
- C : Gérald de Roquemaurel.

5 Quel est l'actuel P.D.G de Renault ?
- A : Jean-Luc Lagardère.
- B : Louis Schweitzer.
- C : Carlos Ghosn.

6 L'entreprise Dassault porte le nom de son créateur, quel était le prénom de celui-ci ?
- A : Serge.
- B : Olivier.
- C : Michel.

7 De quelle société Jean-Marie Messier a-t-il dû partir avec fracas ?
- A : De Suez.
- B : Du Club Méditerranée.
- C : De Vivendi Universal.

8 Quelle fonction Jacques Séguéla, vice-président de Havas-Advertising, avait-il à *Paris-Match* ?
- A : Il était coursier.
- B : Il était rédacteur en chef.
- C : Il était journaliste-pigiste.

9 En 2005, qui a pris 20 % du capital de Havas, s'invitant au tour de table de la société ?
- A : Bernard Arnaud.
- B : Claude Bébéar.
- C : Vincent Bolloré.

10 Qui a repris la société Manufrance puis Look, à la fin des années 1970 ?
- A : Bernard Tapie.
- B : Bernard Arnault.
- C : Le baron Empain.

11 Laquelle de ces sociétés Loïk Le Floch Prigent a-t-il dirigée ?
- A : Esso.
- B : Total.
- C : Elf Aquitaine.

12 Qui, en 2005, était à la tête de la société Hermès ?
- A : Jean-Louis Doumeng.
- B : Jean-Louis Dumas.
- C : Alexandre Dumas.

13 Quel chef d'entreprise dirige le groupe PPR ?
- A : Bernard Arnault.
- B : François Pinault.
- C : Paul Ricard.

14 Quelle société Francis Mer a-t-il dirigée ?
- A : Usinor.
- B : Sacilor.
- C : Vivendi.

15 Qui dirige la société Total ?
- A : Thierry Desmaret.
- B : Bernard Collomb.
- C : Gérard Mestrallet.

Réponses ▸ p. 272

140 LES FEMMES ET HOMMES POLITIQUES

1. Lionel Jospin est-il plus âgé que Jack Lang ?
2. Quand Laurent Fabius est-il né ?
3. De qui Martine Aubry est-elle la fille ?
4. Quel ministère Lionel Jospin a-t-il occupé sous François Mitterrand ?
5. À quel âge Laurent Fabius a-t-il été élu député ?
6. Sous quel gouvernement, outre celui d'Édith Cresson, Martine Aubry a-t-elle été ministre ?
7. Quel est actuellement le ministre de l'Intérieur et de l'Aménagement du territoire ?
8. De Laurent Fabius, Alain Juppé, Jack Lang et Lionel Jospin, qui n'a pas fait l'ENA ?
9. Avant d'être socialiste, quelle orientation politique Lionel Jospin avait-il ?
10. Qui a été nommé ministre délégué de l'Industrie et du Commerce dans le gouvernement Cresson, en 1991 ?
11. Qui était chargé de la communication de la campagne présidentielle de François Mitterrand en 1981 ?
12. Laurent Fabius a-t-il été nommé Premier ministre à l'âge de 38 ans ou à l'âge de 41 ans ?
13. Quel a été le poste d'Alain Juppé en 1972 ?
14. De quel parti Laurent Fabius a-t-il été Premier secrétaire ?
15. En quelle année Lionel Jospin s'est-il retiré de la vie politique ?
16. Qui a dirigé la campagne présidentielle de Jacques Chirac en 1981 ?
17. Quand Alain Juppé est-il devenu ministre des Affaires étrangères ?
18. De quelle ville Jack Lang a-t-il été maire de 1989 à 2001 ?
19. Quel concours Ségolène Royal a-t-elle passé à Paris en 1994 ?
20. Pour quels problèmes à la mairie de Paris Alain Juppé a-t-il été condamné en 2004 ?

Réponses ▸ p. 272

En pleine forme

141 SANTÉ

1. Combien d'années d'études universitaires faut-il pour devenir médecin généraliste ?
2. Quel virus l'équipe du professeur Montagnier a-t-elle découvert en 1983 ?
3. Que signifie le sigle CHU ?
4. Quelle cotisation prélevée à la source vise à réduire le déficit de la Sécurité sociale ?
5. Quelle est la durée minimale du congé maternité ?
6. La législation française autorise-t-elle l'euthanasie dans certains cas ?
7. À partir de quel âge est-on invité à choisir un médecin traitant ?
8. À qui appartient le dossier médical ?
9. Quelle carte doit-on présenter à chaque consultation ?
10. Depuis quand l'avortement est-il autorisé en France, 1968 ou 1975 ?
11. Quel est le montant de la contribution forfaitaire à payer à chaque consultation ?
12. Combien de temps dure le délai de carence, pendant lequel le salarié malade n'est pas indemnisé ?
13. À quoi correspond le premier chiffre du numéro de Sécurité sociale ?
14. Quelles sont la forme et la couleur de l'emblème des pharmacies ?
15. Quel organisme gère les dons du sang ?
16. Qui n'a jamais été ministre de la Santé, Philippe Douste-Blazy ou François Hollande ?
17. Quel vaccin est obligatoire, celui contre le tétanos ou contre les oreillons ?
18. Quel est l'organisme public de recherche français consacré à la santé humaine ?
19. Quand l'Assurance-Maladie a-t-elle été créée, en 1902 ou en 1945 ?
20. L'Institut Pasteur est-il un organisme privé ou public ?

Réponses ▸ p. 272

142 ÉGLISES ET CATHÉDRALES

1. La basilique de Fourvière a été édifiée pour remercier la Vierge d'avoir épargné Lyon d'une maladie, laquelle ?
2. Est-elle de style gothique ou néo-byzantin ?
3. Quelle est la couleur dominante des célèbres vitraux de la cathédrale de Chartres ?
4. À quel saint évêque de la ville la basilique de Tours était-elle dédiée ?
5. À quelle époque fut-elle détruite ?
6. Combien de basiliques la ville de Lourdes compte-t-elle ?
7. Sur quelle butte la basilique du Sacré-Cœur, à Paris, a-t-elle été bâtie ?
8. À quel siècle a-t-elle été achevée ?
9. Comment les Marseillais surnomment-ils la basilique Notre-Dame-de-la-Garde ?
10. Que représente la statue couverte d'or qui orne son beffroi ?
11. Quel est le style de la cathédrale Saint-Lazare d'Autun ?
12. Dans quelle ville se situe la cathédrale où étaient sacrés les rois de France ?
13. Quelle est la plus vaste église de France, la cathédrale d'Amiens ou l'église Saint-Laud d'Angers ?
14. Quelle célèbre église parisienne du XVIIIe siècle ressemble à un temple grec ?
15. À quelle cathédrale Monet a-t-il consacré toute une série de tableaux ?
16. Qui a fait construire la Sainte-Chapelle, à Paris ?
17. Dans l'enceinte de quel édifice est-elle située ?
18. Dans quelle ville se trouve la basilique du Rosaire, Pau ou Lourdes ?
19. Dans quelle basilique sont inhumés les rois de France ?
20. Quelle statue accueille les fidèles de la cathédrale de Reims, l'Ange au sourire ou le Christ sauveur ?

Réponses ▶ p. 272

143 LES JEUX À LA TÉLÉ

1. Dans quel jeu Jean-Pierre Foucault demande-t-il au candidat : « C'est votre dernier mot ? »
2. Quel jeu présente Laurence Boccolini ?
3. Quel animal a fait courir de nombreux candidats d'***Intervilles*** ?
4. Nagui a présenté un jeu intitulé ***N'oubliez pas votre***…
5. De combien de lettres les candidats disposent-ils pour former un mot dans ***Des chiffres et des lettres*** ?
6. Quel est le moyen de transport utilisé par les candidats de ***La Carte aux trésors*** ?
7. Qui présentait ***Le Juste Prix***, Vincent Lagaf ou Philippe Risoli ?
8. À quelle heure le jeu ***Pyramide*** était-il diffusé, 12 h 20 ou 18 h 50 ?
9. Quel quiz loufoque Alain Chabat présentait-il sur Canal+ ?
10. Quel jeu présenté par Philippe Gildas associait un candidat à un sportif de haut niveau ?
11. Dans quel océan ou mer se situe le célèbre fort Boyard ?
12. Quel spécialiste de la langue française assistait Jean-Pierre Descombes dans ***Les Jeux de vingt heures*** ?
13. Dans quel jeu mesure-t-on le rythme cardiaque du candidat ?
14. Quel était le nom du personnage virtuel en 3D qui présentait ***Le Bigdil*** avec Lagaf, Bob ou Bill ?
15. Dans quel jeu s'agit-il de trouver la question correspondant à la réponse donnée ?
16. Quel jeu a remplacé ***Les Mariés de l'A2***, tout en gardant le principe ?
17. Quel jeu, présenté notamment par Évelyne Leclerc, visait à former des couples ?
18. Qui présente ***Motus***, Thierry Beccaro ou Julien Courbet ?
19. Dans quel jeu présenté par Christian Morin les candidats pouvaient-ils faire banqueroute ?
20. Combien de candidats s'affrontent dans ***Questions pour un champion*** ?

Réponses ▶ p. 272

144 L'ARMÉE

1. Qui est le chef des Armées ?
2. Quelle est la plus haute dignité militaire ?
3. Combien d'étoiles compte l'insigne d'un général d'armée ?
4. De combien d'armées l'armée française est-elle composée ?
5. Que commande un colonel, un régiment ou une division ?
6. Lesquels font partie de l'armée, les policiers ou les gendarmes ?
7. En quelle année les jeunes femmes ont-elles pu effectuer un service volontaire, 1950 ou 1970 ?
8. De quel ministère l'armée dépend-elle ?
9. Quel est le grade le moins élevé de l'armée de l'air ?
10. Quelle ville est le port d'attache du ***Charles de Gaulle*** ?
11. Quel bataillon est coiffé d'une « tarte » ?
12. Quelle arme est chargée de fournir l'infrastructure et l'équipement, le génie ou l'artillerie ?
13. Quelle patrouille est connue pour ces démonstrations de voltige aérienne ?
14. De quelle base dépend-elle ?
15. Lequel est le plus gradé, le sergent ou l'adjudant ?
16. Quelle armée a pour mission d'assurer la sécurité dans l'espace maritime ?
17. Comment appelait-on ceux qui refusaient de servir dans l'armée en raison de leurs convictions ?
18. Quelle était la durée du service militaire avant 1996 ?
19. La Légion étrangère accueille-t-elle des femmes ?
20. Quels bâtiments de guerre ont pour mission d'escorter les porte-avions ?

Réponses ▸ p. 272

145 ALAIN DELON

1. Quelle « mélodie » d'Henri Verneuil Alain Delon joue-t-il en duo avec Jean Gabin ?
2. Comment se prénomme le fils d'Alain Delon, acteur lui aussi ?
3. Quel bandit au grand cœur Alain Delon a-t-il incarné en 1964 dans le film du même nom ?
4. À quelle époque se passe l'intrigue de ce film ?
5. Quelle actrice italienne donne la réplique à Alain Delon dans ***Le Guépard*** ?
6. Quel est le nom du personnage incarné par Alain Delon dans ce film, Gonzague ou Tancrède ?
7. Dans quel film Alain Delon dirige-t-il une école de danse ?
8. Alain Delon a-t-il chanté ***Comme au bon vieux temp***s ou ***Comme au cinéma*** ?
9. Dans quel clan Alain Delon a-t-il joué en 1969 ?
10. Quel rôle de policier Alain Delon a-t-il endossé dans une série télévisée diffusée sur France 2 ?
11. Et sur TF1 ?
12. Avec quelle comédienne rencontrée sur le tournage de ***Christine*** l'acteur s'est-il fiancé en 1959 ?
13. Le premier film réalisé par Alain Delon s'intitulait ***Pour la peau d'un***…
14. Dans quel pays l'acteur s'est-il installé depuis 1985 ?
15. Alain Delon a joué dans un téléfilm adapté d'un roman de Joseph Kessel, lequel ?
16. Quel célèbre séducteur Alain Delon a-t-il incarné en 1992 ?
17. Alain Delon est-il né en 1935 ou en 1945 ?
18. Qui est le partenaire d'Alain Delon dans ***Borsalino*** ?
19. Dans quel film Alain Delon partage-t-il l'affiche avec Romy Schneider et Jane Birkin ?
20. Quelle comédienne a partagé la vie d'Alain Delon pendant une quinzaine d'années ?

Réponses ▸ p. 272

Le guépard

146 POINT COMMUN

Quel est le lien ?

Réponse ▸ p. 272

147 LES TEMPS DE CUISSON

1. Le gâteau basque doit-il être cuit de 20 à 40 min ou plus de 60 min ?
2. Si l'on fait cuire les magrets de canard 10 min côté peau, combien faut-il les faire cuire côté chair ?
3. Les crêpes suzette demandent-elles 10 min de cuisson ou moins de temps ?
4. La soupe aux choux auvergnate cuit-elle 1 ou 2 h environ ?
5. La coupétade, à base de pain rassis, doit-elle cuire 1 h 30 ou 2 h 30 ?
6. Combien de temps fait-on cuire une entrecôte bordelaise ?
7. Les rognons de veau doivent-ils être cuits 15 ou 30 min ?
8. Quel est le temps de cuisson des gambas à la tahitienne ?
9. Un rôti de bœuf de 1,5 kg doit-il être cuit 45 ou 60 min ?
10. Le temps de cuisson d'une daube niçoise est-elle de 3 ou de 4 h ?

Réponses ▸ p. 272

148 LA TOUR EIFFEL

1 Quelle est la hauteur de la tour Eiffel ?
- A : 324 m.
- B : 445 m.
- C : 687 m.

2 Pour quelle exposition universelle la tour Eiffel fut-elle construite ?
- A : Celle de 1756.
- B : Celle de 1889.
- C : Celle de 1900.

3 Combien de temps a nécessité le montage de la partie métallique de la Tour ?
- A : 21 mois.
- B : 3 ans.
- C : 5 ans.

4 Combien de tonnes de peinture sont nécessaires pour repeindre la tour Eiffel ?
- A : 1 tonne.
- B : 10 tonnes.
- C : 60 tonnes.

5 Quel est le nom du restaurant gastronomique de la tour Eiffel ?
- A : Le *Victor Hugo*.
- B : Le *Jules Verne*.
- C : Le *Jean Jaurès*.

6 À quel étage est-il situé ?
- A : Au 1er étage.
- B : Au 2e étage.
- C : Au sommet.

7 À qui appartient la tour Eiffel ?
- A : À la famille de Gustave Eiffel.
- B : À l'État.
- C : À la ville de Paris.

8 Jusqu'à quelle heure la tour Eiffel est-elle ouverte en été ?
- A : 19 h 00.
- B : 21 h 00.
- C : Minuit.

9 En quoi la tour Eiffel est-elle construite ?
- A : En plomb.
- B : En fer.
- C : En acier.

10 À qui les noms inscrits sur la frise qui fait le tour de l'édifice rendent-ils hommage ?
- A : À des savants.
- B : À des généraux.
- C : À des hommes politiques.

11 Quel constructeur automobile écrivit son nom en lettres de lumière sur la Tour pour faire de la publicité ?
- A : Peugeot.
- B : Renault.
- C : Citroën.

12 Combien de visiteurs la Tour a-t-elle approximativement reçus en 2005 ?
- A : 950 000.
- B : 2,3 millions.
- C : 6,4 millions.

13 Combien d'ascenseurs mènent au 2e étage de la Tour ?
- A : 2.
- B : 3.
- C : 4.

14 Dans quel arrondissement parisien la tour Eiffel est-elle située ?
- A : Le 3e.
- B : Le 7e.
- C : Le 13e

15 Combien d'ampoules sont nécessaires au scintillement de la tour Eiffel ?
- A : 20 000.
- B : 50 000.
- C : 100 000.

Réponses ▸ p. 272

149 CATHERINE DENEUVE

1. Quelle héroïne de conte de fées offrit à Catherine Deneuve l'un de ses plus beaux rôles ?
2. Dans quel film Catherine Deneuve embrasse-t-elle Fanny Ardant ?
3. Dans quelle comédie musicale chantait-elle : « Mi fa sol la mi ré, ré mi fa sol sol sol ré do » ?
4. Qui est le père de Chiara, la fille de Catherine Deneuve ?
5. Que fait Catherine Deneuve dans ***Belle de jour***, elle tue son amant ou elle se prostitue ?
6. Comment s'appelait la sœur de Catherine Deneuve, décédée en 1967 ?
7. Qui est l'amant de Catherine Deneuve dans ***Indochine*** ?
8. Combien Catherine Deneuve avait-elle de sœurs, une, deux ou trois ?
9. Dans quel film Catherine Deneuve incarne-t-elle l'épouse d'un directeur de théâtre ?
10. Dans ***Ma saison préférée***, qui joue le frère de Catherine Deneuve, André Dussolier ou Daniel Auteuil ?
11. Qui est « le Sauvage », aux côtés de Catherine Deneuve, dans le film du même nom ?
12. Avec qui Catherine Deneuve chanta-t-elle ***Dieu est un fumeur de havanes*** ?
13. Catherine Deneuve a-t-elle joué dans ***Place Vendôme*** ou ***Rue de la Paix*** ?
14. Quel est le prénom du fils de Catherine Deneuve ?
15. Dans quel film Guillaume Depardieu joue-t-il le fils de Catherine Deneuve, ***Pola X*** ou ***L'Africain*** ?
16. Quel réalisateur, divorcé de Brigitte Bardot, partagea la vie de Catherine Deneuve ?
17. Dans quel film de Valérie Lemercier Catherine Deneuve incarne-t-elle une reine ?
18. Avec quelle chanteuse islandaise Catherine Deneuve partage-t-elle l'affiche de ***Dancer in the Dark*** ?
19. Catherine Deneuve a-t-elle chanté en duo avec Gérard Depardieu ou Gérard Darmon ?
20. Dans ***Belle-maman***, qui incarne le gendre de Catherine Deneuve ?

Réponses ▶ p. 272

150 LES ACADÉMIES

1. Par qui l'Académie française a-t-elle été fondée ?
2. En quelle année l'Académie française a-t-elle vu le jour ?
3. Combien l'Institut de France regroupe-t-il d'académies ?
4. Quel est le surnom de l'Académie française ?
5. Par quel régime les académies en France ont-elles été supprimées ?
6. Doit-on poser sa candidature pour avoir une chance d'être élu à l'Académie française ?
7. Les académiciens de l'Institut sont-ils bénévoles ou rémunérés ?
8. Où l'Institut de France est-il situé ?
9. Les présidents des académies de l'Institut sont-ils élus pour 1 an ou pour 3 ans ?
10. Un grand prix littéraire français est régi par une académie privée, lequel ?
11. Quelle a été la première femme élue à l'Académie française ?
12. Un genre musical précis possède une académie qui attribue des prix, lequel ?
13. De quelle période les premiers costumes des académiciens de l'Institut datent-ils ?
14. L'académie Mallarmé a-t-elle été créée par Mallarmé ou par des familiers du poète ?
15. Par qui l'académie Goncourt a-t-elle été créée ?
16. Quel écrivain l'Académie française a-t-elle évincé de ses rangs en 1944 ?
17. Quelle est l'année de création de l'académie des Jeux floraux de Toulouse ?
18. Pouvez-vous citer une autre ville que Reims possédant une académie littéraire centenaire ?
19. De quelle couleur l'habit des académiciens est-il ?
20. Combien d'académiciens siègent à l'Académie française ?

Réponses ▶ p. 272

151 LOGOS DE MARQUES

1. Quelle est la marque au crocodile ?
2. Quelle forme a le logo de Renault ?
3. Quel oiseau peut-on voir sur le logo du groupe Auchan ?
4. Quelle marque a pour logo un « c » à l'endroit et un « c » à l'envers entrecroisés ?
5. Que peut-on voir sur le logo du comté, une tulipe ou une cloche ?
6. De quel éditeur la semeuse est-elle l'emblème ?
7. Sur le logo de quelle banque peut-on voir un écureuil ?
8. Quelles sont les couleurs du logo de la Poste ?
9. Quel animal est indissociable de Peugeot ?
10. Quelle figure géométrique comporte le logo de Seb ?
11. Quel animal peut-on voir sur le logo de Selectour ?
12. Que peut-on voir sur le logo des galettes Saint-Michel, une poule ou un village ?
13. Sur le logo de quelle marque de fromage voit-on une couronne de laurier et trois blasons ?
14. Quel animal peut-on voir sur le logo de Fly ?
15. Sur le logo de quel voyagiste peut-on voir des palmiers bleu, blanc et rouge ?
16. De quel groupe de grande distribution les mousquetaires sont-ils le symbole ?
17. Quelle marque de produits surgelés possède un flocon de neige sur son logo ?
18. De quelle marque le Bibendum est-il indissociable ?
19. Que peut-on voir sur le logo de Paysan breton, un triskèle ou des armoiries ?
20. Quelle est la marque aux chevrons ?

Réponses p. 272

152 LES PRISONS

1. Comment les personnes incarcérées qui n'ont pas été encore condamnées s'appellent-elles ?
2. Combien y a-t-il d'établissements pénitentiaires en France ?
3. Début 2005, la population carcérale française était-elle de 58 200 ou de 55 200 personnes ?
4. Dans quelle prison Buffet et Bontemps ont-ils pris des otages en décembre 2003 ?
5. Depuis quand les personnes incarcérées peuvent-elles avoir la télévision ?
6. Combien y a-t-il de suicides dans les prisons françaises chaque année ?
7. Les prévenus représentent-ils environ le quart ou le tiers des personnes incarcérées ?
8. En 2003, combien y a-t-il eu d'évasions dans les prisons françaises ?
9. Quel est le taux moyen d'occupation des prisons françaises ?
10. La prison de Fresnes possède-t-elle essentiellement des cellules à 1 détenu ou des cellules à 2 détenus ?
11. La maison d'arrêt de la Santé a-t-elle été créée en 1867 ou en 1897 ?
12. Quel homme politique a fait fermer le bagne de Cayenne ?
13. En 1986, comment Michel Vaujour s'est-il évadé de la Santé ?
14. En argot carcéral, qu'est-ce que le « mitard » : une punition ou un cachot spécifique ?
15. Y a-t-il encore des prisons françaises construites avant la Révolution ?
16. En pourcentage, combien de détenus travaillent-ils ?
17. À l'aide de quoi les complices d'Antonio Ferrara ont-ils réussi son évasion de Fresnes, fin 2003 ?
18. Pour quelle grande fête une loi d'amnistie fait-elle libérer par anticipation des milliers de condamnés ?
19. Quelle loi prévoit une suspension de peine pour les détenus malades dont le pronostic vital est engagé ?
20. En 2005, quel pourcentage les femmes représentaient-elles dans la population carcérale totale ?

Réponses p. 272

Vous connaissez **sûrement...**

153 MYLÈNE FARMER

1. Quel est le vrai nom de Mylène Farmer : Bartrand ou Gautier ?
2. Le premier titre de la chanteuse s'intitulait ***Maman a…***
3. Dans le vidéo-clip de quelle chanson Mylène Farmer apparaît-elle sous la forme d'un pantin ?
4. Avec qui la chanteuse interprète-t-elle le titre ***Les Mots*** : Robbie Williams ou Seal ?
5. En 1987, Mylène Farmer chante : « Je suis libertine, je suis une… »
6. Qui a composé de nombreuses chansons de Mylène Farmer et réalisé la plupart de ses clips ?
7. Quelle jeune chanteuse Mylène Farmer a-t-elle lancée : Lorie ou Alizée ?
8. 1999, Mylène Farmer chante : « Je te rends ton… » « cœur » ou « amour » ?
9. Quelle chanson commence par les mots : « Bulle de chagrin, boule d'incertitude » ?
10. En quelle année la chanteuse est-elle née : 1961 ou 1970 ?
11. Que va faire la chanteuse dans ***C'est une belle journée*** ?
12. Quel est le titre exact de l'album : ***Anamorphosée*** ou ***Métamorphosée*** ?
13. Qu'est-ce que la chanteuse affirme être dans la chanson ***Sans contrefaçon*** ?
14. À ses débuts, Mylène Farmer a tourné un spot publicitaire. Était-ce pour un parfum ou de la lessive ?
15. Quel État américain a donné son nom à une chanson de Mylène Farmer ?
16. Dans ***Pourvu qu'elles soient douces***, que désigne « elles » ?
17. Mylène Farmer est originaire de l'Italie ou du Canada ?
18. Dans quelle chanson de Mylène Farmer entend-on des enfants prononcer un refrain en anglais ?
19. Quelle chanson n'est pas de Mylène Farmer : ***Optimistique-moi*** ou ***Envole-moi*** ?
20. Comment est « l'instant » de Mylène Farmer ?

Réponses ▸ p. 273

Circulez !

154 LES VOITURES

1. En quelle année la 2 CV a-t-elle été présentée pour la première fois au public ?
2. Quelle est la voiture la plus vendue en France de 1969 à 1971 ?
3. Sous quel nom la R4 de Renault est-elle plus connue ?
4. Quelle est la star incontestable du salon de l'auto de Paris 1955 ?
5. La production de la 4 CV Renault débute-t-elle en 1947 ou en 1950 ?
6. Quelle voiture présentée par Citroën en 1934 est alors considérée comme révolutionnaire ?
7. Le prototype de la 2 CV ne comportait qu'un phare avant. Était-il à gauche ou à droite ?
8. Quelle particularité la carrosserie de la Méhari avait-elle ?
9. De quelle année la Peugeot 203 date-t-elle ?
10. À combien d'exemplaires la DS a-t-elle été construite, tous modèles confondus ?
11. En 1961, une Citroën moyen de gamme apparaît. Est-ce la Dyane ou l'Ami 6 ?
12. Outre la marche arrière, combien la Traction possédait-elle de vitesses ?
13. Présentée en 1960, la 404 sera-t-elle produite jusqu'en 1968 ou 1978 ?
14. La 2 CV a existé en version 4 x 4. Quelle particularité avait-elle ?
15. À combien d'exemplaires la Simca 1000 a-t-elle été construite ?
16. Dyna était-elle une marque déposée par Panhard ou par Peugeot ?
17. Quand Citroën a-t-il sorti la toute première C4 ?
18. Dérivée de la DS, l'ID en était-elle un modèle supérieur ou un modèle inférieur ?
19. Quel était le constructeur des Versailles, Chambord et autres Ariane, dans les années 1950-1960 ?
20. La Facel Véga a été produite pendant une dizaine d'années. Lesquelles ?

Réponses ▸ p. 273

155 LE MARIAGE

- **1.** Le mariage religieux précède-t-il le mariage civil ou le suit-il ?
- **2.** Le sacrement du mariage est-il indissoluble ou révocable ?
- **3.** De quand le mariage civil date-t-il ?
- **4.** Depuis quand la société occidentale refuse-t-elle la polygamie ?
- **5.** Une promesse solennelle de mariage porte un nom précis, lequel ?
- **6.** Comment la publication officielle par voie d'affiche d'un mariage s'appelle-t-elle ?
- **7.** De quelle action les fiançailles ne font-elles jamais l'objet : d'un contrat ou d'une rupture ?
- **8.** Jusqu'au xve siècle, fiancer signifiait-il « prendre un engagement » ou « attendre » ?
- **9.** Où les bans sont-ils affichés ?
- **10.** Avant la publication des bans, quel formulaire les futurs époux donnent-ils à l'officier d'état civil ?
- **11.** Quel est l'autre nom de la fiancée ?
- **12.** Quel objet le fiancé donne-t-il à la jeune fille de son cœur ?
- **13.** Les fiançailles ont parfois un autre nom, lequel ?
- **14.** À quel doigt de la main gauche la bague de fiançailles se porte-t-elle ?
- **15.** À quel âge une jeune fille peut-elle se marier ?
- **16.** Quelle a longtemps été la couleur de la robe de la mariée, surtout en province ?
- **17.** À la boutonnière de son costume, le marié doit-il porter une fleur rouge ou une fleur blanche ?
- **18.** Quel autre nom le voyage de noces porte-t-il ?
- **19.** Le PACS date-t-il de 1996 ou de 1999 ?
- **20.** Au greffe de quel tribunal le PACS doit-il être enregistré ?

Réponses ▶ p. 273

OUI

156 LA COLONISATION ET LA DÉCOLONISATION

- **1.** Quand la France a-t-elle été à l'apogée de sa puissance coloniale ?
- **2.** Le ministère des colonies a-t-il été créé en 1894 ou en 1874 ?
- **3.** Le protectorat de Wallis et Futuna fait-il toujours partie des territoires français ?
- **4.** En plus de ses possessions, qu'avait la France en Extrême-Orient ?
- **5.** Le Maroc et le Tunisie étaient-ils des colonies ou des protectorats français ?
- **6.** Quand Hô Chi Minh a-t-il proclamé l'indépendance du Vietnam ?
- **7.** Y a-t-il eu un groupe colonial à l'Assemblée nationale ?
- **8.** Comment la côte française des Somalis s'appelait-elle avant la décolonisation de 1977 ?
- **9.** En quelle entité le Tchad, l'Oubangui-Chari, le Moyen-Congo et le Gabon étaient-ils regroupés ?
- **10.** L'accession de l'Indochine à l'indépendance s'est-elle réalisée pacifiquement ou dans la violence ?
- **11.** Combien la France avait-elle de départements algériens ?
- **12.** L'Algérie est-elle devenue indépendante en 1960 ou en 1962 ?
- **13.** Au temps de la colonisation, comment l'actuel Bénin s'appelait-il ?
- **14.** Quand le Maroc et la Tunisie sont-ils devenus indépendants ?
- **15.** Lors de la conquête de l'Algérie, quel régime particulier les populations autochtones avaient-elles ?
- **16.** Quand le protectorat sur le Maroc a-t-il été créé ?
- **17.** Combien la France d'outre-mer compte-t-elle d'habitants, 2,3 millions ou 2,8 millions ?
- **18.** Quand une insurrection indépendantiste a-t-elle eu lieu à Madagascar, faisant au moins 11 000 morts ?
- **19.** Pour quelle date le référendum d'autodétermination de la Nouvelle-Calédonie est-il prévu ?
- **20.** En 1938, combien de millions d'habitants hors métropole la France comptait-elle ?

Réponses ▶ p. 273

157 LES OISEAUX

1. Où peut-on observer des rouges-gorges en ville ?
2. Quel est le canard le plus commun de nos régions ?
3. Au plus, le troglodyte mignon mesure-t-il 10 ou 15 cm ?
4. Où trouve-t-on des martins-pêcheurs, près des rivières calmes ou près des torrents impétueux ?
5. Où les aigles royaux nichent-ils ?
6. La pie bavarde est-elle un oiseau sédentaire ou un oiseau migrateur ?
7. L'envergure d'une buse variable est-elle de 1 ou de 1,20 m ?
8. Quel est le seul oiseau de nos contrées à pouvoir descendre d'un arbre la tête en bas ?
9. Le bouvreuil pivoine préfère-t-il les forêts mixtes ou les terres cultivées ?
10. Les couples d'oies cendrées se forment-ils pour un an ou pour la vie entière ?
11. Sur quel type d'arbres aperçoit-on souvent le pic épeiche ?
12. La bécasse des bois de nos régions est-elle plutôt sédentaire ou plutôt migratrice ?
13. Que cache le geai des chênes pour se faire des réserves de nourriture pour l'hiver ?
14. De quoi le faucon pèlerin se nourrit-il ?
15. Le plumage du foulque macroule est-il uniformément noir ou noir tacheté de blanc ?
16. Si le cygne tuberculé possède un plumage blanc pur, quelle est la couleur de celui des jeunes ?
17. Quel oiseau pond ses œufs exclusivement dans le nid des autres ?
18. Combien le goéland cendré pond-il d'œufs par couvée ?
19. Au contraire du huîtrier pie du nord qui est sédentaire, celui qui vit dans la Manche migre-t-il en hiver ?
20. Combien les moineaux domestiques font-ils de couvées chaque année ?

Réponses ▶ p. 273

158 LES PRIX NOBEL

1. Les prix Nobel sont de grands prix étrangers. Peuvent-ils être décernés à des Français ?
2. Qu'est tenu de faire un lauréat le jour de la remise du prix ?
3. Quelle dotation un prix Nobel recevait-il en 2004 ?
4. Albert Schweitzer, Alsacien, a-t-il reçu un prix Nobel ?
5. Avec qui Pierre et Marie Curie partagèrent-ils leur prix Nobel de physique en 1903 ?
6. Quel prix Nobel Pierre-Gilles de Gennes reçut-il en 1991 ?
7. Qu'a fait Jean-Paul Sartre quand le prix Nobel de littérature lui a été attribué ?
8. Hormis celui de la paix, les prix Nobel sont-ils remis à Paris ou à Stockholm ?
9. Quel prix Nobel l'homme politique Aristide Briand reçut-il en 1926 ?
10. Les prix Nobel sont-ils remis lors d'une réception officielle ou lors d'une réception privée ?
11. Avec qui François Jacob et André Lwoff partagèrent-ils leur prix Nobel de médecine en 1965 ?
12. Quand les premiers prix Nobel ont-ils été remis ?
13. En quelle année Albert Camus a-t-il reçu le prix Nobel de littérature ?
14. Georges Charpak a-t-il reçu un prix Nobel ?
15. À qui Romain Rolland, prix Nobel de littérature en 1915, donna-t-il la dotation reçue ?
16. En plus de la dotation en numéraire, que reçoit un prix Nobel ?
17. À part Pierre et Marie, quelles autres personnes de la famille Curie ont-elles reçu un prix Nobel ?
18. Quel est le dernier prix Nobel français de littérature, décerné en 2000 ?
19. En 1988, quel prix Nobel Maurice Allais reçut-il ?
20. Pourquoi un Français ne pourra-t-il jamais recevoir un prix Nobel de mathématiques ?

Réponses ▶ p. 273

159 CITATIONS

Qui a dit… ?

1 « Souviens-toi du vase de Soissons. »
- A : Charlemagne.
- B : Clovis.
- C : Henri II.

2 « Impossible n'est pas français. »
- A : Napoléon.
- B : Louis XIV.
- C : Talleyrand.

3 « L'exactitude est la politesse des rois. »
- A : Louis XI.
- B : Marie-Antoinette.
- C : Louis XVIII.

4 « Ralliez-vous à mon panache blanc. »
- A : Napoléon.
- B : Louis XV.
- C : Henri IV.

5 « Après nous, le déluge. »
- A : La marquise de Pompadour.
- B : Charles de Gaulle.
- C : André Malraux.

6 « À cœur vaillant, rien d'impossible ! »
- A : Philippe le Bel.
- B : Jacques Cœur.
- C : L'abbé Pierre.

7 « Songez que, du haut de ces pyramides, 40 siècles vous contemplent ! »
- A : Sully.
- B : Richelieu.
- C : Napoléon Bonaparte.

8 « Tout est perdu, fors l'honneur. »
- A : Le maréchal Foch.
- B : Victor Hugo.
- C : François Ier.

9 « Paris vaut bien une messe. »
- A : Henri IV.
- B : Le cardinal Mazarin.
- C : Voltaire.

10 « Labourage et pâturage sont les deux mamelles de la France. »
- A : Sully.
- B : Le maréchal Pétain.
- C : Georges Pompidou.

11 « Soldats, visez au cœur ! »
- A : Le maréchal Ney.
- B : Louis XII.
- C : Henri III.

12 « L'État, c'est moi ! »
- A : Napoléon Ier.
- B : Louis XIV.
- C : Catherine de Médicis.

13 « Allez dire à votre maître que nous sommes là par la volonté du peuple, et que nous n'en sortirons que par la force des baïonnettes ! »
- A : Turenne.
- B : Robespierre.
- C : Mirabeau.

14 « J'y suis, j'y reste ! »
- A : Madame de Montespan.
- B : Le maréchal de Mac-Mahon.
- C : François Mitterrand.

15 « La France a perdu une bataille ! Mais la France n'a pas perdu la guerre ! »
- A : Le général de Gaulle.
- B : Napoléon III.
- C : Louis de Condé.

Réponses ▶ p. 273

160 L'HISTOIRE DU COSTUME

1 Qu'est-ce que la fraise, que portaient nos ancêtres ?
- A : Un pourpoint.
- B : Une collerette plissée.
- C : Une chaussure.

2 À quel siècle fut-elle à la mode ?
- A : Au XIIe siècle.
- B : Au XVIe siècle.
- C : Au XIXe siècle.

3 Quel roi introduisit la perruque en France ?
- A : Louis XI.
- B : Henri IV.
- C : Louis XIV.

4 Quand le corset fit-il son apparition dans le costume féminin ?
- A : Au XVIe siècle.
- B : Au XVIIe siècle.
- C : Au XVIIIe siècle.

5 Qui portait des hauts-de-chausses ?
- A : Les hommes.
- B : Les femmes.
- C : Les deux.

6 Quel vêtement fit son retour à la Révolution après plusieurs siècles d'oubli ?
- A : Le bustier.
- B : Le pantalon.
- C : Les chaussettes.

7 Quand la minijupe fit-elle son apparition ?
- A : Dans les années 1940.
- B : Dans les années 1960.
- C : Dans les années 1970.

8 Quand la guimpe, tissu drapé sur la tête et autour du cou, fut-elle abandonnée ?
- A : Au Moyen Âge.
- B : Au XVe siècle.
- C : À la Révolution.

9 Quand le Français Louis Réart a-t-il inventé le bikini ?
- A : En 1933.
- B : En 1946.
- C : En 1971.

10 Quel chapeau fut d'abord porté par les adeptes du canotage, au XIXe siècle ?
- A : Le chapeau melon.
- B : Le panama.
- C : Le canotier.

11 Qu'est-ce que la poulaine, portée au Moyen Âge ?
- A : Une coiffe.
- B : Une chaussure.
- C : Un voile.

12 Quelle structure composée de cerceaux métalliques apparaît-elle au XIXe siècle, sous les jupes des dames ?
- A : La cage-crinoline.
- B : La mante.
- C : Le vertugadin.

13 Comment appelait-on les jeunes gens aux accoutrements farfelus du Directoire ?
- A : Les Fabuleux et les Féériques.
- B : Les Incroyables et les Merveilleuses.
- C : Les Surprenants et les Célestes.

14 Quel chapeau, porté sur des cheveux courts « à la garçonne » fait son apparition vers 1925 ?
- A : Le chapeau cloche.
- B : La charlotte.
- C : La capeline.

15 Quelle est la caractéristique des robes Empire ?
- A : La taille est très haute.
- B : Elles comportent une traîne.
- C : Les manches sont très longues.

Réponses ▶ p. 273

161 Paris

1. Dans quel département se trouve la ville de Paris ?
2. Quel numéro ce département porte-t-il ?
3. Quel fleuve traverse Paris ?
4. Qui est la sainte patronne de Paris ?
5. Combien la ville compte-t-elle d'arrondissements ?
6. Quel est le surnom populaire de Paris ?
7. Comment appelle-t-on le métro régional rapide qui dessert la banlieue parisienne ?
8. Que peut-on voir sur le blason de la ville, un cheval ailé ou un bateau ?
9. Quel peuple gaulois a donné son nom à la ville, les Parisiques ou les Parisii ?
10. Quel établissement d'enseignement supérieur fut fondé à Paris au XIIIe siècle ?
11. À quel baron du XIXe siècle doit-on les travaux d'urbanisme qui ont donné à Paris son visage actuel ?
12. Quel est l'arrondissement le plus peuplé de la capitale, le 2e ou le 15e ?
13. Quelle célèbre statue du pont de l'Alma sert de repère pour le niveau de la Seine ?
14. À quelle occasion la tour Eiffel fut-elle construite ?
15. Quel est le nom du grand quartier d'affaires de Paris ?
16. Qui fut élu maire de Paris en 1977 ?
17. Qui lui a succédé ?
18. Quand le métro parisien fut-il inauguré, en 1900 ou en 1946 ?
19. Quel était le nom latin de Paris ?
20. Quel constructeur automobile a donné son nom à un vaste parc parisien ?
21. Sur quelle place l'hôtel de ville de Paris est-il situé ?
22. Quel transport en commun a fait son apparition sur le boulevard des Maréchaux en 2006 ?
23. Quelle est la devise de Paris, *Alea jacta est* ou *Fluctuat nec mergitur* ?
24. Que vendent les vendeurs installés en extérieur, le long des quais de la Seine ?
25. Quel aéroport est situé au sud de Paris ?
26. Quel est le nom du club de football de Paris ?
27. De quelle région Paris est-elle le chef-lieu ?
28. Comment surnommait-on les gamins débrouillards de Paris ?
29. Combien de visiteurs Paris accueille-t-elle chaque année, environ 12 millions ou 26 millions ?
30. Quel vaste espace s'étend aux pieds de la tour Eiffel ?
31. La population parisienne est-elle estimée à un peu plus de 2 millions ou de 3,5 millions d'habitants ?
32. Quel immense centre commercial a vu le jour en 1979 dans le 1er arrondissement de Paris ?
33. Quelle manifestation annuelle permet de découvrir Paris de nuit, sous un angle culturel ?
34. Quel pont relie la place de Grève à l'Île de la Cité ?

35. Dans quel cimetière parisien sont enterrées de nombreuses personnalités ?

36. Quelle porte n'existe pas, la Porte des Lilas ou la Porte des Roses ?

37. Quel est le plus haut gratte-ciel de la capitale ?

38. Quelle voie de Paris est surnommée le *Boul'mich'* ?

39. En quelle année Paris a-t-elle accueilli les Jeux olympiques, 1900 ou 1924 ?

40. Pour quelles boutiques particulières la place Vendôme est-elle réputée ?

41. Quel maire de Paris a été agressé et blessé d'un coup de couteau ?

42. Comment la place de l'Étoile a-t-elle été rebaptisée en 1970 ?

43. Combien d'avenues débouchent sur cette place ?

44. Quelle ligne de métro parisienne a été baptisée Météor ?

45. Quel est le plus grand espace vert de Paris, le parc de la Villette ou le parc Monceau ?

46. Quel hôtel réputé est situé place de la Concorde ?

47. Quel est le principal secteur industriel de Paris, en termes d'emplois, l'imprimerie-presse-édition ou l'agro-alimentaire ?

48. Quelle opération estivale, mise en place en 2002, permet de bronzer sur le sable au cœur de Paris ?

49. Dans quelle gare ferroviaire arriverez-vous si vous venez de Lille ?

50. Combien Paris compte-t-elle d'universités, 5 ou 8 ?

Réponses ▸ p. 273

162 RACINE

- **1.** Quel était le prénom de Racine ?
- **2.** À quel siècle a-t-il vécu ?
- **3.** De quelle abbaye Racine fut-il l'élève : Port-Royal ou Cluny ?
- **4.** À la troupe de quel célèbre comédien Racine confia-t-il la représentation de sa première pièce ?
- **5.** Quelle pièce n'est pas de Racine : ***Phèdre*** ou ***Polyeucte*** ?
- **6.** Le sujet de la pièce ***Bajazet*** est-il biblique ou oriental ?
- **7.** Quelle héroïne de Racine est la mère d'Astyanax et la prisonnière de Pyrrhus ?
- **8.** Qui se dernier devait-il épouser : Hermione ou Cassandre ?
- **9.** Quel type de pièces de théâtre fut la spécialité de Racine ?
- **10.** Combien d'actes comportent les pièces de Racine ?
- **11.** Quel empereur romain s'oppose à Britannicus dans la pièce du même nom ?
- **12.** De qui les deux hommes sont-ils épris : Julie ou Junie ?
- **13.** Qui est le père d'Iphigénie : Agamemnon ou Achille ?
- **14.** À quelle académie de lettres Racine fit-il son entrée en 1673 ?
- **15.** De quel roi Racine devint-il l'historiographe ?
- **16.** Racine est-il l'auteur de ***La Mégère apprivoisée*** ?
- **17.** Racine a reçu une éducation janséniste ou jésuite ?
- **18.** Quel est le style du théâtre de Racine ?
- **19.** ***Bérénice*** est-elle une pièce en vers ou en prose ?
- **20.** Qui est épris de Bérénice ?

Réponses ▶ p. 273

Ci-gît…

163 LES CIMETIÈRES ET NÉCROPOLES

- **1.** Quel est le plus célèbre cimetière de Paris ?
- **2.** Comment s'appellent les inscriptions que l'on peut relever sur les monuments funéraires ?
- **3.** Par quoi le nord-ouest du cimetière parisien de Montmartre est-il surplombé ?
- **4.** Comment s'appellent les bâtiments de certains cimetières dans lesquels on réduit les corps en cendres ?
- **5.** À Paris, quand le cimetière des Innocents a-t-il définitivement fermé ?
- **6.** Quel est le grand cimetière de Bordeaux ?
- **7.** Le cimetière Montparnasse, à Paris, est-il composé de 2 ou de 3 enclos ?
- **8.** Le cimetière de Montmartre est-il plat ou escarpé ?
- **9.** Peut-on enterrer un animal dans un cimetière ordinaire ?
- **10.** Où le cimetière de Port-Louis, en Guadeloupe, est-il situé ?
- **11.** Dans quel arrondissement de Paris le gibet de Montfaucon se situerait-il s'il existait encore ?
- **12.** Quelle est la forme du cimetière de Chamonix, en Savoie ?
- **13.** Les cendres de quel homme politique la chapelle de Morosaglia, en Haute-Corse, recèle-t-elle ?
- **14.** Quels monuments funéraires parfois grandioses peut-on découvrir dans certains cimetières ?
- **15.** Quelle particularité le petit cimetière parisien de Picpus possède-t-il ?
- **16.** Dans certains cimetières, où peut-on disperser les cendres des défunts incinérés ?
- **17.** Dans quel cimetière de Sète Georges Brassens repose-t-il ?
- **18.** La superficie totale des cimetières parisiens extra et intra-muros est-elle de 422 ha ou de 402 ha ?
- **19.** Au Moyen Âge, où certains notables et gens d'Église d'importance étaient-ils souvent enterrés ?
- **20.** La basilique de Saint-Denis, en Seine-Saint-Denis, est une nécropole. Qui y sont enterrés ?

Réponses ▶ p. 273

164 LES OUTILS

Trouvez le nom de chaque outil.

A

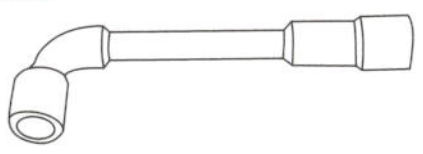

B

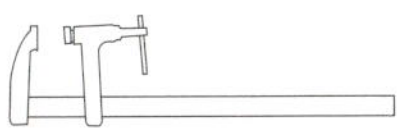

C

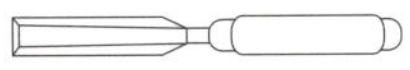

D

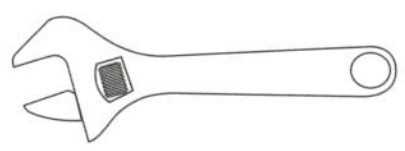

Réponses ▶ p. 273

165 LES RÉPLIQUES POLITIQUES

1. Le général de Gaulle a-t-il proclamé « Je vous ai compris » aux Québécois ou aux Algériens ?
2. Quelle phrase finale Giscard d'Estaing a-t-il prononcée lors de ses adieux présidentiels télévisés ?
3. Quel homme politique aurait dit sur un plateau « Taisez-vous, Elkabbach ! » ?
4. À qui François Mitterrand a-t-il répondu « Vous êtes l'homme du passif ! » ?
5. Pour quelle phrase dite au Canada le général de Gaulle dut-il écourter son séjour en juillet 1967 ?
6. À qui Laurent Fabius a-t-il répondu « Vous parlez au Premier ministre de la France ! » ?
7. Quand Giscard d'Estaing a-t-il prononcé cette phrase « Vous n'avez pas le monopole du cœur ! » ?
8. Qui a asséné la phrase « Messieurs les censeurs, bonsoir ! », Alain Peyrefitte ou Roger Peyrefitte ?
9. Qu'a répondu le général de Gaulle en voyant une pancarte où était inscrit « Mort aux cons » ?
10. Qui a dit en 1988 à Jacques Chirac « Vous n'avez pas le monopole du cœur pour les chiens et les chats » ?

Réponses ▶ p. 273

166 LES CÉSARS

1 Quel est l'équivalent américain des césars ?
- A : Les Grammy Awards.
- B : Les oscars.
- C : Les Golden Globes.

2 Qui a présidé la première Nuit des césars ?
- A : Jean Rochefort.
- B : Jean Gabin.
- C : Arletty.

3 En quelle année était-ce ?
- A : 1956.
- B : 1966.
- C : 1976.

4 Quelle académie décerne les précieux trophées ?
- A : L'académie des arts et techniques du cinéma.
- B : L'académie du 7e art.
- C : L'académie cinématographique nationale.

5 Par qui a-t-elle été créée ?
- A : Henry Chapier.
- B : Jack Lang.
- C : Georges Cravenne.

6 Combien de statuettes sont décernées lors de la Nuit des césars ?
- A : 12. B : 19. C : 31.

7 Qui a présidé la cérémonie des césars en 2004 ?
- A : Catherine Deneuve.
- B : Juliette Binoche.
- C : Fanny Ardant.

8 Quelle actrice n'a jamais obtenu le césar de la meilleure actrice ?
- A : Anne Parillaud.
- B : Anémone.
- C : Josiane Balasko.

9 Quel césar n'existe plus depuis 1991 ?
- A : Le césar de la meilleure affiche.
- B : Le césar de la meilleure doublure.
- C : Le césar de la meilleure lumière.

10 Quel film de Jean-Pierre Jeunet a obtenu le césar du meilleur film ?
- A : *Le Fabuleux Destin d'Amélie Poulain.*
- B : *Delicatessen.*
- C : *La Cité des enfants perdus.*

11 Combien de césars *Cyrano de Bergerac* de Jean-Paul Rappeneau a-t-il obtenus ?
- A : 6.
- B : 8.
- C : 10.

12 En quelle année le césar du meilleur jeune espoir a-t-il vu le jour ?
- A : 1980.
- B : 1990.
- C : 2000.

13 Quel président de cérémonie a dansé la valse avec Jeanne Moreau lors de la remise des césars ?
- A : Kirk Douglas.
- B : Gene Kelly.
- C : Sean Connery.

14 Combien de césars du meilleur acteur Alain Delon a-t-il obtenus ?
- A : 1.
- B : 4.
- C : 8.

15 À qui Jerry Lewis a-t-il remis un césar d'honneur en 1980 ?
- A : Louis de Funès.
- B : Bourvil.
- C : Gérard Philipe.

Réponses ▶ p. 273

167 LA HAUTE-NORMANDIE

1. Quelle est la hauteur moyenne des falaises du pays de Caux ?
2. Quel grand port est situé à l'extrémité de l'estuaire de la Seine ?
3. De quel peintre peut-on visiter la maison à Giverny, Monet ou Courbet ?
4. Un grand parc naturel est situé entre Rouen et Tancarville : lequel ?
5. La cathédrale de Rouen est-elle de style roman ou de style gothique ?
6. Quel célèbre château en ruines se dresse aux Andelys, surplombant la Seine ?
7. La plage du Tréport est-elle constituée de galets ou de sable ?
8. Quel fromage en forme de cœur est fabriqué en Seine-Maritime ?
9. Existe-t-il à Blangy-sur-Bresle un musée de la Verrerie ou un musée du Cidre ?
10. Quel grandiose monument peut-on visiter à Saint-Vandrille ?
11. Quel est le circuit de grande randonnée reliant Rouen au Havre par les boucles de la Seine ?
12. Quelle petite plante à fleur bleue ou blanche le pays cauchois produit-il en abondance ?
13. Dans quelle ville de Seine-Maritime la maison de l'écrivain Maurice Leblanc est-elle située ?
14. Comment appelle-t-on les taches sombres situées autour des yeux des vaches normandes ?
15. Entre Rouen et la mer, combien y a-t-il de passages desservis par des bacs pour traverser la Seine ?
16. Quelle a longtemps été la capitale des terre-neuvas français pour la pêche à la morue ?
17. Quel musée typique peut-on visiter à Ézy-sur-Eure, un musée du Calvados ou un musée du Peigne ?
18. Le pont de Tancarville fait-il 1 410 m ou 2 410 m de long ?
19. La grande spécialité culinaire de Dieppe est-elle le maquereau ou la sole ?
20. Où peut-on visiter la distillerie Busnel ?

Réponses ▸ p. 273

Du Minitel à Internet

168 LES TÉLÉCOMMUNICATIONS

1. En quelle année le Minitel a-t-il été lancé, 1975 ou 1982 ?
2. Est-il possible de consulter ses mails sur un Minitel ?
3. À quoi accédait-on en composant le 36 11 sur le Minitel ?
4. De quel pays le Minitel est-il une invention ?
5. Quels sont les 3 premiers chiffres de tous les numéros de renseignements depuis novembre 2005 ?
6. Quel est le logo de France Télécom ?
7. Quel est le fournisseur d'accès internet proposé par France Télécom ?
8. Faut-il un abonnement spécifique pour accéder aux services du Minitel ?
9. Cegetel a-t-il fusionné avec Télé2 ou Neuf Telecom ?
10. De quel opérateur privé de téléphonie mobile Vivendi Universal est-il le principal actionnaire ?
11. Quelle entreprise du CAC 40 fournit des équipements de communication pour la téléphonie mobile et l'accès Internet ?
12. Le groupe Lagardère a-t-il lancé Club Internet ou Liberty Surf ?
13. Quel opérateur téléphonique a pour slogan « Pourquoi continuer à téléphoner trop cher » ?
14. Quel est le coût de la communication téléphonique lorsque l'on appelle un numéro vert ?
15. Par quoi la marque Tiscali a-t-elle été remplacée en France, Suzie ou Alice ?
16. Quel service de Free propose un modem ADSL, la télévision et la téléphonie en un seul appareil ?
17. Quel service de messagerie internet gratuit créé par une Française a été racheté par Lycos ?
18. Grâce à quel service les entreprises peuvent-elles faire payer les communications, Audiotel ou Numéro Azur ?
19. Quel est le nom de la filiale de France Télécom pour la téléphonie mobile ?
20. Quel moteur de recherche a été racheté par Wanadoo, Yahoo ou Voila ?

Réponses ▸ p. 273

169 LES PEINTRES

- **1.** Qui a repris le thème du ***Déjeuner sur l'herbe*** dans une série de 27 tableaux : Picasso ou Matisse ?
- **2.** Gustave Caillebotte, qui fut mécène des impressionnistes, était-il Français ?
- **3.** Quel était le prénom de Cézanne ?
- **4.** De quel souverain Jacques Louis David a-t-il peint le sacre ?
- **5.** Quel peintre est connu pour ses peintures de vahinés ?
- **6.** De qui Ingres fut-il l'élève : Manet ou David ?
- **7.** À quel siècle Gustave Moreau a-t-il vécu : XVIIe ou XIXe ?
- **8.** Le peintre Henri Michaux était-il également poète ou sculpteur ?
- **9.** Quel était le prénom du peintre Pissarro ?
- **10.** Qui était la Goulue, qui a inspiré nombre de toiles de Toulouse-Lautrec ?
- **11.** Qui a peint ***Le Verrou*** : Jean Honoré Fragonard ou Jean-Baptiste Corot ?
- **12.** À quel mouvement pictural la toile ***Impression, soleil levant*** a-t-elle donné son nom ?
- **13.** Philippe de Champaigne est-il connu pour ses portraits classiques ou ses paysages expressionnistes ?
- **14.** Dans quel tableau de Matisse peut-on voir cinq personnages nus formant une ronde ?
- **15.** Quelle femme peintre fut l'inspiratrice d'Apollinaire ?
- **16.** Quel mouvement pictural français fut initié notamment par Matisse et Derain ?
- **17.** Quel peintre possédait une propriété à Giverny dont le jardin lui inspira nombre de toiles ?
- **18.** Quelle école picturale vit le jour dans une commune bretonne qui lui a donné son nom ?
- **19.** Sous l'impulsion de quel peintre fut-elle formée ?
- **20.** À quel peintre doit-on le plafond de la galerie des Glaces à Versailles ?

Réponses ▸ p. 273

170 ZIDANE

- **1.** Quel est le prénom de Zidane ?
- **2.** De quelle origine Zidane est-il ?
- **3.** Quelle est l'année de naissance de Zidane ?
- **4.** Dans quelle équipe Zidane jouait-il pour la saison 1996-1997 ?
- **5.** Combien de fois Zidane a-t-il été nommé meilleur joueur du monde ?
- **6.** En quelle année Zidane a-t-il signé chez les Girondins de Bordeaux ?
- **7.** Quelle équipe a-t-il rejointe pour la saison 2001-2002 ?
- **8.** De quel accident Zidane a-t-il été victime en 1996 ?
- **9.** Où Zidane est-il né ?
- **10.** Lors de la Coupe du monde de 1998, Zidane faisait-il partie de l'équipe de France ?
- **11.** À quel âge Zidane a-t-il eu sa première licence ?
- **12.** Dans quel club a-t-il obtenu cette licence ?
- **13.** Lors de la Coupe du monde de 1998, combien de buts Zidane a-t-il marqués ?
- **14.** Lors de sa première sélection en équipe de France, combien de buts Zidane a-t-il marqués ?
- **15.** Contre quelle équipe Zidane a-t-il marqué son premier but en D1 ?
- **16.** À quel âge Zidane est-il devenu professionnel ?
- **17.** À qui doit-il le surnom de Zizou ?
- **18.** Lors de la Coupe du monde de 1998, quelle place Zidane occupait-il sur le terrain ?
- **19.** Combien Zidane a-t-il d'enfants ?
- **20.** En 2004, à combien les revenus sportifs de Zidane ont-ils été estimés ?

Réponses ▸ p. 273

ZIZOU

171 LES YÉ-YÉ

- **1.** Quelle décennie les yé-yé ont-ils marquée ?
- **2.** Qui voudrait être comme « tous les garçons et les filles de son âge » ?
- **3.** À quelle chanson Antoine doit-il sa célébrité ?
- **4.** Qu'entend siffler Richard Anthony ?
- **5.** Qui chantait ***Comme un garçon*** ?
- **6.** À qui Sheila reproche-t-elle de n'être « plus dans l'coup » dans une chanson ?
- **7.** Quel était le nom du groupe d'Eddy Mitchell ?
- **8.** À quelle heure Paris s'éveille-t-il dans la chanson de Jacques Dutronc ?
- **9.** Quel magazine est emblématique des années yé-yé ?
- **10.** Qui chantait ***Souvenirs, souvenirs*** ?
- **11.** Où fut organisé en 1963 un immense concert gratuit : place de la Nation ou place de la Concorde ?
- **12.** À quoi sont les « sucettes » de France Gall ?
- **13.** Qui était le chanteur des Chats sauvages ?
- **14.** Qui chantait ***Biche, ô ma biche*** ?
- **15.** Quel conseil Claude François donne-t-il dans ***Si tu veux être heureux*** ?
- **16.** De qui Christophe crie-t-il le prénom pour qu'elle revienne ?
- **17.** Qui Sheila n'oubliera-t-elle jamais ?
- **18.** Quelle chanteuse est originaire de Bulgarie : France Gall ou Sylvie Vartan ?
- **19.** Qu'ont mis à la mode les chanteurs yé-yé : les cravates en cuir noir ou les pantalons à paillettes ?
- **20.** En 1967, Michel Fugain chante : ***Je n'aurai pas...***

Réponses ▶ p. 273

172 LE PORC

- **1.** Le jambonneau provient-il du haut des cuisses antérieures ou du haut des cuisses postérieures ?
- **2.** Quel est l'autre nom, notamment dans le Sud, des tranches de poitrine que l'on fait frire ?
- **3.** Combien de labels de qualités existe-t-il en Europe dans les jambons ?
- **4.** Outre le lard, la poitrine fraîche, le jarret et l'échine, que doit-on incorporer dans une choucroute ?
- **5.** Selon l'adage populaire, qu'est-ce qui est bon dans le cochon ?
- **6.** Comment appelle-t-on un boyau rempli d'un mélange de chair de cochon haché et assaisonné ?
- **7.** Combien de cuisson les rillettes de porc nécessitent-elles ?
- **8.** La viande du petit salé aux lentilles est-elle cuite à la poêle ou à l'eau ?
- **9.** Quel temps de séchage la saucisse sèche en U, dite de Lorraine, nécessite-t-elle ?
- **10.** Les côtes de porc doivent-elles être poêlées à feu vif ou à feu doux ?
- **11.** Comment le jambon blanc est-il souvent appelé en province ?
- **12.** Laquelle est constituée de morceaux de porc hachés menus, l'andouille de Vire ou l'andouille de Guéméné ?
- **13.** Avec quel morceau de porc les rillons sont-ils faits ?
- **14.** Comment appelle-t-on le porc sauvage des régions boisées ?
- **15.** Outre l'ail, avec quoi la chair du chorizo est-elle relevée ?
- **16.** Le jambon de Bayonne est-il fumé ou non fumé ?
- **17.** Un cochon de lait doit avoir environ 5 à 6 semaines ou 7 à 8 semaines pour être cuit au barbecue ?
- **18.** Un rôti lardé piqué de 1,2 kg doit-il être cuit à 120° C ou à 180° C pendant 1 h 30 ?
- **19.** À quel sigle les meilleures andouillettes, selon les spécialistes, répondent-elles ?
- **20.** Un civet de sanglier doit-il cuire environ 1 h 30 ou 2 h ?

Réponses ▶ p. 273

173 LES ROIS DE FRANCE

1 Comment Louis X fut-il surnommé ?
A : Le Hutin. B : Le Bègue.
C : Le Jeune.

2 Qui était la mère de Charles IX ?
A : Marie de Médicis.
B : Blanche de Castille.
C : Catherine de Médicis.

3 À quel âge Louis XVI a-t-il été guillotiné ?
A : 31 ans. B : 39 ans. C : 53 ans.

4 À quelle dynastie Henri III appartenait-il ?
A : Les Bourbons.
B : Les Valois.
C : Les Capétiens.

5 De quel roi Philippe d'Orléans assura-t-il la Régence ?
A : Philippe le Bel. B : Henri II.
C : Louis XV.

6 À quel siècle Louis XVIII a-t-il régné ?
A : Au XVIIe siècle. B : Au XVIIIe siècle.
C : Au XIXe siècle.

7 Dans quel pays Louis-Philippe s'exila-t-il après la révolution de 1848 ?
A : En Allemagne.
B : En Grande-Bretagne.
C : En Hollande.

8 Combien la France a-t-elle eu de rois prénommés Philippe ?
A : 4. B : 5. C : 6.

9 Quel roi fut surnommé « le Fol » en raison de ses crises de folie ?
A : Charles VI.
B : Henri IV.
C : Louis XI.

10 Lequel n'était pas un frère de Charles X ?
A : Louis XVI.
B : Louis XVII.
C : Louis XVIII.

11 Quelle dynastie n'a pas donné de roi à la France ?
A : La maison d'Orléans.
B : Les Capétiens.
C : La maison d'Anjou.

12 Comment le père de Louis-Philippe était-il surnommé ?
A : Philippe Liberté.
B : Philippe Égalité.
C : Philippe Fraternité.

13 Qui était la mère de Louis IX (Saint Louis) ?
A : Blanche de Castille.
B : Isabeau de Bavière.
C : Diane de Poitiers.

14 Combien de temps le règne de Louis XIII a-t-il duré ?
A : 12 ans. B : 25 ans. C : 33 ans.

15 Qui fut le dernier roi que la France ait connu ?
A : Louis-Philippe.
B : Le comte de Paris.
C : François II.

Réponses ▶ p. 273

174 LA GENDARMERIE

1 Quel était approximativement l'effectif total de la gendarmerie nationale en 2005 ?
A : 32 000 personnes.
B : 105 000 personnes.
C : 257 000 personnes.

2 Les personnels de la gendarmerie nationale sont…
A : Militaires. B : Civils.
C : Militaires ou civils.

3 De quel ministère la gendarmerie nationale dépend-elle ?
A : Le ministère de la Défense.
B : Le ministère de la Justice.
C : Le ministère de la Sécurité.

4 En quelle année le Groupe d'intervention de la gendarmerie nationale (GIGN) a-t-il été créé ?
A : 1974. B : 1989. C : 2000.

5 Laquelle de ces gendarmeries spécialisées n'existe pas ?
A : La gendarmerie de l'armement.
B : La gendarmerie des transports aériens.
C : La gendarmerie des frontières.

6 Quelle est la mission de la gendarmerie de l'air ?
A : La protection de l'espace aérien.
B : La protection des aéroports.
C : La protection des bases aériennes de l'Armée.

7 Qu'est-ce qu'un PLI ?
A : Un Peloton léger d'intervention.
B : Un Personnel pour la lutte contre l'injustice.
C : Un Pôle pour la loi et l'information.

8 Où les conducteurs de voitures rapides d'intervention sont-ils formés ?
A : Sur le circuit Bugatti du Mans.
B : Sur le circuit de Nevers Magny-Cours.
C : Sur le circuit de Charade à Saint-Genès-Champanelle.

9 La France est l'un des 5 pays membres de la Force de gendarmerie européenne. Quel pays n'en fait pas partie ?
A : La Belgique. B : L'Italie.
C : Le Portugal.

10 Quel diplôme est nécessaire pour présenter le concours d'admission à l'école des officiers de la gendarmerie nationale ?
A : Le baccalauréat.
B : Un diplôme de fin de 2e cycle de l'enseignement supérieur.
C : Un doctorat.

11 Combien existe-t-il d'écoles pour la formation initiale du personnel de la gendarmerie ?
A : 4. B : 9. C : 21.

12 Quel est l'âge maximum pour déposer sa candidature à la gendarmerie nationale ?
A : 28 ans. B : 36 ans. C : 49 ans.

13 Quel corps de la gendarmerie est chargé de protéger les hautes autorités de l'État ?
A : La garde républicaine.
B : Les pelotons de surveillance et d'intervention.
C : La gendarmerie mobile.

14 Combien de pelotons comporte un escadron ?
A : 5. B : 12. C : 40.

15 Qui commande un escadron ?
A : Le major. B : Le brigadier.
C : Le capitaine.

Réponses ▶ p. 273

175 L'HUMANITAIRE

- **1.** Quelle association met en vente chaque année à Noël des sacs à sapins ?
- **2.** Pour quelle recherche le Téléthon récolte-t-il des dons ?
- **3.** Quelle opération de la fondation Hôpitaux de France récolte des fonds pour les enfants hospitalisés ?
- **4.** À quelle association vont les bénéfices du spectacle Sol en Cirque ?
- **5.** Quelle « nuit » récoltait des fonds pour Solidarité SIDA, la Nuit du zapping ou la Nuit de l'humour ?
- **6.** Quel est le nom du collectif d'artistes qui chante chaque année au profit des Restos du cœur ?
- **7.** Quelle association organise chaque année une campagne pour la recherche sur le SIDA ?
- **8.** De quoi sont constituées les « pyramides » organisées par Handicap International ?
- **9.** Comment s'appelle la journée nationale de mobilisation contre la mucoviscidose ?
- **10.** Les collectes « Plus de vie » sont-elles destinées aux « enfants bulles » ou aux personnes âgées hospitalisées ?
- **11.** Sur quel type de maladies les opérations Nez rouge visent-elles à sensibiliser le public ?
- **12.** Comment s'appelle le festival de musique organisé par Solidarité SIDA ?
- **13.** Quelle association a créé les Pères Noël verts, le Secours populaire ou l'Armée du Salut ?
- **14.** Quel jour a lieu la Journée mondiale du refus de la misère, le 3 avril ou le 17 octobre ?
- **15.** Que propose Médecins du monde au moment des fêtes, des calendriers ou des cartes de vœux ?
- **16.** Quelle association organise la campagne « Donne-leur un peu de toit » ?
- **17.** Quel concert a été organisé sous l'égide de l'Unesco, « Que du bonheur » ou « Pour un enfant » ?
- **18.** Chaque mois de janvier, que met en vente Jeunesse au Plein Air dans les écoles ?
- **19.** Avec quelle fédération sportive SOS villages d'enfants organise-t-elle la collecte « 6 villages pour 2006 » ?
- **20.** La chaîne de solidarité de l'Unicef s'appelle-t-elle Farandole ou Brikkado ?

Réponses ▶ p. 273

Qu'il est loin, mon pays...

176 TOULOUSE

- **1.** Comment la ville est-elle surnommée ?
- **2.** Quel chanteur, né à Toulouse, a donné à une de ses chansons le nom de sa ville natale ?
- **3.** La ville compte-t-elle plus ou moins de 400 000 habitants ?
- **4.** De quelle région Toulouse est-elle la capitale ?
- **5.** Combien de kilomètres séparent Toulouse de la Méditerranée : 150 ou 300 ?
- **6.** Quel est l'emblème de la ville : la croix de Toulouse ou le lion de Toulouse ?
- **7.** Quelle usine chimique de Toulouse est fermée depuis une explosion en 2001 ?
- **8.** Combien de cours d'eau traversent la ville ?
- **9.** Quel parc d'attraction se trouve à Toulouse : le Futuroscope ou la Cité de l'espace ?
- **10.** Comment s'appelle la cathédrale de Toulouse : Saint-Étienne ou Saint-Luc ?
- **11.** Quel canal relie Toulouse à l'étang de Thau, près de Sète ?
- **12.** Quel médecin, ancien maire de Lourdes, fut maire de Toulouse de 2001 à 2004 ?
- **13.** Dans quel département se situe Toulouse : la Haute-Garonne ou l'Ariège ?
- **14.** Toulouse est-elle la première ou la huitième ville universitaire de province ?
- **15.** Toulouse est-elle dotée d'un métro ?
- **16.** Quel jardin ne se situe pas à Toulouse : le Jardin royal ou le parc de la Tête d'or ?
- **17.** Quelle compagnie aéronautique d'envergure a son siège à Toulouse ?
- **18.** Quel célèbre bâtiment abrite l'hôtel de ville de Toulouse ?
- **19.** Quel groupe de musique « motivé » est originaire de Toulouse ?
- **20.** Quelle pastille a été inventée par le pharmacien toulousain Lajaunie ?

Réponses ▶ p. 273

177 TÉLÉPHONE

- **1.** Comment s'appelait le chanteur du groupe Téléphone ?
- **2.** Dans quelle chanson le prince part-il avec la Belle au bois dormant ?
- **3.** De quoi rêve le chanteur dans un tube du groupe ?
- **4.** Comment est l'argent, dans une chanson de Téléphone ?
- **5.** De quel instrument Louis Bertignac jouait-il au sein du groupe : batterie ou guitare ?
- **6.** Qui y aura-t-il bientôt au bout du fil d'après une chanson ?
- **7.** Combien de membres le groupe comptait-il : quatre ou cinq ?
- **8.** Dans quelle chanson quelque chose « ne tourne pas rond » ?
- **9.** Complétez : « Un jour j'irai… »
- **10.** Quelle est l'arme de demain selon Téléphone ?
- **11.** Quel style de musique le groupe jouait-il ?
- **12.** Qu'est-ce qui « est toujours debout » dans une chanson : le blues ou le vaudou ?
- **13.** Y avait-il des femmes dans le groupe ?
- **14.** Dans la chanson, sur quoi le jour s'est-il levé ?
- **15.** En quelle année le groupe s'est-il séparé : 1986 ou 1991 ?
- **16.** Quel est le titre du tube de Téléphone, ***Crache ton venin*** ou ***Cache ton chagrin*** ?
- **17.** Combien d'albums hors compilations le groupe a-t-il sortis, cinq ou neuf ?
- **18.** Complétez : « Donne-moi seulement un peu de … »
- **19.** De quel célèbre groupe Téléphone fit-il la première partie : Led Zeppelin ou les Rolling Stones ?
- **20.** Quel est le titre exact de la chanson du groupe : ***Au cœur de la nuit*** ou ***Au cœur de l'ennui*** ?

Réponses ▸ p. 273

Allô…

178 ÉMILE ZOLA

- **1.** À quel siècle vécut Émile Zola ?
- **2.** Quel est le nom de famille de Thérèse, héroïne d'un des premiers romans de Zola ?
- **3.** Dans quel courant l'œuvre de Zola s'inscrit-elle : naturalisme ou romantisme ?
- **4.** Quel est le titre de la célèbre série de vingt romans de Zola ?
- **5.** Quel abbé commet une « faute », selon le titre d'un roman de Zola ?
- **6.** L'un des romans de Zola s'intitule ***Au Bonheur des…***
- **7.** Sous quel titre parut dans le journal ***L'Aurore***, du 13 janvier 1898, le célèbre article de Zola ?
- **8.** De quoi était-il question dans cet article ?
- **9.** De quel célèbre roman de Zola Maheu est-il l'un des personnages principaux ?
- **10.** Dans quelle librairie Zola a-t-il travaillé : Hachette ou Flammarion ?
- **11.** De quel peintre Zola s'est-il inspiré pour le personnage de Claude Lantier de ***L'Œuvre***, Cézanne ou Manet ?
- **12.** L'un des romans de Zola s'intitule ***Une page…***
- **13.** Dans quel pays Zola s'est-il exilé après sa condamnation en justice ?
- **14.** Le « ventre » de quelle ville a fait l'objet d'un roman de Zola ?
- **15.** Zola a-t-il écrit des pièces de théâtre ?
- **16.** Zola a-t-il écrit le ***Roman expérimental*** ou le ***Roman fondamental*** ?
- **17.** Quel est le titre exact du roman de Zola : ***Mimi*** ou ***Nana*** ?
- **18.** Zola est-il l'auteur de ***Pot-Bouille*** ?
- **19.** L'un des romans de Zola s'intitule ***La Fortune des…***
- **20.** Où Émile Zola est-il enterré ?

Réponses ▸ p. 273

En piste !

179 LA DANSE

1. Quel chorégraphe contemporain né à Marseille a fondé son propre ballet ?
2. Quel danseur devint directeur de la danse de l'Opéra de Paris en 1990 ?
3. Quelle danse populaire est originaire d'Auvergne ?
4. De quel chorégraphe Zizi Jeanmaire est-elle l'épouse ?
5. Quelle danse a fait la renommée du Moulin Rouge ?
6. De quelle danse plus ancienne est-elle une version acrobatique ?
7. Laquelle est une danse française : la gavotte ou la sarabande ?
8. D'où vient la farandole : de Bretagne ou de Provence ?
9. Comment sont les « Indes » de l'opéra-ballet de Rameau : charmantes ou galantes ?
10. Sous le règne de quel roi l'Académie royale de danse fut-elle fondée ?
11. Quel est le grade le plus prestigieux pour un danseur de l'Opéra de Paris ?
12. Comment appelle-t-on les jeunes élèves de l'école de danse de l'Opéra de Paris ?
13. Le sujet de ***Coppélia*** est-il tiré d'un conte ou de la mythologie ?
14. Combien d'années dure l'enseignement à l'école de danse de l'Opéra de Paris ?
15. Que les élèves intègrent-ils à l'issue de leur formation ?
16. Quel danseur d'origine russe fut directeur de la danse à l'Opéra de Paris de 1983 à 1989 ?
17. La musique du ballet ***Daphnis*** et ***Chloé*** est-elle une composition française ?
18. Quelle danseuse étoile a joué dans ***Quand je vois le soleil*** : Marie-Claude Pietragalla ou Marie-Agnès Gillot ?
19. Le boléro est-il une danse d'origine française ?
20. Quel âge avait Sylvie Guillem lorsqu'elle a été nommée danseuse étoile : 19 ou 23 ans ?

Réponses ▶ p. 273

180 LES MONUMENTS RELIGIEUX

1. Quelle église abbatiale était la plus vaste du monde jusqu'à la construction de Saint-Pierre de Rome ?
2. À quel ordre l'abbaye de Cîteaux a-t-elle donné son nom ?
3. Qui fut le premier abbé de l'abbaye de Clairvaux, saint Rémi ou saint Bernard ?
4. Quel est le style de l'abbaye aux Dames, et de l'église de la Trinité qui s'y trouve ?
5. Dans quelle ville se situe-t-elle ?
6. Quelle vaste abbaye du Maine-et-Loire servit de prison de 1804 à 1963 ?
7. L'abbaye du Mont-Saint-Michel est-elle bénédictine ou franciscaine ?
8. L'abbaye du Mont-Cassin se trouve-t-elle en France ?
9. Quel hôpital militaire parisien est installé depuis 1793 dans un ancien couvent de bénédictines ?
10. Dans quelle ville se trouve le monastère de Brou, Toulouse ou Bourg-en-Bresse ?
11. Quel festival renommé l'abbaye de la Chaise-Dieu accueille-t-elle chaque année ?
12. Dans quelle commune, à laquelle il a donné son nom, saint Guilhem a-t-il fondé une abbaye ?
13. L'abbaye de Jumièges accueille-t-elle toujours des moines ou est-elle en ruine ?
14. L'abbaye de Cluny a-t-elle été fondée au xe ou au xive siècle ?
15. Quel célèbre pèlerinage fait étape à l'abbaye de Sainte-Foy de Conques ?
16. L'abbaye de Fontfroide se trouve-t-elle dans l'Aude ou en Alsace ?
17. Le couvent des Jacobins de Toulouse est-il construit en marbre ou en brique ?
18. Quel célèbre lycée parisien occupe l'ancienne abbaye Sainte-Geneviève ?
19. Quelle abbaye royale renferme les tombeaux des Plantagenêt ?
20. À quel siècle fut-elle fondée, au xiie ou xvie siècle ?

Réponses ▶ p. 273

181 POINT COMMUN

Qu'ont en commun ces quatre personnalités ?

Réponse ▶ p. 274

182 LES FILMS D'ANIMATION

1. Quel célèbre cow-boy issu de la bande dessinée est le héros de dessins animés ?
2. De quel petit garçon africain Michel Ocelot raconte-t-il les aventures en dessin animé ?
3. Quel animal est Pollux ?
4. Comment s'appelle la petite fille qui est son amie ?
5. De quels animaux un dessin animé raconte-t-il la prophétie, des crevettes ou des grenouilles ?
6. Quel poète a écrit les textes du ***Roi et l'Oiseau*** ?
7. Qui a affaire à des oranges bleues, dans un dessin animé, Spirou ou Tintin ?
8. Comment s'appelle le « pigeon de combat » dont un dessin animé raconte les aventures ?
9. Quel célèbre naufragé de la littérature a été le héros d'un long-métrage d'animation ?
10. De quoi le héros des ***Triplettes de Belleville*** est-il un champion ?

Réponse ▶ p. 274

183 LES ARTISTES DU XXe SIÈCLE

1 Qui a peint le plafond de l'opéra Garnier, à Paris ?
- A : Pablo Picasso.
- B : Marc Chagall.
- C : Balthus.

2 À quel peintre doit-on la notion d'« art brut » ?
- A : Jean Dubuffet.
- B : Pierre Bonnard.
- C : Fernand Léger.

3 Quelle gare française le peintre Salvador Dali a-t-il rendue célèbre ?
- A : Celle d'Aix-en-Provence.
- B : Celle de Marseille.
- C : Celle de Perpignan.

4 De quel édifice André Masson a-t-il peint le plafond ?
- A : Le théâtre de l'Odéon.
- B : Le théâtre de la Renaissance.
- C : Le théâtre du Châtelet.

5 Quel était le pays d'origine du peintre français Henri Michaux ?
- A : La Suisse.
- B : La Belgique.
- C : Le Canada.

6 Quel artiste est célèbre pour ses colonnes aux bandes de couleurs alternées ?
- A : Daniel Buren.
- B : Georges Braque.
- C : Gustave Moreau.

7 Quel est le prénom de Buffet ?
- A : Georges.
- B : Bernard.
- C : Paul.

8 À quel mouvement Marcel Duchamp fut-il rattaché avant de se tourner vers le surréalisme ?
- A : Le mouvement impressionniste.
- B : Le mouvement expressionniste.
- C : Le mouvement dada.

9 En quelle année Fernand Léger est-il mort ?
- A : 1955.
- B : 1968.
- C : 1981.

10 De quel mouvement Le Corbusier est-il le cofondateur ?
- A : Le purisme.
- B : Le futurisme.
- C : L'intimisme.

11 Quelle œuvre n'est pas de Georges Braque ?
- A : ***Le Violon et la Cruche.***
- B : ***Le Duo.***
- C : ***La Reproduction interdite.***

12 Quel concept Marcel Duchamp a-t-il inventé ?
- A : Le « ready-made ».
- B : Le « concept art ».
- C : Le « total art ».

13 Quel est le pendant dans les arts plastiques du groupe de recherche littéraire OuLiPo ?
- A : L'OuArtPo.
- B : L'OuPeinPo.
- C : L'OuStylPo.

14 Qu'est-ce que *La Femme 100 têtes*, de Max Ernst ?
- A : Un roman-collage.
- B : Une sculpture en pâte à modeler.
- C : Un photo-montage.

15 Pour quelle technique le sculpteur César est-il célèbre ?
- A : Pour ses Impressions.
- B : Pour ses Compressions.
- C : Pour ses Expressions.

Réponse ▶ p. 274

184 ARTS

1. De quelle région les verriers Daum étaient-ils originaires ?
2. Quelle sculpture représentant un homme assis est sans doute la plus célèbre de Rodin ?
3. Quelle est la spécialité de Philippe Starck ?
4. Dans quel domaine Émile Cohl fut-il un précurseur : la ferronnerie d'art ou le dessin animé ?
5. Quelle célèbre statue, symbole américain, est l'œuvre d'un sculpteur français ?
6. Qui est ce sculpteur ?
7. À quel décorateur doit-on les bouches de métro parisiennes ?
8. Gustave Doré était-il graveur ou sculpteur ?
9. Où eut lieu le célèbre baiser immortalisé par le photographe Robert Doisneau ?
10. À quelle école Louis Majorelle appartient-il ?
11. Quel sculpteur a réalisé pas moins de 21 bustes de Beethoven ?
12. À quel mouvement les artistes de l'École de Nancy appartiennent-ils ?
13. Autour de quel artiste cette école s'est-elle érigée ?
14. Les bourgeois de quelle ville Auguste Rodin a-t-il immortalisés ?
15. Quel ébéniste a donné son nom à l'École supérieure des Arts appliqués : Lamour ou Boulle ?
16. Dans quelle ville Bartholdi a-t-il sculpté son célèbre lion ?
17. Quelle est la spécialité du photographe Yann Arthus-Bertrand ?
18. Quelle femme sculpteur fut la maîtresse de Rodin ?
19. Pour la façade de quel monument parisien Jean-Baptiste Carpeaux a-t-il sculpté ***La Danse*** ?
20. Quel matériau Lalique utilisait-il en décoration ?

Réponse ▸ p. 274

185 LA BOURGOGNE

1. À côté de quelle grande ville le circuit automobile de Magny-Cours est-il situé ?
2. Quel gigantesque appareil trône à l'entrée de la ville du Creusot ?
3. Dans quelle abbaye l'aventure cistercienne commença-t-elle en 1098 ?
4. Quel célèbre musée peut-on découvrir à Blanzy ?
5. Quels gastéropodes cuisinés ensuite avec une sauce à l'ail trouve-t-on en Bourgogne ?
6. La ville de Paray-le-Monial est-elle connue pour son pèlerinage ou pour ses fromages ?
7. Quelle somptueuse abbaye de renommée européenne a atteint son apogée au XIIe siècle ?
8. Où le chef Bernard Loiseau avait-il rallumé les fourneaux du restaurant La Côte d'Or ?
9. Où la première des grandes cathédrales gothiques françaises se trouve-t-elle ?
10. Quelle est la plus célèbre culture de l'est de la Bourgogne ?
11. Quel est le plus célèbre monument de Beaune, aux toits multicolores vernissés ?
12. Les plaisanciers peuvent-ils naviguer sur le canal de Bourgogne ?
13. Quel célèbre musée peut-on visiter dans le village d'Alise, près de Semur ?
14. Quelle est cette friandise, gloire de Dijon, partout présente en ville dès le mois de décembre ?
15. Quel est le nom du plus vieux lac artificiel du Morvan, à la digue en pierre unique en France ?
16. À qui doit-on le musée du Septennat situé à Château-Chinon ?
17. Le château du Clos Vougeot est-il un château médiéval ou d'inspiration Renaissance ?
18. Quelle vallée la ville de Vézelay domine-t-elle ?
19. Sur quel célèbre mont du Morvan les remparts de Bibracte ont-ils été mis au jour ?
20. Le musée Nicéphore-Niépce est-il situé à Givry ou à Chalon-sur-Saône ?

Réponse ▸ p. 274

186 LA BANDE DESSINÉE

1 **Qui est le père de Gaston Lagaffe ?**
- A : Franquin.
- B : Gotlib.
- C : Fred.

2 **De quel puissant groupe industriel Largo Winch est-il l'héritier ?**
- A : Le groupe W.
- B : Le groupe Alpha.
- C : Le groupe H.

3 **Qu'est Horologium, dans la bande dessinée du même nom ?**
- A : Un robot.
- B : Une machine.
- C : Une cité.

4 **Quel personnage n'apparaît pas dans *Joe Bar Team* ?**
- A : Édouard Bracame.
- B : Jean-Raoul Ducable.
- C : Joseph Longtarin.

5 **Quel est le prénom du professeur Tournesol ?**
- A : Eusèbe.
- B : Tryphon.
- C : Casimir.

6 **Où les héros de Makyo et Vicomte partent-ils en « balade » ?**
- A : Au bout de la nuit.
- B : Au-delà du temps.
- C : Au bout du monde.

7 **Par qui Thorgal est-il recueilli ?**
- A : Des Indiens.
- B : Des Vikings.
- C : Des Inuits.

8 **Qui est Hébus, personnage de *Lanfeust de Troy* ?**
- A : Un troll.
- B : Un sorcier.
- C : Un elfe.

9 **À quelle série appartient l'album *La Marque jaune* ?**
- A : *Blake et Mortimer.*
- B : *Bob Morane.*
- C : *Les Tuniques bleues.*

10 **Qui est Carmen McCallum ?**
- A : Une riche héritière.
- B : Une mercenaire.
- C : Une espionne.

11 **Quel animal est Spip, le compagnon de Spirou ?**
- A : Un écureuil.
- B : Un chien.
- C : Un singe.

12 **Qui est le scénariste de la série *XIII* ?**
- A : Philippe Vandevelde.
- B : Raoul Cauvin.
- C : Jean Van Hamme.

13 **Que manque-t-il à Soda, dans la bande dessinée du même nom ?**
- A : Un œil.
- B : Deux doigts.
- C : Une oreille.

14 **À quelle époque se passe l'histoire de *Blueberry* ?**
- A : Pendant la Révolution russe.
- B : Pendant la Seconde Guerre mondiale.
- C : Pendant et après la guerre de Sécession.

15 **Quelle est la profession de Gil Jourdan ?**
- A : Pilote d'avion.
- B : Journaliste.
- C : Détective privé.

Réponse ▸ p. 274

187 ALAIN PROST

1 **Combien de grands prix de Formule 1 Alain Prost a-t-il remportés au cours de sa carrière ?**
- A : 32.
- B : 51.
- C : 103.

2 **Qu'Alain Prost a-t-il remporté en 1976 ?**
- A : Le volant Elf.
- B : Le drapeau Total.
- C : Le pneu Esso.

3 **De quelle ville Alain Prost est-il originaire ?**
- A : Saint-Chamond.
- B : Limoges.
- C : Annecy.

4 **Quelle écurie Alain Prost a-t-il rachetée en 1997 ?**
- A : Benetton.
- B : Lotus.
- C : Ligier.

5 **Comment fut-elle rebaptisée ?**
- A : Prost F1.
- B : Prost Grand prix.
- C : Prost Scuderia.

6 **Quel(s) pilote(s) faisai(en)t partie de son écurie ?**
- A : Olivier Panis.
- B : Jacques Villeneuve.
- C : Jean Alesi.

7 **Combien de fois Alain Prost a-t-il été champion du monde des conducteurs ?**
- A : 3. B : 4. C : 5.

8 **De quelle écurie Alain Prost n'a-t-il jamais fait partie ?**
- A : Ferrari.
- B : McLaren.
- C : Honda.

9 **Dans quelle catégorie Alain Prost n'a-t-il jamais concouru ?**
- A : Formule 3000.
- B : Formule 3.
- C : Formule Renault.

10 **Avec quel pilote Alain Prost a-t-il remporté des victoires en championnat de Grand Tourisme ?**
- A : René Arnoux.
- B : Jacques Laffitte.
- C : Jean-Pierre Jabouille.

11 **De quelle marque Alain Prost fut-il l'ambassadeur en Europe ?**
- A : Uniroyal.
- B : Michelin.
- C : Dunlop.

12 **En quelle année Alain Prost a-t-il couru son dernier grand prix de F1 ?**
- A : 1988. B : 1993. C : 2000.

13 **Combien de grands prix de F1 a-t-il courus au total ?**
- A : 63. B : 99. C : 199.

14 **À quelle épreuve Alain Prost participe-t-il depuis 2003 ?**
- A : Le Paris-Dakar.
- B : Le Trophée Andros.
- C : Les 24 heures de Spa Francorchamps.

15 **Comment Alain Prost fut-il surnommé ?**
- A : Le Professeur.
- B : Le Boss.
- C : Bip-Bip.

Réponse ▸ p. 274

188 LA FRANÇAISE DES JEUX

- **1.** La Loterie nationale a vu le jour en 1896 ou en 1933 ?
- **2.** Combien y a-t-il de tirages du Keno chaque jour ?
- **3.** Quel est le logo de la Française des jeux ?
- **4.** Combien de numéros une grille de Loto® comporte-t-elle : 49 ou 59 ?
- **5.** Combien coûte un Banco ?
- **6.** Quelle est la couleur du petit personnage du jeu Morpion ?
- **7.** Quel animal est « Dédé » ?
- **8.** Quel film a donné naissance à un jeu de grattage : ***Star Wars*** ou ***E. T.*** ?
- **9.** Combien de numéros sont tirés au Loto® ?
- **10.** Lequel de ces jeux Baraka® n'existe pas : fléchettes ou ping-pong ?
- **11.** Quel jeu de tirage est commun à plusieurs pays d'Europe ?
- **12.** Quel jeu de pronostics est proposé par la Française des jeux : Loto foot ou Côte & Match ?
- **13.** Sur quelle chaîne de télévision le tirage du Loto® a-t-il lieu ?
- **14.** Le Banco est-il un jeu de tirage ou de grattage ?
- **15.** Combien existe-t-il de déclinaisons des tickets du jeu Astro ?
- **16.** Quel est le slogan du Loto® ?
- **17.** Avec quel jeu peut-on être gagnant à vie ?
- **18.** Outre une somme d'argent, que remportent les gagnants du Millionnaire® ?
- **19.** Peut-on jouer au Loto® sur Internet ?
- **20.** Combien coûte un ticket de Baraka® : 1 ou 2 euros ?

Réponse ▸ p. 274

3 16 38

Faire chou...

189 LES EXPRESSIONS

Quelle est la fin de chacune de ces expressions ?

- **1.** Rouler des yeux de...
- **2.** Se mettre sur son...
- **3.** Avoir le cœur qui bat la...
- **4.** Casser trois pattes à un...
- **5.** Faire ma grasse...
- **6.** Repartir comme en...
- **7.** Payer en monnaie de...
- **8.** Coincer la...
- **9.** Par monts et...
- **10.** Veiller au...
- **11.** Joindre les deux...
- **12.** Rouler quelqu'un dans...
- **13.** Bâiller aux...
- **14.** De but en...
- **15.** Passer l'arme...
- **16.** Reprendre du poil...
- **17.** En tout bien...
- **18.** Faire chou...
- **19.** Promettre monts et...
- **20.** Faire un froid de...

Réponses ▸ p. 274

190 LES ACTEURS

1. Quelle est la profession d'André Dussolier dans ***On connaît la chanson*** ?
2. Quel célèbre cambrioleur Romain Duris a-t-il incarné au cinéma ?
3. Quel acteur incarne Godefroy de Montmirail dans ***Les Visiteurs*** ?
4. Dans quel film Daniel Auteuil incarne-t-il un lanceur de couteaux ?
5. À quoi est « la cuisine » de Fernandel, à l'huile ou au beurre ?
6. Qui incarna pour la première fois l'intrépide Fanfan la Tulipe ?
7. Dans quel film Jean-Pierre Bacri incarne-t-il un chef d'entreprise épris de son professeur d'anglais ?
8. Qu'arrive-t-il à la « petite entreprise » de Vincent Lindon, est-elle dévalisée ou incendiée ?
9. Qui est le « crabe-tambour » dans le film du même nom ?
10. De qui Audrey Tautou tombe-t-elle amoureuse dans ***Le Fabuleux Destin d'Amélie Poulain*** ?
11. Qui a joué dans ***Un éléphant ça trompe énormément***, Guy Bedos ou Victor Lanoux ?
12. Qui incarne le chef de chorale des ***Choristes*** ?
13. Dans quel film Michel Piccoli s'enferme-t-il tout un week-end avec des amis pour se goinfrer ?
14. Qui fut « le mari de la coiffeuse » ?
15. Dans quel film Richard Bohringer incarne-t-il un soldat allemand, ***Le Grand Chemin*** ou ***Après la guerre*** ?
16. Qui incarne le député conservateur de ***La Cage aux folles*** ?
17. Qui est le gardien du château dans ***Le Château de ma mère***, Jacques Villeret ou Jean Carmet ?
18. Qui est narcoleptique dans le film ***Narco*** ?
19. Dans quel film Martin Lamotte combat-il les nazis sous le masque de « Super-Résistant » ?
20. Qui est monsieur Hire, dans le film du même nom ?

Réponses ▶ p. 274

Ça tourne !

191 LE TOUR DE FRANCE

1. Quand le premier Tour de France a-t-il eu lieu ?
2. Quel maillot le premier coureur du classement général porte-t-il ?
3. Sur quelle longueur maximale un Tour de France peut-il se courir ?
4. Avec qui Bernard Hinault a-t-il égalé le record français de 5 Tours de France remportés ?
5. Quel journal a été à l'origine du Tour de France ?
6. Quel Français est monté le plus de fois sur le podium du Tour de France ?
7. Quel maillot le premier coureur du classement par points porte-t-il ?
8. Quelle est la longueur maximale d'une étape ?
9. En quelle année la roue libre est-elle apparue dans le Tour de France ?
10. Quel est le col le plus souvent franchi par le Tour de France ?
11. Quel grand grimpeur a déclaré avoir été dopé « à l'insu de son plein gré » ?
12. Quand la première arrivée en altitude s'est-elle déroulée ?
13. Combien de voitures la caravane du Tour de France nécessite-t-elle environ, 750 ou 1 500 ?
14. À combien de kilomètres de l'arrivée un coureur ne peut-il plus être ravitaillé ?
15. Par qui le maillot blanc est-il porté ?
16. Quel Français a porté le maillot jaune du début à la fin d'un Tour de France ?
17. Quand le premier départ du Tour de France à l'étranger a-t-il eu lieu ?
18. Qui, de Bernard Hinault ou de Jacques Anquetil, a porté le plus de fois le maillot jaune ?
19. En 1959, qui devance Jacques Anquetil pour la 2e place ?
20. En 1989, de combien de secondes Laurent Fignon a-t-il perdu le Tour de France ?

Réponses ▶ p. 274

192 FRANÇOIS MITTERRAND

- **1.** Quand François Mitterrand est-il né ?
- **2.** Le père de François Mitterrand a-t-il été vigneron ou vinaigrier ?
- **3.** De quelle grande école François Mitterrand est-il sorti ?
- **4.** Quand a-t-il été élu Premier secrétaire du nouveau parti socialiste ?
- **5.** Quand François Mitterrand a-t-il été élu président de la République ?
- **6.** Quel est son Premier ministre de 1981 à juillet 1984 ?
- **7.** En décembre 1965, de quel parti politique François Mitterrand est-il élu président ?
- **8.** En juin 1954, quel poste ministériel François Mitterrand occupe-t-il ?
- **9.** Au second tour de l'élection présidentielle de 1974, quel score Mitterrand réalise-t-il ?
- **10.** Quel est le nom de la fille adultérine de François Mitterrand ?
- **11.** Qui a été le Premier ministre de la 2e cohabitation, en 1993 ?
- **12.** François Mitterrand a-t-il été ministre de la Justice ?
- **13.** Quelle décoration a-t-il reçue pendant la Seconde Guerre mondiale, reprochée ensuite par la classe politique ?
- **14.** François Mitterrand a signé son premier article en juillet 1937. Dans quel quotidien était-ce ?
- **15.** Qui François Mitterrand nomme-t-il Premier ministre en mai 1995 ?
- **16.** Prisonnier pendant la guerre, combien de fois François Mitterrand s'est-il enfui ?
- **17.** Combien de propositions le Programme commun contenait-il ?
- **18.** Quel livre François Mitterrand sort-il en 1964 ?
- **19.** François Mitterrand est-il mort d'un infarctus ou d'un cancer ?
- **20.** Quelle célèbre roche du Morvan a-t-il gravie chaque année après la guerre en compagnie d'amis ?

Réponses ▶ p. 274

Tout sur Tonton

193 THERMALISME, THALASSO ET BALNÉO

- **1.** La thalassothérapie est une cure à base d'eau douce et la balnéothérapie une cure à base d'eau de mer, vrai ou faux ?
- **2.** Les centres de balnéothérapie se trouvent-ils souvent près de la mer ou loin de la mer ?
- **3.** Combien y a-t-il de stations thermales en France métropolitaine ?
- **4.** Quel est l'autre nom, plus anglais, de la balnéothérapie ?
- **5.** Les stations de thermalisme sont-elles spécialisées dans 1 ou 2 orientations ou sont-elles génériques ?
- **6.** Chez Accord Thalassa, la clientèle masculine représente-t-elle 30 ou 40 % de la clientèle totale ?
- **7.** Quand le mot de thalassothérapie a-t-il été inventé ?
- **8.** À la Réunion, où y a-t-il une station thermale ?
- **9.** Chaque année, le thermalisme accueille-t-il 500 000 ou 350 000 curistes ?
- **10.** Comment s'appelle le centre de thalassothérapie de Saint-Jean-de-Monts, en Vendée ?
- **11.** Quelle est la spécialité des soins au centre de Vichy, sous rampe d'eau thermale ?
- **12.** Les centres de balnéo et de thalassothérapie sont-ils plus à vocation de détente ou à vocation de soins ?
- **13.** À Roscoff, existe-t-il une thalassothérapie Forme et randonnées ou Forme et pêche ?
- **14.** Comment le centre de balnéothérapie de Bagnères-de-Bigorre s'appelle-t-il ?
- **15.** Où peut-on aller en thalassothérapie en Corse du Sud ?
- **16.** À Arcachon, dans quels vignobles les semaines Thalassothérapie et Grands Crus vous amènent-elles ?
- **17.** Où a été créé le premier centre de thalassothérapie français, en 1899 ?
- **18.** Quelle grande région de l'Ouest est absente du thermalisme français ?
- **19.** Outre à Tahaa, où y a-t-il un centre de balnéothérapie en Polynésie française ?
- **20.** À La Roche-Posay (Vienne), les soins sont-ils essentiellement d'ordre dermatologique ou neurologique ?

Réponses ▶ p. 274

194 GÂTEAUX

Trouvez le nom de chaque gâteau dessiné.

Réponses ▸ p. 274

195 LES PHARES

1. En Corse, la majorité des phares est-elle située sur terre ou en mer ?
2. Combien la France métropolitaine compte-t-elle de phares ?
3. Peut-on visiter le phare de Cordouan, à l'entrée de la Gironde ?
4. Le feu de la jetée, à Cannes, mesure-t-il 22 ou 28 m de haut ?
5. En France, combien de phares sont encore habités ?
6. À la Réunion, un phare est-il situé pointe du Bel-Air ou pointe Sainte-Marie ?
7. Le phare breton de Loctudy possède-t-il un fût rouge avec un sommet blanc ou est-ce l'inverse ?
8. Quelle est la portée du phare de Gatteville, dans la Manche ?
9. Sur quel îlot du sud de la Martinique peut-on voir un phare ?
10. Le 4 août 1944, qui a détruit le phare de l'île de Sein, situé au nord-ouest ?

Réponses ▸ p. 274

196 SAN-ANTONIO

1 Quelle est la profession de San-Antonio ?
- A : Détective privé.
- B : Journaliste.
- C : Commissaire de police.

2 Qui est l'auteur de *San-Antonio* ?
- A : Romain Gary.
- B : Frédéric Dard.
- C : Gaston Leroux.

3 Dans quelle ville a-t-il passé son enfance ?
- A : Tunis.
- B : Lyon.
- C : Genève.

4 En quelle année le premier *San-Antonio* est-il paru ?
- A : 1949.
- B : 1972.
- C : 1985.

5 Quel est l'éditeur de la série des *San-Antonio* ?
- A : Le Seuil.
- B : Arlequin.
- C : Fleuve noir.

6 Quel est le prénom de Bérurier ?
- A : Jean-Charles.
- B : Pierre-François.
- C : Alexandre-Benoît.

7 Quel est le premier titre de la série des *San-Antonio* ?
- A : *Berceuse pour Bérurier.*
- B : *Réglez-lui son compte.*
- C : *Aux frais de la princesse.*

8 Qui est Félicie ?
- A : La mère de San-Antonio.
- B : La sœur de San-Antonio.
- C : La fiancée de San-Antonio.

9 Combien de titres la série des *San-Antonio* compte-t-elle approximativement ?
- A : 50.
- B : 100.
- C : 200.

10 À quelle époque débute la série des *San-Antonio* ?
- A : Pendant la Seconde Guerre mondiale.
- B : Pendant la guerre d'Algérie.
- C : En mai 1968.

11 Dans quel titre Félicie se fait-elle enlever ?
- A : *J'suis comme ça.*
- B : *Du mouron à se faire.*
- C : *Dis bonjour à la dame.*

12 Qui est Achille ?
- A : L'ennemi juré de San-Antonio.
- B : Le coéquipier de San-Antonio.
- C : Le supérieur hiérarchique de San-Antonio.

13 Quel est le titre exact de cet opus de la série *San-Antonio* paru en 2000 ?
- A : *Napoléon Prunier.*
- B : *Napoléon Pommier.*
- C : *Napoléon Poirier.*

14 Quel acteur a incarné San-Antonio au cinéma ?
- A : Gérard Lanvin.
- B : Richard Anconina.
- C : Patrick Bruel.

15 Qui a repris l'écriture des *San-Antonio* après la mort de l'auteur ?
- A : Sa femme.
- B : Son fils.
- C : Son frère.

Réponses ▸ p. 274

197 LES SPÉCIALITÉS RÉGIONALES SUCRÉES

1. La gâche normande est-elle une variété de brioche ou une variété de tarte ?
2. Les bugnes lyonnaises sont-elles des beignets ou des entremets ?
3. Le kouglof est-il originaire d'Alsace ou de Lorraine ?
4. Les beignets appelés chichis fregis, en région PACA, se dégustent-ils chauds ou froids ?
5. Le Kouign-Amann est-il une spécialité de Bretagne ou de Normandie ?
6. La flaune auvergnate est-elle une tarte au fromage ou une tarte aux pommes ?
7. La tourte aux poires appelée poirat berrichon doit-elle être mangée chaude ou froide ?
8. Le gâteau au vin rouge est-il originaire de Gironde ou d'Alsace ?
9. Les petits pâtés Beaucaire, en Languedoc, renferment-ils de la moelle de bœuf ou de la pâte d'amande ?
10. Les bananes gratinées à la créole proviennent-elles de la Réunion ou de la Guadeloupe ?
11. L'omelette cauchoise comprend-elle des pommes caramélisées ou des poires caramélisées ?
12. À base de quoi les galopins, desserts du Nord-Pas-de-Calais, sont-ils réalisés ?
13. La tourte aux blettes est-elle une spécialité niçoise ou martiniquaise ?
14. Quel genre de blancs d'œuf utilise-t-on dans le gâteau d'Artois ?
15. La tarte à la Bourdaloue a-t-elle été créée en Île-de-France ou en Normandie ?
16. Dans la région Midi-Pyrénées, à base de quelle pâte les pescajoun sont-ils réalisés ?
17. À quel dessert la terrinée normande ressemble-t-elle ?
18. Quel est l'ingrédient principal, avec la banane et le sucre, du poe à la banane tahitien ?
19. Les caillebottes poitevines se mangent-elles tièdes ou très fraîches ?
20. Les canistrellis corses sont-ils des petits gâteaux à l'anis ou des grandes tartes au fromage ?

Réponses ▶ p. 274

Début de siècle

198 LES ANNÉES 1910

1. Quelle catastrophe naturelle frappe Paris en février 1910 ?
2. Quel grand cataclysme mondial débute en 1914, qui va durer plus de 4 ans ?
3. L'ennemi public n° 1 est abattu par la police en 1912. Quel est-il ?
4. Quel homme politique socialiste est assassiné le 31 juillet 1914 ?
5. En avril 1919, la journée de travail passe à 8 heures. De combien était-elle avant ?
6. Quand le 1er tournoi des Cinq Nations a-t-il lieu ?
7. Jules Renard meurt-il en 1910 ou en 1914 ?
8. Y a-t-il eu 500 000 ou 700 000 morts à Verdun ?
9. Où les cendres de Rouget de l'Isle sont-elles transférées en 1915 ?
10. De quoi Guillaume Apollinaire meurt-il le 9 novembre 1918 ?
11. Un vol mémorable secoue le monde de l'art en France en 1911. Lequel ?
12. Quel grand poète français meurt au front dans les premières semaines de la guerre ?
13. Quand Alain Fournier publie-t-il ***Le Grand Meaulnes*** ?
14. À partir du 1er octobre 1913, comment les ordures ménagères sont-elles ramassées à Paris ?
15. Par qui le général Nivelle a-t-il été remplacé en avril 1917 ?
16. Le 1er juin de quelle année la Nouvelle Revue Française voit-elle le jour ?
17. Quel roman Marcel Proust fait-il paraître en 1913 ?
18. Le 1er septembre 1915, quel journal satirique, toujours vivant, fait son apparition en kiosque ?
19. Dans le wagon de qui l'armistice est-il signé en 1918 à Compiègne, au carrefour de Rethondes ?
20. Dans quel lieu de Paris l'aviateur Jules Vedrines atterrit-il le 19 janvier 1919 ?

Réponses ▶ p. 274

199 LES DUOS

- 1. Quel duo de Jane Birkin et Serge Gainsbourg fit scandale ?
- 2. Quel duo évoque les attentats du 11 septembre ?
- 3. Avec qui Sheila forma-t-elle un duo célèbre ?
- 4. Avec qui Axel Bauer chante-t-il ***À ma place*** : Julie Zenatti ou Zazie ?
- 5. Qui chantait ***Un roman d'amitié*** avec Glen Medeiros ?
- 6. Quel tube fut chanté par Jean-Jacques Goldman et Michael Jones ?
- 7. Avec qui Marc Lavoine a-t-il chanté en duo : Claire Keim ou Cristina Marocco ?
- 8. Qui chantait ***Kole sere*** avec Jocelyne Beroard, du groupe Kassav ?
- 9. Quel titre Charlotte Gainsbourg chanta-t-elle avec son père ?
- 10. Avec quel rappeur Calogero chante-t-il ***Face à la mer*** : Passi ou MC Solar ?
- 11. Sacha Distel et Brigitte Bardot chantèrent ensemble : ***Tu es le soleil***...
- 12. À quel duo célèbre doit-on ***L'Avventura*** ?
- 13. Où est-ce que « ça balance pas mal » dans le duo de Michel Berger et France Gall ?
- 14. Avec qui Hélène Ségara a-t-elle chanté ***Vivo per lei*** : Claude Barzotti ou Andrea Bocelli ?
- 15. Sur l'album ***Lama père et fils***, avec qui Serge Lama chante-t-il, son père ou son fils ?
- 16. Complétez le titre de ce célèbre duo des années 1980 : ***Besoin de rien***...
- 17. Avec qui Laurent Voulzy chantait-il ***Désir, désir*** ?
- 18. À qui Sylvie Vartan avoue-t-elle : « J'ai un problème » ?
- 19. Quelle comédienne a chanté avec François Valéry : Isabelle Adjani ou Sophie Marceau ?
- 20. Quel tube Étienne Daho et Dani ont-ils chanté en 2002 : ***Comme un oiseau*** ou ***Comme un boomerang*** ?

Réponses ▶ p. 274

À deux c'est mieux

200 LOUIS PASTEUR

- 1. Louis Pasteur a-t-il vécu au XIXe ou au XXe siècle ?
- 2. Combien d'enfants Louis Pasteur a-t-il eus ?
- 3. Louis Pasteur a-t-il été professeur ou instituteur ?
- 4. À quoi les travaux de Louis Pasteur sur les animaux ont-ils abouti ?
- 5. Louis Pasteur portait-il une moustache seule ou une barbe et une moustache ?
- 6. Louis Pasteur est-il enterré au Panthéon ou au cimetière du Père-Lachaise ?
- 7. La notion de terrain particulier pour le développement de la maladie est-elle due à Louis Pasteur ?
- 8. Louis Pasteur a-t-il confirmé ou infirmé la thèse de la génération spontanée ?
- 9. Louis Pasteur est-il connu pour ses études contre la rage ou contre la tuberculose ?
- 10. Louis Pasteur a-t-il été physicien ?
- 11. À quel âge Louis Pasteur a-t-il été élu à l'Académie des sciences ?
- 12. De quelle école Louis Pasteur devient-il administrateur en 1857 ?
- 13. Quel est le nom de la méthode de stérilisation d'une boisson par chauffage à 55°C ?
- 14. Quel célèbre établissement de formation et de recherche sera créé en 1888 ?
- 15. À partir de 1865, sur l'élevage de quel animal décimé par une maladie Louis Pasteur s'est-il penché ?
- 16. Comment la prophylaxie des maladies infectieuses par immunisation s'appelle-t-elle ?
- 17. Louis Pasteur a-t-il été élu à l'Académie française ?
- 18. Comment l'enfant porteur de la rage que Louis Pasteur vaccina le 6 juin 1885 s'appelait-il ?
- 19. Qui sera directeur de l'Institut Pasteur à sa création, et le restera pendant 7 ans ?
- 20. Pour quelles études le grand prix de l'Exposition universelle est-il attribué à Pasteur en 1867 ?

Réponses ▶ p. 274

Kimono

201 LA FRANCOPHONIE

1. La Journée internationale de la francophonie a-t-elle lieu le 20 mars ou le 17 juillet ?
2. Qu'est-ce que l'OIF, l'Office d'information francophone ou l'Organisation internationale de la francophonie ?
3. Combien d'états membres compte l'OIF, une dizaine ou une cinquantaine ?
4. Le français est-il une langue officielle de la Tunisie ?
5. Quelle vaste province du Canada est très majoritairement francophone ?
6. Quelle en est la plus grande ville ?
7. Quelle association créée en 1883 promeut la langue et la culture française à l'étranger ?
8. Quelle filière universitaire forme les futurs enseignants de français pour les étrangers ?
9. Quelle ancienne province du Canada français fut cédée aux Britanniques, la Géorgie ou l'Acadie ?
10. Quel pays européen a pour langues officielles le français, le néerlandais et l'allemand ?
11. De quel pays francophone l'académicien Léopold Sédar Senghor fut-il le président ?
12. De quel état des États-Unis anciennement français la Nouvelle-Orléans est-elle la capitale ?
13. Comment appelle-t-on les habitants francophones de cet État ?
14. Quel micro-État se trouve enclavé dans les Alpes-Maritimes ?
15. Quelle est la nature de cet État ?
16. Quelle ancienne capitale des établissements français dans l'Inde est encore largement francophone ?
17. De quelle grande île de l'océan Indien le français est-il une langue officielle ?
18. Quelle chaîne de télévision généraliste francophone internationale a été créée en 1984 ?
19. Combien y a-t-il eu d'éditions des jeux de la Francophonie, 5 ou 9 ?
20. Avec combien d'autres langues le français partage-t-il sa place de langue officielle en Suisse ?

Réponses ▸ p. 274

202 LE JUDO

1. Quand le premier club français de judo a-t-il été créé ?
2. Outre celui des Jeux olympiques, quel titre Djamel Bouras a-t-il obtenu en 1996 ?
3. Dans les arts martiaux, qu'appelle-t-on le dojo ?
4. Combien existe-t-il de couleurs différentes de ceintures en France ?
5. Quelle est l'année de naissance de David Douillet ?
6. Depuis quand le tournoi de Paris hommes est-il organisé ?
7. Combien les Français ont-ils remporté de médailles d'or aux Jeux olympiques de 1980 ?
8. Quand Mme Levannier est-elle devenue la première Française à obtenir une ceinture noire ?
9. En quelle année Guy Auffray a-t-il été le premier Français médaillé aux championnats du monde ?
10. En France, qui attribue les ceintures noires ?
11. Qui a été le premier Français champion du monde en 1975 ?
12. Quel Français a gagné les premiers championnats d'Europe toutes catégories hommes en 1951 ?
13. De quand le championnat de France femmes date-t-il ?
14. En quelles années David Douillet a-t-il été médaille d'or olympique ?
15. Combien de fois ce doublé olympique avait-il déjà eu lieu ?
16. En quelle année Maurice Cottereau a-t-il été le premier Français à être ceinture noire ?
17. Quelle a été la première championne du monde française en 2001 ?
18. Combien y a-t-il de judokas ceinture noire en France ?
19. Quand la fédération française de judo a-t-elle été créée, en 1939 ou en 1946 ?
20. En 1996, quelle médaille Marie-Claire Restoux a-t-elle remportée aux Jeux olympiques ?

Réponses ▸ p. 274

203 POINT COMMUN

Quel est le lien entre ces quatre images ?

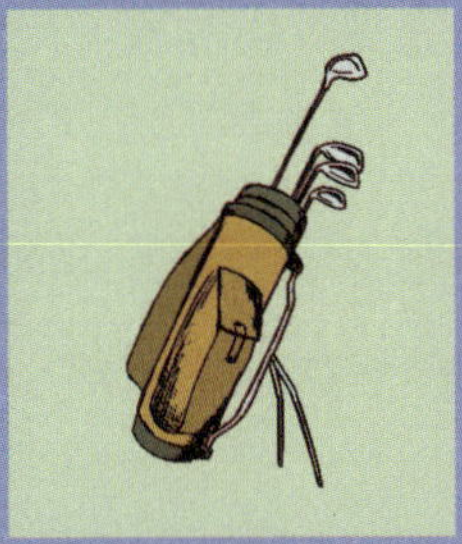

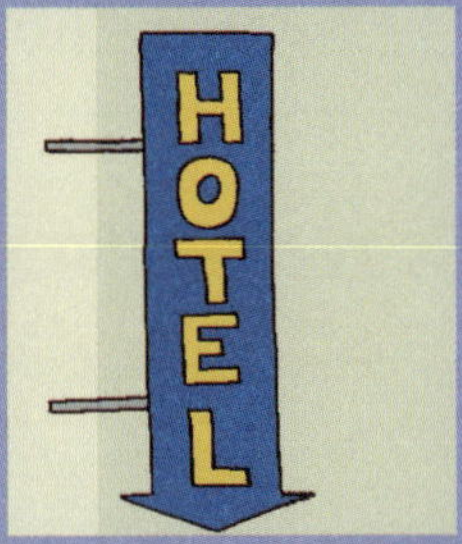

Réponses ▶ p. 274

204 LES BATEAUX

1. Le ***Pourquoi pas ?*** du commandant Charcot était-il un navire océanographique ou un navire polaire ?
2. Quel bateau permet la traversée d'un bord à l'autre d'une rivière aux passagers, voitures et animaux ?
3. À quelle vitesse les chalands tirés par les chevaux sur les canaux de France allaient-ils ?
4. Quelles embarcations sans équipage à fond plat voit-on poussées ou remorquées sur les rivières ?
5. Quelle était la longueur du pétrolier français ***Hellas Fos***, lancé en 1979, 314 ou 414 m ?
6. Quel genre de bateau est le nouveau ***Pourquoi pas ?***, lancé en 2005 par l'Ifremer ?
7. À quelle allure les navires rapides de la SNSM filent-ils, à 35 ou à 42 nœuds ?
8. Comment appelle-t-on les voiliers de pêche typiques de la baie du Mont-Saint-Michel ?
9. Sur quels bateaux effilés à pagaies les Tahitiens sont-ils souvent représentés ?
10. Quel est le nom du voilier de pêche traditionnel de la région d'Étretat ?

Réponses ▶ p. 274

205 LES SAUCES

Quel(s) ingrédient(s) n'entre(nt) pas dans la préparation de chacune des sauces suivantes ?

1 La mayonnaise :
- ☐ A : Huile.
- ☐ B : Blanc d'œuf.
- ☐ C : Jaune d'œuf.

2 La sauce bolognaise :
- ☐ A : Vinaigre.
- ☐ B : Purée de tomates.
- ☐ C : Viande de bœuf.

3 La sauce gribiche :
- ☐ A : Crème fraîche.
- ☐ B : Œuf dur.
- ☐ C : Câpres.

4 La béchamel :
- ☐ A : Lait.
- ☐ B : Farine.
- ☐ C : Huile.

5 La béarnaise :
- ☐ A : Échalote.
- ☐ B : Jaune d'œuf.
- ☐ C : Crème fraîche.

6 La sauce poulette :
- ☐ A : Jus de citron.
- ☐ B : Lait.
- ☐ C : Concentré de tomate.

7 La sauce ravigote :
- ☐ A : Câpres.
- ☐ B : Beurre.
- ☐ C : Vinaigre.

8 La rouille :
- ☐ A : Safran.
- ☐ B : Paprika.
- ☐ C : Vinaigre.

9 L'aïoli :
- ☐ A : Ail. ☐ B : Blanc d'œuf.
- ☐ C : Jus de citron.

10 La sauce diable :
- ☐ A : Vin rouge.
- ☐ B : Vin blanc.
- ☐ C : Oignons.

11 La sauce Mornay :
- ☐ A : Fromage râpé.
- ☐ B : Jaune d'œuf.
- ☐ C : Coulis de tomate.

12 La sauce marchand de vin :
- ☐ A : Vin blanc.
- ☐ B : Ail.
- ☐ C : Vin rouge.

13 La sauce grand veneur :
- ☐ A : Gelée de groseille.
- ☐ B : Jus de citron.
- ☐ C : Vinaigre balsamique.

14 La vinaigrette :
- ☐ A : Huile.
- ☐ B : Vinaigre.
- ☐ C : Moutarde.

15 La sauce tartare :
- ☐ A : Paprika.
- ☐ B : Câpres.
- ☐ C : Cornichons.

Réponses ▶ p. 274

206 LE BAPTÊME

- **1.** Le baptême provient-il d'un mot grec signifiant immerger ou renaissance ?
- **2.** Le baptême est-il un sacrement ou un contrat ?
- **3.** À quelle période de l'année un baptême peut-il avoir lieu ?
- **4.** Le baptême civil a-t-il été instauré à la Révolution ou au début de la IIIe République ?
- **5.** Comment un adulte prêt à être baptisé est-il appelé ?
- **6.** Où les baptêmes se déroulent-ils ?
- **7.** Au-dessus de quels fonts le prêtre baptise-t-il ?
- **8.** Quel objet porte-t-on près du baptisé ?
- **9.** L'huile consacrée utilisée pour le baptême est-elle le saint chrême ou l'huile sacrée ?
- **10.** La couleur du vêtement du baptisé est-elle ordinairement le blanc ou le jaune ?
- **11.** Comment l'homme qui présente un enfant au baptême est-il appelé ?
- **12.** L'action de verser 3 fois l'eau bénite sur le front du baptisé est-elle l'aspersion ou l'infusion ?
- **13.** Jusqu'en 1792, sur quel registre notait-on l'état civil ?
- **14.** Lors du baptême, l'enfant revêt-il généralement une aube ou une robe ?
- **15.** Quel couvre-chef le jeune baptisé porte-t-il ?
- **16.** Seuls les prêtres ont le droit de baptiser ou toute personne également ?
- **17.** Où le Christ fut-il baptisé ?
- **18.** Par qui le Christ fut-il baptisé ?
- **19.** Comment le premier vol aérien s'appelle-t-il ?
- **20.** Quel passage de ligne le « baptême de la ligne » marque-t-il ?

Réponses ▸ p. 274

R.G., P.J., ...

207 LA POLICE NATIONALE

- **1.** De quel ministère la Police nationale dépend-elle ?
- **2.** Que signifient les initiales R.G. dans le jargon de la police ?
- **3.** Qui est le plus gradé, le commissaire divisionnaire ou le commissaire principal ?
- **4.** Quelle ville abrite une École nationale supérieure de police, Toulouse ou Nice ?
- **5.** Quel corps de cavaliers dirigé par un prévôt des maréchaux est un ancêtre de la police ?
- **6.** De quel diplôme faut-il être titulaire pour passer les concours de commissaire de police ?
- **7.** Quel couvre-chef a remplacé le bicorne en 1870 ?
- **8.** Avant 1941, la police n'était pas nationale mais…
- **9.** Le nom correct de l'unité opérationnelle de la Police est-il le RAID ou le GERS ?
- **10.** Quel haut fonctionnaire est nommé en Conseil des ministres ?
- **11.** Les CRS font-ils partie de la police ou de l'armée ?
- **12.** Les agents les moins gradés du corps de maîtrise et d'application de la police sont les gardiens de…
- **13.** Combien y a-t-il d'Écoles nationales supérieures de police en France, 3 ou 10 ?
- **14.** À quel siècle la police technique a-t-elle vu le jour ?
- **15.** Que signifient les lettres P.J. ?
- **16.** En quelle année des femmes ont-elles pu intégrer la police, 1946 ou 1966 ?
- **17.** Les GIPN sont-ils des groupes d'intervention ou des grands inspecteurs de la Police nationale ?
- **18.** Quelle division de la police participait à l'aide médicale d'urgence jusqu'en 1984 ?
- **19.** Comment les brigades mobiles créées par Clemenceau furent-elles surnommées ?
- **20.** Quel diplôme faut-il pour passer les concours de lieutenant de police, le bac ou une licence ?

Réponses ▸ p. 274

208 MIDI-PYRÉNÉES

1. Quelle ville appelle-t-on la Ville rose ?
2. Un pèlerinage célèbre a lieu chaque année à Rocamadour : lequel ?
3. Quel canal traverse le Midi-Pyrénées en passant par Toulouse ?
4. Quel bâtiment trouve-t-on au sommet du pic du Midi ?
5. Quelle est la capitale de l'Armagnac, Condom ou Auch ?
6. Quelle sorte de pont le viaduc de Millau est-il ?
7. La grande spécialité de Laguiole est-elle le couteau ou la dentelle ?
8. À qui la Vierge est-elle apparue à Lourdes ?
9. De quel légume Tarbes s'est-il fait une spécialité ?
10. À côté de quelle ville un pont-canal enjambe-t-il le Tarn ?
11. Dans quelle ville du Lot la maison natale de Champollion, transformée en musée, se trouve-t-elle ?
12. Quel a été le dernier bastion des hérétiques cathares ?
13. Quelle fleur transformée en bonbon est devenue une spécialité de Toulouse, la rose ou la violette ?
14. L'abbaye Sainte-Scholastique, à Dourgne, dans le Tarn, vend-elle des produits artisanaux ?
15. La grande cascade du cirque de Gavarnie est-elle haute de 220 ou de 440 m ?
16. Quelle est la grande production agricole de la région de Cahors ?
17. Le musée La Pérouse est-il situé à Castres ou à Albi ?
18. La grotte de Niaux est-elle située en Ariège ou en Gascogne ?
19. Comment l'ouvrage permettant le passage des poissons migrateurs, à Golfech, s'appelle-t-il ?
20. Dans quelle ville du Tarn le musée Goya se trouve-t-il ?

Réponses ▸ p. 274

209 LINO VENTURA

1. De quel pays Lino Ventura était-il originaire ?
2. Dans quel film célèbre Lino Ventura demande-t-il une rançon à Jean Gabin ?
3. Lino Ventura a joué dans un film de Louis Malle intitulé ***Ascenseur pour***…
4. Lino Ventura a-t-il joué dans un ***Maigret*** ou un ***Commissaire Moulin*** ?
5. Lino Ventura a-t-il été champion de boxe française ou de lutte ?
6. De qui Lino Ventura accepte-t-il de s'occuper dans ***Les Tontons flingueurs*** ?
7. Qui joue aux côtés de Lino Ventura dans ***Le Clan des Siciliens***, Alain Delon ou Jean-Paul Belmondo ?
8. En quelle année Lino Ventura est-il né, 1910 ou 1919 ?
9. Combien y a-t-il de « dollars au soleil », dans le film d'Henri Verneuil dans lequel joue Lino Ventura ?
10. Dans quel film Lino Ventura incarne-t-il le père d'Isabelle Adjani ?
11. Quel était le vrai nom de Lino Ventura, Muvrini ou Borroni ?
12. Dans quel film avec Jacques Brel Lino Ventura tente-t-il d'enlever Johnny Hallyday ?
13. Dans ***Le gorille vous salue bien***, quelle est la profession de Lino Ventura ?
14. Lino Ventura a joué dans un film intitulé ***Fantasia chez***…
15. Quelle association Lino Ventura a-t-il fondée pour les enfants handicapés ?
16. Quel est le dernier film de Lino Ventura, ***Les Barbouzes*** ou ***La Septième Cible*** ?
17. Qui est « l'emmerdeur », aux côtés de Lino Ventura, dans le film du même nom ?
18. Lino Ventura mit-il fin à sa carrière de sportif par amour ou à cause d'une blessure ?
19. À quelle époque se passe l'action de ***L'Armée des ombres*** ?
20. En quelle année Lino Ventura est-il mort, 1987 ou 1993 ?

Réponses ▸ p. 274

Un grand nom du grand écran

1 km à pied...

210 LES LIEUX DE PÈLERINAGE

1. Quelle ville n'est pas une étape pour les pèlerins de Saint-Jacques-de-Compostelle, Conques ou Pau ?
2. Quelle est la dernière étape française, Saint-Jean-Pied-de-Port ou Perpignan ?
3. De quelle ville part la ***Via Podiensis***, Clermont-Ferrand ou Le Puy-en-Velay ?
4. Combien existe-t-il en France de chemins pour rejoindre Saint-Jacques-de-Compostelle, 2, 3 ou 4 ?
5. Quel est le plus important lieu de pèlerinage de France ?
6. Sainte Bernadette repose-t-elle dans une chapelle de Nevers ou d'Orléans ?
7. Qui sainte Marguerite-Marie a-t-elle vu apparaître à Paray-le-Monial ?
8. Ce lieu de pèlerinage se trouve-t-il en Bretagne ou en Bourgogne ?
9. De quelle ville saint Jean-Marie Vianney était-il le curé ?
10. À qui le sanctuaire de Rocamadour est-il dédié ?
11. De combien de chapelles est-il composé, 3 ou 7 ?
12. Quelle cathédrale est connue pour détenir le voile de la Vierge, celle du Mans ou de Chartres ?
13. La grotte de Lourdes où la Vierge est apparue s'appelle-t-elle Massabielle ou Clairefontaine ?
14. À qui la Vierge est-elle apparue en ce lieu ?
15. À quoi les pèlerins de Lourdes attribuent-ils des propriétés miraculeuses ?
16. Quelle est la couleur de la célèbre Vierge du Puy-en-Velay ?
17. Quelle basilique de Lourdes est la plus ancienne, la basilique supérieure ou la basilique souterraine ?
18. Quelle abbaye très touristique de la Manche est également un lieu de pèlerinage ?
19. Quelle communauté y vit, la Fraternité monastique de Jérusalem ou les moines de La Trappe ?
20. Quelle sainte a vécu au Carmel de Lisieux, aujourd'hui devenue ville de pèlerinage ?

Réponses ▶ p. 274

211 L'ATHLÉTISME

1. Quel a été le premier Français champion olympique de saut à la perche ?
2. Quelles courses Marie-José Pérec a-t-elle remportées aux Jeux olympiques de 1996 ?
3. La France a remporté une fois les championnats du monde du 4 x 100 m. En quelle année ?
4. Quelle a été la hauteur du record de France de saut à la perche de Jean Galfione ?
5. En 1975, qui a été recordman du monde et d'Europe du 110 m haies ?
6. Quand le marathon de Paris a-t-il été créé ?
7. Quand Eunice Barber a-t-elle remporté la médaille d'or en longueur aux championnats du monde ?
8. La France a-t-elle déjà gagné une Coupe du monde de marche hommes, créée en 1961 ?
9. Quand Thierry Toutain a-t-il été recordman du monde du 50 km marche ?
10. Qui a remporté 7 fois le cross du Figaro entre 1974 et 1983 ?
11. Qui a été médaille d'or au 110 m haies aux championnats du monde de 2005 ?
12. Quel Français a déjà couru le 100 m en moins de 10 s ?
13. Quel Français a remporté les championnats du monde en salle d'heptathlon en 1995 ?
14. Dans les années 1940, Micheline Ostermeyer s'est-elle illustrée au disque et au poids ou au javelot ?
15. Les Français sont-ils plus titrés aux championnats du monde ou aux championnats du monde en salle ?
16. Qui a réussi à passer sous la barre des 31 min au 10 000 m en 1911 ?
17. Combien de championnats du monde de cross Alain Mimoun a-t-il remportés ?
18. Lors de quel championnat Stéphane Diagana a-t-il eu une médaille d'or sur 400 m haies en 1997 ?
19. Dans les années 1980-1990, quelle discipline Annette Sergent-Palluy affectionnait-elle ?
20. En combien de jours le coureur Jacques Martin a-t-il traversé le Sahara, soit 3 300 km, en 1980 ?

Réponses ▶ p. 274

DDASS

212 LES SIGLES

Que signifient les sigles et acronymes suivants :

- 1. SAMU.
- 2. CNRS.
- 3. DDASS.
- 4. BNF.
- 5. DOM.
- 6. MJC.
- 7. R&D.
- 8. SARL.
- 9. TVA.
- 10. RMI.
- 11. ENA.
- 12. DRH.
- 13. SNCF.
- 14. CDD.
- 15. OTAN.
- 16. CSA.
- 17. OPA.
- 18. QCM.
- 19. DDE.
- 20. CRS.

Réponses ▶ p. 274

TVA OTAN SNCF

213 LA TÉLÉ-RÉALITÉ

- 1. À quelle émission de télé-réalité Loana a-t-elle participé ?
- 2. Dans quel jeu s'agit-il de survivre sur une île déserte de Thaïlande ?
- 3. Quel joueur de tennis a participé à l'émission ***La Ferme célébrités*** ?
- 4. Qui présentait ***Première Compagnie*** ?
- 5. Quel était le vrai métier de Greg le millionnaire, charcutier ou maçon ?
- 6. Quelle émission a révélé Chimène Badi ?
- 7. Sur quelle « île » des couples testent-ils leur amour et leur fidélité ?
- 8. Où se situe le pensionnat qui sert de décor à une émission de M6, Chavagnes ou Visan ?
- 9. Quel célèbre cours de théâtre a-t-il fait l'objet d'une émission de télé-réalité sur Canal+ ?
- 10. Que remettait le Bachelor aux jeunes filles sélectionnées en fin d'émission ?
- 11. Quelle émission de TF1 était le pendant de ***Loft Story*** ?
- 12. Qui présente ***Nouvelle star*** ?
- 13. Quelle émission a pour but d'élire le séducteur ou la séductrice de l'été ?
- 14. Dans quel domaine les candidats de ***Oui chef !*** doivent-ils faire leurs preuves ?
- 15. Dans quelle émission un couple fictif devait-il faire croire à son mariage ?
- 16. Quel groupe a vu le jour grâce à l'émission ***Popstars***, Linkup ou L5 ?
- 17. Quel camp de redressement accueillait des adolescents à problèmes ?
- 18. Dans quel jeu les gagnants remportaient-ils la maison qu'ils avaient construite avec les autres candidats ?
- 19. Quel est le domaine d'intervention des expertes de ***C'est du propre*** ?
- 20. Quel chanteur cherchait à monter une troupe de spectacle dans ***Attention mesdames et messieurs*** ?

Réponses ▶ p. 275

214 L'ASSEMBLÉE NATIONALE

- **1.** Où l'Assemblée nationale siège-t-elle, à Paris ?
- **2.** Quel est l'âge minimal requis pour être député ?
- **3.** Comment les députés sont-ils élus, au suffrage universel direct ou indirect ?
- **4.** Combien la France compte-t-elle de députés ?
- **5.** En 2005, quel est le plus important groupe politique ?
- **6.** Combien de groupes existe-t-il à l'Assemblée nationale ?
- **7.** Fin 2005, quel est l'âge du plus vieux député, député du Nord ?
- **8.** Fin 2005, quel est l'âge du plus jeune député, député de la Haute-Loire ?
- **9.** Pour combien d'années un député est-il élu ?
- **10.** Un insoumis peut-il devenir plus tard député ?
- **11.** Comment les votes ont-ils lieu normalement ?
- **12.** Qui préside la première séance de la législature, jusqu'à l'élection du président ?
- **13.** Qui détermine l'ordre des interventions à l'Assemblée nationale ?
- **14.** Quel est l'actuel président de l'Assemblée nationale ?
- **15.** Comment les initiatives de lois provenant du Parlement s'appellent-elles ?
- **16.** Les financements privés des campagnes législatives sont-ils limités par personne à 460 ou à 4 600 € ?
- **17.** Combien de vice-présidents l'Assemblée nationale compte-t-elle ?
- **18.** À combien l'indemnité parlementaire nette mensuelle s'élève-t-elle ? À 3 100 € ou à 5 100 € ?
- **19.** Les députés ont-ils une carte d'accès gratuit au réseau SNCF ou aux réseaux aériens ?
- **20.** Dans quel journal un texte de loi doit-il être publié pour qu'il devienne obligatoire ?

Réponses ▶ p. 275

Ah que...

215 JOHNNY HALLYDAY

- **1.** Quel est le vrai nom de Johnny Hallyday ?
- **2.** Qu'a-t-on tous en nous, selon une chanson de Johnny Hallyday ?
- **3.** Comment se prénomme la fille que le chanteur a eue avec Nathalie Baye ?
- **4.** Comment le chanteur était-il surnommé dans les années 1960 ?
- **5.** Que Johnny demande-t-il à son amie de retenir, dans une chanson ?
- **6.** À qui s'adresse la chanson ***Cheveux longs, idées courtes*** ?
- **7.** Dans quel film de Lelouch le chanteur joue-t-il aux côtés de Lino Ventura et de Jacques Brel ?
- **8.** Dans la chanson, quelles portes vont se refermer ?
- **9.** De quel album le fils du chanteur a-t-il composé tous les titres, ***Sang pour sang*** ou ***Trait pour trait*** ?
- **10.** D'où vient, selon une de ses chansons, toute la musique qu'il aime ?
- **11.** De quelle moto Johnny Hallyday est-il un adepte ?
- **12.** Qu'est-ce qui « colle à la peau » du chanteur dans ***Je ne suis pas un héros*** ?
- **13.** Où Johnny Hallyday s'est-il produit en 1998 devant 80 000 spectateurs ?
- **14.** Quelle chanson est la plus ancienne, ***Da dou ron ron*** ou ***Allumer le feu*** ?
- **15.** Que Johnny oubliera-t-il « de mille façons » dans une chanson ?
- **16.** Une célèbre chanson de Johnny s'intitule : ***J'ai oublié***...
- **17.** Quel célèbre imitateur de Johnny est aussi l'un de ses proches amis ?
- **18.** Pour qui le chanteur a-t-il refusé de « mourir d'amour enchaîné » ?
- **19.** Quel est le prénom de la dernière femme du chanteur ?
- **20.** Où Johnny a-t-il fêté ses 50 ans, au Parc des Princes ou à l'Olympia ?

Réponses ▶ p. 275

216 CYCLISME

Nommez chacun des éléments de ce vélo de course.

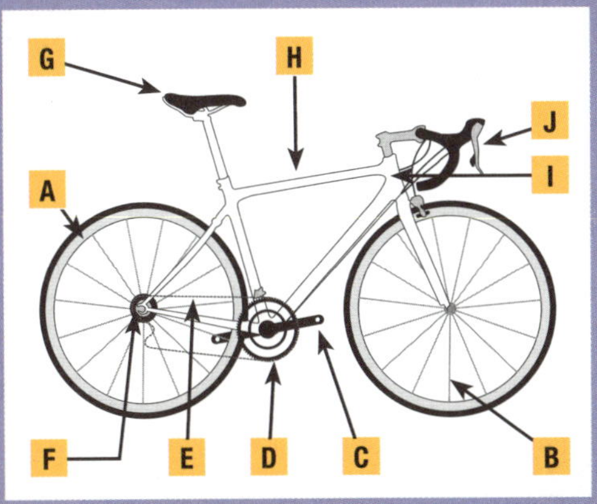

Réponses ▸ p. 275

217 LES MANNEQUINS

▶ **1.** De quelle île la famille de Lætitia Casta est-elle originaire ?

▶ **2.** Dans quelle série télévisée adaptée d'un roman de Régine Desforges a-t-elle joué ?

▶ **3.** Quel mannequin s'est lancé avec succès dans la chanson avec l'album ***Quelqu'un m'a dit*** ?

▶ **4.** Pour quel chanteur a-t-elle composé des chansons, Marc Lavoine ou Julien Clerc ?

▶ **5.** Quel mannequin fut Linda, dans la série ***Classe mannequin***, Vanessa Demouy ou Nathalie Hermann ?

▶ **6.** Quel animateur Estelle Lefebure a-t-elle épousé en secondes noces ?

▶ **7.** Pour quelle marque de cosmétiques a-t-elle tourné de nombreux spots publicitaires ?

▶ **8.** Quel film a révélé les talents de comédienne du mannequin Noémie Lenoir ?

▶ **9.** De quel pays Adriana Karembeu est-elle originaire, la Russie ou la Slovaquie ?

▶ **10.** Qui fut le premier top model à signer un contrat d'exclusivité avec une maison de couture ?

Réponses ▸ p. 275

218 LES MOUVEMENTS ARTISTIQUES

1 Quel peintre n'était pas un impressionniste ?
☐ A : Claude Monet. ☐ B : Auguste Renoir.
☐ C : Paul Gauguin.

2 Quand le mouvement impressionniste a-t-il vu le jour ?
☐ A : Au début du XIXe siècle.
☐ B : À la fin du XIXe siècle.
☐ C : Après la Première Guerre mondiale.

3 Quelles sont les caractéristiques du style baroque ?
☐ A : Le mouvement et la surabondance ornementale.
☐ B : La pureté des lignes et la sobriété.
☐ C : Des couleurs pastel et une grande luminosité.

4 Quel qualificatif ne désigne pas l'Art nouveau ?
☐ A : Le style 1900.
☐ B : Le style rétro. ☐ C : Le style nouille.

5 Quels motifs sont caractéristiques de l'Art nouveau ?
☐ A : Les motifs floraux.
☐ B : Les motifs géométriques.
☐ C : Les motifs animaliers.

6 De quel mouvement Delacroix, Berlioz et Hugo furent-ils d'éminents représentants ?
☐ A : Le réalisme. ☐ B : Le romantisme.
☐ C : Le naturalisme.

7 À quel mouvement les peintres de l'école de Fontainebleau appartenaient-ils ?
☐ A : Le maniérisme.
☐ B : L'impressionnisme.
☐ C : Le fauvisme.

8 En quelle année le mouvement dada est-il né ?
☐ A : En 1802. ☐ B : En 1916.
☐ C : En 1974.

9 Quel peintre fut l'un des représentants du dadaïsme en France ?
☐ A : Camille Pissarro.
☐ B : Robert Delaunay.
☐ C : Francis Picabia.

10 Quel règne de roi fut marqué par le classicisme ?
☐ A : Le règne de Louis XII.
☐ B : Le règne de Charles IX.
☐ C : Le règne de Louis XIV.

11 À quel mouvement peut-on rattacher la poésie de Stéphane Mallarmé ?
☐ A : Le symbolisme. ☐ B : Le syncrétisme.
☐ C : Le synthétisme.

12 Autour de quel peintre l'école de Pont-Aven se regroupa-t-elle ?
☐ A : Paul Gauguin. ☐ B : Paul Cézanne.
☐ C : André Derain.

13 Qui est l'auteur du Manifeste du surréalisme ?
☐ A : Paul Éluard. ☐ B : André Breton.
☐ C : Louis Aragon.

14 Quel groupe n'a pas existé ?
☐ A : Le groupe du Parnasse.
☐ B : Le groupe des Nabis.
☐ C : Le groupe de Calliope.

15 À quel siècle l'art roman s'est-il répandu ?
☐ A : Le XIe siècle. ☐ B : Le XIIIe siècle.
☐ C : Le XVe siècle.

Réponses ▸ p. 275

219 POT-POURRI

1. Qui est l'épouse de François Hollande ?
2. Dans quel film Christian Clavier répète-t-il sans cesse : « Okay » ?
3. Qui jure « qu'on ne l'y prendra plus », dans une fable de La Fontaine ?
4. À quel âge était fixée la majorité civile avant 1974 ?
5. À quel constructeur automobile doit-on la Dauphine ?
6. Avec quel pays la Savoie a-t-elle une frontière commune ?
7. Quel parfum de Jean Paul Gaultier se présente dans un flacon en forme de buste masculin : ***L'Homme*** ou ***Le Mâle*** ?
8. Qui présente ***20 h 10 pétantes*** aux côtés de Stéphane Bern : Ariel Wizman ou Alexandre Devoise ?
9. Sous quel nom le photographe Félix Tournachon est-il plus connu : Nanar ou Nadar ?
10. Quel sculpteur est célèbre pour ses « Compressions » ?
11. À quel siècle René Descartes a-t-il vécu ?
12. Que construisait l'industriel Voisin : des avions ou des automobiles ?
13. Quel fleuve arrose Orléans ?
14. Quel organisme est chargé de placer les orphelins dans des familles adoptives ?
15. Quand fête-t-on le Beaujolais nouveau ?
16. En hiver, quelle heure est-il en France quand il est midi au méridien de Greenwich ?
17. Et en été ?
18. Quel titre de noblesse se situe en dessous de celui de marquis : comte ou duc ?
19. Comment le roi Henri IV est-il mort ?
20. De quand date la création du CNRS : 1939 ou 1974 ?

Réponses ▶ p. 275

220 BRIGITTE BARDOT

1. Quel film a fait naître le mythe Bardot en 1956 ?
2. Quel était le réalisateur de ce film, également mari de l'actrice ?
3. Quelle moto B.B. chevauche-t-elle dans une chanson de Serge Gainsbourg ?
4. Quelle jeune fille incarnée par l'actrice « s'en va-t-en guerre », dans un film de Christian-Jaque ?
5. Que défend la fondation Brigitte Bardot ?
6. Comment la « mariée » était-elle dans le film de Pierre Gaspard-Huit ?
7. Brigitte Bardot a tourné dans un film intitulé ***En effeuillant la***...
8. Avec qui Brigitte Bardot a-t-elle chanté en duo ***Le Soleil de ma vie*** ?
9. Dans quel film de Cocteau Brigitte Bardot incarne-t-elle son propre rôle ?
10. Quel est le prénom du fils unique de Brigitte Bardot ?
11. Qui incarne le mari de Brigitte Bardot dans ***Le Mépris*** de Jean-Luc Godard ?
12. Quel est le premier film de l'actrice, ***En cas de malheur*** ou ***Le Trou normand*** ?
13. Qui fut le second mari de Brigitte Bardot, Jacques Charrier ou Gunter Sachs ?
14. Quelle actrice italienne s'oppose à Brigitte Bardot dans ***Les Pétroleuses*** ?
15. Quel est le nom de la maison de Brigitte Bardot ?
16. Sur le massacre de quels bébés animaux Brigitte Bardot a-t-elle alerté l'opinion publique ?
17. En quelle année Brigitte Bardot a-t-elle tourné son dernier film, 1973 ou 1981 ?
18. Brigitte Bardot a joué aux côtés de Lino Ventura dans le film ***Boulevard du***...
19. Comment est la « plage », dans la chanson de Brigitte Bardot ?
20. Quel est le titre des mémoires publiés par Brigitte Bardot ?

Réponses ▶ p. 275

Le mythe B.B.

221 LA FRANCE VUE DE L'ÉTRANGER

- **1.** Quel monument emblématique symbolise la France partout dans le monde ?
- **2.** Que les Français portent-ils tous sur la tête pour bon nombre d'étrangers ?
- **3.** Et sous le bras ?
- **4.** Comment les Français sont-ils surnommés par les Anglais ?
- **5.** À quoi ce surnom fait-il référence ?
- **6.** Les Français sont-ils prétendus ouverts d'esprit ou arrogants ?
- **7.** Les travailleurs français sont-ils réputés pour leurs manifestations incessantes ou leur efficacité ?
- **8.** Les Françaises sont-elles réputées pour leur élégance ou leur beauté ?
- **9.** Quel concept est typiquement français : celui de province ou d'exception culturelle ?
- **10.** Quel mot les anglophones nous ont-ils emprunté : ***rendez-vous*** ou ***savoir-faire*** ?
- **11.** Par quoi les étrangers sont-ils choqués en arpentant les rues françaises ?
- **12.** Les Français sont-ils réputés pour leur romantisme ou leur machisme ?
- **13.** Quelle avenue parisienne est mondialement célèbre ?
- **14.** Quelle est la boisson emblématique de la France ?
- **15.** Depuis la Révolution, la France est connue comme le pays des droits…
- **16.** Les Français sont-ils connus pour être doués ou nuls en langues étrangères ?
- **17.** Quel est le fromage français le plus connu des étrangers ?
- **18.** Quelle industrie, représentée par de grandes maisons, contribue au prestige de la France ?
- **19.** Les Français sont-ils considérés comme conservateurs ou progressistes ?
- **20.** Que leur reproche-t-on le plus souvent : d'être querelleurs ou râleurs ?

Réponses ▶ p. 275

222 CANAL+

- **1.** En quelle année la chaîne a-t-elle vu le jour, 1984 ou 1990 ?
- **2.** Quelle émission avec des marionnettes est-elle devenue emblématique de la chaîne ?
- **3.** Quel critique culinaire avait une rubrique dans l'émission ***La Grande Famille*** ?
- **4.** Quel acteur a débuté comme chauffeur de salle à Canal+, Vincent Elbaz ou José Garcia ?
- **5.** Quelle chaîne pour enfants le groupe Canal+ a-t-il lancée en 1991 ?
- **6.** De quel pays imaginaire Jules-Édouard Moustic présente-t-il les actualités ?
- **7.** À quel genre cinématographique particulier ***Le journal du Hard*** est-il consacré ?
- **8.** Quel appareil faut-il posséder pour pouvoir accéder aux programmes de Canal+ ?
- **9.** Qui présentait le ***Top 50*** à l'origine ?
- **10.** Quel dessin animé américain racontant les aventures d'une famille à la peau jaune est diffusé sur la chaîne ?
- **11.** À quoi l'émission ***L'Équipe du dimanche*** est-elle consacrée ?
- **12.** Lequel a travaillé sur Canal+, PPDA ou Christophe Dechavanne ?
- **13.** Quelle chaîne n'a jamais existé, Canal+ vert ou Canal+ rouge ?
- **14.** Quelle émission quotidienne Stéphane Bern présente-t-il sur Canal+ ?
- **15.** Quel quatuor comique a eu sa propre émission sur Canal+ ?
- **16.** Qui commençait toujours ses micros-trottoirs en disant « Ça ne peut plus durer ! » ?
- **17.** Quelle émission mythique diffusée en clair était présentée par Philippe Gildas ?
- **18.** Quel est le titre exact de ce magazine d'information, ***60 minutes*** ou ***90 minutes*** ?
- **19.** Comment s'appelait la chaîne cinéma du groupe, ***Ciné Cinéma*** ou ***Ciné Cinéphile*** ?
- **20.** Quel club de football Canal+ a-t-elle sponsorisé, l'OL ou le PSG ?

Réponses ▶ p. 275

223 HYMNES, CHANTS POLITIQUES

- **1.** Quel hymne commence par ces mots : « C'est la lutte finale » ?
- **2.** A-t-il été écrit sous la Révolution ou pendant la Commune de Paris ?
- **3.** De quel pays ce chant est-il devenu l'hymne national jusqu'en 1941 ?
- **4.** Quel « hymne » célèbre est devenu l'hymne européen ?
- **5.** Qui l'a composé ?
- **6.** Dans le refrain « Ah, ça ira », qui pendra-t-on ?
- **7.** De quelle île française ***Diu vi Salvi Regina*** est-il l'hymne ?
- **8.** Quelle devise anarchiste a donné son nom à une chanson de Léo Ferré ?
- **9.** Quel est le titre exact du chant de la jeunesse ouvrière : ***La Jeune Garde*** ou ***La Jeune Armée*** ?
- **10.** De quelle couleur est la « butte », dans la chanson de Montéhus ?
- **11.** Pierre Dupont a-t-il composé le ***Chant des ouvriers*** ou le ***Chant des paysans*** ?
- **12.** Pour quoi un Français doit-il mourir, selon le ***Chant du départ*** : sa patrie ou la République ?
- **13.** Quel vieil esclave noir, travaillant dans les champs de coton, a donné son nom à une chanson ?
- **14.** Qui a composé la ***Marseillaise*** ?
- **15.** Quelle est la première phrase du refrain de la ***Marseillaise*** ?
- **16.** Quel groupe a repris le ***Chant des partisans*** : Noir Désir ou Zebda ?
- **17.** Quand ***Le Temps des cerises*** a-t-elle été écrite : sous la Révolution ou pendant la Commune de Paris ?
- **18.** Quelle bergère héroïque est glorifiée dans ***Marche Lorraine*** ?
- **19.** De quelle région ***Bro gozh ma zadoù*** est-il l'hymne : le Pays basque ou la Bretagne ?
- **20.** Complétez ce refrain : « Dansons la carmagnole, vive le son du… »

Réponses ▸ p. 275

Ô rage, ô désespoir

224 CORNEILLE

- **1.** À quel siècle Corneille a-t-il vécu ?
- **2.** De quel cardinal fut-il le protégé ?
- **3.** À quelle magicienne de la mythologie grecque Corneille a-t-il consacré une pièce ?
- **4.** Comment est « l'illusion » de Corneille : perdue ou comique ?
- **5.** Dans quel pays se déroule l'intrigue du ***Cid*** ?
- **6.** De qui Rodrigue est-il épris dans ***Le Cid*** ?
- **7.** Pourquoi tue-t-il Don Gormas, son futur beau-père ?
- **8.** À quel type de choix Corneille a-t-il donné son nom ?
- **9.** À quelle religion Polyeucte se convertit-il ?
- **10.** Contre quel empereur Cinna complote-t-il : Auguste ou Néron ?
- **11.** Quel était le prénom de Corneille ?
- **12.** Quel jeune dramaturge fut le rival de Corneille à la fin de sa vie ?
- **13.** Corneille était-il dramaturge officiel à la cour ?
- **14.** Corneille est-il l'auteur d'***Andromède*** ou d'***Andromaque*** ?
- **15.** Corneille a-t-il été éduqué par des jésuites ou des jansénistes ?
- **16.** Dans ***Le Cid***, Don Diègue s'exclame : « N'ai-je donc tant vécu… »
- **17.** Quel frère de Corneille fut également dramaturge, avec moins de succès ?
- **18.** Quelle fut la dernière œuvre de Corneille : ***Nicomède*** ou ***Suréna*** ?
- **19.** Corneille a-t-il connu Molière ?
- **20.** Corneille était-il avocat ou évêque ?

Réponses ▸ p. 275

225 GRENOBLE

1 De quel département Grenoble est-elle le chef-lieu ?
A : La Savoie. B : L'Isère.
C : L'Ain.

2 Comment s'appelle le réseau de transports en commun de Grenoble ?
A : TAG. B : STAR.
C : MAG.

3 Qui est le maire de Grenoble depuis 1995 ?
A : Jean-Pierre Abelin.
B : Michel Destot.
C : Patrick Labaune.

4 En quelle année la ville a-t-elle accueilli les Jeux olympiques ?
A : 1968. B : 1984. C : 1992.

5 Combien y a-t-il d'universités à Grenoble ?
A : 2. B : 3. C : 4.

6 Comment s'appelle le centre d'information et d'exposition sur les projets urbains ?
A : La Plateforme.
B : L'InfoG. C : Le Totem.

7 Quel musée grenoblois s'attache à la conservation du patrimoine ethnologique alpin ?
A : Le musée de l'Iseran.
B : Le musée du Dauphiné.
C : Le musée du Grenoblois.

8 Comment s'appelle le grand centre commercial régional de Grenoble ?
A : Les Eaux claires.
B : Grand'place.
C : Bajatière.

9 Quel est le nombre approximatif d'étudiants suivant un cursus à Grenoble ?
A : 8 000.
B : 25 000.
C : 60 000.

10 Dans quel domaine Grenoble est-elle le premier pôle français après Paris ?
A : La recherche.
B : L'industrie chimique.
C : La production électrique.

11 Quel moyen de transport permet d'accéder à la Bastille ?
A : Un petit train touristique.
B : Un téléphérique.
C : Un tramway à crémaillère.

12 Quel est le nom du pôle de compétitivité international sur les technologies de pointe ?
A : Technopolis. B : Microtech.
C : Minalogic.

13 Quel écrivain est né à Grenoble ?
A : Voltaire. B : Stendhal.
C : Musset.

14 Que peut-on voir sur les armoiries de Grenoble ?
A : Trois roses rouges.
B : Un mouflon.
C : Une corne d'abondance.

15 Quel est le nom de l'équipe de hockey sur glace de la ville de Grenoble ?
A : Les Brûleurs de Loups.
B : Les Dragons de glace.
C : Les Lames de feu.

Réponses ▶ p. 275

226 HENRI LECONTE

1 En quelle année Henri Leconte est-il né ?
A : 1948. B : 1956.
C : 1963.

2 De quelle main Henri Leconte joue-t-il ?
A : La main droite. B : La main gauche.
C : L'une ou l'autre indifféremment.

3 Quel fut le meilleur classement ATP atteint par Henri Leconte ?
A : 5e. B : 3e. C : 1er.

4 Contre qui l'équipe française, dont faisait partie Henri Leconte, a-t-elle remporté la Coupe Davis ?
A : Les États-Unis.
B : Le Royaume-Uni. C : La Suède.

5 En quelle année était-ce ?
A : 1985. B : 1991. C : 2000.

6 Qu'ont remporté Henri Leconte et son équipe en 2002 ?
A : Le Trophée Andros.
B : Les 24 heures sur glace de Chamonix.
C : Les 24 heures du Mans.

7 Jusqu'où Henri Leconte est-il allé au tournoi de Roland-Garros ?
A : Quart de finale.
B : Demi-finale.
C : Finale.

8 Quel tournoi Henri Leconte n'a-t-il jamais remporté ?
A : Stockholm.
B : Sydney. C : Bristol.

9 Quel est le domaine d'activité de la société d'Henri Leconte Event ?
A : L'organisation événementielle.
B : La publicité.
C : Le coaching sportif.

10 Quel tournoi de tennis junior Henri Leconte a-t-il remporté ?
A : Wimbledon. B : Roland Garros.
C : Open d'Australie.

11 Quel était le métier de Marie Sara, qu'Henri Leconte a épousée en 1995 ?
A : Danseuse.
B : Cascadeuse.
C : Toréador.

12 Quel est le surnom d'Henri Leconte ?
A : Riton.
B : Henrififi.
C : Riri.

13 Quelle médaille Henri Leconte a-t-il remportée aux Jeux olympiques de Séoul ?
A : Aucune.
B : La médaille de bronze.
C : La médaille d'or.

14 Dans quelle ville Henri Leconte a-t-il ouvert une académie de tennis ?
A : Madrid.
B : Fès.
C : Munich.

15 En quelle année Henri Leconte a-t-il mis un terme à sa carrière de joueur de tennis professionnel ?
A : 1989.
B : 1996.
C : 2002.

Réponses ▶ p. 275

227 L'AQUITAINE

1. Quel nom la célèbre dune située au sud d'Arcachon porte-t-elle ?
2. Quel est le couvre-chef symbole du Pays basque, le béret ou la casquette ?
3. Dans quelle région d'Aquitaine les grottes d'Isturitz et d'Oxocelhaya se trouvent-elles ?
4. Qu'appelle-t-on le diamant noir, une des spécialités du Périgord ?
5. Depuis 1970, dans quelle ville l'imprimerie nationale des timbres-poste est-elle implantée ?
6. Un makila est-il une canne-épée ou un ustensile utilisé à la pelote basque ?
7. Dans leur majorité, peut-on visiter les vignobles de Saint-Émilion ?
8. De quelle attraction la course landaise s'est-elle inspirée ?
9. Quelle célèbre grotte fut découverte par hasard par quatre garçons cherchant leur chien en 1940 ?
10. Quel grand animal a-t-on réintroduit voici quelques années dans le parc national des Pyrénées ?
11. Quelles sont les deux villes à avoir accueilli les premiers championnats d'Europe amateur de surf ?
12. Comment la vague créée par la marée remontant la Dordogne, à Saint-Pardon, s'appelle-t-elle ?
13. Quelle est la spécialité de Villeneuve-sur-Lot ?
14. Où le château de Montaigne est-il situé ?
15. Où peut-on visiter le château dans lequel Henri IV est né ?
16. La marmande est-elle une fraise ou une tomate ?
17. Quel est le nom de l'île située au milieu du bassin d'Arcachon ?
18. Quelle est la spécialité de Nontron, le couteau ou le fusil ?
19. Dans quelle ville d'Aquitaine les lettres adressées au Père Noël arrivent-elles ?
20. Le floc est-il un mélange de jus de raisin et d'armagnac ou de jus de raisin et de cognac ?

Réponses ▸ p. 275

228 JACQUES-YVES COUSTEAU

1. Dans quelle armée Jacques-Yves Cousteau a-t-il fait sa carrière militaire ?
2. Quel métier principal Jacques-Yves Cousteau exerça-t-il ?
3. Le premier film de Jacques-Yves Cousteau est-il ***Le Monde du silence*** ou ***Par 18 mètres de fond*** ?
4. Sous quel nom Jacques-Yves Cousteau est-il plus connu ?
5. Existe-t-il des bandes dessinées racontant les aventures de l'équipe Cousteau ?
6. Le commandant Cousteau a-t-il inventé le scaphandre autonome ou les palmes de natation ?
7. Les films de ***L'Odyssée du commandant Cousteau*** ont-ils été faits pour la télévision ou pour le cinéma ?
8. Le bonnet que portait Jacques-Yves Cousteau était-il rouge ou blanc ?
9. En 1988, où Jacques-Yves Cousteau a-t-il été élu ?
10. Combien l'équipe Cousteau a-t-elle publié d'encyclopédies ?
11. Quel était le nom de son célèbre bateau océanographique ?
12. Avec quel bateau Jacques-Yves Cousteau a-t-il traversé l'Atlantique en 1982 ?
13. En 1984, de quel genre de voiles son bateau ***Alcyone*** était-il équipé ?
14. À quel âge Jacques-Yves Cousteau est-il décédé ?
15. Combien de films Jacques-Yves Cousteau a-t-il réalisés, 144 ou 44 ?
16. Quel a toujours été le but principal de l'équipe Cousteau ?
17. En 1972, l'équipe Cousteau a-t-elle effectué une mission en Antarctique ou en Arctique ?
18. Que genre de bateau la ***Calypso*** était-elle avant d'être transformée en bateau océanographique ?
19. Quel mot manque-t-il au slogan de l'équipe Cousteau, Connaître, aimer… ?
20. Quelle récompense le film ***Le Monde du silence*** a-t-il reçu en 1955 ?

Réponses ▸ p. 275

229 LES ANIMATEURS

1. Duquel de ses collaborateurs Laurence Ferrari est-elle l'épouse ?
2. Pour quelle émission Emmanuel Chain a-t-il reçu un 7 d'or ?
3. Quel est le pays d'origine de Virginie Efira ?
4. Qui fut pendant des années le complice de Thierry Roland ?
5. À la présentation de quelle émission Laurent Cabrol a-t-il succédé à Pierre Bellemare ?
6. Qui présentait ***Cocoricocoboy*** ?
7. Sur quelle chaîne Dorothée a-t-elle présenté une émission jeunesse, TF1 ou Antenne 2 ?
8. Qui présente ***Le Vrai Journal***, sur Canal+ ?
9. Quel est le pays d'origine de Nikos Aliagas ?
10. De quel instrument de musique Christian Morin joue-t-il ?
11. À qui Guy Lux lançait-il son célèbre : « En voiture Simone ! » ?
12. Comment s'appelle l'animateur de ***Thalassa*** ?
13. Quel animateur est président de la Ligue pour la protection des oiseaux ?
14. Quelle émission présentait Philippe de Dieuleveult ?
15. Comment s'appelle la maison de production de Jean-Luc Delarue ?
16. Quelle émission de radio Philippe Bouvard a-t-il transposée à la télévision ?
17. Quel jour étaient diffusées les émissions de Jacques Martin ?
18. Qui donne leur « chance aux chansons » ?
19. Pour quel accessoire l'animateur de M6 Mac Lesggy est-il célèbre ?
20. Avec qui Bruno Solo a-t-il présenté le ***Top 50***, Yvan Le Bolloch' ou Magloire ?

Réponses ▸ p. 275

230 LES SERVICES PUBLICS

1. Qu'est-ce que la CPAM ?
2. Quel organisme donne, entre autres, des aides au logement et paie les mensualités des RMIstes ?
3. Quel organisme collecte les cotisations des sociétés et des employés pour la Sécurité sociale ?
4. Quels organismes aident les entrepreneurs ou les repreneurs d'entreprises ?
5. À qui les Assedics versent-elles des indemnités journalières ?
6. Combien y a-t-il d'agences de l'eau en France, 6 ou 24 ?
7. Quel type de documents l'Institut géographique national (IGN) produit-il ?
8. Quel « conservatoire » est chargé de protéger les rivages maritimes et leurs paysages ?
9. L'Office national des forêts emploie-t-il environ 7 500 personnes ou 23 000 personnes ?
10. Quel organisme est chargé de la distribution des lettres ?
11. Où sont transportés les véhicules que la police ordonne d'enlever de la voie publique ?
12. En quelle année EDF est-elle devenue une société anonyme, 1999 ou 2004 ?
13. Quel organisme public gère le réseau des cours d'eau navigables ?
14. De quel corps « Sauver ou périr » est-elle la devise ?
15. L'INC est l'Institut national de la…
16. Quel organisme est chargé de la prévision des phénomènes météorologiques ?
17. De quel organisme Claude Allègre, alors ministre de la Recherche, a-t-il engagé une réforme ?
18. De quelle entreprise publique Louis Gallois est-il le président depuis 1996 ?
19. L'hôtel de Sully, à Paris, abrite-t-il le Centre des monuments nationaux ou le Commissariat à l'énergie atomique ?
20. L'INRA est-il l'Institut national de recherche agronomique ou astronomique ?

Réponses ▸ p. 275

231

La France des années 2000

1. Quel plan de sécurité a atteint son niveau d'alerte rouge après les attentats du 11 mars 2004 à Madrid ?

2. Quel projet de contrat pour les nouveaux arrivants sur le marché du travail a suscité une vive polémique ?

3. Dans quel pays la politicienne Ingrid Betancourt est-elle retenue en otage depuis décembre 2002 ?

4. Que la Française Isabelle Dinoire s'est-elle fait greffer en 2005, constituant une première mondiale ?

5. Quel phénomène climatique a marqué l'été 2003 ?

6. Quel protocole international pour la réduction des émissions de gaz à effet de serre est entré en vigueur en 2005 en France ?

7. À quelle obligation le collectif « Sans nous » voulait-il se soustraire ?

8. Quel pétrolier maltais affrété par Total a sombré en décembre 1999 au large des côtes bretonnes ?

9. Quel Premier ministre a succédé à Jean-Pierre Raffarin ?

10. Où s'est tenu en 2002 le 3e Sommet mondial sur le développement durable, auquel la France a participé ?

11. Dans quelle affaire, qualifiée de catastrophe judiciaire, 6 accusés ont-ils été acquittés en appel après avoir été condamnés en première instance ?

12. Quel avion à double pont intégral, le plus gros appareil civil du monde, a décollé pour la première fois en avril 2005 ?

13. De quelle maladie virale, affectant la volaille, redoute-t-on une mutation qui la rendrait transmissible d'homme à homme ?

14. Dans quelle commune a-t-on découvert des peintures rupestres datant de la Préhistoire dans une grotte, Vilhonneur ou Auch ?

15. Quand le franc cessa-t-il officiellement de circuler en France, le 1 janvier 2000 ou le 17 février 2002 ?

16. Près de quelle ville égyptienne un avion de la compagnie Flash Airlines, transportant en majorité des touristes français, s'est-il écrasé en 2004 ?

17. Quelle modification concernant le mandat présidentiel fut adoptée par référendum en 2000 ?

18. Quelle loi de 2000 a pour but de favoriser l'égal accès des femmes et des hommes aux mandats électoraux et fonctions électives ?

19. Quels dessins, parus dans un journal danois puis dans ***France Soir***, ont entraîné de violentes réactions de la communauté musulmane internationale ?

20. Quel avion de ligne supersonique a effectué son dernier vol commercial sous les couleurs d'Air France en 2003 ?

21. Quelle fusée a effectué son premier vol commercial le 10 décembre 1999 ?

22. À combien d'heures la durée hebdomadaire du travail a-t-elle été réduite ?

23. Quel « Fou chantant » s'est éteint en 2001 ?

24. Quel virus, propagé par un moustique, s'est répandu à Maurice, à La Réunion et à Mayotte depuis début 2005 ?

25. Quel général a avoué avoir pratiqué la torture pendant la guerre d'Algérie ?

26. Quelle île française a vu son statut changer en 2003 ?

27. Le politicien Jean-Charles Marchiani a été mis en cause dans une affaire de vente d'armes. À quel pays ces armes étaient-elles vendues ?

28. Quel styliste mythique a fermé sa maison de haute couture en 2002 ?

29. Quelle télévision a été lancée en 2005 ?

30. Dans quel pays africain les forces armées françaises ont-elles mené l'opération Licorne ?

31. Quel site français a été retenu pour la construction du réacteur à fusion nucléaire ITER, La Hague ou Cadarache ?

32. Quel permis de conduire particulier est délivré depuis mars 2004 aux jeunes conducteurs ?

33. Dans quel domaine d'activité a-t-on parlé d'une « bulle », qui a fini par exploser ?

34. Quelle championne olympique a quitté brutalement les jeux de Sydney, déclarant forfait à la veille du 400 mètres ?

35. Quel TGV reliant Marseille à Paris a été inauguré en 2001 ?

36. À quelle occasion un homme a-t-il tenté de tirer sur le président de la République en 2002 ?

37. Quel grand chef étoilé s'est donné la mort à Saulieu en 2003 ?

38. Dans quelle ville ont débuté les émeutes qui ont enflammé les banlieues fin 2005 ?

39. Contre quelle guerre des dizaines de milliers de manifestants sont-ils descendus dans la rue en janvier 2003 ?

40. Quelle compagnie aérienne, n'ayant pu trouver de repreneur, est mise en liquidation judiciaire en 2003, Go Air ou Air Lib ?

41. Quel tunnel a été rouvert en mars 2002, 3 ans après l'incendie qui avait coûté la vie à 40 automobilistes ?

42. Quelle filiale de La Poste a vu le jour en janvier 2006 pour prendre en charge les services financiers du groupe ?

43. Quel fut le vote majoritaire des Français au référendum concernant la ratification du traité de Rome, établissant une Constitution pour l'Europe ?

44. Quelle journaliste, grand reporter à ***Libération*** a été détenue en otage avec son guide en Irak du 5 janvier au 11 juin 2005 ?

45. Quel système européen de navigation par satellite, qui concurrencera le GPS américain, est en test depuis 2004 ?

46. Quelle femme a succédé à Ernest-Antoine Seillière à la présidence du MEDEF ?

47. Quelle usine toulousaine de produits chimiques a explosé en 2001 ?

48. De quelle communauté religieuse frère Roger, assassiné à coups de couteaux en août 2005 devant 2 500 jeunes, était-il le fondateur ?

49. Avec quelle compagnie aérienne européenne Air France a-t-elle fusionné en 2003 ?

50. Quelle union de partis politiques de droite a été créée en 2002 ?

Réponses ▸ p. 275

232 JEANNE D'ARC

1. De quel village Jeanne d'Arc était-elle originaire ?
2. À quel roi Jeanne d'Arc vint-elle en aide, Charles VII ou Philippe le Bel ?
3. Qui assiégeait Orléans, que Jeanne d'Arc délivra ?
4. Comment Dieu se manifesta-t-il à Jeanne d'Arc ?
5. Quel âge avait-elle alors, 9 ans ou 13 ans ?
6. Qui fut l'avocat de Jeanne d'Arc lors de son procès ?
7. Devant quelle ville Jeanne d'Arc fut-elle capturée, Tours ou Compiègne ?
8. Dans quelle région se trouve le village natal de Jeanne d'Arc ?
9. Comment Jeanne d'Arc fut-elle surnommée ?
10. Quel peuple captura Jeanne d'Arc, les Lombards ou les Bourguignons ?
11. Dans quelle ville Jeanne d'Arc fut-elle jugée ?
12. Comment Jeanne d'Arc est-elle morte ?
13. La famille de Jeanne d'Arc appartenait-elle à la noblesse ?
14. À quel siècle Jeanne d'Arc a-t-elle vécu ?
15. Qui présida le procès de Jeanne d'Arc, un évêque ou un cardinal ?
16. Jeanne d'Arc assista-t-elle au sacre du roi de France ?
17. Que reprocha-t-on à Jeanne d'Arc, de se vêtir comme un homme ou de ne pas savoir écrire ?
18. Quel compagnon de Jeanne d'Arc fut condamné à mort pour meurtres et sorcellerie ?
19. À quel âge Jeanne d'Arc est-elle morte, 19 ans ou 26 ans ?
20. À quel siècle Jeanne d'Arc a-t-elle été canonisée ?

Réponses ▶ p. 275

Grands groupes

233 LES ENTREPRISES

1. « Fnac » signifie « fédération nationale d'achats pour cadres » ou « fonds national pour l'art et la culture » ?
2. De quel groupe agroalimentaire font partie les marques Évian et Lu ?
3. Quel groupe de grande distribution la famille Mulliez gère-t-elle depuis sa création ?
4. Quel était le secteur d'activité du groupe Bouygues à l'origine ?
5. Quelle marque ne fait pas partie du groupe Seb, Calor ou Bosch ?
6. Quelle ville est le berceau du groupe Casino ?
7. Qu'est devenu le groupe Continent ?
8. Quelle entreprise publique a le monopole des jeux de loteries et de paris sportifs ?
9. Quel est le secteur d'activité de JC Decaux ?
10. Comment le Crédit lyonnais (CL) a-t-il été rebaptisé en 2005 ?
11. À quel prénom correspond l'initiale « E. » devant « Leclerc » ?
12. La Poste est-elle une entreprise privée ou publique ?
13. Que doit-on au groupe Alstom, le TGV ou le viaduc de Millau ?
14. Quel groupe pétrolier français est l'un des premiers mondiaux ?
15. Quel constructeur automobile nippon est allié à Renault ?
16. Quel opérateur téléphonique est une filiale de France Télécom, Cegetel ou Orange ?
17. Quel PDG de Vivendi Universal a connu un départ très médiatisé ?
18. Quels sont les deux bouquets de télévision numérique en France ?
19. Que signifient les lettres « L » et « V » dans LVMH ?
20. Quelle société appartient au groupe Pinault-Printemps-Redoute, Vertbaudet ou Conforama ?

Réponses ▶ p. 275

234 LES OISEAUX MIGRATEURS

1. Les oiseaux migrateurs se déplacent-ils à intervalles réguliers ou irréguliers ?
2. Quand la migration des flamants roses débute-t-elle ?
3. La mouette rieuse migre-t-elle en décembre ou en mars ?
4. Quel est le plus célèbre oiseau migrateur d'Alsace ?
5. Les oies ou les grues se déplacent-elles seules ou en groupe ?
6. Où le rossignol passe-t-il l'hiver ?
7. D'où viennent les grèbes huppés qui rejoignent en hiver leurs cousins dans la moitié nord de la France ?
8. Quand peut-on voir des centaines de milans noirs revenir de migration dans la Drôme ?
9. Les hérons cendrés font-ils leur nid à même le sol ou dans les arbres ?
10. Combien l'hirondelle des cheminées parcourt-elle de kilomètres entre l'Europe et le sud de l'Afrique ?
11. Dans le ciel, comment les vols de cormorans sont-ils disposés ?
12. Vers quelle Europe le pinson migre-t-il ?
13. Où peut-on observer des balbuzards pêcheurs ?
14. Aux lignes de quel champ les oiseaux migrateurs sont-ils sensibles ?
15. Où la fauvette à tête noire vient-elle hiverner, à part en Europe de l'Ouest ?
16. L'hirondelle migre-t-elle en groupe ou toute seule ?
17. Où la tourterelle des bois part-elle hiverner ?
18. La cigogne noire se pose-t-elle dans les villages ou dans les forêts ?
19. En Guyane, les limicoles sont-ils présents le long des côtes ou dans les terres ?
20. Quand le loriot revient-il de son périple en Afrique tropicale ?

Réponses ▶ p. 275

235 LES SÉRIES TV

1. Dans quelle série l'action se déroule-t-elle exclusivement devant une machine à café ?
2. Quel est le titre exact, ***Salut les Forbans*** ou ***Salut les Musclés*** ?
3. À quelle série ***Les Vacances de l'amour*** font-elles suite ?
4. Quel comédien incarne le « gars » de la série ***Un gars, une fille*** ?
5. Comment s'appelle l'étalon noir, dans la série du même nom, Star ou Black ?
6. Dans quelle série fallait-il taper « 36 15 qui n'en veut » ?
7. Une série de AB production s'intitulait ***Le Miracle de...***
8. Comment s'appelle l'héroïne de ***Sous le soleil*** qui travaille dans une clinique en tant que médecin ?
9. Les héros de la série ***Hélène et les garçons*** étaient-ils lycéens ou étudiants ?
10. La cour de quel roi est-elle parodiée dans ***Kaamelott*** ?
11. Quelle mini-série remplace ***Un gars, une fille***, ***Une Journée Dehouf*** ou ***Une Journée Dingo*** ?
12. Quelle série a révélé Vanessa Demouy et Cachou ?
13. TF1 a diffusé une série intitulée ***Pas de pitié pour les...*** croissants ou beignets ?
14. Quelle série humoristique se passait-elle dans un hôtel de luxe ?
15. Dans quelle ville se déroule l'action de ***Plus belle la vie*** ?
16. Quel est le titre exact, ***Jamais deux sans toi...t*** ou ***Jamais deux sans trois*** ?
17. Qui incarnait Lola, dans la série ***Le Miel et les Abeilles***, Mallaury Nataf ou Hélène Rolles ?
18. Quelle série loufoque diffusée sur Canal+ se passe-t-elle dans un hôpital ?
19. Comment s'appelait le petit ami de Justine, l'héroïne de ***Premiers baisers***, Thomas ou Jérôme ?
20. Dans la série ***File dans ta chambre***, le père s'adresse-t-il à son fils ou sa fille ?

Réponses ▶ p. 275

236 LA LANGUE FRANÇAISE

- **1.** Quelle langue morte est à l'origine de la plupart des mots français ?
- **2.** Combien de groupes verbaux existe-t-il en français ?
- **3.** Que parlait-on au Moyen Âge dans le sud de la France : des langues d'oïl ou d'oc ?
- **4.** Le français est-il une langue indo-européenne ou une langue romane ?
- **5.** À quelle langue le français a-t-il emprunté le plus de mots ?
- **6.** Comment appelle-t-on la communauté de langue des pays où l'on parle français ?
- **7.** Quelle association a pour mission la promotion de la langue et de la culture françaises à l'étranger ?
- **8.** Dans quelle région parlait-on le francien : la Bretagne ou l'Île-de-France ?
- **9.** Quel est le plus ancien document rédigé en français : les serments de Strasbourg ou le code civil ?
- **10.** Quel est le synonyme officiellement recommandé en français pour « walkman » ?
- **11.** Le français est-il une langue à déclinaisons ?
- **12.** Combien le français utilise-t-il d'accents différents ?
- **13.** Quelle institution a pour mission de veiller à l'usage du français et de fixer la langue ?
- **14.** Dans quel pays du continent américain le français est-il une langue officielle ?
- **15.** Quand le français a-t-il remplacé le latin dans les écrits officiels : en 1539 ou en 1791 ?
- **16.** Qu'est-ce qui doit obligatoirement être rédigé en français : les publicités ou les modes d'emploi ?
- **17.** Comment appelle-t-on les deux types de noms existant en français ?
- **18.** Qui est l'auteur d'un dictionnaire de langue française : Gaffiot ou Littré ?
- **19.** De quelle langue sont issus de nombreux mots savants de la langue française ?
- **20.** Combien de mots le français courant compte-t-il approximativement : 60 000 ou 200 000 ?

Réponses ▸ p. 275

237 LE HANDISPORT

- **1.** Quel emblème du handisport le peintre Jean-Michel Folon a-t-il créé ?
- **2.** Combien y a-t-il de licenciés à la fédération française de handisport ?
- **3.** La France a-t-elle déjà accueilli les championnats du monde pluridisciplinaires ?
- **4.** Qui a été médaille d'or paralympique féminine en tennis de table à Athènes en 2004 ?
- **5.** Combien la FFH comprend-elle de sportifs de haut niveau ?
- **6.** En quelle année la ville de Paris a-t-elle accueilli les Jeux européens ?
- **7.** Qui a été élu président de la fédération sportive du handicap physique de France en 1966 ?
- **8.** Où les championnats du monde pluridisciplinaires de 1990 ont-ils eu lieu ?
- **9.** Combien y a-t-il de sports paralympiques ?
- **10.** Quand la fédération française handisport a-t-elle été créée ?
- **11.** Combien de sportifs la France a-t-elle présentés aux Jeux paralympiques d'Athènes en 2004 ?
- **12.** Combien l'haltérophile Carine Burgy a-t-elle obtenu de médailles dans des Jeux paralympiques ?
- **13.** Où les Jeux paralympiques d'hiver 1992 se sont-ils déroulés ?
- **14.** Dans quelle discipline Claude Sugny s'est-il distingué aux Jeux paralympiques de Tel-Aviv en 1968 ?
- **15.** Pascale Casanova est-elle championne olympique en ski alpin ou en ski de fond ?
- **16.** Avec 150 engagés, combien les Français ont-ils remporté de médailles aux Jeux d'Atlanta en 1996 ?
- **17.** Dans quelle discipline Joël Jeannot a-t-il été champion du monde d'athlétisme en 2003 ?
- **18.** Qui a obtenu la médaille d'or en voile à Athènes en 2004 ?
- **19.** Quel film Patrick Segal a-t-il tourné en hommage aux athlètes non-voyants ?
- **20.** En quelle année la France n'a obtenu que 3 médailles, or, argent et bronze, aux Jeux d'hiver ?

Réponses ▸ p. 275

238 SPORTIFS

Classez ces quatre sportifs du plus jeune au plus âgé.

A

B

C

D

Réponses ▶ p. 275

239 LES CABARETS ET MUSIC-HALLS

1. Qui a créé le Crazy Horse Saloon, à Paris ?
2. Quel music-hall parisien est spécialisé dans le french cancan ?
3. Quand L'Olympia, à Paris, a-t-il été inauguré ?
4. Où Mistinguett descend-elle un célèbre escalier, en 1933 ?
5. À Paris, quelle a été la première adresse du café-théâtre du Splendid ?
6. Combien le Lido reçoit-il de visiteurs par an, 500 000 ou 350 000 ?
7. Le Caveau de la République est-il un chansonnier ou un cabaret ?
8. Incendié en 1870, par qui le Paradis Latin a-t-il été reconstruit 17 ans plus tard ?
9. En 1969, Le Café de la Gare, à Paris, a-t-il ouvert rue d'Odessa ou faubourg Saint-Martin ?
10. Quel était le premier nom du Lido, créé en 1928 ?

Réponses ▶ p. 275

240 LE SYSTÈME JUDICIAIRE

1 Quelle est la plus haute juridiction de l'ordre judiciaire ?
- A : La cour d'appel.
- B : Le tribunal de grande instance.
- C : La Cour de cassation.

2 À quel domaine appartiennent les litiges traités par le conseil de prud'hommes ?
- A : Le droit du travail.
- B : Le droit commercial.
- C : Le droit coutumier.

3 Quel juge traite des affaires liées à l'autorité parentale ?
- A : Le juge d'instruction.
- B : Le juge aux affaires familiales.
- C : Le juge des enfants.

4 Quels magistrats forment le « parquet » ?
- A : Ceux du ministère public.
- B : Ceux de la défense.
- C : Ceux de l'accusation.

5 Quel est le montant maximum des litiges traités par les juges de proximité ?
- A : 4 000 euros.
- B : 10 000 euros.
- C : 80 000 euros.

6 Quelle est la peine maximum que l'on peut appliquer à un condamné ?
- A : 30 ans de réclusion.
- B : La peine de mort.
- C : La réclusion à perpétuité.

7 Quelle est la compétence de la cour d'appel ?
- A : Elle vérifie si les lois ont été correctement appliquées par les tribunaux.
- B : Elle réexamine des affaires déjà jugées une première fois.
- C : Elle a le dernier mot dans les affaires de litiges.

8 De combien de chambres la Cour de cassation est-elle composée ?
- A : 2.
- B : 3.
- C : 6.

9 Quel fonctionnaire assiste le juge et authentifie les actes juridictionnels ?
- A : L'huissier.
- B : Le greffier.
- C : Le procureur

10 À partir de quel âge un mineur peut-il être jugé en cour d'assises ?
- A : 12 ans.
- B : 14 ans.
- C : 16 ans.

11 Combien la France compte-t-elle approximativement de magistrats ?
- A : 7 000.
- B : 25 000.
- C : 70 000.

12 Quel juge est assisté par des assesseurs ?
- A : Le juge des enfants.
- B : Le juge de l'application des peines.
- C : Le juge d'instruction.

13 Quelle est la durée maximale d'une garde à vue ?
- A : 2 heures.
- B : 12 heures.
- C : 24 heures.

14 Qui peut accorder sa grâce à un condamné ?
- A : Le garde des Sceaux.
- B : Le Premier ministre.
- C : Le président de la République.

15 Comment appelle-t-on la mise en liberté anticipée d'un condamné ayant purgé une partie de sa peine ?
- A : La liberté surveillée.
- B : La libération conditionnelle.
- C : La probation.

Réponses ▶ p. 276

Visionnaire

241 LES ANNÉES 1980

1. Le premier TVG roula-t-il en septembre 1981 sur la ligne Paris-Lyon ou Paris-Bordeaux ?
2. Un bateau de Greenpeace est coulé en Nouvelle-Zélande par la France en 1985. Quel est son nom ?
3. À quel groupe la 1re chaîne est-elle vendue en mai 1986 ?
4. À quelle date la retraite à 60 ans devient-elle effective ?
5. En quelle année François Mitterrand devient-il président de la République ?
6. Une synagogue de Paris subit un attentat meurtrier en octobre 1980. Dans quelle rue ?
7. Le 17 septembre 1981, quelle abolition Robert Badinter propose-t-il à l'Assemblée nationale ?
8. Le premier vol de l'Airbus A320 a-t-il eu lieu en 1982 ou en 1987 ?
9. En 1981, qu'annonce une publicité nationale exposant une jeune fille en maillot de bain ?
10. Avec qui Thierry Sabine se tue-t-il en hélicoptère en juin 1986 pendant le Paris-Dakar ?
11. Où une nouvelle pyramide voit-elle le jour en 1989 ?
12. Quel virus le professeur Montagné découvre-t-il en 1983 à l'institut Pasteur ?
13. Quel changement radical de la politique française a lieu en mars 1986 ?
14. Le 30 novembre 1988, quel revenu voit-il le jour ?
15. Le 1er novembre de quelle année la chaîne de télévision cryptée Canal+ voit-elle le jour ?
16. Quel célèbre commissaire Roger Hanin incarne-t-il à la télévision ?
17. Quel dirigeant du FLNKS est assassiné en Nouvelle-Calédonie en mai 1989 ?
18. En 1988, quel corps médical organise plusieurs manifestations dans toute la France ?
19. Par qui la soirée des Champs-Élysées du bicentenaire de la Révolution française est-elle organisée ?
20. En quelle année y a-t-il eu des manifestations contre le projet de loi Devaquet ?

Réponses ▸ p. 276

242 JULES VERNE

1. Jules Verne est-il connu pour ses romans historiques ou scientifiques ?
2. À combien de lieues sous les mers Jules Verne nous entraîne-t-il ?
3. À quel siècle Jules Verne a-t-il vécu ?
4. Jules Verne est l'auteur d'une œuvre intitulée ***De la Terre à***…
5. Qui était l'éditeur attitré de Jules Verne : Hetzel ou Gallimard ?
6. Quel est le métier de Fix, qui poursuit infatigablement Phileas Fogg ?
7. Quel est le titre exact : ***Cinq semaines en cargo*** ou ***Cinq semaines en ballon*** ?
8. Jules Verne raconte l'histoire des enfants d'un capitaine, quel est son nom : Grant ou Fracasse ?
9. Combien de jours dure le « tour du monde » de Jules Verne ?
10. Qui pilote le sous-marin « Le Nautilus » ?
11. Jules Verne est-il l'auteur d'***Ivanhoé*** ?
12. Dans quel pays se déroule l'histoire de ***Michel Strogoff*** : en Russie ou en Italie ?
13. Lequel n'est pas un personnage de Jules Verne : Ned Land ou James Cook ?
14. Jules Verne est l'auteur d'une œuvre intitulée ***Voyage au centre de***…
15. Quel est le nom du fidèle serviteur de Phileas Fogg, qui l'accompagne dans son tour du monde ?
16. Sous quel titre les romans de Jules Verne sont-ils regroupés : ***Voyages extraordinaires*** ou ***Voyage autour du monde*** ?
17. Jules Verne est-il l'auteur de ***L'Île au trésor*** ou ***L'Île mystérieuse*** ?
18. De quelle œuvre Hans Bjelke, le professeur Lindenbrock et son neveu Axel sont-ils les héros ?
19. En quelle année a-t-on fêté le bicentenaire de la mort de Jules Verne ?
20. Phileas Fogg est-il accusé d'avoir dévalisé une banque ou dérobé des bijoux ?

Réponses ▸ p. 276

243 STRASBOURG

1. De quelle région Strasbourg est-elle la capitale ?
2. Quel célèbre marché attire chaque année des milliers de touristes à Strasbourg ?
3. Quel général de la Révolution est né à Strasbourg ?
4. Quelle charcuterie est une spécialité de la ville ?
5. Quel TGV la ville accueillera-t-elle en 2007 : le TGV est-européen ou le Thalis ?
6. Quelle rivière traverse Strasbourg ?
7. Strasbourg a-t-elle été allemande au cours de son histoire ?
8. Comment s'appelle le quartier pittoresque du centre-ville parcouru de bras d'eau ?
9. De quelle institution européenne la ville est-elle le siège depuis 1979 ?
10. Y a-t-il un port à Strasbourg ?
11. De quel département Strasbourg est-elle le chef-lieu ?
12. Quel était le nom romain de Strasbourg : Argentoratum ou Cenabum ?
13. Quelle école prestigieuse a son siège à Strasbourg depuis 1991 ?
14. Dominique Baudis a-t-il été maire de Strasbourg ?
15. Quel célèbre architecte du XVIIe siècle a donné son nom au barrage de la ville ?
16. Quel festival se tient à Strasbourg : le festival Strasbourg-Méditerranée ou Strasbourg-Manche ?
17. Quel bâtiment strasbourgeois abrite le Conseil de l'Europe ?
18. Comment se nomment les célèbres ponts de Strasbourg ?
19. Combien la ville compte-t-elle d'universités : une ou trois ?
20. Quel dessinateur était natif de Strasbourg : Toulouse-Lautrec ou Gustave Doré ?

Réponses ▸ p. 276

244 ÉDITH PIAF

1. En quelle année Édith Piaf est-elle née : 1915 ou 1925 ?
2. De quel boxeur Édith Piaf fut-elle la compagne ?
3. Que sentait le « légionnaire » d'Édith Piaf ?
4. Quelle chanson d'Édith Piaf Étienne Daho a-t-il reprise ?
5. Quel était le vrai nom d'Édith Piaf : Gassion ou Grisi ?
6. Avec quel groupe chanta-t-elle ***Les Trois Cloches*** ?
7. Que « regrette » la chanteuse dans un de ses plus grands succès ?
8. Comment la chanteuse fut-elle surnommée dès ces débuts ?
9. De quel acteur et chanteur, qui fut aussi son amant, Édith Piaf a-t-elle lancé la carrière ?
10. Quelle chanson commence par cette phrase : « Le ciel bleu sur nous peut s'effondrer » ?
11. Combien Édith Piaf mesurait-elle : 1,47 m ou 1,62 m ?
12. Une part de quoi entre dans le cœur de la chanteuse dans ***La Vie en rose*** ?
13. Édith Piaf a-t-elle chanté ***Papoum... papoum*** ou ***Padam... padam*** ?
14. Quel chanteur fut le secrétaire d'Édith Piaf : Gilbert Bécaud ou Charles Aznavour ?
15. Dans quelle grande salle de concert new-yorkaise fut-elle la première chanteuse de variétés à se produire ?
16. Que conduit « l'homme » dans le tube d'Édith Piaf ?
17. Par quoi la chanteuse et un bel inconnu sont-ils emportés dans une célèbre chanson ?
18. Avec qui Édith Piaf eut-elle une liaison : Georges Moustaki ou Serge Reggiani ?
19. Qui la chanteuse invite-t-elle à s'asseoir à sa table dans une chanson ?
20. Dans quel cimetière la chanteuse est-elle enterrée ?

Réponses ▸ p. 276

À l'est, du nouveau ?

245 BOURVIL

1. Dans quel village de Normandie Bourvil est-il né ?
2. Bourvil a-t-il joué dans des opérettes ?
3. Quel était le vrai nom de Bourvil ?
4. Sur scène, dans quel registre Bourvil s'exprimait-il ?
5. Une célèbre chanson chantée par Bourvil est-elle ***Les Porte-plumes*** ou ***Les Crayons*** ?
6. À l'école, Bourvil était-il un cancre ou un bon élève ?
7. Avec qui Bourvil a-t-il partagé l'affiche dans le film ***La Traversée de Paris*** ?
8. Dans combien de films a-t-on pu voir Bourvil, environ 50 ou environ 30 ?
9. Dans une de ses chansons, à qui la célèbre tactique appartenait-elle ?
10. Quel était le nom de l'accordéoniste qui a accompagné Bourvil de longues années ?
11. Bourvil était-il orphelin de père ou de mère ?
12. Bourvil a-t-il été marié ?
13. Dans quel genre d'émissions radiophoniques Bourvil commença-t-il à se faire remarquer ?
14. Bourvil a-t-il joué dans ***La Grande Vadrouille*** ou ***La Grande Débrouille*** ?
15. Dans combien de pièces de théâtre Bourvil a-t-il joué ?
16. De quelle année son premier film, ***La Ferme du pendu***, date-t-il ?
17. Bourvil a fait son service militaire en jouant dans l'orchestre du régiment. Quel instrument avait-il ?
18. Bourvil a-t-il toujours écrit les textes de ses chansons ?
19. Qui a dit : « Bourvil est le seul comique qui me fasse rire », de Gaulle ou Sacha Guitry ?
20. Quel est le dernier film dans lequel Bourvil a tourné ?

Réponses ▶ p. 276

246 LE VEAU

1. Depuis quand les veaux doivent-ils être élevés en parcs collectifs et non plus en batterie ?
2. Quel est le surnom de la paupiette de viande farcie, ficelée et cuite en sauce ?
3. Combien de morceaux différents peut-on distinguer dans le veau ?
4. Combien de veaux sont commercialisés en France chaque année : 500 000 ou 400 000 ?
5. Combien le veau a-t-il de côtes premières ?
6. La recette du veau Marengo a-t-elle été inventée avant ou après celle du poulet Marengo ?
7. La noix est un muscle de la cuisse du veau, est-ce de la cuisse arrière ou de la cuisse avant ?
8. Comment appelle-t-on le tendron coupé comme une côte ?
9. À combien de types de productions de viandes de veau le Label rouge est-il accordé ?
10. À quelle sorte de cuisson l'épaule d'agneau se prête-t-elle ?
11. Le fricandeau est-il une tranche mince ou une tranche épaisse de veau piquée de lard gras ?
12. Quel est le nom du ragoût de veau haché accommodé aux poivrons et piments ?
13. En France, combien une carcasse de veau pèse-t-elle en moyenne ?
14. Jusqu'au XIXe siècle, comment appelait-on le fond de veau ?
15. Le médaillon de veau possède un autre nom : le grenadin ou le médaillin ?
16. Quel est le nom du plat à base de noix de veau braisée, fourrée d'une purée de champignons et d'oignons ?
17. Quel est l'apprêt culinaire comprenant panade, œufs et viande mixée, poché ensuite à l'eau ?
18. Quel est le nom de la sauce liant les ingrédients de l'entrée appelée vol-au-vent ?
19. À qui doit-on le potage Bagration, comprenant pointes d'asperges et purée de veau à la crème ?
20. Le jarret de veau se mijote 30 min ou 1 h ?

Réponses ▶ p. 276

247 LES MARÉCHAUX DE FRANCE

1 Quel maréchal se rallia à Napoléon Ier après son retour de l'île d'Elbe ?
- A : Ney.
- B : Saxe (de).
- C : Noailles (de).

2 De quel pays le maréchal de France Charles Bernadotte devint-il roi ?
- A : La Belgique.
- B : L'Italie.
- C : La Suède.

3 Qui était Henri de Bouillon par rapport à Henri de Turenne ?
- A : Son père.
- B : Son frère.
- C : Son fils.

4 D'où Concino Concini était-il originaire ?
- A : Ajaccio.
- B : Florence.
- C : Madrid.

5 De quelle localité le maréchal Louis Berthier devint-il prince ?
- A : Iéna.
- B : Austerlitz.
- C : Wagram.

6 Quel cardinal eut un neveu maréchal de France ?
- A : Richelieu.
- B : Mazarin.
- C : Fleury.

7 Qui fut commandant suprême des armées alliées en 1918 ?
- A : Foch.
- B : Joffre.
- C : De Gaulle.

8 Quel nom de mois est aussi celui d'un maréchal de France ?
- A : Mai.
- B : Juin.
- C : Juillet.

9 Quelle(s) ville(s) le maréchal de Lattre de Tassigny a-t-il libérée(s) en 1944 ?
- A : Marseille.
- B : Lyon.
- C : Paris.

10 Comment Napoléon Ier surnommait-il Masséna ?
- A : La Tornade blanche.
- B : L'Enfant chéri de la victoire.
- C : Le Soldat gentilhomme.

11 Comment le maréchal Ney est-il mort ?
- A : Au combat.
- B : En duel.
- C : Fusillé.

12 En quelle année le maréchal Joffre est-il mort ?
- A : 1931.
- B : 1945.
- C : 1952.

13 Qui commandait les troupes françaises en Indochine en 1945 ?
- A : Nivelle.
- B : Leclerc.
- C : Pétain.

14 De quelle colonie française Mac-Mahon fut-il gouverneur général ?
- A : Le Maroc.
- B : La Tunisie.
- C : L'Algérie.

15 Quel maréchal fut ministre de la guerre de 1916 à 1917 ?
- A : Lyautey.
- B : Foch.
- C : Pétain.

Réponses ▸ p. 276

248 LES COURSES AUTOMOBILES

1 Quelle course automobile correspond à la manche française du championnat du monde des rallyes ?
- A : Le rallye Monte-Carlo.
- B : Le Tour de Corse.
- C : Le Critérium des Cévennes.

2 En quelle année eut lieu la première édition des 24 heures du Mans ?
- A : 1923.
- B : 1956.
- C : 1975.

3 Laquelle n'est pas une course automobile ?
- A : La course de côte de Chamrousse.
- B : Le rallye des Cardabelles.
- C : L'Enduro du Touquet.

4 Qui a fondé le rallye Paris-Dakar ?
- A : Didier Auriol.
- B : Thierry Sabine.
- C : Philippe de Dieuleveult.

5 À quel mois ce rallye se dispute-t-il ?
- A : Janvier.
- B : Juin.
- C : Novembre.

6 De combien de pilotes sont composés les équipages aux 24 heures du Mans ?
- A : 2.
- B : 3.
- C : 4.

7 Quelle commune proche de Lyon accueille chaque année une célèbre course de côte ?
- A : Dardilly.
- B : Écully.
- C : Limonest.

8 Sur quel type de surface se court le Trophée Andros ?
- A : L'asphalte.
- B : La glace.
- C : La terre battue.

9 Où la Super Finale hors classement de l'édition 2006 s'est-elle disputée ?
- A : Au Parc des Princes.
- B : À Magny-Cours.
- C : Au Stade de France.

10 À bord de quelle voiture des étudiants participent-ils chaque année à un raid humanitaire ?
- A : Une Renault 4L.
- B : Une 2 CV Citroën.
- C : Une Diane Citroën.

11 Quel rallye-raid a vu le jour en 1992 ?
- A : Le Paris-Istanbul-Pékin.
- B : Le Paris-Moscou-Pékin.
- C : Le Paris-Saint-Pétersbourg-Pékin.

12 Quelle ville des Alpes accueille une course de 24 heures sur glace ?
- A : Chamonix.
- B : Avoriaz.
- C : Albertville.

13 Quel était en 2006 le nombre de voitures engagées sur le rallye Monte-Carlo ?
- A : 22.
- B : 53.
- C : 101.

14 Quelle est la particularité du Trophée Aïcha des Gazelles ?
- A : Les voitures courent en tandem avec des motos.
- B : Les copilotes sont tous malvoyants.
- C : Il est réservé aux femmes.

15 En quelle année le rallye Lyon-Charbonnières a-t-il vu le jour ?
- A : 1947.
- B : 1975.
- C : 1999

Réponses ▸ p. 276

249 RHÔNE-ALPES

- **1.** Comment appelle-t-on les petits restaurants typiques de Lyon ?
- **2.** Le sud de la Drôme est-il toujours réputé pour sa production d'olives ?
- **3.** Comment appelle-t-on le grand plateau calcaire coupé de vallées, situé dans l'Isère ?
- **4.** À Saint-Étienne, quel est le musée retraçant l'industrie minière de la ville et de la région ?
- **5.** Les gorges de l'Ardèche se situent-elles au nord du département du même nom ?
- **6.** Grenoble est-elle une ville de montagne ou une ville de plaine ?
- **7.** Quel musée associé à une grande fonderie peut-on visiter à Sévrier, en Haute-Savoie ?
- **8.** À côté de Bugey, trouve-t-on une centrale hydroélectrique ou une centrale nucléaire ?
- **9.** Vaux-en-Velin abrite un grand centre scientifique : lequel ?
- **10.** Le massif de la Chartreuse est-il le plus grand des massifs préalpins ?
- **11.** Quel est le nom du grand lac de Savoie situé au nord de Chambéry ?
- **12.** Un musée du Peigne et de la Plasturgie existe dans l'Ain : à Bourg-en-Bresse ou à Oyonnax ?
- **13.** Quelle industrie occupait jusque dans les années 1930 la région de Chazelles-sur-Lyon, dans la Loire ?
- **14.** La grotte de Seythenex est-elle le 2e plus important site souterrain ouvert au public en Haute-Savoie ?
- **15.** Quelle est la grande tour de Lyon au toit en cône ?
- **16.** Où peut-on visiter dans l'est de la Drôme une cave coopérative fabriquant un vin doux pétillant ?
- **17.** Combien de kilomètres de ski le domaine des Trois-Vallées totalise-t-il ?
- **18.** Que sont ce que les Lyonnais appellent couramment les ficelles, visibles dans la ville ?
- **19.** Le parc des Écrins, dans l'Isère, comprend-il 12 000 ou 20 000 ha de glaciers ?
- **20.** La profondeur du lac Léman, frontière avec la Suisse, est-elle de 150 m ou de 310 m ?

Réponses ▸ p. 276

Il était des fois...

250 LES RELIGIONS

- **1.** Quelle est la religion d'État en France ?
- **2.** Combien y a-t-il de juifs en France, environ 511 000 ou 611 000 ?
- **3.** La France est-elle nommée la fille aînée de l'Église ou la mère de l'Église ?
- **4.** Quelle est la première religion pratiquée en France ?
- **5.** En France, de qui dépend le service des cultes ?
- **6.** Comment s'appelle le territoire placé sous la direction d'un évêque ou d'un archevêque ?
- **7.** En France, qui a été à l'origine du protestantisme ?
- **8.** Combien y a-t-il de sectes recensées en France ?
- **9.** L'islam est-elle la 2e ou la 3e religion de France ?
- **10.** Combien y a-t-il de diocèses en France métropolitaine ?
- **11.** Combien de fidèles les églises évangéliques regroupent-elles en France ?
- **12.** Combien y a-t-il de bouddhistes en France ?
- **13.** En France, quelle est la position de l'État vis-à-vis des sectes ?
- **14.** Combien existe-t-il de prêtres ouvriers en France ?
- **15.** Par quel édit Henri IV a-t-il accordé la liberté religieuse aux protestants ?
- **16.** Combien y a-t-il d'ordinations chaque année en France ?
- **17.** Dans quels départements les prêtres catholiques sont-ils rémunérés par l'État ?
- **18.** Combien y a-t-il de témoins de Jéhovah sur les divers territoires français ?
- **19.** Quel grand cimetière peut-on visiter à Sainte-Geneviève-des-Bois, au sud de Paris ?
- **20.** Quel culte particulier est toujours célébré aux Antilles ?

Réponses ▸ p. 276

251 LES AÉROPORTS

- **1.** Un aéroport est-il plus grand ou plus petit qu'un aérodrome ?
- **2.** Tous les aéroports ont-ils la même configuration ?
- **3.** Comment appelle-t-on l'ensemble des bâtiments d'un aéroport réservés aux voyageurs et aux marchandises ?
- **4.** En 2004, combien de passagers ont-ils été transportés en France métropolitaine et en outre-mer ?
- **5.** Est-il question de construire un 3e ou un 4e aéroport international dans le Bassin parisien ?
- **6.** Pour son fret, la Poste utilise-t-elle les mêmes aéroports que les voyageurs ?
- **7.** Quelle était la longueur de piste nécessaire à un Concorde ?
- **8.** Combien existe-t-il d'aéroports français ?
- **9.** L'aéroport Roissy-Charles-de-Gaulle reçoit-il plus ou moins de 55 millions de passagers annuels ?
- **10.** Quels organismes militent régulièrement pour réduire les nuisances engendrées par les aéroports ?
- **11.** La Corse possède-t-elle 2 ou 4 aéroports ?
- **12.** Le reproche principal avancé contre les aéroports est-il la nuisance sonore ou le nombre de vols ?
- **13.** Quand le général de Gaulle a-t-il inauguré l'aérogare d'Orly Sud ?
- **14.** Existe-t-il 1 ou 2 aéroports à La Réunion ?
- **15.** Quel aéroport parisien abrite de nos jours un grand musée de l'air ?
- **16.** Quelle est l'année de création de l'entreprise Aéroports de Paris, ADP ?
- **17.** L'aéroport de Bordeaux-Mérignac a 3 activités essentielles : commerciale, industrielle et …
- **18.** De quelle année les premiers vols commerciaux de l'aéroport de Nice Côte d'Azur datent-ils ?
- **19.** Existe-t-il une route douanière entre Bâle, en Suisse, et l'aéroport de Bâle-Mulhouse, en France ?
- **20.** Par quel bâtiment l'aire des aérodromes est-elle dominée ?

Réponses ▸ p. 276

252 YVES MONTAND

- **1.** Dans quel pays Yves Montand est-il né ?
- **2.** Que transporte le camion conduit par Yves Montand dans ***Le Salaire de la peur*** ?
- **3.** Quelle star hollywoodienne donne la réplique à Yves Montand dans ***Le Milliardaire*** ?
- **4.** Quel personnage de Pagnol Yves Montand a-t-il incarné pour Claude Berri ?
- **5.** Avec quelle actrice Yves Montand forma-t-il un couple mythique du cinéma français ?
- **6.** Dans quel film Yves Montand joue-t-il le valet de Louis de Funès ?
- **7.** Dans ***César et Rosalie***, quel acteur se dispute avec Yves Montand l'amour de Rosalie ?
- **8.** Yves Montand a joué dans une comédie musicale intitulée ***Trois places pour***…
- **9.** Quel moyen de transport a donné son nom à une célèbre chanson d'Yves Montand ?
- **10.** Comment s'appelle le député incarné par Yves Montand dans le film de Costa-Gavras, Y ou Z ?
- **11.** Dans quel film Yves Montand incarne-t-il le père de Vincent Lindon ?
- **12.** Dans ***Le Cercle rouge***, Yves Montand incarne-t-il un ancien policier ou un pilote de ligne ?
- **13.** Où Yves Montand aime-t-il flâner, dans une chanson ?
- **14.** À quelle époque se passe l'action de ***Paris brûle-t-il ?***, dans lequel joue Yves Montand ?
- **15.** Quelle actrice est la belle-fille d'Yves Montand ?
- **16.** Quelle actrice donne la réplique à Yves Montand dans ***Clair de femme*** ?
- **17.** Quel est le prénom du fils unique d'Yves Montand, Corentin ou Valentin ?
- **18.** Qu'est ce qui « se ramasse à la pelle », dans une célèbre chanson d'Yves Montand ?
- **19.** Dans ***Vincent, François, Paul… et les autres***, quel personnage Yves Montand incarne-t-il ?
- **20.** À quel âge Yves Montand est-il mort, 70 ans ou 80 ans ?

Réponses ▸ p. 276

253 LILLE

- **1.** De quel département Lille est-elle le chef-lieu ?
- **2.** Historiquement, Lille était-elle une ville de drapiers ou de soyeux ?
- **3.** Quel événement attire chaque année des millions de visiteurs dans les rues de Lille ?
- **4.** Comment appelle-t-on les habitants de Lille ?
- **5.** Lille est-elle au nord ou au sud de Douai ?
- **6.** De quoi Lille a-t-elle été capitale européenne en 2004 ?
- **7.** Quel train à grande vitesse passe à la gare Lille-Europe ?
- **8.** Quelles sont les deux villes qui, ajoutées à Lille, forment une vaste métropole ?
- **9.** Qui s'empara de la ville au XVIIIe siècle : la Hollande ou la Belgique ?
- **10.** En 2006, quelle femme est maire de Lille ?
- **11.** Quelle industrie a fait la prospérité de Lille du XVIe au XIXe siècle ?
- **12.** Quel acteur est natif de Lille : Philippe Noiret ou Michel Serrault ?
- **13.** Quelle rivière arrose Lille : la Deûle ou la Vilaine ?
- **14.** Quelle société, première en France de la vente par correspondance, est implantée dans la métropole de Lille ?
- **15.** Lille est-elle le 1er ou le 3e port fluvial de France ?
- **16.** Quel ancien président de la République est né à Lille ?
- **17.** Qu'a inscrit l'Unesco au patrimoine mondial : le beffroi de l'hôtel de ville ou la cathédrale ?
- **18.** Laquelle n'existe pas : la porte de Paris ou la porte de Calais ?
- **19.** Comment appelle-t-on le patois de Lille ?
- **20.** Qui était maire de Lille en 1936 : Roger Salengro ou Léon Blum ?

Réponses ► p. 276

1789

254 LA RÉVOLUTION

- **1.** Quel couvre-chef symbolisant la liberté fut adopté par les révolutionnaires ?
- **2.** Qui Charlotte Corday a-t-elle assassiné ?
- **3.** Où cet assassinat a-t-il eu lieu ?
- **4.** Danton était-il Montagnard ou Girondin ?
- **5.** En quelle année se tinrent les états généraux convoqués par le roi ?
- **6.** Quelle école fut fondée sous la Révolution, l'ENS ou l'École polytechnique ?
- **7.** Quelle « déclaration » fut rédigée par la toute nouvelle Assemblée nationale ?
- **8.** Comment furent surnommés les hommes du peuple qui ont fait la Révolution française ?
- **9.** À l'abolition de quoi la Révolution française aboutit-elle ?
- **10.** Qui apporta des cahiers de doléances aux états généraux ?
- **11.** Quel symbole de la monarchie fut « pris » par le peuple ?
- **12.** En quelle année la Ire République est-elle proclamée, 1789 ou 1792 ?
- **13.** Comment appelle-t-on le régime dictatorial sanglant qui fut instauré entre septembre 1793 et juillet 1794 ?
- **14.** Où fut installé le siège de la Convention nationale, aux Tuileries ou à Versailles ?
- **15.** Qui instaura le culte de l'Être suprême ?
- **16.** Où Marie-Antoinette était-elle emprisonnée avant son exécution ?
- **17.** Quel club dirigea le parti montagnard, le club des Feuillants ou le club des Jacobins ?
- **18.** Quel journaliste pamphlétaire fut guillotiné par les partisans de Robespierre, Saint-Just ou Desmoulins ?
- **19.** Comment appelle-t-on l'insurrection royaliste contre-révolutionnaire qui s'éleva dans l'ouest du pays ?
- **20.** Louis XVI fut-il décapité en janvier 1793 ou en juin 1794 ?

Réponses ► p. 276

255 JEAN-JACQUES GOLDMAN

1. L'un des albums du chanteur s'intitule ***Entre gris clair et***…
2. Quelle chanson commence par ces mots : « Elle met du vieux pain sur son balcon » ?
3. Comment s'appelait le groupe dans lequel le chanteur a débuté : Thaï Phong ou Nuoc Mam ?
4. Quelle chanson Jean-Jacques Goldman a-t-il interprété en duo avec Sirima ?
5. Avec quelle choriste Goldman et le guitariste Jones ont-ils formé un trio ?
6. Qu'est-ce qui tourne, dans une chanson de Goldman, les violons ou la tête ?
7. Avec qui Goldman marche-t-il dans une chanson ?
8. Pour quelle chanteuse Goldman a-t-il écrit l'album ***D'eux*** ?
9. L'un des tubes de Goldman s'intitule ***Quand la musique est***…
10. Comment sont les « actes » de Jean-Jacques Goldman ?
11. Quel est le titre exact de l'album de Goldman, ***Chansons pour les pieds*** ou ***Chansons pour les enfants*** ?
12. Au bout de quoi Goldman ira-t-il dans une chanson ?
13. Quelle chanson de Goldman parle d'une petite fille prénommée Sarah ?
14. Que fait-elle « inexorablement » dans une chanson ?
15. L'un des tubes de Goldman s'intitule ***Encore un***…
16. Qui a participé à un album du chanteur : les Chœurs de l'Armée rouge ou l'Orchestre national de Lyon ?
17. De quoi « suffira-t-il » dans une chanson de Goldman ?
18. Quelle chanson est la plus ancienne, ***Envole-moi*** ou ***Pas toi*** ?
19. Quelle chanson commence par ces mots : « C'était un cordonnier, sans rien d'particulier » ?
20. Quelle chanson de Goldman parle d'une mère célibataire ?

Réponses ▶ p. 276

J.-J.G.

256 LES ANNÉES 1900

1. En juillet 1906, un célèbre capitaine est réhabilité par la République. Quel est son nom ?
2. Quel courant pictural apparaît au Salon d'automne de Paris, en 1905 : le fauvisme ou le cubisme ?
3. Les aventures de quelle Bretonne apparaissent dans l'illustré ***La Semaine de Suzette***, créé début 1905 ?
4. Quel style architectural est consacré à Paris lors de l'Exposition universelle de 1900 ?
5. Émile Zola est-il mort en 1902 ou en 1906 ?
6. ***Arsène Lupin, Gentleman cambrioleur***, sort en juillet 1907. Quel en est l'auteur ?
7. Une grande figure de la Commune meurt le 9 janvier 1905 à l'âge de 75 ans. Quelle est-elle ?
8. Quel exploit extraordinaire pour l'époque Louis Blériot réalise-t-il le 25 juillet 1905 ?
9. Quel est le principal danseur des Ballets russes présentés en 1909 par Diaghilev au Châtelet ?
10. À partir du 2 janvier 1907, quel symbole a-t-il dû disparaître de toutes les classes d'école ?
11. Quand le premier omnibus automobile apparaît-il à Paris ?
12. Quand la loi sur la séparation de l'Église et de l'État voit-elle le jour ?
13. Quel grand « Journal socialiste quotidien » paraît le 18 avril 1904, sur quatre pages ?
14. La 1re foire de Paris apparaît-elle le 17 mars 1904 ou le 17 mars 1906 ?
15. Paul Cézanne meurt un 22 octobre. Est-ce en 1901 ou en 1906 ?
16. En 1909, quelle nouveauté va permettre aux Parisiens d'emprunter le métro plus aisément ?
17. Quel est l'auteur de ***Jean-Christophe***, publié en 1905 ?
18. Quel grand ministère est adopté par décret le 25 octobre 1906 ?
19. Quelle sculpture Auguste Rodin coule-t-il en 1904 dans sa taille définitive ?
20. ***La Nouvelle Revue française*** est lancée en 1908. Quel en a été le romancier fédérateur ?

Réponses ▶ p. 276

257 LES MEURTRIERS ET BANDITS

1. Comment Gilles de Rais était-il surnommé ?
2. Les membres de la bande à Bonnot étaient-ils des anarchistes ou des faux-monnayeurs ?
3. Par qui Henri IV a-t-il été assassiné ?
4. Par qui le petit Grégory Villemin a-t-il été tué en 1984 à Lépanges, dans les Vosges ?
5. Comment la marquise de Brinvilliers a-t-elle été exécutée en 1676 ?
6. Patrick Henry a-t-il été condamné en 1977 pour le meurtre d'un enfant ou celui d'un homme politique ?
7. Dans quelle région de France l'empoisonneuse Hélène Jégado a-t-elle causé la mort d'une cinquantaine de personnes ?
8. Pour combien de meurtres le célèbre Landru a-t-il été inculpé ?
9. Quel ennemi public n° 1 a été tué en plein Paris par la police en 1979 ?
10. Comment Arsène Lupin était-il surnommé ?
11. Mandrin était-il un contrebandier ou un voleur du XVIIIe siècle ?
12. Dans l'affaire des disparus de Mourmelon (Marne), qu'étaient 6 des 7 disparus, entre 1980 et 1987 ?
13. Accusée d'empoisonnement, Violette Nozières a-t-elle été exécutée, ou emprisonnée puis libérée ?
14. Quand le docteur Petiot a-t-il été exécuté pour assassinats multiples ?
15. Pour combien d'empoisonnements Marie Besnard a-t-elle été poursuivie en 1949 ?
16. Qui était Jeanne de Belleville, morte en 1369 ?
17. Qui était l'assassin du ménage Kinck et de ses 6 enfants, exécutés en 1870 ?
18. Quel Japonais a tué en France une étudiante hollandaise en 1981 pour en manger des morceaux ?
19. Quel a été le dernier condamné à mort français, pour meurtre, gracié en 1981 ?
20. Au moment de mourir, qu'a dit Christian Ranucci, guillotiné pour l'assassinat d'un enfant en 1976 ?

Réponses ▸ p. 276

Au théâtre ce soir

258 LE THÉÂTRE MODERNE

1. Dans quelle pièce de Jean Genet deux servantes s'amusent-elles à imiter leur maîtresse ?
2. Comment est la « cantatrice » d'Eugène Ionesco ?
3. Paul Claudel est l'auteur de la pièce ***L'Annonce faite à***…
4. Qui les personnages de Beckett attendent-ils en vain durant toute une pièce ?
5. Samuel Beckett a écrit des œuvres en français mais était-il originaire des États-Unis ou d'Irlande ?
6. Où vit « la folle » de la pièce de Giraudoux ?
7. Quel roi vil et cruel est un personnage d'Alfred Jarry ?
8. Qui a écrit ***La Putain respectueuse*** : Jean-Paul Sartre ou René Char ?
9. À quelle héroïne de Sophocle Jean Anouilh a-t-il consacré une pièce ?
10. La pièce ***Jean de la Lune*** est-elle une tragédie ou une comédie ?
11. Comment sont les « parents » de la pièce de Jean Cocteau ?
12. Quelle figure féminine d'Alphonse Daudet est continuellement évoquée sans jamais paraître ?
13. Dans quel genre théâtral Georges Feydeau s'est-il illustré ?
14. André Gide a-t-il écrit des œuvres théâtrales ?
15. Quel grand amateur de femmes a écrit la pièce ***Désiré*** ?
16. À quel empereur romain Camus a-t-il consacré une pièce : Néron ou Caligula ?
17. Jean Anouilh a-t-il écrit des pièces rouges ou noires ?
18. Comment sont « les mains » de Jean-Paul Sartre ?
19. Quelle guerre « n'aura pas lieu », d'après une pièce de Giraudoux ?
20. Quel mammifère a donné son nom à une pièce d'Eugène Ionesco ?

Réponses ▸ p. 276

259 POINT COMMUN

Où ont été prises ces photos ?

Réponse ▶ p. 276

260 LE RAP

1. De quel groupe de rap Akhénaton est-il le chanteur ?
2. Quelle rappeuse a remporté une Victoire de la musique en 2004 pour son album ***Brut de femme*** ?
3. Quel est le nom exact de ce rappeur : Disiz la Rage ou Disiz la Peste ?
4. De quel groupe de rap Joey Starr faisait-il partie ?
5. Qui chantait ***Bouge de là*** ?
6. Quel groupe de rap n'existe pas, Assassin ou Criminel ?
7. Sous quel nom est plus connu Bruno Beausire ?
8. Quel rappeur a joué dans ***Les Jolies Choses, Le Boulet*** et ***Gomez et Tavarès*** ?
9. De quel groupe Kool Shen est-il un des fondateurs, Suprême NTM ou Nec plus ultra ?
10. L'une des chansons de Passi s'intitule ***Je zappe et… je tâte*** ou ***je mate*** ?

Réponses ▶ p. 276

261 LE CALENDRIER RÉPUBLICAIN

1 En quelle année le calendrier républicain entra-t-il en vigueur ?
- A : 1789.
- B : 1793.
- C : 1800.

2 Quel calendrier remplaçait-il ?
- A : Le calendrier julien.
- B : Le calendrier romain.
- C : Le calendrier grégorien.

3 Combien de jours chaque mois comprenait-il ?
- A : 28.
- B : 30.
- C : 30 ou 31.

4 Quel poète choisit les noms des mois et des jours du calendrier républicain ?
- A : Fabre d'Églantine.
- B : Cazotte.
- C : Lamartine.

5 Combien existait-il de noms de jours différents ?
- A : 7.
- B : 8.
- C : 10.

6 Quel jour était consacré au repos des travailleurs ?
- A : Sextidi.
- B : Décadi.
- C : Duodi.

7 Quel mois était un mois d'automne ?
- A : Frimaire.
- B : Ventôse.
- C : Nivôse.

8 Quel jour l'année révolutionnaire débutait-elle ?
- A : Le jour de l'équinoxe du printemps.
- B : Le jour du solstice d'été.
- C : Le jour de l'équinoxe de l'automne.

9 Quelle journée était ajoutée en cas d'année bissextile ?
- A : La fête de la Liberté.
- B : La fête de la Révolution.
- C : La fête de la République.

10 Quel mois n'existait pas ?
- A : Floréal.
- B : Vendémiaire.
- C : Moissondor.

11 Comment furent appelées les journées de fêtes qui complétaient l'année ?
- A : Les sans-culottides.
- B : Les libertines.
- C : Les journées citoyennes.

12 Quel mathématicien est à l'origine du calendrier républicain ?
- A : Jean d'Alembert.
- B : Sébastien Bottin.
- C : Gilbert Romme.

13 Combien de mois le calendrier républicain comptait-il ?
- A : 9.
- B : 10.
- C : 12.

14 À quelle saison le mois de germinal appartenait-il ?
- A : Le printemps.
- B : L'été.
- C : L'automne.

15 En quelle année le calendrier républicain fut-il abandonné ?
- A : 1806.
- B : 1823.
- C : 1872.

Réponses ▶ p. 276

262 LA PRESSE QUOTIDIENNE

1. De quel quotidien Jean-Paul Sartre fut-il le directeur : ***Libération*** ou ***Les Échos*** ?
2. Pour la une de quel quotidien Plantu dessine-t-il des caricatures ?
3. Qu'est-ce que les quotidiens ***Métro*** et ***20 minutes*** ont en commun ?
4. Comment s'appelle le quotidien catholique du groupe Bayard Presse ?
5. À quel domaine le quotidien ***L'Équipe*** est-il consacré ?
6. De quel parti politique ***L'Humanité*** est-il le journal ?
7. Quel quotidien régional organise chaque année un célèbre critérium ?
8. De quelle région un quotidien donne-t-il « Les Dernières Nouvelles » ?
9. À quel écrivain est associé le journal ***Combat*** ?
10. De quelle ville est originaire ***Le Progrès*** ?
11. Quel quotidien régional a le plus fort tirage : ***La Dépêche du Midi*** ou ***Ouest-France*** ?
12. Quelle est la couleur du papier sur lequel est imprimé le supplément « Économie » du ***Figaro*** ?
13. Quel quotidien du nord de la France a donné naissance à un mouvement de résistance ?
14. Lequel n'existe pas : ***Le Télégramme de Mulhouse*** ou ***Le Télégramme de Brest*** ?
15. Quel quotidien Jean Jaurès a-t-il fondé ?
16. Quel est le premier quotidien sur Paris et l'Île-de-France ?
17. Dans quelle ville se trouve le siège du quotidien ***Sud-Ouest*** ?
18. ***Le Figaro*** est-il plutôt un journal de droite ou de gauche ?
19. Quel est le plus ancien quotidien régional encore en activité : ***Le Progrès*** ou ***Le Républicain lorrain*** ?
20. À quel domaine le quotidien ***Les Échos*** est-il consacré ?

Réponses ▸ p. 276

263 MICHEL SERRAULT

1. Dans quelle pièce, devenue un film, Michel Serrault incarne-t-il un travesti jubilatoire ?
2. Quel ami de Michel Serrault à la ville incarnait son partenaire dans la pièce ?
3. Michel Serrault est-il né en 1928 ou en 1940 ?
4. Jean Yanne a dirigé Michel Serrault dans ***Tout le monde il est beau...***
5. Dans ***Assassin(s)***, à quel comédien apprend-il à devenir un tueur ?
6. Que Michel Serrault s'est-il cassé à l'occasion du tournage de ce film ?
7. Michel Serrault a joué dans ***Nelly et monsieur...***
8. Qui jouait le rôle de Nelly ?
9. En 2004, Michel Serrault a-t-il joué dans ***Joyeuses Pâques*** ou ***Joyeux Noël*** ?
10. Où Michel Serrault trouve-t-il le « bonheur », dans le film d'Étienne Chatiliez ?
11. De quel établissement s'est-il vu refuser l'entrée, le Conservatoire ou le cours Florent ?
12. Dans ***Mortelle Randonnée***, le surnom de Michel Serrault est-il « Le cerveau » ou « L'œil » ?
13. Quelle actrice donne la réplique à Michel Serrault dans ***Une hirondelle a fait le printemps*** ?
14. Quel fantôme Michel Serrault traque-t-il dans les couloirs du Louvre ?
15. Quel « docteur » inhumain, coupable d'au moins 27 assassinats, l'acteur a-t-il incarné au cinéma ?
16. Quelle est la couleur de « l'ibis », dans le film de Jean-Pierre Mocky, jaune ou rouge ?
17. Michel Serrault incarne-t-il Louis XVI ou Napoléon dans ***Liberté, égalité, choucroute*** ?
18. Dans quel film de Pierre Tchernia Michel Serrault incarne-t-il l'increvable monsieur Martinet ?
19. Qui a joué dans ***Vieille canaille*** aux côtés de Michel Serrault, Michel Galabru ou Pierre Richard ?
20. Michel Serrault est-il commandeur de l'Ordre national du mérite ou officier de la Légion d'honneur ?

Réponses ▸ p. 276

264 LES BATAILLES

- **1.** En 732, combien de temps le siège d'Alésia a-t-il duré ?
- **2.** Qui a remporté la bataille de la Marne, le 12 septembre 1914, Joseph Joffre ou Georges Clemenceau ?
- **3.** En 1346, la bataille de Crécy oppose-t-elle les Français aux Anglais ou aux Espagnols ?
- **4.** À quel pays la France déclare-t-elle la guerre en avril 1792 ?
- **5.** Qui a capitulé à Sedan en 1870 ?
- **6.** À Gergovie, César a-t-il battu Vercingétorix ou est-ce l'inverse ?
- **7.** Quand le débarquement en Normandie a-t-il eu lieu ?
- **8.** Qui la France bat-elle le 20 septembre 1792 à la bataille de Valmy ?
- **9.** Par qui l'arrière-garde de Charlemagne est-elle attaquée le 15 août 778 à Roncevaux ?
- **10.** Pendant la bataille de la Marne, comment les renforts français sont-ils arrivés au front ?
- **11.** Quel roi les Anglais ont-ils fait prisonnier à la bataille de Poitiers, en 1356 ?
- **12.** Lors de la bataille d'Azincourt, de qui l'armée française, défaite, était-elle composée ?
- **13.** Les 25 000 soldats français se sont-ils battus à Bouvines contre 40 000 ou 30 000 soldats ennemis ?
- **14.** Le débarquement de Provence a-t-il eu lieu le 15 août 1944 ou le 15 septembre 1944 ?
- **15.** En quelle année les Français arrachent-ils aux Anglais le rocher appelé Diamant, en Martinique ?
- **16.** Combien de soldats français ont-ils perdu la vie lors de la bataille de Verdun ?
- **17.** La bataille de Rocroi, en 1643, est-elle une défaite ou une victoire française ?
- **18.** En 1940, quand la Campagne de France a-t-elle opposé les divisions alliées et allemandes ?
- **19.** Dans quelle bataille l'archerie anglaise a-t-elle écrasé en 1346 les Français, 3 fois plus nombreux ?
- **20.** Quelle victoire française, en Guyenne, met fin à la guerre de Cent Ans ?

Réponses ▶ p. 276

265 SPORTS

- **1.** Quel a été le meilleur pongiste français de tous les temps ?
- **2.** En natation, quel est le nageur français le plus rapide sur 50 m ?
- **3.** Quand l'équipe féminine de basket-ball a-t-elle été championne d'Europe ?
- **4.** Au tennis de table, qui a été championne de France en simple 5 ans de suite ?
- **5.** Quel club français masculin a gagné la ligue des Champions 2005 en volley-ball, Tours ou Paris ?
- **6.** Quel cours d'eau a servi d'endroit de compétition en natation aux Jeux olympiques de 1900 ?
- **7.** Quand la fédération de la société hippique française a-t-elle organisé son premier concours ?
- **8.** Combien de médailles Jacques Secrétin a-t-il remportées en 14 ans de compétition, 127 ou 227 ?
- **9.** Quel basketteur a été le premier européen à devenir meneur en NBA ?
- **10.** Au tennis de table, quand Jean-Philippe Gatien est-il devenu champion du monde en simple ?
- **11.** Aux championnats de France de volley-ball, quel club féminin est vainqueur depuis 8 ans ?
- **12.** Quel club a gagné la Coupe de France hommes de basket-ball en 2005 ?
- **13.** Quelle est la première nageuse française à avoir remporté une médaille olympique ?
- **14.** Quelle médaille le nageur Alain Mosconi a-t-il remportée aux Jeux olympiques de 1968 sur 400 m ?
- **15.** Quel est le cavalier français mythique des Jeux olympiques depuis 50 ans ?
- **16.** L'équipe pongiste française dames a-t-elle déjà gagné un championnat du monde ?
- **17.** Où le championnat de France d'aviron cadet et junior s'est-il déroulé en juillet 2005 ?
- **18.** Depuis quand le club de basket-ball de Valenciennes-Orchies est-il champion de France femmes ?
- **19.** En équitation, dans quelle discipline excellait Pierre Jonquères d'Oriola ?
- **20.** En natation, dans quelle discipline Franck Esposito a-t-il obtenu deux records du monde ?

Réponses ▶ p. 276

266 LES COMPOSITEURS CLASSIQUES

- **1.** À quel siècle Charles Gounod a-t-il vécu ?
- **2.** À quel compositeur doit-on la ***Symphonie fantastique*** et ***Harold en Italie*** ?
- **3.** Le père de Chopin était Français, mais de quel pays lui-même était-il originaire ?
- **4.** Pour quoi Chopin est-il surtout réputé : ses nocturnes ou ses symphonies ?
- **5.** Quel était le prénom de Saint-Saëns ?
- **6.** Il est l'auteur d'une « fantaisie zoologique » intitulée ***Le Carnaval des***...
- **7.** Quel célèbre prélude doit-on à Debussy ?
- **8.** À qui doit-on le célèbre ***Boléro*** ?
- **9.** Gabriel Fauré fut-il directeur de l'Opéra ou du Conservatoire de Paris ?
- **10.** Érik Satie était-il d'origine française ?
- **11.** De quels « dialogues » de Georges Bernanos Francis Poulenc a-t-il fait un opéra ?
- **12.** De quel groupe Francis Poulenc et Georges Auric faisaient-ils partie : Mélopée ou le Groupe des six ?
- **13.** Quelle héroïne de Prosper Mérimée Georges Bizet a-t-il immortalisé ?
- **14.** Quel opéra de Debussy raconte l'amour impossible de Pelléas pour l'épouse de son demi-frère ?
- **15.** ***Les Contes d'Hoffmann*** sont-ils une symphonie ou un opéra fantastique ?
- **16.** Qui en est le compositeur ?
- **17.** À quel siècle Jean-Philippe Rameau a-t-il vécu ?
- **18.** De quelle saison Igor Stravinsky a-t-il composé le sacre ?
- **19.** De quel pays Jean-Baptiste Lully était-il originaire ?
- **20.** Pour quel instrument Maurice Duruflé a-t-il composé des œuvres : le piano ou l'orgue ?

Réponses ▶ p. 276

Ah ! la paperasse...

267 LES PAPIERS ADMINISTRATIFS

- **1.** Quelle est la durée de validité de la carte nationale d'identité ?
- **2.** Est-elle obligatoire ?
- **3.** À partir de quel âge un mineur peut-il avoir une carte nationale d'identité ?
- **4.** En quelle année le passeport électronique a-t-il été institué, 1998 ou 2005 ?
- **5.** Dans quel cas le passeport est-il nécessaire ?
- **6.** Jusqu'à quel âge un enfant peut-il être inscrit sur le passeport d'un de ses parents ?
- **7.** Quelles vignettes sont apposées sur le passeport par les consulats étrangers ?
- **8.** Les cartes d'électeur comportent-elles une photo d'identité ?
- **9.** Quelle est la couleur du permis de conduire ?
- **10.** Comment appelle-t-on le certificat d'immatriculation qui doit être établi pour tout véhicule ?
- **11.** Quel carnet le maire remet-il aux époux à l'issue du mariage civil ?
- **12.** Depuis quand les mairies ne délivrent-elles plus de fiches d'état civil, 1990 ou 2000 ?
- **13.** Où faut-il s'adresser pour obtenir un extrait d'acte de naissance ?
- **14.** Quel document atteste que l'on n'a commis aucune infraction à la loi ?
- **15.** Quel nom portent les formulaires administratifs, Crij ou Cerfa ?
- **16.** Par quoi la carte d'assuré social a-t-elle été remplacée en 2000 ?
- **17.** Quel carnet est délivré par l'officier d'état civil lors de la déclaration de naissance d'un enfant ?
- **18.** Le livret de circulation est-il destiné aux étrangers vivant en France ou aux SDF ?
- **19.** Les copies certifiées conformes à l'original ont-elles disparu en 2001 ou 2006 ?
- **20.** Quelle carte porte la mention « Voter est un droit, c'est aussi un devoir civique » ?

Réponses ▶ p. 276

268 L'ÎLE-DE-FRANCE

- **1.** Quels illustres personnages sont enterrés dans la cathédrale de Saint-Denis ?
- **2.** Sur quel genre de carrières une partie de la ville de Paris a-t-elle été construite ?
- **3.** Comment appelle-t-on les marchés de Saint-Ouen ou de Montreuil où l'on vend des objets d'occasion ?
- **4.** Quel est le grand quartier d'affaires de la région nord-ouest de Paris ?
- **5.** Combien la ville de Paris compte-t-elle de ponts, 27 ou 37 ?
- **6.** Quel canal passe devant la mairie de Pantin ?
- **7.** Quel est le nom du chemin de fer souterrain et parfois aérien de Paris et de la petite couronne ?
- **8.** Vincennes renferme-t-elle un parc zoologique ou un parc d'attractions ?
- **9.** Dans quelle ville le marché des halles de Paris a-t-il déménagé en 1968 ?
- **10.** Où peut-on visiter la maison de Chateaubriand et son parc ?
- **11.** Où le premier studio de cinéma au monde a-t-il été construit ?
- **12.** Du raisin est-il récolté et vinifié chaque année par une municipalité des Hauts-de-Seine ?
- **13.** Quel monument a fait la triste renommée de Fresnes ?
- **14.** Quel grand cimetière souterrain peut-on visiter à Paris ?
- **15.** Quel sport nautique pratique-t-on à Joinville-le-Pont depuis plus d'un siècle ?
- **16.** Quelle ville parisienne est le synonyme de tours d'habitations et de barres HLM mal intégrées ?
- **17.** Quel est le cimetière du Val-de-Marne longtemps spécialisé dans l'inhumation des condamnés à mort ?
- **18.** Quels sont les raccourcis entre deux rues et couverts que l'on peut emprunter à Paris ?
- **19.** Quelles petites constructions où l'on danse au son d'un orchestre rencontre-t-on à Champigny ?
- **20.** Où le plus grand réservoir d'eau potable d'Europe est-il situé ?

Réponses ▸ p. 276

269 LES SÉRIES ET FEUILLETONS

- **1.** Quel personnage Marthe Villalonga incarnait-elle dans la série ***Maguy*** ?
- **2.** Comment s'appelaient les chevaliers du ciel ?
- **3.** Quelle série racontait les aventures de l'assistante sociale Joëlle Mazart ?
- **4.** Quel est le titre exact, ***Père et mère*** ou ***Père et maire*** ?
- **5.** Quel est le métier de Louis, incarné par Victor Lanoux ?
- **6.** Sur quelle chaîne est diffusée la série ***Avocats et associés*** ?
- **7.** Qui a créé la série ***Les Saintes Chéries***, Nicole de Buron ou Françoise Sagan ?
- **8.** Quel héros de série télévisée a donné son nom à une chanson du groupe Indochine ?
- **9.** Quelle série mettait en scène une femme médecin et son mari vétérinaire ?
- **10.** Quel était le métier de Marie Pervenche ?
- **11.** De quelle région Imogène est-elle originaire ?
- **12.** Quel acteur a incarné le célèbre Thierry la Fronde ?
- **13.** Où se passe l'action de ***Sous le soleil*** ?
- **14.** De quand date la première diffusion de la série ***Docteur Sylvestre***, 1985 ou 1995 ?
- **15.** Quel célèbre cambrioleur Georges Descrières a-t-il incarné ?
- **16.** Dans quelle série la famille Ferrière accueille-t-elle des enfants placés par la DDASS ?
- **17.** Quel lycée « Madame la proviseur » dirige-t-elle, Henri IV ou Belgrand ?
- **18.** Dans quelle série Francis Huster incarne-t-il un chef de service hospitalier ?
- **19.** Dans ***Une famille formidable***, la famille s'appelle-t-elle Beaumont ou Bouvier ?
- **20.** Qui est Joséphine ?

Réponses ▸ p. 277

270 COLUCHE

1. Quelle est l'année de naissance de Coluche ?
2. Par qui Coluche a-t-il été élevé ?
3. En 1975, Coluche est la tête d'affiche d'un grand music-hall, L'Olympia ou Bobino ?
4. Quel était le vrai nom de Coluche, Michel Cloche ou Michel Colucci ?
5. Quelle association Coluche soutient-il activement en juin 1985 aux côtés d'Harlem Désir ?
6. Avec qui Coluche se marie-t-il en 1985 « pour le meilleur et pour le rire » ?
7. En quelle année le sketch ***Le Schmilblick*** fait-il un tabac ?
8. Son premier café-théâtre s'est-il appelé ***Le Café de la gare*** ou ***Le Café d'Edgar*** ?
9. Pendant combien de mois Coluche joue-t-il à guichets fermés au théâtre du Gymnase Marie-Bell ?
10. Quelle association caritative Coluche a-t-il créée, qui ne devait durer qu'un hiver ?
11. À quelle élection nationale Coluche s'est-il présenté ?
12. Avec qui Coluche a-t-il fondé ***Le Café de la gare*** ?
13. Combien Coluche a-t-il eu d'enfants ?
14. Coluche est-il mort dans un accident de voiture ou dans un accident de moto ?
15. Pour quel film Coluche reçoit-il le césar du meilleur acteur ?
16. Quelle troupe Coluche fonde-t-il après ***Le Café de la gare*** ?
17. Quel record à moto Coluche bat-il en Italie, en 1985 ?
18. Dans quel film Coluche a-t-il joué en Égypte, sous la direction de Dino Risi ?
19. Coluche est-il mort à 48 ans ou à 41 ans ?
20. Quel support le candidat Coluche a-t-il privilégié pour sa campagne présidentielle de 1981 ?

Réponses ▸ p. 277

271 LES VINS

1. La couleur du vin est-elle due à la couleur du jus contenu dans les grains ?
2. Le crépy est-il un vin blanc plat ou a-t-il tendance à perler ?
3. Quel est le seul vignoble de la région basque ?
4. Dans quelle région produit-on la clairette de Die ?
5. Les vins de Bordeaux sont-ils majoritairement des rouges ou majoritairement des blancs ?
6. Le lirac est-il produit dans la ville du même nom ou également dans trois autres communes ?
7. Le madiran est connu pour ses vins rouges foncés. Existe-t-il également des madiran rosés ?
8. Le patrimonio est-il un vin de la Corse du Sud ou de la Corse du Nord ?
9. Combien la Champagne compte-t-elle de communes productrices : 321 ou 231 ?
10. Le pouilly-fuissé est-il produit dans le Val-de-Loire ?
11. Le jurançon est-il un vin vendéen ou un vin d'Aquitaine ?
12. Existe-t-il des auxey-duresses rosés ?
13. Les margaux sont-ils des vins fins à très fins ou des vins corsés et charpentés ?
14. Le sancerre produit-il quatre fois plus de rouges que de blancs ou est-ce le contraire ?
15. Les meilleurs crus de champagne poussent-ils au sommet des coteaux ou à mi-coteau ?
16. Le tavel existe-t-il en vin rouge ?
17. Le vin jaune sent-il la noix ou la muscade ?
18. Les bourgognes peuvent-ils exister en blanc, rosé et rouge ?
19. Les vins de Saumur à bulle sont-ils des champagnes ou des mousseux ?
20. Le vignoble de belley est l'une des plus petites appellations de France, avec 54 ha, vrai ou faux ?

Réponses ▸ p. 277

272 ARTHUR RIMBAUD

1 **Rimbaud était originaire de Charleville.**
- Vrai
- Faux

2 ***Les Illuminations* est un recueil poétique d'Arthur Rimbaud.**
- Vrai
- Faux

3 **Rimbaud est l'auteur d'un sonnet intitulé *Consonnes*.**
- Vrai
- Faux

4 **Rimbaud a exposé sa théorie poétique dans la célèbre *Lettre du passant*.**
- Vrai
- Faux

5 **Il fut surnommé « L'Homme du Levant ».**
- Vrai
- Faux

6 **Rimbaud fut l'amant de Charles Baudelaire.**
- Vrai
- Faux

7 ***Le Dormeur du val* est un célèbre poème de Rimbaud.**
- Vrai
- Faux

8 **Rimbaud a écrit deux pièces de théâtre.**
- Vrai
- Faux

9 **Rimbaud fut amputé d'une jambe.**
- Vrai
- Faux

10 **Il est l'auteur d'un poème intitulé *Roman*.**
- Vrai
- Faux

11 **Rimbaud a renoncé à la poésie à l'âge de 22 ans.**
- Vrai
- Faux

12 **L'un des recueils poétiques de Rimbaud s'intitule *Un hiver en enfer*.**
- Vrai
- Faux

13 ***Le Bateau ivre* est un célèbre poème de Rimbaud.**
- Vrai
- Faux

14 **À la fin de sa vie, Rimbaud fut trafiquant d'armes en Afrique.**
- Vrai
- Faux

15 **Arthur Rimbaud est mort à 27 ans.**
- Vrai
- Faux

Réponses ▶ p. 277

273 LA NOBLESSE

1 **Qu'appelait-on la noblesse de robe ?**
- A : Les ecclésiastiques.
- B : Les magistrats.
- C : Les ministres.

2 **Quel(s) titre(s) de noblesse n'existai(en)t pas en France ?**
- A : Baron.
- B : Grand-duc.
- C : Archiduc.

3 **Quel(s) privilège(s) les nobles avaient-ils ?**
- A : Ils pouvaient porter une épée.
- B : Ils avaient le droit de chasser.
- C : Ils étaient décapités en cas de crime.

4 **Comment appelait-on les membres des lignages descendant de Saint Louis, appartenant au lignage royal ?**
- A : Les princes de sang.
- B : Les sang-bleu.
- C : Les sang-royal.

5 **De quoi les écuyers tranchants avaient-ils la charge ?**
- A : Ils apprenaient le maniement des armes aux jeunes rois.
- B : Ils découpaient la viande royale.
- C : Ils recherchaient et punissaient les traîtres du royaume.

6 **Quand les privilèges de la noblesse furent-ils abolis ?**
- A : À la Révolution.
- B : Sous la Commune.
- C : Pendant la monarchie de Juillet.

7 **Qui était appelé « Monsieur » ?**
- A : Le fils aîné du roi de France.
- B : Le frère cadet du roi de France.
- C : Le frère aîné du roi de France.

8 **Quelle(s) condition(s) fallait-il remplir pour prétendre au titre de dauphin ?**
- A : Être l'héritier du trône de France.
- B : Être majeur.
- C : Descendre du roi régnant.

9 **Qui a institué le majorat, ensemble de biens indispensables pour rendre un titre de noblesse héréditaire ?**
- A : Louis XIV.
- B : Napoléon Ier.
- C : Louis-Philippe.

10 **Qu'appelait-on le « tabouret de duchesse » ?**
- A : Le droit d'assister au repas d'une duchesse.
- B : Le droit de porter le siège d'une duchesse.
- C : Le droit pour une duchesse de s'asseoir en présence de la reine.

11 **De quoi les vidames avaient-ils la charge sous le régime féodal ?**
- A : Ils commandaient les troupes d'un évêque.
- B : Ils percevaient les impôts.
- C : Ils instruisaient les jeunes nobles.

12 **Qu'advint-il à la Restauration ?**
- A : La noblesse royale reprit ses titres.
- B : La noblesse d'Empire perdit ses titres.
- C : La noblesse d'Empire conserva ses titres.

13 **Qu'est-ce qui différenciait la noblesse d'Empire de la noblesse de l'Ancien Régime ?**
- A : Elle payait un impôt sur la fortune.
- B : Elle ne jouissait pas de privilèges.
- C : Elle n'était pas liée à une terre.

14 **Comment la noblesse acquise par l'achat d'une charge était-elle surnommée par la noblesse d'extraction ?**
- A : La savonnette à vilain.
- B : La brosse à reluire.
- C : Le chiffon à crottin.

15 **Quel était le plus haut de ces titres de noblesse ?**
- A : Chevalier.
- B : Comte.
- C : Marquis.

Réponses ▶ p. 277

274 POT-POURRI

- **1.** Quelle ville fut la capitale des Établissements français en Inde jusqu'en 1954 ?
- **2.** Comment désigne-t-on familièrement la fin du service militaire ?
- **3.** Quel établissement est chargé de la distribution de l'énergie électrique en France ?
- **4.** Quelle sainte joua un rôle décisif dans la guerre de Cent ans ?
- **5.** Qu'est-ce qui est « dur, dur », d'après la chanson de Jordy ?
- **6.** Quelle région est réputée pour ses santons ?
- **7.** Quel auteur dramatique était le fils de Lucien Guitry ?
- **8.** Que sont Gaumont et Pathé ?
- **9.** Complétez cette expression : « chercher midi à… »
- **10.** Que forme l'École centrale des arts et manufactures ?
- **11.** Quel est le style de la cathédrale de Chartres ?
- **12.** Quel personnage de dessin animé est inspiré du héros de ***Sans famille*** d'Hector Malot ?
- **13.** Le point culminant des Pyrénées se trouve-t-il en France ou en Espagne ?
- **14.** Quelle est la spécialité de la Manufacture nationale des Gobelins ?
- **15.** Quelle marque d'assouplissant a pour emblème un nounours blanc ?
- **16.** Quel chanteur est parfois surnommé « Schmoll » ?
- **17.** À quel siècle le courant impressionniste s'est-il développé ?
- **18.** Quel judoka participe à l'opération Pièces jaunes ?
- **19.** Quelle ville ne se situe pas dans le Gard : Narbonne ou Alès ?
- **20.** Quelle était la fonction de Philippe Douste-Blazy en mars 2006 ?

Réponses ▶ p. 277

Longues ou moyennes ondes

275 LES STATIONS DE RADIO

- **1.** Sur quelle fréquence pouvez-vous écouter Autoroute FM ?
- **2.** Quel oiseau a donné son nom à une station de radio : l'alouette ou le rossignol ?
- **3.** Quel nom de couleur associé au mot France donne le nom d'un réseau national de radio ?
- **4.** Quelle station de radio publique diffuse de l'information 24 heures sur 24 ?
- **5.** À quel groupe appartient la radio France Inter ?
- **6.** Quelle radio a pour slogan : « des hits et du fun » ?
- **7.** De quand date la création de la radio Le mouv' : 1980 ou 1997 ?
- **8.** Quel style de musique cette radio diffuse-t-elle majoritairement ?
- **9.** Quel animal s'élance sur le logo de NRJ ?
- **10.** Quels prix, récompensant les meilleurs artistes actuels, le groupe NRJ a-t-il créés ?
- **11.** Dans quelle région pouvez-vous écouter Oüi FM ?
- **12.** Que signifient les initiales de la radio RMC ?
- **13.** Dans quel style musical la radio Skyrock s'est-elle spécialisée ?
- **14.** Quelle radio n'existe pas : NFM ou RFM ?
- **15.** Radio Classique est-elle une radio privée ou publique ?
- **16.** Quelle radio diffuse en alternance des morceaux de musique et des sketches comiques ?
- **17.** Quelle radio a pour slogan : « Entrez dans la légende ! » : Chérie FM ou Nostalgie ?
- **18.** Quelle est la couleur du logo d'Europe 1 ?
- **19.** Quelle radio française est la première radio européenne ?
- **20.** À quoi correspond le « L » de RTL : « libre » ou « Luxembourg » ?

Réponses ▶ p. 277

276 LES MONUMENTS DE PARIS

1. Combien y a-t-il de marches du sol au sommet de la tour Eiffel, 837 ou 1665 ?
2. Quelle église de style romano-byzantin Paul Abadie a-t-il construite à partir de 1876 ?
3. Sur quelle place est érigé le plus grand des deux arcs de triomphe parisiens ?
4. Quel bâtiment moderne, construit dans la cour du Louvre, a suscité bien des polémiques ?
5. Quel monument fut la première demeure des rois capétiens avant de devenir une prison au XVe siècle ?
6. Dans quel arrondissement se trouve l'hôtel de ville de Paris, le 4e ou le 10e ?
7. Quel palais parisien abrite le Sénat ?
8. Quel bâtiment a été fondé par Louis XIV pour accueillir les soldats blessés ?
9. Depuis quel étage de la Tour Montparnasse peut-on admirer Paris, le 33e ou le 56e ?
10. Sur le frontispice de quel monument peut-on lire « Aux grands hommes la patrie reconnaissante » ?
11. Quelle fut la première femme à y être inhumée ?
12. Quel monument égyptien se dresse place de la Concorde ?
13. Quel monument inauguré en 1989 a été conçu pour prolonger l'« axe historique » de la ville ?
14. Qu'abrite le palais Bourbon ?
15. Quel est le plus ancien des opéras de Paris ?
16. Quel roi a fait construire la Sainte-Chapelle ?
17. La colonne Vendôme est-elle en marbre ou en bronze ?
18. Le musée national du Moyen Âge est-il installé dans des thermes gallo-romains ou dans l'hôtel de Cluny ?
19. Quel président de la République a donné son nom à la nouvelle Bibliothèque nationale de France ?
20. Quelle était la fonction première du bâtiment qui abrite aujourd'hui le musée d'Orsay ?

Réponses ▸ p. 277

Les **joyaux** de la capitale

277 FABIEN BARTHEZ

1. Fabien Barthez est né un 26 juin, était-ce en 1973 ou en 1971 ?
2. Quel a été le premier club de football dans lequel Fabien Barthez s'est inscrit ?
3. Quel a été le premier club professionnel de Barthez ?
4. Où Fabien Barthez est-il né ?
5. Pendant la Coupe du monde de 1998, qui embrassait le crâne de Barthez avant chaque coup d'envoi ?
6. En 1993, dans quel club Fabien Barthez se trouvait-il ?
7. Dans la saison 2004-2005, pour quelle raison Barthez est-il suspendu pour plusieurs mois ?
8. Barthez mesure-t-il 1,83 m ou 1,88 m ?
9. Combien a-t-il joué de matches pendant la Coupe du monde de 1998, 6 ou 7 ?
10. Barthez a-t-il été en 1993 le 1er ou le 2e gardien de but d'un club champion d'Europe ?
11. Combien de buts Fabien Barthez a-t-il encaissés lors de la Coupe du monde 1998 ?
12. En 1995, dans quel club Barthez est-il transféré ?
13. Qui a recruté Fabien Barthez en 1992 ?
14. Qui Barthez remplace-t-il comme gardien titulaire à Marseille en 1992 ?
15. Quel gardien de but Barthez remplace-t-il comme gardien titulaire pendant la saison 1989 ?
16. Combien Fabien Barthez a-t-il joué de matches en Coupe du monde ?
17. Pendant la Coupe du monde de 1998, lors de quelle rencontre Barthez a-t-il encaissé un but ?
18. La 1re sélection de Barthez en équipe de France a-t-elle été le 26 mai 1994 ou le 26 mai 1995 ?
19. Dans quel club anglais Barthez est-il parti en 2000 ?
20. En 1997, Barthez est-il champion de France en D1 ou en D2 ?

Réponses ▸ p. 277

278 LES EXPRESSIONS FRANÇAISES

Quelle est la fin de chacune de ces expressions ?

- **1.** À bâtons…
- **2.** Être au bout…
- **3.** Être mi-figue…
- **4.** Prendre au pied de…
- **5.** Passer comme une lettre…
- **6.** Ê tre comme un coq…
- **7.** S'ennuyer comme un rat…
- **8.** Tirer des plans…
- **9.** Valoir son pesant…
- **10.** Faire contre mauvaise fortune…
- **11.** Clouer le…
- **12.** Filer à…
- **13.** Avoir maille à…
- **14.** Compter pour…
- **15.** Marquer d'une…
- **16.** À tout bout…
- **17.** Mettre la puce…
- **18.** Remettre aux calendes…
- **19.** Donner sa langue…
- **20.** Devoir une fière…

Réponses ▸ p. 277

279 LE MUSÉE D'ORSAY

- **1.** Auparavant, le musée était une gare. Quelle ligne desservait-elle ?
- **2.** Combien de salles ou galeries différenciées le musée comprend-il ?
- **3.** En règle général, les œuvres présentées sont-elles du XIIIe ou du XIXe siècle ?
- **4.** Quel célèbre tableau de Jean-François Millet peut-on voir à Orsay ?
- **5.** Quelle longueur le bâtiment fait-il ?
- **6.** Des expositions temporaires sont-elles présentées régulièrement ou épisodiquement ?
- **7.** Peut-on voir les premières œuvres des impressionnistes à Orsay ?
- **8.** Quel élément de protection court le long de la façade ?
- **9.** Orsay est-il un musée national ou un musée municipal ?
- **10.** Le tableau ***La Source***, de Jean-Auguste-Dominique Ingres, représente-t-il une rivière ou une femme nue ?
- **11.** De quel musée les collections nationales d'Orsay proviennent-elle essentiellement ?
- **12.** Quelle est la hauteur du hall sous la nef : 32 ou 44 m ?
- **13.** Qui décida officiellement la construction du musée d'Orsay ?
- **14.** Delacroix est-il représenté à Orsay ?
- **15.** Quel architecte construisit le bâtiment, Victor Laloux ou Lucien Magne ?
- **16.** Sur combien de niveaux le musée s'étend-il ?
- **17.** Quelle a été la fréquentation du musée en 2004 : environ 2 ou 2,5 millions de visiteurs ?
- **18.** Quand le musée a-t-il ouvert ses portes au public ?
- **19.** Quel est le tableau mythique du musée ?
- **20.** Qui a peint le grand tableau de 2,58 m de long intitulé ***Tepidarium*** ?

Réponses ▸ p. 277

Impressionnant !

280 LES FEUILLES

Nommez les arbres ou arbustes auxquels appartiennent ces feuilles.

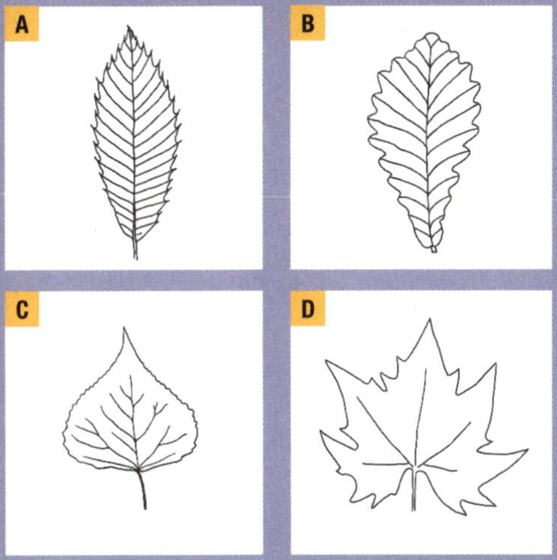

Réponse ▶ p. 277

281 LES HOMMES DE LOI

▶ **1.** Quel juge était en charge de l'affaire d'Outreau ?

▶ **2.** Quel ancien président de la République était avocat de formation ?

▶ **3.** Quel avocat fut le défenseur, entre autres, d'Omar Raddad, du préfet Bonnet et de Slobodan Milosevitch ?

▶ **4.** Quelle juge était chargée de l'instruction sur l'assassinat de l'Ivoirien Firmin Mahé par des soldats français ?

▶ **5.** Quel juge est l'auteur du livre ***Sept ans de solitude*** ?

▶ **6.** Quel politicien, farouche opposant de la peine de mort, fut l'avocat de Patrick Henry ?

▶ **7.** Quel juge était en charge de l'affaire concernant le meurtre de Grégory Villemin ?

▶ **8.** Quel avocat et député voulait traduire le président Chirac en justice pour le financement illégal du R.P.R. ?

▶ **9.** Quel procureur s'est fait connaître grâce à l'affaire Olympique de Marseille-Valenciennes ?

▶ **10.** Comment se prénomme le fils de Serge Klarsfeld, défenseur des déportés en France, avocat lui aussi ?

Réponses ▶ p. 277

282 ARCHITECTURE

1 De quelle ville américaine l'architecte Pierre Charles L'Enfant a-t-il dessiné les plans ?
- A : New York.
- B : Philadelphie.
- C : Washington.

2 De quel style architectural Louis Le Vau est-il l'un des plus célèbres représentants ?
- A : Le classicisme.
- B : Le néo-classicisme.
- C : Le style rocaille.

3 Quel hôtel particulier parisien attribue-t-on à Pierre Lescot ?
- A : L'hôtel de Ligneris (Carnavalet).
- B : L'hôtel de Sully.
- C : L'hôtel Matignon.

4 Quelle était la spécialité d'Eugène Viollet-le-Duc ?
- A : Les constructions en bois.
- B : La rénovation d'édifices célèbres.
- C : Les ponts.

5 De quelle région le mas est-il la demeure traditionnelle ?
- A : La Bretagne.
- B : La Bourgogne.
- C : La Provence.

6 Quand le style gothique a-t-il été abandonné ?
- A : Au xiie siècle.
- B : Au xvie siècle.
- C : Au xixe siècle.

7 Qu'étaient les bastides, au Moyen Âge ?
- A : Des ouvrages fortifiés.
- B : Des pavillons de campagne.
- C : De petites tours de brique.

8 Où se trouve la plus ancienne mosquée de France ?
- A : À Paris.
- B : À Saint-Denis de la Réunion.
- C : À Mulhouse.

9 À quel siècle Théodore Ballu, à qui l'on doit l'hôtel de ville de Paris, a-t-il vécu ?
- A : xve siècle.
- B : xviie siècle.
- C : xixe siècle.

10 Quels habitats particuliers peut-on découvrir le long de la Loire, en Touraine ?
- A : Des maisons troglodytiques.
- B : Des maisons à colombages.
- C : Des maisons sur pilotis.

11 Sous le règne de quel roi François Mansart imposa-t-il son architecture ?
- A : Charles X.
- B : Louis XIII.
- C : Louis XVIII.

12 Quel style n'a pas existé ?
- A : Le gothique rayonnant.
- B : Le gothique flamboyant.
- C : Le gothique étincelant.

13 En quoi le nom de Germain Soufflot est-il associé à l'église Sainte-Geneviève, devenue le Panthéon ?
- A : Il l'a édifiée.
- B : Il l'a rasée puis reconstruite.
- C : Il y est inhumé.

14 Quelle caractéristique correspond à l'architecture religieuse romane ?
- A : Le plan en croix latine.
- B : La croisée d'ogives.
- C : Les rosaces de vitraux.

15 Quels plans n'ont pas été dessinés par Alexandre Brongniart ?
- A : Ceux de la Bourse de Paris.
- B : Ceux du cimetière du Père-Lachaise.
- C : Ceux de l'église de la Madeleine.

Réponses ▶ p. 277

283 LES COMÉDIES MUSICALES

- **1.** Quel personnage Garou incarna-t-il dans la comédie musicale ***Notre-Dame de Paris*** ?
- **2.** Qui a composé la musique de cette comédie musicale ?
- **3.** Qui incarnait Phébus dans la première troupe ?
- **4.** Quelle comédie musicale est inspirée d'un épisode de l'Ancien Testament ?
- **5.** Qui Daniel Lévi incarnait-il dans cette comédie musicale ?
- **6.** En quelle année cette comédie musicale a-t-elle vu le jour : 1995 ou 2000 ?
- **7.** De quelle comédie musicale la chanson ***Les Rois du monde*** est-elle extraite ?
- **8.** Quel film musical de Jacques Demy a été adapté en comédie musicale ?
- **9.** Les héroïnes entonnent le célèbre refrain : « Nous sommes deux… »
- **10.** Sous quel « signe » sont-elles nées ?
- **11.** À qui doit-on la comédie musicale ***Roméo et Juliette*** : Gérard Presgurvic ou Maxime Le Forestier ?
- **12.** Qui tenait le rôle de Juliette : Julie Zenatti ou Cécilia Cara ?
- **13.** Quelle comédie musicale est inspirée de la vie de Louis XIV ?
- **14.** Quelle chanson était interprétée par trois des personnages principaux de ***Notre-Dame de Paris*** ?
- **15.** À qui doit-on le conte musical ***Émilie jolie*** ?
- **16.** À quel public ce conte était-il destiné ?
- **17.** Quel opéra rock Michel Berger a-t-il composé ?
- **18.** Était-ce en 1969 ou en 1978 ?
- **19.** Qui tenait l'un des rôles principaux : Daniel Balavoine ou Jean-Luc Lahaye ?
- **20.** De quelle comédie musicale la chanson ***La Peine maximum*** est-elle extraite ?

Réponses ▶ p. 277

Télévision

284 FRANCE 3

- **1.** En quelle année la chaîne a-t-elle vu le jour, 1972 ou 1981 ?
- **2.** Quel était le nom de la chaîne avant la création du groupe France Télévisions ?
- **3.** Que signifiaient les lettres de ce nom ?
- **4.** À quelle heure est diffusé le feuilleton ***Plus belle la vie***, 17 h 40 ou 20 h 20 ?
- **5.** Combien y a-t-il de coupures publicitaires dans les films diffusés sur France 3 ?
- **6.** Qui anime ***Vie privée, vie publique*** ?
- **7.** À quelle épreuve sont soumis les candidats des ***Dicos d'or*** ?
- **8.** Quel chef anime ***Bon appétit bien sûr***, Alain Ducasse ou Joël Robuchon ?
- **9.** Quel était le logo de la chaîne en 1975, un globe terrestre ou un œil ?
- **10.** Qui présentait ***Des racines et des ailes*** avant de devenir président du groupe France Télévisions ?
- **11.** Qu'était le fameux « nourrain » des ***Jeux de vingt heures***, un cadeau surprise ou une tirelire ?
- **12.** Quel journal allie actualité régionale et nationale ?
- **13.** Dans quelle émission quotidienne de nombreux humoristes ont-ils fait leurs premières armes ?
- **14.** Combien la chaîne comptait-elle de stations régionales à l'origine, 12 ou 21 ?
- **15.** De quelle émission le nom de Georges Pernoud est-il indissociable ?
- **16.** Comment était la « minute » de monsieur Cyclopède ?
- **17.** Qui présenta ***La Marche du siècle*** jusqu'en 1998 ?
- **18.** Quelles sont les couleurs du logo de France 3 ?
- **19.** Quelle émission n'existe pas, ***J'ai pas faim*** ou ***J'ai pas sommeil*** ?
- **20.** Qui Micheline assistait-elle dans ***La Cuisine des mousquetaires*** ?

Réponses ▶ p. 277

285 AFFAIRES JUDICIAIRES ET SCANDALES POLITICO-FINANCIERS

1. À quelle affaire le meurtre de 3 Anglais dans les Basses-Alpes en 1952 a-t-il donné lieu ?
2. Quel abbé a été condamné pour sa responsabilité dans la mort en mer de 4 scouts ?
3. Quel homme, accusé en 1923 de la mort d'un conseiller général, son petit-fils veut-il réhabiliter ?
4. Quels mots écrits en lettres de sang ont fait accuser Omar Raddad du meurtre de Ghislaine Marchal ?
5. Dans quelle affaire Christine Deviers-Joncour, maîtresse de Roland Dumas, a-t-elle été impliquée ?
6. Dans quelle affaire liée au SIDA le docteur Garretta a-t-il été condamné ?
7. De quel petit garçon, retrouvé noyé en 1984, n'a-t-on jamais identifié formellement l'assassin ?
8. Quel parti politique est impliqué dans l'affaire des emplois fictifs de la mairie de Paris ?
9. De quoi les personnes mises en examen dans l'affaire d'Outreau étaient-elles accusées ?
10. Quel assassin fut surnommé « le Tueur de l'Est parisien » ?
11. De quel département Claude Érignac, assassiné en 1998, était-il préfet ?
12. Quel sport a été entaché par l'affaire Festina ?
13. Quelle banque a donné son nom à une affaire de délit d'initiés en 1988 ?
14. Comment a-t-on appelé les 7 jeunes filles déficientes mentales victimes d'Émile Louis ?
15. Quel poste occupait Hervé Guaymard quand éclata l'affaire liée à son appartement ?
16. Quel incendie le préfet Bonnet fut-il accusé d'avoir ordonné ?
17. Qui était impliqué dans l'affaire des marchés publics d'Île-de-France, Guy Drut ou Alfred Sirven ?
18. Quel homme, accusé du meurtre de 2 jeunes garçons, a été innocenté en 2002 après 15 ans de prison ?
19. À quel pays les frégates, au centre d'un célèbre scandale financier, avaient-elles été vendues ?
20. Durant le septennat de quel président les écoutes téléphoniques illégales de l'Élysée ont-elles eu lieu ?

Réponses ▸ p. 277

286 LE CENTRE

1. Quel grand festival international se déroule chaque année en juillet à Chartres ?
2. La ville de Sancerre est-elle entourée de rivières ou de vignobles ?
3. Quelle sorte de pont rencontre-t-on à Briare ?
4. Où peut-on admirer le jardin de George Sand ?
5. Où le tombeau de Sully se trouve-t-il ?
6. L'Orléanais fait-il partie de la région Centre ?
7. La cathédrale de Chartres possède-t-elle une ou deux flèches ?
8. Quel musée peut-on voir à Illiers-Combray, le musée de Marcel Cerdan ou le musée de Marcel Proust ?
9. La spécialité de Gien est-elle la dentelle ou la faïencerie ?
10. Quelle culture s'étend à perte de vue en Beauce ?
11. Un monument de Bourges a été classé au patrimoine mondial de l'Unesco en 1992 : lequel ?
12. Où peut-on découvrir des grottes pétrifiantes en Indre-et-Loire ?
13. Par quelles étendues d'eau la Sologne est-elle parsemée ?
14. À quel siècle le château de Chinon a-t-il été construit ?
15. À quelle variété de cheval le Perche a-t-il donné son nom ?
16. Quelle ville du Cher renferme le musée des Meilleurs Ouvriers de France ?
17. Dans quel château, visitable de nos jours, le duc de Guise fut-il assassiné ?
18. La ville d'Amboise renferme un musée très étonnant : lequel ?
19. Comment le créateur de la maison Picassiette, à Chartres, s'appelait-il ?
20. Le centre nucléaire de production d'électricité de Chinon est-il à Chinon même ou à Avoine, à proximité ?

Réponses ▸ p. 277

287 LE FESTIVAL DE CANNES

- **1.** Dans quel bâtiment se tient le festival de Cannes ?
- **2.** Quel est le prix le plus prestigieux du festival de Cannes ?
- **3.** Comment appelle-t-on les jeunes filles qui cherchent à attirer les photographes pendant le festival ?
- **4.** Dans quelle section le film vainqueur obtient-il une aide à la distribution en France ?
- **5.** À quel mois se déroule le festival de Cannes ?
- **6.** Quel film de Quentin Tarantino a obtenu la palme d'or en 1994 ?
- **7.** En quelle année a eu lieu la première édition du festival, 1946 ou 1960 ?
- **8.** Quel prix n'est pas décerné à Cannes, le lion d'or ou la caméra d'or ?
- **9.** La sélection officielle comporte-t-elle une section Moyens métrages ?
- **10.** Quel prix est décerné au meilleur acteur ?
- **11.** Quel film français, tiré d'un roman de Bernanos, a obtenu la palme d'or en 1987 ?
- **12.** Qui fut le président du jury en 2005, Emir Kusturika ou Tim Burton ?
- **13.** Le grand théâtre où sont projetés les films de la sélection officielle s'appelle-t-il Lumière ou Chaplin ?
- **14.** En 1998, Natacha Régnier et Élodie Bouchez ont été récompensées pour leur rôle dans un même film, lequel ?
- **15.** Quel événement se tient en parallèle à la sélection officielle, la Quinzaine des réalisateurs ou le Midem ?
- **16.** Combien de membres composent le jury de la Cinéfondation et des courts métrages, cinq ou huit ?
- **17.** Dans quelle ville se trouve la Résidence du Festival de Cannes, qui aide de jeunes réalisateurs ?
- **18.** La palme d'or s'est-elle toujours appelée ainsi ?
- **19.** Laquelle n'existe pas, Radio Festival ou TV Festival ?
- **20.** Quel écrivain a présidé le jury du festival de Cannes, Françoise Sagan ou Jean Giono ?

Réponses ▸ p. 277

288 LE SÉNAT

- **1.** Où le Sénat siège-t-il, à Paris ?
- **2.** Quel autre nom le Sénat porte-t-il ?
- **3.** Combien y a-t-il de sénateurs ?
- **4.** Les sénateurs sont-ils élus au suffrage universel direct ou indirect ?
- **5.** Quel est l'âge d'éligibilité des candidats aux élections sénatoriales ?
- **6.** De 9 ans, la durée du mandat sénatorial vient-elle d'être abaissée à 6 ans ou à 5 ans ?
- **7.** Quelle est la durée du mandat du président du Sénat ?
- **8.** Quel est l'actuel président du Sénat ?
- **9.** La moyenne d'âge des sénateurs est-elle plus élevée ou moins élevée que celle des députés ?
- **10.** Le président du Sénat est-il le 2e ou le 3e personnage de l'État ?
- **11.** Chaque sénateur a-t-il droit à un secrétariat personnel ?
- **12.** Combien de groupes politiques sont-ils représentés au Sénat ?
- **13.** Quel personnage de l'État n'a pas le droit de se rendre au Sénat ?
- **14.** Qui est maître de l'ordre du jour prioritaire du Parlement ?
- **15.** Comment la transmission des textes de loi entre les deux assemblées s'appelle-t-elle ?
- **16.** Sous la Ve République, combien de présidents de la République n'ont pas été présidents du Sénat ?
- **17.** Combien de sénateurs sont-ils élus en Nouvelle-Calédonie ?
- **18.** Quel est le montant net de l'indemnité parlementaire mensuelle, fin 2005 ?
- **19.** Le nombre de sénateurs sera augmenté en 2007 puis en 2010 : il arrivera à 346 ou à 366 sièges ?
- **20.** Où le président du Sénat loge-t-il ?

Réponses ▸ p. 277

289 LES HISTOIRES D'AMOUR

1. Qui est aimée de Paul dans l'œuvre de Bernardin de Saint-Pierre ?
2. Quel roman raconte l'histoire d'amour entre Julien Sorel et madame de Rénal ?
3. De quelle héroïne célèbre Rodolphe Boulanger est-il l'amant : Emma Bovary ou Eugénie Grandet ?
4. De qui Valmont s'éprend-il dans ***Les Liaisons dangereuses*** : la marquise de Merteuil ou la présidente de Tourvel ?
5. Qui est l'amant de la reine Guenièvre, l'épouse du roi Arthur ?
6. Quel romancier raconte l'amour impossible d'Ugolin pour la belle Manon ?
7. Quel lien unit Cyrano de Bergerac à Roxane ?
8. De qui Claude Frollo et Quasimodo sont-ils tous deux amoureux ?
9. Qui a écrit ***La Princesse de Clèves*** : Madame de Sévigné ou Madame de La Fayette ?
10. Lequel des quatre mousquetaires d'Alexandre Dumas est épris de Constance Bonacieux ?
11. Quel auteur tragique raconte l'histoire d'amour contrariée de Junie et Britannicus ?
12. L'héroïne de l'abbé Prévost a pour nom Lescaut, quel est son prénom : Manon ou Julie ?
13. Avec qui Héloïse correspondit-elle fidèlement ?
14. Dans quelle tragédie Chimène demande-t-elle à Rodrigue s'il a du cœur ?
15. Qu'est-ce qui est à l'origine de l'amour entre Tristan et Yseult : un philtre ou un sortilège ?
16. Qui a écrit ***Le Jeu de l'amour et du hasard*** ?
17. De quel roman de Barjavel Eléa et Païkan sont-ils les héros : ***La Nuit des temps*** ou ***Le Grand Secret*** ?
18. Quel est le prénom du mari de Claudine dans ***Claudine en ménage*** de Colette ?
19. Lucas, dont s'éprend Zofia dans ***Sept jours pour une éternité*** de Marc Lévy, est-il un ange ou un démon ?
20. À quelle époque ***Tristan et Yseult*** a-t-il été écrit ?

Réponses ▸ p. 277

Amour

290 LA MUSIQUE DES ANNÉES 1980

1. Qui chantait ***C'est l'amour à la plage*** ?
2. Comment est la « nuit » de Catherine Lara en 1986 ?
3. Qu'est-ce qui « n'est pas si facile » selon Cookie Dingler ?
4. Avec qui David chantait-il ***Est-ce que tu viens pour les vacances*** ?
5. Qui chantait en duo avec Sloane ?
6. Que fait Macumba dans la chanson de Jean-Pierre Mader ?
7. À qui Julie Pietri dit-elle de se lever dans une chanson ?
8. Quel est l'unique tube de Caroline Loeb ?
9. Dans quelle chanson de Pierre Bachelet « trois milliards de fourmis » courent-elles après nous ?
10. Quel dessert a donné son nom à un tube de Lio ?
11. Quel groupe chantait ***Le Bal masqué*** en 1984 ?
12. Au début des années 1980, Marc Lavoine chante ***Elle a les yeux***…
13. Qui fait des « bêtises », Sabine Paturel ou Lio ?
14. Quel est le tube de Guesch Patti en 1987 ?
15. Qui entraîne le groupe Images « au bout de la nuit » ?
16. Qui chantait ***Le Mambo du décalco*** ?
17. Quelle chanson de Daniel Balavoine commence par ces mots : « Petite rue de Casbah au milieu de Casa » ?
18. Quelle île Laurent Voulzy a-t-il chantée ?
19. En 1980, Jean Schultheis chante ***Confidence pour***…
20. Quel tube a fait connaître Desireless ?

Réponses ▸ p. 277

291 JEAN DE LA FONTAINE

1. Quel est le « moindre défaut » de la fourmi, selon Jean de La Fontaine ?
2. Sous le règne de quel roi Jean de la Fontaine a-t-il vécu ?
3. Quel animal « se désaltérait dans le courant d'une onde pure » ?
4. D'après la fable, « rien ne sert de courir… »
5. Dans quelle fable deux rats partagent-ils un repas ?
6. Qu'est-ce qui plie mais ne rompt pas ?
7. De qui a-t-on souvent besoin d'après la fable ?
8. Qu'arrive-t-il au pot de terre dans la fable ?
9. À quel animal la grenouille tente-t-elle de ressembler ?
10. De quel fabuliste antique Jean de La Fontaine s'est-il inspiré pour ses fables : Ésope ou Homère ?
11. Qui tient conseil dans une fable : les chats ou les rats ?
12. À quelle condition petit poisson deviendra-t-il grand ?
13. Qui invite le renard à dîner ?
14. Avec quel animal la tortue fait-elle la course ?
15. En combien de livres les ***Fables*** sont-elles divisées : quatre ou douze ?
16. De quoi les animaux sont-ils malades dans une célèbre fable ?
17. Par quoi les fables se terminent-elles souvent ?
18. Dans la fable, à qui le laboureur s'adresse-t-il : son bœuf ou ses enfants ?
19. Par l'odeur de quoi le renard est-il alléché ?
20. Dans quelle fable lit-on : « Aide-toi et le ciel t'aidera » ?

Réponses ▶ p. 277

Fabuleux fabuliste !

292 GEORGES BRASSENS

1. De quoi Georges Brassens n'aurait-il jamais dû s'éloigner dans une chanson ?
2. Qui a « donné quatre bouts de bois » dans une chanson ?
3. Il est des jours où qui s'en fout ?
4. Quand la cane de Jeanne est-elle morte ?
5. Où les amoureux se « bécotent »-ils ?
6. Brassens a-t-il chanté ***La Chasse aux papillons*** ou ***La Chasse à courre*** ?
7. Dans quelle ville Georges Brassens est-il né et est-il enterré ?
8. Qu'est-ce que « les braves gens n'aiment pas » ?
9. Dans quelle chanson Brassens chante-t-il : « Ne gravons pas nos noms au bas d'un parchemin » ?
10. Quel animal s'échappe de sa cage dans un succès de Brassens ?
11. Complétez ce refrain célèbre : « Le temps ne fait rien à l'affaire… »
12. Avec quels chanteurs Brassens participe-t-il à un entretien historique en 1969 sur RTL ?
13. Quelle chanson commence par ces mots : « Non, ce n'était pas le radeau de la Méduse, ce bateau » ?
14. Qui avait des sabots « tout crottés » ?
15. Qu'est-ce qui est « bien mal embouché » dans une chanson ?
16. Quel théâtre Brassens affectionnait-il particulièrement, Bobino ou Mogador ?
17. En quoi une jolie vache est-elle déguisée dans une chanson ?
18. Brassens a-t-il chanté ***Le Phonographe*** ou ***Le Pornographe*** ?
19. Brassens a-t-il chanté sur l'album de ***Starmania*** ou d'***Émilie jolie*** ?
20. Qu'est-ce qui nous « emmerde » sans le latin ?

Réponses ▶ p. 277

293 POINT COMMUN

Qu'ont en commun ces quatre dessins ?

Réponse ▶ p. 277

100 ans

294 LES TABLEAUX CÉLÈBRES

À quel peintre doit-on chacune des œuvres suivantes ?

- 1. ***Les Joueurs de cartes***.
- 2. ***Jane Avril dansant***.
- 3. ***Les Bergers d'Arcadie***.
- 4. ***Les Coquelicots***.
- 5. ***Le Moulin de la Galette***.
- 6. ***La Grande Odalisque***.
- 7. ***Les Sabines***.
- 8. ***L'Embarquement pour Cythère***.
- 9. ***Olympia***.
- 10. ***La Cathédrale de Rouen***.

Réponses ▶ p. 277

295 LA GUERRE DE CENT ANS

1 En quelle année la guerre de Cent Ans a-t-elle débuté ?
☐ A : 1337. ☐ B : 1452. ☐ C : 1689.

2 Qui était roi de France à ce moment-là ?
☐ A : Louis XI.
☐ B : Philippe VI de Valois.
☐ C : Charles IX.

3 Édouard III d'Angleterre revendiquait la couronne en tant que descendant de Philippe le Bel, qui était...
☐ A : Son père. ☐ B : Son grand-père.
☐ C : Son oncle.

4 Quel traité cédait aux Anglais le Sud-Ouest de la France ?
☐ A : Le traité de Paris.
☐ B : Le traité de Retondes.
☐ C : Le traité de Brétigny.

5 Quel roi français fut capturé par les Anglais après la défaite de Poitiers ?
☐ A : Jean II le Bon.
☐ B : Philippe II le Hardi.
☐ C : Charles VI.

6 Quel était le titre de Du Guesclin, l'une des grandes figures de la guerre de Cent Ans ?
☐ A : Chambellan.
☐ B : Connétable. ☐ C : Intendant.

7 Quelle ville resta aux Anglais après les victoires que Du Guesclin remporta sur eux ?
☐ A : Orléans.
☐ B : Reims.
☐ C : Calais.

8 Quelle faction s'opposa aux Bourguignons, permettant aux Anglais de reprendre l'avantage ?
☐ A : Les Armagnacs. ☐ B : Les Girondins.
☐ C : Les Normands.

9 Comment le fils d'Édouard III était-il surnommé ?
☐ A : Le Lion.
☐ B : Le Chevalier sans Peur.
☐ C : Le Prince Noir.

10 Quel territoire acquis par les Anglais fut restitué à la France à la fin de la guerre de Cent Ans ?
☐ A : L'Armorique.
☐ B : La Guyenne.
☐ C : La Provence.

11 Dans quelle commune du Pas-de-Calais Henri V d'Angleterre vainquit-il les Français ?
☐ A : Arras.
☐ B : Béthune.
☐ C : Azincourt.

12 Quel traité faisait du roi d'Angleterre le régent du royaume de France ?
☐ A : Le traité de Troyes.
☐ B : Le traité de Valence.
☐ C : Le traité de Tours.

13 Quelle victoire française mit fin à la guerre de Cent Ans ?
☐ A : La victoire de Lens.
☐ B : La victoire de Castillon.
☐ C : La victoire de Mâcon.

14 Comment Charles VII était-il surnommé avant que Jeanne d'Arc ne l'aide à être couronné à Reims ?
☐ A : Le roi de Bourges.
☐ B : Le roi de Navarre.
☐ C : Le roi d'Angoulême.

15 En quelle année la guerre de Cent Ans a-t-elle pris fin ?
☐ A : 1453.
☐ B : 1598.
☐ C : 1712.

Réponses ▶ p. 277

296 LES FUNÉRAILLES

- **1.** À part l'enterrement, quelle autre sorte de funérailles est possible en France ?
- **2.** De quand la liberté de funérailles date-t-elle ?
- **3.** Dans la chrétienté, que permet l'enterrement, plus tard ?
- **4.** Depuis quand la crémation est-elle autorisée dans la religion catholique ?
- **5.** Quel jour fleurit-on de préférence les cimetières ?
- **6.** La fleur privilégiée pour fleurir les tombes est-elle le chrysanthème ou le cyclamen ?
- **7.** Les fleurs sont-elles posées sur la tombe ou devant la tombe ?
- **8.** Comment les écrits gravés sur les tombes s'appellent-ils ?
- **9.** Pour avertir les proches d'un décès, qu'envoie-t-on par la poste ?
- **10.** Donnez un autre nom pour désigner les morts commençant par la lettre « t ».
- **11.** Dans quelle rubrique d'un journal les avis de décès sont-ils publiés ?
- **12.** Sous quel autre nom cette rubrique est-elle parfois appelée ?
- **13.** Quelle sonnerie de cloches entend-on lors d'un décès ou de funérailles : le glas ou le tocsin ?
- **14.** Comment la fête des martyrs et de tous les saints s'appelle-t-elle ?
- **15.** À quelle date le jour des Morts se situe-t-il ?
- **16.** Quel est l'autre nom du jour des Morts ?
- **17.** Que brûlait-on jadis en Bretagne dans la cheminée le soir de la Toussaint ?
- **18.** Autrefois, le jour des Morts était-il travaillé ou chômé ?
- **19.** Depuis quelle période la Toussaint est-elle célébrée le 1er novembre en France ?
- **20.** Dans quelle île les cloches sonnaient-elles jadis toute la nuit de la Toussaint ?

Réponses ▸ p. 277

297 VALÉRY GISCARD D'ESTAING

- **1.** Valéry Giscard d'Estaing est-il né en 1926 ou en 1927 ?
- **2.** Est-il né en France ou en Allemagne ?
- **3.** Quand a-t-il commencé sa carrière politique ?
- **4.** Le couple Giscard d'Estaing a-t-il eu 3 ou 4 enfants ?
- **5.** Qui a été autorisé à « relever » le nom de d'Estaing et à l'accoler à celui de Giscard ?
- **6.** De quel département Giscard d'Estaing a-t-il été élu député en 1956 ?
- **7.** En 1966, de quelle fédération prend-il la présidence ?
- **8.** Quel ministre s'est suicidé pendant la présidence de Giscard ?
- **9.** Globalement, la politique de Giscard d'Estaing a-t-elle réussi ou a-t-elle échoué ?
- **10.** Quel poste ministériel Giscard d'Estaing a-t-il occupé de 1969 à 1974 ?
- **11.** À quelle noble assemblée est-il élu en décembre 2003 ?
- **12.** Après son élection présidentielle, qui nomme-t-il comme Premier ministre ?
- **13.** Avec qui Giscard d'Estaing a-t-il pris des petits déjeuners très médiatisés ?
- **14.** De quelle ville du Puy-de-Dôme Giscard d'Estaing a-t-il été conseiller général de 1982 à 1988 ?
- **15.** Avec qui Giscard d'Estaing a-t-il présenté ses vœux aux Français certaines années ?
- **16.** Lors de son allocution télévisée de départ, quel symbole fort Giscard a laissé derrière lui en partant ?
- **17.** Au sein de la construction européenne, quel a été son plus proche collaborateur étranger ?
- **18.** En août 1976, qui Giscard d'Estaing nomme-t-il Premier Ministre ?
- **19.** De quelle région Giscard d'Estaing est-il président du conseil régional en 1986 ?
- **20.** Quelle affaire mettant en cause le président Bokassa a terni les dernières années de son septennat ?

Réponses ▸ p. 277

V.G.E.

Loire Seine Garonne

298 LES COURS D'EAU

1. Combien de départements français sont-ils traversés par la Garonne ?
2. Quel est le plus important bassin fluvial de France ?
3. Quelles constructions protègent les riverains des crues de la Loire ?
4. Sur les quatre grands fleuves français, combien prennent leur source sur le territoire national ?
5. Quelle est la plus grande voie de navigation française et européenne ?
6. La Moselle est un affluent du Rhin. Ce dernier est-il situé sur sa rive gauche ou sur sa rive droite ?
7. Existe-t-il des écluses sur la Seine ?
8. Comment s'appelle le lieu d'où la Garonne, née en Espagne, resurgit en France ?
9. Quel est le seul bassin fluvial uniquement situé sur le territoire national ?
10. De quelle période les premières digues de la Loire datent-elles ?
11. Le cours de la Marne est-il entièrement français ?
12. Quelle est la superficie du bassin fluvial du Rhône ?
13. Comment appelle-t-on les navires à fond plat destinés au transport des marchandises sur rivières ?
14. Quel est le plus grand affluent de la Loire ?
15. Combien le bassin de la Garonne englobe-t-il de départements : 11 ou 17 ?
16. Dans quelle rivière l'Aveyron se jette-t-il ?
17. Le delta du Rhône mesure-t-il 570 ou 750 km^2 ?
18. Combien la Seine traverse-t-elle de départements : 8 ou 13 ?
19. Dans quelle île des Dom la rivière des Marsouins se trouve-t-elle ?
20. Quelle rivière sert, pour une part, de frontière entre la Guyane française et le Brésil ?

Réponses ▶ p. 278

299 LES PETITS GÂTEAUX ET CHOCOLATS

1. À quoi ressemblent les friandises appelées picodons de Vals-les-Bains ?
2. Les duchesses de Dijon sont des friandises fourrées à quoi ?
3. Dans le Loir-et-Cher, une des spécialités de Romorantin est-elle les croquets ou les macarons ?
4. Les muscadins de Nantes sont-ils des friandises ou des truffes fourrées ?
5. Quelle forme ont les chocolats bretons appelés Kalon Breitz ?
6. Qu'évoquent les chocolats de Chambéry appelés taumomarc ?
7. Quelle est la forme de l'emballage de la friandise appelée les grapillons ?
8. Les navettes d'Albi sont-elles des chocolats ou des petits gâteaux appréciés avec un vin sucré ?
9. De quelle ville proviennent les bonbons au chocolat appelés tartarinades ?
10. À quelle liqueur les chocolats d'Anjou appelés gourmandines sont-ils fourrés ?
11. Quelle est la forme des choucots de noisettes, que l'on trouve à Beaume-les-Dames, en Bourgogne ?
12. Les sablés de Sablé-sur-Sarthe sont-ils des gâteaux secs ou des gâteaux mous ?
13. Les françoises de Foix sont-elles des chocolats ou des biscuits au raisin ?
14. Quel fruit macéré dans du vieux marc les truffes blanches de Lyon renferment-elles ?
15. Que renferment les muscadins de Nantes ?
16. Quelle forme ont les chocolats lyonnais appelés papalines ?
17. Les crassiers de Longwy sont-ils des chocolats fourrés à la mirabelle ou au kirsch ?
18. Comment s'appellent les chocolats à la ganache de Moulins, dans l'Allier ?
19. La truffe d'Aix-en-Provence est-elle aux noisettes grillées ou aux noix grillées ?
20. De quelle couleur sont les chocolats appelés délices de Salies, à Salies-du-Béarn ?

Réponses ▶ p. 278

300 Les vacances des Français

1. En 10 ans, le tourisme industriel et technique pendant les vacances a-t-il doublé ou triplé ?

2. Pour les statistiques françaises, les vacances commencent-elles à partir de 4 ou de 6 nuitées passées hors de chez soi ?

3. Quel type de vacances les Français privilégiaient-ils en juin 2005, les séjours chez des amis ou en famille, ou les séjours en camping-caravaning ?

4. Dans ce sondage de juin 2005, quel pourcentage de Français disait avoir prévu un séjour dans leur résidence secondaire, 7 ou 15 % ?

5. La 1re quinzaine d'août est la plus chargée en séjours de vacances. Quelle proportion représente-t-elle dans les départs estivaux, 30 ou 40 % ?

6. De combien la recette touristique de 2005 a-t-elle augmenté par rapport à 2004 : de 3,5 ou de 5 % ?

7. En 2003, combien de Français ont-ils pris des vacances incluant au moins 4 nuits passées hors de chez eux ?

8. Chaque année, combien de Français partent en voyage à l'étranger ?

9. Les habitants de quelle région française partent-ils le moins en vacances ?

10. En France, combien de personnes utilisent-elles Internet pour préparer leur voyage, 22 ou 27 % ?

11. Les Français passent-ils plus de nuitées en vacances à la mer ou à la campagne ?

12. Qui part le plus souvent en vacances, les moins de 25 ans ou les adultes ?

13. En 2004, quel pourcentage de séjours des Français s'est déroulé à l'étranger ?

14. En 2003, les vacances des Français étaient-elles majoritairement des séjours d'agrément ou des visites à la famille ?

15. Au cours d'une année, quel pourcentage de Français ne part pas en vacances, au moins 4 nuitées ?

16. Les Français sont-ils davantage ou moins partis à l'étranger en 2004 qu'en 2003 ?

17. Combien de Français partent-ils en été entre avril et septembre, 1 sur 2 ou 2 sur 3 ?

18. En moyenne, combien de séjours annuels font les Français, toutes destinations confondues ?

19. Combien de Français partent-ils chaque année à destination des tropiques ?

20. Quelle a été la proportion de Français partis en vacances d'hiver en 1986, 17 ou 28 % ?

21. Quelle a été la proportion de Français partis en vacances d'hiver en 2002 ?

22. En 2004, quel pourcentage de Français a pris des cours ou s'est inscrit dans un club pour pratiquer une activité sportive ou de loisir ?

23. Sur 10 vacanciers, combien partent au moins 2 fois en vacances au cours de l'année ?

24. Combien de Franciliens achètent leur voyage sur Internet, 15 ou 33 % ?

25. Dans les grandes surfaces, quel est le 1er vendeur de voyages ?

26. En 1999, le taux de départ des agriculteurs était-il de 33 ou de 25 % ?

27. Quelle est la destination étrangère préférée des Français ?

28. En juin 2005, quel pourcentage de Français disait ne pas avoir de projet de vacances ?

29. En 2004, quelle a été la durée moyenne du séjour dans le Morbihan, en nuitées ?

30. Les vacanciers voyagent-ils plus en famille ou en couple ?

31. Quel est le premier lieu de vacances des Français ?

32. Quel est le rythme de croissance annuel du tourisme d'aventure (essentiellement la randonnée avec logement en bivouac) ?

33. Quel pourcentage de Français a recours à des professionnels pour organiser ses vacances ?

34. Quelle est la durée moyenne des vacances d'hiver ?

35. Les comportements de consommation en vacances sont-ils d'abord influencés par des désirs de sortie et de découverte ou par l'achat de produits régionaux ?

36. Dans les Français allant en vacances en thalassothérapie, quel est le pourcentage de femmes ?

37. En 2004, les Français en vacances ont-ils davantage organisé des barbecues ou des pique-niques que des sorties au restaurant, ou est-ce le contraire ?

38. En 2003, dans quelle région de France y a-t-il eu le plus de séjours, la région Rhône-Alpes ou la région PACA ?

39. En 1978, 12 millions de Français se rendaient en vacances en Espagne. Combien étaient-ils 25 ans plus tard ?

40. Quelle est la part des vacanciers hébergés gratuitement pendant les séjours d'hiver ?

41. Les vacanciers préfèrent-ils changer de destination à chaque départ ou garder la même destination ?

42. En 2003, par rapport à l'année précédente, la fréquentation touristique estivale en Corse était-elle en retrait ou en augmentation ?

43. En pourcentage, combien de Français prennent l'avion pour des séjours à l'étranger, 19 ou 25 % ?

44. En 2003, quelle a été la dépense moyenne journalière d'un vacancier en France ?

45. En vacances, combien de Français disent prendre plus souvent l'apéritif, un verre d'alcool ou un verre de vin qu'en cours d'année, 9 ou 15 % ?

46. En pourcentage, combien de Français ne sont jamais sortis de l'Hexagone ?

47. La durée moyenne d'un séjour en Europe est de 6,9 jours. Combien est-elle pour un séjour en Amérique ?

48. Quel pourcentage de Français est-il parti à l'étranger pour ses vacances d'hiver 2003 ?

49. 54 % de Français avaient prévu de partir en vacances en été 2004. L'activité « promenade » a-t-elle primé sur la plage ?

50. Combien de Français envisageant de partir au cours de l'été 2004 prévoyaient-ils de ne pas avoir d'activité en vacances ?

Réponses ▸ p. 278

À vos ordres

301 LES SAINTS FRANÇAIS

1. Quelle future sainte a eu des apparitions de la Vierge dans la grotte de Massabielle, au XIXe siècle ?
2. Saint Michel est-il un ange ou un archange ?
3. Combien la France compte-t-elle de saints et de saintes depuis 1588 ?
4. En Bretagne, un saint célébré partout est saint Bernard ou saint Yves ?
5. À qui sainte Blandine fut-elle livrée enveloppée dans un filet, en 177 ?
6. Qui a fondé l'abbaye de Clairvaux, en 1115 ?
7. Dans quelle ville Catherine Labouré, canonisée en 1947, a-t-elle eu des visions de la Vierge ?
8. Quel roi de France a-t-il été sanctifié ?
9. Sainte Geneviève est-elle la patronne de Poitiers ou la patronne de Paris ?
10. Quel saint, évêque de Tours en 370, aurait partagé son manteau avec un pauvre ?
11. Quel pape a célébré la canonisation de Jeanne d'Arc en 1920 ?
12. Quelle est la première sainte dont on possède une photographie, lorsqu'elle avait 18 ans ?
13. Logiquement, quand devrait-on fêter la Saint-Glinglin ?
14. Quel est le fondateur des hospices du Grand-Saint-Bernard, dans les Alpes ?
15. Comment mourut sainte Reine, martyre, vers 250 ?
16. Quelle abbesse alsacienne, née aveugle, a recouvré la vue le jour de son baptême par un évêque ?
17. Quel est l'autre nom de sainte Thérèse de l'Enfant Jésus ?
18. L'évêque de Marseille, fondateur de la cathédrale de la ville, a été canonisé en 1995. Qui est-il ?
19. Quel bâtiment l'évêque de Comminges, futur saint Bertrand de Comminges, fit-il rebâtir en cette ville ?
20. Qui a été la grand-mère de la marquise de Sévigné ?

Réponses ▸ p. 278

302 L'ARMÉE

1. Comment appelle-t-on les élèves officiers de marine, quartiers-maîtres ou aspirants ?
2. Combien la Patrouille de France compte-t-elle de pilotes, 9 ou 12 ?
3. Quels avions utilise-t-elle, des Vampire ou des Alphajet ?
4. Quel est le plus haut gradé des officiers généraux de la Marine nationale ?
5. Qu'a remplacé la Journée d'appel de préparation à la défense ?
6. En quelle année a-t-elle été instaurée, 1997 ou 2000 ?
7. Combien d'étoiles compte l'insigne d'un maréchal de France, 7 ou 10 ?
8. Lequel est le plus gradé, le capitaine ou le lieutenant ?
9. Où se trouvait l'école spéciale militaire avant d'être transférée à Coëtquidan en 1946 ?
10. À quelle armée cette école forme-t-elle les officiers ?
11. Comment appelle-t-on l'unité d'un régiment de cavalerie, l'escadron ou la brigade ?
12. Quel chef d'État a instauré l'Ordre national du mérite ?
13. Quelle formation militaire est composée de soldats du monde entier ?
14. Combien la France compte-t-elle de lycées militaires, 6 ou 22 ?
15. Quelle ville abrite un lycée de la marine, Bordeaux ou Brest ?
16. Comment appelle-t-on un soldat d'infanterie ?
17. Qu'étaient le ***Foch*** et le ***Clemenceau*** ?
18. Quel type d'engin est le Mirage 2000 ?
19. Les matelots sont-ils des officiers ?
20. Quelle école militaire prestigieuse a pour devise « Pour la patrie, les sciences et la gloire » ?

Réponses ▸ p. 278

303 LE MOYEN ÂGE

1. Comment appelait-on la cérémonie au cours de laquelle un homme était fait chevalier ?
2. Quelle forme d'organisation politico-sociale était en usage au Moyen Âge ?
3. Qui est connu pour avoir arrêté les Arabes à Poitiers ?
4. Comment appelle-t-on le soulèvement des paysans qui éclata en 1358 ?
5. De quel roi Agnès Sorel était-elle la favorite, Louis XI ou Charles VII ?
6. Quel pays fut opposé à la France durant la guerre de Cent Ans ?
7. Quel roi de France fut canonisé ?
8. Comment appelait-on les chevaliers des croisades ?
9. Qu'était le heaume, porté par les hommes d'armes au Moyen Âge ?
10. À qui les seigneurs accordaient-ils des fiefs en échange de services, militaires notamment ?
11. De quelle dynastie Pépin le Bref fut-il le premier roi ?
12. Au profit de qui la dîme était-elle prélevée ?
13. Comment furent surnommés les rois qui abandonnèrent le pouvoir aux maires du palais ?
14. Jacques Cœur était-il un riche négociant ou un moine ?
15. Combien de temps la guerre de Cent Ans a-t-elle duré, 100 ans ou 116 ans ?
16. Quelle ville française fut le siège de la papauté de 1309 à 1378 ?
17. Quel ordre religieux et militaire fut créé en 1119 pour protéger les pèlerins ?
18. Quel roi fit le procès de cet ordre, Charles VII ou Philippe IV ?
19. Des rois Valois ont-ils régné au Moyen Âge ?
20. Lors de quelle croisade Louis IX est-il mort, la première ou la huitième ?

Réponses ▸ p. 278

304 LE TOUR DE FRANCE

1. En 2005, combien de coureurs ont pris le départ du Tour de France, 189 ou 197 ?
2. Combien de coureurs ont fini le tour 2005 ?
3. Quelle a été la longueur du Tour de France 2005 ?
4. En 1954, d'où le Tour de France est-il parti ?
5. Combien d'équipes y a-t-il eu en 2005 ?
6. De quelle ville le tour 2006 est-il parti ?
7. Quelle a été la vitesse moyenne du tour 2006 ?
8. Depuis sa création, le Tour de France est-il passé 2 ou 3 fois en Andorre ?
9. En 1968, à quelle place Roger Pingeon a-t-il terminé le tour ?
10. En France, combien de téléspectateurs regardent le Tour de France ?
11. En 2005, combien y a-t-il eu de contre-la-montre individuels ?
12. Qui, avec Raymond Poulidor, détient le record de participation française, avec 14 Tours de France ?
13. En 2005, combien de pays ont retransmis le Tour de France ?
14. À l'arrivée en 1973, de combien de temps Bernard Thévenet se fait-il battre par Luis Ocaña ?
15. Depuis 1950, quelle a été la seule ville de la Creuse à avoir été ville étape (en 2004) ?
16. Depuis quand le Tour de France est-il de nouveau disputé par équipes de marques ?
17. Quelle somme chaque coureur terminant le Tour de France après la 90e place reçoit-il ?
18. Quelle somme la société du Tour de France a-t-elle dépensée en 2005 ?
19. Depuis 60 ans, quelle a été la plus longue échappée du tour (en 1947) ?
20. Quelle somme le vainqueur du Tour de France 2005 a-t-il remportée ?

Réponses ▸ p. 278

Maillot jaune

Pour le meilleur et pour le pire

305 LES PROVERBES

Quelle est la fin de chacun de ces proverbes ?

1. Tel est pris…
2. Faute avouée…
3. Qui aime bien…
4. Chat échaudé…
5. Qui ne dit mot…
6. Tel père…
7. Bien mal acquis…
8. Quand le vin est tiré…
9. Il ne faut pas vendre la peau de l'ours…
10. Tout vient à point…
11. Une fois n'est pas…
12. Un homme averti…
13. Ventre affamé…
14. Qui ne risque rien…
15. Plus on est de fous…
16. Les bons comptes…
17. Charité bien ordonnée…
18. À tout seigneur…
19. Aux grands maux…
20. Qui s'y frotte…

Réponses ▸ p. 278

306 PIERRE ET MARIE CURIE

1. À quel siècle Pierre et Marie Curie sont-ils nés ?
2. Pierre et Marie Curie étaient-ils frère et sœur ou époux ?
3. Quel prix prestigieux Pierre et Marie Curie ont-ils reçu en 1903 ?
4. À leurs débuts, dans quel bâtiment le laboratoire des Curie se situait-il ?
5. En 1934, Marie Curie meurt-elle d'une gangrène des doigts ou d'une leucémie ?
6. Qui observait plutôt les propriétés des rayonnements des éléments radioactifs, Pierre ou Marie ?
7. Dans quel établissement une chaire a-t-elle été créée pour Pierre Curie, en 1905 ?
8. Un minerai radioactif découvert en 1898 doit son nom au pays d'origine de Marie Curie : lequel ?
9. Marie Curie a reçu en 1911 un second prix Nobel. Depuis, est-ce toujours un cas unique ?
10. Quel est de nos jours le symbole de la matière radiante, le radium ou l'uranium ?
11. Pour éviter de transporter les blessés de guerre à soigner, quelle voiture Marie Curie a-elle créée ?
12. Comment Pierre Curie est-il mort, en 1906 ?
13. Où les cendres de Pierre et Marie Curie reposent-elles ?
14. Quels brevets les époux Curie ont-ils déposés au début de leurs recherches ?
15. Par qui le terme de radioactivité a-t-il été inventé, par Marie ou Pierre Curie ?
16. Sur qui Pierre Curie a-t-il testé les propriétés du radium ?
17. Lequel des époux Curie avait 8 ans de plus que l'autre ?
18. Comment la thérapie à base de radium servant à traiter certains cancers est-elle appelée ?
19. Qui a décidé du transfert des cendres des époux Curie au Panthéon ?
20. Avec qui Marie Curie a-t-elle continué ses travaux à partir de 1914, sa fille ou son gendre ?

Réponses ▸ p. 278

307 LES DENSITÉS DE POPULATION

1. Combien y a-t-il d'habitants au km² en France métropolitaine : 110 ou 180 hab. ?
2. Quel est le département possédant la plus forte densité de population ?
3. Quel est le 2e département français le plus dense : les Hauts-de-Seine ou la Seine-Saint-Denis ?
4. À la Révolution, combien y avait-il d'habitants au km² en France ?
5. En France, la superficie habitable représente-t-elle moins de la moitié ou moins du quart du territoire ?
6. Hors la Guyane, quelle est la densité moyenne de la population des Dom ?
7. La Guyane est le département le moins dense de France, quelle est sa densité ?
8. Combien la Haute-Marne ou la Haute-Corse comptent-elles d'habitants au km² ?
9. Quel est le département le moins dense de France métropolitaine ?
10. Quel est le département le plus dense entre la Martinique et la Guadeloupe ?
11. Combien de pays possèdent une densité inférieure à celle de la Guyane ?
12. Par rapport aux Pays-de-la-Loire, la région PACA est-elle plus dense de 45 ou de 65 % ?
13. Par rapport à la Bourgogne, la région PACA est-elle 2 ou 3 fois plus dense ?
14. En 2000, la ville de Paris était-elle plus ou moins dense qu'en 1968 ?
15. La population de la Corse est-elle plus importante de nos jours qu'en 1901 ?
16. Quel est le territoire d'Outre-Mer le moins dense ?
17. Quel département du Limousin a vu sa densité baisser de plus de moitié en un siècle ?
18. Dans quelle proportion la population de la Seine-et-Marne a-t-elle augmenté depuis 1968 ?
19. En Alsace, le Haut-Rhin est-il plus dense que le Bas-Rhin ?
20. La densité des Alpes-Maritimes est-elle 5 ou 11 fois plus élevée que celle des Hautes-Alpes ?

Réponses ▶ p. 278

308 LES ARBRES FRUITIERS

1. Le cognassier est-il un grand arbre ou un petit arbre rustique ?
2. La longévité moyenne d'un pommier est-elle de 50 à 100 ans ou de plus de 100 ans ?
3. La hauteur moyenne du châtaignier est-elle de 5 à 20 m ou de plus de 20 m ?
4. Le cerisier supporte-t-il la taille ?
5. Les pêchers sont-ils autofertiles ?
6. L'olivier est-il un arbre rustique ou un arbre fragile ?
7. L'abricotier provient-il du nord de la Chine ou de l'Iran ?
8. Le cognassier préfère-t-il les terrains argileux ou les terrains calcaires ?
9. Quel est l'arbre fruitier représentatif de la Polynésie française ?
10. Combien de fruits un abricotier adulte produit-il en moyenne, 40 ou 60 kg ?
11. L'amandier aime-t-il les terrains calcaires ?
12. Le noyer se multiplie-t-il par semi ou par greffe ?
13. Le figuier provient-il de l'Afghanistan ou de l'Asie centrale ?
14. Le poirier Doyenné du Comice est-il un arbre vigoureux ou un arbre fragile ?
15. Quelle hauteur un olivier atteint-il : de 5 à 10 m ou 11 à 20 m ?
16. Le figuier supporte-t-il les sols argileux ou les sols calcaires ?
17. Parce qu'il est de floraison précoce, que craint le noyer ?
18. Les premiers orangers ont été introduits en Europe vers l'an 1000 ou vers 1400 ?
19. En climats chauds, combien de récoltes le figuier fera-t-il ?
20. Le sol des abricotiers supporte-t-il l'herbe ou doit-il être désherbé ?

Réponses ▶ p. 278

309 LA PRESSE HEBDOMADAIRE

- **1.** Quel journal satirique paraissant le mercredi porte un nom d'oiseau ?
- **2.** Quel hebdomadaire a été créé en 1953 par Françoise Giroud et Jean-Jacques Servan-Schreiber ?
- **3.** De quel journal actuel ***France Observateur*** fut-il l'ancêtre ?
- **4.** Quel hebdomadaire a pour titre une déformation du titre de la série télévisée ***Les Incorruptibles*** ?
- **5.** Que signifient les lettres VSD, dans le titre de l'hebdomadaire ?
- **6.** Quel hebdomadaire chrétien du groupe Bayard Presse s'intéresse à l'actualité ?
- **7.** ***Le Nouvel Observateur*** est-il un journal de droite ou de gauche ?
- **8.** Quelle est la devise de ***Paris-Match*** ?
- **9.** Quel célèbre hebdomadaire féminin a soufflé ses 60 bougies en 2005 ?
- **10.** Quel hebdomadaire propose des articles du monde entier traduits en français ?
- **11.** Quel animal est la mascotte du journal ***Télé Z*** ?
- **12.** Quel est le titre exact d'un magazine économique : ***L'Entreprise nouvelle*** ou ***L'Usine nouvelle*** ?
- **13.** À quel lectorat le magazine ***Biba*** est-il destiné ?
- **14.** Quel magazine n'existe pas : ***Auto max*** ou ***Auto plus*** ?
- **15.** Quel magazine se présente lui-même comme « le meilleur magazine télé » ?
- **16.** Quel grand magasin édite le magazine ***Épok*** ?
- **17.** Quand l'hebdomadaire ***Gala*** a-t-il vu le jour : en 1985 ou en 1993 ?
- **18.** Lequel est un journal de petites annonces : ***Pariscope*** ou ***Paru vendu*** ?
- **19.** Quel est le jour de parution du magazine ***Voici*** ?
- **20.** Quel journal satirique s'appelait à l'origine ***Hara-Kiri Hebdo*** ?

Réponses ▶ p. 278

310 LE THÉÂTRE

- **1.** Comment est le « fils » de Diderot : prodigue ou naturel ?
- **2.** De qui Labiche et Martin racontent-ils le « voyage » : monsieur Bourrichon ou monsieur Perrichon ?
- **3.** Qui est l'auteur de ***Ruy Blas*** ?
- **4.** Avec quoi ne « badine »-t-on pas dans la pièce de Musset ?
- **5.** Quel personnage historique a donné son nom à une pièce de théâtre : madame Sans-Gêne ou madame Royale ?
- **6.** À qui doit-on ***Les Noces de Figaro*** ?
- **7.** Quelles fleurs porte la « dame » d'Alexandre Dumas ?
- **8.** Quel est le nom de Lucrèce, héroïne de Victor Hugo qui a donné son nom à la pièce ?
- **9.** Dans ***Le Jeu de l'amour et du hasard***, Dorante prend-il la place de son valet ou de son frère ?
- **10.** Quel coq du ***Roman de Renart*** est le héros d'une pièce d'Edmond Rostand ?
- **11.** Quel lord anglais a donné son nom à une pièce de Victor Hugo ?
- **12.** Dans quel pays se déroule l'action de ***Lorenzaccio***, de Musset ?
- **13.** Gérard de Nerval a-t-il écrit des œuvres théâtrales ?
- **14.** Alexandre Dumas a-t-il consacré une pièce à la tour de Nesle ou au pont Neuf ?
- **15.** Musset a écrit ***Il ne faut jurer...***
- **16.** Qui a écrit ***Zaïre*** : Émile Zola ou Voltaire ?
- **17.** Quel poète querelleur est le plus célèbre héros d'Edmond Rostand ?
- **18.** Quel personnage de la ***commedia dell'arte*** apparaît plusieurs fois dans l'œuvre de Marivaux ?
- **19.** De quelle ville le « barbier » de Beaumarchais vient-il ?
- **20.** De quelle femme Musset raconte-t-il les « caprices » ?

Réponses ▶ p. 278

« T'as

311 LE RUGBY

Trouvez à quel poste correspond chaque numéro sur ce terrain de rugby en choisissant parmi la liste ci-dessous. Attention, plusieurs numéros peuvent correspondre à un même nom de poste !

Ailier ;
arrière ;
centre ;
demi de mêlée ;
demi d'ouverture ;
pilier ;
talonneur ;
2e ligne ;
3e ligne aile ;
3e ligne centre

Réponses ▸ p. 278

312 RENNES

- 1. Comment appelle-t-on les habitants de Rennes ?
- 2. Quel festival de musique mondialement connu se tient à Rennes depuis 1979 ?
- 3. Quel monument historique de Rennes abrite aujourd'hui la cour d'appel ?
- 4. Rennes est-elle située sur l'Ille ou sur la Vilaine ?
- 5. Quel grand quotidien régional a son siège à Rennes ?
- 6. Quel homme politique est né à Rennes : Édouard Balladur ou Yves Cochet ?
- 7. Combien de gares ferroviaires la ville compte-t-elle ?
- 8. Quelle place, entourée d'hôtels particuliers du XVIIe siècle, accueille le marché ?
- 9. La ville fut-elle réunie à la Couronne de France en 1532 ou en 1791 ?
- 10. Qu'est-ce que le Thabor : un parc ou un palais ?

Réponses ▸ p. 278

313 JEAN GABIN

1 En quelle année Jean Gabin est-il né ?
☐ A. 1904. ☐ B. 1922. ☐ C. 1936.

2 Quel était son véritable nom ?
☐ A. Gabelin.
☐ B. Moncorgé.
☐ C. Michel.

3 D'où Gabin et ses compagnons tentent-ils de s'échapper dans *La Grande Illusion* ?
☐ A. De prison.
☐ B. Du bagne.
☐ C. D'un camp de prisonniers.

4 Quelle était la profession de Jeanne Mauchain, qui fut l'épouse de Jean Gabin ?
☐ A. Meneuse de revue.
☐ B. Violoniste.
☐ C. Patineuse.

5 À qui s'adresse le mythique « T'as d'beaux yeux tu sais ! », de Jean Gabin ?
☐ A. Marlène Dietrich.
☐ B. Micheline Presle.
☐ C. Michèle Morgan.

6 Dans *Razzia sur la chnouf*, comment le commissaire Ferré, incarné par Gabin, est-il surnommé ?
☐ A. Le Nantais.
☐ B. Le Cerveau.
☐ C. L'Effaceur.

7 Quel commissaire Jean Gabin a-t-il incarné à plusieurs reprises ?
☐ A. Le commissaire Moulin.
☐ B. Le commissaire Maigret.
☐ C. Le commissaire Adamsberg.

8 Quelle est la profession de Jean Gabin dans *En cas de malheur* ?
☐ A. Assureur. ☐ B. Juge. ☐ C. Avocat.

9 Où se passe l'intrigue de *Pépé le Moko* ?
☐ A. À Cannes.
☐ B. À Alger.
☐ C. À New York.

10 Qui incarne la femme de Jean Gabin dans *Le Chat* ?
☐ A. Simone Signoret.
☐ B. Arletty.
☐ C. Micheline Dax.

11 Quelle star hollywoodienne fut la maîtresse de Jean Gabin ?
☐ A. Marlène Dietrich.
☐ B. Marilyn Monroe.
☐ C. Audrey Hepburn.

12 Dans quel film Jean Gabin n'incarne-t-il pas un truand ?
☐ A. *Touchez pas au grisbi.*
☐ B. *Le Clan des Siciliens.*
☐ C. *Le Pacha.*

13 Combien de césars du meilleur acteur Jean Gabin a-t-il obtenus ?
☐ A. Aucun.
☐ B. 2.
☐ C. 5.

14 Après la guerre, durant laquelle il s'était illustré, Jean Gabin revint au cinéma avec…
☐ A. Un doigt en moins.
☐ B. Les cheveux blancs.
☐ C. Une longue cicatrice sur le bras droit.

15 Quel fut le dernier film de Jean Gabin ?
☐ A. *L'Année sainte.*
☐ B. *Les Vieux de la vieille.*
☐ C. *La Bête humaine.*

Réponses ▸ p. 278

d'beaux yeux tu sais… »

314 LE NORD-PAS-DE-CALAIS

1. Quand le métro de Lille a-t-il été inauguré ?
2. Comment appelle-t-on une personne originaire du nord de la France ?
3. À côté de quelle ville peut-on voir une centrale nucléaire ?
4. Quelle est la boisson fétiche de la région ?
5. Où le plus célèbre moulin à pivot du Nord-Pas-de-Calais est-il situé ?
6. Comment appelle-t-on une cité de mineurs ?
7. Les grandes marionnettes que l'on voit dans les carnavals sont les marioles ou les géants ?
8. Quel est le nom de la fête patronale du bourg ou d'un quartier dans le Nord-Pas-de-Calais ?
9. Quelle est la station balnéaire chic de la Manche ?
10. En quelle année le journal ***La Voix du Nord*** a-t-il été créé ?
11. Dans les Flandres, comment appelle-t-on le pot-au-feu du dimanche ?
12. À Lille, quel est le fleuron de l'architecture flamande ?
13. Quels sanctuaires parsèment, entre autres, la région d'Arras ?
14. Quels concours organise-t-on dans le nord avec des animaux que l'on lâche dans la nature ?
15. Par qui la citadelle de Lille a-t-elle été construite ?
16. Comment les immenses amoncellements de stériles aux abords des mines sont-ils appelés ?
17. Le jeu de bourles consiste-t-il à lancer des plateaux de bois ou des boules en acier ?
18. Avec la mine, quelle industrie jadis fleurissante n'est plus représentée que par des musées ?
19. Quel est le grand parc de 33 ha de Tourcoing ?
20. À qui Rodin a-t-il dédié une œuvre visible devant l'hôtel de ville de Calais ?

Réponses ▶ p. 278

315 LES VESTIGES GALLO-ROMAINS

1. Quel célèbre pont-aqueduc du sud de la France est le plus haut du monde romain ?
2. Dans quelle ville actuelle est située la célèbre Maison carrée ?
3. S'agissait-il d'une riche demeure ou d'un temple ?
4. Quel type de monument fut érigé à Saintes en l'honneur de l'empereur Tibère ?
5. Quel amphithéâtre romain accueille chaque année un festival de jazz réputé ?
6. Quelle ville riche de nombreux vestiges romains a connu une inondation historique en 1992 ?
7. Pour quel édifice particulièrement bien conservé la ville d'Orange est-elle célèbre ?
8. Quelle voie romaine partant de Lyon est encore visible par endroits, la via Appia ou Agrippa ?
9. Le mur d'Hadrien a-t-il été construit sur le territoire de la France actuelle ?
10. À la gloire de quel empereur le Trophée des Alpes de La Turbie a-t-il été érigé, Néron ou Auguste ?
11. Dans quelle ville de l'Isère peut-on admirer les vestiges du temple d'Auguste et de Livie ?
12. Sur quelle colline fut construit le théâtre antique de Lyon ?
13. Quel édifice jouxte ce théâtre, un temple ou un odéon ?
14. Pour quels édifices les villes d'Arles et de Nîmes sont-elles célèbres ?
15. Quel monument bien conservé peut-on admirer au nord d'Orange, un mausolée ou un arc de triomphe ?
16. Quels bâtiments romains sont situés dans l'enceinte de l'hôtel de Cluny à Paris ?
17. Sous quel nom est connu l'amphithéâtre de Bordeaux ?
18. Dans quelle ville actuelle est situé l'amphithéâtre des Trois Gaules ?
19. Quel édifice romain est situé rue Monge, dans le 5e arrondissement de Paris ?
20. Dans quelle ville peut-on admirer la Tour Magne et le temple de Diane, Amiens ou Nîmes ?

Réponses ▶ p. 278

316 POT-POURRI

1. Le permis de conduire est-il obligatoire pour être facteur ?
2. Qu'appelait-on le « bois d'ébène » au XVIIIe siècle ?
3. Que signifie le sigle AFP ?
4. Quelle actrice est mariée à Yvan Attal ?
5. Quelle autoroute relie Lyon à Paris ?
6. Dans quelle émission une gouvernante aide-t-elle les parents à rééduquer leurs enfants ?
7. À qui doit-on le recueil poétique ***Les Fleurs du mal*** ?
8. Quel photographe du XIXe siècle est resté célèbre pour ses portraits de personnalités ?
9. Quel fleuve arrose Rouen ?
10. Qui loge au palais de Matignon ?
11. Quel organisme est chargé de la production et de l'analyse des statistiques officielles ?
12. Combien d'années d'études faut-il à un médecin pour se spécialiser ?
13. Selon la publicité, quelle eau est « déclarée source de jeunesse par votre corps » ?
14. Qui fut le premier président de SOS Racisme ?
15. Que Louis Blériot fut-il le premier à traverser à bord d'un monoplan ?
16. Sur quel billet en francs pouvait-on voir Montesquieu ?
17. Selon l'expression, qui va à la chasse...
18. Quel est l'instrument fétiche d'Yvette Horner ?
19. Pourquoi l'heure d'été a-t-elle été instaurée en France ?
20. Comment appelle-t-on souvent le XVIIIe siècle, en raison du courant philosophique de cette époque ?

Réponses ▶ p. 278

317 SÉRIES POLICIÈRES

1. Quelle ancienne miss France tient le rôle de Léa Parker dans la série du même nom ?
2. Dans quelle série apparaît le commissaire Valentin, ***Les Brigades mobiles*** ou ***Les Brigades du tigre*** ?
3. Sur quelle chaîne la série ***La Crim'*** était-elle diffusée ?
4. Dans quelle série Corinne Touzet tient-elle le rôle principal ?
5. Quel lien particulier unit Jeff et Léo, qui résolvent ensemble des enquêtes policières ?
6. Dans quelle ville se déroule l'action de la série ***P.J.*** ?
7. Quel est le titre exact, ***Deux femmes flics*** ou ***Trois femmes flics*** ?
8. De quelle série est tirée cette réplique célèbre « Bon sang mais c'est bien sûr ! » ?
9. Quel célèbre commissaire ne se sépare pas de sa pipe ?
10. Quelle série raconte les aventures d'un ancien bagnard devenu policier ?
11. Quel est le prénom de la fille du commissaire Navarro ?
12. Dans ***Les Cordier, juge et flic***, qui est juge, le père ou le fils ?
13. Quelle comédienne incarne Julie Lescaut ?
14. Quel est le prénom du lieutenant Bradford dans la série qui porte son nom, Amélie ou Élodie ?
15. Quel est le titre exact de cette série policière, ***Central nuit*** ou ***Commissariat central*** ?
16. Sur quelle chaîne la série ***Le Proc*** est-elle diffusée ?
17. Quelle série n'existe pas, ***Le RAID*** ou ***Groupe flag*** ?
18. Quel est le métier de Nestor Burma ?
19. Quel commissaire Yves Rénier incarne-t-il ?
20. Quel est le titre exact, ***Les Enquêtes d'Éloïse Rome*** ou ***Les Enquêtes d'Éloïse Paris*** ?

Réponses ▶ p. 278

Monsieur le Président

318 LES ACTEURS

- **1.** Quel acteur incarne Eddy, le « goy » de ***La vérité si je mens*** ?
- **2.** Dans quel film Vincent Pérez se fait-il souffler ses répliques par Gérard Depardieu ?
- **3.** Quel acteur incarne le patron de Jacques Gamblin dans ***Pédale douce*** ?
- **4.** Qui fut l'inoubliable Don Camillo ?
- **5.** Dans quel film Christophe Lambert incarne-t-il un chef gaulois ?
- **6.** Quelle est la profession de Michel Serrault dans ***Une hirondelle a fait le printemps*** ?
- **7.** Dans quel film Michel Blanc joue-t-il son propre rôle ?
- **8.** Fabrice Luchini a-t-il incarné Beaumarchais ou Marivaux ?
- **9.** Qui incarne le vieux flic qui fait équipe avec Thierry Lhermitte dans ***Les Ripoux*** ?
- **10.** Quel est le métier de Bruno Cremer dans ***Noces blanches*** ?
- **11.** Qui était le mari d'Angélique, alias Michèle Mercier, dans la célèbre série ?
- **12.** Dans ***La Boum***, qui est Claude Brasseur par rapport à Sophie Marceau ?
- **13.** Dans ***Ridicule***, Bernard Giraudeau incarne-t-il un marquis ou un abbé ?
- **14.** Quel acteur dirige la chorale dans ***Les Choristes*** ?
- **15.** Dans quel film Mathieu Kassovitz incarne-t-il un prêtre durant la Seconde Guerre mondiale ?
- **16.** Quel acteur est le compagnon d'Agnès Jaoui ?
- **17.** Qui est le père de Guillaume Canet dans ***Je règle mon pas sur le pas de mon père***, Jean Yanne ou Jean Reno ?
- **18.** Dans quel film Daniel Auteuil joue-t-il avec un acteur trisomique ?
- **19.** Qui est ***Le Zèbre***, dans le film du même nom, Michel Piccoli ou Thierry Lhermitte ?
- **20.** Dans quel film Romain Duris partage-t-il un appartement à Barcelone ?

Réponses ▶ p. 278

319 JACQUES CHIRAC

- **1.** Jacques Chirac est-il né en novembre 1932 ou en novembre 1935 ?
- **2.** Combien Bernadette et Jacques Chirac ont-ils d'enfants ?
- **3.** Quel parti politique Jacques Chirac fonde-t-il en décembre 1976 ?
- **4.** De quelle grande école est-il sorti ?
- **5.** De quelle région Jacques Chirac a-t-il été député de longues années ?
- **6.** À l'élection présidentielle de 1974, qui Jacques Chirac soutient-il ?
- **7.** Sur quel thème Jacques Chirac a-t-il été élu en 1995 face à Lionel Jospin ?
- **8.** En quelle année Jacques Chirac est-il devenu Premier ministre de François Mitterrand ?
- **9.** Quel score Jacques Chirac réalise-t-il en 1995 à l'élection présidentielle ?
- **10.** Combien de temps la cohabitation socialiste sous la présidence Chirac a-t-elle duré ?
- **11.** En 1981, Jacques Chirac a-t-il voté pour ou contre l'abolition de la peine de mort ?
- **12.** A-t-il été élu député européen ?
- **13.** Combien de fois Jacques Chirac a-t-il échoué aux élections présidentielles face à François Mitterrand ?
- **14.** En 1973, quel est le poste ministériel de Jacques Chirac ?
- **15.** Le livre publié par Jacques Chirac en 1992 est-il ***Une nouvelle France*** ou ***Une France qui gagne*** ?
- **16.** Contre qui Jacques Chirac se retrouve-t-il au second tour de l'élection présidentielle de mai 2002 ?
- **17.** Quel était son grade lorsqu'il a été démobilisé en 1957 ?
- **18.** Sous le mandat de Jacques Chirac, combien Jean-Pierre Raffarin constitua-t-il de ministères ?
- **19.** Le patrimoine annoncé de Jacques Chirac en 2002 était-il de 1,7 million d'euros ou de 0,7 million d'euros ?
- **20.** Combien d'années Jacques Chirac a-t-il été maire de Paris ?

Réponses ▶ p. 278

320 POINT COMMUN

Quel est le lien entre ces quatre éléments ?

Réponse ▶ p. 278

321 LE SYSTÈME FÉODAL

- 1. Comment appelait-on le jeune noble qui portait l'écu du chevalier ?
- 2. Qu'était l'« ost » d'un seigneur ?
- 3. L'ordalie était-elle un jugement royal ou divin ?
- 4. Quel nom portait la terre reçue par un vassal de la part de son seigneur ?
- 5. Qui était le suzerain de tous les suzerains ?
- 6. À quoi la veillée d'armes, qui précédait la cérémonie d'adoubement du chevalier, était-elle consacrée ?
- 7. Par quelle cérémonie un homme devenait-il le vassal d'un seigneur ?
- 8. Un homme pouvait-il être le vassal de plusieurs seigneurs ?
- 9. À quelle période historique le système féodal est-il associé ?
- 10. Quel terme désignait un homme, vassal ou seigneur, qui rompait le contrat de vassalité ?

Réponses ▶ p. 278

322 LES TIMBRES-POSTE

1 Quelle est l'année de sortie du 1er timbre-poste français ?
☐ A. 1849. ☐ B. 1870. ☐ C. 1889.

2 Jusqu'au milieu des années 1990, quelle était la spécificité de la majorité des timbres français ?
☐ A. Ils étaient imprimés en héliogravure.
☐ B. Ils étaient imprimés en taille douce.
☐ C. Ils étaient imprimés en offset.

3 Combien y a-t-il de collectionneurs permanents de timbres en France ?
☐ A. 400 000. ☐ B. 550 000.
☐ C. 810 000.

4 Début 2006, combien coûte un timbre pour une lettre en métropole de moins de 20 g ?
☐ A. 0,48 €. ☐ B. 0,50 €. ☐ C. 0,53 €.

5 Quelle forme les timbres du centenaire de la coupe Gordon Bennett, en juin 2005, ont-ils eue ?
☐ A. Ils étaient ronds.
☐ B. Ils étaient ovales.
☐ C. Ils étaient triangulaires.

6 Quand les premiers timbres français sans valeur faciale sont-ils apparus ?
☐ A. En 1895. ☐ B. En 1935.
☐ C. En 1993.

7 Quel couturier a dessiné le timbre de la Saint-Valentin, en forme de cœur, en 2005 ?
☐ A. Cacharel. ☐ B. Gorgio Armani.
☐ C. Jean-Paul Gaultier.

8 Quel sportif français vivant a eu l'honneur unique d'avoir un timbre à son effigie en 2000 ?
☐ A. Alain Mimoun. ☐ B. Jean-Claude Killy.
☐ C. Raymond Poulidor.

9 Quelle erreur commit le graveur qui dessina, en 1903, la série de timbre courant la Semeuse ?
☐ A. Elle sème contre le vent.
☐ B. Elle sème sur un sol enneigé.
☐ C. Elle sème sur un terrain non labouré.

10 Quel sujet le premier carnet de timbres autocollants avait-il ?
☐ A. La Marianne de Decaris.
☐ B. La Marianne du Bicentenaire.
☐ C. La Marianne de Cheffer.

11 Où le marché aux timbres de Paris se trouve-t-il ?
☐ A. Carré Marigny.
☐ B. Place de la Concorde.
☐ C. Dans la cour Carrée du Louvre.

12 Quel est le Français le plus représenté sur les timbres étrangers ?
☐ A. Louis Pasteur.
☐ B. Pierre de Coubertin.
☐ C. Charles de Gaulle.

13 Quand le 1er timbre français en héliogravure a-t-il été imprimé ?
☐ A. En 1931. ☐ B. En 1952.
☐ C. En 1968.

14 À quel dessinateur doit-on le carnet de timbre de la série « sourires » paru en octobre 2005 ?
☐ A. À Zep. ☐ B. À Philippe Geluck.
☐ C. À Sempé.

15 Combien de timbres comprennent les planches des séries « La France à vivre » ?
☐ A. 8. ☐ B. 10. ☐ C. 12.

Réponses ▶ p. 278

323 LES FROMAGES

1. La Vache-qui-rit est-il un fromage à pâte fondue ou à pâte fraîche ?
2. Le brillat-savarin est-il un fromage crémeux ?
3. Quel est le premier fromage à avoir reçu l'appellation AOC ?
4. À quelle période le salers est-il fabriqué ?
5. Le camembert est un fromage à pâte molle : est-elle à croûte fleurie ou à croûte lavée ?
6. Quelle est la couleur de la boule de Lille ?
7. Combien de fromages français bénéficient de l'appellation AOC : 25 ou 40 ?
8. La tomme de Savoie est-elle un fromage à pâte pressée cuite ou à pâte pressée non cuite ?
9. Quand le laguiole est-il fabriqué ?
10. Par qui le rouy a-t-il été créé ?
11. Le saint-paulin est une pâte pressée : est-elle cuite ou non cuite ?
12. Sur les feuilles de quel arbre les langres sont-ils séchés, une fois démoulés ?
13. Dans quelle catégorie de fromage les fromages blancs et les fromages frais sont-ils classés ?
14. Le vieux pané est-il une pâte molle ou une pâte pressée ?
15. L'emmental est une pâte pressée : est-elle cuite ou non cuite ?
16. Autrefois, dans quoi le pithiviers était-il conservé et mûri ?
17. Le saint-marcelin est un fromage de vache. En était-il de même à l'origine ?
18. De quel fromage d'Auvergne le Pavin est-il le cousin, en plus petit ?
19. Quel nom le cuyalas béarnais porte-t-il au Pays basque ?
20. Combien le fromage « l'explorateur », produit en Île-de-France, contient-il de matière grasse ?

Réponses p. 278

Vache ou chèvre

324 LES GARES

1. Quel nom donne-t-on au lieu où l'on peut se restaurer dans une gare ?
2. Par quoi une gare est-elle presque systématiquement bordée ?
3. Quel est l'autre nom de la salle d'attente d'une gare ?
4. En combien de classes les premières salles d'attente étaient-elles hiérarchisées ?
5. Quel instrument de mesure peut-on voir sur le fronton de toutes les gares ?
6. Les gares possèdent-elles toutes plusieurs voies ?
7. Quelle gare parisienne l'exposition universelle de 1900 a-t-elle suscitée ?
8. Quelle est la hauteur du campanile de la gare de Limoges-Bénédictins, 37 ou 57 m ?
9. Longtemps, qu'ont dû valider les personnes qui ne voyageaient pas pour accéder aux quais ?
10. À quel endroit de la gare achète-t-on son billet ?
11. Les gares peuvent-elles être désaffectées et vendues au public ?
12. Au XIXe siècle, par quel ouvrage d'art les quais étaient-ils protégés ?
13. Les gares sont-elles des lieux fumeurs ou des lieux non-fumeurs ?
14. De quelle gare parisienne un train fou traversa-t-il la façade en 1895 pour s'arrêter sur la place ?
15. Quel ouvrage a-t-on rendu nécessaire pour les piétons dans toute gare d'importance ?
16. Quel est le nom de la grande gare de Bordeaux ?
17. En août 1914, les soldats parisiens partent-ils en guerre de la gare de l'Est ou de la gare du Nord ?
18. Pendant très longtemps, combien de gares parisiennes ont-elles desservi Versailles ?
19. De quelle gare Gambetta s'envole-t-il en ballon pendant le siège de Paris, en 1870 ?
20. Quelle gare parisienne Claude Monet a-t-il peinte en une douzaine de toiles ?

Réponses p. 278

325 LES ANNÉES 1930

1. Quand la Seconde Guerre mondiale débute-t-elle, avec la déclaration de guerre à l'Allemagne ?
2. En France, quelle est la grande victoire politique française des années 1930 ?
3. Un film culte de Jean Renoir sort en 1934. Quel en est le titre ?
4. En quelle année la population urbaine dépasse-t-elle pour la première fois la population rurale ?
5. Quel est l'auteur du ***Voyage au bout de la nuit***, sorti en 1932 ?
6. Qui forme le gouvernement de Front populaire le 4 juin 1936 ?
7. Par qui la semaine des 40 heures est-elle officialisée en 1936 ?
8. Maurice Thorez devient-il secrétaire général du parti communiste en 1930 ou en 1931 ?
9. Le 1er janvier 1938, quelle grande société de transport est créée ?
10. Quelle grande exposition ouvre ses portes à Paris le 6 mai 1931, pour 6 mois ?
11. Quel film culte Marcel Pagnol sort-il en 1931 ?
12. Les premiers congés payés arrivent en 1936. Combien de jours était-ce ?
13. Où la première fête de l'Humanité a-t-elle lieu : à La Courneuve ou à Bezons ?
14. Quel titre phare d'André Malraux sort en 1937 ?
15. En quelle année Roger Martin du Gard reçoit-il le prix Nobel de littérature ?
16. Qu'ont découvert Frédéric et Irène Joliot-Curie, qui leur vaut un prix Nobel en 1935 ?
17. En quelle année Jean Giraudoux publie-t-il ***La guerre de Troie n'aura pas lieu*** ?
18. En 1934, l'affaire Stavisky éclate. Dans quelle ville l'homme s'est-il « suicidé » ?
19. Combien d'hommes ont participé à la 3e Croisière jaune, qui se termine en 1932 ?
20. En 1938, qu'acquièrent les femmes françaises en se mariant ?

Réponses ▸ p. 278

326 THIERRY HENRY

1. Thierry Henry est-il né à Paris ou aux Ulis, dans l'Essonne ?
2. En quelle année Thierry Henry a-t-il joué son premier match en D1 ?
3. Quelle est la date de naissance de Thierry Henry ?
4. Quel centre de formation Thierry Henry intègre-t-il en 1990 ?
5. Qui a été son entraîneur lorsqu'il a rejoint l'AS Monaco en 1994 ?
6. Quelle coupe Thierry Henry gagne-t-il avec David Trézéguet en 1996 ?
7. Thierry Henry mesure-t-il 1,88 m ou 1,82 m ?
8. Avec quel club Thierry Henry a été champion de France 1997 ?
9. Quel est le poste de Thierry Henry ?
10. Combien de buts a-t-il inscrits pendant l'Euro 2000 ?
11. Quel a été le premier club dans lequel Thierry Henry a joué ?
12. Dans quel club Thierry Henry évolue-t-il depuis 1999 ?
13. Quand a-t-il été finaliste de la coupe UEFA ?
14. Quelle est la spécialité de Thierry Henry, sa rapidité ou sa force de tir ?
15. Combien de buts a-t-il marqués en 2005, 20 ou 24 ?
16. Quand Thierry Henry a-t-il été désigné Ballon d'argent européen ?
17. Combien de fois Thierry Henry a-t-il été nommé meilleur butteur du championnat d'Angleterre ?
18. Pendant la saison 1998-1999, dans quel club Thierry Henry a-t-il joué ?
19. Pendant la Coupe du monde de 1998, combien de buts Thierry Henry a-t-il marqués ?
20. Combien de fois a-t-il été nommé meilleur joueur français de l'année, 3 ou 4 fois ?

Réponses ▸ p. 279

327 YANNICK NOAH

- **1.** Quelle est la date de naissance de Yannick Noah ?
- **2.** Le 5 décembre 2000, de quel chanteur Yannick Noah fait-il la 1re partie à L'Olympia ?
- **3.** Avec Jimmy Hendrix, quel était le chanteur préféré de Yannick Noah jeune ?
- **4.** Par qui Yannick Noah a-t-il été remarqué lorsqu'il a commencé à jouer au tennis ?
- **5.** Yannick Noah est-il né à Yaoundé, au Cameroun, ou à Sedan ?
- **6.** En 1993, Yannick Noah parcourt la France avec son orchestre : quel est le nom de celui-ci ?
- **7.** Quand le titre ***Saga Africa*** est-il sorti ?
- **8.** Quelle association Yannick Noah a-t-il fondée avec sa mère en 1988 ?
- **9.** Contre qui Yannick Noah a-t-il été vainqueur des internationaux de France en 1983 ?
- **10.** La mère de Yannick Noah est-elle de nationalité française ou camerounaise ?
- **11.** En 1990, l'équipe de France gagne la coupe Davis. Quel était le rôle de Yannick Noah ?
- **12.** Quel programme d'études le jeune Yannick Noah a-t-il entrepris en arrivant à Nice ?
- **13.** Yannick Noah a-t-il 4 ou 5 enfants ?
- **14.** Que propose l'association Les Enfants de la Terre : des stages de sport ou des foyers d'accueil pour les enfants ?
- **15.** Le premier album de Yannick Noah est-il ***Urban Tribu*** ou ***Black and What*** ?
- **16.** Qu'est Yannick Noah par rapport à l'association Fête le Mur ?
- **17.** Le père de Yannick Noah était-il footballeur ou tennisman ?
- **18.** Quel est le titre de sa biographie, sortie en 1997 ?
- **19.** Sur quelle scène Yannick Noah s'est-il produit du 27 juin au 2 juillet 2005 ?
- **20.** À combien d'exemplaires l'album ***Pokhara*** s'est-il vendu, 600 000 ou 1 million d'exemplaires ?

Réponses ▶ p. 279

328 LES PLANTES

- **1.** Quelle plante perd ses feuilles en automne, le lierre ou la vigne vierge ?
- **2.** Le nénuphar est-il une plante aquatique ou une plante de prairie ?
- **3.** Lesquels sont les plus petits : les épis d'orge ou les épis d'avoine ?
- **4.** La camomille sauvage est-elle une plante annuelle ou une plante vivace ?
- **5.** Trouve-t-on la salicaire commune au bord des rivières ou en plein champ ?
- **6.** La passiflore est-elle une plante rampante ou une plante grimpante ?
- **7.** La menthe poivrée est-elle originaire d'Europe ou d'Asie ?
- **8.** Les chardons poussent-ils dans les terrains à l'abandon ou dans les jardins entretenus ?
- **9.** Les fougères sont-elles des plantes des bois ou des plantes de prairies ?
- **10.** Les lichens sont-ils sensibles ou insensibles à la pollution ?
- **11.** Comment certaines plantes aquatiques se multiplient-elles, autrement qu'avec leurs graines ?
- **12.** Qu'est-ce que la capillaire des murailles ?
- **13.** Comment la verveine se multiplie-t-elle ?
- **14.** Quels sont les plus anciens végétaux de la Terre ?
- **15.** Le ricin atteint-il 2 ou 3 m de haut ?
- **16.** La lavande préfère-t-elle les terrains secs ou humides ?
- **17.** Les tiges des glycines peuvent-elles atteindre 15 ou 25 m ?
- **18.** Comment les fougères se reproduisent-elles ?
- **19.** Quel est le nom commun du ***callistemon citrinus*** à l'épi terminal cylindrique rouge ?
- **20.** Comment s'appelle la plante de ceinture des étangs possédant un long épi brun terminal très compact ?

Réponses ▶ p. 279

329 LES SALAIRES

1 À combien s'élevait le Smic mensuel, pour 169 h de travail, en juillet 2005 ?
- A : 1 357,07 €.
- B : 1 537,07 €.
- C : 1 753,07 €.

2 Quelle est la solde mensuelle d'un soldat ?
- A : 661 €.
- B : 881 €.
- C : 981 €.

3 Combien gagne, au plus, un coiffeur ?
- A : 2 235 €.
- B : 2 758 €.
- C : 3 105 €.

4 Combien gagne un professeur des écoles ?
- A : 1 250 €.
- B : 1 400 €.
- C : 1 530 €.

5 Quel est le salaire moyen mensuel d'un footballeur en ligue 1 ?
- A : 30 400 €.
- B : 40 800 €.
- C : 50 300 €.

6 Combien touche mensuellement le maire d'une commune de 20 000 à 50 000 habitants ?
- A : 2 828 €.
- B : 3 228 €.
- C : 3 528 €.

7 En janvier 2005, quel était le salaire d'un président de syndicat ?
- A : 5 000 €.
- B : 6 000 €.
- C : 7 000 €.

8 Combien un député touche-t-il ?
- A : 5 030 €.
- B : 6 500 €.
- C : 8 025 €.

9 Quel est le salaire mensuel d'un ministre ?
- A : 10 500 €.
- B : 13 000 €.
- C : 15 500 €.

10 Quel est le salaire moyen d'un conducteur de métro ?
- A : 2 078 €.
- B : 2 875 €.
- C : 3 015 €.

11 Quel est le salaire mensuel d'un P.D.G d'une société cotée en bourse ?
- A : 55 900 €.
- B : 64 100 €.
- C : 85 400 €.

12 Combien gagnait mensuellement un médecin ORL, en moyenne, début 2005 ?
- A : 3 900 €.
- B : 5 500 €.
- C : 8 700 €.

13 Quel est le salaire moyen d'un commandant de bord ?
- A : 13 500 €.
- B : 14 900 €.
- C : 16 600 €.

14 Quel est le revenu moyen d'un notaire ?
- A : 12 800 €.
- B : 15 600 €.
- C : 22 500 €.

15 Quel était le salaire moyen d'un matelot au début 2005 ?
- A : 1 454 €.
- B : 1 724 €.
- C : 1 934 €.

Réponses ▸ p. 279

330 FRANÇOIS Ier

1 Qui était le père de François Ier ?
- A : Louis XII.
- B : Charles d'Angoulême.
- C : Charles d'Orléans.

2 Combien de temps a duré le règne de François Ier ?
- A : 14 ans.
- B : 21 ans.
- C : 32 ans.

3 Avec qui François Ier signa-t-il la « paix perpétuelle » ?
- A : La Suisse.
- B : L'Italie.
- C : L'Autriche.

4 Où François Ier essuya-t-il une défaite contre Charles Quint ?
- A : Pavie.
- B : Chambéry.
- C : Bonn.

5 Quel animal était l'emblème de François Ier ?
- A : L'aigle.
- B : Le loup.
- C : La salamandre.

6 De la main de qui François Ier voulut-il être armé chevalier ?
- A : Blaise de Montluc.
- B : Le seigneur de Bayard.
- C : Jacques d'Albon.

7 Dans quel pays se trouve la ville de Marignan, où François Ier remporta une célèbre bataille ?
- A : La Belgique.
- B : La Hollande.
- C : L'Italie.

8 Quel traité permit à François Ier, prisonnier de Charles Quint, de retrouver sa liberté ?
- A : Le traité de Madrid.
- B : Le traité de Bâle.
- C : Le traité de Genève.

9 À quoi le roi de France s'engageait-il par ce traité ?
- A : À aider Charles Quint à combattre le pape.
- B : À épouser la sœur de Charles Quint.
- C : À renoncer à la Flandre.

10 Quelle couronne convoitée par François Ier échut à Charles Quint ?
- A : Celle du Saint Empire romain germanique.
- B : Celle du royaume d'Espagne.
- C : Celle du royaume de Naples.

11 Quelle particularité physique distinguait François Ier ?
- A : Ses yeux vairons.
- B : Sa très grande taille.
- C : Son pied-bot.

12 Quelle(s) institution(s) François Ier a-t-il fondée(s) ?
- A : Le Collège royal.
- B : La Manufacture royale.
- C : L'Imprimerie royale.

13 Quel château, que François Ier transforma profondément, était sa résidence favorite ?
- A : Le château d'Amboise.
- B : Le château de Fontainebleau.
- C : Le château de Chinon.

14 Quel artiste italien fut nommé architecte de François Ier ?
- A : Michel-Ange.
- B : Le Bernin.
- C : Léonard de Vinci.

15 À quel âge François Ier est-il mort ?
- A : 40 ans.
- B : 53 ans.
- C : 69 ans.

Réponses ▸ p. 279

Cloclo

331 CLAUDE FRANÇOIS

- **1.** Dans quel pays Claude François était-il né ?
- **2.** Dans ***Le Téléphone pleure***, qui donne la réplique au chanteur : une petite fille ou un petit garçon ?
- **3.** Comment s'appelaient les danseuses qui l'accompagnaient ?
- **4.** Quel tube de Claude François a été chanté en anglais par Elvis Presley et Franck Sinatra ?
- **5.** Combien d'enfants le chanteur a-t-il eus ?
- **6.** Quel jour Claude François aimerait-il passer au soleil ?
- **7.** Où se situait le fameux moulin de Claude François ?
- **8.** Quelles fleurs Claude François a-t-il chantées ?
- **9.** Avec qui le chanteur a-t-il eu une idylle : Sheila ou France Gall ?
- **10.** D'après la chanson, elles sont toutes belles comme...
- **11.** Claude François a interprété ***Le Chanteur***...
- **12.** Comment le fils aîné de Claude François fut-il surnommé ?
- **13.** Dans ***Alexandrie Alexandra*** que fera le chanteur si elle ne revient pas ?
- **14.** Dans quelle ville d'Amérique latine Claude François va-t-il dans une de ces chansons ?
- **15.** Quel magazine pour la jeunesse le chanteur acheta-t-il : ***Salut les copains*** ou ***Podium*** ?
- **16.** Dans quelle chanson « ça s'en va et ça revient » ?
- **17.** S'il avait un marteau, pour qui le chanteur bâtirait-il une ferme ?
- **18.** Que fait le printemps dans une chanson de Claude François ?
- **19.** De quelle année est-il question dans ***Cette année-là*** ?
- **20.** Comment Claude François est-il mort ?

Réponses ▸ p. 279

332 LES FÊTES ET SALONS DU LIVRE

- **1.** Quel est le principal salon du livre en France ?
- **2.** Le salon du livre de Paris a-t-il été créé en 1981 ou en 1985 ?
- **3.** Où les premiers salons du livre de Paris se sont-ils déroulés ?
- **4.** Combien de visiteurs ce salon draine-t-il chaque année ?
- **5.** Quand la foire de Brive a-t-elle été créée ?
- **6.** Combien existent-ils en France de salons ou fêtes du livre : 50 ou 150 ?
- **7.** À quelle période les 25 Heures du livre, au Mans, ont-elles lieu ?
- **8.** Dans quelle ville la grande fête du livre de la bande dessinée française se déroule-t-elle ?
- **9.** Le salon du livre de Paris est-il à thème unique ou à thème variable ?
- **10.** Le salon du livre et de la presse jeunesse a-t-il lieu à Saint-Étienne ou à Montreuil ?
- **11.** Cognac est le siège d'un grand salon du livre à thème constant, lequel ?
- **12.** Par qui la manifestation appelée « La Fureur de lire » a-t-elle été créée ?
- **13.** Depuis quelle année la dénomination « Lire en fête » est-elle en usage pour cette manifestation ?
- **14.** Sablet, dans la Sarthe, organise-t-il un salon consacré au premier roman ou à la poésie ?
- **15.** Quel a été le premier village du livre français ?
- **16.** De quelle fête du livre Gonzague Saint-Bris est-il à l'origine ?
- **17.** La ville d'Audincourt possède-t-elle une fête de la bande dessinée ou du livre policier ?
- **18.** Quelle grande ville de Moselle organise la manifestation « L'Été du livre » ?
- **19.** Le salon de l'Alsatique, à Marlenheim, a un thème constant, lequel ?
- **20.** Où le salon international du livre gourmand se déroule-t-il ?

Réponses ▸ p. 279

333 POINT COMMUN

Quel est le lien entre ces lettres ?

Réponses ▶ p. 279

334 LA RÉSISTANCE

1. À quel organisme de la Résistance correspondent les initiales C.N.R. ?
2. Comment appelait-on les francs-tireurs qui combattaient secrètement dans les régions rurales ?
3. En quelle année la Résistance a-t-elle commencé ?
4. Quel mouvement de Résistance Henri Frenay a-t-il fondé : Lutte ou Combat ?
5. Qui a succédé à Jean Moulin à la présidence du C.N.R. ?
6. De quel pays les agents parachutés par le S.O.E. dépendaient-ils ?
7. Quel ensemble regroupa différents groupements militaires clandestins constitués dans la France occupée ?
8. À quel parti politique les Francs-tireurs et partisans (F.T.P.) étaient-ils rattachés ?
9. Quelle résistante a œuvré auprès de son mari Raymond, cofondateur du mouvement Libération-Sud ?
10. Quel fut le dernier, et le plus connu, des pseudonymes de Jean Moulin ?

Réponses ▶ p. 279

335 LES SOCIÉTÉS EXPORTATRICES €

1 Quel était l'ancien nom de la société Thales ?
☐ A : Thomson-CSF.
☐ B : CSF. ☐ C : CGE.

2 Quelle position mondiale le groupe pharmaceutique Sanofi Aventis occupe-t-il ?
☐ A : La 1re position. ☐ B : La 2e position.
☐ C : La 3e position.

3 Quand Air Liquide s'est-elle déployée aux États-Unis ?
☐ A : En 1945. ☐ B : En 1962.
☐ C : En 1986.

4 Quelle position mondiale le groupe LVMH a-t-il dans l'industrie du luxe ?
☐ A : La 1re position.
☐ B : La 2e position.
☐ C : La 3e position.

5 Essilor exporte ses verres progressifs dans le monde entier, quel est son verre fétiche ?
☐ A : Essilux. ☐ B : Variverre.
☐ C : Varilux.

6 Quel est le domaine de prédilection de la société Eiffage ?
☐ A : La construction.
☐ B : L'aluminium. ☐ C : Le bâtiment.

7 Le groupe Michelin emploie 31 000 personnes en France, combien en emploie-t-il à l'étranger ?
☐ A : 75 000. ☐ B : 90 000.
☐ C : 105 000.

8 À quelle place mondiale de vins et spiritueux Pernod-Ricard se situe-t-il en 2005 ?
☐ A : À la 2e place. ☐ B : À la 3e place.
☐ C : À la 4e place.

9 Dans combien de pays la société Bouygues est-elle présente ?
☐ A : Dans 50 pays.
☐ B : Dans 65 pays.
☐ C : Dans 80 pays.

10 Quel concept la société Carrefour a-t-elle inventé en 1963 ?
☐ A : Les supermarchés.
☐ B : Les caddies.
☐ C : Les hypermarchés.

11 Quelle place mondiale le groupe PPR occupe-t-il dans le luxe ?
☐ A : La 2e place.
☐ B : La 3e place.
☐ C : La 4e place.

12 Sur quels continents la société l'Oréal est-elle présente ?
☐ A : Sur les continents européen et asiatique.
☐ B : Sur tous les continents.
☐ C : Sur les continents européen et nord-américain.

13 Avant 2000, quel était le nom de la société Vinci ?
☐ A : SGE.
☐ B : CGE.
☐ C : Spie-Batignoles.

14 Associé à Draka, dans quel domaine Alcatel est-il devenu le leader mondial en 2003 ?
☐ A : Dans les satellites.
☐ B : Dans la fibre optique.
☐ C : Dans la télécommunication.

15 En quelle année Lafarge est-elle devenue le 1er producteur mondial de ciment ?
☐ A : En 1939.
☐ B : En 1880.
☐ C : En 2001.

Réponses ▶ p. 279

En vrac...

336 CHARLEMAGNE

- **1.** À quelle dynastie Charlemagne appartenait-il ?
- **2.** Qui était Carloman par rapport à Charlemagne ?
- **3.** Charlemagne a-t-il régné au IXe ou au Xe siècle ?
- **4.** Comment Berthe, la mère de Charlemagne, fut-elle surnommée ?
- **5.** Comment s'appelait l'épée de Charlemagne ?
- **6.** Où eut lieu le sacre de Charlemagne, à Paris ou à Rome ?
- **7.** Quel pape le couronna empereur, Léon III ou Innocent III ?
- **8.** En quelle année le sacre de Charlemagne a-t-il eu lieu ?
- **9.** Quel neveu de Charlemagne a donné son nom à une célèbre chanson de geste ?
- **10.** Dans quel col des Pyrénées cet homme est-il mort ?
- **11.** De quoi Charlemagne était-il empereur, de France et de Navarre ou d'Occident ?
- **12.** Comment appelait-on les lois édictées par Charlemagne, les épistolaires ou les capitulaires ?
- **13.** Qui était le père de Charlemagne, Philippe le Bel ou Pépin le Bref ?
- **14.** Dans quelle ville, aujourd'hui allemande, Charlemagne est-il mort ?
- **15.** Charlemagne a-t-il pris part aux croisades ?
- **16.** Charlemagne fut-il roi des Lombards ou du Piémont ?
- **17.** Quel nom portaient les inspecteurs envoyés par Charlemagne pour surveiller les comtés ?
- **18.** Charlemagne a-t-il fondé l'École du roi ou l'École du palais ?
- **19.** Qui Charlemagne s'attacha-t-il à défendre tout au long de son règne ?
- **20.** Comment Charlemagne fut-il surnommé ?

Réponses ▸ p. 279

337 POT-POURRI

- **1.** Quelle enseigne a pour slogan : « À fond la forme ! » ?
- **2.** Dans quel musée la ***Vénus de Milo*** est-elle exposée ?
- **3.** Quelle rivière arrose Vallon-Pont-d'Arc ?
- **4.** La bigamie est-elle autorisée en France ?
- **5.** Quel est le cycliste dont la marionnette s'est dopée « à l'insu de son plein gré » ?
- **6.** Qu'est-ce qu'un ***pébroque***, en argot ?
- **7.** Quelle est la couleur de fond des panneaux routiers de fin d'interdiction ?
- **8.** Quel est le pays natal d'Eugène Ionesco ?
- **9.** Quelle céréale est spécialement cultivée en Camargue ?
- **10.** Qui présentait ***Belle et zen***, sur M6 : Olivia Adriaco ou Évelyne Thomas ?
- **11.** Quel roi anglais est enterré à l'abbaye de Fontevrault : Édouard VIII ou Richard Cœur de Lion ?
- **12.** Quelle figure géométrique a donné un de ses surnoms à la France ?
- **13.** Le mot ***épître*** est-il féminin ou masculin ?
- **14.** Pour quelle variété de prune la Lorraine est-elle célèbre ?
- **15.** Pour le meurtre de quelle actrice le chanteur de Noir Désir a-t-il été emprisonné ?
- **16.** Quel indice boursier représente la moyenne des cours de quarante valeurs françaises ?
- **17.** Dans quel département la ville de Roanne se situe-t-elle ?
- **18.** Quelle est la couleur des boîtes de cacao Banania® ?
- **19.** De qui le chanteur M est-il le fils ?
- **20.** Quelle est la région d'origine du prénom Gwenaël ?

Réponses ▸ p. 279

338 LES CATASTROPHES NATURELLES

- **1.** En 1906, combien la catastrophe minière de Courrières (Pas-de-Calais) a-t-elle fait de victimes ?
- **2.** Quelle catastrophe naturelle la Normandie et la Bretagne ont-elles subie en 1987 ?
- **3.** Quel genre d'épidémie a fait plus de 143 000 morts en France en 1853-1854 ?
- **4.** Combien a-t-on déploré de morts en France dus à la canicule d'août 2003 ?
- **5.** Quelle grippe a fait près d'1 million de morts en France en 1918-1919 ?
- **6.** Au XXe siècle, quelle a été l'année de la grande inondation de Paris ?
- **7.** En février 1970, une avalanche en Savoie fait 39 morts et 35 blessés. Dans quelle station ?
- **8.** Combien de morts l'éruption de la montagne Pelée, en Martinique, a-t-elle fait en 1902 ?
- **9.** En 1769, quel pourcentage de la population française disparaît à cause de la famine ?
- **10.** En quelle année la peste a-t-elle fait près de 40 000 victimes à Paris ?
- **11.** Quel grand barrage du Var a cédé en décembre 1959, faisant plus de 410 morts ?
- **12.** Quelles catastrophes parfois naturelles subissent les départements du sud de la France ?
- **13.** En quelle année Vaison-la-Romaine (Vaucluse) a-t-elle été envahie par les eaux, faisant 37 morts ?
- **14.** Quelle catastrophe fait 42 morts à Liévin, dans le Pas-de-Calais, le 27 décembre 1974 ?
- **15.** Combien relève-t-on de séismes par an dans les Pyrénées ?
- **16.** Quelle grande épidémie a fait près de 50 000 morts dans la région de Marseille en 1720 ?
- **17.** Quelle importante ville du Gard a subi deux fois des inondations meurtrières depuis 1988 ?
- **18.** Une catastrophe fait 79 morts au plateau d'Assy, en Haute-Savoie, en avril 1974. Laquelle ?
- **19.** Le 25 décembre, une énorme tempête balaie l'ouest et le nord de la France. Quelle en était l'année ?
- **20.** Le séisme d'Arette, dans les Pyrénées-Atlantiques, en 1967, fait-il 1 victime ou 11 victimes ?

Réponses ▶ p. 279

339 LES ÉMISSIONS JEUNESSE

- **1.** Quelle émission de vulgarisation scientifique destinée aux enfants est diffusée sur France 3 ?
- **2.** Sur quoi les enfants de ***L'École des fans*** étaient-ils notés ?
- **3.** Qu'étaient Isidore et Clémentine, les marionnettes de ***Croque-vacances***, des chats ou des lapins ?
- **4.** Quel « monstre gentil » présentait ***L'Île aux enfants*** ?
- **5.** Quel est le titre exact de cette émission jeunesse, ***KD2A*** ou ***A2DK*** ?
- **6.** Quelle émission de dessins animés Philippe Dana présente-t-il sur Canal+ ?
- **7.** Quelle actrice a participé à l'aventure ***RécréA2***, Charlotte Kady ou Véronique Jeannot ?
- **8.** Quel est le titre exact de l'émission, ***France Machin*** ou ***France Truc*** ?
- **9.** À qui Nounours disait-il « Bonne nuit les petits » ?
- **10.** Quelle ancienne émission pour enfants était présentée par Jean-Pierre Foucault ?
- **11.** Quel est le titre exact de l'émission, ***Les Visiteurs du mercredi*** ou ***Les Aventuriers du mercredi*** ?
- **12.** Qui présentait ***Temps X*** ?
- **13.** Qui étaient les ***Minikeums***, des peluches ou des marionnettes ?
- **14.** Dans quelle émission Gros chat s'adressait-il au « Gluon du trou » ?
- **15.** Dans quel véhicule Gérard Klein conduit-il les enfants dans ***Va savoir*** ?
- **16.** Quel « club » a fait le bonheur des enfants pendant plusieurs années ?
- **17.** Sur quelle chaîne est diffusée l'émission ***Debout les zouzous*** ?
- **18.** Dans quelle émission pouvait-on voir Corbec et Corbac, Canaille peluche ou Vitamine ?
- **19.** Quel est le titre exact de l'émission, ***Chalu Maureen*** ou ***Chalu Douchka*** ?
- **20.** Comment s'appelle le robot de ***M6 kid***, Kidroïde ou Kidrobot ?

Réponses ▶ p. 279

340 LES FÊTES

1. Quelle est la fête des amoureux ?
2. Quelle fête a lieu au solstice d'été ?
3. Quel saint souhaite-t-on le 31 décembre ?
4. Quand la Sainte-Emmanuelle est-elle souhaitée ?
5. Comment saint Valentin est-il mort ?
6. Quelle fête célèbre le corps et le sang du Christ ?
7. Que fait-on le soir de la Saint-Jean dehors ?
8. La fête des Mères est-elle devenue nationale en 1941 ou en 1950 ?
9. La fête des Pères est située 3 ou 4 semaines après la fête des Mères ?
10. Quand la Saint-André a-t-elle lieu ?
11. Depuis quand la fête des grands-mères existe-t-elle ?
12. Comment les jeunes filles de 25 ans toujours célibataires sont-elles appelées ?
13. Saint-Fiacre est-il le patron des horticulteurs ou le patron des automobilistes ?
14. Quand la manifestation « Immeubles en fête » a-t-elle été instituée ?
15. Pour la Sainte-Catherine, quel accessoire les jeunes filles portent-elles : un chapeau ou des gants ?
16. Quelles sont les couleurs de cet accessoire ?
17. Saint Glin-Glin a-t-il existé ?
18. Quel support rassemble une grande partie des fêtes à souhaiter ?
19. Selon la croyance, qui veille sur les automobilistes ?
20. Quelle fête corporative réunit tous ceux qui exercent un métier en rapport avec le feu ?

Réponses ▸ p. 279

341 LA GÉOGRAPHIE HUMAINE

1. Combien le territoire français comptait-il d'habitants en 2004 ?
2. En 2000, la taille moyenne d'un homme français était-elle de 1,75 m ou de 1,80 m ?
3. En métropole, combien y a-t-il de naissances chaque année ?
4. Les yeux des Français sont-ils majoritairement bruns ou noirs, ou bien bleus ou gris-bleus ?
5. Par rapport à l'Europe des 25, quel pourcentage la population de la France représente-t-elle ?
6. En 2000, le poids moyen d'une Française était-il de 62,6 kg ou de 58,6 kg ?
7. À la naissance, y a-t-il plus de garçons ou plus de filles ?
8. Quel département renferme le plus de porteurs de cheveux roux ?
9. Quelle est la part des étrangers en France ?
10. En 2004, quelle était l'espérance de vie des hommes en France à la naissance ?
11. La population rurale représente-t-elle plus du tiers ou plus du quart de la population urbaine ?
12. En 1950, les naissances hors mariage représentaient 5,5 % des naissances, quel en est le taux actuel ?
13. De quel pays les étrangers en France proviennent-ils majoritairement ?
14. De 52 % en 1950, à quel taux la mortalité des enfants de moins de 1 an est-elle descendue ?
15. Combien y a-t-il de Français ayant acquis la nationalité française ?
16. L'espérance de vie des Françaises est-elle supérieure de 5 ou de 7 ans à celle des Français ?
17. Combien y a-t-il de Français à l'étranger ?
18. Dans le monde, la France est-elle le 1er ou le 3e pays destinataire des demandeurs d'asile ?
19. En 2003, combien de demandes de naturalisation ou de réintégration n'ont pas été satisfaites ?
20. Combien y a-t-il de réfugiés politiques en France ?

Réponses ▸ p. 279

342 LES MAISONS DE PERSONNALITÉS

1 **La maison natale de Théophraste Renaudot, que l'on visite, renferme des personnages de cire.**
☐ Vrai ☐ Faux

2 **Au 3e étage de la tour Eiffel, on peut faire le tour du bureau du célèbre ingénieur.**
☐ Vrai ☐ Faux

3 **La maison de Balzac, à Paris, possède toujours son mobilier d'origine.**
☐ Vrai ☐ Faux

4 **La maison natale de Jean de La Fontaine, à Château-Thierry, est aujourd'hui un musée.**
☐ Vrai ☐ Faux

5 **L'hôtel parisien de Lucien et Sacha Guitry, situé avenue Élysée-Reclus, existe toujours.**
☐ Vrai ☐ Faux

6 **Rue du Dragon, à Paris, une plaque précise que Victor Hugo habita là avant son mariage durant 6 ½ mois.**
☐ Vrai ☐ Faux

7 **L'appartement de Georges Pompidou, resté intact depuis sa mort, se visite sur demande.**
☐ Vrai ☐ Faux

8 **La maison de Georges Clemenceau, à Saint-Vincent-sur-Jard, en Vendée, n'a pas bougé depuis sa mort.**
☐ Vrai ☐ Faux

9 **L'appartement de Jean-Paul Sartre, rue Bonaparte, à Paris, a été plastiqué par l'OAS en 1962.**
☐ Vrai ☐ Faux

10 **La maison de Lourmarin d'Albert Camus, dans le Vaucluse, peut se visiter sur demande.**
☐ Vrai ☐ Faux

11 **Détruite pendant la guerre, la maison natale de Calvin, à Noyon, a été reconstruite à l'identique.**
☐ Vrai ☐ Faux

12 **On peut admirer l'intérieur de la maison natale de François de Malherbe, à Caen.**
☐ Vrai ☐ Faux

13 **La maison natale de Jeanne d'Arc, à Domrémy, est devenue un musée départemental.**
☐ Vrai ☐ Faux

14 **L'atelier de Cézanne, à Aix-en-Provence, est classé monument historique.**
☐ Vrai ☐ Faux

15 **La façade de l'hôtel particulier de Francisque Poulbot, à Paris, comporte des céramiques de poulbots.**
☐ Vrai ☐ Faux

Réponses ▸ p. 279

343 DES ÉLUS CÉLÈBRES

1 **Quel poste gouvernemental Hervé Gaymard a-t-il eu ?**
☐ A : Ministre de l'Agriculture.
☐ B : Secrétaire d'État auprès du ministère de l'Économie.
☐ C : Ministre de l'Économie, des Finances et de l'Industrie.

2 **Qui a été élu député des Bouches-du-Rhône en 1989 ?**
☐ A : Pierre Méhaignerie.
☐ B : Bernard Tapie. ☐ C : Jean-François Mattei.

3 **De quel département Marie-George Buffet est-elle députée ?**
☐ A : De la Seine-Saint-Denis.
☐ B : De la Seine-et-Oise. ☐ C : Du Val d'Oise.

4 **Qui est la députée de la 1re circonscription de Guyane ?**
☐ A : Béatrice Vernaudon.
☐ B : Hélène Tanguy.
☐ C : Christiane Taubira-Delannon.

5 **Quel mandat Ségolène Royal a-t-elle, au début 2006 ?**
☐ A : Elle est députée.
☐ B : Elle est sénatrice.
☐ C : Elle est simple maire.

6 **Quelle autre fonction que sénateur Michel Charasse exerce-t-il, entre autres, en 2006 ?**
☐ A : Secrétaire du Sénat.
☐ B : Membre de la Haute Cour de justice.
☐ C : Membre du Conseil d'État.

7 **De quel département Christine Boutin est-elle députée ?**
☐ A : Des Yvelines.
☐ B : Du Val d'Oise.
☐ C : Des Hauts-de-Seine.

8 **De quel département Gaston Flosse est-il sénateur ?**
☐ A : De la Guyane.
☐ B : De la Réunion.
☐ C : De la Polynésie française.

9 **Quand Pierre Méhaignerie a-t-il été élu à l'Assemblée nationale pour la 1re fois ?**
☐ A : En 1973. ☐ B : En 1978.
☐ C : En 1981.

10 **Quel grand ministère Jean-Paul Gaudin, maire de Marseille, a-t-il occupé ?**
☐ A : Le ministère de l'Économie et des Finances.
☐ B : Le ministère de l'Intérieur.
☐ C : Le ministère de la Santé et des Affaires sociales.

11 **Dans quel gouvernement Jean-François Mattei a-t-il été ministre de la Santé ?**
☐ A : Dans le gouvernement Raffarin 1.
☐ B : Dans le gouvernement Raffarin 2.
☐ C : Dans les gouvernements Raffarin 1 et 2.

12 **De quelle région Édouard Balladur est-il député ?**
☐ A : De la Corrèze.
☐ B : De la Loire.
☐ C : De Paris.

13 **Qui est député de la 3e circonscription de La Réunion ?**
☐ A : André Thien Ah Koon.
☐ B : Michel Buillard.
☐ C : Christophe Payet.

14 **Quel métier Jean-Pierre Fourcade exerçait-il avant d'être élu ou en charge d'un ministère ?**
☐ A : Avocat.
☐ B : Inspecteur des finances.
☐ C : Professeur d'histoire et de géographie.

15 **De quel gouvernement Nicolas Sarkozy a-t-il été ministre du Budget ?**
☐ A : Le gouvernement Raffarin 3.
☐ B : Le gouvernement Balladur 1.
☐ C : Le gouvernement Jospin.

Réponses ▸ p. 279

344 LA COMTESSE DE SÉGUR

1. Quel était le prénom de la comtesse de Ségur : Amélie ou Sophie ?
2. Dans quel genre littéraire s'est-elle illustrée ?
3. Comment sont les « petites filles » de la comtesse de Ségur ?
4. De quel animal la comtesse de Ségur raconta-t-elle les mémoires ?
5. De quel pays la comtesse de Ségur était-elle originaire : la Russie ou l'Angleterre ?
6. Elle est l'auteur d'une œuvre intitulée ***Jean qui grogne et Jean qui***...
7. Pour qui écrivit-elle ses histoires à l'origine : ses élèves ou ses petits-enfants ?
8. Était-elle la fille du comte Raspoutine ou Rostopchine ?
9. La comtesse de Ségur est-elle l'auteur de ***La Petite Fille aux allumettes*** ?
10. Quel est le titre exact : ***La Sœur de Gribouille*** ou ***Le fils de Gribouille*** ?
11. De quel général la comtesse de Ségur raconta-t-elle les aventures ?
12. À quel siècle la comtesse de Ségur a-t-elle vécu ?
13. Quel est le nom de l'âne dont la comtesse de Ségur raconte les péripéties : Cadichon ou Bourriquet ?
14. Quelle célèbre héroïne de la comtesse de Ségur enchaîne bêtise sur bêtise ?
15. La comtesse de Ségur a-t-elle écrit ***Les Vacances*** ou ***Le Blé en herbe*** ?
16. Laquelle n'est pas un personnage de la comtesse de Ségur : madame de Rénal ou madame de Réan ?
17. « Ségur » était-il un pseudonyme d'auteur ?
18. Qui est la gentille : madame Popofski ou madame Dabrovine ?
19. Quelles petites-filles de la comtesse ont donné leur nom à deux héroïnes : Camille et Madeleine ou Berthe et Marie ?
20. L'âne capricieux est-il menacé de travailler au moulin ou d'être vendu ?

Réponses ▸ p. 279

Bord de mer

345 NICE

1. Quel événement de rue est indissociable de Nice ?
2. Quelle ville est la plus proche de l'Italie : Cannes ou Nice ?
3. La ville a-t-elle donné son nom à une salade ou à une sauce ?
4. De quel département Nice est-elle le chef-lieu ?
5. Comment s'appelle la baie qui s'étend devant Nice ?
6. La ville abrite-t-elle le musée Chagall ou le musée Matisse ?
7. Quel fameux bâtiment Art déco abrite un hôtel de luxe et le casino de Nice ?
8. Comment s'appelle la célèbre voie qui longe le bord de mer à Nice ?
9. Que signifie ***Nikaia***, le nom grec de la ville : la brillante ou la victorieuse ?
10. De quel transport en commun la ville va-t-elle se doter en 2007 ?
11. À quelle « maison » le comté de Nice a-t-il appartenu de 1388 à 1793 ?
12. Quel est le nom de l'aéroport de Nice ?
13. Quel maréchal de France est né à Nice : Ney ou Masséna ?
14. Qu'ont conçu Charles Garnier et Gustave Eiffel : l'observatoire ou le palais des congrès de Nice ?
15. Comment s'appelle le port de Nice : le Lympia ou le Pirée ?
16. Quel fruit produit à Nice fait l'objet d'une appellation d'origine contrôlée ?
17. Quel animal orne le blason de la ville : un dragon ou un aigle ?
18. Quel est le nom commun de l'université et du technopôle de Nice ?
19. Quel artisan de l'Unité italienne est né à Nice en 1807 ?
20. Quel est le nom du plus fameux hôtel de Nice ?

Réponses ▸ p. 279

346 LES COMÉDIES

- **1.** Quel film est la suite de ***Pédale douce*** ?
- **2.** Quel animal est Didier, dans le film du même nom ?
- **3.** Dans ***Taxi***, quel acteur incarne le chauffeur de taxi ?
- **4.** Quelle tour est « infernale », dans la parodie d'Éric et Ramzy ?
- **5.** Que dansent Alain Chabat et Gérard Darmon dans ***La Cité de la peur*** ?
- **6.** Dans quelle série de films Michel Galabru incarne-t-il l'adjudant-chef Gerber ?
- **7.** Qui est « le boulet », dans le film du même nom ?
- **8.** Dans quel film Renato apprend-il à Zaza à beurrer une biscotte ?
- **9.** Qui enlève Gérard Depardieu dans ***Les Compères*** ?
- **10.** Qui Bourvil porte-t-il sur ses épaules dans ***La Grande Vadrouille*** ?
- **11.** Quels personnages bibliques les Inconnus ont-ils incarnés ?
- **12.** Dans quelle comédie Valérie Lemercier parodie-t-elle une cour royale ?
- **13.** Dans ***Astérix : mission Cléopâtre***, quelle est la profession de Jamel Debbouze ?
- **14.** Avec Roland Giraud et Michel Boujenah, qui est le troisième homme de ***Trois hommes et un couffin*** ?
- **15.** Qui est le « con » du dîner de cons ?
- **16.** Quel film est une adaptation d'un sketch de Jean Dujardin ?
- **17.** Quel numéro porte la compagnie de Jean Lefebvre et Pierre Mondy ?
- **18.** Que porte le grand blond, incarné par Pierre Richard ?
- **19.** Qui est Chouchou, dans le film éponyme ?
- **20.** D'où viennent les « visiteurs » ?

Réponses ▶ p. 279

347 LA MONNAIE €

- **1.** Quel musicien pouvait-on voir sur les billets de 20 francs ?
- **2.** Combien 1 euro vaut-il en francs ?
- **3.** Quel billet n'existe pas, celui de 300 ou de 500 euros ?
- **4.** Les billets en euros comportent-ils une face nationale ?
- **5.** De quand date le premier franc, 1360 ou 1789 ?
- **6.** Quelles pièces d'euro sont bicolores ?
- **7.** Laquelle n'a jamais existé, la livre tournois ou la livre bataille ?
- **8.** Quel écrivain figurait sur les billets de 50 francs juste avant le passage à l'euro ?
- **9.** Quelle est la couleur du billet de 100 euros ?
- **10.** En 1795, payait-on en franc révolutionnaire ou en franc germinal ?
- **11.** À partir de quand a-t-on payé en euros, le 1er janvier 2000 ou le 1er janvier 2002 ?
- **12.** Quel roi fit frapper les premiers louis d'or ?
- **13.** Quelle figure emblématique de la France retrouve-t-on sur les pièces de 1, 2 et 5 centimes d'euro ?
- **14.** Sur quel billet figurait Eugène Delacroix ?
- **15.** Quelle devise républicaine, présente sur les francs, figure toujours sur les pièces de 1 et de 2 euros ?
- **16.** Quel organisme était chargé de l'émission des francs ?
- **17.** Quelle figure féminine en pied se trouve sur l'ancienne pièce de 5 francs et sur la pièce de 50 cents ?
- **18.** Quel couple de savants figurait sur le billet de 500 francs ?
- **19.** Avant l'euro, quelles pièces appelait-on les pièces jaunes ?
- **20.** Quand la Banque de France cessera-t-elle d'échanger les billets en francs, en 2007 ou en 2012 ?

Réponses ▶ p. 279

348 L'ALSACE

- **1.** Quel petit biscuit en forme de 8 est l'un des symboles de l'Alsace ?
- **2.** En quel matériau la cathédrale de Strasbourg a-t-elle été construite ?
- **3.** Nombre de maisons alsaciennes ont-elles des façades à colombage ou des façades en pierre ?
- **4.** La grande spécialité alsacienne est-elle la potée ou la choucroute ?
- **5.** Sur combien de kilomètres la route des vins d'Alsace s'étend-elle ?
- **6.** La ville de Turckheim possède-t-elle des portes fortifiées ou un donjon du XIIIe siècle ?
- **7.** Quel est certainement le village le plus visité du Haut-Rhin ?
- **8.** Outre la vigne, quelle grande production agricole découvre-t-on en Alsace à la belle saison ?
- **9.** Quelle ancienne activité principale du nord de l'Alsace possède un musée à Merkwiller-Pechelbronn ?
- **10.** Autour de quel monument la ville d'Eguisheim est-elle ordonnée ?
- **11.** Kaysersberg est-il un village médiéval ou un village-rue ?
- **12.** Quelle sorte de mine était exploitée à Sainte-Marie-aux-Mines, reléguée maintenant en musée ?
- **13.** Où la grande centrale nucléaire d'Alsace est-elle située ?
- **14.** Quels instruments de musique peut-on entendre jouer dans les rues de Ribeauvillé en septembre ?
- **15.** Dans quelle ville peut-on visiter le Parlement européen ?
- **16.** Le vignoble d'Alsace est-il planté en plaine ou sur les coteaux ?
- **17.** Quelle ville abrite une église dominicaine transformée en centre polymusical international ?
- **18.** Où peut-on visiter la brasserie Kronenbourg, à Strasbourg ou à Schiltigheim ?
- **19.** Dans le village de Hunspach, comment sont les vitres des fenêtres de certaines maisons ?
- **20.** Par quoi les vignobles alsaciens sont-ils bordés ?

Réponses ▸ p. 279

349 LES ABRÉVIATIONS

Quelles sont les abréviations des mots suivants ? Attention à la ponctuation, aux majuscules et aux minuscules !

- **1.** Docteur.
- **2.** Kilomètre par heure.
- **3.** C'est-à-dire.
- **4.** Maître.
- **5.** Appartement.
- **6.** Gramme.
- **7.** Confer.
- **8.** Mademoiselle.
- **9.** Millimètre.
- **10.** Et cetera.
- **11.** Numéro.
- **12.** Président-directeur général.
- **13.** Siècle.
- **14.** Messieurs.
- **15.** Exemple.
- **16.** Degré Celsius.
- **17.** Boulevard.
- **18.** Article.
- **19.** Post-scriptum.
- **20.** Litre.

Réponses ▸ p. 279

350 ÉGLISE GOTHIQUE

Placez correctement chaque nom de la liste ci-dessous sur ce plan d'église gothique.

abside – bras du transept – chœur – croisée du transept déambulatoire – nef centrale – portail – bas-côté

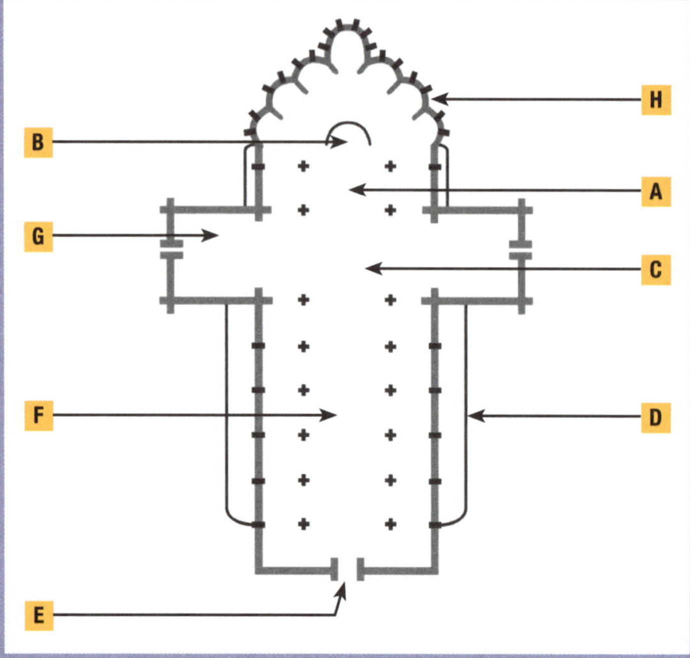

Réponses ▸ p. 279

351 LES FORÊTS

1. La forêt landaise est-elle une forêt naturelle ou une forêt artificielle ?
2. Quelle est la surface de la forêt de Fontainebleau : 14 460 ou 16 982 ha ?
3. Quel pourcentage de la surface forestière française le chêne représente-t-il ?
4. Dans l'Allier, la forêt de Tronçais est-elle une forêt de chênes ou une forêt de hêtres ?
5. Par rapport à 1900, la forêt française s'est-elle accrue de 51 % ou de 63 % ?
6. À quelle altitude ne trouve-t-on pratiquement plus que des conifères ?
7. Le pin maritime est-il plus représenté dans les forêts françaises que l'épicéa commun ?
8. En Guadeloupe, la forêt est-elle plus importante à Grande-Terre ou à Basse-Terre ?
9. Quel est le second massif forestier de France : celui des Vosges ou celui de Provence ?
10. Les forêts privées sont-elles 2,5 ou 3,5 fois plus étendues que les forêts publiques ?

Réponses ▸ p. 279

352 LES COLONIES ET PROTECTORATS

1 Quel peintre n'était pas un impressionniste ?
- A : L'empereur Ba Dai.
- B : Ngo Dinh Diem.
- C : Hô Chi Minh.

2 De quel pays Habib Bourguiba a-t-il été le 1er président ?
- A : De l'Algérie.
- B : De la Tunisie.
- C : Du Maroc.

3 Quel pays Omar Bongo dirige-t-il depuis 1967 ?
- A : Le Togo.
- B : Le Gabon.
- C : Le Niger.

4 Le 12 mars 1945, qui a déclaré l'indépendance du Cambodge ?
- A : Norodom Ier.
- B : Norodom Sihanouk.
- C : Le roi Monivong.

5 Quel a été le 1er président de l'Algérie indépendante ?
- A : Hocine Aït Ahmed.
- B : Houari Boumédienne.
- C : Ahmed Ben Bella.

6 Quel a été l'artisan de l'indépendance du Maroc en 1956 ?
- A : Mohammed V.
- B : Mohammed Oufkir.
- C : Hassan II.

7 Qui est devenu président de la République de Madagascar lors de sa création, en 1960 ?
- A : Philibert Tsiranana.
- B : Le colonel Ratsimandrava.
- C : Le général Ramanantsoa.

8 Quel pays a vu son indépendance autoproclamée par le président Ahmed Abdallah, entérinée par référendum ?
- A : Le Mali.
- B : Les Comores.
- C : Le Congo.

9 Quel a été le premier président du Togo indépendant ?
- A : Sylvanus Olympio.
- B : Gnassingbé Eyadéma.
- C : Sékou Touré.

10 De quel pays Léopold Sédar Senghor a-t-il été le dirigeant ?
- A : Du Mali.
- B : Du Sénégal.
- C : Du Cameroun.

11 Après l'indépendance du Laos, fin 1953, qui a été reconnu comme gouvernant légitime ?
- A : Le prince Souvanna Phouma.
- B : Le prince Souphanouvong.
- C : Le capitaine Kong.

12 La Guinée devient indépendante en 1958, quel en a alors été le dirigeant ?
- A : Lansana Conté.
- B : Sékou Touré.
- C : Bokassa Ier.

13 Quelle colonie, indépendante dès 1804, a eu en 1957 un dictateur nommé François Duvalier ?
- A : L'île Maurice.
- B : Haïti.
- C : L'Ouganda.

14 De quel pays Bokassa Ier a-t-il été l'empereur ?
- A : Du Zaïre.
- B : De la République centrafricaine.
- C : Du Togo.

15 Qui a été le premier président du Cameroun ?
- A : Paul Biya.
- B : Léon Mba.
- C : Amadou Ahidjo.

Réponses ▸ p. 279

353 LE XVIe SIÈCLE

1. Quelle bataille est associée à l'année 1515 ?
2. Contre qui cette bataille était-elle dirigée, les Espagnols ou les Suisses ?
3. Quel futur roi dut abjurer le protestantisme en 1593 ?
4. Catherine de Médicis était-elle la mère de François Ier ou de François II ?
5. De quel pays était-elle originaire ?
6. De quelle terre le navigateur Jacques Cartier prit-il possession en 1534 ?
7. Quelle « affaire » fut déclenchée par l'apposition de tracts prêchant la doctrine protestante ?
8. De quel roi Diane de Poitiers fut-elle la favorite, Henri II ou Henri III ?
9. Quel château, donné par le roi, fit-elle modifier pour qu'il enjambe le Cher ?
10. Comment appela-t-on le terrible massacre de protestants ordonné par Charles IX ?
11. Louis XII était-il surnommé le Bien-aimé ou le Père du peuple ?
12. Quel célèbre savant et artiste italien, invité par le roi, s'installa au Clos-Lucé, près d'Amboise ?
13. Quel édit accordait la liberté de culte aux protestants ?
14. Émanait-il d'Henri IV ou de François Ier ?
15. Comment appelle-t-on la période de renouveau et d'essor culturel dont le XVIe siècle fait partie ?
16. Quel duc catholique influent Henri III fit-il assassiner ?
17. L'amiral de Coligny était-il catholique ou protestant ?
18. Au profit de qui la couronne du Saint Empire romain germanique échappa-t-elle à François Ier ?
19. Comment surnommait-on les calvinistes au XVIe siècle ?
20. Charles VIII a-t-il régné au XVIe siècle ?

Réponses ▶ p. 279

354 LE NUCLÉAIRE

1. Quand la France est-elle devenue une puissance nucléaire ?
2. Où les premiers essais nucléaires français ont-ils eu lieu ?
3. Les centrales nucléaires font-elles partie de l'industrie militaire ou de l'industrie civile ?
4. Où la première centrale nucléaire française a-t-elle été construite ?
5. Au Sahara, les essais ont-ils été en majorité souterrains ou aériens ?
6. Y a-t-il des centrales nucléaires dans les DOM-TOM ?
7. Que deviennent les déchets nucléaires, après traitement ?
8. Après le Sahara, où la France a-t-elle expérimenté ses bombes atomiques, à partir de 1962 ?
9. La Hague est-il un centre de traitement des produits de fission ou le site d'une centrale nucléaire ?
10. Quelle société s'occupe de tout le processus nucléaire civil français ?
11. En Indre-et-Loire, combien de temps la centrale de Chinon A1 a-t-elle fonctionné ?
12. Quel atoll a été le plus utilisé pour les essais nucléaires français ?
13. Combien d'essais nucléaires français ont-ils eu lieu en Polynésie, 193 ou 163 ?
14. Quand la bombe H française a-t-elle été expérimentée ?
15. Sur combien de sites les centrales françaises sont-elles implantées ?
16. Des personnes ont-elles été irradiées par les essais nucléaires français ?
17. En 2020, la France fera-t-elle fonctionner des générateurs de 3e ou de 4e génération ?
18. Le coût unitaire d'un essai est-il de 15 millions d'euros ou de 11 millions d'euros ?
19. Quand la dernière explosion nucléaire française a-t-elle eu lieu ?
20. Depuis l'arrêt des explosions, comment sont les tirs ?

Réponses ▶ p. 279

355 LES FILMS HISTORIQUES

- **1.** Quelle héroïne de la Résistance Carole Bouquet a-t-elle incarnée ?
- **2.** Dans quel film un anthropologue se bat pour la dignité d'un pygmée, ***Man to Man*** ou ***Partir, revenir*** ?
- **3.** Que désigne la « veuve » de Saint-Pierre, dans le film éponyme, un virus ou la guillotine ?
- **4.** Quelle bataille de la Seconde Guerre mondiale a donné son nom à un film de Jean-Jacques Annaud ?
- **5.** Quel voleur et assassin romanesque du XVIIIe siècle Daniel Auteuil a-t-il incarné ?
- **6.** Dans quel film de Régis Wargnier Catherine Deneuve est-elle propriétaire d'une plantation d'hévéas ?
- **7.** Dans ***Le roi danse***, de quel roi est-il question ?
- **8.** Quel révolutionnaire Gérard Depardieu a-t-il incarné dans le film du même nom, Marat ou Danton ?
- **9.** Comment s'appelle le « capitaine » de Bertrand Tavernier, Ancel ou Conan ?
- **10.** Qui était Stavisky, incarné à l'écran par Jean-Paul Belmondo, un soldat ou un escroc ?
- **11.** Quel acteur incarne l'abbé Pierre dans ***Hiver 54*** ?
- **12.** Quelle actrice incarne le principal personnage féminin de ***L'Armée des ombres*** de Jean-Pierre Melville ?
- **13.** Quel film est consacré à un repas entre Fouché (Claude Brasseur) et Talleyrand (Claude Rich) ?
- **14.** Quelle ville d'Espagne est le lieu d'une « controverse » au sujet de l'âme des Indiens ?
- **15.** Quel résistant Charles Berling a-t-il incarné dans le film d'Yves Boisset ?
- **16.** Dans quelle région montagneuse sévit la « bête » cruelle et mystérieuse du ***Pacte des loups*** ?
- **17.** Quel film documentaire Alain Resnais a-t-il consacré aux déportés de la Seconde Guerre mondiale ?
- **18.** Qui était Farinelli, à qui Gérard Corbiau a consacré un film ?
- **19.** Dans quel film Jean-Jacques Annaud raconte-t-il la jeunesse du dalaï-lama ?
- **20.** De quelle guerre est-il question dans ***Un long dimanche de fiançailles*** ?

Réponses ▶ p. 279

356 LA COUPE DU MONDE DE FOOT DE 1998

- **1.** Quand l'idée de l'organisation de la Coupe du monde par la France s'est-elle matérialisée ?
- **2.** Combien d'équipes étaient en présence ?
- **3.** Le symbole principal du logo officiel représentait-il un ballon ou la France ?
- **4.** La Coupe du monde 1998 a-t-elle duré du 10 juin au 12 juillet ou du 15 juin au 16 juillet ?
- **5.** Par combien de voix sur 12 la Fifa a-t-elle attribué la Coupe du monde à la France en 1992 ?
- **6.** Combien de villes ont été retenues pour accueillir l'ensemble des matches, 10 ou 12 ?
- **7.** Qui a codirigé cette Coupe du monde avec Michel Platini ?
- **8.** Quel a été le budget de base de la Coupe du monde, 1,5 milliard ou 1 milliard de francs ?
- **9.** Quel stade de Marseille a été utilisé pour la Coupe du monde ?
- **10.** La France ou la Nouvelle-Calédonie ont émis des timbres pour cette Coupe. Quelle forme avaient-ils ?
- **11.** Quand la cérémonie d'ouverture a-t-elle eu lieu, la veille ou le jour de la 1re rencontre ?
- **12.** La Coupe du monde de 1998 était-elle la 2e ou la 3e organisée par la France ?
- **13.** Entre Lens, Bordeaux, Strasbourg et Nantes, quelle ville n'a pas participé à cette Coupe du monde ?
- **14.** Combien de bénévoles ont aidé au déroulement de la Coupe du monde ?
- **15.** Les chaînes de télévision retransmettant la Coupe étaient-elles au nombre de 180 ou de 130 ?
- **16.** Combien de partenaires officiels ont participé à la Coupe 1998 ?
- **17.** Quelle était l'interprète de l'hymne de la Coupe du monde, intitulé ***I Will Survive*** ?
- **18.** Combien y a-t-il eu de produits dérivés de cette Coupe du monde, 400 ou 250 ?
- **19.** Quelle ville a abrité le tirage au sort des équipes ?
- **20.** Combien de places ont-elles été mises en vente pour les pays étrangers ?

Réponses ▶ p. 280

357 LES CONSTITUTIONS

- **1.** De quand la première Constitution française date-t-elle, de 1789 ou de 1793 ?
- **2.** Comment cette Constitution s'est-elle appelée ?
- **3.** En quelle année les lois constitutionnelles de la IIIe République, née en 1870, sont-elles votées ?
- **4.** Par quel moyen le président Louis-Napoléon met-il fin à la IIe République ?
- **5.** Combien la IIIe République a-t-elle compté de présidents, 10 ou 14 ?
- **6.** Qui a-t-il mis fin à la IIIe République, De Gaulle ou Pétain ?
- **7.** En quelle année la IVe Constitution est-elle entrée en vigueur ?
- **8.** De quelle période l'actuelle Ve Constitution date-t-elle ?
- **9.** Qui peut négocier et ratifier les traités, le président de la République ou le Premier ministre ?
- **10.** Par quelle souveraineté la Constitution de 1958 remplace-t-elle la souveraineté parlementaire ?
- **11.** Comment la réunion des deux assemblées s'appelle-t-elle ?
- **12.** Où les deux Assemblées se réunissent-elles pour pouvoir voter, au Louvre ou à Versailles ?
- **13.** Le nombre de navettes entre les Assemblées réunies en congrès est-il limité ou illimité ?
- **14.** Par quel moyen une proposition de loi constitutionnelle doit-elle être approuvée ?
- **15.** Pour les élections, quel scrutin la Constitution de 1958 a-t-elle choisi ?
- **16.** À quelle majorité des droits exprimés un projet de loi constitutionnel doit-il être approuvé ?
- **17.** Par quel article de la Constitution une procédure spéciale de révision est-elle régie ?
- **18.** À combien de reprises l'actuelle Constitution a-t-elle été révisée ?
- **19.** Une Constitution a été ratifiée mais jamais appliquée. Laquelle ?
- **20.** Quel organisme statue sur la conformité à la Constitution d'un traité ?

Réponses ▸ p. 280

Le guitariste folk français

358 HUGUES AUFRAY

- **1.** Quelle chanson raconte l'histoire d'une jeune fille qui se sacrifie pour élever ses frères et sœurs ?
- **2.** Quelle est la couleur du « petit âne » d'Hugues Aufray ?
- **3.** Complétez ce refrain : « Debout les gars réveillez-vous… »
- **4.** En quelle année Hugues Aufray est-il né : 1929 ou 1941 ?
- **5.** Quel type de bateau est le ***Santiano*** ?
- **6.** Où est la « réponse » selon une chanson d'Hugues Aufray, dans le cœur ou dans le vent ?
- **7.** Dans une chanson, qui « s'énervait dans son atelier » ?
- **8.** Quel est le titre exact de la chanson d'Hugues Aufray : ***Le Port de San Francisco*** ou ***Le Port de Tacoma*** ?
- **9.** Comment s'appelait le cheval blanc dont Hugues Aufray a fait une chanson ?
- **10.** De quel chanteur américain Hugues Aufray a-t-il repris plusieurs chansons en français ?
- **11.** À qui des enfants disent-ils adieu dans une chanson d'Hugues Aufray ?
- **12.** L'une des chansons d'Hugues Aufray s'intitule : ***Allez, allez***…
- **13.** De quels animaux Hugues Aufray est-il passionné : les chevaux ou les aigles ?
- **14.** Comment est le « cœur » d'Hugues Aufray : triste ou gros ?
- **15.** Grâce à quel instrument un musicien libère-t-il une ville des rats dans une chanson ?
- **16.** Quelle chanson a été écrite pour Martin Luther King : ***Les Crayons de couleur*** ou ***Les Temps changent*** ?
- **17.** Avec quel chanteur Hugues Aufray a-t-il collaboré : Renaud ou Didier Barbelivien ?
- **18.** Si Dieu veut, jusqu'où le ***Santiano*** ira-t-il ?
- **19.** Quelle chanson de Gainsbourg a lancé Hugues Aufray, ***Le Poinçonneur des Lilas*** ou ***Couleur café*** ?
- **20.** Pour qui Hugues Aufray a-t-il écrit la chanson ***Si c'était à refaire*** : Alain Bashung ou Johnny Hallyday ?

Réponses ▸ p. 280

359 POINT COMMUN

Quel est le lien entre ces quatre éléments ?

Réponse ▸ p. 280

360 L'HABITAT

1. Quelle variété de calcaire est utilisée pour la construction des maisons du val de Loire ?
2. Quelle habitation de bois est typique des régions montagneuses et de la Savoie en particulier ?
3. Quelle ville est réputée pour ses maisons à colombages : Troyes ou Dijon ?
4. Dans quelle région de vignobles peut-on voir des maisons en pierres dorées ?
5. Quel matériau de construction largement répandu a donné à Toulouse son surnom de « ville rose » ?
6. De quoi sont recouverts les toits des maisons bretonnes ?
7. Quelle est la couleur des volets des maisons traditionnelles de l'île d'Oléron : verte ou rouge ?
8. Comment appelle-t-on les vérandas propres aux belles demeures créoles ?
9. Quelle roche massive et rugueuse est utilisée pour la construction des maisons bretonnes ?
10. Où peut-on voir des maisons avec des toits de lauzes : dans le nord ou dans le sud de la France ?

Réponses ▸ p. 280

361 LES GRANDS FLÉAUX

1 Le choléra, survenu en Europe de 1830 à 1833, est réapparu 3 fois en France pendant ce siècle.
☐ Vrai ☐ Faux

2 La tuberculose s'est propagée en Europe, donc en France, au début du XIXe siècle.
☐ Vrai ☐ Faux

3 La peste noire, frappant l'Europe à partir de 1348, est arrivée d'Asie par le port de Marseille.
☐ Vrai ☐ Faux

4 La France n'est pas concernée par le problème du paludisme.
☐ Vrai ☐ Faux

5 En 2001, 204 cas d'encéphalopathie spongiforme bovine, l'ESB, ont été recensés en France.
☐ Vrai ☐ Faux

6 En France, lorsqu'un animal est reconnu avoir l'ESB, il est la seule bête du troupeau à être abattue.
☐ Vrai ☐ Faux

7 La grippe aviaire est arrivée en Europe le 18 février 2006.
☐ Vrai ☐ Faux

8 Au début mars 2006, le chikungunya avait déjà contaminé plus de 20 % des Réunionnais.
☐ Vrai ☐ Faux

9 La France a interdit les importations de farine animale originaire de Grande-Bretagne dès 1987.
☐ Vrai ☐ Faux

10 Des cas de fièvre à virus du Nil sont réapparus en Camargue en 2000, frappant des chevaux.
☐ Vrai ☐ Faux

11 La France a été épargnée par la tremblante du mouton depuis 20 ans.
☐ Vrai ☐ Faux

12 La maladie de Carré, touchant les jeunes chiens, a été éradiquée en France.
☐ Vrai ☐ Faux

13 En donnant des hormones de croissance, on a transmis à certains enfants la maladie de Creutzfeld-Jacob.
☐ Vrai ☐ Faux

14 En 1969, l'épidémie de grippe a fait plus de 15 000 morts en France.
☐ Vrai ☐ Faux

15 La maladie de Creutzfeld-Jacob n'est pas une encéphalopathie spongiforme subaiguë transmissible.
☐ Vrai ☐ Faux

Réponses ▸ p. 280

En vélo...

362 MIMIE MATHY

1. En quelle année Mimie Mathy est-elle née, un 8 juillet : 1959 ou 1957 ?
2. Le père de Mimie Mathy se prénomme-t-il Bernard ou Marcel ?
3. De quelle association lyonnaise Mimie Mathy est-elle la marraine ?
4. Dans combien de films Mimie Mathy a-t-elle joué ?
5. Quand Mimie Mathy rejoint-elle Michel Fugain aux Studios de la Victorine, à Nice : en 1981 ou en 1979 ?
6. Dans quel téléfilm tient-elle le rôle principal en 1989 ?
7. En 1982, où joue-t-elle son one-woman show ***Elle voit des géantes partout*** ?
8. Mimie Mathy est-elle née à Paris ou à Lyon ?
9. Quelle bande Mimie Mathy a-t-elle rejoint en 1994 ?
10. Dans quel petit théâtre Mimie Mathy a-t-elle fait son apparition en 1982 ?
11. Quel trio a-t-elle fondé avec Michèle Bernier et Isabelle de Botton ?
12. Mimie Mathy a-t-elle un DEUG de sciences économiques ou un DEUG d'art appliqué ?
13. Avec qui a-t-elle écrit son spectacle ***Elle voit des géantes partout*** ?
14. Quel est le titre du livre publié par Les Filles, en 1993 ?
15. Quel métier Joséphine exerce-t-elle dans son téléfilm, sur TF1 ?
16. Quand Mimie Mathy s'est-elle mariée ?
17. S'est-elle mariée à Neuilly-sur-Seine ou à Levallois ?
18. Avec qui Mimie Mathy a-t-elle écrit en 1995 son one-woman show ***Plein de sa vie à elle*** ?
19. Quelle est la taille exacte de Mimie Mathy : 1,42 m ou 1,32 m ?
20. Combien de fois Mimie Mathy a-t-elle joué ***Le gros N'avion*** avec les Filles ?

Réponses ▸ p. 280

363 LES PISTES CYCLABLES

1. Une voie contiguë à la chaussée réservée aux cyclistes est-elle une piste ou une bande cyclable ?
2. Une moto peut-elle emprunter une piste cyclable ?
3. Le panneau indiquant une obligation d'emprunt de piste cyclable est-il à fond bleu ou à fond rouge ?
4. Quelle est la longueur totale des pistes cyclables en France ?
5. Comment une piste cyclable qui n'est pas à sens interdit s'appelle-t-elle ?
6. Une bande cyclable peut-elle couper une route ?
7. Nos pistes cyclables représentent-elles la moitié ou le quart de celles des Pays-Bas ?
8. En ville, la piste cyclable est-elle distincte des trottoirs ?
9. Outre les deux roues à moteur, qui n'a pas le droit d'emprunter une piste cyclable ?
10. Quelle ville française possède le plus de pistes cyclables ?
11. Sur quelles autoroutes peut-on emprunter des pistes cyclables ?
12. Quel est l'espace réservé aux cyclistes entre la ligne d'arrêt à un feu et un passage protégé ?
13. Quelle est la dénomination usuelle du sens interdit sauf vélos ?
14. Combien Paris compte-t-il de kilomètres d'itinéraires cyclables ?
15. Les cyclistes sont-ils toujours dans l'obligation d'emprunter la piste cyclable ?
16. Par quel marquage au sol les sas cyclables sont-ils souvent matérialisés ?
17. Un triporteur peut-il emprunter une piste cyclable ?
18. Lorsqu'une obligation est faite d'utiliser une piste cyclable, comment cela est-il matérialisé ?
19. Quelle distance latérale de sécurité devrait-on respecter lors du dépassement d'un cycliste en ville ?
20. Une piste cyclable est-elle toujours goudronnée ?

Réponses ▸ p. 280

364 LA MUSIQUE DES ANNÉES 1990

- **1.** À qui le groupe Louise Attaque a-t-il consacré une chanson : Léa ou Lisa ?
- **2.** Quel tube a lancé la carrière de chanteur de Yannick Noah en 1990 ?
- **3.** Quel groupe chantait ***L'Autre Finistère*** ?
- **4.** Comment est le monde, dans la chanson de Pauline Ester, triste ou fou ?
- **5.** Qui chante ***Tellement je t'aime*** : Rachid Taha ou Faudel ?
- **6.** Quelles danses ont été chantées par François Feldman ?
- **7.** Dans quelle chanson de Noir Désir entend-on : « Qui veut de moi et des miettes de mon cerveau » ?
- **8.** Qui fait perdre la tête à Dany Brillant ?
- **9.** Qu'est-ce qui est « fantastique » d'après une chanson d'Elmer Food Beat ?
- **10.** Comment faut-il rester, d'après une chanson de Zebda, zen ou motivés ?
- **11.** Quel tube de Jordy marqua l'année 1992 ?
- **12.** À qui Dieu a-t-il « donné la foi » ?
- **13.** À qui faut-il « passer le message » d'après la chanson de Tonton David ?
- **14.** Qui chante ***Ensemble***, en 1999, Sinclair ou Doc Gynéco ?
- **15.** Où Lilicub partait-il « faire une virée à deux » dans une chanson : en Italie ou à Madrid ?
- **16.** Qui chante ***Temps à nouveau*** : Jean-Louis Aubert ou Louis Bertignac ?
- **17.** Quel fruit chantait Francky Vincent en 1994 ?
- **18.** Quel groupe le tube ***Partir un jour*** a-t-il révélé ?
- **19.** Où le groupe Matmatah nous invite-t-il à venir « faire un tour » ?
- **20.** Quelle chanteuse a repris ***Chanter pour ceux qui sont loin de chez eux***, de Michel Berger, en 1999 ?

Réponses ▸ p. 280

365 LES BONBONS ET FRIANDISES

- **1.** Le sucre de pomme de Rouen est-il un sucre candy ou un sucre d'orge ?
- **2.** Dans quelles villes du Nord-Ouest trouve-t-on des galets ?
- **3.** Quelle forme les bonbons fabriqués par les moines de l'abbaye de Fleury, dans le Loiret, ont-ils ?
- **4.** Comment s'appellent les spécialités de Clamecy, dans la Nièvre, en forme de petites bûches de chocolat ?
- **5.** À quoi servent essentiellement les friandises appelées violettes de Toulouse ?
- **6.** Dans quelle ville fabrique-t-on les caïques, bonbons chocolatés à la bénédictine et au nougat ?
- **7.** Quelle forme le petit bonbon appelé « succès berckois » a-t-il ?
- **8.** Quel est le bonbon fétiche de Saint-Brévin-les-Pins, en Bretagne ?
- **9.** Où la confiserie appelée brique du Capitole est-elle fabriquée ?
- **10.** Quelle forme les bonbons appelés toques blanches, fabriqués à Bourgoin, dans l'Isère, ont-ils ?
- **11.** À quoi les mirabelles confites de Strasbourg sont-elles parfumées ?
- **12.** Existe-t-il des dragées de Paris ?
- **13.** La victorine est-elle une spécialité d'Aix-en-Provence ou de Montauban ?
- **14.** Quelle est la spécialité de Montargis, dans le Loiret ?
- **15.** Quel est le nom des bonbons en forme de raisin, spécialité de Fontainebleau ?
- **16.** Les rondins des Vosges sont-ils des bonbons fourrés à la crème de noisette ou au suc de pin ?
- **17.** Où les sottises sont-elles concoctées ?
- **18.** Quelle marque de liqueur a créé les pavés d'Anjou, pâtes de fruits parfumées à la liqueur ?
- **19.** Fabrique-t-on de la nougatine à Metz ou à Nevers ?
- **20.** Les dunois de Châteaudun sont-elles des confiseries à base de praline ou de marron ?

Réponses ▸ p. 280

on dépasse les autos...

366 L'AUVERGNE

- **1.** Quel est le plus haut sommet de la chaîne des puys ?
- **2.** Comment le centre européen du volcanisme de Saint-Ours-les-Roches s'appelle-t-il ?
- **3.** Dans le Cantal, de quoi le toit des vieilles maisons est-il souvent constitué ?
- **4.** Les petites maisons où l'on fabrique les fromages sont-ils des burons ou des salers ?
- **5.** Comment le canyon naturel d'argile situé sur la commune de Rosières, en Haute-Loire, s'appelle-t-il ?
- **6.** De quelle ville un chemin de Compostelle prend-il son départ en Auvergne ?
- **7.** Par quelle industrie la région de Thiers s'est-elle rendue célèbre depuis plus d'un siècle ?
- **8.** Le plomb du Cantal est-il un minéral ou une montagne ?
- **9.** Combien le château de Veauce, dans l'Allier, contient-il de pièces ?
- **10.** Quelle liqueur est liée à la région du Velay, la gentiane ou la verveine ?
- **11.** À part à pied ou par la route, comment peut-on arriver vers le haut du puy de Sancy ?
- **12.** Quelle sorte de dentelle fait la réputation du Puy-en-Velay ?
- **13.** Saint-Pourçain, dans l'Allier, est-il une cité médiévale ou une ville nouvelle ?
- **14.** Quelle spécialité horticole la région de Mourjou, au sud-ouest du Cantal, produit-elle ?
- **15.** À Romagnat, quel imposant monument historique peut-on visiter ?
- **16.** Où la statue Notre-Dame de France, au Puy, est-elle située ?
- **17.** Un monument de Usson, dans le Puy-de-Dôme, est classé Monument historique : lequel ?
- **18.** La région de Chilhac est-elle connue pour ses orgues basaltiques ou son château ?
- **19.** La source de Châteldon produit-elle de l'eau plate ou de l'eau gazeuse ?
- **20.** À Moudeyres, au sud de la Haute-Loire, en quoi les toitures de nombre de maisons sont-elles réalisées ?

Réponses ▶ p. 280

367 GEORGES POMPIDOU

- **1.** Où Georges Pompidou est-il né ?
- **2.** Quand est-il né ?
- **3.** Quel genre d'anthologie Georges Pompidou a-t-il écrit ?
- **4.** Quel grand bâtiment parisien porte le nom de Georges Pompidou ?
- **5.** Le père de Georges Pompidou était-il médecin ou instituteur ?
- **6.** Quel diplôme Georges Pompidou a-t-il eu ?
- **7.** A-t-il enseigné à Paris ou à Toulouse ?
- **8.** Combien d'enfants le couple Pompidou a-t-il eus ?
- **9.** De 1954 à 1958, dans quelle banque Georges Pompidou a-t-il travaillé ?
- **10.** En politique, de qui Georges Pompidou a-t-il été directeur de cabinet pendant 5 mois ?
- **11.** Sous la présidence Pompidou, combien y a-t-il eu de Premiers ministres ?
- **12.** Quand Georges Pompidou a-t-il été élu président de la République ?
- **13.** Quel genre de voie parisienne a été baptisée du nom du Président après sa mort ?
- **14.** Georges Pompidou était-il pour ou contre une force de dissuasion nucléaire ?
- **15.** En mai 1968, quelle phrase célèbre concernant les Événements a-t-il prononcée devant la presse ?
- **16.** Quand Georges Pompidou a-t-il été nommé Premier ministre ?
- **17.** En décembre 1973, quelle affaire concernant le ***Canard enchaîné*** va défrayer la chronique politique ?
- **18.** Georges Pompidou voulait-il adapter la ville à la voiture ou exclure la voiture de la ville ?
- **19.** Qui a remplacé Georges Pompidou en 1969 ?
- **20.** Georges Pompidou meurt-il le 2 avril 1974 d'un cancer ou d'un accident automobile ?

Réponses ▶ p. 280

Youpi !

368 LES NOMS D'HABITANTS

- **1.** Comment appelle-t-on les habitants de Saint-Malo ?
- **2.** Quelle est la ville du Cantal dont les habitants sont appelés les Sagraniers ?
- **3.** Les Spinaliens sont-ils les habitants d'Épinal ou de Spinoza ?
- **4.** Comment les habitants de Conflent s'appellent-ils ?
- **5.** Les Appaméens sont les habitants de la sous-préfecture de l'Ariège, comment s'appelle-t-elle ?
- **6.** Les appellations sont-elles fixes ou peuvent-elles changer au cours des siècles ?
- **7.** Comment appelle-t-on les habitants d'Aubenas, dans l'Ardèche ?
- **8.** Les Rivoix habitent la ville de Rieux. Mais où les Rivois, dans l'Isère, habitent-ils ?
- **9.** Les Dunois sont-ils les habitants de Dun-sur-Avron ou de Châteaudun ?
- **10.** Quel est le nom des habitants de Châteauneuf-du-Pape ?
- **11.** À Saint-Cloud, rencontre-t-on, outre des Clodoaciens, des Saint-Cloutiens ou des Saint-Cloudiens ?
- **12.** Les Axéens sont les habitants d'Aix-les-Termes ou d'Aix-les-Bains ?
- **13.** Les habitants de Joigny sont-ils les Joviciens ou les Joviniens ?
- **14.** En Bretagne, la ville de Pays de Léon renferme les Léonards et les…
- **15.** Quel est l'autre mot signifiant la dénomination des habitants d'un lieu, par rapport à ce lieu ?
- **16.** Vitry-sur-Seine compte-t-elle dans ses murs des Vitriots ou des Vitryats ?
- **17.** De quelle ville un Visigondin est-il l'habitant ?
- **18.** Qui rencontre-t-on principalement à l'île de Ré ?
- **19.** À Bagnères-de-Bigorre, habitent des Bagnérais, des Bigourdans et des…
- **20.** Les habitants du Pecq sont-ils les Albicois ou les Pecquinois ?

Réponses ▸ p. 280

369 LES ÉMISSIONS DE DIVERTISSEMENT

- **1.** Quelle émission de variétés portait le nom d'une voie de Paris ?
- **2.** Que mesure l'appareil que les invités de ***La Méthode Cauet*** portent au doigt ?
- **3.** Par quelle phrase Marc Toesca commençait-il toujours le ***Top 50*** ?
- **4.** Dans quelle émission des personnalités se faisaient-elles piéger par leurs proches ?
- **5.** Dans quelle émission voit-on des vidéos amateurs amusantes ?
- **6.** Quelle émission présentée par Dechavanne et Patrice Carmouze était diffusée le mardi ?
- **7.** Quel animal caricaturait Michel Rocard dans le ***Bébête show*** ?
- **8.** Qui présentait le ***Hit machine*** en duo avec Charly ?
- **9.** À quel style de musique est consacrée l'émission ***Musiques au cœur*** ?
- **10.** Qui était le professeur de « la classe » ?
- **11.** Quelle émission culte présentait Philippe Gildas sur Canal+ ?
- **12.** Quelle est l'émission qui « réveille tes voisins » ?
- **13.** Comment s'appelait le journal fictif créé par Jacques Martin, qui donnait son nom à une émission ?
- **14.** Quel humoriste a été révélé grâce à ***Graine de stars***, Jean Dujardin ou Bruno Salomone ?
- **15.** D'où venaient les chroniqueurs de l'émission ***Union libre***, présentée par Christine Bravo ?
- **16.** Quelle marionnette interviewait les invités de Patrick Sébastien ?
- **17.** Quelle chaîne diffuse l'émission ***20 h 10 pétantes*** ?
- **18.** Quel est le titre de l'émission musicale animée par Nagui ?
- **19.** Comment s'appelait le « studio » de Michel Drucker ?
- **20.** Quelle émission de classement musical est présentée par Ness, ***Top of the pops*** ou ***Top 50*** ?

Réponses ▸ p. 280

370 Les grands records français

1. Quel a été le record de profits de Total en 2005, record pour une entreprise française et pour la société elle-même ?
2. En 2005, quels ont été les revenus cinématographiques de Gérard Depardieu, 3,2 ou 2,3 millions d'euros ?
3. Quel a été le record de froid en France, en date du 17 janvier 1985 à Mouthe, en Franche-Comté ?
4. En 2004, les loyers les plus chers du monde se situaient sur les Champs-Élysées, à Paris. Quel en était le prix au m^2 par an, 10 000 ou 7 500 € ?
5. À quel âge Jeanne Calment, il y a peu de temps encore doyenne du monde, est-elle décédée ?
6. Début 2001, avec quel moyen de locomotion Didier Bovard a-t-il réalisé la 1re traversée de l'Atlantique en 88 jours ?
7. Combien de spectateurs ont-ils vu en Europe ***Le Fabuleux Destin d'Amélie Poulain***, record absolu pour un film français ?
8. Quel Français a franchi pour la 1re fois la Manche en avion ?
9. Quel a été le diamètre du plus grand kouign-amann du monde, réalisé lors du Téléthon 2001 à Douarnenez, 1,82 ou 2,07 m ?
10. Quel a été le record d'enjeux pour un tiercé, lors du prix d'Amérique de 1983 ?
11. Le plus vieux vin du monde conservé en fût est un blanc d'Alsace, reposant dans la cave des Hospices Civils de Strasbourg. De quand date-t-il ?
12. Combien la plus lourde pépite d'or retrouvée en France en 1889, près de Villefort, en Lozère, pèse-t-elle ?
13. En 1981, le TGV bat le record du monde de vitesse sur rail. Quelle était cette vitesse ?
14. Début 2006, le film ***Les Bronzés 3*** a pulvérisé le record d'entrées en 5 jours d'exploitation. Était-ce 3 millions d'entrées ou 2,95 millions d'entrées ?
15. Le 13 juin 1998, à Fleurance, dans le Gers, quelle a été la hauteur du plus grand boomerang construit, 7,20 ou 9,40 m ?
16. À combien le bloc de 4 timbres 1 F vermillon vif avec un tête-bêche a-t-il été vendu en novembre 2004 ?
17. Le film ***L'Ours***, télédiffusé en février 2002, a réuni le plus de téléspectateurs pour un film : étaient-ils au nombre de 16 350 000 ou de 14 910 000 ?
18. En 2004, à qui la plus longue émission de l'histoire de la radio, qui a duré 34 heures et 31 minutes, est-elle due ?
19. Avec plus de 80 millions d'entrées, quel metteur en scène français a totalisé le plus d'entrées depuis 60 ans, Claude Zidi ou Gérard Oury ?
20. Quelle est la pièce française la plus jouée à la Comédie-Française, avec plus de 3 000 représentations ?
21. Quelle est la taille du plus grand tableau de France, ***La Fée électricité***, commandée à Raoul Dufy pour l'Exposition universelle de 1937 ?
22. Quelle a été la longueur de la plus grande écharpe, large de 20 cm, tricotée en 3 mois par 30 femmes originaires de l'Ariège ?
23. De quand le plus ancien ascenseur date-t-il ?
24. Quelle est la 1re enseigne d'hypermarchés en France ?
25. Au total, combien les Français ont-ils perdu de points sur leurs permis de conduire en 2005 ?
26. En 2004, le film ***Les Choristes*** a battu tous les records d'entrées en France. Combien y a-t-il eu de spectateurs, 7,9 ou 8,6 millions ?

27. Quelle eau minérale française, appréciée de Louis XIV, est la plus chère du monde, vendue près de 7,50 € la bouteille ?

28. Quelle a été la durée de la traversée de l'Atlantique à la rame d'Anne Quéméré, de la côte américaine aux côtes françaises ?

29. Quel est l'opéra le plus joué au monde, opéra français fort décrié lors de sa création ?

30. Combien de décès supplémentaires à la normale la canicule d'août 2003 a-t-elle entraînés en France ?

31. Quel est le plus ancien tueur en série français, mort en 1440 ?

32. Thalassa est la plus ancienne émission de télévision française encore diffusée. Quand a-t-elle commencé, en septembre 1975 ou en septembre 1980 ?

33. La France est le plus gros consommateur d'escargots au monde. Quelle est cette consommation : 15 000 ou 25 000 t par an ?

34. Quel humoriste a présenté le 18 juin 2004 un one-man show au stade de France devant 50 000 personnes, performance unique au monde ?

35. Par qui la moisissure la plus chère du monde, une souche de pénicilline adjugée 5 000 € en 2004, a-t-elle été achetée ?

36. Combien de temps le match le plus long de l'histoire du tennis a-t-il duré, en 2004, entre Fabrice Santoro et Arnaud Clément : 6 h 33 min ou 5 h 35 min ?

37. Depuis quand Jean-Pierre Pernaut présente-t-il le journal d'information de 13 heures sur TF1, détenant le record français en la matière ?

38. Quelle est la longueur de la plus grande saucisse du monde, préparée le 9 avril 2000 par les bouchers-charcutiers de Langogne, en Lozère ?

39. Par qui le 1er hélicoptère à s'être élevé dans les airs, le 19 septembre 1907, appelé ***N° 1***, a-t-il été mis au point ?

40. La plus haute flèche de France est celle de la cathédrale de Rouen. À quelle hauteur s'élève-t-elle ?

41. Fin 2000, Hugues Richard a monté le plus grand nombre de marches à vélo en 1 h, au Sacré-Cœur de Montmartre. Combien a-t-il monté de marches ?

42. Le plus grand violoncelle du monde est français, dû au luthier Christian Urbita. Combien mesure-t-il, 6,50 m ou 8,50 m ?

43. La plus forte somme atteinte par un tableau de Paul Gauguin l'a été pour la toile ***Maternité II***, en 2004. Quelle était cette somme ?

44. Dans quelle église la plus vieille horloge à carillon du monde, installée en 1305, se trouve-t-elle ?

45. En décembre 2000, les membres de l'Association des collectivités du Mâconnais ont réalisé à Sancé la plus grande paella du monde. Combien pesait-elle ?

46. À la fin du XIXe siècle, quel était le plus haut monument du monde ?

47. Quel est le poids du plus gros chou-fleur jamais recensé, produit à Lagupie, dans le Lot-et-Garonne ?

48. À combien la plus haute pile du pont de Millau s'élève-t-elle, record mondial absolu ?

49. Quel est le plus ancien observatoire du monde encore utilisé pour la recherche ?

50. Le Français Henri Pescarolo détient le record de participations aux 24 Heures du Mans. Combien de fois a-t-il pris le départ ?

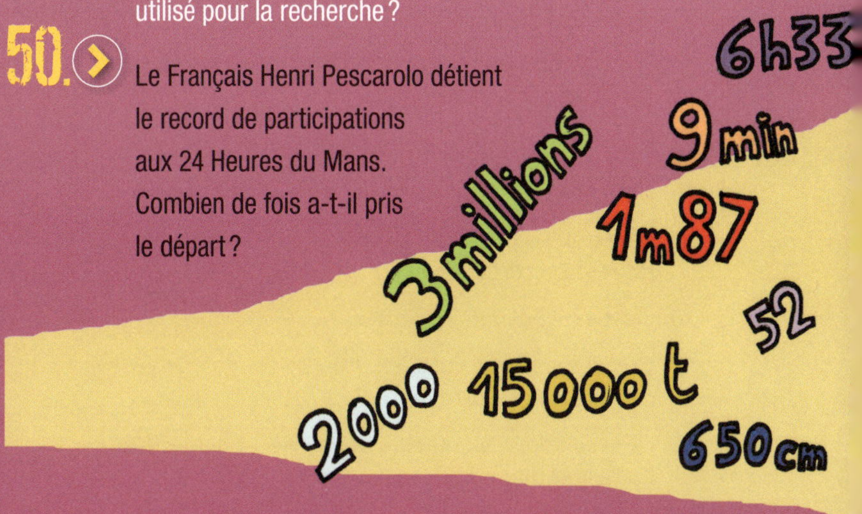

Réponses ▶ p. 280

Il pleut sur...

371 NANTES

- 1. Nantes est-elle une ville côtière ?
- 2. Dans quelle région se trouve la ville de Nantes ?
- 3. De quelle région la ville fut-elle la capitale de 1213 à 1524 : la Bretagne ou l'Anjou ?
- 4. Quel fleuve arrose Nantes ?
- 5. Quel est le surnom des footballeurs de Nantes ?
- 6. Quel écrivain est né à Nantes : Honoré de Balzac ou Jules Verne ?
- 7. Combien de gares ferroviaires la ville possède-t-elle ?
- 8. Qu'est-ce qui fit la richesse de la ville au XVIIIe siècle, grâce au port ?
- 9. Quelle rivière traverse la ville : la Seille ou l'Erdre ?
- 10. Jean-Marc Ayrault, le maire actuel de Nantes, est-il du parti socialiste ou de l'UMP ?
- 11. Comment s'appelle le château de Nantes ?
- 12. Nantes est-elle située au nord ou au sud de La Roche-sur-Yon ?
- 13. Quelle île ne se trouve pas à Nantes : l'île Beaulieu ou l'île Saint-Louis ?
- 14. Quel groupe de musique est originaire de Nantes : Tri Yann ou Louise Attaque ?
- 15. Comment s'appelle le stade de la ville ?
- 16. Quel est le numéro du département de Nantes ?
- 17. Pendant les guerres de Vendée, la ville était-elle royaliste ou républicaine ?
- 18. Quel est le climat de Nantes ?
- 19. Qu'est-ce que la Folle Journée de Nantes, un festival de musique ou de cinéma ?
- 20. Quelles sont les couleurs de la ville : rouge et bleu ou noir et blanc ?

Réponses ▶ p. 280

372 SŒUR EMMANUELLE

- 1. Quel est le nom civil de sœur Emmanuelle ?
- 2. Une fois à la retraite, à qui sœur Emmanuelle s'est-elle consacrée ?
- 3. Combien de livres sœur Emmanuelle a-t-elle publiés ?
- 4. Où sœur Emmanuelle est-elle née ?
- 5. De quelle nationalité sont majoritairement les SDF que son association Les Amis de Paola aide ?
- 6. Dans quelle congrégation située à Jérusalem sœur Emmanuelle entre-t-elle à 20 ans ?
- 7. Quel enseignement sœur Emmanuelle dispensait-elle en étant religieuse ?
- 8. Dans quelle partie de la France est-elle retirée maintenant, le Sud ou l'Ouest ?
- 9. Sœur Emmanuelle est-elle née en 1908 ou en 1918 ?
- 10. Quelle tragédie affecte profondément Marie-Madeleine Cinquin à la fin de son adolescence ?
- 11. Une fois à la retraite, sœur Emmanuelle s'est établie à l'étranger. Était-ce à Tunis ?
- 12. Des ouvrages ont-ils été publiés sur sœur Emmanuelle ?
- 13. Quelle était sa position vis-à-vis de la contraception ?
- 14. En quelle année revient-elle s'installer définitivement en France ?
- 15. Quel titre porte son livre de confessions ?
- 16. Sœur Emmanuelle a-t-elle enseigné à Istanbul et au Caire ?
- 17. Quel ouvrage publie-t-elle en 1997 ?
- 18. Quelle fondation sœur Emmanuelle a-t-elle créée dans les années 1980 ?
- 19. À son retour en France, de qui sœur Emmanuelle s'occupe-t-elle ?
- 20. Quelle distinction sœur Emmanuelle a-t-elle reçue le 1er janvier 2002 ?

Réponses ▶ p. 280

373 LES ANNÉES 1950

1. Quel naufragé volontaire tente la traversée de l'Atlantique Nord en Zodiac, en 1951 ?
2. En 1956, la grotte aux cent mammouths est découverte. S'agit-il de Lascaux ou de Rouffignac ?
3. De quelle année datent les trois semaines de congés payés ?
4. Le 1er janvier 1959, un marché unique est créé. Quel est son nom ?
5. En 1952, quelle cité l'architecte Le Corbusier inaugure-t-il à Marseille ?
6. Quelle célèbre phrase le général de Gaulle prononce-t-il à Alger en juin 1958 ?
7. Quelle grande course cycliste gagne Louis Bobet en 1953, le Tour de France ou Paris-Roubaix ?
8. En mars 1955, la SNCF bat le record du monde de vitesse sur rail, à 331 ou 441 km/h ?
9. En 1956, quelle nouvelle petite voiture populaire voit le jour, la Dauphine ou la Chambord ?
10. Quel moyen de contraception révolutionnaire arrive sur le marché en 1954, la pilule ou le stérilet ?
11. Aux jeux Olympiques de 1956, Alain Mimoun gagne une médaille d'or dans quelle discipline ?
12. Quel avion français portant le nom d'un bateau fait son premier essai en mai 1955 ?
13. Le journal ***L'Express*** est-il créé en 1953 ou 1959 ?
14. En 1959, un célèbre cerceau sert de jeu à toutes les filles : le Hula Hoop ou le scoubidou ?
15. Quelle future grande radio voit le jour en 1955 ?
16. Un chanteur moustachu à la pipe fait son premier Olympia en 1954 : Georges Brassens ou Jean Ferrat ?
17. Un important gisement de gaz est découvert dans le sud de la France en 1951. Où ?
18. Le 1er novembre de quelle année les événements aboutissant à la guerre d'Algérie commencent-ils ?
19. Le film ***Et Dieu créa la femme*** sort en 1959. Quelle en est l'héroïne mythique ?
20. À la suite de quoi la France déclare-t-elle la guerre à l'Égypte en 1956 ?

Réponses ▶ p. 280

374 LES POÈTES

1. Qui a écrit : « Heureux qui comme Ulysse... » ?
2. Comment est le « bateau » de Rimbaud ?
3. Pour les yeux de qui Louis Aragon prend-il la plume : Vanessa ou Elsa ?
4. Selon Lamartine, « un seul être vous manque, et tout est... »
5. Quel était le prénom de Mallarmé : Vincent ou Stéphane ?
6. Qui est célèbre pour ses Calligrammes ?
7. François Villon a-t-il écrit la ***Ballade des pendus*** ou la ***Ballade des damnés*** ?
8. Sous quel pont « coule la Seine » ?
9. Comment s'appelait le groupe de poètes réunis par Ronsard ?
10. Selon Éluard, « la Terre est bleue comme... »
11. Quel poète a le « spleen » ?
12. Qui est l'auteur du recueil ***Alcools*** : Verlaine ou Apollinaire ?
13. Qui partira « dès l'aube, à l'heure où blanchit la campagne » : Victor Hugo ou Guy de Maupassant ?
14. Où Rimbaud passe-t-il « une saison » ?
15. Gérard de Nerval est « le Ténébreux, le Veuf... », l'Inconsolé ou l'Irrésolu ?
16. À qui doit-on ***Le Renard et la cigogne*** ?
17. À quel siècle vécut Jacques Prévert ?
18. Lequel n'a jamais existé : Fabre d'Églantier ou Fabre d'Églantine ?
19. Quelle fleur Ronsard invite-t-il sa jeune amie à aller voir ?
20. « On n'est pas sérieux quand on a... » 17 ou 18 ans ?

Réponses ▶ p. 280

375 JACQUES BREL

1. Quelle était la nationalité de Jacques Brel ?
2. À quels animaux Jacques Brel compare-t-il les bourgeois dans une chanson ?
3. Quelle jeune fille vit « chez ces gens-là » ?
4. Où est-ce qu'il y a « des marins qui chantent » selon la chanson de Brel ?
5. Quel est le refrain exact : « Tais-toi donc… » grand Jacques ou grand fou ?
6. Combien de « temps » a la valse de Jacques Brel ?
7. Jacques Brel était-il passionné d'aviation ou de cyclisme ?
8. Qui « n'est pas tout seul » dans une chanson de Brel : Jojo ou Jef ?
9. Quel « oncle » célèbre Jacques Brel a-t-il incarné au cinéma ?
10. Combien de filles le chanteur a-t-il eues : 2, 3 ou 4 ?
11. Que Jacques Brel voudrait-il être « rien qu'une heure durant » dans une chanson ?
12. Quelle chanson commence par ces mots : « Bien sûr nous eûmes des orages » ?
13. Quelle comédie musicale Jacques Brel a-t-il montée : ***L'Homme de la Mancha*** ou ***D'Artagnan*** ?
14. Dans la chanson, pourquoi Jacques Brel apporte-t-il des bonbons plutôt que des fleurs ?
15. Les remparts de quelle ville Jacques Brel a-t-il chantés ?
16. Quelle fille est revenue dans une chanson ?
17. Dans quelle chanson Brel chante-t-il : « Il faut oublier, tout peut s'oublier » ?
18. D'après la chanson, qu'aurons-nous dans nos mains avec la seule force d'aimer ?
19. Dans quelles îles le chanteur a-t-il passé les dernières années de sa vie ?
20. De quoi est-il question dans la chanson ***Rosa***, d'une langue ou d'une femme ?

Réponses ▶ p. 280

Paquebots

376 LES PORTS

1. Un abri pour les navires aménagé pour les voyageurs et le fret est-il une rade ou un port ?
2. Combien la France compte-t-elle de ports ?
3. Existe-t-il des ports en pleine terre ?
4. Quel nom l'amarrage fixe que l'on trouve dans un port a-t-il ?
5. D'une façon générale, combien de sortes de ports existe-t-il ?
6. Comment le passage resserré, naturel ou artificiel, donnant accès à un port, s'appelle-t-il ?
7. Combien de phares sont-ils encore habités en France ?
8. Le port autonome de Bordeaux est-il un port de pêche ?
9. À combien de kilomètres de l'estuaire de la Seine le port de Rouen est-il situé ?
10. Qui a compétence de droit commun pour créer et exploiter les ports de plaisance ?
11. Quelle longueur le quai Hermann du Pasquier, au Havre, fait-il ?
12. Pour accueillir quel genre de bateaux le port du Havre-Antifer a-t-il été créé ?
13. Un phare est-il toujours positionné au bout d'une jetée ?
14. Le plus grand port de plaisance français est-il Port-Camargue ou La Rochelle-Minimes ?
15. Quel est le plus petit port de France, situé dans la Manche ?
16. Quelle portée le phare Créac'h d'Ouessant a-t-il ?
17. Le port de Brest est-il un port militaire ou un port de commerce ?
18. La plate-forme aménagée au bord de l'eau pour l'accostage des bateaux est-il un quai ou une criée ?
19. Combien manque-t-il d'anneaux dans les ports de plaisance français ?
20. De quel port de premier sous-marin nucléaire français, ***Le Redoutable***, a-t-il été lancé ?

Réponses ▶ p. 280

Référence

377 LA LECTURE ET LE LIVRE

- **1.** Qui lisent le plus souvent des livres : les hommes ou les femmes ?
- **2.** Dans quelle ville les frères Pellerin créent-ils, en 1796, une imagerie, ancêtre de la bande dessinée ?
- **3.** Quel pourcentage de chômeurs et inactifs lit au moins un livre par an : 37 ou 51 % ?
- **4.** Combien de mots par minute un lecteur moyen lit-il : 300 ou 600 mots ?
- **5.** Les Français lisent plutôt en vacances ou pendant le week-end ?
- **6.** Combien de Français d'au moins 15 ans écrivent des poèmes, des nouvelles ou un roman : 6 ou 16 % ?
- **7.** Les journaux intimes sont-ils plus souvent écrits par des hommes ou par des femmes ?
- **8.** Combien de bibliothèques municipales existe-t-il en France ?
- **9.** Quel est le genre de livre préféré des Français ?
- **10.** Combien se vend-il de millions d'albums de bande dessinée chaque année en France ?
- **11.** Quel était le nom du célèbre sapeur inventé en 1889 par Christophe ?
- **12.** Quelle est l'année de création du Livre de poche ?
- **13.** Les championnats du monde d'orthographe ont-ils été lancés par Bernard Pivot en 1985 ou en 1989 ?
- **14.** Combien y a-t-il de librairies en France : environ 10 000 ou 20 000 ?
- **15.** Quel cadeau préfère-t-on recevoir en majorité : des fleurs ou un livre ?
- **16.** Le pourcentage des gens n'ayant lu aucun livre dans l'année mobile écoulée est-il de 23 ou 13 % ?
- **17.** Depuis quand la Bibliothèque publique d'information du centre Georges-Pompidou est-elle ouverte à tous ?
- **18.** Dans la lecture, préfère-t-on majoritairement s'instruire ou se détendre ?
- **19.** À qui les jeunes font-ils plus confiance pour choisir un livre : aux parents ou à un ami ?
- **20.** Combien de titres sont publiés chaque année en France : 35 000 ou 60 000 ?

Réponses ▸ p. 280

Je bouquine

378 LES FLEURS

- **1.** Quand le crocus fleurit-il : au printemps ou en été ?
- **2.** De quelle couleur est la fleur de pissenlit ?
- **3.** La gentiane jaune est-elle une plante de campagne ou une plante de montagne ?
- **4.** Dans les prés, en quelle saison les narcisses éclosent-ils ?
- **5.** Quelle odeur l'orchidée a-t-elle ?
- **6.** Le perce-neige sort-il de terre à la fin de l'hiver ou à la fin du printemps ?
- **7.** Le myosotis est-il bleu ou rose ?
- **8.** Les coquelicots coupés tiennent-ils longtemps dans un vase ?
- **9.** La digitale pourpre est-elle une fleur de grande taille ou une fleur de petite taille ?
- **10.** Le lis commun dégage-t-il un parfum puissant ou un parfum très doux ?
- **11.** Le rosier ***Mme A. Meilland*** est-il un rosier à grandes fleurs ou un rosier buisson ?
- **12.** Quand le colchique fleurit-il : en été ou en automne ?
- **13.** La gentiane est-elle de couleur bleue ou de couleur jaune ?
- **14.** La pervenche pousse-t-elle dans les bois ou dans les champs ?
- **15.** Les orchidées préfèrent-elles les terrains calcaires ou les terrains argileux ?
- **16.** Quelle est la couleur des butomes en ombrelle que l'on trouve sur les berges des rivières ?
- **17.** Les fleurs de capucine sont-elles comestibles ?
- **18.** Combien de pétales le compagnon rouge des clairières compte-t-il ?
- **19.** Les renoncules flottantes ont-elles des fleurs blanches ou des fleurs rouges ?
- **20.** Comment surnomme-t-on parfois l'edelweiss ?

Réponses ▸ p. 280

379 RAYMOND POULIDOR

- **1.** Raymond Poulidor s'est-il illustré dans le cyclisme ou dans la course automobile ?
- **2.** Quelle est la date de naissance de Raymond Poulidor, le 15 mai 1939 ou le 15 avril 1936 ?
- **3.** Quand Raymond Poulidor a-t-il couru sa toute première course ?
- **4.** Quand le cycliste est-il devenu le premier coureur à battre Eddy Merckx dans une course d'étape ?
- **5.** Combien de victoires Raymond Poulidor a-t-il eu à son actif en 1968, 10 ou 20 ?
- **6.** Raymond Poulidor était-il le cadet ou l'aîné de quatre frères ?
- **7.** Quel est le surnom de Raymond Poulidor ?
- **8.** Quelle a été sa 1re victoire, le 1er avril 1954, à Saint-Léonard de Noblat ?
- **9.** De quel grand coureur Raymond Poulidor a-t-il été l'élève ?
- **10.** Raymond Poulidor a-t-il été champion de France sur route ?
- **11.** Quand a-t-il gagné le Tour d'Espagne ?
- **12.** Où Raymond Poulidor est-il né dans la Creuse ?
- **13.** En quelle année Poulidor doit-il abandonner le Tour de France après une chute dans la 13e étape ?
- **14.** Sur quel engin motorisé a-t-on souvent vu Raymond Poulidor ?
- **15.** Quand le cycliste a-t-il couru pour la dernière fois le Tour de France ?
- **16.** En 1974, à 38 ans, à quelle place Raymond Poulidor finit-il le Tour de France ?
- **17.** En 1966, quel grand champion Raymond Poulidor a-t-il battu contre-la-montre à Vels-les-Bains ?
- **18.** Le livre écrit par Raymond Poulidor est-il ***Mon vélo d'or*** ou ***Mon âge d'or*** ?
- **19.** Sous quelle grande marque le champion a-t-il couru ?
- **20.** Combien de fois Raymond Poulidor a-t-il fini 3e dans le Tour de France, 3 fois ou 5 fois ?

Réponses ▶ p. 280

380 LA CHAMPAGNE-ARDENNE

- **1.** Rocroi possède-t-elle une enceinte fortifiée ou un château fort ?
- **2.** À quelle période de l'année peut-on visiter les caves champenoises ?
- **3.** Où peut-on visiter un musée de la Coutellerie à Nogent ou à Nogent-sur-Seine ?
- **4.** Quel est le nom de la demeure de Charles de Gaulle à Colombey-les-Deux-Églises ?
- **5.** Comment le parc d'attractions situé aux environs de Bar-sur-Aube s'appelle-t-il ?
- **6.** Où peut-on visiter le plus vaste château fort de France, si ce n'est d'Europe ?
- **7.** Quelle grande production agricole peut-on voir dans la Marne en été et en automne ?
- **8.** Quel genre de parc peut-on visiter à Saint-Laurent, à côté de Charleville-Mézières ?
- **9.** Dans le vieux Troyes, les maisons sont-elles à pans de bois ou à toits de chaumes ?
- **10.** De quelle période le château de Château-Thierry date-t-il ?
- **11.** Comment la grande cathédrale de Langres s'appelle-t-elle ?
- **12.** Un grand site nucléaire est situé au nord de la région. Où ?
- **13.** Dans quelle ville une foire à la Bière a-t-elle lieu chaque année fin juin ?
- **14.** Dans la cathédrale de quelle ville de Champagne 25 sacres ont-ils eu lieu en sept siècles ?
- **15.** Quelle grande manufacture existe encore à Sedan ?
- **16.** La route officielle du champagne a-t-elle fait l'objet d'un logo officiel ?
- **17.** Quel article chaussant la région des Ardennes produit-elle encore ?
- **18.** Quel musée de Fumay représente une des anciennes activités de la région de Revin ?
- **19.** L'immense église Saint-Didier, à Asfeld, est-elle de style gothique ou de style baroque ?
- **20.** Où peut-on visiter les anciennes cristalleries royales de Champagne ?

Réponses ▶ p. 280

Allez champion…

381 POINT COMMUN

Quel est le point commun entre ces quatre personnages ?

Réponses ▶ p. 280

382 LES PERSONNAGES LITTÉRAIRES

1. Comment se prénomme la jeune fille dont le narrateur d'***À la recherche du temps perdu*** s'éprend ?
2. Quel chevalier de la Table ronde est-il élevé par Viviane, la dame du lac ?
3. Quel écrivain a imaginé le personnage du capitaine Nemo ?
4. À quel animal Panurge, personnage de Rabelais, est-il associé ?
5. À qui l'abbé Faria révèle-t-il l'existence du trésor de Monte-Cristo ?
6. Quelle est la profession de Gringoire, qui apparaît dans ***Notre-Dame de Paris*** ?
7. Qui a imaginé le personnage de la petite Fadette ?
8. Quel est le prénom du héros de Chateaubriand qui vit parmi les Natchez : René ou Paul ?
9. Dans quel roman d'Alexandre Dumas apparaît le personnage de Milady ?
10. Jacquou le Croquant est-il un voleur ou un paysan ?

Réponses ▶ p. 281

383 LES NAUFRAGES CÉLÈBRES

1 Comment s'appelaient les deux frégates de La Pérouse qui disparurent en 1788 au large de l'Australie ?
- ☐ A : L'Astrolabe et le Sextant.
- ☐ B : L'Astrolabe et la Boussole.
- ☐ C : La Boussole et le Sextant.

2 Quel sous-marin français a explosé dans le port de Casablanca le 5 mars 1946, faisant deux morts ?
- ☐ A : L'Orphée. ☐ B : Le Négus.
- ☐ C : L'Atalante.

3 Combien de personnes sont montées sur le radeau de la Méduse sur les 400 passagers du bateau ?
- ☐ A : 45. ☐ B : 86. ☐ C : 150.

4 Quel célèbre reporter a disparu lors du naufrage du Georges-Philipar en mai 1932, au large de Corfou ?
- ☐ A : Ernest Hemingway.
- ☐ B : Victor Noir. ☐ C : Albert Londres.

5 Quel pétrolier se brise le 12 décembre 1999 au large de Penmarc'h, en Bretagne ?
- ☐ A : L'Erika.
- ☐ B : L'Exxon Valdez.
- ☐ C : Le Torrey Canyon.

6 À la suite de quel événement tragique le Normandie a-t-il sombré en 1942 dans le port de New York ?
- ☐ A : D'un incendie.
- ☐ B : D'une collision.
- ☐ C : D'une explosion.

7 Le 25 septembre 1911, le Liberté explose à Toulon, tuant 280 personnes, quel type de bateau était-ce ?
- ☐ A : Un paquebot.
- ☐ B : Un cuirassé.
- ☐ C : Un navire marchand.

8 Le caboteur Saint-Philibert, reliant Pornic à Noirmoutier, sombre en 1931, combien y a-t-il eu de disparus ?
- ☐ A : 122. ☐ B : 234. ☐ C : 450.

9 Quel sous-marin coule au pic de Toulon, le 27 janvier 1968, avec ses 52 hommes d'équipage ?
- ☐ A : Le Daphné.
- ☐ B : L'Eurydice.
- ☐ C : La Minerve.

10 Quel bateau marchand explose en 1947 dans le port de Texas City, faisant 600 morts et 5 000 blessés ?
- ☐ A : Le Grandcamp.
- ☐ B : Le Charles X.
- ☐ C : Le Navigateur.

11 Dans quel port des Dom le ferry haïtien Neptune sombre en février 1993, faisant plus de 1 000 morts ?
- ☐ A : Port-au-Prince.
- ☐ B : Pointe-à-Pitre.
- ☐ C : Saint-Pierre de la Réunion.

12 Quand l'Amoco Cadiz a-t-il sombré au large du Finistère, répandant 233 500 tonnes de brut dans la mer ?
- ☐ A : Le 16 mars 1978.
- ☐ B : Le 16 mars 1985.
- ☐ C : Le 24 mars 1989.

13 Quel cuirassé explose à Toulon en février 1907 après un court-circuit dans une soute de poudre noire ?
- ☐ A : Le Kléber.
- ☐ B : Le Iéna.
- ☐ C : Le Marceau.

14 Quelle a été la cause du naufrage du Pourquoi pas ? en Islande, en 1936, où Charcot a trouvé la mort ?
- ☐ A : Il a heurté un autre bateau.
- ☐ B : Il s'est écrasé contre un rocher.
- ☐ C : Il a subi un incendie fatal.

15 En 1678, la flotte de l'amiral d'Estrées sombre au large des îles de Las Haves, combien de navires coulent ?
- ☐ A : 10 sur 18.
- ☐ B : 14 sur 18.
- ☐ C : Tous .

Réponses ▶ p. 281

384 LES ACTRICES

- **1.** Quelle actrice incarne Catherine, dont Jules et Jim sont tous deux amoureux ?
- **2.** Qui est l'épouse de Richard Bohringer dans ***Le Grand Chemin*** ?
- **3.** Dans quel film Virginie Ledoyen joue-t-elle aux côtés de Leonardo di Caprio ?
- **4.** ***Elle boit pas, elle fume pas, elle drague pas, mais… elle cause***. De quelle actrice est-il question ?
- **5.** Qui est Garance, dans ***Les Enfants du paradis*** ?
- **6.** Qui tient le rôle d'Angèle dans ***Vénus beauté (institut)***, Nathalie Baye ou Arielle Dombasle ?
- **7.** Quelle actrice est la sœur du top model Carla Bruni ?
- **8.** Avec quel réalisateur Mireille Darc tourna-t-elle plus de quinze films, Georges Lautner ou Louis Malle ?
- **9.** Quel animal Yolande, alias Catherine Frot reçoit-elle pour son anniversaire dans ***Un air de famille*** ?
- **10.** Qui est Violette Nozière, dans le film éponyme de Claude Chabrol ?
- **11.** Quel est le vrai prénom de Miou-Miou, Jocelyne ou Sylvette ?
- **12.** Dans quel film Michèle Morgan n'a-t-elle pas joué, ***Hôtel du Nord*** ou ***Quai des brumes*** ?
- **13.** Quel est le métier d'Audrey Tautou dans ***Le Fabuleux Destin d'Amélie Poulain*** ?
- **14.** Où est née Marthe Villalonga, en Allemagne ou en Algérie ?
- **15.** Dans quel film Karin Viard part-elle faire le GR20, en Corse ?
- **16.** Qui est Casque d'or, dans le film du même nom ?
- **17.** Dans quel film Isabelle Nanty a-t-elle la charge d'une vieille femme acariâtre ?
- **18.** De quelle maladie Isabelle Carré est-elle atteinte dans ***Se souvenir des belles choses*** ?
- **19.** Dans quel film Sabine Azéma est-elle chanteuse dans un restaurant russe, ***La Bûche*** ou ***On connaît la chanson*** ?
- **20.** Qui donne la réplique à Daniel Auteuil dans ***Quelques jours avec moi*** ?

Réponses ▶ p. 281

385 LE SYSTÈME ÉDUCATIF

- **1.** Jusqu'à quel âge l'école est-elle obligatoire ?
- **2.** Que signifient les initiales CE2 ?
- **3.** Combien de sections la maternelle comporte-t-elle ?
- **4.** À partir de quelle classe les enfants suivent-ils un enseignement sportif ?
- **5.** Quel examen les élèves passent-ils à la fin de la classe de troisième ?
- **6.** Au bout de combien d'années d'études universitaires obtient-on une licence ?
- **7.** Quel ministère est chargé du système éducatif ?
- **8.** Que signifient les initiales BTS ?
- **9.** De quel type d'établissement un proviseur s'occupe-t-il ?
- **10.** Où sont formés les enseignants du secteur public ?
- **11.** Quelle est la limite maximale pour le nombre d'élèves dans les classes de primaire ?
- **12.** Que signifient les initiales CP ?
- **13.** Quel était l'ancien nom du bac L ?
- **14.** Quel est l'âge minimum requis par la loi pour diriger une école, 21 ans ou 28 ans ?
- **15.** En quelle année le certificat d'études a-t-il été supprimé, 1968 ou 1989 ?
- **16.** Quel est le plus haut diplôme universitaire ?
- **17.** Quel est le volume horaire hebdomadaire des cours à l'école primaire, 20 heures ou 26 heures ?
- **18.** Comment appelle-t-on le fonctionnaire responsable d'une académie universitaire ?
- **19.** Quel examen sanctionne l'enseignement secondaire ?
- **20.** Quelle note minimale faut-il obtenir pour avoir une mention « Assez bien » ?

Réponses ▶ p. 281

En classe

386 L'AGRICULTURE

- **1.** Quelle agriculture s'impose en France : la monoculture ou la polyculture ?
- **2.** La population agricole active était de 8,2 millions de personnes en 1900, de combien était-elle en 2005 ?
- **3.** Outre dans le Bordelais, où la viticulture et la production de fruits sont-elles concentrées ?
- **4.** En plus du bassin parisien, quelle région de France produit essentiellement du maïs ?
- **5.** La France est-elle le 1er ou le 2e producteur céréalier de l'Union européenne ?
- **6.** En pourcentage, combien d'exploitations françaises produisent sous un label de qualité ?
- **7.** Depuis 40 ans, la taille moyenne des exploitations est-elle passée de 42 à 60 ha ou de 42 à 70 ha ?
- **8.** La France est-elle la 1re ou la 2e puissance agricole européenne ?
- **9.** Vis-à-vis de la PAC, la France paie-t-elle plus quelle ne reçoit de l'Union ou est-ce le contraire ?
- **10.** Vers quoi les lois d'orientation agricoles de 1960 ont-elles structuré l'agriculture française ?
- **11.** Quand les aides à l'exportation devront-elles prendre fin ?
- **12.** Combien y a-t-il d'exploitations de plus de 100 ha, 80 000 ou 100 000 ?
- **13.** Combien d'exploitations agricoles sont-elles recensées de nos jours en France ?
- **14.** Quand une réforme de la PAC a-t-elle ouvert le marché agricole européen à la mondialisation ?
- **15.** La France détient le record mondial de rendement de sucre de betterave à l'hectare, quel est-il ?
- **16.** La France produit-elle 10 ou 20 fois moins de pommes de terre que de blé ?
- **17.** Quelle est la principale ressource agricole de Saint-Pierre-et-Miquelon ?
- **18.** En 2004, la France versait-elle 14 ou 16,8 % du budget de l'Union européenne ?
- **19.** Depuis 1998, le pouvoir d'achat des paysans français a-t-il augmenté ou baissé de 15 % ?
- **20.** À terme, combien devrait-il rester d'exploitations agricoles françaises ?

Réponses ▶ p. 281

387 POT-POURRI

- **1.** Quelle muse de la mythologie grecque a donné son nom à une voiture de la marque Renault ?
- **2.** Comment Pierre Bérégovoy est-il mort ?
- **3.** Quelle est la plus grosse somme qu'on puisse remporter en jouant à ***Qui veut gagner des millions*** ?
- **4.** Qui a créé l'état civil : François Ier ou Napoléon Ier ?
- **5.** Quel jour offre-t-on traditionnellement du muguet ?
- **6.** Pour quel record Jeanne Calment est-elle devenue célèbre ?
- **7.** Quel grand magasin parisien mythique a fermé ses portes en 2005 pour une durée indéterminée ?
- **8.** Quels prix récompensent depuis 1985 les meilleurs artistes musicaux de France ?
- **9.** Qu'est-ce qu'un ***futal***, en langage familier ?
- **10.** Quand elle n'est pas jaune, de quelle couleur est la chartreuse ?
- **11.** De combien doit-on réduire sa vitesse sur autoroute en temps de pluie ?
- **12.** Dans quelle région les femmes portaient-elles des coiffes bigoudènes ?
- **13.** Quel est le nom courant de l'encéphalopathie spongiforme bovine ?
- **14.** Où se déroule l'action du film ***Un air de famille*** : au théâtre ou dans un bar ?
- **15.** Quelle est la couleur de la carte d'abonnement des usagers de la RATP ?
- **16.** Quel type de déchets particulier l'usine de La Hague retraite-t-elle ?
- **17.** Gaston Lagaffe est-il français ?
- **18.** De quand date la loi qui définit et régit les associations ?
- **19.** En quoi est le « petit bonhomme » chanté par Patrick Sébastien ?
- **20.** Quel syndicaliste agricole fut le porte-parole de la confédération paysanne ?

Réponses ▶ p. 281

388 DAVID DOUILLET

- **1.** David Douillet est-il né le 17 février 1969 ou le 17 février 1967 ?
- **2.** Pèse-t-il plus ou moins de 100 kg ?
- **3.** Le sport pratiqué par David Douillet est-il le judo ou la lutte ?
- **4.** À quelle collecte David Douillet participe-t-il depuis plusieurs années ?
- **5.** David Douillet est-il né à Rouen ou à Nantes ?
- **6.** La taille de David Douillet est-elle de 1,90 m ou de 1,96 m ?
- **7.** Quelle émission a-t-il présentée à la télévision aux côtés de Daniela Lumbroso ?
- **8.** Quel a été le premier club de judo de David Douillet ?
- **9.** Combien David Douillet a-t-il d'enfants ?
- **10.** Quand a-t-il été champion de France pour la première fois ?
- **11.** À quel âge David Douillet est-il sélectionné en équipe de France pour les championnats d'Europe ?
- **12.** Quelle Coupe du monde a-t-il gagnée en 1994 avec l'équipe de France ?
- **13.** David Douillet est ceinture noire. Est-il 4e dan ou 6e dan ?
- **14.** À qui la collecte des pièces jaunes est-elle destinée ?
- **15.** Quel est le club actuel de David Douillet ?
- **16.** En 2001, quelle société rejoint-il en qualité de directeur associé ?
- **17.** Où David Douillet est-il allé voir des enfants blessés par des mines ?
- **18.** Dans quelle catégorie David Douillet a-t-il gagné le championnat d'Europe en 1994 ?
- **19.** Quelle médaille remporte-t-il aux Jeux olympiques de Sydney en 2000 ?
- **20.** David Douillet a-t-il une phobie de l'avion ou est-ce une passion ?

Réponses ▸ p. 281

389 LA PRESSE MENSUELLE

- **1.** Quel magazine avait pour sous-titre : « le journal bête et méchant » ?
- **2.** Quelles sont les couleurs du titre de ***Ça m'intéresse*** ?
- **3.** À quel public le magazine ***Max*** est-il destiné ?
- **4.** Dans quel magazine mensuel pouvait-on retrouver les aventures de Petit ours brun ?
- **5.** Quel magazine mensuel du groupe Bayard Presse s'adresse aux retraités : ***Notre temps*** ou ***Muze*** ?
- **6.** Qui le magazine ***Que choisir*** s'attache-t-il à défendre ?
- **7.** Quel magazine mensuel de vulgarisation scientifique propose une version pour les adolescents ?
- **8.** À quel public le magazine ***Prima*** s'adresse-t-il ?
- **9.** ***Terre sauvage*** est un magazine mensuel ou hebdomadaire ?
- **10.** Quels magazines ont pour titre deux prénoms féminins accolés ?
- **11.** Quel est le pays d'origine du mensuel ***National Geographic***, dont il existe une adaptation française ?
- **12.** Il existe un mensuel généraliste qui s'intitule ***Réponse à...***
- **13.** À quel domaine le magazine ***PC expert*** est-il consacré ?
- **14.** Quel groupe édite le magazine ***Management*** : Prisma Presse ou Bayard Presse ?
- **15.** Quelle célèbre émission consacrée aux animaux édite un mensuel du même titre ?
- **16.** À quel public le magazine ***Phosphore*** s'adresse-t-il ?
- **17.** À quel domaine est consacré le magazine ***Capital*** ?
- **18.** Lequel n'est pas un mensuel : ***Je bouquine*** ou ***Okapi*** ?
- **19.** À quoi le magazine ***Studio*** est-il consacré ?
- **20.** Quelle est la couleur de la couverture du magazine ***Géo*** ?

Réponses ▸ p. 281

390 LES MÉDECINS CÉLÈBRES

1 Dans quel domaine le professeur Léon Schwartzenberg s'est-il fait connaître ?
- A : La neurologie.
- B : la chirurgie.
- C : La cancérologie.

2 Qui est considéré comme le père de la chirurgie moderne ?
- A : André Vésale.
- B : Ambroise Paré.
- C : Dominique Larrey.

3 À quelle spécialité Jean Martin Charcot s'est-il intéressé, au XIXe siècle ?
- A : À la neurologie.
- B : À la psychopathologie.
- C : À la gynécologie.

4 Dans quel hôpital Bernard Debré est-il devenu chef de service d'urologie en 1990 ?
- A : L'hôpital Cochin.
- B : L'hôpital Laennec.
- C : L'hôpital Beaujon.

5 À côté de quelle ville du Gabon Albert Schweitzer avait-il installé un hôpital de brousse, en 1905 ?
- A : Libreville.
- B : Lambaréné.
- C : Fougamou.

6 Quelles spécialités avait Henry Laborit, mort en 1995 ?
- A : La biologie et la chirurgie.
- B : La biologie et la philosophie.
- C : La neurologie et philosophie.

7 Au sérum curateur de quelle maladie le bactériologiste Émile Roux est-il associé ?
- A : De la tuberculose.
- B : De la malaria.
- C : De la diphtérie.

8 Qui est considéré comme le père de la médecine d'urgence ?
- A : Dominique Larrey.
- B : Jules Maisonneuve.
- C : Bernard Kouchner.

9 À quelle contracture involontaire Armand Trousseau a-t-il laissé son nom après 1861 ?
- A : La contracture du pied.
- B : La contracture de la main.
- C : La contracture du diaphragme.

10 Quel est le métier de base de la femme politique Dominique Voynet ?
- A : Cardiologue.
- B : Urologue.
- C : Anesthésiste.

11 Qui a été médecin de confiance de Napoléon Ier ?
- A : René Laennec.
- B : Jean-Nicolas Corvisart.
- C : Jean-Louis Alibert.

12 Qui a découvert le parasite protozoaire responsable du paludisme ?
- A : Charles Lavéran.
- B : Alexis Carel.
- C : Jean Charcot.

13 Qu'a réussi à faire vivre *in vitro* dans un liquide nutritif, pendant 28 ans, Alexis Carrel ?
- A : Des cellules souches.
- B : Un cœur de poulet.
- C : Un cerveau de brebis.

14 Le navigateur Alain Bombard était médecin, quelle spécialité avait-il également ?
- A : Il était chirurgien.
- B : Il était neurologue.
- C : Il était biologiste.

15 Quelle action médicale l'écrivain Louis-Ferdinand Céline a-t-il dispensé dans les banlieues de Paris ?
- A : Il a été médecin des pauvres.
- B : Il a lutté contre la toxicomanie.
- C : Il a lutté contre les maladies vénériennes.

Réponses ▸ p. 281

391 NOMS DE COMMUNES

1 Dans la Marne, il existe un village du nom de Trécon.
Vrai Faux

2 La petite commune de Montcuq est située dans le Lot.
Vrai Faux

3 La ville de Vatan se trouve dans la Loire.
Vrai Faux

4 Givet est situé dans les Ardennes.
Vrai Faux

5 Il existe deux communes s'appelant Vieux, situées dans deux départements différents.
Vrai Faux

6 La ville de Mer se trouve sur le littoral méditerranéen.
Vrai Faux

7 La petite ville de Bouzillé est implantée dans le Maine-et-Loire.
Vrai Faux

8 La commune de France au nom le plus court est Y, dans la Somme.
Vrai Faux

9 La ville de Talon est située dans l'Oise.
Vrai Faux

10 La ville d'Arnac-La Poste existe bien en Haute-Vienne.
Vrai Faux

11 La commune d'OO est implantée dans la Gers.
Vrai Faux

12 On peut partir en vacances à Cerise, dans l'Orne.
Vrai Faux

13 En traversant la Nièvre, on peut aller à Poil.
Vrai Faux

14 Au-dessus de Luz-Saint-Sauveur, dans les Hautes-Pyrénées, un village s'appelle Vieuzos.
Vrai Faux

15 Il n'existe pas de ville s'appelant Bizous.
Vrai Faux

Réponses ▸ p. 281

392 LES PUBS

- **1.** Quelle comédienne déclarait fièrement dans une publicité « C'est moi qui l'ai fait » ?
- **2.** « Ce petit coin de nature est l'endroit idéal pour vous présenter… », de quel produit s'agit-il ?
- **3.** Quel est le mot commun aux slogans d'Afflelou, Eram et Perrier ?
- **4.** Dans quelle publicité une petite fille raconte-t-elle une légende en breton ?
- **5.** « Kiss cool, c'est frais mais… »
- **6.** Pour quoi « se lève-t-on tous » ?
- **7.** Quel conte de Perrault est revisité dans une publicité pour Channel ?
- **8.** Dans quelle publicité une petite fille demande à son père comment on fait les bébés ?
- **9.** Le calcaire, c'est « l'affaire » de quel produit ?
- **10.** Que répondait Loulou, lorsqu'on l'interpellait dans la rue ?
- **11.** Quel animal en peluche est indissociable des piles Duracell ?
- **12.** Chez qui êtes-vous sûr de trouver des rochers Ferrero ?
- **13.** Dans quelle publicité entend-on le refrain « Try to remember the night was so tender » ?
- **14.** À quelle question correspond la réponse « Non, lavé avec Mir laine » ?
- **15.** Dans quelle publicité incite-t-on les téléspectateurs à faire « crac crac » ?
- **16.** Quel est le slogan de Décathlon ?
- **17.** Quel biscuit n'est « que pour les enfants » ?
- **18.** Que fait Ducros pour nous tous les jours ?
- **19.** Qu'est-ce que la femme de ménage de la publicité Pliz ne ferait pas tous les jours ?
- **20.** Qu'est-ce qui est « bon comme là-bas, dis » ?

Réponses ▶ p. 281

Diversité

393 LES LANGUES RÉGIONALES

- **1.** Il existe en France deux grands groupes de langues. L'un étant la langue d'oc, quel est l'autre ?
- **2.** Entre la langue d'oc et la langue d'oil, laquelle était une langue de tradition orale ?
- **3.** Une forme linguistique parlée à l'échelle d'une région est-elle un patois ou un dialecte ?
- **4.** Qui, par ordonnance, a imposé le français dans la rédaction des actes officiels ?
- **5.** La langue d'oil est-elle située, grosso modo, au nord de la Loire ou au sud de la Loire ?
- **6.** Combien peut-on distinguer de langues et de dialectes locaux parlés sur le territoire national ?
- **7.** Où le flamand est-il parlé ?
- **8.** Où le cauchois est-il parlé ?
- **9.** Le corse est-il une langue à part ou fait-il partie de la langue d'oc ?
- **10.** Quel est l'autre nom de la langue d'oc ?
- **11.** Quel dialecte parle-t-on dans les Côtes-d'Armor et le Morbihan ?
- **12.** Combien existe-t-il de patois en France ?
- **13.** L'alsacien est-il une langue d'oil ou un dialecte germanique ?
- **14.** Où le catalan est-il parlé ?
- **15.** Quel dialecte parle-t-on en Picardie ?
- **16.** Le franco-provençal porte une seconde appellation, laquelle ?
- **17.** Le basque est parlé autour de Bayonne, est-il également parlé en Espagne ?
- **18.** Outre le français, quel parlé entend-on dans les Dom-Tom ?
- **19.** Où peut-on entendre parler francique ?
- **20.** Quel dialecte parle-t-on dans la Loire ?

Réponses ▶ p. 281

394 LA MUSIQUE DES ANNÉES 2000

1. De qui est l'album ***Caravane*** : Bénabar ou Raphaël ?
2. Quel groupe chante ***Matador*** : Mickey3D ou Dolly ?
3. Dans quelle chanson Calogero parle-t-il d'une fille dans un ascenseur ?
4. Laurent Voulzy chante-t-il ***Une fille d'avril*** ou ***Une fille de mai*** ?
5. Quel groupe de rock s'est fait connaître grâce au titre ***La Sentinelle*** ?
6. À qui Indochine demande-t-il quelque chose dans une chanson ?
7. Laquelle n'existe pas, la Grande Zoé ou la Grande Sophie ?
8. Quel est le titre exact de la chanson de Superbus : ***Superstar*** ou ***Supersonique*** ?
9. Qui chante ***Qui se soucie de moi*** ?
10. Que fera le « vent » dans la chanson de Noir Désir ?
11. Qui chante ***Y a des zazous*** en duo avec M ?
12. Pourquoi vit-on « chaque jour comme le dernier » d'après un titre de Corneille ?
13. Que nous souhaite le groupe Sinsémilia ?
14. Qu'était Dionysos quand il était petit : un prince ou un jedi ?
15. Dans quelle chanson Zazie revisite-t-elle à sa façon le Monopoly© ?
16. En 2000, Henri Salvador chante ***Mon jardin...***
17. Où Jenifer irait-elle bien dans son premier tube ?
18. Louise Attaque chante : ***Si c'était hier*** ou ***Si c'était vrai*** ?
19. Qu'est-ce qui est « à mettre au conditionnel », dans la chanson de Matmatah ?
20. Qui chante ***Entre nous*** : Chimène Badi ou Amel Bent ?

Réponses ▶ p. 281

395 LES FEMMES ET HOMMES POLITIQUES

1. Où Bertrand Delanoë est-il né ?
2. Quel métier les parents de François Bayrou ont-ils exercé ?
3. Claude Allègre a-t-il été ministre de l'Éducation nationale ou ministre du Logement ?
4. En 2006, qui dirige la région Poutou-Charente ?
5. De 1982 à 1986, quelle émission Noël Mamère a-t-il présenté sur Antenne 2 ?
6. Comment Dominique Strauss-Kahn est-il souvent surnommé ?
7. Quelle est la date de naissance de Nicolas Sarkozy ?
8. Michèle Alliot-Marie est-elle diplômée en ethnologie ou en sociologie ?
9. Quand Bertrand Delanoë a-t-il été élu maire de Paris ?
10. Dans une phrase qui a fait beaucoup de bruit, qui Claude Allègre voulait-il dégraisser ?
11. De quelle ville Noël Mamère est-il maire ?
12. François Bayrou est-il pour ou contre l'entrée de la Turquie dans l'Europe ?
13. À quel âge Nicolas Sarkozy a-t-il été député ?
14. Quel ministère Michèle Alliot-Marie a-t-elle occupé de 1993 à 1995 sous Édouard Balladur ?
15. Quel homme politique a voulu « défendre et réformer la France d'en bas » ?
16. Quel est le principal cheval de bataille de Nicolas Sarkozy au ministère de l'Intérieur ?
17. Qui est à l'origine de la manifestation Paris Plage sur les bords de la Seine ?
18. De quel parti François Bayrou est-il le président depuis 1998 ?
19. Quel homme politique a écrit le livre ***La Vie rêvée du loft*** ?
20. Arlette Laguiller a-t-elle l'intention de se présenter une nouvelle fois à l'élection présidentielle de 2007 ?

Réponses ▶ p. 281

396 LES ÉMISSIONS DE RADIO

1. Un feuilleton radiophonique proposé par Pierre Dac et Francis Blanche s'intitulait ***Bons baisers de...***
2. Sur quelle radio pouvez-vous vous exprimer dans la rubrique ***Ouvre ta bouche*** : Skyrock ou Le mouv' ?
3. ***Concordance des temps*** est-elle une émission sur l'histoire ou un débat de société ?
4. L'ancienne émission d'Arthur sur Europe 2 s'appelait ***Arthur et les...***
5. De quoi faut-il deviner le montant pour gagner de l'argent sur RTL ?
6. Qui tient des « conversations privées » sur Europe 1 : Frédéric Mitterrand ou Marc-Olivier Fogiel ?
7. Sur quelle radio « on plaisante pas », de 6h à 9h : Fun Radio ou Europe 2 ?
8. Qui a animé l'émission ***Rien à cirer*** de 1991 à 1996 ?
9. Où Jessica, animatrice sur Le mouv', reçoit-elle ses invités : sur son sofa ou sous la couette ?
10. L'émission ***Plein cadre***, sur France Bleu, est-elle consacrée au cinéma ou à la culture ?
11. Quelle radio diffuse ***Les Grosses Têtes*** ?
12. Quelle ancienne égérie de David Bowie est une des « sociétaires » des ***Grosses Têtes*** ?
13. En quelle année l'émission a-t-elle vu le jour : 1977 ou 1989 ?
14. Quelle émission est animée par Bruno, Manos et Flo sur NRJ ?
15. ***Les Fous d'info*** est une émission de Rire et chansons ou de Nostalgie ?
16. Quel jeu, créé par Henri Kubnik en 1958, est toujours diffusé sur France Inter ?
17. Quelle émission des yé-yés a donné son nom à un magazine pour les jeunes dans les années 1960 ?
18. Cauet a-t-il animé une émission sur Skyrock ou sur NRJ ?
19. Vincent Perrot anime une émission intitulée ***Stop ou...***
20. Les auditeurs de France Inter peuvent-ils se confier dans l'émission ***Allô Macha*** ou ***Allô Myriam*** ?

Réponses ▶ p. 281

Groupie de groupe ?

397 LES GROUPES

1. Quel groupe de rock a signé l'album ***Tostaky*** ?
2. Quel groupe est composé de Catherine Ringer et Fred Chichin ?
3. À quel groupe comique doit-on ***L'Apérobic*** ?
4. Combien le groupe Niagara comptait-il de membres ?
5. Quel groupe s'est fait connaître grâce à la chanson ***Je t'emmène au vent*** ?
6. Quel groupe a chanté ***Canary Bay*** et ***J'ai demandé à la lune*** ?
7. Qui est le chanteur de la Mano negra ?
8. L'album de Mickey3D s'intitule ***Tu vas pas mourir... de peur*** ou ***de rire*** ?
9. De quelle région est originaire le groupe I Muvrini ?
10. Quel humoriste a fondé pour un titre unique le groupe Bratisla Boys ?
11. En 2002, Kyo chante le refrain : « On a parcouru... »
12. De quelle ville vient le groupe Zebda, Marseille ou Toulouse ?
13. Comment est la « planète » de L'Affaire Louis trio ?
14. À quel groupe doit-on le tube ***J'ai encore rêvé d'elle*** ?
15. De quel groupe Calogero faisait-il partie à ses débuts, Autour de Lucie ou les Charts ?
16. Les Forbans chantaient : « Chante, danse et mets tes... »
17. De quelle région est originaire le groupe Tri Yann ?
18. Combien de « cloches » y a-t-il dans la chanson des Compagnons de la chanson ?
19. Quel groupe Louis Bertignac a-t-il fondé, Louis Bertignac et les visiteurs ou Dionysos ?
20. Le groupe Gold a chanté un tube intitulé ***Un peu plus près...***

Réponses ▶ p. 281

398 LES FILMS

1. Qui est « la fille sur le pont », dans le film du même titre ?
2. Dans quel film Marie Gillain sert-elle d'« appât » ?
3. Combien y a-t-il de commandements, dans le film de Michaël Youn ?
4. Dans quel film Michel Blanc incarne-t-il un agriculteur qui cherche l'amour ?
5. Dans quel type d'établissement se déroule l'intrigue du film ***Au revoir les enfants*** ?
6. À quel numéro l'assassin habite-t-il dans le film de Clouzot ?
7. Qui incarne le mari de Valérie Mairesse dans ***Banzaï*** ?
8. Dans quel quartier de Paris Amélie Poulain habite-t-elle ?
9. Comment est le « buffet » de Bertrand Blier ?
10. Qui a réalisé le film ***La Cérémonie***, Claude Sautet ou Claude Chabrol ?
11. Quel est le sous-titre des ***Visiteurs II***, ***Retour à Montmirail*** ou ***Les Couloirs du temps*** ?
12. Quel magasin porte l'enseigne Delicatessen, dans le film du même nom ?
13. Quelle célèbre héroïne de film érotique se prélasse dans un fauteuil en osier ?
14. Un film de Jean Yanne se passe « deux heures moins le quart avant... »
15. Dans quel film Victoria Abril quitte-t-elle Alain Chabat, son mari, pour une femme ?
16. Quel rôle inoubliable de Gérard Philipe fut repris par Vincent Pérez en 2003 ?
17. Qui est en « garde à vue », dans le film de Claude Miller, Lino Ventura ou Michel Serrault ?
18. Quel film tourné en Antarctique est un documentaire sur les manchots empereurs ?
19. Dans quel film Léon Duchemin, alias Bourvil, devient-il résistant malgré lui ?
20. À quelle époque se déroule l'action de ***La Guerre du feu***, de Jean-Jacques Annaud ?

Réponses ▸ p. 281

Moteur !

399 LE RUGBY

1. Combien y a-t-il de licenciés de rugby en France ?
2. En quelles années Walter Spanghero a-t-il joué en équipe de France ?
3. Quel trophée le vainqueur du tournoi des Six Nations remporte-t-il ?
4. Combien de fois Serge Blanco a-t-il été élu meilleur rugbyman français ?
5. Combien de joueurs une équipe de rugby comprend-elle ?
6. Quel club a été champion du monde féminin de rugby en 2005 ?
7. Quel joueur a été élu meilleur joueur international de l'année ?
8. Y a-t-il un tournoi féminin des Six Nations ?
9. Quand la France a-t-elle gagné pour la première fois le tournoi des Cinq Nations ?
10. Jusqu'à quelle date le rugby est-il resté sport olympique ?
11. En France, combien y a-t-il de niveaux de compétition au rugby ?
12. Quel a été le premier club hommes à devenir champion de France en 1892 ?
13. En tournoi des Cinq Nations, combien de fois la France a-t-elle remporté le grand chelem ?
14. Comment appelle-t-on familièrement le monde du rugby ?
15. En quelle année le tournoi des Cinq Nations est-il devenu le tournoi des Six Nations ?
16. Quand le premier championnat de France de rugby féminin a-t-il eu lieu ?
17. Quand la France a-t-elle remporté deux fois de suite le grand chelem ?
18. Combien de fois Jean-Pierre Rives a-t-il été capitaine de l'équipe de France ?
19. Quel est le seul Français à avoir remporté 4 grands chelems en jouant tous les matches ?
20. Quel pays organisera la Coupe du monde en 2007 ?

Réponses ▸ p. 281

400 LE XVIIe SIÈCLE

- **1.** Qui régnait au début du XVIIe siècle, Henri IV ou Charles IX ?
- **2.** Qui était Turenne, un cardinal ou un maréchal ?
- **3.** Quelle guerre opposa la France aux Espagnols et au Saint Empire romain germanique à partir de 1635 ?
- **4.** Quels traités mirent fin à cette guerre, les traités d'Hambourg ou de Westphalie ?
- **5.** La France sortit-elle vaincue ou victorieuse de ce conflit ?
- **6.** Comment appelait-on les places fortes attribuées aux réformés ?
- **7.** Grenoble en faisait-elle partie ?
- **8.** Comment appelait-on les pamphlets virulents écrits contre Mazarin ?
- **9.** Qu'interdit le cardinal de Richelieu, les rassemblements ou les duels ?
- **10.** Quel maréchal de France d'origine italienne Louis XIII fit-il assassiner ?
- **11.** ***La Grande mademoiselle***, la nièce de Louis XIII, était-elle favorable ou défavorable à la Fronde ?
- **12.** Dans quelle affaire criminelle madame de Montespan fut-elle impliquée ?
- **13.** Qui fut le meneur de la Fronde des princes, Gaston d'Orléans ou le prince de Condé ?
- **14.** Contre quel cardinal Thou et Cinq-Mars complotèrent-ils ?
- **15.** Qui était Louis XIII par rapport à Henri IV ?
- **16.** Quelle place protestante fut assiégée par Richelieu à qui elle se rendit en 1628 ?
- **17.** Quelle était la résidence des rois de France avant Louis XIV ?
- **18.** À quelle guerre le traité d'Aix-la-Chapelle mit-il fin, celle de Dévolution ou celle d'Espagne ?
- **19.** Qui assassina Henri IV ?
- **20.** Quelle reine assura la régence de Louis XIII ?

Réponses ► p. 281

401 LE CHÂTEAU DE VERSAILLES

- **1.** À quel roi de France le château de Versailles est-il majoritairement associé ?
- **2.** Quel était le lieu des réceptions politiques et diplomatiques de Versailles ?
- **3.** Avant Louis XIV, Versailles était-il un pavillon de chasse de son père ou un château Renaissance ?
- **4.** Quelles personnes le roi Soleil a-t-il fait venir en quantité pour habiter à Versailles ?
- **5.** Dans quelle partie du château le traité de Versailles a-t-il été signé en 1918 ?
- **6.** Quelle est la surface du potager du Roi ?
- **7.** Louis XIV disposait-il d'une salle de bains avec l'eau courante ?
- **8.** Quelle est la longueur de la galerie des Glaces : 52 ou 72 m ?
- **9.** Comment le petit village commandé par Marie-Antoinette et situé autour d'un lac s'appelle-t-il ?
- **10.** Quand l'opéra de Versailles a-t-il été inauguré ?
- **11.** Combien de portes-fenêtres ouvertes sur les jardins la galerie des Glaces possède-t-elle ?
- **12.** En quels matériaux l'escalier de la Reine est-il construit ?
- **13.** Combien de pièces reste-t-il des appartements de la Reine ?
- **14.** Devant quel meuble faisait-on la révérence en l'absence du roi ?
- **15.** Pour qui le Petit Trianon, situé non loin du château, avait-il été construit ?
- **16.** Les rois Louis XV et Louis XVI ont-ils vécu à Versailles ?
- **17.** Le pavillon Gabriel a été commencé en 1772, quand a-t-il été achevé ?
- **18.** À qui la chapelle du château de Versailles est-elle dédiée ?
- **19.** La chapelle a-t-elle été dessinée par Jules Hardouin-Mansart ou par Robert de Cotte ?
- **20.** Quel musée Louis-Philippe a-t-il installé à Versailles ?

Réponses ► p. 281

402 JEUX DE SOCIÉTÉ

Trouvez à quel jeu de société correspond chaque plateau présenté.

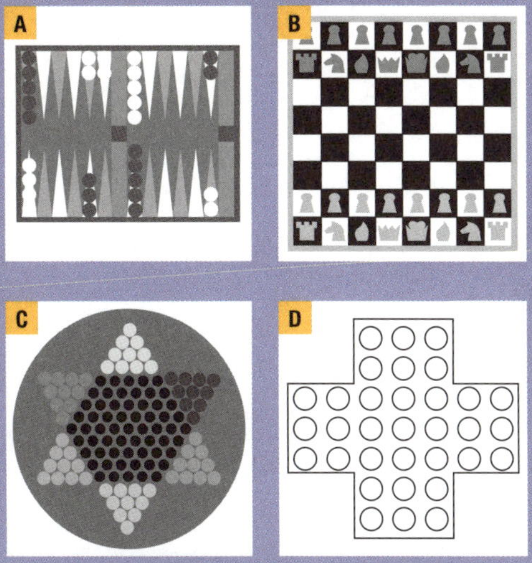

Réponses ▶ p. 281

403 LES PLANTES CONDIMENTAIRES

1. Le basilic apprécie-t-il les sols lourds et secs ou les sols légers et humides ?
2. D'où sont originaires les piments que l'on cultive un peu partout dans le monde ?
3. Le thym est-il une plante vivace ou une plante annuelle ?
4. De quelle famille le safran fait-il partie ?
5. La ciboule est-elle originaire du pourtour méditerranéen ou d'Asie ?
6. La sauge peut-elle pousser en terrains secs ?
7. Le cerfeuil doit-il être cultivé au soleil ou accepte-t-il l'ombre ?
8. Quelle hauteur un laurier-sauce peut-il atteindre, 2 à 3 m ou 4 à 5 m ?
9. La menthe a-t-elle des souches traçantes ou des racines pivotantes ?
10. Lequel est le plus parfumé : le persil commun ou le persil frisé ?

Réponses ▶ p. 281

404 LES COURSES HIPPIQUES

1 Le Pari mutuel urbain, PMU, a été autorisé en avril 1930.
☐ Vrai ☐ Faux

2 Le prix de l'Arc de Triomphe ne s'est pas toujours couru à Longchamp.
☐ Vrai ☐ Faux

3 Le 1er tiercé date du 22 janvier 1954.
☐ Vrai ☐ Faux

4 Le grand Steeple-Chase de Paris se court à Vincennes.
☐ Vrai ☐ Faux

5 Les bookmakers sont autorisés en France.
☐ Vrai ☐ Faux

6 Le prix du Jockey-Club existe depuis 1836.
☐ Vrai ☐ Faux

7 Le cheval Ourasi a gagné 4 fois le prix d'Amérique.
☐ Vrai ☐ Faux

8 L'hippodrome de Pau est réservé aux courses de plat.
☐ Vrai ☐ Faux

9 Les tickets pour les parieurs sont gratuits depuis 10 ans.
☐ Vrai ☐ Faux

10 La plus importante course en France est le prix d'Amérique.
☐ Vrai ☐ Faux

11 Lors du prix de Diane, en juin à Chantilly, nombre de femmes arborent de magnifiques chapeaux.
☐ Vrai ☐ Faux

12 En 1981 et 1983, Yves Saint-Martin a obtenu plus de victoires que Freddy Head.
☐ Vrai ☐ Faux

13 Jean-Luc Lagardère possédait une écurie prestigieuse.
☐ Vrai ☐ Faux

14 Le meilleur jockey français de trotteurs a été Jean-René Goujon.
☐ Vrai ☐ Faux

15 Le Sulky d'or a été décerné à Jean-Michel Bazire cinq ans de suite, de 2000 à 2004.
☐ Vrai ☐ Faux

Réponses ▶ p. 281

Les courses, **c'est mon dada...**

405 ASTÉRIX

1. Quel est le nom du barde du village d'Astérix ?
2. De qui Bonnemine est-elle la femme ?
3. Quel est le métier d'Obélix ?
4. Combien y a-t-il de camps romains autour du village d'Astérix : trois ou quatre ?
5. Dans quelle aventure Astérix et Obélix se rendent-ils en Amérique ?
6. Qu'est-ce qui rend invincibles les Gaulois du village d'Astérix ?
7. Où se trouve le village d'Astérix : en Armorique ou en Aquitaine ?
8. Le casque d'Astérix porte-t-il des plumes ou des cornes ?
9. Quel est le titre de la première aventure d'Astérix ?
10. Quel est l'animal de compagnie d'Obélix : un chien ou un chat ?
11. Qui se retrouve toujours bâillonné en haut d'un arbre à la fin de chaque aventure d'Astérix ?
12. Dans quel magazine les aventures d'Astérix paraissaient-elles à l'origine : ***Pilote*** ou ***Spirou*** ?
13. Qui est la mère du bébé confié à Astérix dans ***Le Fils d'Astérix*** ?
14. Quelles sont les couleurs du pantalon d'Obélix ?
15. Qui est le dessinateur d'***Astérix*** : Uderzo ou Goscinny ?
16. Dans quelle aventure Astérix voyage-t-il sur un tapis volant ?
17. Quelle est la fonction de Panoramix ?
18. De qui Obélix est-il secrètement amoureux ?
19. Lequel de ces camps romains n'existe pas : Babaorum ou Tartopum ?
20. Comment s'appelle le doyen du village d'Astérix ?

Réponses ▸ p. 281

Bonnemine

406 LES MÉTIERS D'AUTREFOIS

1. Comment appelait-on jadis les marchands ambulants ?
2. Quel métier, maintenant disparu en France, exerçait une personne extrayant le charbon du sous-sol ?
3. Le rémouleur vendait-il des moules et des huîtres ou aiguisait-il entre autres les couteaux ?
4. Jusqu'à quand le métier de montreur d'ours a-t-il existé ?
5. Comment appelait-on les jeunes femmes chargées d'allaiter les nouveau-nés ?
6. Quel nom le conducteur de la poste à cheval portait-il ?
7. Au Moyen Âge, par qui l'eau était-elle souvent distribuée ?
8. Les femmes qui lavaient le linge à la main étaient-elles les lingères ou les lavandières ?
9. Les agents de police cyclistes s'appelaient-ils des hirondelles ou des moineaux ?
10. Dans la chanson ***Encore un carreau d'cassé***, qui passe dans la rue ?
11. Comment s'appelait la femme chargée du ménage et de la maison d'un homme seul ?
12. Quel était le nom des ouvriers sciant à la main de grandes pièces de bois dans le sens de la longueur ?
13. Comment appelait-on une personne rédigeant le courrier des autres, en boutique ou dans la rue ?
14. Sous l'Ancien Régime, de qui les nobles avaient-ils besoin pour s'occuper de leur postiche ?
15. Comment s'appelaient jadis les marins habilités par un gouvernement à piller les bateaux de commerce ?
16. De quelle région la majorité des ramoneurs étaient-ils originaires ?
17. Comment appelait-on les employées de maison nourries et logées s'occupant du ménage ?
18. Comment les ouvriers lyonnais spécialisés dans le tissage de la soie étaient-ils appelés ?
19. Quel métier était jadis représenté en abondance dans la région d'Alençon ?
20. Chez qui la plupart des hommes de la ville allaient-ils pour se faire rafraîchir le visage ?

Réponses ▸ p. 281

407 MOLIÈRE

- **1.** Molière fut-il soupçonné d'inceste ou d'homosexualité ?
- **2.** À quel siècle Molière a-t-il vécu ?
- **3.** Dans quelle pièce voit-on apparaître le Grand Turc ?
- **4.** Molière a-t-il fait des études d'économie ou de droit ?
- **5.** Dans ***Dom Juan***, qui le personnage titre invite-t-il à dîner ?
- **6.** Molière a-t-il écrit ***L'Amour médecin*** ou ***La Noble Jalousie*** ?
- **7.** Comment se nomme le misanthrope de Molière ?
- **8.** Georges Dandin est-il un paysan ou un abbé ?
- **9.** Quelle est la profession de messieurs Purgon et Diafoirus ?
- **10.** Qui prend des cours pour devenir un homme « de qualité » ?
- **11.** Qu'Harpagon se fait-il dérober ?
- **12.** De quelle pièce est tiré le célèbre : « Que diable allait-il faire dans cette galère ? »
- **13.** À quel auteur Molière a-t-il emprunté ce vers : Racine ou Cyrano de Bergerac ?
- **14.** Comment sont les « femmes » d'une pièce de Molière ?
- **15.** Qui Orgon accueille-t-il chez lui, malgré le désaccord de sa propre famille ?
- **16.** Qui Arnolphe souhaite-t-il épouser : Camille ou Agnès ?
- **17.** Quel musicien a composé des morceaux pour plusieurs comédies-ballets de Molière ?
- **18.** Quelle pièce n'est pas de Molière : ***Monsieur de Pourceaugnac*** ou ***Les Fausses Confidences*** ?
- **19.** À quel âge Molière est-il mort : 51 ans ou 76 ans ?
- **20.** A-t-il eu des funérailles nationales ?

Réponses ▶ p. 281

408 LES GRANDS CHEFS

- **1.** Quel grand chef présente l'émission culinaire ***Bon appétit, bien sûr*** à la télévision ?
- **2.** Quel célèbre restaurateur est implanté à Roanne, dans la Loire ?
- **3.** Hélène Darroze porte-t-elle une toque droite ou une toque aplatie ?
- **4.** Guy Savoy porte-t-il une barbe et des moustaches ou une barbe seule ?
- **5.** Dans quel grand restaurant le chef Raymond Oliver exerçait-il son art ?
- **6.** Quel est le nom du restaurant de Paul Bocuse à Collonges-au-Mont-D'or, dans le Rhône ?
- **7.** Quel chef est reconnaissable de loin à son grand chapeau en feutre ?
- **8.** Quelle opération patronnée par Alain Ducasse est destinée à faire découvrir le savoir-faire des chefs ?
- **9.** Un grand chef français s'est suicidé en février 2003, qui était-ce ?
- **10.** Marc Veyrat est-il connu pour utiliser des herbes sauvages ou des plats exotiques ?
- **11.** Quel célèbre restaurant, où se réunit l'académie Goncourt, est situé place Gaillon, à Paris ?
- **12.** Dans quelle ville le grand chef Fernand Point, mort en 1955, exerçait-il son art ?
- **13.** Le Plazza Athénée, où officie Alain Ducasse, est-il situé avenue Montaigne ou rue de Rivoli, à Paris ?
- **14.** Quel grand chef a sorti en 2003 le livre intitulé ***Toute la cuisine*** ?
- **15.** Quel restaurant Alexandre Dumaine possédait-il à Saulieu, repris ensuite par Bernard Loiseau ?
- **16.** André Pic était-il établi à Valence ou à Toulouse ?
- **17.** À quel métier Joël Robuchon se destinait-il de prime abord ?
- **18.** Le livre ***Ma cuisine de saisons*** est-il dû à Georges Blanc ou à Michel Bras ?
- **19.** Didier Clément est chef au Grand hôtel du Lion d'or. Dans quelle ville de Sologne est-il établi ?
- **20.** La poularde en vessie était-elle une spécialité d'André Pic ou de Paul Bocuse ?

Réponses ▶ p. 281

409 LA FRANCE-COMTÉ

1. La spécialité de Morteau est-elle le jambon ou la saucisse ?
2. Comment la pièce-cheminée servant de cuisine et de lieu de fumage aux salaisons s'appelle-t-elle ?
3. Quel monument grandiose du XVIIIe siècle peut-on visiter à Arc-et-Senans ?
4. Sur quelle rivière le barrage de Vouglans a-t-il été construit ?
5. Quel est le plus célèbre vin du Jura ?
6. Quelle surface de la Franche-Comté la forêt représente-t-elle, 40 ou 60 % ?
7. Quel célèbre musée peut-on visiter à Sochaux ?
8. Quel est le surnom de la ville de Moirans-en-Montagne ?
9. Le château de Joux est-il situé sur un éperon rocheux ou au bord d'un lac ?
10. Où la chapelle de Notre-Dame-du-Haut, construite par Le Corbusier, se trouve-t-elle ?
11. Par qui a été construite la citadelle située au-dessus de Besançon ?
12. La rivière la Loue est-elle une rivière naturelle ou une résurgence du Doubs ?
13. Quel nom donne-t-on à la bouteille de 65 cl réservée au seul vin jaune ?
14. Quelle boisson alcoolisée aujourd'hui interdite a-t-on produit à Pontarlier jusqu'en 1915 ?
15. Quelle est la spécialité de Saint-Claude depuis le XIXe siècle, le tabac ou les pipes ?
16. Comment nomme-t-on la course de ski de fond entre la Combe du Lac et Mouthe ?
17. Quel fromage est produit à Lons, la Vache qui rit ou le morbier ?
18. Quel est le nom des planchettes d'épicéa clouées sur le toit à la manière des ardoises ?
19. Où trouve-t-on un musée de la Boisellerie ?
20. Quels champignons peut-on rencontrer au printemps en Franche-comté, des cèpes ou des morilles ?

Réponses ▶ p. 281

410 NICOLAS HULOT

1. Quel est le métier de Nicolas Hulot, journaliste ou présentateur à la télévision ?
2. Nicolas Hulot est-il né à Lille ou à Tourcoing ?
3. À la télévision, quel est le métier principal de Nicolas Hulot ?
4. Dans quelle région l'école Nicolas Hulot, qu'il a fondée, est-elle située ?
5. En quelle année Nicolas Hulot est-il né ?
6. Nicolas Hulot a-t-il eu un frère ?
7. Quelle était la première « vocation » de Nicolas Hulot, la médecine ou le journalisme ?
8. Quel poste ministériel Nicolas Hulot a-t-il déjà occupé ?
9. De quelle cause Nicolas Hulot est-il l'un des principaux porte-parole en France ?
10. Avec quelle émission a-t-il fait partager dès 1987 son goût du voyage aux téléspectateurs ?
11. À quelle sensibilisation l'école Nicolas Hulot éveille-t-elle ses élèves ?
12. Pour quelle agence a-t-il parcouru le monde comme photographe ?
13. Quelle est la dénomination exacte de la fondation qu'il a créée ? la fondation Nicolas Hulot…
14. L'école Nicolas Hulot s'adresse-t-elle uniquement aux enfants ou aussi aux adultes ?
15. Nicolas Hulot a-t-il la Légion d'honneur ?
16. Quel est le grand combat de sa fondation ?
17. Est-elle la seule reconnue d'utilité publique à agir dans le domaine de l'éducation de l'environnement ?
18. La campagne Défi pour la Terre a-t-elle pour thème la défense des baleines ?
19. Combien d'enfants son école a-t-elle accueillis en 2005 ?
20. Quel est le titre du livre destiné aux juniors, écrit par Nicolas Hulot et sa fondation ?

Réponses ▶ p. 281

Séquence grand frisson

411 POINT COMMUN

Quel est le lien entre ces quatre éléments ?

Réponse ▸ p. 282

412 LES FÊTES FOLLES

1. Combien d'heures la course de solex de Nouziers, dans la Creuse, dure-t-elle ?
2. Où le championnat du monde de lancer de pignes se déroule-t-il dans les Landes ?
3. À Ermont, dans le Val d'Oise, la coupe de France de quelles voitures est organisée fin avril ?
4. Un championnat du monde de quel lancer se déroule à Hasparren, au Pays basque ?
5. Quelle foire a lieu en août à La Genétouze, en Charente-Maritime ?
6. À Chabanon-Selonnet, dans les Alpes de Haute-Provence, un prix de quelles caisses est-il organisé ?
7. Quelle ville de Normandie est transformée en villa ge viking quelques heures en août ?
8. Quelle fête se déroule en juillet à Jumeaux, dans le Puy-de-Dôme ?
9. Dans quelle ville des Hautes-Pyrénées le championnat du monde du cri du cochon a-t-il lieu, en août ?
10. Quelle coupe d'engins volants en tous genres se déroule à Saint-Hilaire-du-Touvet, en Rhône-Alpes ?

Réponse ▸ p. 282

413 L'ÉDITION

1 En France, le prix des livres en librairie est libre.
☐ Vrai ☐ Faux

2 La meilleure vente parascolaire en 2005 a été le Bescherelle *La Conjugaison pour tous.*
☐ Vrai ☐ Faux

3 Dans les groupes mondiaux généralistes, Hachette occupe la 1re place.
☐ Vrai ☐ Faux

4 La production de bande dessinée en France a doublé entre 2002 et 2005.
☐ Vrai ☐ Faux

5 Entre janvier et février 2006, 552 romans ont été mis en place en France.
☐ Vrai ☐ Faux

6 Les livres touchant à la mort se vendent de moins en moins bien.
☐ Vrai ☐ Faux

7 En 2005, 53 462 titres ont été publiés en nouveauté ou nouvelle édition.
☐ Vrai ☐ Faux

8 En 2005, il s'est vendu en France près de 33,8 millions d'albums de bande dessinée.
☐ Vrai ☐ Faux

9 Le nombre de livres sur l'informatique est en constante progression.
☐ Vrai ☐ Faux

10 En 2004-2005, la meilleure vente de livres de droit a été le Code civil 2005.
☐ Vrai ☐ Faux

11 Les ventes de beaux livres sont en petite augmentation depuis deux ans.
☐ Vrai ☐ Faux

12 La grande distribution et les grandes surfaces culturelles font plus du tiers des ventes totales.
☐ Vrai ☐ Faux

13 La production de livres de littérature représente 3 fois celle de livres de sciences sociales.
☐ Vrai ☐ Faux

14 Le secteur parascolaire a représenté en 2005 95,2 millions d'€.
☐ Vrai ☐ Faux

15 Éditis a racheté les éditions Le Cherche midi et First, en 2005.
☐ Vrai ☐ Faux

Réponse ▸ p. 282

414 LES SITES NATURELS

1. Par quel organisme régional nombre de sites naturels sont-ils sauvegardés et entretenus ?
2. Quel a été le premier site naturel protégé dans le monde par l'Unesco ?
3. Peut-on rejoindre à pied les nombreux îlots au large du littoral de Penvénan, en Bretagne ?
4. Sur combien de kilomètres les gorges de l'Ardèche s'étendent-elles ?
5. L'archipel du Frioul, près de Marseille, est-il de couleur blanche ou de couleur marron-rouge ?
6. Le site unique en Europe de la grotte de la Glacière est-il en Franche-Comté ou en région Paca ?
7. Quel grand cirque pyrénéen fait partie du patrimoine mondial de l'Unesco ?
8. En Lot-et-Garonne, quelle sorte de sentiers ont été aménagés dans la vallée de Gavaudan ?
9. Peut-on librement parcourir le site des prairies de l'Escaut, dans le Nord ?
10. Quel est le plus vaste et le plus profond des étangs de la région Languedoc-Roussillon ?
11. Quels petits mammifères trouve-t-on dans les cavités d'Ardres, dans le Pas-de-Calais ?
12. Quel est le 1er site naturel de Franche-Comté ?
13. Quelle est la baie la plus célèbre de France, un des sites naturels les plus visités ?
14. Quel est le plus célèbre pont des Hautes-Pyrénées, environné de conifères et de cascades ?
15. Dans quel parc naturel régional le Saut de Gouloux se trouve-t-il ?
16. Chaque année, la forêt de Fontainebleau accueille-t-elle 12 ou 17 millions de visiteurs ?
17. Quelle est la plus grande cavité naturelle aménagée du Périgord ?
18. Combien le Conservatoire des sites du Nord et du Pas-de-Calais gère-t-il de sites protégés ?
19. Depuis quand la cascade du Ray-Pic, en Ardèche, est-elle un site classé ?
20. Combien la France a-t-elle classé de sites sur son territoire ?

Réponse ▶ p. 282

Le cardinal

415 RICHELIEU

1. À quel siècle Richelieu a-t-il gouverné ?
2. Quel roi appela Richelieu à son Conseil ?
3. Quel était le nom de Richelieu, Armand Jean du Plessis ou Jean-François Paul de Gondi ?
4. À qui Richelieu imposa-t-il l'édit de Grâce d'Alès ?
5. Quelle journée visait à discréditer Richelieu, la Journée des barricades ou la Journée des dupes ?
6. Quelle société de lettres Richelieu a-t-il fondée ?
7. Quel cardinal Richelieu recommanda-t-il au roi avant de mourir pour lui succéder ?
8. Quelle reine d'abord proche de Richelieu se brouilla avec lui, Anne d'Autriche ou Marie de Médicis ?
9. Qui Richelieu réconcilia-t-il avec cette même reine, son fils ou son frère ?
10. Richelieu a-t-il connu le XVIe siècle ?
11. Contre quelle maison européenne Richelieu s'est-il opposé ?
12. À quel pays actuel correspondait la Nouvelle-France, que Richelieu entreprit de coloniser ?
13. Quel titre de noblesse fut concédé au cardinal de Richelieu ?
14. Quel type de monarchie Richelieu travailla-t-il à bâtir ?
15. Richelieu a-t-il fait exécuter Chalais ou Montmorency ?
16. Richelieu a-t-il pris part à la guerre de Trente Ans ?
17. De quel pays Richelieu était-il originaire ?
18. Comment s'appelait le frère du roi, à l'origine de complots contre le cardinal ?
19. À quel âge Richelieu est-il mort, 57 ou 72 ans ?
20. Est-il enterré à la Sorbonne ou au Panthéon ?

Réponse ▶ p. 282

416 COCORICO

1. Quelles sont les couleurs du drapeau français ?
2. Quelle était la couleur des rois de France ?
3. Par qui ***La Marseillaise*** a-t-elle été composée ?
4. Quel est l'autre nom du bonnet rouge porté pendant la Révolution française ?
5. Les couleurs de la ville de Paris étaient-elles le blanc et le rouge ou le bleu et le rouge ?
6. Quand la cocarde est-elle apparue ?
7. Quel était l'emblème de l'Ancien Régime ?
8. Comment appelle-t-on la levée ou la descente des enseignes ?
9. Quel insigne Louis XVI a-t-il mis à son chapeau le 7 juillet 1789, dans la salle du Trône ?
10. Quel roi a-t-il accepté de se coiffer d'un bonnet phrygien ?
11. Quel a été l'emblème personnel de Louis XIV, renversé en 1790 ?
12. Au Moyen Âge, qu'évoquaient souvent les bannières ?
13. Quelle est la figure allégorique de la République ?
14. Quel emblème la cocarde tricolore a-t-elle remplacé dans les régiments français ?
15. Qui a proposé l'agencement des couleurs sur le drapeau national ?
16. Quel est le symbole de la France libre ?
17. L'emblème personnel de François Ier était-il la salamandre ou le cerf ailé ?
18. Quel était l'emblème de l'Empire napoléonien ?
19. L'hymne ***Maréchal, nous voilà***, était-il l'hymne officiel ou l'hymne officieux de l'État français ?
20. Catherine Deneuve a-t-elle été représentée par une Marianne ?

Réponse ▸ p. 282

Emblèmes français

417 LES GRANDS COUTURIERS

1. Qui fut le premier couturier à entrer à l'Académie française : Christian Dior ou Pierre Cardin ?
2. Pour quel film de Luc Besson Jean Paul Gaultier a-t-il créé des costumes ?
3. Christian Dior a-t-il créé sa maison de couture en 1926 ou en 1946 ?
4. Qui est connu pour être le père de la mini-jupe : Jean Paul Gaultier ou André Courrèges ?
5. En quelle année Hubert de Givenchy a-t-il présenté son dernier défilé haute couture : 1995 ou 2005 ?
6. Quelle ligne fantaisiste Christian Lacroix a-t-il créée : Festival ou Bazar ?
7. De quel dictionnaire a-t-il dessiné la couverture en 2004 ?
8. Quel styliste britannique est le directeur artistique de Dior depuis 1999 ?
9. Qui fut surnommé « l'enfant terrible de la mode française » ?
10. Quel était le prénom de Coco Chanel ?
11. Quelle est la couleur de prédilection d'André Courrèges : le rouge ou le blanc ?
12. Quel grand couturier du début du XXe siècle s'est spécialisé dans la mode sportive féminine ?
13. Pour la tournée de quelle star mondiale Jean Paul Gaultier a-t-il créé des costumes en 1990 ?
14. Quel styliste américain a dirigé la création chez Yves Saint-Laurent jusqu'en 1994 ?
15. Quel est le prénom du fils et successeur de Ted Lapidus ?
16. Quelle maison de couture le « new look » a-t-il rendue célèbre : Christian Dior ou Christian Lacroix ?
17. Quelle actrice américaine fut une inconditionnelle de Givenchy, qui l'habilla pendant 40 ans ?
18. De quel célèbre restaurant parisien Givenchy est-il propriétaire ?
19. Quel styliste est le directeur artistique de Chanel depuis 1983 ?
20. Quel est son pays d'origine ?

Réponse ▸ p. 282

418 LES PLUS BEAUX VILLAGES

- **1.** Dans quelle ville des Bouches-du-Rhône Van Gogh se fit-il soigner quatre mois avant son suicide ?
- **2.** Sur quelle longueur s'étendent les douze arches du pont Charles-Martel de La Roque-sur-Cèze ?
- **3.** Les maisons de Riquewihr à pans de bois sont-elles de couleur sable ou richement colorées ?
- **4.** Gordes, dans le Vaucluse, est-elle construite sur un plateau ou sur un promontoire escarpé ?
- **5.** De quel style est la cathédrale de Saint-Bertrand de Comminges ?
- **6.** Saint-Véran est la plus haute commune d'Europe, est-elle située à 2 042 ou à 2 542 m ?
- **7.** À Pérouges, dans l'Ain, la plupart des maisons sont-elles du XVe siècle ou du XIXe siècle ?
- **8.** En quelle pierre les maisons du village-forteresse des Baux-de-Provence sont-elles construites ?
- **9.** Quel genre de maisons peut-on voir dans la ville de Monsoreau, dans le Maine-et-Loire ?
- **10.** Pour quelle industrie Moustiers-Sainte-Marie, dans les Alpes de Haute-Provence, est-elle réputée ?
- **11.** Quelle particularité de nombreuses maisons de Sarlat-la-Canéda possèdent-elles ?
- **12.** Où le château de La Colette, surnommé « la villa Médicis de Provence », se trouve-t-il ?
- **13.** Lagrasse, dans l'Aude, est-il un village-rue ou un village fortifié ?
- **14.** Dans le Loir-et-Cher, quel monument continue à veiller sur la ville de Lavardin ?
- **15.** Saint-Tropez a-t-il toujours été un port de pêche et de commerce ?
- **16.** Que reste-t-il de l'imposant château du XIIe siècle dominant la ville de La Roche-Guyon ?
- **17.** Quand la citadelle de Saint-Tropez a-t-elle été construite ?
- **18.** Quelle est la couleur des toitures des hospices de Beaune ?
- **19.** Sur quoi Saint-Cirq-Lapopie, dans le Lot, est-il construit ?
- **20.** Qu'y a-t-il sur la place principale de Gerberoy, dans l'Oise ?

Réponse ▸ p. 282

419 LE XIXe SIÈCLE

- **1.** À quelle guerre le traité de Paris a-t-il mis fin, la guerre de Crimée ou la guerre d'Italie ?
- **2.** Quel gouvernement révolutionnaire prit le pouvoir après la chute de Napoléon III en 1871 ?
- **3.** Quel était le prénom de Thiers, homme politique et écrivain ?
- **4.** Quelle ville de Guyane devint un lieu de déportation pour les condamnés de droit commun en 1852 ?
- **5.** Quel souverain régna pendant la monarchie de Juillet, Louis XVIII ou Louis-Philippe ?
- **6.** Combien de temps ce régime dura-t-il, 18 ans ou 33 ans ?
- **7.** Où Napoléon III capitula-t-il en 1870 ?
- **8.** Quelle « garde » civile fut dissoute par Thiers en 1871, la garde républicaine ou la garde nationale ?
- **9.** Quelle île du Pacifique Sud devint une colonie française en 1853 ?
- **10.** Quel maréchal est élu président de la République à la suite de Thiers ?
- **11.** Quelle péninsule asiatique devint une colonie française au XIXe siècle ?
- **12.** Quelle invention anglaise révolutionnant le système des postes fit son apparition en France en 1849 ?
- **13.** Quelle révolution aboutit à l'abdication de Charles X ?
- **14.** Quel homme politique prussien engagea la guerre contre la France en 1870 ?
- **15.** La bataille de Magenta se solda-t-elle par une victoire ou une défaite pour la France ?
- **16.** Quelle invention lyonnaise révolutionna la production textile au XIXe siècle ?
- **17.** Quel écrivain fut emprisonné pour avoir pris publiquement parti pour le capitaine Dreyfus ?
- **18.** La IIe République fut-elle proclamée en 1848 ou en 1870 ?
- **19.** Dura-t-elle 5 ou 22 ans ?
- **20.** Louis-Philippe appartenait-il à la maison de Bourbon-Orléans ou d'Anjou ?

Réponse ▸ p. 282

420 LES LOISIRS

1 En 2005, le temps libre représente près de 30 % de la vie éveillée.
Vrai Faux

2 Les jeunes de 20 ans vont autant au cinéma que les personnes de 60 ans.
Vrai Faux

3 En France, on dépense plus pour le logement que pour les loisirs.
Vrai Faux

4 Près de la moitié des Français sont allés au cinéma en 2004.
Vrai Faux

5 En moyenne, les Français regardent la télévision près de 3 h 30 par jour.
Vrai Faux

6 La part des ménages consacrée aux achats de livres, journaux et revues est stable depuis 15 ans.
Vrai Faux

7 Les Français écrivent plus de poèmes, nouvelles et romans qu'il y a 15 ans.
Vrai Faux

8 La plus grande partie des loisirs est occupée par la télévision.
Vrai Faux

9 En France, les dépenses globales consacrées aux loisirs et à la culture ont augmenté depuis 1980.
Vrai Faux

10 8 personnes sur 10 disposent d'un magnétoscope.
Vrai Faux

11 Les Français jouent autant d'un instrument de musique qu'en 1989.
Vrai Faux

12 Les dépenses moyennes en discothèques et bals ont augmenté de 10 % depuis 15 ans.
Vrai Faux

13 Il y a 13 fois plus de bars à ambiance musicale qu'il y a 15 ans.
Vrai Faux

14 On regarde moins la télévision entre 60 et 69 ans que lorsque l'on a mois de 30 ans.
Vrai Faux

15 En France, les lecteurs de livres sont surtout des femmes.
Vrai Faux

Réponse ▶ p. 282

421 LA MORT D'HOMMES ET DE FEMMES CÉLÈBRES

1 Comment Albert Camus est-il mort ?
A : Dans un accident de voiture.
B : Écrase par un train.
C : Il s'est suicidé.

2 Comment Jacques de Molay, le grand maître de l'ordre des Templiers, est-il mort en 1314 ?
A : Pendu. B : Brûlé vif. C : Roué vif.

3 De quelle maladie Charles Baudelaire est-il mort ?
A : De la syphilis. B : D'une cirrhose.
C : D'une hémorragie cérébrale.

4 Quelle a été la cause du décès par mort violente du compositeur Armand Louis Couperin, en 1661 ?
A : Il a été renversé par une voiture.
B : Il s'est jeté dans un puits.
C : Il a été assassiné.

5 Cyrano de Bergerac est mort des suites d'une blessure à la tête, par quoi fut-elle causée ?
A : Par une chute de cheval.
B : Par la chute d'une poutre de charpente.
C : Par la chute d'une branche.

6 Comment Henry de Montherlant est-il mort ?
A : Dans un accident de voiture.
B : Écrasé par un cheval.
C : Il s'est suicidé.

7 Comment Antoine de Saint-Exupéry est-il mort ?
A : Il s'est perdu dans la Cordillère des Andes.
B : Il s'est écrasé en plein Sahara.
C : Il a été abattu en mission en Méditerranée.

8 Quelle maladie a emporté Jean-François Champollion ?
A : La tuberculose.
B : La peste.
C : La malaria.

9 Comment l'homme politique Pierre Laval est-il mort en 1945 ?
A : Guillotiné.
B : Fusillé.
C : Il s'est suicidé.

10 Quelle maladie a emporté le compositeur Jean-Baptiste Lully en 1687 ?
A : La gangrène.
B : La pneumonie.
C : Une pleurésie.

11 De quelle maladie Jean Racine est-il mort ?
A : D'un abcès au foie.
B : De tuberculose.
C : D'une fluxion de poitrine.

12 Comment le maréchal Pétain est-il mort ?
A : Il a été fusillé.
B : Il s'est suicidé.
C : Il est mort d'une congestion pulmonaire.

13 Comment Henri de Turenne, maréchal de France, est-il mort en 1675 ?
A : Tué par un coup de fusil.
B : Tué par un coup de sabre.
C : Tué par un boulet.

14 Quelle maladie a emporté Napoléon Ier ?
A : La tuberculose.
B : Un cancer de l'estomac.
C : La gangrène.

15 De quelle maladie Louis XV est-il mort ?
A : D'une occlusion intestinale.
B : De la petite vérole.
C : D'une pneumonie.

Réponse ▶ p. 282

422 NAPOLÉON

1. Qui était Napoléon III par rapport à Napoléon Ier ?
2. Combien Napoléon avait-il de sœurs ?
3. Quel régime fut renversé par Bonaparte lors du coup d'État du 18 brumaire ?
4. Quel titre le fils de Napoléon porta-t-il dès sa naissance ?
5. Qui était le ministre de la police de Napoléon, Fouché ou Talleyrand ?
6. Quel établissement chargé d'émettre des billets payables à vue et au porteur fut créé par Napoléon ?
7. Quel était le prénom de la seconde femme de Napoléon ?
8. Sur quel empire le père de cette dernière régnait-il ?
9. Quel territoire d'Amérique du Nord Napoléon vendit-il aux États-Unis ?
10. Comment s'appelait la demeure de Napoléon, aujourd'hui devenue musée ?
11. À quelles conditions météorologiques la victoire d'Austerlitz reste-t-elle associée ?
12. Combien de consuls furent chargés du pouvoir exécutif après le coup d'État du 18 brumaire ?
13. Pourquoi Napoléon répudia-t-il Joséphine ?
14. Quel duc, soupçonné de complot, Napoléon fit-il fusiller dans un fossé du château de Vincennes ?
15. Au large des côtes de quel pays se trouve l'île d'Elbe, où fut exilé Napoléon ?
16. À quel peuple Napoléon confia-t-il sa personne après la défaite de Waterloo ?
17. Quel monument parisien commandé par Napoléon porte le nom des 558 généraux d'Empire ?
18. Quel amiral anglais vainquit la flotte franco-espagnole lors de la bataille navale de Trafalgar ?
19. De quelle île Joséphine était-elle originaire, l'Irlande ou la Martinique ?
20. En quelle année Napoléon est-il mort, 1821 ou 1833 ?

Réponse ▸ p. 282

Sous le soleil...

423 LE LANGUEDOC-ROUSSILLON

1. Quelle rivière le pont du Gard enjambe-t-il ?
2. Où peut-on découvrir des rizières dans le Languedoc-Roussillon ?
3. Quel est la ville de l'Aude célèbre pour sa cité entourée de remparts, restaurée par Viollet-le-Duc ?
4. Où peut-on visiter la source Perrier ?
5. Quels animaux voit-on en quantité sur les causses du Larzac ?
6. Palavas-les-Flots se situe-t-il dans l'Hérault ou dans l'Aude ?
7. Dans quel lieu trouve-t-on des grandes orgues, formations géologiques spectaculaires ?
8. Quelle spécialité un voyageur doit-il obligatoirement déguster à Castelnaudary ?
9. Il existe un musée du Bonbon qui ne peut que ravir petits et grands. Où est-il situé ?
10. Dans quelle ville du Gard de magnifiques arènes se dressent-elles ?
11. Quelle culture est répandue autour de Frontignan ?
12. Dans les Pyrénées-Orientales, où peut-on voir le deuxième four solaire le plus puissant du monde ?
13. Quelle est la grande station de sport d'hiver de l'ouest des Pyrénées-Orientales ?
14. Comment le canal allant de Narbonne à la mer s'appelle-t-il ?
15. Quel nom la côte de l'extrême sud des Pyrénées-Orientales porte-t-elle ?
16. Sur quel front de mer trouve-t-on de grandes habitations modernes en dégradé ?
17. Quel plat à base de morue et d'huile d'olive est une spécialité de Nîmes ?
18. Par qui le fort situé au-dessus du Perthus a-t-il été construit ?
19. Où la célèbre abbaye Saint-Michel de Cuxat se trouve-t-elle ?
20. Où peut-on voir et visiter des salins dans l'Aude ?

Réponse ▸ p. 282

424 LES MONUMENTS DE FRANCE

- **1.** Par quoi la ville de Carnac, dans le Morbihan, est-elle rendue célèbre ?
- **2.** Quelle ville de l'Aude possède des remparts exceptionnels ?
- **3.** Combien de tours peut-on voir à La Rochelle ?
- **4.** Quel monument peut-on visiter avenue des Gobelins à Paris ?
- **5.** Dans quelle ville du Centre se trouve le palais Jacques Cœur ?
- **6.** L'hôtel de Sade, à Saint-Rémy-de-Provence, date-t-il de la Renaissance ou du XVIIIe siècle ?
- **7.** À quel architecte du XXe siècle doit-on la villa Savoye, à Poissy ?
- **8.** Dans quelle ville le mémorial pour la Paix, en souvenir de la Seconde Guerre mondiale, a-t-il été inauguré en 1989 ?
- **9.** Dans quel monument de Beaune se tient chaque année une grande vente de vins de Bourgogne ?
- **10.** Par quoi le parlement de Bretagne, à Rennes, a-t-il été endommagé en 1994 ?
- **11.** Quel monument de Paris abrite le musée national d'Art moderne ?
- **12.** La ville d'Arc-et-Senans est-elle célèbre pour sa papeterie ou pour ses salines royales ?
- **13.** De quel grand bâtisseur de fortifications la citadelle de Besançon est-elle l'œuvre ?
- **14.** Comment appelle-t-on l'horloge astronomique du XIVe siècle que l'on peut voir à Rouen ?
- **15.** Quelle cathédrale possède la plus haute flèche en pierre de France, celle de Chartres ou d'Angoulême ?
- **16.** Qu'était à l'origine le clocher de Notre-Dame-des-Anges de Collioure, un moulin ou un phare ?
- **17.** Quel facteur construisit un « palais idéal » à Hauterives, dans le style Art naïf ?
- **18.** Dans quelle ville peut-on admirer la Tour César, Provins ou La Rochelle ?
- **19.** Quelle sainte a donné son nom à la tour de Rouen dans laquelle elle fut emprisonnée ?
- **20.** À quel architecte du XXe siècle doit-on l'Institut du monde arabe de Paris ?

Réponse ▶ p. 282

Vous regardez la télé ?

425 TF1

- **1.** À quel groupe financier la chaîne appartient-elle ?
- **2.** En quelle année la chaîne est-elle née, 1968 ou 1974 ?
- **3.** Quelle émission est ou était diffusée sur TF1, ***Sept à huit*** ou ***Sept sur sept*** ?
- **4.** La chaîne a-t-elle toujours été privée ?
- **5.** ***Vol de nuit*** est-il un magazine littéraire ou politique ?
- **6.** Quel journaliste sportif présentait Téléfoot jusqu'en 2004 ?
- **7.** Quelles sont les couleurs du logo de la chaîne ?
- **8.** Dans quelle émission de TF1 pouvait-on voir des playmates à une heure de grande écoute ?
- **9.** À quoi Jean-Luc Reichmann invite-t-il ses invités à faire « attention » ?
- **10.** Qui est chargé des programmes de TF1 depuis 1987, Christine Ockrent ou Étienne Mougeotte ?
- **11.** Qui présente les JT de 20 h le week-end ?
- **12.** Quelle émission consacrée à l'automobile est diffusée le dimanche matin ?
- **13.** En 2005, ***Star Academy*** a-t-elle fêté ses 4 ou ses 5 ans ?
- **14.** Que signifie le sigle TF1 ?
- **15.** Que présente Sébastien Folin, en alternance avec Catherine Laborde ?
- **16.** Qui présentait ***Sagas*** avant Flavie Flament ?
- **17.** Quelle série est diffusée sur TF1, ***New York, unité spéciale*** ou ***NCIS: enquêtes spéciales*** ?
- **18.** À quoi était consacrée l'émission ***La Piste aux étoiles*** ?
- **19.** En quelle année la chaîne a-t-elle été privatisée, 1975 ou 1987 ?
- **20.** Qui est le P.D.G. de TF1, Jean-Marie Messier ou Patrick Le Lay ?

Réponse ▶ p. 282

426 LA PREMIÈRE GUERRE MONDIALE

- **1.** Qui fut surnommé « le Tigre » ?
- **2.** Ce même personnage fut-il également appelé « le père de la Victoire » ou « le père de la France » ?
- **3.** Dans quelle ville l'archiduc François-Ferdinand de Habsbourg fut-il assassiné ?
- **4.** Son meurtrier était-il Croate ou Serbe ?
- **5.** Quel souverain allemand abdiqua en 1918, Frédéric III ou Guillaume II ?
- **6.** Combien de batailles furent livrées sur la Marne ?
- **7.** Qu'employa-t-on pour la première fois lors de la bataille de la Somme, des obus ou des chars d'assaut ?
- **8.** Était-ce en 1916 ou en 1918 ?
- **9.** Quelle fut la bataille la plus meurtrière de la Première Guerre mondiale ?
- **10.** Quelle arme donna son nom à une tranchée dans laquelle périrent 57 hommes d'un coup d'obus ?
- **11.** Nivelle était-il maréchal ou général ?
- **12.** Comment les combattants de la Première Guerre mondiale furent-ils surnommés ?
- **13.** Quelle était la couleur de l'uniforme des soldats français à partir de juin 1915 ?
- **14.** Dans quelle ville le traité de paix entre l'Allemagne et les Alliés victorieux fut-il signé ?
- **15.** Quelle puissance asiatique entra en guerre aux côtés des Alliés en 1914 ?
- **16.** Quel détroit les alliés tentèrent-ils de forcer en 1915 ?
- **17.** Contre quel État cette expédition fut-elle engagée ?
- **18.** Qui fut nommé généralissime en 1915, Foch ou Joffre ?
- **19.** Que Gallieni utilisa-t-il pour faire venir les soldats de Paris jusque sur le front de la Marne ?
- **20.** Dans quelle commune l'armistice fut-il signé ?

Réponse ▸ p. 282

427 LES GRANDS CORPS D'ÉTAT

- **1.** Combien le Conseil constitutionnel comporte-t-il de membres nommés ?
- **2.** Quels sont les membres de droit de ce Conseil constitutionnel ?
- **3.** Quel en est le président actuel, Yves Guéna ou Roland Dumas ?
- **4.** Par sa fonction, qui est président du Conseil d'État ?
- **5.** À quel âge les membres du Conseil d'État doivent-ils prendre leur retraite ?
- **6.** Comment le Conseil d'État est-il consulté par le Gouvernement sur ses projets de lois ou décrets ?
- **7.** La Haute Cour de justice de la Vᵉ République a-t-elle été créée en 1958 ou en 1968 ?
- **8.** Depuis 48 ans, combien de fois la Haute Cour de justice s'est-elle réunie pour juger ?
- **9.** Quel est le nom du document officiel publié chaque année par la Cour des comptes ?
- **10.** Dans quel journal le rapport de la Cour des comptes est-il publié ?
- **11.** Les administrations visées par ce rapport doivent-elles en tenir compte ou sont-elles juste incitées ?
- **12.** Quand l'Inspection générale de l'Administration a-t-elle été créée ?
- **13.** Quel était le premier nom de l'Inspection générale des Finances ?
- **14.** Par qui l'Inspection générale du Trésor a-t-elle été créée ?
- **15.** Quel nom l'ensemble des chefs de mission accrédités auprès d'un chef d'État porte-t-il ?
- **16.** La lettre officielle portée par un nouveau chef de mission est-elle dite de créance ou de cabinet ?
- **17.** Combien la France compte-t-elle d'ambassades à l'étranger ?
- **18.** Quel est le rôle des consulats vis-à-vis de la population du pays qu'ils représentent ?
- **19.** Dans une réunion officielle, à quelle position protocolaire le corps diplomatique est-il placé ?
- **20.** L'immunité diplomatique est-elle toujours en vigueur ou a-t-elle été abrogée en 1981 ?

Réponse ▸ p. 282

Fleuron français

428 FRANCIS CABREL

1. Chez qui Francis Cabrel ira-t-il dormir dans une chanson ?
2. De quelle ville le chanteur est-il originaire : Menton ou Agen ?
3. Quel album de Francis Cabrel porte le nom d'un petit instrument utilisé pour lancer des projectiles ?
4. Où quelque chose vient-il de tomber dans la chanson ***Encore et encore*** ?
5. Quelle chanson commence par ces mots : « Si c'est vrai qu'il y a des gens qui s'aiment » ?
6. L'un des tubes de Francis Cabrel s'intitule ***Je l'aime à…***
7. À quelle aventure Francis Cabrel a-t-il participé : les Enfoirés ou Sol en Si ?
8. L'un des albums de Francis Cabrel s'intitule ***Samedi soir…***
9. Derrière quoi danse-t-elle dans le refrain de la chanson ***C'est écrit*** ?
10. Avec qui le chanteur a-t-il fait une tournée : Dick Rivers ou Jean-Jacques Goldman ?
11. De la cabane de qui est-il question dans une chanson ?
12. L'un des tubes de Francis Cabrel s'intitule ***Je t'aimais, je t'aime et…***
13. Francis Cabrel a-t-il été député-maire ou conseiller municipal ?
14. Quelle chanson parle d'un homme qui « voulait trouver mieux » : ***Loin devant*** ou ***Les Murs de poussière*** ?
15. En 1990, Francis Cabrel chante : « Quand j'aime une fois… »
16. Quelle chanson a pour titre un mois de l'année ?
17. En quelle langue Francis Cabrel a-t-il chanté plusieurs fois : italien ou espagnol ?
18. L'une des chansons de Cabrel s'intitule ***Quelqu'un… de bien*** ou ***de l'intérieur*** ?
19. En 1999, qui a fait la première partie de Francis Cabrel au Zénith : Jenifer ou Isabelle Boulay ?
20. Dans quelle chanson Francis Cabrel prend-il la place d'un taureau ?

Réponses ▶ p. 282

429 LE TGV

1. Que signifie le terme TGV ?
2. Quelle société principale a construit les rames du TGV ?
3. En quelle année les premiers tests sur rail ont-ils eu lieu, en 1972 ou en 1975 ?
4. Le TGV est-il un train places assises ou un train combiné places assises et couchées ?
5. À l'inauguration du TGV, quel était le ministre des Transports ?
6. Quelle a été la traction choisie de préférence à la traction thermique à gaz ?
7. Les rames de TGV circulent-elles dans le même sens ou dans les deux sens ?
8. Quelle a été la première ligne TGV ?
9. Une rame TGV compte-t-elle 1 ou 2 conducteurs ?
10. Avant le TGV, quelle était la vitesse maximale autorisée des trains en France ?
11. Quel Premier ministre a décidé d'engager la construction de la ligne TGV Paris-Lyon ?
12. Pour traverser le Morvan, la ligne Paris-Lyon comprend-elle 2 tunnels ou aucun tunnel ?
13. Les premières rames étaient-elles blanches et rouges, ou blanches et orange ?
14. Combien une rame mesure-t-elle, 150 ou 200 m ?
15. Le 26 février 1981, une rame TGV a-t-elle battu le record du monde de vitesse à 350 ou à 380 km/h ?
16. Quel président de la République inaugura-t-il la première ligne TGV ?
17. À quelle vitesse le TGV roule-t-il à ses débuts ?
18. Qui a inauguré la branche TGV Paris-Le Mans en septembre 1989 ?
19. Au bout de combien de mois d'exploitation le 10/1 000 000e passager a-t-il été accueilli ?
20. En quelle année les premières rames du TGV duplex, sur la ligne Paris-Lyon, sortent-elles ?

Réponses ▶ p. 282

430 LE MOYEN ÂGE

- **1.** Comment appelait-on les poètes qui composaient des pièces lyriques accompagnées de musique ?
- **2.** Comment Philippe IV fut-il surnommé ?
- **3.** Qu'étaient les « fillettes », que Louis XI réservait à ses opposants politiques ?
- **4.** Sur quoi l'impôt de la gabelle portait-il ?
- **5.** Quel sultan légendaire s'opposa aux armées occidentales lors de la troisième croisade ?
- **6.** Qui est le fondateur de la dynastie capétienne ?
- **7.** Quel roi fut surnommé le Gros, Charles IV ou Louis VI ?
- **8.** Quels ensembles regroupaient les artisans d'une même profession ?
- **9.** À quel siècle débutèrent les croisades ?
- **10.** Quel amour chevaleresque était exalté dans la littérature médiévale ?
- **11.** Comment s'appelait la longue tunique de mailles que revêtaient les hommes d'armes ?
- **12.** Quel croisé est devenu légendaire, Geoffroy de Bourbon ou Godefroy de Bouillon ?
- **13.** De quelle ville orientale fut-il proclamé roi ?
- **14.** Comment appela-t-on l'épidémie de peste qui ravagea la population occidentale au XIVe siècle ?
- **15.** Contre quelle secte chrétienne hérétique du Sud-Ouest les chrétiens menèrent-ils une croisade ?
- **16.** Dans les châteaux forts, quelle tour servait de refuge en cas d'assaut ?
- **17.** Quelle était la plus vaste église abbatiale du XIe siècle, celle de Cluny ou de Fontevraud ?
- **18.** Quel tribunal organisé par la papauté visait à combattre l'hérésie ?
- **19.** Qui fut l'adversaire de Louis XI, Charles le Téméraire ou Jean II le Bon ?
- **20.** Quel peuple fut la victime d'une diaspora au Moyen Âge ?

Réponses ▸ p. 282

431 LE LIMOUSIN

- **1.** Pour quelle industrie Limoges est-elle connue dans toute la France ?
- **2.** Comment le grand plateau du Limousin s'appelle-t-il ?
- **3.** Depuis trois siècles, quelle est la spécialité d'Aubusson et de sa région ?
- **4.** Peut-on faire des randonnées équestres dans la montagne limousine ?
- **5.** Quelle grande manifestation Brive-la-Gaillarde accueille-t-elle chaque année en novembre ?
- **6.** Les orgues de Bort sont-ils des instruments de musique ou d'anciennes coulées de lave ?
- **7.** Comment le grand lac posé entre la Creuse et la Haute-Vienne s'appelle-t-il ?
- **8.** À Javerdat, peut-on découvrir un jardin botanique ou un jardin aux épouvantails ?
- **9.** Combien d'années a-t-il fallu pour construire la cathédrale de Limoges ?
- **10.** Peut-on se promener dans le désert du Longéroux ou dans la tourbière du Longéroux ?
- **11.** Quelles constructions font la particularité du château de Coussac-Bonneval en Haute-Vienne ?
- **12.** Quelle est la hauteur de la plus haute des cascades de Gimel, la chute de la Queue de Cheval ?
- **13.** À quelle altitude le plateau de Millevaches se tient-il, à 1 000 ou à 2 000 m ?
- **14.** Peut-on emprunter à pied le viaduc des Rochers Noirs, à Lapleau, en Corrèze ?
- **15.** Quelle manifestation a lieu en été devant les ruines du château de Lastour ?
- **16.** De quelle période le donjon de la forteresse de Montbrun, en Haute-Vienne, date-t-il ?
- **17.** Quel centre spécialisé est établi à Ambazac, dans la Haute-Vienne ?
- **18.** Quel est le plus célèbre monument de Limoges, sa gare ou sa mairie ?
- **19.** Peut-on visiter les ruines d'Oradour-sur-Glane en été ou toute l'année ?
- **20.** Où le musée du Président-Jacques-Chirac est-il situé ?

Réponses ▸ p. 282

432 POINT COMMUN

Qu'ont en commun ces quatre gravures ?

Réponse ▸ p. 282

433 L'ÉLEVAGE

- **1.** Quel élevage intensif de Bretagne est décrié pour les nuisances qu'il produit ?
- **2.** Le parc porcin français est-il de 10 millions ou de 16 millions de têtes ?
- **3.** Combien de têtes de volailles la France produit-elle : 110 millions ou 125 millions ?
- **4.** Quel est le montant des subventions d'exploitation pour 100 € de résultat dans la viande bovine ?
- **5.** Quel pourcentage de l'activité agricole de la Creuse les éleveurs représentent-ils : 55 ou 70 % ?
- **6.** Combien d'exploitations produisent du lait en France ?
- **7.** L'élevage bovin est-il plutôt situé dans le centre ou dans le sud-ouest de la France ?
- **8.** Depuis 2002, la hausse des importations de poulet en France est-elle de 10 ou de 30 % ?
- **9.** La France est-elle le 1er ou le 2e producteur de bovins de l'Union européenne ?
- **10.** En France, y a-t-il autant de moutons et de chèvres que de bovins ou 2 fois moins ?

Réponses ▸ p. 282

434 VOLTAIRE

1 **Le vrai nom de Voltaire était François Marie Arouet.**
☐ Vrai ☐ Faux

2 **Voltaire a vécu au XIXe siècle.**
☐ Vrai ☐ Faux

3 **Il a été éduqué par les jansénistes.**
☐ Vrai ☐ Faux

4 **Il est l'auteur de plusieurs tragédies.**
☐ Vrai ☐ Faux

5 ***Micromégas* est un conte philosophique de Voltaire.**
☐ Vrai ☐ Faux

6 **Voltaire a écrit *Zadig ou l'impromptu*.**
☐ Vrai ☐ Faux

7 **Frédéric II, roi de Prusse, fut le protecteur de Voltaire.**
☐ Vrai ☐ Faux

8 ***Zaïre* est une comédie de Voltaire.**
☐ Vrai ☐ Faux

9 **L'amie de Candide se prénomme Frédégonde.**
☐ Vrai ☐ Faux

10 **Voltaire a séjourné en prison.**
☐ Vrai ☐ Faux

11 **Voltaire est l'auteur d'un *Dictionnaire satirique*.**
☐ Vrai ☐ Faux

12 **Voltaire fut membre de l'Académie française.**
☐ Vrai ☐ Faux

13 ***L'Ingénu* est un conte de Voltaire.**
☐ Vrai ☐ Faux

14 **Voltaire fut ministre de la Sûreté.**
☐ Vrai ☐ Faux

15 **Voltaire est l'auteur des *Lettres persanes*.**
☐ Vrai ☐ Faux

Réponses ▸ p. 282

435 LES ÉCOMUSÉES

1. Dans quelle région l'écomusée de la pomme au calva est-il situé ?
2. L'entrée dans les écomusées français est-elle payante ?
3. Que montre l'écomusée du Pays de la Cerise à Fougerolles, en Franche-Comté ?
4. Quel écomusée peut-on visiter à Couze-et-Saint-Front, en Aquitaine ?
5. L'écomusée des mines de fer de Lorraine possède deux sites, l'un est à Aumetz, où est l'autre ?
6. Où l'écomusée du cristal est-il implanté ?
7. En combien de lieux l'écomusée de la région de Fourmies-Trelon, dans le Nord, est-il réparti ?
8. L'écomusée du Creusot-Montceau, à Ciry-le-Noble, en Bourgogne, est-il consacré à la mine ?
9. Y a-t-il un écomusée en Martinique ?
10. Quel écomusée peut-on logiquement trouver à Lois, en Charente-Maritime ?
11. Qui guide les visiteurs de l'écomusée de la mine de Bruay-la-Buissière, dans le Pas-de-Calais ?
12. Que présente l'écomusée de la Sainte-Baume, à Plan-d'Aups, dans le Var ?
13. Où l'écomusée de Marie-Galante, en Guadeloupe, est-il situé ?
14. À Chirols, dans l'Ardèche, l'écomusée du moulinage est-il consacré aux moulins ?
15. Où trouve-t-on un écomusée du liège dans le Var ?
16. Quand l'écomusée de la ferme et des vieux métiers, à Lizio, dans le Morbihan, est-il ouvert ?
17. L'écomusée des Monts d'Arrée, en Bretagne, est-il situé à Morlaix ou à Commana ?
18. Où peut-on visiter l'écomusée du Roannais ?
19. Dans l'écomusée du marais breton vendéen le Daviaud, en Vendée, quel observatoire y a-t-il ?
20. Quel est l'écomusée de Bandrélé, à Mayotte ?

Réponses ▶ p. 282

Humanitaire

436 BERNARD KOUCHNER

1. Quelle est la date de naissance de Bernard Kouchner ?
2. Bernard Kouchner est-il marié avec Christine Ockrent ou avec Claire Chazal ?
3. Quel est le métier de Bernard Kouchner, médecin urgentiste ou médecin gastro-entérologue ?
4. Quand Bernard Kouchner a-t-il été nommé secrétaire d'État à la Santé ?
5. Où Bernard Kouchner est-il né, à Paris ou en Avignon ?
6. Sur la liste de quel homme politique est-il élu en 1994 ?
7. Avec quel célèbre homme d'Église Bernard Kouchner a-t-il écrit l'ouvrage ***Dieu et les hommes*** ?
8. Bernard Kouchner a-t-il été ministre de la Santé et de l'Action humanitaire en 1992 ou en 1993 ?
9. De quel parti Bernard Kouchner a-t-il été exclu en 1996 ?
10. Dans quel pays Bernard Kouchner est-il parti de 1999 à 2001 ?
11. Avec quel organisme Bernard Kouchner est-il parti pendant la guerre du Biafra, dans ce même pays ?
12. En 1995, à quel parti politique adhère-t-il ?
13. Bernard Kouchner est-il plus proche de Lionel Jospin ou de Jacques Chirac ?
14. Quel organisme Bernard Kouchner crée-t-il en 1971 ?
15. À quel titre Bernard Kouchner se prononce-t-il en faveur de la réforme Juppé sur la Sécurité sociale ?
16. Qui a été la première femme de Bernard Kouchner ?
17. Pour quelle raison Bernard Kouchner part-il de Médecins Sans Frontières en 1979 ?
18. Par qui a-t-il été nommé haut-commissaire chargé de l'Administration civile, en 1998 ?
19. En 1980, Bernard Kouchner fonde une nouvelle organisation. Quel est son nom ?
20. De quelle fondation Bernard Kouchner est-il membre ?

Réponses ▶ p. 282

437 LES PRÉNOMS

1. Quel est l'équivalent du prénom Jean en breton ?
2. Quel est le prénom le plus souvent donné aux petites filles nées en 2005 : Lisa ou Léa ?
3. Quel diminutif de Marguerite est aujourd'hui devenu un prénom à part entière ?
4. Quelle fête chrétienne a donné le prénom Pascal ?
5. La loi française autorise-t-elle à changer de prénom ?
6. Combien de prénoms au minimum une personne doit-elle posséder en France ?
7. Quelle est la région d'origine du prénom Bixente ?
8. Les officiers d'état civil peuvent-ils refuser certains prénoms aux parents ?
9. Garance est un prénom féminin mais est-ce aussi une plante à fleurs ou une épice ?
10. Le prénom Alix a-t-il une origine rurale ou aristocratique ?
11. Quel est le prénom féminin le plus porté en France : Simone ou Monique ?
12. Quel prénom est depuis longtemps prisé en Corse : Dominique ou Frédéric ?
13. Quel est l'équivalent français du William britannique ?
14. Depuis quand le prénom est obligatoire : le XIIe siècle ou le XVIe siècle ?
15. D'où vient le prénom Gaëtan : d'Italie ou de Bretagne ?
16. Le prénom Camille est-il masculin ou féminin ?
17. Quel est le prénom masculin le plus donné en France depuis 2001 : Lucas ou Julien ?
18. Quelle est la région d'origine du prénom Nolwenn ?
19. Qui peut obliger des parents à changer le prénom d'un enfant : le juge aux affaires familiales ou le procureur ?
20. Quel est le prénom masculin le plus porté en France : Michel ou Paul ?

Réponses ▸ p. 282

Bixente

438 LA TÉLÉVISION

1. De quand date la création du groupe France Télévisions, 1992 ou 1997 ?
2. De quelle taxe les possesseurs de téléviseur doivent-ils s'acquitter ?
3. L'apparition de la TNT marque un tournant dans l'audiovisuel, mais que signifie ce sigle ?
4. Combien de chaînes compte le groupe France Télévisions ?
5. De quelle année date la diffusion de programmes réguliers à la télévision en France, 1935 ou 1957 ?
6. À quel public la chaîne Canal J est-elle destinée ?
7. À partir de 1961, quel symbole signalait les programmes déconseillés aux enfants ?
8. Quel bâtiment rond fut construit pour accueillir l'ORTF avant d'abriter Radio France ?
9. Quel organisme public a pour mission de conserver le patrimoine audiovisuel national ?
10. Quel « Nul » est à l'origine de la chaîne Comédie ! ?
11. À qui le réseau RFO est-il destiné ?
12. Que signifie le sigle CSA ?
13. Qui fut le premier dirigeant de France Télévisions, Hervé Bourges ou Jean-Pierre Elkabbach ?
14. Que mesure la société indépendante Médiamétrie ?
15. Quels sont les deux bouquets satellite disponibles en France ?
16. Quelle chaîne a remplacé la chaîne Festival ?
17. À partir de quelle année la publicité a-t-elle fait son apparition à la télévision, 1946 ou 1968 ?
18. Quel est le standard français de télévision couleur, PAL ou SECAM ?
19. À quel domaine la chaîne Mezzo est-elle consacrée, le cinéma ou la musique ?
20. De quand date le premier téléviseur couleur, 1944 ou 1960 ?

Réponses ▸ p. 282

439 La France en chiffres

1. Quelle a été la hausse des prix à la consommation en 2005 ?
2. La fréquentation des salles de cinéma en France a été de 175,7 millions d'entrées en 2005. Par rapport à 2004, était-ce 10 % de moins ou de plus ?
3. Le chiffre d'affaires de la restauration rapide représentait-il en 2005 le tiers ou la moitié de celui de la restauration traditionnelle ?
4. Entre 1981 et 1995, la dette publique est-elle passée de 110,1 milliards d'euros à 302,8 ou à 657,8 milliards d'euros ?
5. Début 2006, quel était le quotidien le moins cher de France, à 0,70 € ?
6. Quel est le taux de TVA de l'essence en Corse ?
7. Quelle a été la recette du Loto pour la Française des jeux en 2005, 1,5 ou 2,5 milliards d'euros ?
8. Combien de personnes ont payé l'impôt de solidarité sur la fortune en 2005, 335 525 ou 235 525 personnes ?
9. Par rapport à 2004, la fréquentation touristique de l'Hexagone dans l'hôtellerie de tourisme a-t-elle augmenté ou baissé de 2 %en 2005 ?
10. Combien le groupe PSA Peugeot-Citroën a-t-il vendu de véhicules dans le monde en 2005, 3 290 000 ou 3 390 000 véhicules ?
11. En pourcentage, combien d'entreprises sont présentes sur les marchés étrangers, moins de 5 % ou moins de 15 % ?
12. Quelle était la densité de pharmaciens pour 100 000 habitants en 2004, 100 ou 110 pharmaciens ?
13. Combien la décharge d'Entressen, dans les Bouches-du-Rhône, reçoit-elle de tonnes de déchets d'ordures chaque année ?
14. La Guyane comptait en 2005 191 000 habitants. Combien y avait-il d'étrangers en situation régulière ?
15. En 2005, les contrôles fiscaux personnels ont-ils été au nombre de 5 112 ou de 15 112 ?
16. Quel était le taux de chômage de la France en pourcentage de la population active en 2005 ?
17. Fin janvier 2006, combien le site Bleu-blanc-rouge du collectif des « maires pour l'enfance » avait-il reçu de signatures d'éluscontre le mariage homosexuel ?
18. Combien les électeurs français de l'étranger pèsent-ils en 2006, 400 000 ou 450 000 voix ?
19. En France, l'énergie nucléaire représente 80 % de la production d'énergie. Ce pourcentage est-il 2,5 ou 3,5 fois celui de l'Allemagne ?
20. Le 1er février 2005, le taux du livret A a été augmenté. Quel est ce nouveau taux ?
21. Le 14 janvier 2006, le cours de bourse de France Télécom était de 20 €. À combien était-il au plus fort de l'année 2000 ?
22. Combien de déchets chaque Français produit-il chaque année, 260 ou 360 kg ?
23. En 1995, 15,1 % de la population française avait 65 ans ou plus. Quel était le taux en 2005 ?
24. Quel a été le montant du déficit du commerce extérieur français en 2005, 22,3 ou 26,4 milliards d'euros ?
25. Quel était en 2003 le taux d'emploi des jeunes diplômés d'université, 75 % ou 87 % ?
26. En 2005, quel pourcentage de Français se disait heureux ?

27. Combien y a-t-il eu de tirs nucléaires aériens en Polynésie française sur la période 1966-1974 ?

28. Le thermalisme est remboursé en partie sur prescription médicale. Combien coûte-t-il chaque année au régime général de l'Assurance-Maladie ?

29. Entre 1998 et 2005, de combien la valeur des micro-ordinateurs a-t-elle baissé en France, de 55,5 ou de 75,8 % ?

30. Depuis la mi-2005, quel est le rythme moyen mensuel d'arrivée de touristes chinois en France métropolitaine ?

31. Chaque année, de combien de décès l'insuffisance cardiaque est-elle responsable ?

32. En 1995, la part de marché mondial des vins français représentait 70 %. Quelle était-elle en 2005 ?

33. Combien de personnes s'installent chaque année en France, entre 80 000 et 100 000 ou entre 100 000 et 120 000 ?

34. Il y a eu un peu moins de 5 000 morts sur les routes de France en 2005. Combien y en avait-il en 1980 ?

35. Dans le commerce de marchandises, la France fait-elle en chiffres 30 % ou 50 % de moins que l'Allemagne ?

36. Combien de Français possèdent-ils un four à micro-ondes ?

37. Les Anglais sont le groupe de touristes étrangers le plus important en France. À combien leur nombre s'est-il élevé en 2005 ?

38. Fin septembre 2005, combien de personnes avaient fait une demande d'asile en France dans les 12 derniers mois, 75 635 ou 53 373 ?

39. En janvier 2006, quel pourcentage de Français se disait très satisfait ou plutôt satisfait de Jacques Chirac comme président de la République ?

40. Le tour de poitrine moyen chez les Françaises est-il le 90 B ou le 85 B ?

41. À elle seule, combien la filière aéronautique concentre-t-elle de produits high-tech et haut de gamme français exportés ?

42. Il y avait 55 000 prêtres en France en 1905. Combien sont-ils maintenant ?

43. Combien de Français ont un contrat d'assurance vie ?

44. Quelle est la moyenne française en nombre de lits courts séjours pour 100 000 habitants, 135 lits ou 386 lits ?

45. Dans le bâtiment, quelle a été la hausse du chiffre d'affaires des logements neufs en 2005, 3,5 % ou 10 % ?

46. Combien de personnes possèdent leur résidence principale ?

47. L'indice CAC 40 de la bourse de Paris était à environ 260 peu après l'élection de François Mitterrand en 1981. À combien était-il 14 ans plus tard ?

48. En France, y a-t-il 67 ou 78 pôles de compétitivité labélisés ?

49. Au début 2006, les dépenses publiques représentaient 53,6 % du PIB. À combien le Gouvernement pensait-il réussir à réduire ce taux en 2010 ?

50. Depuis 25 ans, de combien la taille moyenne d'un homme français a-t-elle augmenté, pour atteindre 175,6 cm ?

Réponses ▸ p. 283

440 LES RÉPLIQUES CULTES

De quel film est extraite chacune des répliques suivantes ?

1. Simon, tu as un bout de pomme de terre sur la joue.
2. Je suis la belette de personne, moi.
3. Mais non, Monsieur Ouille, pas avec votre poncho !
4. Je ne vous jette pas la pierre, Pierre !
5. Forcément, elle va rouler beaucoup moins bien maintenant !
6. Jésus, reviens, Jésus, reviens…
7. Atmosphère ! Atmosphère ! Est-ce que j'ai une gueule d'atmosphère ?
8. Votre nom à vous c'est Pignon, c'est juste ? Eh bien lui, c'est pareil, c'est Juste !
9. Monseignor, il est l'or, l'or de se réveiller !
10. J'adore le sushi !
11. Je pense que le jour où on mettra les cons sur orbite, t'as pas fini de tourner.
12. On n'est pas bien là, à la fraîche, décontractés du gland ?
13. Si je tenais le con qui a fait sauter le pont…
14. Bon, dans dix minutes, je nous considère comme définitivement perdus.
15. T'as d'beaux yeux tu sais…
16. Moi quand on m'en fait trop j'correctionne plus, j'dynamite… j'disperse… et j'ventile…
17. Si j'aurais su j'aurais pas venu !
18. Nous sommes deux sœurs jumelles, nées sous le signe des gémeaux…
19. Elle est retrouvée, la Pomponette !
20. Jean-Claude Dus, avec un « D », comme Dus.

Réponses ▸ p. 283

441 LE CODE DE LA ROUTE

1. Quelles sont les couleurs du panneau de stationnement interdit ?
2. Que signifie le « A » que doivent porter les véhicules des jeunes conducteurs ?
3. Est-on autorisé à téléphoner en voiture si l'on possède un kit « mains libres » ?
4. Combien de temps faut-il pour récupérer tous ses points si l'on n'a pas commis de nouvelle infraction ?
5. Depuis 1996, quelle est la couleur des plaques d'immatriculation à l'arrière ?
6. Dans quel sens doit-on emprunter les ronds-points ?
7. Les assurances automobiles sont-elles obligatoires ?
8. Quels feux doit-on allumer si l'on est immobilisé sur l'autoroute ?
9. Combien de temps dure la période probatoire pourles jeunes conducteurs, 1 ou 3 ans ?
10. Combien de points perd-on pour conduite en état d'ivresse ?
11. Quelle est la vitesse maximum autorisée lorsqu'on roule avec des pneus cloutés, 60 ou 90 km/h ?
12. Quelle est la couleur de fond des panneaux de travaux ?
13. Quel permis faut-il pour conduire un véhicule de moins de 10 places ?
14. Les cyclomoteurs neufs doivent-ils être immatriculés ?
15. Les sièges pour les enfants de moins de 13 kg doivent-ils être placés face ou dos à la route ?
16. Quand on a perdu tous ses points, au bout de combien de temps peut-on repasser son permis ?
17. Quelles sont la forme et la couleur des panneaux d'obligation ?
18. Quelle est la vitesse maximum autorisée sur autoroute ?
19. Quelle mesure financière récente aide les jeunes à payer leur permis de conduire ?
20. Quel marquage au sol indique un « stop » ?

Réponses ▸ p. 283

442 LA LITTÉRATURE ENFANTINE

1. Qui a écrit ***Le Petit Prince*** ?
2. Dans quel conte est-il question du marquis de Carabas ?
3. Comment se nomme la sœur de Tom-Tom ?
4. Dans quelle rue habite la sorcière de Pierre Gripari : Mouffetard ou Poufsouffle ?
5. Quel est le nom du célèbre éléphant dont Jean de Brunhof raconte les aventures ?
6. Quel est le titre exact : ***Un bon petit diable*** ou ***Un bon petit démon*** ?
7. Dans quel conte peut-on lire : « Tire la bobinette et la chevillette cherra » ?
8. Dans la version française, quel est le nom de l'école d'Harry Potter : Poudlard ou Hogwarts ?
9. Qu'est-ce que la fée de ***Cendrillon*** transforme en carrosse ?
10. Alphonse Daudet est l'auteur de ***La Chèvre de monsieur...***
11. Quel animal est Belle, inséparable de Sébastien, dans le roman de Cécile Aubry ?
12. Quel canard au long cou Benjamin Rabier a-t-il créé : Gédéon ou Franklin ?
13. ***La Petite Sirène*** est-il un conte français ?
14. Qu'est-ce qui endort la princesse de ***La Belle au bois dormant ?***
15. Qui travaille pour la marquise de Grand-Air ?
16. Quelle célèbre collection les jeunes lecteurs découvraient-ils après la Bibliothèque rose ?
17. Charles Perrault est-il l'auteur de ***Riquet à la houppe*** ?
18. Les fillettes des ***Contes du chat perché*** se nomment-elles Delphine et Marinette ou Susie et Colette ?
19. Quel est le titre exact : ***Contes de ma mère... l'Oye*** ou ***la Poule*** ?
20. Quels crimes commet Barbe Bleue ?

Réponses ► p. 283

443 LES SYNDICATS

1. Que signifie le signe de CGT ?
2. Quel écrit stipule dans son préambule que tout homme peut adhérer au syndicat de son choix ?
3. Comment le représentant d'un syndicat auprès du chef d'entreprise s'appelle-t-il ?
4. Les adhérents d'un syndicat paient-ils à celui-ci une redevance ou une cotisation ?
5. Quand la CGT a-t-elle été créée ?
6. Le Medef est-il une organisation ouvrière ou une organisation patronale ?
7. Quel est le taux moyen de syndicalisation en France ?
8. La CFTC a-t-elle été créée avant la CGT ?
9. Pour avoir droit à des avantages matériels, les sections syndicales doivent-elles avoir 50 ou 100 salariés ?
10. FO s'est-elle créée par une scission de la CGT ou de la CFDT ?
11. Quel est le secrétaire général de la CFDT ?
12. La CGT comptabilise-t-elle plus d'adhérents que la CFDT ?
13. Depuis 1981, quelle est la nouvelle dénomination de la Confédération générale des cadres, la CGC ?
14. Le Cidunati est-il un syndicat professionnel ou un syndicat ouvrier ?
15. Quel organisme doit valider le licenciement d'un délégué syndical ?
16. Qui a été élu secrétaire général de la CGT en 1967 ?
17. La police a-t-elle un syndicat fédérateur ?
18. Les aides publiques annuelles aux syndicats sont-elles de 60 ou de 600 millions d'euros, environ ?
19. Qui a été élue présidente du Medef en 2005, Laurence Perigot ou Laurence Parisot ?
20. Combien l'Unsa Éducation regroupe-t-elle de syndicats ?

Réponses ► p. 283

444 LA LORRAINE

- **1.** Quel est le village natal de Jeanne d'Arc ?
- **2.** Pour quelle industrie la ville de Baccarat est-elle mondialement connue ?
- **3.** Par quelle rivière le département de la Meuse est-il entièrement traversé ?
- **4.** Quelle est la ville française symbole de la Première Guerre mondiale ?
- **5.** Quel est le monument le plus connu de Saint-Hilaire, lieu unique dans la Meuse ?
- **6.** Où peut-on visiter le musée Jeanne-d'Arc ?
- **7.** Quelle grande étendue s'étend au pied de Gérardmer ?
- **8.** Comment la ville de Rodemack est-elle souvent surnommée ?
- **9.** Combien le massif des Vosges compte-t-il de sites de cascades ?
- **10.** Quel barrage a pour mission la régulation des rivières aval Meurthe et Moselle en période d'étiage ?
- **11.** Quel est le métier de certaines femmes de Bar-le-Duc, se rapportant à la groseille ?
- **12.** Plombières est-elle une ville d'eau ou une ville gastronomique ?
- **13.** Quelle étendue d'eau de 1 100 ha est classée réserve de faune sauvage ?
- **14.** Quel circuit peut-on faire à quelques kilomètres de Verdun ?
- **15.** Peut-on visiter les papeteries de Clairefontaine, à Etival-Clairefontaine, dans les Vosges ?
- **16.** Quel festival peut-on admirer à Bar-le-Duc début juillet ?
- **17.** Le lac de Longemer, dans les Vosges, est-il un lac de retenue ou un lac glaciaire ?
- **18.** Quel genre de sport peut-on pratiquer sur la rivière Moselette ?
- **19.** Où le musée européen de la Bière se trouve-t-il dans la Meuse ?
- **20.** Autour de quelle ville de Moselle produisait-on en abondance du sel ?

Réponses ▶ p. 283

445 LES GRANDES GRÈVES

- **1.** Quelle grève y a-t-il eu en mai-juin 1968 ?
- **2.** Quand les inspecteurs du permis de conduire ont-ils fait grève pendant 7 semaines ?
- **3.** Le 19 août 1940, quel mouvement vient appuyer la grève générale à Paris ?
- **4.** En 1899, dans quel secteur d'activité une grève générale survient-elle au Creusot ?
- **5.** De mai à juin 1982, une grève stoppe-t-elle les usines Citroën ou les usines Peugeot ?
- **6.** Au plus fort des événements de mai 1968, combien compte-t-on de grévistes ?
- **7.** En 1936, de quoi se sont accompagnées les grèves dans le pays ?
- **8.** En 1990-1991, quelle grande grève amène des milliers de femmes dans la rue ?
- **9.** En 1975, les ouvriers de quel grand groupe automobile font grève pendant 9 semaines ?
- **10.** En août 1953, quelle grève désorganise la vie parisienne ?
- **11.** Quelle grande grève commencée en mars 1963 pour 48 heures va durer 54 jours ?
- **12.** La grève des PTT d'octobre-novembre 1974 a-t-elle duré 36 jours ou 46 jours ?
- **13.** À quoi vont aboutir les grèves des soyeux de Lyon de février 1834 ?
- **14.** Contre quel pilotage sur Boeing 737 les navigants d'Air France font-ils grève fin mars 1981 ?
- **15.** Contre quoi la grande grève de la SNCF de fin 1995 a-t-elle été lancée ?
- **16.** Une grève a lieu en 1886 dans les houillères de Decazeville. Qu'arrive-t-il à l'ingénieur Watrin ?
- **17.** Quel a été le coût de la grève de décembre 1986 à janvier 1987 de la SNCF, de la RATP et d'EDF ?
- **18.** En 1981, quel établissement bancaire doit faire face à une grève de 4 semaines ?
- **19.** Combien de temps la grève des agents des finances et des douanes de 1989 a-t-elle duré ?
- **20.** En 1909, le 15 mars, une grève est suivie par 6 000 postiers parisiens. Combien seront révoqués ?

Réponses ▶ p. 283

446 POINT COMMUN

Quel est le lien entre ces quatre éléments ?

Réponses ▶ p. 283

447 LES PLATS DE POISSONS

1. Quelle sauce sert-on avec la soupe de poissons ?
2. Quel vin faut-il pour préparer un poisson en matelote ?
3. Dans quoi faut-il rouler les poissons pour les préparer à la meunière ?
4. Comment appelle-t-on la préparation qui consiste à cuire des truites vinaigrées dans un court-bouillon ?
5. De quel poisson le beurre noir est-il un assaisonnement traditionnel ?
6. Quels légumes accompagnent la sole normande ?
7. Dans quelle recette y a-t-il de la tomate : les rougets à la provençale ou à la catalane ?
8. Comment appelle-t-on une bouillabaisse agrémentée d'aïoli ?
9. Quel vin faut-il pour préparer du thon bonne femme ?
10. Quel plat est préparé à partir de poisson en morceaux mélangé à une purée de pommes de terre ?

Réponses ▶ p. 283

448 LES DÉBUTS DU CINÉMA

1 Le cinématographe a été inventé en 1876.
☐ Vrai ☐ Faux

2 Les frères Lumière étaient établis à Lyon.
☐ Vrai ☐ Faux

3 Le premier film du cinématographe est *La Sortie des usines Peugeot*.
☐ Vrai ☐ Faux

4 Les prénoms des frères Lumière étaient Louis et Charles.
☐ Vrai ☐ Faux

5 Leur invention s'inspirait du kinétoscope d'Edison.
☐ Vrai ☐ Faux

6 Jusqu'en 1901, aucun film ne durait plus d'une minute.
☐ Vrai ☐ Faux

7 *L'Arroseur arrosé* est le premier film de fiction de l'histoire du cinéma.
☐ Vrai ☐ Faux

8 Il a été tourné en 1895.
☐ Vrai ☐ Faux

9 L'un des premiers films projeté publiquement à Paris s'intitulait *La Sieste de bébé*.
☐ Vrai ☐ Faux

10 C'est à Georges Méliès que l'on doit les premiers effets spéciaux du cinéma.
☐ Vrai ☐ Faux

11 Le cinéma parlant est apparu vers 1935.
☐ Vrai ☐ Faux

12 *Fantômas* est l'un des premiers *serials* du cinéma.
☐ Vrai ☐ Faux

13 Marcel L'Herbier n'a réalisé que des films muets.
☐ Vrai ☐ Faux

14 Pathé est l'inventeur des actualités projetées en salle avant le film.
☐ Vrai ☐ Faux

15 Gaumont est la plus ancienne société cinématographique du monde.
☐ Vrai ☐ Faux

Réponses ▶ p. 283

Vrai ou Faux

449 CHARLES AZNAVOUR

1. De quel pays la famille de Charles Aznavour est-elle originaire ?
2. Dans quelle chanson Aznavour parle-t-il « d'un temps que les moins de vingt ans ne peuvent pas connaître » ?
3. Qui « va mourir » dans une chanson de Charles Aznavour ?
4. Où Aznavour se voyait-il déjà en 1960 ?
5. En quelle année Charles Aznavour est-il né : 1924 ou 1936 ?
6. Dans quel film de Truffaut Charles Aznavour a-t-il joué, ***Le Dernier métro*** ou ***Tirez sur le pianiste*** ?
7. L'un des tubes de Charles Aznavour s'intitule ***Mourir***...
8. Comment sont les « plaisirs » de Charles Aznavour ?
9. Complétez ce refrain de Charles Aznavour : « Mes amis, mes amours ... »
10. Où Charles Aznavour demande-t-il qu'on l'emmène dans un de ses tubes ?
11. De quelle chanteuse Charles Aznavour fut-il le chauffeur avant de lui écrire des chansons ?
12. Quelle fondation a été créée par le chanteur : Perce-neige ou Aznavour pour l'Arménie ?
13. Dans quel tube Charles Aznavour mêle-t-il habilement l'anglais et le français ?
14. Quelle ville est « triste » selon la chanson d'Aznavour : Rome ou Venise ?
15. Quelle chanteuse est une grande amie d'Aznavour : Liza Minnelli ou Barbra Streisand ?
16. Quelle opérette le chanteur a-t-il co-écrit avec son beau-frère : ***Douchka*** ou ***Tosca*** ?
17. À quel mois Aznavour dit-il aimer Paris dans une chanson ?
18. Quel âge le chanteur avait-il « hier encore » ?
19. Avec laquelle de ses filles le chanteur a-t-il interprété en duo ***Je voyage*** : Katia ou Séda ?
20. Complétez ce refrain bien connu : « Et pourtant, pourtant... »

Réponses ▶ p. 283

450 LES AVIONS

1. Quel nom générique un appareil capable de s'élever et de circuler dans l'atmosphère porte-t-il ?
2. Comment un avion qui peut se poser sur l'eau grâce à des flotteurs s'appelle-t-il ?
3. Qui a réussi pour la 1re fois à faire décoller un avion ?
4. Comment un avion non motorisé s'appelle-t-il ?
5. Tous les aéronefs sont-ils des avions ?
6. Le constructeur Dassault est-il une entreprise publique ou une entreprise privée ?
7. Combien de types d'avions existe-t-il ?
8. Quel était le nom du premier avion de Clément Ader ?
9. Le premier vol aéropostal a-t-il eu lieu en 1911 ou en 1925 ?
10. L'hélicoptère consomme-t-il 2,5 fois plus ou 2,5 fois moins qu'un avion de même capacité d'emport ?
11. En 1910, Louis Blériot établit-il un record du monde de vitesse symbolique à 100 km/h ou à 200 km/h ?
12. Combien un avion subit-il de forces en vol, dont doivent tenir compte concepteurs et pilotes ?
13. Quel autre nom les hélicoptères portent-ils ?
14. Que signifie le sigle ULM ?
15. Quel célèbre avion Mme de Gaulle a-t-elle baptisé le 24 mars 1959 ?
16. Le premier vol à Mach 2 en France a-t-il eu lieu avec un Mirage III ou avec un Concorde ?
17. Comment la voilure tournante des hélicoptères s'appelle-t-elle ?
18. Quel est le prix d'un Airbus A320, en millions de dollars ?
19. Quel a été le record de vitesse obtenu par Concorde sur un parcours commercial Paris-New York ?
20. Le premier vol du Mirage 2000 a-t-il été effectué en mars 1978 ou en mars 1981 ?

Réponses ▶ p. 283

Concorde

451 LES LÉGUMES

1. Récolte-t-on les artichauts en été ou en automne ?
2. La Saint-Pierre est-elle une tomate ou une salade ?
3. Quel légume est le plus calorique : le haricot vert ou le haricot en grain ?
4. La belle de Fontenay est-elle une pomme de terre ou un haricot ?
5. À qui doit-on le développement de la pomme de terre en France : à Lavoisier ou à Parmentier ?
6. La tomate peut-elle s'épanouir et mûrir à l'ombre ?
7. La mâche est-t-elle une salade d'automne et d'hiver ou une salade d'été ?
8. Quelle plante est native du littoral méditerranéen : le céleri ou l'échalote ?
9. Lequel est un radis : la rouge grenobloise ou la rose de Pâques ?
10. Le poireau de nos campagnes est-il originaire d'Asie centrale ou d'Amérique centrale ?
11. Quel légume peut se manger cru : la pomme de terre ou la betterave ?
12. La ratte est-elle une pomme de terre formant de très petits tubercules ou de gros tubercules ?
13. Du chou pommé ou du chou de Bruxelles, lequel est le plus riche en vitamine C ?
14. La craquelle est-elle une tomate ou une salade ?
15. Quel légume est riche en fibres : le poireau ou le concombre ?
16. Les graines de concombre peuvent-elles germer jusqu'à près de 5 ans ou de 10 ans ?
17. 100 g de poivron contiennent environ 80 g ou 120 mg de vitamine C ?
18. De quelle couleur est la peau de la pomme de terre appelée « désirée » ?
19. En été, faut-il arroser les salsifis ou les laisser pousser tranquillement ?
20. Quel acide l'oseille contient-elle qui la fait déconseiller aux personnes souffrant de calculs ?

Réponses ▶ p. 283

452 LES PUBS

1. Pour quel opticien Antoine a-t-il tourné plusieurs spots publicitaires ?
2. Dans quelle publicité un singe énonce-t-il : « Crapoto basta fuite » ?
3. Pourquoi Orangina rouge est-il aussi méchant ?
4. Quel musicien à la coupe afro nous dit : « Va, va chercher bonheur » ?
5. Qu'est-ce que Igmar a « déjà pris » ?
6. Quelle est « la petite faiblesse qui vous perdra » ?
7. De quoi la marque Tipiak se fait-elle taxer par de vieilles Bretonnes dans la publicité ?
8. Quelle voiture les hommes voulaient-ils toujours emprunter à leur femme ?
9. Quel poisson rouge « pousse le bouchon un peu trop loin » ?
10. Qu'annonce un fils à sa mère par l'intermédiaire d'un paquet de café ?
11. Quel personnage est indissociable des lave-linge Vedette ?
12. Contre quoi les « riches » manifestent-ils ?
13. Dans quelle publicité n'avons-nous pas « les mêmes valeurs » ?
14. Quel personnage incarné par Fernandel fait l'objet d'un pastiche dans une publicité ?
15. Que peut faire Martine ?
16. Quel top model a tourné plusieurs publicités pour Citroën, Claudia Schiffer ou Cindy Crawford ?
17. Qu'est-ce qui est « petit mais costaud » ?
18. De quel produit ménager Alice Sapritch vantait-elle les mérites ?
19. Qui affirme « Ce n'est pas parce que c'est tout fait qu'il ne faut rien faire ! » ?
20. « Quand y'en a marre, y a… »

Réponses ▶ p. 283

453 LES ANNÉES 1990

- **1.** Quel président de la République succède à François Mitterrand en 1995 ?
- **2.** Quel ministre de l'Éducation a voulu modifier en 1994 la loi Falloux sur l'aide aux établissements privés ?
- **3.** En avril 1997, quelle erreur tactique lourde de conséquences Jacques Chirac fait-il ?
- **4.** 34 tombes sont profanées dans un cimetière du Sud en 1990 : à Carpentras ou à Marseille ?
- **5.** Qui remplace Georges Marchais à la tête du PCF en 1994, Henri Krasucki ou Robert Hue ?
- **6.** Créée en juillet 1992, quelle carte révolutionne les transactions commerciales des particuliers ?
- **7.** Quelle est la première femme à séjourner dans la station orbitale Mir ?
- **8.** En mars 1991, la voix de Serge Gainsbourg s'éteint à jamais. Quel était son surnom ?
- **9.** Quel tableau de Courbet fait une entrée très commentée au musée d'Orsay ?
- **10.** En quelle année ***Ariane 5*** est-elle lancée victorieusement ?
- **11.** En juin 1993, Christian Didier tue l'organisateur de la rafle du Vel' d'Hiv'. Quel était son nom ?
- **12.** En 1997, quelle suppression va concerner plusieurs dizaines de milliers de jeunes gens ?
- **13.** Quel prix Nobel Pierre-Gilles de Genne obtient-il en 1991 ?
- **14.** La Très Grande Bibliothèque est-elle inaugurée en 1992 ou en 1996 ?
- **15.** Quel premier ministre socialiste se suicide en 1993, à Nevers ?
- **16.** Un traité de 1991 crée une chaîne culturelle européenne et franco-allemande. Laquelle ?
- **17.** En septembre 1992, l'Ouvèze en crue dévaste plusieurs communes du Sud. Quelle est la plus connue ?
- **18.** De quel titre la Mégane scénic est-elle couronnée en 1997 ?
- **19.** Adoptée en février 1998, la loi Aubry concerne-t-elle les 35 heures ou la 5e semaine de congés payés ?
- **20.** Quelle révolution pour les couples est votée par l'Assemblée nationale en octobre 1999 ?

Réponses ▸ p. 283

454 L'AGNEAU

- **1.** Avec quel morceau d'agneau confectionne-t-on les navarins ou les ragoûts ?
- **2.** Le cheptel ovin français est-il d'environ 9 ou 10 millions de têtes ?
- **3.** Comment s'appelle la partie supérieure du gigot ?
- **4.** Quel légume a donné le nom au navarin d'agneau, qui rentrait obligatoirement dans la recette ?
- **5.** Combien la France possède-t-elle d'abattoirs ovins : environ 190 ou 230 ?
- **6.** Le gigot et les abats sont-ils moins gras que le collier et l'épaule ou est-ce le contraire ?
- **7.** Comment s'appelle la partie ronde et charnue des côtelettes premières ?
- **8.** La France renferme-t-elle près de 50 ou près de 60 races ovines ?
- **9.** Comment appelle-t-on l'arrière de l'animal comprenant les deux gigots avec leur selle ?
- **10.** La brebis de race Lacune est-elle davantage une race à lait qu'une race à viande ?
- **11.** En découpant le gigot perpendiculairement à l'os, fait-on une découpe à l'anglaise ou à la française ?
- **12.** Pour que le gigot soit plus savoureux, doit-on le manger à la sortie du four ou après 10 mn de repos ?
- **13.** Quelle race de mouton abrite la Bergerie nationale de Rambouillet ?
- **14.** Comment appelle-t-on les tripes d'agneau farcies d'un hachis de fraise de veau et de jambon ?
- **15.** L'épigramme est-il un morceau de poitrine ou un morceau de l'arrière ?
- **16.** Quelle marque spécifique les moutons des prés salés de la baie du Mont-Saint-Michel ont-ils ?
- **17.** Quand le signe officiel de qualité appelé certification de conformité a-t-il été mis en place ?
- **18.** Combien de temps doit-on faire cuire les brochettes d'agneau en les retournant fréquemment ?
- **19.** Quelles parties du bélier sont appelées animelles ou amoureuses ?
- **20.** La Fédération nationale ovine a-t-elle été créée en 1946 ou en 1950 ?

Réponses ▸ p. 283

455 RAYMOND DEVOS

1. Quand Raymond Devos est-il né ?
2. Est-il né en Suisse ou en Belgique ?
3. Quelle était la profession du père de Raymond Devos ?
4. Sa mère jouait-elle du piano ou du violon ?
5. Dans quelle catégorie d'artiste Raymond Devos s'est-il installé depuis 1956 ?
6. Quels cours Raymond Devos suivait-il à la déclaration de la guerre ?
7. Sur scène, Raymond Devos joue-t-il d'un instrument ?
8. Dans un de ses sketches, qu'est-ce qui était démonté ?
9. Avec qui Raymond Devos a-t-il partagé sa vie ?
10. Combien d'ouvrages Raymond Devos a-t-il à son actif ?
11. Écrit-il lui-même ses sketches ?
12. Pendant la guerre, Raymond Devos est allé en Allemagne. Pourquoi ?
13. Après la guerre, quel genre d'école intègre-t-il ?
14. À quels exercices physiques Raymond Devos s'est-il longtemps adonné pour maintenir sa forme ?
15. Dans un sketch, pour quelle destination Raymond Devos demande-t-il un billet de chemin de fer ?
16. Quel était le nom du trio dans lequel était Raymond Devos à ses débuts sur scène ?
17. Dans quel célèbre film de Jean-Luc Godard Raymond Devos a-t-il joué ?
18. Quelle fracture s'est-il faite un jour en se réceptionnant mal lors de sauts au trampoline ?
19. Comment son fidèle pianiste et compagnon de scène s'appelle-t-il ?
20. Combien d'enfants Raymond Devos a-t-il ?

Réponses ▶ p. 283

Jeux de mot

456 LES CIMETIÈRES ET NÉCROPOLES

1. Dans certains cimetières, comment s'appelle l'endroit où sont regroupées les urnes funéraires ?
2. Les tombes des jeunes enfants sont-elles souvent plus petites ou de même taille que celles des adultes ?
3. Où Coluche est-il enterré, au cimetière parisien de Montrouge ou au cimetière Montparnasse ?
4. Où Philippe Pétain repose-t-il, en Vendée ?
5. Le cimetière de la Guillotière est-il situé à Lyon ou à Marseille ?
6. Comment appelle-t-on une urne funéraire renfermant le cœur d'une personne ?
7. Le pourcentage de personnes ayant recours à la crémation approche-t-il les 10 ou les 20 % ?
8. Où les cimetières étaient-ils jadis implantés ?
9. De quels hommes la crypte de l'église de Saint-Louis des Invalides renferme-t-elle les corps ou les urnes ?
10. Combien la France compte-t-elle de cimetières ?
11. Peut-on se faire enterrer dans sa propriété ?
12. Quelle est la plus célèbre personne enterrée dans la 6e division du cimetière du Père-Lachaise ?
13. Peut-on faire graver les médailles que l'on a reçues sur un monument funéraire ?
14. Quel genre de cimetière celui de Varengeville-sur-Mer est-il ?
15. Quelle est la plus grande nécropole militaire française, située à Ablain-Saint-Nazaire (Pas-de-Calais) ?
16. Quel est le principal cimetière de Toulouse ?
17. Quel célèbre personnage est enterré au cimetière des Grands-Maisons de Jarnac, en Charente ?
18. Le cimetière de Saint-Tropez est-il situé face à la mer ou au centre de la ville ?
19. Dans le Calvados, où peut-on se recueillir dans un cimetière militaire polonais ?
20. Où le cœur de Voltaire se trouve-t-il, à Paris ?

Réponses ▶ p. 283

457 L'ABBÉ PIERRE

1. Quel est le nom civil de l'abbé Pierre ?
2. Combien l'abbé Pierre avait-il de frères et sœurs ?
3. L'abbé Pierre a-t-il la Légion d'honneur ?
4. Combien d'ouvrages l'abbé Pierre a-t-il écrit ?
5. L'abbé Pierre est-il né en 1912 ou en 1915 ?
6. Quel nom l'abbé Pierre a-t-il pris en entrant dans les ordres ?
7. Avec quel célèbre anthropologue et humaniste l'abbé Pierre a-t-il écrit ***En route vers l'absolu*** ?
8. En quelle année l'abbé Pierre a-t-il lancé à la radio son appel à l'insurrection de la bonté ?
9. À quelle tribune s'est-il adressé peu de temps après son appel ?
10. L'abbé Pierre a-t-il été ordonné prêtre en 1935 ou en 1938 ?
11. Dans combien de pays les communautés d'Emmaüs sont-elles implantées ?
12. Qui l'abbé Pierre a-t-il rencontré à Alger en 1943 : le pape ou le général de Gaulle ?
13. Quel est le titre du film retraçant une petite partie de la vie de l'abbé Pierre ?
14. En 1996, quel ami soutient-il, qui présente des thèses négationnistes ?
15. D'où lui vient son nom d'abbé Pierre ?
16. Combien de logements la société HLM Emmaüs gère-t-elle ?
17. Quand l'abbé Pierre renouvelle-t-il son appel contre la pauvreté et la bonté ?
18. Quelle association l'a exclu de son comité d'honneur en 1998 ?
19. Où, dans les Dom, la Fondation abbé Pierre pour le logement des défavorisés a-t-elle une agence ?
20. Quelle faute l'abbé Pierre avoue-t-il avoir commise à plusieurs reprises dans son dernier livre ?

Réponses ▶ p. 283

458 LES RESSOURCES NATURELLES

1. Quelle était la grande mine de charbon située dans l'Aveyron, exploitée à ciel ouvert ?
2. Comment appelle-t-on les convertisseurs d'énergie munis de pales et qui fonctionnent avec le vent ?
3. Quelle grande ressource naturelle du nord et du centre de la France n'est plus exploitée depuis peu ?
4. Quel est l'autre nom de l'électricité hydraulique ?
5. En 2004, combien la France produisait-elle de charbon (en tonnes équivalent pétrole) ?
6. Quelle grande usine française utilise l'énergie marémotrice ?
7. Dans quelle région de France a-t-on trouvé du gaz en abondance dans les années 1950 ?
8. Grâce à quel minéral peut-on réaliser la fission nucléaire utilisée dans les centrales nucléaires ?
9. La forêt des Landes est-elle naturelle ou artificielle ?
10. En 2004, quel pourcentage de sa consommation de pétrole la France produisait-elle ?
11. Quelle énergie la maison de la Radio, à Paris, utilise-t-elle pour son chauffage et sa climatisation ?
12. Quand le barrage de Serre-Ponçon, sur la Durance, a-t-il été mis en service ?
13. Combien d'espèces de poissons d'eau douce rencontre-t-on en France ?
14. Quelle est la part du nucléaire dans la production électrique française ?
15. La région de Mertzwiller-Pechelbronn, en Alsace, a-t-elle produit en abondance du pétrole ou du charbon ?
16. Quel est le principal bassin géothermique de France ?
17. Où le plus grand four solaire de France se situe-t-il dans les Pyrénées-Orientales ?
18. Quel a été le premier puits de charbon du Pas-de-Calais ouvert en 1852 ?
19. La France produit-elle plus d'énergie éolienne dans les Dom ou dans les Tom ?
20. Qu'appelle-t-on couramment l'énergie verte ?

Réponses ▶ p. 283

459 LES QUARTIERS DE PARIS

1. Quel quartier, ancienne commune rattachée à Paris, abrite le nouveau ministère des Finances ?
2. Dans quel arrondissement de Paris se trouve le quartier de Charonne : le 11e ou le 20e ?
3. Quelles buttes, sur les hauteurs de Paris, ont été aménagées en parc ?
4. Quel quartier était à l'origine constitué de marécages, auxquels il doit son nom ?
5. Quelle butte du nord de Paris a été rendue célèbre par les artistes qui s'y sont installés ?
6. Quel quartier universitaire s'étend de part et d'autre du boulevard Saint-Michel ?
7. Quel quartier parisien est célèbre pour ses cabarets ?
8. Au xxe siècle, Belleville devint-il un quartier d'immigrés ou d'artistes ?
9. Quel secteur d'activité caractérise le quartier du Sentier ?
10. Quelle butte porte un nom d'oiseau ?

Réponses ▶ p. 283

460 ROUEN

1 Rouen est le chef-lieu de la Basse-Normandie.
☐ Vrai ☐ Faux

2 La population de Rouen est supérieure à 150 000 habitants.
☐ Vrai ☐ Faux

3 Le port de Rouen est le 5e de France.
☐ Vrai ☐ Faux

4 Le nom latin de Rouen était ***Rotomagus***.
☐ Vrai ☐ Faux

5 Jeanne d'Arc fut brûlée sur l'actuelle place du Vieux Marché.
☐ Vrai ☐ Faux

6 Rouen possède trois lignes de métro.
☐ Vrai ☐ Faux

7 Au xe siècle, Rouen était la ville principale du duché de Normandie.
☐ Vrai ☐ Faux

8 L'industrie drapière a fait la richesse de la ville.
☐ Vrai ☐ Faux

9 La cathédrale Saint-Maclou est un chef-d'œuvre de l'art roman.
☐ Vrai ☐ Faux

10 Rouen fut bombardée par les Allemands en 1944.
☐ Vrai ☐ Faux

11 Rouen accueille chaque année un important festival de musique raï.
☐ Vrai ☐ Faux

12 L'église Jeanne d'Arc est l'une des plus anciennes de France.
☐ Vrai ☐ Faux

13 Johnny Hallyday est né à Rouen.
☐ Vrai ☐ Faux

14 Jean Lecanuet fut maire de la ville pendant 25 ans.
☐ Vrai ☐ Faux

15 Rouen était une place de sûreté protestante.
☐ Vrai ☐ Faux

Réponses ▶ p. 283

461 L'ESCRIME

Trois armes sont utilisées en escrime, l'épée, le sabre et le fleuret. Trouvez à laquelle correspond chaque dessin ci-dessous.

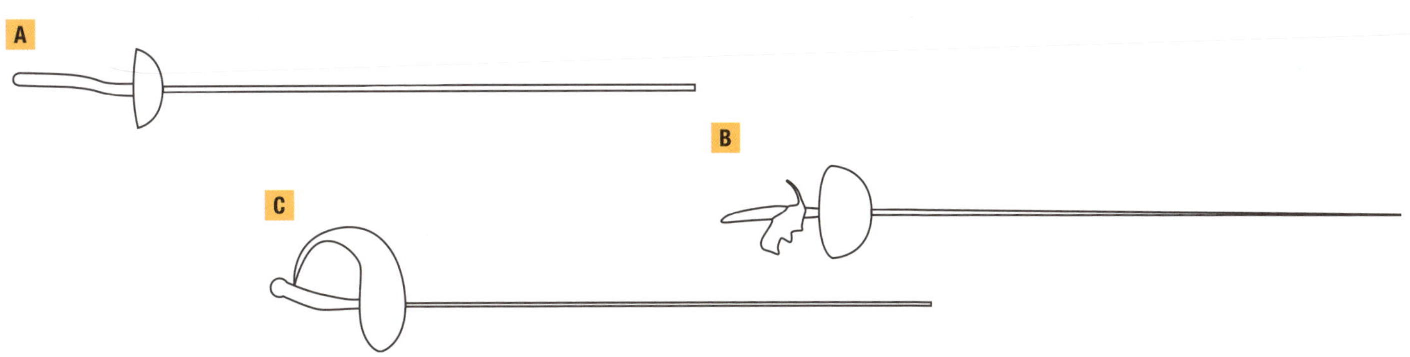

Réponses ▶ p. 283

462 L'AÉRONAUTIQUE

1. Comment le lanceur français actuel s'appelle-t-il ?
2. Quel est le centre de lancement des fusées françaises ?
3. En 1967, avec qui la France lance-t-elle le programme Airbus ?
4. Le programme Ariane est-il un programme militaire ou un programme civil ?
5. En 1952, la France a-t-elle lancé une fusée appelée Sandrine ou Véronique ?
6. En quelle année le lanceur français est-il devenu opérationnel ?
7. ***Ariane 1*** était-elle une fusée à 2 ou à 3 étages ?
8. Quand le Cnes, le Centre national d'études spatiales, a-t-il été créé ?
9. Comment la société privée commerciale chargée du transport spatial s'appelle-t-elle ?
10. Où les avions Airbus sont-ils assemblés ?
11. Quand le site de Kourou, en Guyane, a-t-il été mis en service ?
12. Quand Air France a-t-elle mis en service l'A300 ?
13. Arianespace est-elle une société à capital français ou à capital européen ?
14. Que doit observer la sonde ***Rosetta***, lancée par l'Europe en mars 2004 ?
15. Quelle est la fiabilité des lanceurs français ?
16. D'où les fusées ***Diamant A*** ont-elles été lancées, entre 1965 et 1967 ?
17. Quel était le nom du satellite lancé par la fusée ***Diamant A*** en novembre 1965 ?
18. À quoi la station de Gap-Tallard, dans les Hautes-Alpes, sert-elle ?
19. Les satellites ***Spot*** sont-ils des satellites militaires ou des satellites pour l'observation de la Terre ?
20. Combien l'A380 pourra-t-il transporter de passagers ?

Réponses ▶ p. 283

463 LES CÉLÉBRATIONS ET FESTIVITÉS

1. Quel spectacle peut-on voir le 13 juillet au soir dans presque toutes les communes de France ?
2. En 1989, de quelle révolution a-t-on célébré le bicentenaire ?
3. Que fête-t-on le 14 juillet ?
4. Qui a mis en scène les festivités du bicentenaire de la prise de la Bastille ?
5. Les jubilés chrétiens ont-ils lieu tous les 25 ou 33 ans ?
6. Dans quelle région de France les fêtes appelées ducasses se déroulent-elles ?
7. Quand la première Gay Pride parisienne a-t-elle eu lieu ?
8. Comment appelle-t-on les festivités organisées dans les jardins de l'Élysée, chaque 14 juillet ?
9. La fête en l'honneur d'un saint patron est-elle une fête sainte ou une fête patronale ?
10. Le 14 juillet, où l'armée défile-t-elle à Paris ?
11. Quand le jubilé national extraordinaire du centenaire des apparitions de Lourdes s'est-il déroulé ?
12. Quel souvenir célèbre-t-on en rallumant chaque jour la flamme sous l'Arc de triomphe de Paris ?
13. Sur le territoire français, où célèbre-t-on chaque année depuis 1983 le jour de l'abolition de l'esclavage ?
14. Que commémore-t-on chaque année en France le 8 juin ?
15. En 2006, quel homme les Journées valenciennoises du Patrimoine ont-elles célébré ?
16. Quand la semaine du Goût a-t-elle lieu, chaque année ?
17. Quand la journée de la Femme a-t-elle eu un statut officiel en France ?
18. La France et l'Europe ont-elles célébré en 2006 l'année Mozart ou l'année Beethoven ?
19. Le 2 novembre, vers quel endroit les défilés se dirigent-ils dans les villes et villages de France ?
20. Combien la fête de la Musique réunit-elle de monde, 12 ou 15 millions de personnes ?

Réponses ▶ p. 283

464 L'OUTRE-MER

1. Quelle est la capitale économique de la Guadeloupe ?
2. Quel célèbre volcan est situé en Guadeloupe ?
3. Comment un créole descendant d'immigrés blancs est-il appelé aux Antilles ?
4. La Polynésie française comprend-elle 18 ou 118 îles ?
5. La Guadeloupe est-elle constituée de plusieurs îles ou d'une seule île ?
6. Quelle est la principale production de la Martinique, la banane ou la canne à sucre ?
7. À l'est de quelle grande île La Réunion est-elle située ?
8. Le point le plus haut de la Guadeloupe est-il situé sur Basse-Terre ou sur Grande-Terre ?
9. Par quelle mer l'ouest de la Martinique est-il baigné ?
10. Combien de visiteurs la Soufrière attire-t-elle chaque année ?
11. Que produit-on dans les distilleries de canne à sucre ?
12. Le volcan de la Fournaise, à La Réunion, est-il un volcan actif ou un volcan éteint ?
13. L'île de Tahiti fait-elle 1 000 km² ou 10 000 km² ?
14. Quel nom le point culminant des Saintes porte-t-il ?
15. Combien la rivière Carbet, en Guadeloupe, compte-t-elle de cascades ?
16. En Guadeloupe, quel nom la réserve marine s'étendant devant les îlets Pigeons porte-t-elle ?
17. Le mancenillier est-il un arbre toxique ou un petit rongeur ?
18. Quel est le nom de la grande plage s'étendant en bordure de Sainte-Anne, au sud de la Martinique ?
19. De quoi les chapelles funéraires de Morne-à-l'Eau sont-elles recouvertes ?
20. Qu'est-ce qu'un bec-de-perroquet ?

Réponses ▸ p. 283

K.O.

465 LA BOXE ANGLAISE

1. Quel a été le premier champion d'Europe français ?
2. En boxe anglaise, peut-on se servir des pieds pour attaquer, comme en boxe française ?
3. Dans le combat de l'année 1945, titre décerné par ***Ring magazine***, qui Marcel Cerdan a-t-il battu par KO ?
4. Dans les années 1960, quel Français a été champion d'Europe ?
5. Les boxeurs doivent-ils être pesés la veille ou le jour même du combat ?
6. Quel Français a obtenu une médaille d'or aux Jeux olympiques de 2000 ?
7. Par qui la distinction des Gants d'or a-t-elle été créée ?
8. Que boxeur a été Gants d'or en 2004 ?
9. Quelle est la limite d'âge pour pouvoir boxer en catégorie amateur, 34 ou 40 ans ?
10. Combien de mois Fabrice Bénichou est-il resté champion du monde super-coq ?
11. Avant quel temps limite un joueur à terre doit-il se relever pour ne pas être mis hors combat ?
12. Dans quelle catégorie Jérôme Thomas se bat-il ?
13. Dans la catégorie super-lourd amateur, un gant pèse-t-il 227 ou 284 g ?
14. Dans quelle catégorie Fabrice Tiozzo est-il devenu champion du monde en 1997 ?
15. Quel est le dernier médaillé d'or français aux Jeux olympiques ?
16. Dans quelle catégorie René Jacquot a-t-il été champion du monde en 1989 ?
17. Quelle a été la première boxeuse championne du monde WBA en super-léger ?
18. Combien de fois Jean-Claude Bouttier a-t-il été champion d'Europe des moyens ?
19. En 1949, Marcel Cerdan est-il mort sur un ring ou dans un accident d'avion ?
20. Quel Français a reçu le titre de boxeur de l'année décerné par le magazine ***Ring magazine*** ?

Réponses ▸ p. 283

466 LES PAYS-DE-LA-LOIRE

1. La célèbre production de Guérande est-elle le thon ou le sel ?
2. Quelle course automobile internationale se déroule chaque année au Mans ?
3. Quel est certainement le vin blanc le plus connu de Loire-Atlantique ?
4. Quelle était l'ancienne spécialité de Cholet ?
5. La Vendée possède un haras national. Dans quelle ville ?
6. Où le musée Jules-Verne, maison d'enfance de l'écrivain, se trouve-t-il ?
7. La ville de Malicorne est-elle renommée pour ses vitraux ou ses faïences ?
8. De quel animal Challans est-il un gros producteur ?
9. Quelle abbaye royale reçut Aliénor d'Aquitaine et Isabelle d'Angoulême ?
10. Quelle ville portuaire vendéenne possède une grande plage protégée en partie par une dune ?
11. Avec quelle pierre du Val-de-Loire a-t-on construit le château de Saumur et nombre de maisons ?
12. Quelle ville organise un concours annuel du plus gros potiron, La Mothe-Achard ou La Roche-sur-Yon ?
13. Peut-on visiter couramment les caves des nombreux producteurs de vin à bulles de Saumur ?
14. Qu'est-ce que le Prytanée, implanté à La Flèche ?
15. Où la plus importante œuvre tissée au monde, la tenture de ***L'Apocalypse***, se trouve-t-elle ?
16. Quel est le grand espace muséal de Saint-Nazaire dévolu à de grands paquebots français ?
17. Quelle était l'ancienne activité d'extraction de Renazé, aujourd'hui magnifiée par un musée ?
18. Quelle est l'île au large de Saint-Jean-de-Monts renommée pour ses promenades à vélo ?
19. Quelle ville, surnommée la Venise de l'Ouest, est célèbre pour ses nombreux canaux.
20. Comment le grand jardin de Nantes s'appelle-t-il ?

Réponses ▶ p. 284

467 LES FESTIVALS D'ÉTÉ

1. Quel est le nom du festival de la création équestre ayant lieu fin juillet à Tarbes, en Midi-Pyrénées ?
2. Quelle ville de Lorraine célèbre chaque année une fête de la mirabelle ?
3. Le Mondial Air Ballons de Chambley-Bussières est-il un festival de ballons ou de montgolfières ?
4. Quel grand festival a lieu au Mans, fin juin ?
5. Où le festival lyrique appelé Chorégie se déroule-t-il en juillet et en août ?
6. Quelles sont les attractions centrales de la fête de la Saint-Louis, à Sète, à la mi-août ?
7. Où le festival Marionnettes en Jardin se déroule-t-il, vers la mi-juillet ?
8. Le festival de la Marionnette de Masevaux, en Alsace, est-il un festival national ou international ?
9. Où le festival du Bout du monde, destiné aux musiques du monde, a-t-il lieu ?
10. Le village de Vero, en Corse, accueille-t-il un festival de la Nuit du conte ou un festival du Roman ?
11. Quel genre de festival le festival de la Côte d'Opale, à Boulogne-sur-Mer, est-il ?
12. Où le festival international pour l'Enfant, Idéklic, a-t-il lieu chaque année, depuis 1990 ?
13. Quand la fête des Filets bleus, à Concarneau, a-t-elle été créée ?
14. Les Noctibules d'Annecy sont-elles un festival d'improvisation ou un festival de théâtre de rue ?
15. Où le festival de la Mouette rieuse a-t-il lieu, fin août ?
16. Quel genre de festival la ville corse de Calvi accueille-t-elle vers la mi-septembre ?
17. Les Théâtrales de Collonges-la-Rouge ont-elles lieu les mardis soir ou les dimanches soir ?
18. Le festival international du Mime de Périgueux s'appelle-t-il Mimos ou Minimal ?
19. Quel est le nom du festival de musique du monde de Saint-Nazaire ?
20. La Pamparina de Thiers, en Auvergne, est-il un festival de musique ou un festival de marionnettes ?

Réponses ▶ p. 284

468 COQUILLAGES ET CRUSTACÉS

1 La bisque est une sorte de potage réalisé avec des crustacés broyés.
Vrai Faux

2 Il y a de la tomate dans les moules marinière.
Vrai Faux

3 On dit que les meilleurs mois pour déguster les huîtres sont les mois en « r ».
Vrai Faux

4 Les praires ne sont pas comestibles.
Vrai Faux

5 Le crabe « matoutou » est une spécialité réunionnaise.
Vrai Faux

6 Les langoustines « à la valencienne » se préparent avec du jambon cru.
Vrai Faux

7 Il existe une façon de préparer les calamars dite « à la sétoise ».
Vrai Faux

8 Les huîtres au champagne se dégustent chaudes.
Vrai Faux

9 La mouclade est un plat à base de palourdes.
Vrai Faux

10 Le homard à l'américaine et à l'armoricaine, c'est la même chose.
Vrai Faux

11 Les crustacés que l'on sert « à la nage » sont les langoustines.
Vrai Faux

12 L'une des façons de préparer la langouste est dite « en belleville ».
Vrai Faux

13 Les moules peuvent se déguster farcies avec un beurre d'escargot.
Vrai Faux

14 Les bulots se dégustent crus.
Vrai Faux

15 Les moules bonne-femme se préparent avec du céleri et des champignons.
Vrai Faux

Réponses ▸ p. 284

Sur la plage abandonnée

469 LES DICTIONNAIRES ET ENCYCLOPÉDIES

1 Le dictionnaire de l'Académie française en est à sa 48e édition.
Vrai Faux

2 Le *Gaffiot* est un dictionnaire latin-français.
Vrai Faux

3 Le *Vidal* est un dictionnaire qui répertorie tous les médicaments utilisés en France.
Vrai Faux

4 Robert est associé à l'éditeur Zeist pour son dictionnaire bilingue français-anglais.
Vrai Faux

5 Le fondateur de la maison Larousse se prénommait Jules.
Vrai Faux

6 Le *Littré*, du nom de son auteur, date du XIXe siècle.
Vrai Faux

7 La première édition du *Petit Robert* date de 1967.
Vrai Faux

8 Pierre Bayle est l'auteur d'un *Dictionnaire historique et critique*.
Vrai Faux

9 *Encarta* est un célèbre dictionnaire bilingue français-espagnol.
Vrai Faux

10 Le *Petit Larousse* a fêté sa 100e édition en 2005.
Vrai Faux

11 Le dictionnaire *Hachette et Oxford* est un dictionnaire bilingue français-anglais.
Vrai Faux

12 L'*Encyclopédie* de Diderot et d'Alembert comprenait 33 volumes in-folio.
Vrai Faux

13 Elle a commencé à être publiée en 1751.
Vrai Faux

14 Bailly a donné son nom à un célèbre dictionnaire français-grec.
Vrai Faux

15 *Wikipédia* est une encyclopédie gratuite consultable sur Internet.
Vrai Faux

Réponses ▸ p. 284

470 LOUIS DE FUNÈS

1. À quoi est la soupe que prépare Louis de Funès à l'extra-terrestre ?
2. Quelle actrice fut la femme de Louis de Funès dans de nombreux films ?
3. Quel est le métier de Louis de Funès dans ***La Grande Vadrouille*** ?
4. Qui incarne le fils de Louis de Funès dans ***L'Aile ou la Cuisse*** ?
5. Quel rabbi inoubliable Louis de Funès a-t-il incarné ?
6. Quelle pièce de Molière Louis de Funès a-t-il adaptée au cinéma, ***Le Misanthrope*** ou ***L'Avare*** ?
7. La famille de Louis de Funès était-elle d'origine portugaise ou espagnole ?
8. Quel surnom affectueux Louis de Funès donnait-il à sa femme dans la série des ***Gendarmes*** ?
9. Louis de Funès a-t-il joué dans ***Papy fait de la Résistance*** ?
10. Dans quel film Louis de Funès incarne-t-il le ministre des Finances espagnol ?
11. Dans quelle série Louis de Funès incarne-t-il le commissaire Juve, face à Jean Marais ?
12. Dans ***La Zizanie***, Louis de Funès est-il maire ou ministre ?
13. Combien de films comporte la série des ***Gendarmes*** ?
14. Qui incarne la fille de Louis de Funès dans ***Pouic-Pouic***, Mireille Darc ou Brigitte Fossey ?
15. Quel problème de santé faillit mettre un terme à la carrière de Louis de Funès en 1975 ?
16. À quelle époque se passe l'action de ***La Grande Vadrouille*** ?
17. Quel film avec Louis de Funès raconte l'histoire d'un homme décongelé ?
18. Dans quelle ville se passe la série des ***Gendarmes*** ?
19. Quel film était également une pièce de théâtre, ***Oscar*** ou ***Le Corniaud*** ?
20. En quelle année Louis de Funès est-il mort, 1977 ou 1983 ?

Réponses ▸ p. 284

471 LES MAIRES

1. Quelle unité administrative un maire dirige-t-il ?
2. Par qui les maires sont-ils élus ?
3. Quel est le signe distinctif des maires et de ses adjoints ?
4. Quel âge minimal faut-il avoir pour être élu maire ?
5. À qui un maire peut-il déléguer certaines de ses fonctions ?
6. Qui peut ordonner si nécessaire l'internement des aliénés, le maire ou le conseil municipal ?
7. Pour être élu au conseil municipal, faut-il avoir au moins 18 ou 21 ans ?
8. Les taxes directes communales sont-elles déterminées par le maire ou par le conseil municipal ?
9. Le chef hiérarchique du personnel communal est-il le maire ou le préfet ?
10. Depuis quand les fusions de communes sont-elles possibles ?
11. Le maire est-il le seul à porter le titre d'officier de police judiciaire ou ses adjoints aussi ?
12. En 1999, combien y avait-il de communes dans les départements d'outre-mer ?
13. Comment les communes de plus de 2 000 ou 5 000 habitants, selon le cas, sont-elles appelées ?
14. En quelle année le premier jumelage de villes, Orléans (Loiret) et Dundee (Écosse) a-t-il eu lieu ?
15. Les maires de plus de 80 ans sont-ils au nombre de 105 ou de 55 ?
16. En 2001, quel était le pourcentage de maires femmes ?
17. De quelle couleur politique les femmes conseillères municipales sont-elles majoritairement ?
18. Au maximum, quel pourcentage de l'effectif du conseil municipal peut être adjoint au maire ?
19. Les séances du conseil municipal sont-elles publiques ou à huis clos ?
20. Comment les décisions du conseil municipal sont-elles prises ?

Réponses ▸ p. 284

472 LA BD JEUNESSE

- **1.** Quel est le mets préféré des Schtroumpfs ?
- **2.** Dans ***Boule et Bill***, comment s'appelle le petit garçon ?
- **3.** Combien y a-t-il de garçons dans ***Les triplés*** : un, deux ou trois ?
- **4.** Qui partage la chaumière de Sylvain ?
- **5.** Comment se nomme la petite amie de Titeuf ?
- **6.** Quel animal est Cubitus ?
- **7.** Qui est inséparable de Quick ?
- **8.** Quelle collection n'existe pas : ***Le Petit Spirou*** ou ***Le Petit Marsupilami*** ?
- **9.** De quelle région Bécassine est-elle originaire ?
- **10.** Quel chat est l'ami de Pif ?
- **11.** Yakari est-il un Indien ou un Esquimau ?
- **12.** À quelle race appartient le chien de ***Boule et Bill*** ?
- **13.** Qui est le créateur de ***Titeuf*** : Zep ou Binet ?
- **14.** Quel sorcier est l'ennemi juré des Schtroumpfs ?
- **15.** Quel est le titre exact : ***L'Élève Ducobu*** ou ***L'Élève Dabichou*** ?
- **16.** Quel jeune héros au nom évocateur possède une force herculéenne ?
- **17.** Léonard est-il un savant un peu loufoque ou un pilote d'avion ?
- **18.** Lequel n'est pas un héros de BD : Zizi, Jojo ou Lulu ?
- **19.** Qui est le compagnon de Johan dans la BD de Peyo ?
- **20.** Qui est amoureux de Chen : Cédric ou Éric ?

Réponses ▶ p. 284

473 LES MONTAGNES

- **1.** Y a-t-il des volcans en France métropolitaine ?
- **2.** Quel est le grand volcan de Martinique ?
- **3.** Lors de quel plissement les montagnes de Corse se sont-elles formées ?
- **4.** Où les volcans français sont-ils situés ?
- **5.** Quelle est la longueur des Pyrénées ?
- **6.** Lors de l'éruption de 1902 de la Montagne Pelée, quelle ville en contrebas a été complètement rasée ?
- **7.** À quel type de volcan le puy de Dôme appartient-il ?
- **8.** Quelle gigantesque construction peut-on découvrir à l'est d'Espinasse, dans les Hautes-Alpes ?
- **9.** À la Réunion, le piton de la Fournaise est-il encore en activité ?
- **10.** Sur 5 archipels de la Polynésie française, combien sont d'origine volcanique ?
- **11.** De quand la dernière éruption du puy de Dôme date-t-elle ?
- **12.** Les grands lacs de retenue français se situent-ils dans les Alpes ou dans les Pyrénées ?
- **13.** Quelle mer peut-on découvrir sur les hauteurs des Alpes ?
- **14.** De quand le dernier réveil sérieux du volcan la Soufrière, en Guadeloupe, date-t-il ?
- **15.** Quel bâtiment est situé au sommet du pic du Midi de Bigorre ?
- **16.** Quelle est l'altitude maximale de la Guyane française ?
- **17.** Quelle est la longueur de la mer de Glace ?
- **18.** Comment peut-on atteindre aisément le sommet de l'aiguille du Midi, dans les Alpes ?
- **19.** Le mont Orohena, le plus haut de Polynésie française, culmine-t-il à 1 241 ou à 2 241 m ?
- **20.** L'archipel de Wallis est-il d'origine volcanique ?

Réponses ▶ p. 284

Télévision

474 FRANCE 2

- **1.** Quel était le nom de la chaîne avant 1992 ?
- **2.** La chaîne est-elle publique ou privée ?
- **3.** Quelle speakerine niçoise a travaillé pour la deuxième chaîne avant de rejoindre TF1 ?
- **4.** Quelle émission quotidienne est proposée à 6 h 30 aux lève-tôt depuis 1985 ?
- **5.** Comment sont surnommés les chroniqueurs de l'émission ***On a tout essayé*** ?
- **6.** Quels prix, récompensant des pièces et des acteurs de théâtre, sont décernés sur France 2 ?
- **7.** Combien y a-t-il de « vérités », dans l'émission de Françoise Laborde ?
- **8.** Quelle célèbre série médicale américaine France 2 diffuse-t-elle depuis la première saison ?
- **9.** Quel acteur incarne Frank Riva, dans la série policière du même nom ?
- **10.** Qui n'a jamais présenté le JT sur France 2, Élise Lucet ou Yves Mourousi ?
- **11.** À quelle heure l'émission ***Des mots de minuit*** est-elle diffusée ?
- **12.** Quel jeu de lettres et de calcul mental a été créé par Armand Jammot ?
- **13.** Dans quelle série animée déjantée pouvait-on entendre la voix de Claude Piéplu ?
- **14.** L'émission ***Ça se discute*** est-elle diffusée en première ou en deuxième partie de soirée ?
- **15.** Quel fort est le théâtre d'un jeu estival diffusé sur France 2 ?
- **16.** À quel domaine ***L'Heure de vérité*** est-elle consacrée ?
- **17.** Qui animait l'émission ***Frou-Frou*** ?
- **18.** Que série américaine humoristique mettant en scène 6 amis trentenaires est diffusée sur France 2 ?
- **19.** Qui présente l'émission ***Tout le monde en parle*** ?
- **20.** Quelles sont les couleurs du logo de France 2 ?

Réponses ▸ p. 284

475 LES CHAMPIGNONS

- **1.** Quelle partie du champignon, constituée de longs filaments, est enterrée ?
- **2.** Un champignon bleuissant au toucher est-il toujours toxique ?
- **3.** Y a-t-il plus d'espèces de champignons à tubes que d'espèces de champignons à lamelles ?
- **4.** Sous quel autre nom connaît-on davantage l'agaric bispore ?
- **5.** Le cèpe de Bordeaux est-il un champignon à tubes ou un champignon à lamelles ?
- **6.** Un champignon lignicole possède-t-il un pied fin ou pousse-t-il sur du bois ?
- **7.** Que laisse écouler un champignon lactescent lorsqu'on le casse ?
- **8.** La girolle est-elle un champignon à plis ou un champignon à lamelles ?
- **9.** La russule verdoyante pousse-t-elle sous les feuillus ou sous les cèdres ?
- **10.** Un champignon fimicole pousse-t-il sur du fumier ou sur l'écorce des arbres ?
- **11.** Avec quel champignon, notamment, fabrique-t-on de la poudre de champignon ?
- **12.** La morille vulgaire pousse-t-elle dans les forêts de conifères ou presque partout ?
- **13.** Quelle particularité le coprin noir d'encre a-t-il lorsqu'il est adulte ?
- **14.** Quelle espèce de champignons, rare, le pied-de-mouton est-il ?
- **15.** Un champignon claviforme a-t-il la forme d'une massue ou une forme cylindrique ?
- **16.** Les champignons concentrent-ils la pollution ou sont-ils neutres sur ce problème ?
- **17.** Comment est appellé le chapeau d'un champignon qui se dilacère en écailles, comme la coulemelle ?
- **18.** Un champignon pruineux est-il couvert d'une sorte de poudre ou de petits poils minuscules ?
- **19.** Jadis, à quoi le polypore du bouleau servait-il, une fois coupé en tranches et collé sur du bois ?
- **20.** Quelle odeur un raphanoïde dégage-t-il ?

Réponses ▸ p. 284

476 LA RÉVOLUTION

1. Quel Comité créé par la Convention avait en charge le pouvoir exécutif ?
2. Quel homme politique révolutionnaire était atteint de petite vérole ?
3. Quel âge Marie-Antoinette avait-elle à sa mort, 26 ans ou 38 ans ?
4. Quel insigne circulaire les révolutionnaires arboraient-ils sur leurs chapeaux ?
5. Quel est le nom actuel de la place parisienne où Louis XVI fut guillotiné ?
6. Qu'est-ce qui succéda à l'Assemblée législative, l'Assemblée constituante ou la Convention nationale ?
7. Quand le calendrier républicain fut-il instauré, en 1790 ou en 1792 ?
8. Comment appelait-on les prêtres qui refusaient de prêter serment à la Constitution civile du clergé ?
9. Qui appartenait au club des Cordeliers, Danton ou Robespierre ?
10. Quelles divisions administratives remplacèrent les provinces en 1790, les cantons ou les départements ?
11. Quel fut le nom du gouvernement révolutionnaire parisien après le 14 juillet 1789 ?
12. Quelle veste portée par les révolutionnaires donna son nom à une danse et à un chant ?
13. Quel était le prénom de Robespierre, Augustin ou Maximilien ?
14. Où la famille royale en fuite a-t-elle été arrêtée ?
15. Comment appelait-on les insurgés royalistes de l'Ouest français ?
16. Quel papier-monnaie créé en 1789 était garanti par la vente des biens du clergé et de la noblesse ?
17. Quel serment doit son nom à la salle dans laquelle il a été prêté ?
18. Quel système fut adopté sous la Révolution, le système bancaire ou le système métrique ?
19. Par quel tribunal parisien Marie-Antoinette fut-elle jugée ?
20. Selon la Constitution civile du clergé, par qui les ecclésiastiques étaient-ils rémunérés ?

Réponses ▸ p. 284

477 ALAIN SOUCHON

1. L'un des tubes de Souchon s'intitule : ***Allô maman***...
2. Souchon est-il le vrai nom du chanteur ?
3. Quel âge a Alain Souchon dans une de ses chansons ?
4. Comment est la « foule » d'Alain Souchon ?
5. Où le chanteur est-il né : à Marseille ou à Casablanca ?
6. Quel tube de Souchon commence par cette phrase : « Elle croyait que j'étais James Dean » ?
7. Dans une chanson, une fille reproche au chanteur d'être « carrément méchant » et…
8. Qu'est-ce que le chanteur recommande de « passer à la machine » ?
9. Quel chanteur est le complice de toujours d'Alain Souchon ?
10. Sur le cuir de quelle voiture Jimmy pleure-t-il, une Ford ou une Chrysler ?
11. En 1988, Alain Souchon a sorti un album intitulé ***Ultra moderne... attitude*** ou ***solitude*** ?
12. De quelle actrice Alain Souchon a-t-il chanté la « beauté », Marilyn Monroe ou Ava Gardner ?
13. Dans quel film Alain Souchon incarne-t-il Pin-pon aux côtés d'Isabelle Adjani ?
14. Avec qui Alain Souchon a-t-il partagé la tournée ***Chacun mon tour*** : Véronique Sanson ou Eddy Mitchell ?
15. Dans quelle chanson Souchon demande-t-il : « Est-ce que tu m'aimeras encore dans cette petite mort ? »
16. Où les garçons veulent-ils voir, dans une chanson de Souchon ?
17. Alain Souchon a-t-il chanté ***Les Regrets*** ou ***Les Remords*** ?
18. Qu'y a-t-il « dans l'air » dans une chanson d'Alain Souchon ?
19. Alain Souchon a-t-il joué dans ***Nuit d'ivresse*** ou ***Comédie*** ?
20. Avec lequel de ses fils Alain Souchon a-t-il chanté : Pierre ou Charles ?

Réponses ▸ p. 284

478 GÉRARD KLEIN

- **1.** Gérard Klein est-il né le 29 janvier 1942 ou le 29 octobre 1942 ?
- **2.** Dans le film ***Zig-Zag***, que fait Gérard Klein ?
- **3.** La série télévisée dans laquelle joue Gérard Klein est-elle ***Le Proc*** ou ***L'Instit*** ?
- **4.** En quelle année un sondage Ipsos a révélé que Gérard Klein était l'acteur préféré des Français ?
- **5.** Dans combien de films Gérard Klein a-t-il joué ?
- **6.** Fin 2001, quel 7 d'or Gérard Klein a-t-il reçu ?
- **7.** Quand la série ***L'Instit*** a-t-elle commencé ?
- **8.** Comment l'Instit s'appelle-t-il ?
- **9.** Dans quel film de Roman Polanski a-t-il joué ?
- **10.** En moyenne, par combien de téléspectateurs la série ***L'Instit*** est-elle suivie ?
- **11.** Dans quel téléfilm de Laurent Heynemann Gérard Klein a-t-il joué, en 1994 ?
- **12.** Quelle émission de télévision réalise-t-il régulièrement, où il est entouré d'enfants ?
- **13.** Quelle est la position de Gérard Klein par rapport aux marchés, sur les places ?
- **14.** Dans quelle région des Dom un épisode de ***L'Instit*** a-t-il été tourné en mars 2002 ?
- **15.** Gérard Klein est-il une fine gueule ?
- **16.** Combien de temps une émission ***Va savoir*** dure-t-elle ?
- **17.** Dans le téléfilm ***Orage d'été, avis de tempête***, avec quelle comédienne, humoriste et chanteuse a-t-il joué ?
- **18.** Que sont allés voir les participants de ***Va savoir*** au Chili, en 2005 ?
- **19.** Dans quelle collection de livres retrouve-t-on les aventures de l'Instit ?
- **20.** Au top Ifop-JDD de juillet 2005, Gérard Klein était en 18e position. Où en était-il 6 mois plus tard ?

Réponses ▶ p. 284

479 LES AUTOMOBILES

- **1.** Par quoi un véhicule est-il propulsé ?
- **2.** En quelle année le terme « automobile » est-il apparu ?
- **3.** Par quelle réglementation la conduite automobile est-elle régie ?
- **4.** En bon français, comment devrait-on appeler un airbag ?
- **5.** L'automobile est-il un moyen de transport personnel ou un moyen de transport collectif ?
- **6.** En quelle année la toute première course automobile a-t-elle eu lieu, entre Rouen et Paris ?
- **7.** Lors d'un accident, le comportement des conducteurs est-il impliqué dans 75 % ou dans 95 % des cas ?
- **8.** Dans les rallyes, les véhicules sont-ils des voitures standard ou des véhicules spécialement conçus ?
- **9.** Comment l'élément qui supporte le moteur et la carrosserie d'un véhicule s'appelle-t-il ?
- **10.** Que met-on dans le réservoir d'une automobile quand ce n'est pas de l'essence ?
- **11.** En quelle année l'immatriculation des automobiles a-t-elle commencé en France ?
- **12.** Par quelle dénomination appelle-t-on un véhicule à 4 roues motrices ?
- **13.** Quel est le système permettant d'éviter le blocage des roues lors d'un freinage, l'ABS ou l'ASR ?
- **14.** Par qui la conduite à droite en France a-t-elle été imposée ?
- **15.** Quel additif le benzène a-t-il remplacé dans l'essence ?
- **16.** Comment appelle-t-on le petit miroir placé à l'envers d'un pare-soleil ?
- **17.** En moyenne, quelle quantité de dioxine de carbone un véhicule courant rejette-t-il en France ?
- **18.** Qui a inventé le premier véhicule automobile, à vapeur ?
- **19.** Quelle automobile rejette le moins de dioxine de carbone, la voiture diesel ou la voiture à essence ?
- **20.** Quel genre de filtre les moteurs diesel nécessitent-ils ?

Réponses ▶ p. 284

Vraouuuum...

480 CHERCHEZ L'INTRUS

Quelle personnalité n'est pas citée dans une chanson ?

A

B

C

D

Réponses ▸ p. 284

481 LES GRANDES ÉCOLES

▸ **1.** Quelle école prestigieuse spécifiquement française forme les hauts fonctionnaires ?

▸ **2.** Quelle discipline n'est plus enseignée à l'École des beaux-arts, la sculpture ou l'architecture ?

▸ **3.** Quelle école d'ingénieurs renommée est installée à Châtenay-Malabry ?

▸ **4.** Dans quelle ville l'école des Chartres est-elle installée ?

▸ **5.** À quel siècle le Collège de France a-t-il été fondé ?

▸ **6.** Des cours y sont-ils toujours dispensés ?

▸ **7.** Combien existe-t-il de types de conservatoires différents : deux, trois ou cinq ?

▸ **8.** Dans quel domaine l'école HEC dispense-t-elle un enseignement ?

▸ **9.** Pour la formation de qui l'École normale supérieure a-t-elle été créée ?

▸ **10.** Quelle lettre de l'alphabet sert à désigner familièrement l'École polytechnique ?

Réponses ▸ p. 284

482 FIGURES HISTORIQUES

1 **Henri de Guise était surnommé « le Balafré ».**
☐ Vrai ☐ Faux

2 **Mirabeau était secrètement payé par Louis XVI pour défendre ses intérêts.**
☐ Vrai ☐ Faux

3 **Marat est le fondateur du journal révolutionnaire le *Père Duchesne*.**
☐ Vrai ☐ Faux

4 **Sully fut le ministre des Finances de Louis XV.**
☐ Vrai ☐ Faux

5 **Jules Ferry était journaliste au *Temps*.**
☐ Vrai ☐ Faux

6 **Adolphe Thiers a vécu au début du XXe siècle.**
☐ Vrai ☐ Faux

7 **Talleyrand s'est enrichi en vendant des renseignements aux ennemis de Napoléon Ier.**
☐ Vrai ☐ Faux

8 **Le cardinal de Retz est l'auteur de célèbres *Mémoires*.**
☐ Vrai ☐ Faux

9 **Sadi Carnot fut président sous la IIe République.**
☐ Vrai ☐ Faux

10 **Aristide Briand a reçu le prix Nobel de la paix.**
☐ Vrai ☐ Faux

11 **François Darlan était un général.**
☐ Vrai ☐ Faux

12 **Jean Moulin a été arrêté à Caluire, non loin de Lyon.**
☐ Vrai ☐ Faux

13 **Eugène de Beauharnais était le fils de Joséphine et le beau-fils de Napoléon.**
☐ Vrai ☐ Faux

14 **Condamné à mort, le marquis de Condorcet réussit à acheter sa liberté.**
☐ Vrai ☐ Faux

15 **Paul Doumer ne fut président de la République que pendant onze mois.**
☐ Vrai ☐ Faux

Réponses ▸ p. 284

483 LA SECONDE GUERRE MONDIALE

1. Qu'advint-il aux Françaises qui avaient eu des relations avec des Allemands ?
2. En quelle année le maréchal Pétain signa-t-il un armistice avec les Allemands ?
3. Quelle ligne de défense française les Allemands contournèrent-ils en 1940 ?
4. Quelle nom porte la période durant laquelle l'Allemagne envahit plusieurs pays du nord de l'Europe entre avril et mai 1940 ?
5. Quel service fut institué par Vichy pour fournir des travailleurs français aux Allemands ?
6. Quel poste de haut fonctionnaire Jean Moulin occupa-t-il ?
7. Quel peuple fut déclaré « ennemi héréditaire de la France » par le gouvernement de Vichy ?
8. Après l'armistice, la France fut découpée en 2 zones. Quels étaient leur nom ?
9. Dans laquelle de ces zones Bordeaux se trouvait-elle ?
10. Quelle ligne fictive séparait les 2 zones ?
11. En échange de quoi pouvait-on obtenir des denrées alimentaires pendant la guerre ?
12. À quel marché clandestin la pénurie profita-t-elle ?
13. Où eut lieu la célèbre poignée de main entre Pétain et Hitler, Montoire ou Paris ?
14. Quelle rafle tristement célèbre eut lieu en juillet 1942 ?
15. Quelle mesure permet l'échange de travailleurs français contre des prisonniers, le volontariat ou la relève ?
16. Dans quelle région un second débarquement eut-il lieu en août 1944 ?
17. Quel camp d'extermination se trouvait en Alsace, Sobibor ou Struthof ?
18. Quelle ville fut ravagée lors de la Seconde Guerre mondiale, Poitiers ou Le Havre ?
19. Où se tint le procès de plusieurs personnalités de la IIIe République, à Romans ou à Riom ?
20. Quel signe distinctif les Juifs devaient-ils porter ?

Réponses ▶ p. 284

484 LA PICARDIE

1. Quelle activité agricole est implantée autour de Château-Thierry, dans la vallée de la Marne ?
2. Dans quelle ville le Centre international Jules-Verne est-il situé ?
3. La manufacture nationale de Beauvais produit-elle des armes ou de la tapisserie ?
4. L'estuaire de la Somme fait-il 50 km² ou 75 km² ?
5. La cathédrale de Senlis est-elle de style gothique ou de style roman ?
6. Dans la cathédrale de quelle ville trouve-t-on le chœur gothique le plus élevé du monde ?
7. Quelle est la plus célèbre tombe du cimetière de Villers-Cotterêts, dans la Somme ?
8. À Saint-Félix, dans l'Oise, un moulin restitue une activité locale arrêtée depuis peu : laquelle ?
9. Comment appelle-t-on les marais entrecoupés de canaux, utilisés pour les cultures maraîchères ?
10. Où peut-on découvrir une ancienne abbaye cistercienne en ruines, entre l'Oise et la forêt ?
11. Où peut-on visiter la maison natale de Jean de La Fontaine ?
12. Comment appelle-t-on le chemin emprunté par les filles de Louis XV pour aller chez leur gouvernante ?
13. Où peut-on voir le familistère, palais social inventé par J.-B. Godin au XIXe siècle ?
14. Quel est le nom de la cathédrale de Noyon, dans l'Oise, où reposent les reliques de saint Éloi ?
15. Dans le Vermandois, rencontre-t-on toujours l'industrie minière ou l'industrie textile ?
16. Le cimetière militaire français de Rancourt, dans la Somme, s'étend-il sur 1,8 ou 2,8 ha ?
17. Où trouve-t-on la plus vaste église de France ?
18. Peut-on faire retraite au carmel de Jonquières, dans l'Oise ?
19. Où le chemin de fer de la baie de Somme finit-il, au nord de cette baie ?
20. Comment s'appelle l'île du parc d'Ermenonville où était situé le premier tombeau de J.-J. Rousseau ?

Réponses ▶ p. 284

485 SERGE GAINSBOURG

- **1.** L'une des chansons de Gainsbourg s'intitule : ***Aux enfants de…***
- **2.** Que fume Dieu, selon Gainsbourg ?
- **3.** Pour qui Gainsbourg écrivit-il ***Les P'tits papiers*** ?
- **4.** Dans quelle chanson Gainsbourg multiplie-t-il les onomatopées ?
- **5.** À qui le chanteur demande-t-il de lui sauter au cou ?
- **6.** Avec qui Gainsbourg a-t-il interprété ***Bonnie and Clyde*** ?
- **7.** Complétez ce titre de chanson : ***Je suis venu te dire…***
- **8.** Quel titre Gainsbourg écrivit-il pour Françoise Hardy : ***Message personnel*** ou ***Comment te dire adieu*** ?
- **9.** Dans quelle chanson Gainsbourg revisite-t-il ***La Marseillaise*** ?
- **10.** Quel « ami » fait la tête à Gainsbourg dans une chanson : Caouette ou Graine ?
- **11.** À quelle danse Gainsbourg a-t-il consacré une chanson ?
- **12.** Que fait le poinçonneur des Lilas chanté par Gainsbourg ?
- **13.** Qu'a brûlé le chanteur sur un plateau de télévision, provoquant de vives réactions ?
- **14.** Pour qui Gainsbourg écrivit-il ***La Gadoue*** ?
- **15.** Quelle compagne de Serge Gainsbourg donna naissance à Lucien en 1986 ?
- **16.** Quel titre d'Édith Piaf Serge Gainsbourg a-t-il repris ?
- **17.** Comment Serge Gainsbourg fut-il surnommé ?
- **18.** Serge Gainsbourg a-t-il chanté ***No comment*** ou ***No problem*** ?
- **19.** En quelle année le chanteur est-il mort : 1985 ou 1991 ?
- **20.** Quel enfant le chanteur a-t-il eu avec Jane Birkin ?

Réponses ▶ p. 284

486 LE CLIMAT

- **1.** En majeure partie, par quel type de climat la France est-elle caractérisée ?
- **2.** Par quoi le plateau de la terre Adélie, en Antarctique oriental, est-il recouvert ?
- **3.** Quel est le mois le plus chaud en Polynésie française ?
- **4.** Quelle est la température moyenne de la Nouvelle-Calédonie ?
- **5.** À l'ouest de la France, quel climat s'impose ?
- **6.** En Guadeloupe, la saison sèche a-t-elle lieu de janvier à mai ou de juin à décembre ?
- **7.** Quel climat la frange méridionale de l'Hexagone connaît-elle ?
- **8.** Un climat océanique est-il froid et sec ou doux et pluvieux ?
- **9.** Quel climat est présent en Guyane française ?
- **10.** Quel centre de hautes pressions engendre les perturbations de l'Europe de l'Ouest ?
- **11.** À la Réunion, quand la saison chaude et humide a-t-elle lieu ?
- **12.** Quelle est la température moyenne annuelle de Saint-Pierre-et-Miquelon ?
- **13.** Un climat équatorial est-il chaud et humide constamment ou avec de grandes variations ?
- **14.** Quand la saison des pluies a-t-elle lieu à Mayotte ?
- **15.** Quelle est la caractéristique du climat méditerranéen en été ?
- **16.** Quand la période pluvieuse et chaude a-t-elle lieu en Nouvelle-Calédonie ?
- **17.** Quels événements atmosphériques peuvent se produire à la Réunion entre novembre et avril ?
- **18.** Y a-t-il des cyclones en Polynésie française ?
- **19.** Quelle est la température estivale moyenne des îles Kerguelen ?
- **20.** Quelle est la hauteur moyenne des précipitations en Guyane française ?

Réponses ▶ p. 284

Chaud ou froid ?

487 LES GRANDS COUTURIERS

1. De quelle illustre maison française Gian Franco Ferré a-t-il été directeur artistique ?
2. La maison Lanvin a-t-elle été créée par un homme ou par une femme ?
3. Quel styliste réputé a été retenu pour le relooking des sièges du TGV ?
4. Quelle est la couleur fétiche d'Yves Saint-Laurent, le noir ou le blanc ?
5. Quel couturier a animé l'émission ***Eurotrash*** avec Antoine de Caunes ?
6. Quel était le prénom du fondateur de Givenchy ?
7. De quel film de Jean Cocteau Pierre Cardin créa-t-il les costumes ?
8. Pour quel vêtement la maison Chanel est-elle particulièrement célèbre ?
9. Quel grand couturier a posé nu pour une publicité pour son parfum ?
10. Qu'est-ce que le cacharel, qui a donné son à la célèbre maison de couture, une épice ou un oiseau ?
11. Qui fut le fondateur de cette maison, Jean Patou ou Jean Bousquet ?
12. Quelle était à l'origine la spécialité de la créatrice Chantal Thomass ?
13. Pour quel grand magasin Jean-Charles de Castelbajac a-t-il créé son ***Noël royal*** ?
14. Quelle maison possède un département haute couture : Guerlain ou Hermès ?
15. Quel est le pays d'origine du couturier Paco Rabanne ?
16. Qu'avait-il prévu pour l'an 2000 ?
17. La maison Thierry Mugler a-t-elle été fondée en 1948 ou en 1974 ?
18. Quelle avenue parisienne abrite les sièges de plusieurs grandes maisons de couture : Montaigne ou Foch ?
19. Quel est le prénom d'Ungaro ?
20. Quel couturier s'est fait connaître en 1958 par sa célèbre robe trapèze ?

Réponses ▶ p. 284

488 SIMONE VEIL

1. Quel est le nom de jeune fille de Simone Veil ?
2. Quelle est sa date de naissance ?
3. Simone Veil a-t-elle 3 fils ou 3 filles ?
4. Son mari, Antoine Veil, a-t-il été collaborateur de Michel Debré ou de Michel Poniatowski ?
5. Où Simone Veil a-t-elle été déportée, en 1944 ?
6. Simone Veil est-elle née à Nice ou à Marseille ?
7. Quelle était la profession de son père ?
8. En 1969, de quel ministre Simone Veil était-elle le conseiller ?
9. Quand Simone Veil s'est-elle mariée ?
10. Les parents de Simone Veil étaient-ils des Juifs religieux ou des Juifs laïcs ?
11. En 1966, quelle loi Simone Veil rédige-t-elle ?
12. A-t-elle été la 1re ou la 2e femme à être ministre d'État ?
13. En 1979, sur quelle liste est-elle tête de liste aux élections du Parlement européen ?
14. À quelle carrière a-t-elle renoncé pour entrer dans la magistrature ?
15. Quel poste ministériel Simone Veil occupe-t-elle en 1974 ?
16. Quel poste va-elle occuper pendant 2 ans et demi au Parlement européen en 1979, en plus de celui de député ?
17. Simone Veil a-t-elle reçu des prix étrangers d'importance ?
18. En 1975, quelle loi fait-elle voter, qui divise toujours une partie de la France ?
19. Quel gouvernement Simone Veil a-t-elle rejoint en 1993 ?
20. De quel Conseil est-elle membre depuis 1998 ?

Réponses ▶ p. 284

489 LES OS

Nommez chaque os du squelette ci-dessous.

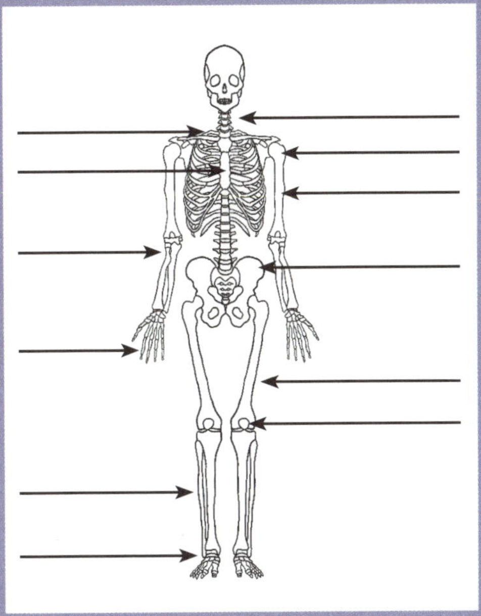

Réponses ▶ p. 284

490 SCIENCE-FICTION, FANTASY

- **1.** Quels animaux dominent les humains sur la « planète » de Pierre Boulle ?
- **2.** Dans quel roman de Pierre Benoit deux officiers sont-ils prisonniers de la puissante Antinéa ?
- **3.** Qui est l'auteur du roman d'anticipation ***Ravage*** ?
- **4.** Quel monde inexploré Michael Pinson et Raoul Razorbak veulent-ils découvrir dans le roman de Werber ?
- **5.** Quel peuple voit son heure sonner dans la trilogie de Jean-Louis Fetjaine : les Nains ou les Elfes ?
- **6.** Pierre Bordage est l'auteur d'une trilogie intitulée ***Les Guerriers du...***
- **7.** De quelle gigantesque saga le glaciologue Lien Rag est-il le héros ?
- **8.** Sous quel pseudonyme se cachent Anne et Gérard Guéro : Cyan ou Ange ?
- **9.** De qui le cycle de Pierre Grimbert raconte-t-il le « secret » ?
- **10.** Quel est le « grand secret » de Barjavel ?

Réponses ▶ p. 284

491 L'ARC DE TRIOMPHE

1 **L'arc de Triomphe a été inauguré par Napoléon Ier.**
☐ Vrai ☐ Faux

2 **Il mesure 50 m de haut.**
☐ Vrai ☐ Faux

3 **La construction de l'arc de Triomphe a duré 30 ans.**
☐ Vrai ☐ Faux

4 **L'accès au toit de l'arc de Triomphe est interdit au public.**
☐ Vrai ☐ Faux

5 **L'Arc est décoré d'un célèbre bas-relief allégorique intitulé *La Marseillaise*.**
☐ Vrai ☐ Faux

6 **La Liberté y est représentée sous la forme d'une femme à cheval.**
☐ Vrai ☐ Faux

7 **La construction de l'arc de Triomphe a débuté en 1806.**
☐ Vrai ☐ Faux

8 **Le soldat inconnu, enterré sous l'Arc, est tombé lors de la Seconde Guerre mondiale.**
☐ Vrai ☐ Faux

9 **Près de 600 noms de batailles sont gravés sur les parois internes de l'Arc.**
☐ Vrai ☐ Faux

10 **L'arc de Triomphe a été conçu comme un monument à la gloire de la Grande Armée.**
☐ Vrai ☐ Faux

11 **L'arc de Triomphe se trouve dans le prolongement des Champs-Élysées.**
☐ Vrai ☐ Faux

12 **Sous l'Arc brûle une flamme qui ne s'éteint jamais.**
☐ Vrai ☐ Faux

13 **Le monument mesure 25 m de large.**
☐ Vrai ☐ Faux

14 **L'arc de Triomphe abrite un musée.**
☐ Vrai ☐ Faux

15 **L'arc de Triomphe est l'œuvre de l'architecte Vauban.**
☐ Vrai ☐ Faux

Réponses ▶ p. 284

492 LE HANDICAP

- **1.** Quand l'année européenne des personnes handicapées a-t-elle eu lieu ?
- **2.** Combien y a-t-il de personnes handicapées en France ?
- **3.** Le handicap est-il toujours irréversible ?
- **4.** Combien de principales catégories de handicap distingue-t-on ?
- **5.** Quel accès toute entreprise publique devrait-elle posséder pour accueillir les personnes handicapées ?
- **6.** À partir de combien de salariés une entreprise doit-elle accueillir des personnes handicapées ?
- **7.** À quelle grande manifestation sportive les athlètes handicapés français participent-ils tous les 4 ans ?
- **8.** Les enfants handicapés ne pouvant plus aller à l'école ont-ils droit à une scolarisation à domicile ?
- **9.** En France, quel pourcentage de personnes déclarent que l'image des personnes handicapées s'améliore ?
- **10.** Quelle manifestation nationale de fin d'année a lieu aussi en faveur des personnes handicapées ?
- **11.** Existe-t-il un prix littéraire attribué aux livres parlant du handicap ?
- **12.** Combien le secteur protégé emploie-t-il de personnes handicapées, 110 000 ou 150 000 ?
- **13.** Combien de personnes handicapées sont-elles au chômage, 110 000 ou 150 000 ?
- **14.** Que risquent les entreprises n'embauchant pas le quota minimum de personnes handicapées ?
- **15.** Qui a été nommé en 1995 délégué interministériel aux Personnes handicapées ?
- **16.** En novembre 2005 a eu lieu la 6e ou la 9e semaine nationale pour l'emploi des personnes handicapées ?
- **17.** Combien de sports de loisir et de compétition la fédération française Handisport gère-t-elle ?
- **18.** Dans quelle émission de télévision Pierre Bellemare accueillait-il des athlètes Handisport ?
- **19.** Michel Gillibert a-t-il été secrétaire d'État aux Handicapés ou ministre du Handicap ?
- **20.** Tous les emplois devront-ils être ouverts au handicap en 2010 ou en 2015 ?

Réponses ▸ p. 284

Seventies

493 LA MUSIQUE DES ANNÉES 1970

- **1.** Dans quel tube de Laurent Voulzy entend-on des refrains de chansons anglophones ?
- **2.** Qui se demande « où sont les femmes » ?
- **3.** Quelle ville américaine a donné son nom à un tube de Maxime Le Forestier ?
- **4.** Que « vient nous chanter » Gérard Lenorman en 1975 ?
- **5.** Quelle est la couleur des « mots » de Christophe ?
- **6.** Où ira-t-on tous selon la chanson de Polnareff ?
- **7.** Pour quoi Michel Delpech ferait-il « n'importe quoi » ?
- **8.** Comment s'appelait la troupe fondée par Michel Fugain ?
- **9.** Qui suivait des yeux l'étoile du berger dans une chanson de Sheila ?
- **10.** L'un des tubes de Stone et Charden s'intitule ***Made in***…
- **11.** Quel âge venait-il d'avoir dans la chanson de Dalida ?
- **12.** Qui est l'interprète de ***Manuréva*** : Alain Chamfort ou Herbert Léonard ?
- **13.** En 1976, Mort Shuman chantait : « Allô papa tango… »
- **14.** Quel chanteur français est « born to be alive » ?
- **15.** Qui est une « ex-fan des sixties » ?
- **16.** Comment les filles rendent-elles le chanteur du groupe Au Bonheur des dames : zinzin ou marteau ?
- **17.** Où Michel Sardou habite-t-il dans une de ses chansons ?
- **18.** De qui Véronique Sanson a-t-elle besoin dans une chanson ?
- **19.** Qui chantait le tube ***Lady Lay*** : Pierre Groscolas ou Pierre Vassiliu ?
- **20.** Quel est le titre du célèbre opéra rock de Michel Berger ?

Réponses ▸ p. 284

494 LA Vᵉ RÉPUBLIQUE

- **1.** En quelle année la Vᵉ République a-t-elle vu le jour, 1946 ou 1958 ?
- **2.** À qui la Vᵉ République accorde-t-elle de plus larges pouvoirs que la IVᵉ République ?
- **3.** Lequel n'a pas été Président sous la Vᵉ République, Vincent Auriol ou Charles de Gaulle ?
- **4.** À l'origine, quelle durée la constitution de la Vᵉ République fixa-t-elle pour le mandat présidentiel ?
- **5.** Depuis 2000, quelle est la nouvelle durée du mandat présidentiel ?
- **6.** Avant 1962, le président était-il élu au suffrage restreint ou par les grands électeurs ?
- **7.** Quel président de la Vᵉ République est mort avant la fin de son mandat ?
- **8.** Comment appelle-t-on la coexistence d'un Président et d'un Gouvernement de partis opposés ?
- **9.** Qu'a dissolu Jacques Chirac en 1997 ?
- **10.** Pour combien de temps les sénateurs sont-ils élus, 6 ans ou à vie ?
- **11.** Quel pouvoir est aux mains des ministres ?
- **12.** Qui est, en 2006, le premier secrétaire du parti socialiste ?
- **13.** Qui fut Premier ministre de François Mitterrand avant de devenir Président lui-même ?
- **14.** Quel parti fut fondé en 1978 pour soutenir Valéry Giscard d'Estaing ?
- **15.** De quelle ville l'ancien Premier ministre Raymond Barre devint-il maire en 1995 ?
- **16.** Qui fut le plus jeune Premier ministre de la Vᵉ République ?
- **17.** Quel groupe de partis politiques de droite a été créé en 2002 ?
- **18.** L'attribution au pouvoir exécutif d'une sorte de contrôle de l'activité législative est-elle une nouveauté par rapport aux constitutions antérieures ?
- **19.** Qui fut le premier président de la Vᵉ République à avoir effectué 2 mandats entiers ?
- **20.** Qui nomme le Premier ministre ?

Réponses ▶ p. 284

495 POT-POURRI

- **1.** Quelle est l'abréviation de « monseigneur » ?
- **2.** Quel concours récompense chaque année les meilleures inventions ?
- **3.** Dans quelle comédie musicale est-il question de Johnny Rockfort ?
- **4.** Quel mystérieux prisonnier aurait été, selon certaines rumeurs, le jumeau de Louis XIV ?
- **5.** Quel type d'établissements les villes d'eau sont-elles les seules à pouvoir ouvrir ?
- **6.** Quelle station de RER a été la cible d'un attentat en 1995 ?
- **7.** De quel jeu de cartes Patrick Bruel a-t-il été champion du monde ?
- **8.** Dans quelle ville peut-on visiter le musée du bonbon Haribo : Mulhouse ou Uzès ?
- **9.** Que portent les scouts de France autour du cou ?
- **10.** Dans quel pays d'Asie actuel se situait l'ancienne colonie française du Tonkin ?
- **11.** Quelle chanteuse est la cousine de l'animateur Arthur : Lara Fabian ou Larusso ?
- **12.** Comment appelle-t-on le système institutionnel de la France d'avant la Révolution ?
- **13.** Quel célèbre guide de voyages a été fondé par Philippe Gloaguen ?
- **14.** Quel prélat fut nommé archevêque de Paris en 1981 avant de devenir cardinal en 1983 ?
- **15.** Quel pouvoir détient le Parlement ?
- **16.** Quelle forêt légendaire est souvent identifiée à celle de Paimpont, en Bretagne ?
- **17.** Dans quel aéroport parisien un terminal s'est-il en partie effondré en 2004 ?
- **18.** Qui surnomme-t-on souvent « les soldats du feu » ?
- **19.** Quelle couleur de vin faut-il pour réaliser une sauce Bercy ?
- **20.** Quel couturier a dessiné des uniformes pour Air France : Jean Paul Gaultier ou Christian Lacroix ?

Réponses ▶ p. 285

496 LES CANAUX

- **1.** Quel est le nom du grand canal du Sud-ouest de la France ?
- **2.** Peut-on faire de la navigation de plaisance sur les canaux français ?
- **3.** Quelle est la vitesse maximale autorisée sur les canaux et les dérivations de rivières canalisées ?
- **4.** Quel canal passe à Épinal ?
- **5.** Dans quelle ville le canal de la Marne au Rhin commence-t-il ?
- **6.** Le canal du Midi est-il long de 200 km ou de 240 km ?
- **7.** En France, un permis spécifique est-il nécessaire pour naviguer sur les canaux ?
- **8.** Au début du xxe siècle, la batellerie de canal industrielle comprenait-elle 6 000 ou 12 000 bateaux ?
- **9.** Quelle était la vocation du canal de Nantes à Brest, construit sous Napoléon Ier ?
- **10.** Quelle est la caractéristique du canal du Rhône à Sète ?
- **11.** Quelle était l'ambition première du canal de Bourgogne ?
- **12.** Quelle forme spécifique les écluses du canal du Midi ont-elles ?
- **13.** Quelle rivière a été canalisée au xvie siècle pour ravitailler Paris en bois et en céréales ?
- **14.** Quel canal passe à Narbonne ?
- **15.** Quel canal permet de rejoindre la Garonne depuis Toulouse ?
- **16.** D'où proviennent les eaux du grand canal d'Alsace ?
- **17.** Quel est le premier canal construit sur deux bassins versants, qui date du xviie siècle ?
- **18.** À Paris, où le canal Saint-Martin commence-t-il ?
- **19.** Sur quel canal le plan incliné de Saint-Louis-Arzviller est-il implanté ?
- **20.** Les écluses sont-elles moins espacées sur les canaux du Centre que sur ceux de Bretagne ?

Réponses ▶ p. 285

SFP PACS SPA

497 LES SIGLES

Que signifient les sigles et acronymes suivants :

- **1.** ANPE.
- **2.** SPA.
- **3.** NF.
- **4.** ISF.
- **5.** IVG.
- **6.** PAF.
- **7.** PNB.
- **8.** OGM.
- **9.** ZI.
- **10.** PACS.
- **11.** OMS.
- **12.** IGN.
- **13.** SFP.
- **14.** CAF.
- **15.** CFDT.
- **16.** FMI.
- **17.** JMJ.
- **18.** TER.
- **19.** HLM.
- **20.** CIO.

Réponses ▶ p. 285

OGM

498 ARCHITECTURE MODERNE

1 Auguste Perret fut chargé de la reconstruction du Mans, détruit par les bombardements.
Vrai Faux

2 Il fut l'un des premiers à utiliser le béton armé dans ses constructions.
Vrai Faux

3 Robert Mallet-Stevens fut l'un des fondateurs de l'Union des architectes modernes.
Vrai Faux

4 C'est à Ludwig Mies Van der Rohe que l'on doit la fondation Cartier, à Paris.
Vrai Faux

5 Christian de Portzamparc est l'architecte de l'ambassade de France à Berlin.
Vrai Faux

6 La *Cité radieuse*, imaginée par Le Corbusier, se trouve à Lille.
Vrai Faux

7 Jacques Carlu est célèbre pour ses édifices en verre.
Vrai Faux

8 Tony Garnier était originaire de Lyon, où il a construit de nombreux édifices.
Vrai Faux

9 Jean Prouvé était un spécialiste des constructions avec charpente métallique.
Vrai Faux

10 Le Corbusier fut l'un des détracteurs du courant appelé style international.
Vrai Faux

11 Philippe Starck est un designer et architecte français d'origine allemande.
Vrai Faux

12 La Grande Arche de la Défense est entièrement en verre et en marbre noir.
Vrai Faux

13 Louis Kahn fut professeur à l'École spéciale d'architecture de Paris pendant 20 ans.
Vrai Faux

14 La villa Savoye est une célèbre réalisation de l'architecte Le Corbusier.
Vrai Faux

15 L'intérieur de l'opéra de Lyon est entièrement noir, tel que l'a voulu l'architecte Jean Nouvel.
Vrai Faux

Réponses ▸ p. 285

499 LES PERSONNAGES LITTÉRAIRES

1 Le prénom du mari de madame Bovary, l'héroïne de Flaubert, est Charles.
Vrai Faux

2 Daniel Eysette est le héros du *Petit Chose*, d'Alphonse Daudet.
Vrai Faux

3 L'amant de Marguerite Gautier, la dame aux camélias, est Étienne Lantier.
Vrai Faux

4 La femme de Swann, dans *À la recherche du temps perdu*, se prénomme Odile.
Vrai Faux

5 Pantagruel est le fils de Gargantua.
Vrai Faux

6 Lucrèce Borgia est un personnage des *Misérables*.
Vrai Faux

7 Gauvain est un chevalier de la Table ronde.
Vrai Faux

8 Julien Sorel est le héros du roman *Le Rouge et le noir*.
Vrai Faux

9 Le frère du jeune héros de *La Gloire de mon père* se prénomme Paul.
Vrai Faux

10 Michel Strogoff est capitaine de navire dans *Vingt mille lieues sous les mers*.
Vrai Faux

11 Le faux bossu du roman de Paul Féval se nomme Lagardère.
Vrai Faux

12 Claudine est l'héroïne de plusieurs romans de Colette.
Vrai Faux

13 La marquise de Merteuil est la belle-mère de Cécile Volanges dans *Les Liaisons dangereuses*.
Vrai Faux

14 Pangloss apparaît dans *Micromégas* de Voltaire.
Vrai Faux

15 La mère de Poil de Carotte, le héros de Jules Renard, est madame Lepic.
Vrai Faux

Réponses ▸ p. 285

500 LES ANNÉES 1960

1. Quelle nouvelle monnaie est instaurée en France au 1er janvier 1960 ?
2. Où la première explosion atomique française a-t-elle lieu, en janvier 1960 ?
3. Quel célèbre président du parti communiste français décède en juillet 1964 ?
4. Fondation en 1960 d'un nouveau parti : le PSU. Que signifie ce sigle ?
5. Le général de Gaulle inaugure un aéroport parisien le 24 février 1961 : le Bourget ou Orly Sud ?
6. Quel tube parlant d'un vengeur masqué vêtu de noir Henri Salvador sort-il en 1964 ?
7. Quel Français remporte la première course transatlantique en solitaire en 1965 ?
8. Qui lance en France la minirobe, André Courrèges ou Yves Saint-Laurent ?
9. En quelle année la série ***Belphégor*** apparaît-elle à la télévision ?
10. Quelle chanteuse internationale appelée « la môme » s'éteint en juillet 1963 ?
11. La première croisière du paquebot ***France*** a-t-elle lieu en janvier 1963 ou 1966 ?
12. Les Shadoks font-ils leur apparition à la télévision en 1962 ou 1968 ?
13. Quelle colonie française obtient le 5 juillet 1962 son indépendance ?
14. À quel pétrolier doit-on la première marée noire de l'histoire, dans la Manche, en mars 1967 ?
15. En quel mois de 1968 les émeutes du Quartier latin, à Paris, ont-elles eu lieu ?
16. Jacques Demy réalise-t-il en 1965 ***Les Parapluies de Cherbourg*** ou ***Les Parapluies de Cabourg*** ?
17. Quel grand monument parisien est occupé par les étudiants en avril 1968 ?
18. Quel est le nouveau mode d'élection du président de la République en décembre 1965 ?
19. Le 11 décembre 1967, quel avion franco-britannique fait-il ses premiers essais en vol ?
20. Les accords gouvernement-syndicats de mai 1968 sont-ils appelés accords de Grenelle ou d'Évian ?

Réponses ▶ p. 285

Roberto, mia palma

501 LUC BESSON

1. De quel film de Luc Besson Corben Dallas est-il le héros ?
2. Quelle est la boisson préférée de Léon, la menthe à l'eau ou le lait ?
3. Quel acteur incarne le petit ami de Nikita ?
4. De la vie de quel plongeur ***Le Grand Bleu*** est-il inspiré ?
5. Quelle trilogie marseillaise Luc Besson a-t-il produite ?
6. Comment s'intitule le premier film de Luc Besson, ***Le Dernier des samouraïs*** ou ***Le Dernier Combat*** ?
7. À quelle héroïne historique Luc Besson a-t-il consacré un film ?
8. Quel est le compositeur fétiche de Luc Besson ?
9. Quelle actrice incarne la petite amie du plongeur du ***Grand Bleu*** ?
10. Quel film de Luc Besson est entièrement consacré à la faune sous-marine ?
11. Où se passe l'action du film ***Subway*** ?
12. Quelle en est l'actrice principale ?
13. Qui fut la compagne du réalisateur avant de devenir celle du compositeur Jean-Michel Jarre ?
14. De quel héros Luc Besson raconte-t-il les aventures dans un livre pour enfants, Archie ou Arthur ?
15. Dans quel film Jamel Debbouze tient-il le rôle principal ?
16. Quel héros de Besson est nettoyeur ?
17. Luc Besson a-t-il écrit le scénario de ***Wasabi*** ou de ***Danny the Dog*** ?
18. Quel film de Luc Besson est en noir et blanc ?
19. Quel top model fut la Leeloo du ***Cinquième Élément*** ?
20. Comment se prénomme la jeune amie de Léon, Mathilda ou Clara ?

Réponses ▶ p. 285

502 LE SYSTÈME ÉDUCATIF

- **1.** À l'école primaire, combien les élèves ont-ils d'heures de sport chaque semaine ?
- **2.** À partir de quelle classe l'apprentissage d'une langue vivante étrangère est-il obligatoire ?
- **3.** Quel organisme dépendant du ministère de l'Éducation nationale dispense des formations à distance ?
- **4.** Quel nouveau diplôme universitaire obtient-on après 5 années d'études, le magistère ou le master ?
- **5.** Qu'est devenu l'ancien bac B, le bac E ou ES ?
- **6.** Des religieux sont-ils autorisés à enseigner dans les établissements publics ?
- **7.** Qu'est-ce qu'une ZEP ?
- **8.** Combien y a-t-il d'académies en France, 30 ou 50 ?
- **9.** Comment appelle-t-on le directeur d'un collège ?
- **10.** Dans quel type d'établissement doit-on s'inscrire pour prétendre à un CAP ou à un BEP ?
- **11.** Combien doit-on passer d'années en classe préparatoire avant de pouvoir intégrer une grande école ?
- **12.** Quelle note minimale faut-il obtenir pour avoir une mention « Bien » ?
- **13.** Qui remplace les instituteurs depuis 1990 ?
- **14.** À partir de quel âge l'école est-elle obligatoire ?
- **15.** La classe préparatoire appelée khâgne est-elle littéraire ou scientifique ?
- **16.** Les élèves de l'école élémentaire ont-ils cours 4 ou 5 jours par semaine ?
- **17.** Que signifie le sigle BEP ?
- **18.** À la fin de quelle classe le redoublement ne peut-il pas être imposé aux parents, la 5e ou la 3e ?
- **19.** Combien d'heures sont consacrées chaque semaine à l'éducation artistique en cours élémentaire ?
- **20.** Quelle note minimale faut-il obtenir au baccalauréat pour pouvoir passer l'oral de rattrapage ?

Réponses ▸ p. 285

503 LES PARCS DE LOISIRS

- **1.** Quel grand parc d'attractions s'étend à Marne-la-Vallée ?
- **2.** Le parc Naturospace de Honfleur est-il consacré aux tortues ou aux papillons ?
- **3.** Où le parc d'Astérix se situe-t-il ?
- **4.** La mer de Sable, à Ermenonville, s'étend-elle sur 49 ha ou sur 59 ha ?
- **5.** Quand le Futuroscope a-t-il ouvert ses portes ?
- **6.** Combien de monuments sont reproduits à France miniature, à Élancourt ?
- **7.** Combien de visiteurs viennent chaque année au Puy-du-Fou, en Vendée ?
- **8.** Quand le parc de Disneyland a-t-il ouvert ses portes ?
- **9.** Quel est le thème du parc de loisirs OK Corral de Cuges-les-Pins, dans les Bouches-du-Rhône ?
- **10.** Où se situe le centre Escal'Atlantic, ouvert en 2000 ?
- **11.** Quelle est la surface des expositions permanentes de la Cité des sciences, à Paris ?
- **12.** Quel est le thème de Cap'Découverte, à Carmaux, dans le Tarn ?
- **13.** Thoiry, dans les Yvelines, est-il un parc animalier ou un parc scientifique ?
- **14.** Quel animal est présenté dans le centre animalier de Saint-Leu, à la Réunion ?
- **15.** Quand la première foire du Trône de Paris a-t-elle été créée ?
- **16.** Quel est le thème du parc Micropolis de Saint-Léons, dans l'Aveyron ?
- **17.** Quel est le nom du parc européen du volcanisme, voulu par Valéry Giscard d'Estaing ?
- **18.** Sur combien de m^2 le parc aquatique de l'Aquaboulevard de Paris s'étend-il ?
- **19.** Quel est le parc de Maizières-les-Metz, en Lorraine ?
- **20.** Quel parc de loisirs est situé au nord-ouest de Limoges ?

Réponses ▸ p. 285

504

Les sportifs français

1. Quel pilote est devenu le premier Français champion du monde des rallyes en 1994 ?
2. Qui est considérée comme la plus grande nageuse française de l'histoire ?
3. Combien de médailles d'or en championnat du monde Philippe Candeloro a-t-il remportées ?
4. Dans quel sport Laura Flessel s'est-elle illustrée ?
5. Qui a été le premier pilote français à remporter un Grand Prix en F1 ?
6. En ski, Carole Merle est-elle une spécialiste du Super G ou du combiné ?
7. En quelle année Brian Joubert est-il devenu champion de France en patinage ?
8. Quelle est la sportive française la plus titrée en championnat de France, tous sports confondus ?
9. Quel boxeur est devenu champion du monde mi-lourd à New York en 1920 ?
10. Quelle tenniswoman a été n° 1 mondial pendant 5 semaines en septembre 2004 ?
11. Quel a été le premier footballeur français à être élu Ballon d'or ?
12. Dans quel sport Laurence Fischer s'est-elle illustrée, en judo ou au karaté ?
13. En ski, combien de victoires en Coupe du monde Jean-Noël Augert détient-il : 5 ou 15 ?
14. Quelle était la spécialité de la nageuse Christine Caron dans les années 1960 ?
15. Quel est le sportif le plus titré en France ?
16. En athlétisme, quelle était la spécialité de Colette Besson ?
17. Jacques Secrétin s'est-il distingué en tennis de table ou au saut en hauteur ?
18. Quelle est la championne de France de patinage artistique en 2005 ?
19. Quel est le plus grand pilote de F1 français ?
20. Quelle est la Française la plus titrée aux internationaux de France en simple dames ?
21. Quel Français a obtenu le plus de victoires de Coupe du monde de cyclisme ?
22. Comment la skieuse prénommée Annie, 11 fois championne de France dans les années 1960, s'appelle-t-elle ?
23. Contre qui Marcel Cerdan a-t-il perdu son titre de champion du monde en moyen, en 1949 ?
24. Dans quelle discipline Anne-Caroline Chausson a-t-elle été 9 fois championne du monde ?
25. Quel est le Français le plus médaillé en patinage artistique ?
26. En ski, quelle est la seule Française à avoir remporté la Coupe du monde en général ?
27. En cyclisme, Florian Rousseau a-t-il été champion olympique du kilomètre ?
28. Qui a gagné le championnat de France de gymnastique rythmique de 2000 à 2003 ?

29. Combien de finales René Lacoste a-t-il gagnées lors des internationaux de France ?

30. Valéry Fabre est-elle championne d'Europe individuelle en 2004 au tir à l'arc ou au pistolet ?

31. Quel Français a été champion olympique du 110 m haies en 1976 ?

32. En athlétisme, qui a-t-on surnommé « la gazelle » ?

33. Quand David Ginola a-t-il été désigné joueur de l'année par les footballeurs professionnels anglais ?

34. Mary Pierce a-t-elle gagné les internationaux de France ?

35. En football, comment le défenseur Laurent Blanc était-il surnommé ?

36. En judo, qui est devenue la première championne du monde française TC en 2001 ?

37. En quelle année Jean Galfione est-il devenu champion olympique au saut à la perche ?

38. En quelle année Françoise Dürr a-t-elle gagné les internationaux de France en simple dames ?

39. Début 2006, quel Français détenait toujours le record de ski de vitesse ?

40. Quelle est la meilleure gymnaste française de gymnastique rythmique ?

41. Quel était le gardien de but de l'équipe de France de handball, championne du monde en février 2006 ?

42. Quel tournoi de grand chelem Amélie Mauresmo a-t-elle gagné au début 2006 ?

43. Quelle a été la meilleure place mondiale de Guy Forget à l'ATP obtenue en 1991 ?

44. Quel alpiniste de très haut niveau a perdu la vie dans le Makalu (Himalaya) fin janvier 2006 ?

45. En handball, combien Nikola Karabatic a-t-il marqué de buts lors de la finale de l'Euro 2006 ?

46. Quelle a été la place de Sébastien Loeb lors du rallye de Monte-Carlo de 2005 ?

47. Pour quelle écurie Jean Alesi est-il parti de l'écurie Ferrari ?

48. Le 7 janvier 2006, Jean-Marc Mormeck a-t-il gardé son titre des lourds-légers ou l'a-t-il perdu ?

49. Combien de sommets de 8 000 m Chantal Maudit avait-elle gravis avant de disparaître en 1998 ?

50. Aux Jeux olympiques de Turin, en 2006, quelle médaille Antoine Dénériaz a-t-il obtenue en descente ?

Réponses ▸ p. 285

Ma Dalton

505 LUCKY LUKE

1. Quel dessinateur belge a créé Lucky Luke ?
2. Lucky Luke est connu pour tirer plus vite que…
3. Combien les frères Dalton sont-ils ?
4. Quel est le nom du plus grand ?
5. Quelle est la couleur du cheval de Lucky Luke ?
6. Quelle femme ayant réellement existé est une amie de Lucky Luke : Calamity Jane ou Bonnie Parker ?
7. Qui est le scénariste de la plupart des ***Lucky Luke*** : René Goscinny ou Peyo ?
8. Dans quel album Lucky Luke escorte-t-il deux frères, inventeurs d'une machine à sous ?
9. Quel animal est Rantanplan ?
10. Où Lucky Luke reconduit-il invariablement les Dalton ?
11. Quelle mauvaise habitude Lucky Luke perd-il dans les derniers albums ?
12. Quelle actrice ayant réellement existé a donné son nom au titre d'un album de ***Lucky Luke*** ?
13. Quel album n'existe pas : ***Le Magot des Dalton*** ou ***Le Trésor des Dalton*** ?
14. Comment se nomme le cheval de Lucky Luke ?
15. Vers quoi voit-on invariablement Lucky Luke se diriger à la fin de chaque album ?
16. Quel jeune desperado aimant le chocolat chaud et les bonbons sera arrêté par Lucky Luke ?
17. Dans quel album est-il question de l'installation du télégraphe : ***Le Fil qui chante*** ou ***Des Barbelés sur la prairie*** ?
18. Quelle est la couleur de la chemise de Lucky Luke ?
19. Comment s'appelle le chat de Ma Dalton, la mère des quatre bandits : Sweetie ou Félix ?
20. Quel comique français a écrit le scénario de l'album ***La Belle Province*** : Laurent Gerra ou Dany Boon ?

Réponses ▸ p. 285

506 LE BŒUF

1. La Charolaise est-elle une race à viande ou une race à lait ?
2. Comment appelle-t-on les tranches de 2 cm taillées dans le filet et ceinturées d'une bande de lard ?
3. À quel âge minimum les bœufs de Chalosse Label rouge sont-ils abattus ?
4. Combien y a-t-il de races bovines élevées en France : plus de 21 ou plus de 31 ?
5. Le grain de la viande de race limousine est-il très fin ou relativement fin ?
6. Comment appelle-t-on dans le bœuf le morceau désigné dans le veau par quasi ?
7. Combien de temps doit-on mariner le tablier de sapeur avec vin blanc, moutarde et vinaigre ?
8. Quelle forme la hampe a-t-elle : compacte ou très allongée ?
9. Quel est l'autre nom de l'aiguillette du rumsteack ?
10. Les vaches de race Salers ont-elles un long poil brun rouge ou un poil court brun clair ?
11. Le rond de gîte est-il un morceau avant ou arrière du bœuf ?
12. Quel plat peut-on faire avec les tranches de bœuf déjà cuites la veille au pot-au-feu ?
13. Le flanchet est-il une pièce à rôtir ou à ragoût ?
14. Quelle viande a un goût plus persillé : celle de race carmargue ou celle de race gasconne ?
15. Un chateaubriand est-il un morceau de filet très fin ou épais ?
16. La côte de bœuf fait-elle partie des morceaux de 1re ou de 2e catégorie ?
17. Pour un bœuf de 680 kg à la ferme, quel sera au final le poids de la viande nette, désossée et parée ?
18. Quel morceau de bœuf emploie-t-on pour faire un bœuf bourguignon ?
19. Le rond de gîte est-il une pièce à poêler ou à rôtir ?
20. À base de quoi la sauce de l'entrecôte marchand de vin est-elle faite ?

Réponses ▸ p. 285

507 POINT COMMUN

Qu'ont en commun ces quatre actrices ?

Réponses ▸ p. 285

508 LES RÉALISATEURS

Qui a réalisé chacun des films suivants ?

- 1. ***Ridicule***.
- 2. ***L'Aigle à deux têtes***.
- 3. ***Ceux qui m'aiment prendront le train***.
- 4. ***Le Nom de la rose***.
- 5. ***La Femme du boulanger***.
- 6. ***Mon idole***.
- 7. ***Le Cercle rouge***.
- 8. ***La Haine***.
- 9. ***Touchez pas au grisbi***.
- 10. ***Hibernatus***.

Réponses ▸ p. 285

509 LITTÉRATURE

1 Comment s'appelle l'héroïne du roman *Belle du seigneur* d'Albert Cohen ?
- A : Élise.
- B : Sophie.
- C : Ariane.

2 Quelle aristocrate française a laissé de nombreuses *Lettres* dans lesquelles elle correspond notamment avec sa fille ?
- A : Madame de Staël.
- B : La marquise de Sévigné.
- C : La comtesse de Ségur.

3 De quelle région est originaire Colette ?
- A : La Provence.
- B : La Bourgogne.
- C : La Bretagne.

4 À quel écrivain français doit-on le roman *Truismes* ?
- A : Amélie Nothomb.
- B : Marie Darrieussecq.
- C : Anna Gavalda.

5 Quel est le premier roman de la série *Arsène Lupin*, imaginée par Maurice Leblanc ?
- A : ***Arsène Lupin, gentleman cambrioleur***.
- B : ***Arsène Lupin contre Sherlock Holmes***.
- C : ***Les Milliards d'Arsène Lupin***.

6 Quel roi de France écrivait des poésies ?
- A : Louis XVI.
- B : Louis XI.
- C : François Ier.

7 Qui est l'auteur du poème *L'Horloge* ?
- A : Charles Baudelaire.
- B : Gérard de Nerval.
- C : Théophile Gautier.

8 À quoi Arthur Rimbaud a-t-il consacré un poème ?
- A : Aux voyelles.
- B : Aux consonnes.
- C : Aux nombres premiers.

9 Quelle poétesse française du XVIe siècle fut surnommée « la Belle cordière » ?
- A : Louise Labé.
- B : Pernette du Guillet.
- C : Marguerite de Navarre.

10 À qui doit-on le vers célèbre : « Mignonne, allons voir si la rose » ?
- A : Joachim du Bellay.
- B : Pierre de Ronsard.
- C : Clément Marot.

11 Dans quel recueil de poèmes rédigé à Rome Du Bellay exprime-t-il sa nostalgie de son Anjou natal ?
- A : ***Les Regrets***.
- B : ***Les Antiquités de Rome***.
- C : ***L'Olive***.

12 Lequel de ces poètes n'a jamais fait partie du groupe de la Pléiade ?
- A : Agrippa d'Aubigné.
- B : Étienne Jodelle.
- C : Pierre de Ronsard.

13 Dans le Roman de Renart, quel animal est Isengrin ?
- A : Un loup.
- B : Un renard.
- C : Un lion.

14 Qu'est-ce qui est à l'origine de l'amour passionné et réciproque de Tristan et Yseult ?
- A : Un sort lancé par un mage.
- B : Un simple coup de foudre.
- C : Un philtre d'amour.

15 Quel est le prénom du narrateur de *À la recherche du temps perdu* ?
- A : Paul.
- B : Marcel.
- C : Henri.

Réponses ▸ p. 285

Hibernatus

510 LE POITOU-CHARENTES

- **1.** Dans quelle ville le plus important festival international de bande dessinée de France a-t-il lieu ?
- **2.** Quelle sorte de fromage les Deux-Sèvres produisent-elles presque exclusivement ?
- **3.** En combien de marais différents le Marais poitevin est-il divisé ?
- **4.** Quel monument grandiose peut-on voir à Rochefort ?
- **5.** Les grandes maisons de cognac ouvrent-elles leurs portes aux visiteurs ?
- **6.** Où peut-on visiter les mines d'argent des rois francs dans les Deux-Sèvres ?
- **7.** Quelle est la grande île située en face de La Rochelle ?
- **8.** Qu'est-ce que la Colline enchantée, à Hiesse, en Charente ?
- **9.** Où le Futuroscope a-t-il été construit, près de Poitiers ?
- **10.** Comment le Marais poitevin mouillé se visite-t-il ?
- **11.** Où une Cité de l'écrit et des métiers du livre a-t-elle été créée dans la Vienne ?
- **12.** Quel est le village des gabariers en Charente ?
- **13.** En mai, Châtellerault organise-t-elle un festival de rock ou un festival de jazz ?
- **14.** Quelle forme l'église de Royan a-t-elle ?
- **15.** À Confolens, en Charente, peut-on s'initier en été au rempaillage des chaises ou à l'orpaillage ?
- **16.** L'île d'Oléron possède-t-elle des parcs ostréicoles ?
- **17.** À Romagne, dans la Vienne, il existe une vallée particulière : laquelle ?
- **18.** Quel festival d'été se déroule à Saint-Jean-d'Angély ?
- **19.** Où le musée du Charronnage et de la Tonnellerie, dans les Deux-Sèvres, se situe-t-il ?
- **20.** Loudun renferme un musée portant le nom du premier gazetier français : lequel ?

Réponses ▸ p. 285

Ondes

511 LES ANIMATEURS RADIO

- **1.** Quel chroniqueur culinaire anime ***Ça se bouffe pas, ça se mange***, sur France Inter ?
- **2.** Qui s'était autoproclamé « animateur le plus con de la bande FM » : Cauet ou Arthur ?
- **3.** De quel animateur Cécile de Ménibus fut-elle une collaboratrice à la radio avant de l'être à la télé ?
- **4.** Qui anime l'émission ***On va s'gêner*** sur Europe 1 ?
- **5.** Jean-Luc Reichmann anime une émission sur RFM de 6 h à 9 h ou de 12 h à 13 h ?
- **6.** Quelle émission est indissociable de Philippe Bouvard ?
- **7.** Sur quelle radio Cyril Hanouna présente-t-il les ***Peopleries*** ?
- **8.** Quel « tribunal » était présidé par Pierre Desproges ?
- **9.** Qui animait le ***Lovin'Fun***, sur Fun Radio, en compagnie du « Doc » ?
- **10.** Quel est le prénom de Robles, actuellement animateur sur RFM ?
- **11.** De quelle discipline sportive l'animateur Vincent Perrot est-il champion du monde ?
- **12.** Michael Youn a-t-il animé une émission sur Skyrock ?
- **13.** C'est à Pierre Bonte que l'on doit la célèbre émission ***Bonjour monsieur***…
- **14.** Qui anime le ***Quitte ou double*** ?, sur RTL ?
- **15.** Quel humoriste est l'auteur de la série de sketches ***Les Deux minutes du peuple*** ?
- **16.** Sur quel radio Fabrice fut-il animateur : RTL ou Chérie FM ?
- **17.** Qui anime l'émission ***Le Fou du roi*** ?
- **18.** L'un des animateurs de RTL s'appelle Éric Pierre-Pierre ou Jean-Jean ?
- **19.** À quoi est consacrée l'émission de Denis Brogniart sur Europe 1 : aux voyages ou au sport ?
- **20.** L'un des coéquipiers de Cauet s'appelle Nuts ou Miko ?

Réponses ▸ p. 285

512 LE RÉSEAU ROUTIER

1. Devant quel monument parisien le point d'origine du bornage des routes se situe-t-il ?
2. Le boulevard périphérique de Paris est-il une voie express ou une autoroute ?
3. Les aires de stationnement ou de manœuvre font-elles partie du réseau routier ?
4. À qui les sections du réseau routier ou des ouvrages particuliers peuvent-elles être concédées ?
5. De quelles couleurs les bornes kilométriques sont-elles peintes ?
6. Combien d'autoroutes comportent-elles un croisement à niveau ?
7. La longueur des routes nationales est-elle de 27 500 ou de 275 000 km ?
8. De quand l'idée de mesurer les routes date-t-elle ?
9. Les chemins sont-ils entretenus aux frais des communes ou des départements ?
10. Quelle est la longueur du tunnel de Fréjus, vers l'Italie, 2 901 ou 12 901 m ?
11. Les chaussées des autoroutes sont-elles à sens unique ou à double sens ?
12. La longueur totale des routes est-elle plus importante en France ou en Allemagne ?
13. Quelle forêt de la région parisienne renferme-t-elle un tunnel routier creusé ?
14. Les autoroutes sont-elles ouvertes à tous types de véhicules à moteur ?
15. L'emprise moyenne d'une route nationale, fossés et talus compris, est-elle de 12 ou de 16 m ?
16. Par quelle loi les crédits alloués au réseau routier sont-ils définis ?
17. Combien d'heures sont-elles perdues chaque année en France dans les embouteillages ?
18. Sur une autoroute, les bornes d'appel d'urgence sont-elles espacées de 2 ou de 4 km ?
19. Combien existe-t-il d'ouvrages d'art sur le réseau routier national, 21 000 ou 2 100 ?
20. Quel est le coût moyen de construction d'1 km d'autoroute en plaine ?

Réponses ▶ p. 285

513 MICHEL SARDOU

1. Quel était le métier de Jacky, la mère de Michel Sardou ?
2. À quel paquebot français Michel Sardou a-t-il consacré une chanson ?
3. Où se trouve le « lac » chanté par Michel Sardou ?
4. Michel Sardou est-il né en 1939 ou en 1947 ?
5. À quel continent dit-il « adieu » dans une chanson ?
6. Quelle maladie « court » dans une chanson de Michel Sardou ?
7. Où fait-on la java, le samedi, dans une chanson ?
8. Comment se prénomme la fille aînée du chanteur : Clotilde ou Sandrine ?
9. Dans quelle chanson Michel Sardou demande : « Te souviens-tu d'un slow » ?
10. Complétez ce refrain : « La vie c'est plus marrant, c'est moins désespérant… »
11. L'une des chansons de Michel Sardou s'intitule ***Mourir de… chagrin*** ou ***plaisir*** ?
12. Comment sont les « bals » de Michel Sardou ?
13. La seconde épouse du chanteur s'appelait-elle Babette ou Miquette ?
14. Dans quelle chanson Michel Sardou évoque-t-il la vie de Lénine ?
15. Le chanteur a-t-il pris part au rallye du Paris-Dakar ou au rallye de Monte-Carlo ?
16. Quel diplôme fait l'objet d'une chanson de Michel Sardou : le certificat d'études ou le bac G ?
17. Qui est la « fille aux yeux clairs » dont Michel Sardou parle dans la chanson ?
18. Michel Sardou a-t-il déjà joué au théâtre ?
19. Aux femmes de quelle décennie Michel Sardou a-t-il consacré une chanson ?
20. Où le chanteur s'est-il produit à maintes reprises, au Parc des Princes ou au palais omnisports de Bercy ?

Réponses ▶ p. 285

514 LA FRANCE AU TEMPS DE LA GAULE

1. Quel chef gaulois déposa les armes devant Jules César ?
2. Où cette reddition eut-elle lieu ?
3. De quel peuple Clovis Ier était-il roi, les Francs ou les Germains ?
4. A-t-il vécu au IIIe ou au Ve siècle ?
5. Quelle partie de la Gaule se situait dans la France actuelle, la Gaule transalpine ou cisalpine ?
6. À quelle dynastie le roi Mérovée a-t-il donné son nom ?
7. De quel peuple Attila, battu par Mérovée, était-il le chef ?
8. Alaric II, vaincu par Clovis, était-il roi des Wisigoths ou des Ostrogoths ?
9. Quelle esclave chrétienne fut livrée aux lions à Lyon, dont elle est devenue la sainte patronne ?
10. Quel roi fut baptisé par saint Rémi, l'évêque de Reims ?
11. Une partie de la Gaule fut surnommée la Gaule barbue ou la Gaule chevelue ?
12. Qui fut battu à Gergovie en 52 av. J.-C., les Romains ou les Gaulois ?
13. Quelle langue germanique les Francs parlaient-ils ?
14. Quel saint était le trésorier du roi Dagobert Ier ?
15. Comment appelait-on l'ample pantalon porté par les Gaulois ?
16. Dans quelle ville, selon la légende, un soldat de Clovis aurait-il cassé un vase ?
17. À quelle région de France les Burgondes ont-ils donné leur nom ?
18. Quel roi n'a jamais existé, Childebert ou Childarthus ?
19. Quels champs furent le théâtre d'une célèbre bataille, les Champs-Élysées ou les champs Catalauniques ?
20. Quelle sainte fut l'épouse de Clovis, Clotilde ou Isabelle ?

Réponses ▶ p. 285

515 LES GROTTES

1. Existe-t-il des grottes dans les Vosges ou dans le Massif central ?
2. Que rencontre-t-on au fond des grottes de Médous, dans les Hautes-Pyrénées ?
3. Peut-on visiter la grotte originelle de Lascaux ?
4. La grotte la plus vaste d'Europe est-elle la grotte de Lombrive ou celle de la Vache, dans l'Ariège ?
5. Dans quel genre de terrains les grottes peuvent-elles être creusées par l'action de l'eau ?
6. La grotte du Foulon est-elle située en Dordogne ou en Eure-et-Loir ?
7. Où le gouffre de Padirac est-il situé ?
8. En Ariège, la grotte de Niaux est-elle une grotte ornée ?
9. Dans quelle région de la Dordogne sont situées ses plus célèbres grottes ?
10. Quelle est la hauteur de la salle de la Grande Couple, dans les grottes de la Balme, 25 ou 40 m ?
11. Quel gouffre est situé au nord de la cité de Carcassonne, au bas de la montagne Noire ?
12. Quelle est la plus grande cavité aménagée du Périgord ?
13. La traversée finale des grottes pyrénéennes de Bétharam s'effectue-t-elle en train ou en barque ?
14. Quel principal impact nocif les visiteurs ont-ils pour les grottes ?
15. Le gouffre de Padirac s'enfonce-t-il jusqu'à 75 ou 110 m ?
16. Quelle est la longueur du gouffre de la Pierre-Saint-Martin, que l'on ne pas peut visiter ?
17. Où les grottes d'Isturitz et d'Oxocelhaya sont-elles situées ?
18. Quelle concrétion rend le gouffre d'Esparros, dans les Pyrénées, un site unique au monde ?
19. Quand la grotte de Lascaux a-t-elle été découverte ?
20. La grotte de Chorange est-elle située dans le Doubs ?

Réponses ▶ p. 285

516 LOISIRS

1 Quel est le site de province le plus visité en France?
- A: Le château de Chambord.
- B: Le château de Versailles.
- C: Le mont Saint-Michel.

2 Quel parc français est célèbre pour sa cinéscénie?
- A: Le Futuroscope.
- B: Le grand parc du Puy du fou.
- C: Le marineland d'Antibes.

3 Les pieds droits cannelés sont caractéristiques du style…
- A: Louis XV. B: Louis XVI.
- C: Louis-Philippe.

4 Quel atelier ne fait pas partie de ceux à réaliser pour l'épreuve pratique de l'examen du permis de chasse? Le tir…
- A: Sur plateau d'argile.
- B: Sur sanglier courant. C: Au pigeon.

5 Quel est le gibier à plume le plus chassé en France?
- A: La bécasse. B: La perdrix. C: La caille.

6 Que signifie le sigle PMU?
- A: Pari mutuel urbain.
- B: Pari de mise unique.
- C: Pari multicritère de l'union.

7 Combien de numéros comporte une grille de loto de la Française des jeux?
- A: 39. B: 49. C: 59.

8 Qu'est ce que le bandit manchot?
- A: Un jeu de grattage.
- B: Un jeu de hasard qui se joue avec trois gobelets.
- C: Une machine à sous.

9 Combien de cases numérotées une roulette comporte-t-elle?
- A: 25. B: 37. C: 41.

10 En France, une loi de 1907 réglemente l'installation des casinos. Ils ne peuvent être implantés que dans…
- A: Les stations thermales et balnéaires.
- B: Les villes de moins de 200 000 habitants.
- C: Les chefs-lieux de région et de département.

11 Dans quel jeu les joueurs ne doivent-ils obéir à l'ordre du maître du jeu que s'il est précédé d'une certaine formule?
- A: Pigeon vole. B: Jacques a dit.
- C: Pierre appelle Paul.

12 Lorsqu'on joue à «Un, deux, trois, soleil!», il ne faut pas…
- A: Bouger. B: Rire. C: Parler.

13 Comment appelle-t-on le palet que l'on lance à la marelle?
- A: La marelle.
- B: Le calot. C: Le cochonnet.

14 Comment appelle-t-on un amateur de mots croisés?
- A: Un clavophile. B: Un cruciverbiste.
- C: Un notaphile.

15 Quel est le pourcentage de cases noires généralement admis dans les mots croisés?
- A: 4 %. B: 12 %. C: 20 %.

Réponses ▶ p. 285

517 ARTS

1 Quel grand romancier français écrivit plusieurs ouvrages sur l'art?
- A: Émile Zola. B: Marcel Proust.
- C: Honoré de Balzac.

2 Quel mouvement, appelé modern style dans les pays anglo-saxons, est parfois qualifié de «style nouille»?
- A: L'art déco. B: L'art nouveau.
- C: L'avant-gardisme.

3 Quel mouvement artistique pictural, mené par Matisse, prônait l'emploi des tons purs?
- A: Le pointillisme. B: L'expressionnisme.
- C: Le fauvisme.

4 Quel style du XVIIe siècle, qui privilégie les lignes courbes, tire son nom d'un type de perle à la forme irrégulière?
- A: Le baroque. B: Le rococo. C: Le rocaille.

5 Qu'appelle-t-on une marine?
- A: Un format de châssis de tableau.
- B: Un tableau ayant la mer pour sujet.
- C: Un pinceau large et épais en poils de lapin.

6 Après *Le Tricheur à l'as de carreau*, Georges de La Tour reprit le même sujet dans une deuxième œuvre. Laquelle: *Le Tricheur…*?
- A: ***À l'as de pique***. B: ***À l'as de trèfle***.
- C: ***À l'as de cœur***.

7 Quelle est la forme de la toile *Le Bain turc*, d'Ingres?
- A: Carrée. B: Ovale. C: Ronde.

8 Quelle œuvre de Jean-François Millet a été «revisitée» par Salvador Dalí?
- A: ***Les Glaneuses***. B: ***Le Semeur***.
- C: ***L'Angélus***.

9 La Danse, de Jean-Baptiste Carpeaux, était une œuvre de commande destinée à orner la façade d'un monument parisien. Lequel?
- A: L'Opéra Garnier. B: Le palais de l'Élysée.
- C: L'église de la Madeleine.

10 Quelle est la principale caractéristique du style gothique par rapport au style roman?
- A: La croisée d'ogive.
- B: Les deux tours présentes en façade.
- C: Le toit en ardoise.

11 Quelle œuvre majeure de Le Corbusier a la forme d'un parallélépipède blanc?
- A: La villa Savoye
- B: La cité radieuse de Marseille
- C: Le couvent de la Tourette

12 Quelle est la caractéristique du plan en croix latine sur lequel sont construites la plupart de nos églises?
- A: Toutes les branches de la croix sont d'égale longueur.
- B: L'une des branches de la croix est plus longue que les autres.
- C: Deux branches de la croix, qui se font face, sont plus longues que les autres.

13 Quelle matière César a-t-il utilisé pour réaliser certaines de ses sculptures ?
- A: Le béton. B: Le métal. C: La glace.

14 Lequel de ces bâtiments religieux n'est pas destiné à accueillir des femmes?
- A: L'abbaye. B: Le monastère. C: Aucun.

15 Combien le groupe *Les Bourgeois de Calais*, d'Auguste Rodin, comporte-t-il de personnages?
- A: 4. B: 5. C: 6.

Réponses ▶ p. 285

1914-1918

518 LA PREMIÈRE GUERRE MONDIALE

- **1.** Quel fort fut pris lors de la bataille de Verdun, celui de Vaux ou de Douaumont ?
- **2.** Qui était premier lord de l'Amirauté lors de la Première Guerre mondiale, Churchill ou Lloyd George ?
- **3.** Quelle région historique fut rendue à la France à la fin de la guerre ?
- **4.** Qui devint président du Conseil en 1917 ?
- **5.** L'Italie faisait-elle partie des alliés de la France ?
- **6.** Quel gaz de combat fut utilisé lors de la Première Guerre mondiale ?
- **7.** Qui était président de la République pendant la Première Guerre mondiale ?
- **8.** Sous quelle République était-on alors ?
- **9.** Dans quelle ville du Sud-Ouest le gouvernement se replia-t-il en 1914 ?
- **10.** Quelle était la couleur du pantalon des soldats français en 1914 ?
- **11.** Que portaient-ils sur la tête à cette même époque ?
- **12.** Quelle dignité le général Foch obtint-il en août 1918 ?
- **13.** Quelle grande puissance entra en guerre aux côtés des Alliés en 1917 ?
- **14.** Quel chemin a donné son nom à une bataille de 1917 ?
- **15.** Quelle sorte de guerre, menée dans les tranchées, succéda à la guerre de mouvement ?
- **16.** En quelle année la bataille de Verdun a-t-elle eu lieu ?
- **17.** Combien de mois dura-t-elle, 6 ou 10 ?
- **18.** Pétain a-t-il pris part à cette bataille ?
- **19.** Quelle colonie française est restée célèbre pour les nombreux tirailleurs qui sont venus combattre ?
- **20.** À quel pays l'Allemagne versa-t-elle le plus d'argent à titre de réparations ?

Réponses ▶ p. 285

519 LES SIGLES

- **1.** Qu'est-ce que l'UFC ?
- **2.** En histoire, qui est représenté par le sigle J.-C. ?
- **3.** Quelle ville de banlieue et quels quartiers de Paris le sigle NAP regroupe-t-il ?
- **4.** Complétez la signification du sigle TNT : Télévision numérique…
- **5.** Le PEL est-il un Plan d'économie logement ou un Plan d'épargne logement ?
- **6.** Quel est le sigle de l'Association pour l'emploi dans l'industrie et le commerce ?
- **7.** La CGT est-elle la Confédération générale du travail ou des travailleurs ?
- **8.** Quelle radio écoute-t-on quand on est sur RFI ?
- **9.** Par quel sigle connaît-on l'Institut français de recherche pour l'exploitation de la mer ?
- **10.** Quel plastique est le PVC ?
- **11.** À l'université, quel diplôme a-t-on lorsque l'on a un DEA ?
- **12.** Dans le monde du travail, que signifie le terme CDI ?
- **13.** Le CNE est-il le Contrat nouvelle embauche ou le Contrat nouvel emploi ?
- **14.** Le TGV est-il un Train pour garantir la vitesse ou un Train à grande vitesse ?
- **15.** Le sigle OS veut-il dire Opérations spéciales ou Ouvrier spécialisé ?
- **16.** En bourse, que signifie le sigle SDR ?
- **17.** Le RER est-il le Réseau express régional ou le Réseau expérimental rapide ?
- **18.** Qui appelle-t-on couramment PPDA ?
- **19.** Que signifie le sigle CNP ?
- **20.** Qu'appelle-t-on l'AAH ?

Réponses ▶ p. 285

520 ROIS ET REINES DE FRANCE

De quel souverain français chacune de ces femmes fut-elle l'épouse ou la maîtresse ?

- **1.** Eugénie de Montijo.
- **2.** Blanche de Castille : Louis VIII ou Charlemagne ?
- **3.** Madame de Montespan.
- **4.** Joséphine de Beauharnais.
- **5.** Claude de France : Henri IV ou François Ier ?
- **6.** Marie Leszczynska : Charles VII ou Louis XV ?
- **7.** Marie-Antoinette d'Autriche.
- **8.** Catherine de Médicis : Henri II ou Charles VI ?
- **9.** Anne d'Autriche : Napoléon III ou Louis XIII ?
- **10.** Marie de Médicis : Henri IV ou François Ier ?
- **11.** Isabeau de Bavière : Charles VI ou Charles X ?
- **12.** Marie-Amélie de Bourbon : Henri III ou Louis-Philippe ?
- **13.** Aliénor d'Aquitaine : Charlemagne ou Louis VII ?
- **14.** La marquise de Pompadour.
- **15.** Diane de Poitiers : Henri II ou Louis XIII ?
- **16.** Agnès Sorel : Louis XI ou Charles VII ?
- **17.** Gabrielle d'Estrées : Louis-Philippe ou Henri IV ?
- **18.** Marie Stuart : Henri II ou François II ?
- **19.** Marie-Thérèse d'Autriche : Charles II ou Louis XIV ?
- **20.** La comtesse du Barry : Louis XV ou Louis XVI ?

Réponses ▶ p. 285

Louis XV
Reine Margot
Henri IV
Marie Stuart

521 LES STATIONS DE SKI

- **1.** Quelle est la doyenne des stations de ski des Hautes-Alpes ?
- **2.** En Savoie, dans quelle vallée la petite station de ski de Pralognan est-elle blottie ?
- **3.** Quelle est la station de ski la plus ensoleillée des Pyrénées, avec 300 jours de soleil par an ?
- **4.** Quand la station Isola 2000, dans les Alpes du Sud, a-t-elle été créée ?
- **5.** Combien de villages sont regroupés au sein d'une seule station, aux Arcs-Bourg-Saint-Maurice ?
- **6.** La longueur du domaine skiable alpin à Megève est-elle de 235 ou de 325 km ?
- **7.** Où la station des Angles se trouve-t-elle ?
- **8.** Outre par la route, comment accède-t-on aux pistes de ski depuis le village pyrénéen de Saint-Lary ?
- **9.** Dans quelle station des Alpes, le film ***Les Bronzés font du ski*** a-t-il été tourné en 1979 ?
- **10.** Quelle caractéristique la ville de Chamonix possède-t-elle ?
- **11.** Comment le domaine de ski de fond et de raquette de Cauterets, dans les Pyrénées, s'appelle-t-il ?
- **12.** La Bresse Hohneck, dans les Vosges, possède-t-elle 3 ou 5 domaines de ski alpin ?
- **13.** Peut-on faire du free-ride en toute sécurité à Tignes ?
- **14.** À quelle hauteur culmine le secteur de Bellevarde, à Val-d'Isère, à 2 705 ou à 3 005 m ?
- **15.** Combien de stations françaises étaient équipées en 2003-2004 de canons à neige ?
- **16.** Combien y a-t-il de stations de ski en Corse ?
- **17.** Quand la station savoyarde Arc 1950 a-t-elle été créée de toute pièce ?
- **18.** Quelle est la capacité du nouveau télésiège débrayable, installé fin 2005 à La Plagne, en Savoie ?
- **19.** Quelles stations de ski sont situées au cœur du parc naturel régional du Haut-Jura ?
- **20.** À Besse et Superbesse, les pistes de ski alpin sont-elles plus importantes que celles de ski de fond ?

Réponses ▶ p. 285

522 LES CHANTEURS

1. Qui est « libre » dans la chanson d'Hervé Cristiani ?
2. Comment est l'« eau » de Guy Béart, claire ou vive ?
3. Dans quelle chanson Jacques Dutronc retourne-t-il sa veste ?
4. Comment s'appelle le chien de Nino Ferrer ?
5. De quelle couleur sont les yeux de la fille dans le tube d'Eddy Mitchell ?
6. Quel chanteur n'existe pas, Corneille ou Racine ?
7. Que fait « madame », dans une chanson d'Alain Bashung ?
8. Le plus grand tube d'Axel Bauer s'intitule ***Cargo de***…
9. Qui surnommait-on Monsieur 100 000 volts ?
10. Quel chanteur s'adresse dans une chanson au frère qu'il n'a jamais eu ?
11. Où Gilbert Montagné nous invite-t-il à venir danser dans une chanson ?
12. Qui chante ***Mon vieux***, Daniel Guichard ou Danyel Gérard ?
13. Comment se prénomme la « fille » de Claude Nougaro dans une chanson ?
14. Où a-t-elle « gagné sa place » dans une chanson de Gérald de Palmas ?
15. Lequel est un tube de Jean Ferrat, ***La Campagne*** ou ***La Montagne*** ?
16. Qui chante ***Pour le plaisir***, Herbert Léonard ou Hervé Villard ?
17. De qui Calogero parle-t-il dans ***Si seulement je pouvais lui manquer*** : sa petite amie ou son père ?
18. Qui a envie de se « casser la voix » dans une chanson ?
19. Une chanson de François Valéry s'intitule : ***Aimons-nous***…
20. Qui chante ***Bambou*** : Alain Chamfort ou Sacha Distel ?

Réponses ▶ p. 286

523 LES PRIX LITTÉRAIRES

1. Une grande radio nationale organise un prix littéraire de lecteurs, laquelle ?
2. Combien le grand prix du Roman de l'Académie française rapporte-t-il ?
3. Quel groupement de chaînes de télévision possède son prix littéraire ?
4. Le prix Renaudot porte-t-il le nom de son créateur ?
5. Pour qu'un prix ne soit pas déclarable au fisc, depuis combien de temps doit-il être attribué ?
6. Quand le prix du Livre Inter a-t-il été créé ?
7. Que gagne le lauréat du prix Renaudot ?
8. Quelle est la première année d'attribution du prix RTL-Lire ?
9. Quel prix Marguerite Duras a-t-elle reçu pour ***L'Amant***, en 1984 : le Goncourt ou le Femina ?
10. Quel prix couronnant un livre de photos est présenté comme le Goncourt de la photographie ?
11. Un écrivain français a refusé le prix Nobel de littérature en 1964, de qui s'agit-il ?
12. Quel fut l'auteur couronné par le premier prix Interallié en 1930 ?
13. En 2004, Irène Némirowsky a reçu un grand prix français à titre posthume, lequel ?
14. En moyenne, à combien d'exemplaires un prix Goncourt se vend-il ?
15. ***La Vie mode d'emploi***, de Georges Perec, a reçu un grand prix littéraire en 1978, lequel ?
16. Le prix international Vautrin Lud est-il considéré comme le Nobel ou le Goncourt de la géographie ?
17. Quel genre littéraire le prix Julie des lectrices couronne-t-il ?
18. En 1995, pour la première fois, un même livre obtient les prix Goncourt et Médicis, lequel ?
19. Quel est le prix français considéré comme le Goncourt de la poésie ?
20. Combien d'auditeurs demandent chaque année à faire partie du jury du Livre Inter ?

Réponses ▶ p. 286

Axel Bauer

524 POINT COMMUN

De quel film sont tirées ces photos ?

Réponses ▶ p. 286

525 MICHEL DRUCKER

▶ **1.** À quelle fonction Michel Drucker a-t-il débuté à l'O.R.T.F. ?

▶ **2.** Quelle était la couleur du « tapis » de Michel Drucker en 2000 ?

▶ **3.** Quelle émission est diffusée quelques heures après ***Vivement dimanche*** ?

▶ **4.** Michel Drucker a-t-il présenté ***Stars 90*** ou ***Stars à domicile*** ?

▶ **5.** Quelle émission de variétés Michel Drucker présentait-il le samedi soir ?

▶ **6.** Quelle star de la chanson canadienne y a fait ses débuts ?

▶ **7.** Quel imitateur Michel Drucker a-t-il lancé dans ***Studio Gabriel*** ?

▶ **8.** Michel Drucker a-t-il été le narrateur de ***Pierre et le loup*** ou d'***Émilie jolie*** ?

▶ **9.** À quel sport Michel Drucker a-t-il consacré plusieurs livres ?

▶ **10.** Quel lien de parenté unit Michel Drucker à la journaliste Marie Drucker ?

Réponses ▶ p. 286

526 LES PLUS BEAUX VILLAGES

1 **Les façades des maisons de Roussillon, dans le Vaucluse, sont-elles :**
- A : Blanches.
- B : De couleur ocre.
- C : Grises.

2 **Les toits des maisons de Salers sont-ils couverts :**
- A : D'ardoises.
- B : De lauzes.
- C : De chaume.

3 **Quelle est la caractéristique des maisons de l'unique rue de Beuvron-en-Auge, dans le Calvados ?**
- A : Elles sont à colombages.
- B : Elles sont troglodytes.
- C : Elles ont des façades aveugles.

4 **Quelle ville possède une abbatiale, de type roman, aux vitraux réalisés par Pierre Soulages en 1994 ?**
- A : Bar-le-Duc.
- B : B. Villeneuve-sur-Lot.
- C : Conques.

5 **Combien le vieux pont du XIXe siècle d'Espalion, dans l'Aveyron, compte-t-il d'arches ?**
- A : 3. B : 5. C : 7.

6 **En quel matériau les maisons de la place de l'église de Locroman, dans le Finistère, sont-elles faites ?**
- A : En granit.
- B : En briques.
- C : En meulière.

7 **Le village de Sauzon est-il situé :**
- A : Sur la presqu'île de Quiberon.
- B : À Belle-Île.
- C : Sur l'île de Houat.

8 **Dans quelle ville perchée de l'Yonne se trouve la basilique Sainte-Madeleine, qui la domine ?**
- A : Vézelay. B : Dijon.
- C : Auxerre.

9 **Apremont-sur-Allier, dans le Cher, est-il un ancien village :**
- A : De mariniers. B : De maraîchers.
- C : D'ostréiculteurs.

10 **Où l'imposante église fortifiée Saint-Nicolas de Barfleur, dans la Manche, se trouve-t-elle ?**
- A : Au sommet d'une colline.
- B : Face à la mer.
- C : Au milieu d'une zone commerciale.

11 **Le village de Baume-les-Messieurs est-il situé :**
- A : Sur un escarpement.
- B : Dans une plaine. C : Dans un vallon.

12 **Quel monument domine le village de Saint-Suliac, en Ille-et-Vilaine ?**
- A : Le clocher de l'église.
- B : L'oratoire.
- C : Le dôme de la bibliothèque.

13 **Rochefort-en-Terre, dans le Morbihan, est-elle :**
- A : Une cité d'art.
- B : Une station balnéaire.
- C : Un port de pêche.

14 **Le village de Turenne, à l'imposant château médiéval, est-il situé :**
- A : En Corrèze. B : En Bourgogne.
- C : En Gascogne.

15 **De quelles couleurs le clocher de l'église d'Ars-en-Ré, sur l'île de Ré, est-il peint :**
- A : En rouge et noir.
- B : En blanc et noir. C : En bleu et noir.

Réponses ▶ p. 286

527 PARIS SOUTERRAIN

- **1.** Quel genre de carrières souterraines a-t-on longtemps exploité à Paris ?
- **2.** La ville de Paris dispose-t-elle d'1 ou de 2 réseaux d'eau souterrains ?
- **3.** Les catacombes datent-elles de l'Antiquité ?
- **4.** Les travaux de construction du métro ont-ils commencé en 1892 ou en 1898 ?
- **5.** Les conduites de gaz passent-elles sous les trottoirs ou sous les immeubles ?
- **6.** À Paris, le réseau électrique est-il apparent ou souterrain ?
- **7.** Quel canal passe sous la place de la Bastille ?
- **8.** Le RER a-t-il été creusé plus profondément ou moins profondément que le métro ?
- **9.** Le réservoir d'eau de Ménilmontant est-il à 1 ou à 2 étages ?
- **10.** En règle générale, les conduites d'eau passent-elles sous les trottoirs ou sous les chaussées ?
- **11.** Les vestiges de quelle forteresse a-t-on retrouvés dans les fouilles de la cour Carrée du Louvre ?
- **12.** Quand le premier égout de Paris a-t-il été construit, rue Montmartre ?
- **13.** Quelle est la surface de l'ossuaire des catacombes, 11 000 ou 15 000 m^2 ?
- **14.** Qu'est devenu le tubage souterrain des pneumatiques ?
- **15.** Quand le chauffage urbain, souterrain, est-il apparu à Paris ?
- **16.** Quelle est la hauteur du collecteur principal d'égout : 2 à 3 m ou 4 à 5 m ?
- **17.** Comment appelle-t-on les carrières situées sous l'hôpital Cochin ?
- **18.** Depuis quand toute exploitation de carrière est-elle interdite dans Paris ?
- **19.** Quelle est la longueur totale du réseau d'égout de Paris, 1 400 ou 2 400 km ?
- **20.** Comment s'appelle le réseau souterrain d'énergie frigorifique installé dans les années 1990 ?

Réponses ▶ p. 286

528 LE SCOUTISME

- **1.** Quel Britannique est le fondateur du scoutisme ?
- **2.** À quel siècle le scoutisme est-il apparu en France ?
- **3.** Quel bébé animal a donné son nom aux plus jeunes des scouts ?
- **4.** Quel est l'équivalent chez les filles ?
- **5.** Quelle est la forme du foulard des scouts ?
- **6.** Combien de couleurs comporte-t-il généralement ?
- **7.** À partir de quel âge peut-on s'inscrire, 6 ou 9 ans ?
- **8.** Comment appelle-t-on les grands rassemblements scouts nationaux ou internationaux ?
- **9.** En quelle année les scouts et les guides de France ont-ils fusionné : 1985 ou 2004 ?
- **10.** Combien ce mouvement regroupe-t-il de jeunes : 22 000 ou 54 000 ?
- **11.** Quelle est la religion des scouts de France ?
- **12.** Quel est l'équivalent des pionniers chez les guides ?
- **13.** Quelle est la couleur de leur chemise ?
- **14.** Quel jour de la semaine les scouts se réunissent-ils habituellement ?
- **15.** Comment appelle-t-on les équipes de six enfants chez les plus jeunes des scouts ?
- **16.** Lesquels n'existent pas : les scouts marins ou les scouts alpinistes ?
- **17.** Quel est l'équivalent des compagnons chez les guides : les GAP ou les JEM ?
- **18.** Quel mouvement est en quelque sorte l'équivalent laïc des scouts de France ?
- **19.** Quelle fleur est le symbole des scouts dans le monde ?
- **20.** Jusqu'à quel âge un jeune peut-il faire partie des scouts de France ?

Réponses ▶ p. 286

529 LES VILLES BALNÉAIRES

1. Marcel Proust élit domicile au Grand Hôtel de quelle ville : Cabourg ou Honfleur ?
2. Comment appelle-t-on la côte sur laquelle la ville de Perros-Guirec est posée ?
3. Quand la station balnéaire du Touquet-Paris-Plage a-t-elle été créée ?
4. Peut-on découvrir au Croisic un parc aux Tortues ou un océarium ?
5. La grande promenade de Cannes s'appelle la Croisette ou la Cannette ?
6. Qu'était Saint-Tropez avant d'être la ville médiatique envahie de touristes que l'on connaît ?
7. Avant de devenir une station balnéaire très cotée, qu'était Deauville en 1825 ?
8. La clientèle de Menton, en Provence, est-elle plutôt âgée et aisée ou plutôt jeune et exubérante ?
9. La ville des Sables-d'Olonne est-elle célèbre pour sa plage de sable fin ou pour ses sardines ?
10. La plage de la Grande Mer, à Cassis, est-elle une plage de sable ou une plage de galets ?
11. Quelle ville de Loire-Atlantique possède une plage de 9 km et une digue promenade ?
12. La station d'Yport, en Seine-Maritime, fut lancée en 1890 ou en 1855 ?
13. Comment le château dominant le petit port de Pornic, en Loire-Atlantique, s'appelle-t-il ?
14. La station de Juan-les-Pins est-elle en Gironde ou en Provence ?
15. Où la station d'Houlgate se situe-t-elle ?
16. L'arrière-pays de Saint-Jean-de-Monts, en Vendée, est-il une forêt de conifères ou de chênes ?
17. Comment s'appelle la station balnéaire fleurie située face à Saint-Tropez, de l'autre côté du golfe ?
18. À 30 km à l'est de Toulon, quelle station s'étend au pied de la vieille ville, surmontée d'un château ?
19. La station glorifiée par Alphonse Karr, au XIXe siècle, est-elle Fécamp ou Étretat ?
20. Grâce à qui les bains de mer se sont-ils développés sur la plage de Dieppe, voici près de 200 ans ?

Réponses ▶ p. 286

530 LE XVIIIe SIÈCLE

1. Comment le XVIIIe siècle fut-il surnommé ?
2. Quel naturaliste est l'auteur d'une Histoire naturelle en 36 volumes ?
3. Quels industriels, inventeurs de la montgolfière, perfectionnèrent également l'industrie du papier ?
4. Quel marquis prit part à la guerre d'Indépendance des États-Unis aux côtés des insurgés ?
5. Comment Louis XV fut-il surnommé, le Bien-Aimé ou le Pieux ?
6. Quelle île méditerranéenne Gênes céda-t-elle à la France en 1768 ?
7. De quel pays Marie Leszczyńska, la femme de Louis XV, était-elle originaire ?
8. À quel ouvrage gigantesque collaborèrent plus de 150 rédacteurs ?
9. Avec qui d'Alembert dirigea-t-il ce projet ?
10. Combien Louis XV a-t-il eu d'enfants légitimes, 6 ou 10 ?
11. Quel bijou est à l'origine d'une « affaire », qui discrédita Marie-Antoinette ?
12. Madame Royale était-elle la fille de Louis XV ou de Louis XVI ?
13. De quel état Frédéric II, qui mena la guerre de Sept Ans contre la France, était-il le roi ?
14. Quelle ville fut ravagée par la peste en 1720, La Rochelle ou Marseille ?
15. Quel navigateur en mission pour le roi fut certainement tué par des indigènes en Océanie ?
16. Outre La Boussole, quel était l'autre bateau qui fit naufrage lors de l'expédition ?
17. À qui la France céda-t-elle le Canada au XVIIIe siècle ?
18. Qui régnait en France en 1700 ?
19. Quelle province devint française en 1766, la Lorraine ou l'Alsace ?
20. Comment appelait-on les souverains qui gouvernaient suivant les principes rationalistes des philosophes ?

Réponses ▶ p. 286

531 L'ENTRE-DEUX-GUERRES

- **1.** Comment s'appelait l'alliance formée par l'Italie et l'Allemagne en 1936, contre laquelle combattit la France ?
- **2.** Quel nom donna-t-on aux années 1920 en raison de l'enthousiasme de la victoire ?
- **3.** Qui fut élu président de la République en 1920, Georges Clemenceau ou Paul Deschanel ?
- **4.** Quel franc a été créé en 1928 à la suite d'une forte dévaluation du franc germinal ?
- **5.** Quel paquebot effectue sa première traversée en 1932, le ***France*** ou le ***Normandie*** ?
- **6.** En quelle année les congés payés ont-ils vu le jour ?
- **7.** Combien de jours duraient-ils à l'origine, 7 ou 12 ?
- **8.** Qui fut enterré sous l'Arc de Triomphe le 11 novembre 1920 ?
- **9.** Qui faisait partie du Cartel des gauches avec les socialistes, les radicaux ou les communistes ?
- **10.** Quels accords furent signés pour protéger les salariés, ceux d'Évian ou de Matignon ?
- **11.** À partir de 1936, la semaine de travail passa-t-elle à 50 heures ou à 40 heures ?
- **12.** Comment le tristement célèbre Landru faisait-il disparaître le corps de ses victimes ?
- **13.** Quel chef du parti radical fut maire de Lyon de 1905 à 1955 ?
- **14.** À quoi les pays signataires du pacte Briand-Kellogg s'engageaient-ils à renoncer, l'inflation ou la guerre ?
- **15.** Quel gouvernement arriva au pouvoir en 1936 ?
- **16.** Était-il de droite ou de gauche ?
- **17.** Qui en était le président ?
- **18.** Quelle région allemande fut occupée par les Français en attente du paiement des réparations de guerre ?
- **19.** En quelle année l'Union des républiques soviétiques fut-elle reconnue par la France, 1924 ou 1932 ?
- **20.** Quelle association d'anciens combattants fut fondée en 1927 par le colonel de La Rocque ?

Réponses ▶ p. 286

532 LES PLACES

- **1.** Comment la grande place de Nancy s'appelle-t-elle ?
- **2.** Quelle est la surface de la place des Quinconces, à Bordeaux ?
- **3.** De quelle période la place parisienne de l'Étoile date-t-elle ?
- **4.** Quelles sont les dimensions de la place des Vosges, à Paris : 100 x 100 m ou 140 x 140 m ?
- **5.** Combien y avait-il de places royales à Paris sous l'Ancien Régime ?
- **6.** Qu'y a-t-il au milieu de la place de la Concorde, à Paris ?
- **7.** La grande place de Lyon est-elle la place Harcourt ou la place Bellecour ?
- **8.** Que représentent les 8 statues de la place de la Concorde ?
- **9.** Quels matériaux caractérisent les maisons entourant la place des Vosges, à Paris ?
- **10.** De quand la place Royale de Reims date-t-elle ?
- **11.** Comment la place encadrée par les bâtiments du Louvre s'appelle-t-elle ?
- **12.** À Paris, entre quelles places de nombreuses manifestations d'envergure ont-elles lieu ?
- **13.** Quand la place Dauphine, à Paris, a-t-elle été créée ?
- **14.** Par combien d'hôtels identiques la place de l'Étoile de Paris est-elle bordée ?
- **15.** Par qui la place Vendôme a-t-elle été créée ?
- **16.** À Lyon, la place Bellecour mesure 210 x 100 m ou 310 x 200 m ?
- **17.** Qui érigea la colonne de la place Vendôme ?
- **18.** Comment la place de la Concorde s'appelait-elle avant la Révolution ?
- **19.** À qui doit-on la place de la Concorde, à Paris ?
- **20.** La place du Trocadéro, à Paris, fait-elle 1,8 ou 2,8 ha ?

Réponses ▶ p. 286

533 LE LOUVRE

1 **Quel roi est à l'origine des tout premiers bâtiments du Louvre ?**
A : Philippe Auguste.
B : Henri IV. C : Louis XIV.

2 **En combien de zones d'exposition le musée du Louvre est-il divisé ?**
A : En 3 zones. B : En 4 zones.
C : En 5 zones.

3 **Quand la Vénus de Milo est-elle entrée au musée du Louvre ?**
A : En 1806. B : En 1821.
C : En 1848.

4 **À qui doit-on l'achèvement du Louvre ?**
A : À Napoléon. B : À Napoléon III.
C : À Jules Ferry.

5 **Qui a peint le célèbre tableau du *Radeau de la Méduse* ?**
A : Boucher.
B : Le Lorrain.
C : Géricault.

6 **Quelle est la surface d'exposition du musée du Louvre :**
A : Environ 60 600 m^2. B : Environ 55 000 m^2.
C : Environ 45 500 m^2.

7 **À qui doit-on la pyramide du Louvre ?**
A : À Christian de Portzamparc.
B : À Jean Nouvel. C : À Ieoh Ming Pei.

8 **Jusqu'en 1993, par quel ministère l'aile Richelieu était-elle occupée ?**
A : Par le ministère de la Culture.
B : Par le ministère de l'Agriculture.
C : Par le ministère des Finances.

9 **Combien le Louvre accueille-t-il de visiteurs chaque année ?**
A : 6,6 millions. B : 8,2 millions.
C : 10,5 millions.

10 **La peinture française est-elle essentiellement présente :**
A : Dans l'aile Sully. B : Dans l'aile Richelieu.
C : Dans l'aile Rohan.

11 **Quelle est la hauteur de la pyramide du Louvre :**
A : 19 m.
B : 21 m. C : 28 m.

12 **Combien le Louvre compte-t-il de tableaux de Georges de la Tour ?**
A : 1. B : 2.
C : 3.

13 **Quel bâtiment a été relié au Louvre de 1865 à 1871, achevant le Grand Dessein de Henri IV ?**
A : L'aile Richelieu. B : Le Carrousel.
C : Le palais des Tuileries.

14 **À qui doit-on le pavillon Denon ?**
A : À Visconti.
B : À Denon.
C : À Lefuel.

15 **Qui a peint le tableau *Marat assassiné*, présenté dans l'aile Sully ?**
A : David.
B : Delacroix.
C : Ingres.

Réponses ▸ p. 286

534 LES COUPLES AU CINÉMA

1 **Nathalie Portman + Jean Reno =**
A : *Léon*. B : *Nikita*.
C : *Subway*.

2 **Nathalie Baye + Gérard Depardieu =**
A : *La Femme d'à côté*.
B : *Le Retour de Martin Guerre*.
C : *Les Valseuses*.

3 **Emmanuelle Devos + Vincent Cassel =**
A : *L'Appartement*.
B : *Le Pacte des loups*.
C : *Sur mes lèvres*.

4 **Anne Brochet + Gérard Depardieu**
A : *Vatel*. B : *Cyrano de Bergerac*.
C : *La Discrète*.

5 **Jean-Marc Barr + Rosanna Arquette**
A : *Le Grand Bleu*.
B : *Dancers in the dark*.
C : *Lovers*.

6 **Isabelle Huppert + Benoît Magimel =**
A : *La Pianiste*.
B : *L'Ivresse du pouvoir*.
C : *Une Affaire de femmes*.

7 **Audrey Tautou + Gaspard Ulliel =**
A : *L'Auberge espagnole*.
B : *Le Fabuleux Destin d'Amélie Poulain*.
C : *Un Long Dimanche de fiançailles*.

8 **Romy Schneider + Alain Delon =**
A : *La Piscine*. B : *Sissi impératrice*.
C : *César et Rosalie*.

9 **Jean-Pierre Léaud + Claude Jade**
A : *Domicile conjugal*.
B : *Les quatre cents coups*.
C : *L'Argent de poche*.

10 **Catherine Deneuve + Daniel Auteuil =**
A : *Les Voleurs*. B : *Indochine*.
C : *La Reine Blanche*.

11 **Vanessa Paradis + Bruno Cremer =**
A : *Noces blanches*.
B : *Élisa*. C : *La Fille sur le pont*.

12 **Sandrine Bonnaire + Jacques Dutronc =**
A : *La Cérémonie*.
B : *Sous le soleil de Satan*.
C : *C'est la vie !*

13 **Isabelle Carré + Bernard Campan =**
A : *Les Sentiments*.
B : *Holy Lola*.
C : *Se souvenir des belles choses*.

14 **Charlotte Gainsbourg + Yvan Attal =**
A : *L'Effrontée*. B : *Love, etc*.
C : *La Petite Voleuse*.

15 **Anémone + Richard Bohringer =**
A : *Après la guerre*.
B : *Le Grand Chemin*.
C : *Une Époque formidable*.

Réponses ▸ p. 286

Tahiti

535 LES ÎLES

1. Quelle est la plus grande des îles françaises européennes ?
2. Depuis quand l'île d'Oléron est-elle reliée au continent par un pont ?
3. Combien d'îles constituent les îles du Ponant ?
4. Sur quelle île le centre naturiste le plus célèbre de France se situe-t-il ?
5. L'île de Tatihou est-elle une île de l'Atlantique ou une île de la Manche ?
6. À quelle distance de Marseille l'archipel du Frioul est-il situé ?
7. Combien d'îles françaises sont situées en Méditerranée ?
8. Le château de quelle île a été rendu célèbre par le roman ***Le Comte de Monte-Cristo*** ?
9. Le pic de l'Orahena, le point le plus haut de Tahiti, culmine à 223 ou à 2 235 m ?
10. L'île d'Houat, en face de Quiberon, est-elle plate ou bordée de falaises ?
11. Quelle île possède une ancienne prison servant de décor à un jeu télévisé estival ?
12. À l'île d'Aix, dans les îles du Ponant, comment accède-t-on au village depuis le port ?
13. Combien d'îles françaises sont situées en Europe ?
14. Le point culminant de l'île de Sein est-il de 6 ou de 60 m ?
15. La plus grande des îles d'Hyères est Porquerolle, combien de kilomètres fait-elle de long ?
16. Sur quelle île des Marquises, Paul Gauguin et Jacques Brel reposent-ils ?
17. Face à Cannes, l'île de Sainte-Marguerite renferme un monument célèbre construit par Vauban, lequel ?
18. Combien d'îles regroupe l'archipel des Australes, au sud de Tahiti ?
19. Quel grand monument de Belle-Île-en-Mer est devenu propriété particulière en 1960 ?
20. Quelle est la température moyenne en Polynésie française au mois de janvier ?

Réponses ▶ p. 286

536 GUERRES ET BATAILLES

1. Quelle guerre fut provoquée par Édouard III d'Angleterre qui revendiquait la couronne de France ?
2. Quelle localité de Libye est associée à une victoire des Français sur les troupes de Rommel en 1942 ?
3. La bataille de Bouvines a-t-elle été remportée par Henri IV ou Philippe Auguste ?
4. Quel conflit opposa l'Irak, qui avait envahi le Koweït, à 30 pays dont la France ?
5. En quelle année ce conflit a-t-il eu lieu ?
6. Lors de quelle guerre la France, sollicitée par Benjamin Franklin, fut-elle opposée à la Grande-Bretagne ?
7. À quel grand homme, alors commandant en chef de l'armée d'Italie, la victoire d'Arcole est-elle associée ?
8. Quel siècle fut marqué par les guerres de religion ?
9. Quel mouvement politique algérien a engagé la lutte contre la France pour l'indépendance du pays ?
10. Laquelle n'a pas existé, la guerre de Sept Ans ou la guerre de Treize Ans ?
11. Dans quel pays d'Amérique latine Napoléon III lança-t-il une expédition qui se solda par un échec ?
12. Qui devait porter un triangle rose comme signe distinctif durant la Seconde Guerre mondiale ?
13. La bataille d'Azincourt, en 1415, se solda-t-elle par une victoire ou une défaite française ?
14. Quelle défaite a marqué la fin de la guerre d'Indochine ?
15. Quels « bourgeois » se livrèrent aux Anglais en 1347 pour que leur ville soit épargnée ?
16. Qui vainquit Napoléon Ier à Waterloo, l'amiral Nelson ou le duc de Wellington ?
17. Quelle bataille Turenne a-t-il livrée contre les Espagnols, la bataille des Dunes ou des Sables ?
18. À quel siècle la guerre de Trente Ans a-t-elle eu lieu ?
19. Quelle guerre fut surnommée la « der des der » ?
20. Quel combat opposa Bretons et Anglais en 1351, le combat des Sabots ou le combat des Trente ?

Réponses ▶ p. 286

537 LES CARNAVALS

- **1.** Quel est le plus célèbre carnaval de France ?
- **2.** Quand le carnaval de Limoux commence-t-il ?
- **3.** Que lançait-on dans les carnavals avant que les confettis soient inventés, en 1893 ?
- **4.** À la campagne, en quelle matière les mannequins de carnaval sont-ils souvent réalisés ?
- **5.** Dans quelle région de France peut-on voir des géants lors des carnavals ?
- **6.** Combien de personnes participent-elles au carnaval dans les rues de Fort-de-France, en Martinique ?
- **7.** Quelle corporation hiérarchisée réalise les grands chars du carnaval de Nice ?
- **8.** À Cournonterral, dans l'Hérault, comment appelle-t-on les acteurs du carnaval rembourrés de paille ?
- **9.** Quel est le thème du carnaval de Granville, dans la Manche ?
- **10.** Chaque année, quel est le char vedette du carnaval d'Albi ?
- **11.** Quel est le nom du carnaval de Notron, en Dordogne ?
- **12.** À quel genre de bataille se livre-t-on pendant le carnaval de Nice ?
- **13.** Qui sont les Fécos que l'on peut découvrir au carnaval de Limoux ?
- **14.** Comment les carnavals sont-ils parfois appelés ?
- **15.** Quel est le nom du carnaval multicentenaire de Paris, réapparu en 1998 ?
- **16.** Un célèbre carnavalier niçois du XXe siècle était-il Alexandre Sidro ou Alexandre Didrot ?
- **17.** À Solesmes, dans le Nord, qui asperge les gens avec de l'eau ?
- **18.** Quel est le plus célèbre géant de Douai, dans le Nord ?
- **19.** Dans certains carnavals durant plusieurs jours, à qui une journée est-elle parfois réservée ?
- **20.** Le carnaval de Guyane est le plus long du monde. Il commence après l'Épiphanie, mais quand finit-il ?

Réponses ▶ p. 286

538 POT-POURRI

- **1.** Quel est le prénom du personnage principal de ***À la recherche du temps perdu***, de Marcel Proust ?
- **2.** À quelle émission de télé réalité Jordy a-t-il participé ?
- **3.** Quel chausson doit son nom à un département ?
- **4.** L'un des albums de Mc Solaar s'intitule ***Qui sème le vent récolte***...
- **5.** Quel concours faut-il passer pour devenir professeur dans une université ?
- **6.** Quelle enseigne de grande distribution propose des produits « marque repère » ?
- **7.** À quelle cause les communes qui recyclent le verre reversent-elles une partie de leurs bénéfices ?
- **8.** Quel est le coût d'une carte d'identité ?
- **9.** Comment appelle-t-on les auxiliaires de police chargés de dresser les procès-verbaux ?
- **10.** De quel « monsieur » Jacques Tati raconte-t-il les vacances dans un de ses films ?
- **11.** En quelle année les Françaises ont-elles obtenu le droit de vote ?
- **12.** De qui « Un pour tous et tous pour un ! » est-elle la devise ?
- **13.** Pour accueillir quel événement sportif le stade de France a-t-il été construit ?
- **14.** De quel film Nino Quincampoix est-il l'un des personnages principaux ?
- **15.** Quels accords instaurent la libre circulation des personnes dans les pays d'Europe signataires ?
- **16.** Comment un Marseillais désigne-t-il un doux dingue, un original ?
- **17.** Dans quel domaine l'Inserm fait-il des recherches ?
- **18.** De quelle région le prénom Tiphaine provient-il ?
- **19.** De quel syndicat Henri Krasucki a-t-il été secrétaire général pendant dix ans ?
- **20.** Pour quel produit ménager Denise Grey a-t-elle fait de la publicité ?

Réponses ▶ p. 286

Nice ou Rio

001 ▸ LES CHANTEURS

1. Place des Grands Hommes. 2. Pascal Obispo. 3. Un enfant. 4. Dans le Sud. 5. *Le Déserteur.* 6. Serge Lama. 7. Florent Pagny. 8. Capri. 9. Mathieu Chédid. 10. Charles Aznavour. 11. Léo Ferré. 12. Aux oiseaux. 13. Sur la route. 14. Sa maman. 15. *En mer.* 16. Marc Lavoine. 17. Rome. 18. Michel Fugain. 19. Yannick Noah. 20. Marylou.

002 ▸ ISABELLE ADJANI

1. La reine Margot. 2. *Subway.* 3. Daniel Day-Lewis. 4. La cérémonie des césars. 5. Les deux. 6. Dans un état proche de l'Ohio. 7. *Possession.* 8.Lino Ventura. 9. *Le Petit Bougnat.* 10. La fille de Victor Hugo. 11. *Tout flamme.* 12. 3. 13. L'Allemagne. 14. *L'Été meurtrier.* 15. Camille Claudel. 16. Sharon Stone. 17. Marine. 18. Chics. 19. Christian Dior. 20. Oui.

003 ▸ LE CODE DE LA ROUTE

1. 50 km/h. 2. Bleu. 3. 12. 4. Au département. 5. 0,8 g/l. 6. Non. 7. 2003. 8. Le permis A. 9. À partir de 10 ans. 10. 20 heures. 11. Tous les 2 ans. 12. Triangles blancs encadrés de rouge. 13. Bison futé. 14. Les feux de croisement. 15. Non. 16. 2 points. 17. 16 ans. 18. Bleu marine. 19. Non. 20. De délit de fuite.

004 ▸ HONORÉ DE BALZAC

1. 1799. 2. *La Comédie humaine.* 3. Le colonel Chabert. 4. La Touraine. 5. *Bel Ami.* 6. *Chagrin.* 7. Le père Goriot. 8. La comtesse Hanska. 9. *César Birotteau.* 10. *Les Chouans.* 11. Bette. 12. Non. 13. Auguste Rodin. 14. Perdues. 15. Les *Mémoires de deux jeunes mariées.* 16. Eugène. 17. *Le Cousin Pons.* 18. Le lys. 19. Notaire. 20 *Lettres à l'Étrangère.*

005 ▸ LES PRÉSIDENTS DE LA RÉPUBLIQUE

1. Pendant. 2. Raymond Poincaré. 3. 14 ans. 4. 6 mois et 20 jours. 5. Alain Poher. 6. Charles de Gaulle. 7. Paul Deschanel. 8. Paul Doumer. 9. 14. 10. De la IVe République. 11. Louis Napoléon Bonaparte. 12. Oui. 13. Albert Lebrun. 14. Il l'a terminé. 15. Par Caserio. 16. À 48 ans. 17. Moins de 1 an. 18. Adolphe Thiers. 19. Mac-Mahon. 20. Chef de l'État français.

006 ▸ COMPTINES POUR ENFANTS

1. Les matines. 2. Parce qu'il pleut. 3. Un petit Indien. 4. « Je m'y suis baigné » 5. « Y a pas d'jambes de bois » 6. Verte. 7. Sa plume. 8. Le roi, la reine et le p'tit prince. 9. Dans la ronde. 10. Le bon saint Éloi. 11. Navigué. 12. « Ce qui cause mon tourment ». 13. Le père Lustucru. 14. « Le loup n'y est pas ». 15. Elle va être plumée. 16. Des choux. 17. Trois petits tours et puis s'en vont. 18. Cadet Rousselle. 19. Une toile d'araignée. 20. Au hibou.

007 ▸ ACTEURS

A. Yves Montand (13/10/1921) ;
C. Lino Ventura (14/07/1919) ;
B. Louis de Funès (31/07/1914) ;
D. Jean Gabin (17/05/1904).

008 ▸ LA DIÉTÉTIQUE

1. 330 cal. 2. 10 fois plus. 3. Environ 2 600 cal. 4. 490 cal. 5. 625 cal. 6. 80 cal. 7. 260 cal. 8. 2 fois moins. 9. 320 cal. 10. 2 fois plus énergétique.

009 ▸ SCIENCES

1. C. 2. C. 3. B. 4. B. 5. C. 6. A et C. 7. Aucune. 8. C. 9. A, B et C. 10. A. 11. B. 12. B. 13. A. 14. B. 15. C.

010 ▸ LES VINS

1. Vers 500 av. J.-C. 2. Le phylloxéra. 3. Depuis près de 1 000 ans. 4. Un cépage bourguignon. 5. Très peu. 6. Par Louis XIII (et Richelieu). 7. Au XIVe siècle. 8. Un jus blanc. 9. La part des anges. 10. Henri IV. 11. Un vin noir puissant. 12. Par les Grecs phocéens. 13. Jusqu'à 13 cépages. 14. Non, pour celle de 1855. 15. Du gamay noir à jus blanc. 16. Totalement détruit. 17. Strictement rien. 18. Napoléon III. 19. Un cépage peu acide. 20. Non, c'est le contraire.

011 ▸ JOE DASSIN

1. New York. 2. Réalisateur. 3. Les Dalton. 4. San Francisco. 5. Un léger strabisme. 6. L'Amérique. 7. *Bip-bip.* 8. Mélancolie. 9. Maryse. 10. Lady L. 11. Des églantines. 12. Blanc. 13. À n'importe qui. 14. Carlos. 15. *Et si tu n'existais pas.* 16. Le monde. 17. À Tahiti. 18. *Guantanamera* (Guantánamo). 19. 2. 20. Une crise cardiaque.

012 ▸ NOËL

1. La Nativité. 2. Vers 330. 3. Les saturnales. 4. À Pâques. 5. La messe de Minuit. 6. 3. 7. 13. 8. Par un bœuf et un âne. 9. 12. 10. Au XIXe siècle. 11. Du père Fouettard. 12. Des mystères. 13. En 1879. 14. Mangeoire. 15. Petit saint. 16. Des Abruzzes, en Italie. 17. Leurs souliers. 18. Des cadeaux alimentaires. 19. Au XVIIIe siècle. 20. Jusqu'à la Chandeleur.

013 ▸ GÉOGRAPHIE

1. La forme d'un hexagone. 2. Oui, notamment le Sud. 3. 4. 4. 10 %. 5. Le 2e. 6. 8. 7. Non, c'est le contraire. 8. Environ 300. 9. Fréquentes et abondantes. 10. 4. 11. En Bretagne. 12. Non, elles reculent. 13. Elle a doublé. 14. 883. 15. 5 500 km. 16. Non, c'est le contraire. 17. Le Gulf Stream. 18. Près du quart. 19. 720 km. 20. Non, c'est le seul.

014 ▸ LOUIS XIV

1. Louis XIII. 2. 5 ans. 3. Oui. 4. Les deux. 5. 72 ans. 6. Le soleil. 7. Le cardinal Mazarin. 8. La Fronde. 9. Marie-Thérèse d'Autriche. 10. Madame de Maintenon. 11. À Saint-Cyr. 12. Un Bourbon. 13. Jean-Baptiste Colbert. 14. Le palais de Versailles. 15. L'édit de Nantes. 16. La danse. 17. André Le Nôtre. 18. Vauban. 19. Madame de Montespan. 20. Louis XIV était l'arrière-grand-père de Louis XV.

015 ▸ CHANSONS TRADITIONNELLES

1. Auprès de ma blonde. 2. De sabots. 3. Du chat noir. 4. « Quatre jeunes et beaux garçons ». 5. Parce que « les lauriers sont coupés ». 6. La fille du geôlier. 7. Chez monsieur le curé. 8. Une fontaine. 9. V'là l'joli vent. 10. Les Bretons. 11. Fanchon. 12. Un étang. 13. Guilleri. 14. De la montagne. 15. *Ne pleure pas Jeannette.* 16. Ils lui ont pris son panier. 17. Ils fleurissent. 18. Les chevaliers de la Table ronde. 19. Une belette. 20. *Bonjour ma cousine.*

016 ▸ LES SPORTS

1. B. 2. A et B. 3. A. 4. C. 5. B. 6. A, B et C. 7. C. 8. A. 9. A. 10. A. 11. B. 12. A. 13. A. 14. C. 15. C.

017 ▸ LES DOM-TOM

1. B. 2. A. 3. C. 4. C. 5. A. 6. B. 7. A. 8. B. 9. B. 10. A. 11. C. 12. A. 13. A. 14. B. 15. C.

018 ▸ LES PROVERBES

1. N'amasse pas mousse. 2. Bon rat. 3. Vole un bœuf. 4. Le beau temps. 5. Peut le moins. 6. Qu'on devient forgeron. 7. Chose due. 8. Loin du cœur. 9. On mange des merles. 10. Le moine. 11. Fait le larron. 12. Dent pour dent. 13. Mal étreint. 14. Sans feu. 15. Et ne se ressemblent pas. 16. Adieu le saint. 17. Malheureux en amour. 18. Abat grand vent. 19. Rira le dernier. 20. S'assemble.

019 ▸ LES ANNÉES 1940

1. *Le Petit Prince.* 2. La loi Loucheur. 3. Pif le chien. 4. Vercors. 5. En 1949. 6. Barbie. 7. Le festival de Cannes. 8. Albert Camus. 9. La pénicilline. 10. Oradour-sur-Glane. 11. En 1946. 12. Christian Dior. 13. Le bagne de Cayenne. 14. Elsa Triolet. 15. Les maisons closes. 16. Par référendum. 17. André Gide. 18. En 1944. 19. *Paris Match.* 20. Les pleins pouvoirs.

020 ▸ POINT COMMUN

Elles évoquent toutes des poissons (une raie, une sole, un sandre, une barbue).

021 ▸ LES LOISIRS AÉRIENS

1. Le saut à l'élastique. 2. Au parc Citroën, dans le 15e arrondissement. 3. En Pays-de-la-Loire. 4. Un certificat médical d'aptitude. 5. Le festival du vent. 6. À Chambley, en Lorraine. 7. Environ 150 €. 8. Oui, avec la société AirSpirit. 9. Un peu partout. 10. Environ 230 €.

022 ▸ LE PAIN

1. B. 2. A. 3. A. 4. A. 5. B. 6. B. 7. C. 8. B. 9. A. 10. B. 11. B. 12. C. 13. B. 14. A. 15. C.

023 ▸ LES INVENTEURS

1. Par Nicéphore Niépce. 2. Aux frères Michelin. 3. Louis Braille. 4. Aux frères Montgolfier. 5. Oui. 6. À la balance à fléau. 7. La poêle Téfal. 8. Le télégraphe aérien. 9. Tailleur. 10. Le chassepot. 11. La caméra et le cinématographe. 12. Le caoutchouc synthétique. 13. Le verre Duralex. 14. Par le père Clément. 15. Au commandant Cousteau. 16. La montre-bracelet. 17. Le zoom. 18. La puce électronique. 19. Métro, boulot, dodo. 20. La petite culotte.

024 ▸ LES MÉTROS, TRAMS ET FUNICULAIRES

1. 6. 2. Le 17 juillet 1900. 3. 2. 4. Un tramway articulé standard. 5. Non. 6. Météor. 7. 212 km. 8. À Lille. 9. Le 26 juin 1993. 10. De 35,2 %. 11. À Fulgence Bienvenüe. 12. Il est sur pneus. 13. De 75 m. 14. À la Croix-Rousse, à Lyon. 15. En tramway ferré. 16. Le 1er août 1964. 17. Orlyval. 18. Par un tramway. 19. 7,9 km. 20. Il n'y en a pas.

025 ▸ LES VILLES

1. Caen. 2. Châlons-sur-Marne. 3. Cannes. 4. Jeanne d'Arc. 5. Vichy. 6. L'Yonne. 7. Carcassonne. 8. Toulon. 9. Le Bourget. 10. Clermont-Ferrand. 11. Perpignan. 12. Taizé. 13. Baccarat. 14. Pour ses alignements de menhirs. 15. Dijon. 16. Pour les parfums. 17. Saint-Nazaire. 18. Dans la Somme. 19. Le Vendée Globe. 20. Les Jeux olympiques de 1992.

026 ▸ LES ANIMAUX

1. Le putois. 2. Ses piquants. 3. La pipistrelle. 4. Environ 30 cm. 5. En Guyane française. 6. Oui, en haute montagne. 7. Environ 2 000. 8. Canelle. 9. Elles les mangent. 10. Jusqu'à 12 petits. 11. Dans les Alpes. 12. L'isard. 13. Non, elle est menacée. 14. Oui, dans les forêts. 15. La loutre. 16. De 15 à 20 ans. 17. Des tatous géants. 18. Dans les Alpes du Sud. 19. De fruits. 20. Un petit insectivore.

027 ▸ CÉLÉBRITÉS

1. L'abbé Pierre. 2. Marie Curie. 3. Sainte Jeanne d'Arc. 4. Louis XIV. 5. Vercingétorix. 6. David Douillet. 7. Victor Hugo. 8. Alain Prost. 9. Jean Moulin. 10. Montaigne. 11. André-Marie Ampère. 12. Sainte Bernadette (Soubirous). 13. Antoine de Saint-Exupéry. 14. Édith Piaf. 15. Napoléon Ier. 16. Molière. 17. Léon Gambetta. 18. Jacques-Yves Cousteau. 19. Jean-François Champollion. 20. Charlemagne. 21. Catherine Deneuve. 22. Jean de La Fontaine. 23. Sœur Emmanuelle. 24. Georges Brassens. 25. Auguste Renoir. 26. Haroun Tazieff. 27. Georges Clemenceau. 28. Arthur Rimbaud. 29. Jean Jaurès. 30. Éric Tabarly. 31. Ambroise Paré. 32. Les frères Lumière. 33. Honoré de Balzac. 34. Richelieu. 35. Michel Platini. 36. Jean Mermoz. 37. Louis IX (Saint Louis). 38. Joséphine Baker. 39. François Mitterrand. 40. Brigitte Bardot. 41. Louis Pasteur. 42. Le général de Gaulle. 43. Émile Zola. 44. Mazarin. 45. Jacques Anquetil. 46. René Descartes. 47. Johnny Hallyday. 48. François Ier. 49. Claude Monet. 50. Jules Verne.

028 ▸ LES GRANDS VOYAGEURS

1. Le Canada. 2. À Coste et Bellonte. 3. Avec un canot pneumatique. 4. Comte. 5. Dans la navigation à la rame. 6. Avec le *Pourquoi pas ?* 7. La cordillère des Andes. 8. Au-dessus de la Méditerranée. 9. Les Antilles. 10. Autour des Pôles. 11. Le capitaine Némo. 12. Par Citroën. 13. Le pôle Sud en solitaire. 14. Le tour du monde sur mer. 15. Sur le *Manureva.* 16. Le Groenland. 17. Avec un dirigeable. 18. Par Dumont d'Urville. 19. En 1785. 20. Il tomba à la mer.

029 ▸ LES FROMAGES

1. En Normandie. 2. Par de la cendre de bois. 3. Un brin de paille. 4. Entre 35 et 55 kg. 5. Du Poitou-Charentes. 6. D'un carré. 7. D'étalon de métayage. 8. En Corse. 9. En Auvergne. 10. Par des moines bénédictins. 11. Le cantal. 12. Depuis le XVIIe siècle.

13. En Bourgogne. 14. De 30 à 40 cm. 15. Dans le Centre. 16. Depuis 1880. 17. Du brie de Meaux. 18. De la Mayenne. 19. Le mont d'or. 20. À Paris.

030 ▶ LES COURS D'EAU

1. 1 012 km. 2. La Dordogne. 3. Le Rhône. 4. 776 km. 5. Ses bancs de sable. 6. Comme un fleuve côtier. 7. L'estuaire. 8. Dans le Rhône. 9. Dans son estuaire. 10. 75 km. 11. Qu'en aval de Nantes. 12. La Marne. 13. Sur le plateau de Langres. 14. 522 km. 15. La Loire. 16. Dans la Manche. 17. Un sous-affluent. 18. 1,1 km. 19. Une autoroute. 20. Oui, de 10 km.

031 ▶ ARTE

1. Allemande. 2. La Sept. 3. Oui. 4. Strasbourg. 5. Les soirées Thema. 6. Un magazine de société. 7. 1991. 8. La culture. 9. Jérôme Clément. 10. Le 5e. 11. À la musique. 12. Le jeudi. 13. Arte info. 14. Le journal de la culture. 15. Association relative à la télévision européenne. 16. Hippocrate. 17. À l'histoire. 18. Aux femmes. 19. *Capté !* 20. Non.

032 ▶ DALIDA

1. Yolanda. 2. L'Égypte. 3. Bambino. 4. « Tant de joie ». 5. *Darladirladada*. 6. 2 fois 18 ans. 7. Orlando. 8. Le bikini. 9. *Je suis malade*. 10. Alain Delon. 11. Sur scène. 12. L'Italie. 13. Danser. 14. Petit Gonzalès. 15. *Salma ya salama*. 16. 1987. 17. *Nos amours*. 18. Montmartre. 19. *Gigi l'amoroso*. 20. *La fréquence*.

033 ▶ LES ROMANCIERS

1. *Les Liaisons dangereuses*. 2. Marcel Proust. 3. Stendhal. 4. Le lion. 5. Guy de Maupassant. 6. Alphonse Daudet. 7. Amélie Nothomb (Belge). 8. Emma. 9. *Les Trois Mousquetaires*. 10. Rabelais. 11. Verte. 12. *Germinal*. 13. Leur prénom, Marguerite. 14. François René de Chateaubriand. 15. Pilote d'avion. 16. Théophile Gautier. 17. Chopin. 18. XVIIIe siècle. 19. *La Dame aux camélias*. 20. Cunégonde.

034 ▶ LES NŒUDS

A. Nœud de vache. B. Nœud en huit. C. Nœud de carrick. D. Nœud de chaise.

035 ▶ LA BOURSE

1. Au palais Brongniart. 2. Le CAC 40. 3. Par les courtiers. 4. En mai 2000. 5. Le gendarme de la Bourse. 6. Sur le Service de règlement différé. 7. De 1982. 8. Avec celles d'Amsterdam et de Bruxelles. 9. De 20 %. 10. Un marché à terme.

036 ▶ LES FRUITS EXOTIQUES

1. B. 2. B. 3. A. 4. A. 5. C. 6. B. 7. A. 8. B. 9. A. 10. B. 11. C. 12. A. 13. B. 14. A. 15. C.

037 ▶ GUY DE MAUPASSANT

1. Au XIXe siècle. 2. La nouvelle. 3. Boule-de-Suif. 4. Prostituée. 5. Jeanne. 6. Au roman. 7. Journaliste. 8. Paris. 9. *Le Horla*. 10. La bécasse. 11. Émile Zola. 12. *Bel-Ami*. 13. *Salammbô*. 14. Il se suicide. 15. *Écorché*. 16. Fantastiques. 17. *Bel-Ami*. 18. La syphilis. 19. La guerre de 1870. 20. *Pierre et Jean*.

038 ▶ LES PARTIS POLITIQUES

1. Jacques Chirac. 2. Waldeck Rochet. 3. Le Front national. 4. De la FGDS. 5. Nicolas Sarkozy. 6. En juin 1969. 7. Du RPR. 8. Par le Parti radical de gauche. 9. La SFIO. 10. En juin 1972. 11. Du PS. 12. De l'UDF. 13. En janvier 1984. 14. La SFIC. 15. 16,86 %. 16. Le congrès de Tours. 17. De Lutte ouvrière. 18. Ils ont diminué de moitié. 19. Moins de 4 000. 20. Génération Écologie.

039 ▶ BÊBÊTES EN TOUS GENRES

1. C. 2. B. 3. B. 4. A. 5. A. 6. B. 7. A. 8. C. 9. B. 10. C. 11. B. 12. A. 13. C. 14. B. 15. B.

040 ▶ LES MOTS D'AUTREFOIS

1. A. 2. A. 3. B. 4. B. 5. C. 6. A. 7. C. 8. B. 9. C. 10. C. 11. A. 12. A. 13. A. 14. B. 15. B.

041 ▶ LES JOUEURS DE FOOT

1. En Guadeloupe. 2. 5 fois. 3. En 1989 et 1991. 4. Aucun. 5. Gardien de but. 6. De Nouvelle-Calédonie. 7. 13 buts. 8. 3 fois. 9. À Stephan Kovacs. 10. Au FC Nantes. 11. L'Olympique de Marseille. 12. Bernard Lacombe. 13. À l'AS Monaco. 14. 26. 15. Le 7. 16. 72 fois. 17. Raymond Kopaszewski. 18. Attaquant. 19. Dans 3 clubs. 20. Didier Deschamps.

042 ▶ FESTIVALS D'ÉTÉ

1. Le festival d'Avignon. 2. Un festival équestre. 3. De la danse. 4. Un festival de musique. 5. Un festival de danse. 6. À Belfort. 7. France Inter. 8. À Ligugé. 9. Le théâtre. 10. Un festival de théâtre européen. 11. Environ 120 000. 12. Au jazz. 13. Le théâtre de rue. 14. Un festival de danse. 15. À sa 40e édition. 16. Un festival d'art lyrique. 17. Marciac, dans le Gers. 18. À la danse bretonne. 19. À Saint-Pierre-de-Chartreuse. 20. Un festival de cerf-volant.

043 ▶ RICHES ET CÉLÈBRES

1. Blanche. 2. Paul-Loup Sulitzer. 3. Nadine de Rothschild. 4. L'Olympique de Marseille. 5. Le comte de Paris. 6. David Guetta. 7. Jean-Luc Lagardère. 8. Le baron Empain. 9. Michèle Morgan. 10. Le MEDEF. 11. L'astrologie. 12. Bernard Arnault. 13. LVMH. 14. En 2003. 15. Renault. 16. Maître Jacques Vergès. 17. Tony Parker. 18. Princesse. 19. Alain Prost. 20. George Clooney.

044 ▶ LA BANDE DESSINÉE

1. Leur moustache. 2. Vert. 3. *Vent*. 4. Comte. 5. Corto Maltese. 6. Régis Loisel. 7. Les Bidochon. 8. 10. 9. Le marsupilami. 10. *Méta-barons*. 11. Troy. 12. Mortimer. 13. L'oiseau du temps. 14. Policier. 15. *Noire*. 16. Un chien. 17. Bételgeuse. 18. Iznogoud. 19. Bleu. 20. De chat.

045 ▶ LES PHILOSOPHES

1. René Descartes. 2. Alain. 3. L'humanisme. 4. Celui sur le Beau. 5. Gaston Bachelard. 6. Positiviste. 7. Au XXe siècle. 8. *Mondes*. 9. Le duc de La Rochefoucauld. 10. Tristes. 11. Jean-Paul Sartre. 12. Les *Pensées*. 13. René Descartes. 14. Le *Discours de la méthode*. 15. Le jansénisme. 16. Charles de Montesquieu. 17. Non. 18. Saint Augustin. 19. *Métaphysiques*. 20. Au XVIIIe siècle.

046 ▶ L'ESCRIME

1. L'épée hommes. 2. En 1906. 3. Le français. 4. 20. 5. La piste. 6. 3. 7. Oui. 8. 64 500. 9. 6 min. 10. 1921. 11. Oui. 12. En 2004. 13. Au fleuret. 14. En 1882. 15. Oui. 16. Un carton noir. 17. 3. 18. Laura Flessel. 19. Fabrice Jeannet. 20. Anne-Lise Touya.

047 ▶ POINT COMMUN

Elles sont toutes quatre écrivains (Colette, la comtesse de Ségur, Georges Sand et la marquise de Sévigné).

048 ▶ LA CITOYENNETÉ

1. En septembre 1798. 2. Les citoyens français. 3. Les citoyens de l'Union européenne. 4. En juillet 1974. 5. Le mot « monsieur ». 6. Oui. 7. Le 3 octobre 1988. 8. À 18 ans. 9. L'article 5. 10. Le droit de vote.

049 ▶ LA VOLAILLE ET LES LAPINS

1. A. 2. B. 3. C. 4. B. 5. A. 6. C. 7. B. 8. A. 9. C. 10. B. 11. C. 12. B. 13. C. 14. B. 15. A.

050 ▶ LES PRIX LITTÉRAIRES

1. Le prix Goncourt. 2. Environ 1 800. 3. 50. 4. Environ 1 200. 5. En 1903. 6. 10 €. 7. De 1323. 8. Oui. 9. Le prix Femina. 10. Du prix Goncourt. 11. Par des ambassadeurs. 12. Les éditions de Minuit. 13. Romain Gary. 14. Oui. 15. À un roman. 16. En octobre. 17. Une barrique de vin. 18. À un roman policier. 19. À Paris. 20. En 1915.

051 ▶ GÉRARD DEPARDIEU

1. Cyrano de Bergerac. 2. *Inspecteur la Bavure*. 3. Julie. 4. Patrick Dewaere. 5. Jean de Florette. 6. *Tous les matins du monde*. 7. Carole Bouquet. 8. Obélix. 9. Pierre Richard. 10. Viticulteur. 11. *Le Dernier Métro*. 12. *I comme Icare*. 13. *Fort Saganne*. 14. Marie Gillain. 15. Honoré de Balzac. 16. Non. 17. *Green Card*. 18. *Élisa*. 19. Élisabeth. 20. Auguste Rodin.

052 ▶ LES COCKTAILS

1. Du miel. 2. Des rhums blancs et ambrés. 3. C'est un spiritueux anisé. 4. Du cognac. 5. Un bitter. 6. … champagne. 7. Aux Antilles. 8. Le kir. 9. Du champagne. 10. De jus d'orange. 11. Le punch. 12. Le jaune. 13. De l'eau minérale gazeuse. 14. Le Guadeloupe. 15. Toulouse-Lautrec. 16. Le cidre. 17. De rhum blanc. 18. Une duchesse. 19. De l'eau. 20. Du cognac.

053 ▶ NOTRE-DAME DE PARIS

1. Une cathédrale. 2. Au style gothique. 3. L'île de la Cité. 4. Le kilomètre zéro. 5. Au XIIe siècle. 6. La couronne d'épines. 7. Viollet-le-Duc. 8. La flèche. 9. Les rois de Juda. 10. 130 m. 11. Napoléon Ier. 12. Pendant la Révolution. 13. *Le Jugement dernier*. 14. L'évêque de Paris. 15. Emmanuel. 16. 3. 17. Louis XIV. 18. Les deux. 19. 3. 20. Victor Hugo.

054 ▶ LA BRETAGNE

1. À Rennes. 2. Dans la forêt de Brocéliande. 3. Dans la réserve des Sept-Îles. 4. Un port de plaisance. 5. Oui. 6. Les pardons. 7. Le musée Jacques-Cartier. 8. Le site de Carnac. 9. Quai des Bulles. 10. 14. 11. Un aquarium géant. 12. 387 m. 13. Une réserve ornithologique. 14. Des galeries de peinture. 15. À Saint-Brieuc. 16. Au nord. 17. Un passage difficile. 18. Le château de Combourg. 19. Une soupe de poissons. 20. Le musée des Thoniers.

055 ▶ CYRANO DE BERGERAC

1. Edmond Rostand. 2. Au XIXe siècle. 3. Son grand nez. 4. Sa cousine. 5. Le comte de Guiche. 6. Jean-Paul Rappeneau. 7. Anne Brochet. 8. Au théâtre. 9. Pâtissier. 10. En vers. 11. La tirade du nez. 12. Le premier. 13. Dans un couvent. 14. À Christian de Neuvillette. 15. Aux cadets de Gascogne. 16. Oui. 17. Panache. 18. Le Bret. 19. Baron. 20. Tué au combat.

056 ▶ LES JEUX OLYMPIQUES

1. Le baron de Coubertin. 2. *La Marseillaise*. 3. En 1924. 4. Des sportifs amateurs. 5. Au saut à la perche. 6. Les Jeux paralympiques. 7. Chamonix, en 1924. 8. Il est éliminé. 9. Dans les lourds. 10. En 1968. 11. Oui, en 1948 et en 1996. 12. Le Comité olympique international. 13. En ski alpin. 14. Aucun. 15. 3 fois. 16. Les sœurs Goitschel. 17. Depuis 1994. 18. Le 110 m haies. 19. Le marathon. 20. Le 400 m nage libre.

057 ▶ MISS FRANCE

1. 1,70 m. 2. France 3. 3. Julien Lepers. 4. 1920. 5. Geneviève de Fontenay. 6. Xavier. 7. 58. 8. 25 ans. 9. Célibataires et sans enfant. 10. 4. 11. Sophie Thalmann. 12. De Tahiti. 13. 2001. 14. Le titre de Miss Europe. 15. Régionale. 16. Valérie Pascal. 17. Lyon. 18. À cause de photos licencieuses. 19. 2000. 20. Policier.

058 ▶ CHARLES DE GAULLE

1. La Ve République. 2. Le Rassemblement du peuple français (RPF). 3. Londres. 4. 80 ans. 5. 2 ans et demi. 6. Les Forces françaises libres. 7. Yvonne. 8. Le suffrage universel. 9. Il démissionna. 10. Mémoires. 11. René Coty. 12. Le Royaume-Uni. 13. Au Petit-Clamart. 14. Pro-européen. 15. 3. 16. Un porte-avions. 17. La guerre d'Algérie. 18. Amiral. 19. Le RPR. 20. Colombey-les-Deux-Églises.

059 ▶ LES PARCS NATURELS

1. Un équilibre fragile et menacé. 2. 32. 3. En 1963. 4. Après, en 1968. 5. 7. 6. Dans sa zone centrale. 7. Entre Le Havre et Rouen. 8. Un parc national. 9. Plus de 10 %. 10. En Guadeloupe. 11. Dans les Pyrénées-Orientales. 12. Le parc de la Brière. 13. Un parc naturel régional. 14. 2. 15. 0,8 %. 16. Le parc de la Vanoise. 17. Dans les Hautes-Alpes. 18. Dans le Nord. 19. Un parc sous-marin et insulaire. 20. Il est riche en rivières et en sources.

060 ▶ LES CHAPEAUX

A. Chapeau claque.
B. Une toque.
C. Une capeline.
D. Un canotier.

061 ▸ LES DEUX-ROUES
1. 200 000 ex. 2. 39 %. 3. 900 000. 4. Par 4. 5. MBK. 6. Plus de scooters. 7. Yamaha. 8. Depuis le 1er juillet 2004. 9. 15 ans. 10. En 1997.

062 ▸ LA FAMILLE
1. Faux. 2. Vrai. 3. Faux. 4. Vrai. 5. Vrai. 6. Vrai. 7. Faux. 8. Faux. 9. Vrai. 10. Vrai. 11. Faux. 12. Vrai. 13. Vrai. 14. Vrai. 15. Vrai.

063 ▸ LES ANNÉES 1920
1. La ligne Maginot. 2. Le Salon des arts ménagers. 3. Napoléon. 4. Henri Désiré Landru. 5. Colette. 6. Max. 7. À 18 mois. 8. En 1929. 9. Paris. 10. Le prix d'Amérique. 11. En juillet 1928. 12. Radio Paris. 13. Guillaume Seznec. 14. 50 %. 15. Le 29 décembre 1920. 16. Les cendres de Jean Jaurès. 17. Pierre Loti. 18. Mineur. 19. En 1928. 20. *Les Trois Masques*.

064 ▸ JULIEN CLERC
1. Paul-Alain. 2. Le rock'n roll. 3. Mélissa. 4. Rocker. 5. Étienne Roda-Gil. 6. Des bas nylon. 7. Miou-Miou. 8. *Noé*. 9. *Hélène*. 10. Un vibrato. 11. *Une place*. 12. Le temps. 13. *Hair*. 14. Travailler. 15. Les deux. 16. France Gall. 17. *Si on chantait*. 18. Aux femmes. 19. La Californie. 20. *Le Cœur volcan*.

065 ▸ LES BONBONS ET FRIANDISES
1. À la réglisse. 2. Le nougat de Montélimar. 3. Des cachous à la réglisse. 4. Les caramels. 5. De Strasbourg. 6. Une forme octogonale. 7. La bêtise. 8. À la bergamote. 9. De Lyon. 10. Des bonbons à la nougatine. 11. Les vérités. 12. Des caramels. 13. Des meringues. 14. À Arpajon. 15. Des cailloux. 16. Plutôt du nougat noir. 17. Les niniches. 18. Le goût de pomme cuite au four. 19. Des nougats aux fruits confits. 20. À Angers.

066 ▸ LES SCIENTIFIQUES
1. Camille Flammarion. 2. À Jean Chaptal. 3. Dans la vulcanologie. 4. Sur le Sahara. 5. Oui. 6. *Les Centuries*. 7. La radioactivité naturelle. 8. À Gaspard Monge. 9. Une machine à calculer. 10. Jean-François Champollion. 11. Les lentilles à échelons. 12. Sur la chimie. 13. La mécanique céleste. 14. Oui. 15. Le stéthoscope. 16. Avec Blaise Pascal. 17. Avec Calmette. 18. En mathématiques. 19. Le téléphone. 20. Sur les équations.

067 ▸ LYON
1. Gérard Collomb. 2. Une spécialité fromagère. 3. Guignol. 4. Lugdunum. 5. 2. 6. Liane Foly. 7. Tisseurs de soie. 8. L'Olympique lyonnais. 9. Bellecour. 10. Les frères Lumière. 11. Les bouchons. 12. Le tramway. 13. La fête des Lumières. 14. Saint-Jean. 15. La basilique de Fourvière. 16. La rosette. 17. Des Gaules. 18. Le stade de Gerland. 19. Paul Bocuse. 20. Le Rhône et la Saône.

068 ▸ SOPHIE MARCEAU
1. Denise Grey. 2. 14 ans. 3. Celui de James Bond Girl. 4. De Molière. 5. *Belphégor, le fantôme du Louvre*. 6. *Chouans !* 7. 2. 8. De Mel Gibson. 9. *Braveheart*. 10. Vincent Lindon. 11. Gouvernante. 12. Anna Karénine. 13. François Valéry. 14. Polonais. 15. Celui du meilleur espoir féminin. 16. Philippe Noiret. 17. *Fanfan*. 18. Vincent Pérez. 19. Un seul. 20. Maupu.

069 ▸ LES FORMES DES FROMAGES
1. B. 2. A. 3. A. 4. B. 5. C. 6. C. 7. A. 8. C. 9. B. 10. B. 11. A. 12. B. 13. C. 14. A. 15. C.

070 ▸ L'IMPÔT SUR LE REVENU
1. A. 2. A. 3. C. 4. C. 5. B. 6. A. 7. B. 8. C. 9. A. 10. C. 11. B. 12. A. 13. B. 14. B. 15. C.

071 ▸ LES FRUITS
1. Une poire. 2. Une cerise acidulée. 3. Depuis le XVIe siècle. 4. Jaune. 5. Une prune. 6. Peu calorique. 7. La passe-crassane. 8. Jaune orangé. 9. De petite taille. 10. Du plaqueminier. 11. Une pomme. 12. Très peu énergétique. 13. En automne. 14. Du Chili. 15. Non, en septembre et octobre. 16. Oui, et tonifiantes. 17. Jaune-vert. 18. De l'actinidia. 19. 10 fois moins. 20. Petite et dodue.

072 ▸ LES CHÂTEAUX DE LA LOIRE
1. Le château de Villandry. 2. Le Cher. 3. 60 m. 4. Le château d'Amboise. 5. À la Renaissance. 6. Le château de Langeais. 7. La tapisserie de *L'Apocalypse*. 8. Du roi René. 9. Azay-le-Rideau. 10. L'Indre. 11. Il est à double révolution. 12. La Belle au bois dormant. 13. Léonard de Vinci. 14. Le château de Blois. 15. Louis XII. 16. Cheverny. 17. Talleyrand. 18. Non. 19. Le château de Moulinsart. 20. Chambord.

073 ▸ LE TENNIS
1. Oui. 2. D'un vieux mot français. 3. Environ 280 000. 4. Jeu décisif. 5. La brique pilée. 6. Guy Forget. 7. Sur terre battue. 8. 6 h 33. 9. 4 internationaux. 10. Les 4 Mousquetaires. 11. Sébastien Grosjean. 12. Aucun. 13. À Roland Garros. 14. Avec Henri Leconte. 15. Oui. 16. Un ace. 17. La coupe Suzanne Lenglen. 18. Non, en 3 manches. 19. À 7 reprises. 20. Richard Gasquet.

074 ▸ LES PRÉSENTATEURS DE JT
1. Jean-Pierre Pernaut. 2. Georges de Caunes. 3. Carole Gaessler. 4. Yves Mourousi. 5. Béatrice Schönberg. 6. Les deux. 7. 20 ans. 8. Réalisateur. 9. C'est une voix off ! 10. Philippe Torreton. 11. France 2. 12. Oui. 13. À 13 h 00. 14. Henri Sannier. 15. Léon Zitrone. 16. Oui. 17. Bernard Kouchner. 18. Gérard Holtz. 19. Pour avoir proposé des gants de boxe à ses invités ! 20. Non.

075 ▸ FRANÇOIS TRUFFAUT
1. La « nouvelle vague ». 2. *Rencontres du troisième type*. 3. Fanny Ardant. 4. En noir. 5. Jeanne Moreau. 6. Jean-Pierre Léaud. 7. Les femmes. 8. *Les Quatre Cents Coups*. 9. 10. 10. Pendant la Seconde Guerre mondiale. 11. Fanny Ardant. 12. *La Chambre verte*. 13. 1984. 14. Jean-Luc Godard. 15. Antoine Doinel. 16. *Fahrenheit 451*. 17. *La Nuit américaine*. 18. *Vivement dimanche !* 19. Jean-François Stévenin. 20. Oui.

076 ▸ LES PONTS
1. Aux Romains. 2. 3. 3. Métallique. 4. Au transport ferroviaire. 5. Le pont de l'Alma. 6. La Seine. 7. Le pont d'Avignon. 8. Le viaduc de Millau. 9. Une autoroute. 10. 2004. 11. La Seine. 12. C'est un pont suspendu. 13. Le Pont-Neuf. 14. La Loire. 15. Les deux. 16. Non. 17. Le pont d'Avignon. 18. La passerelle des Arts. 19. Le pont de Normandie. 20. 1995.

077 ▸ LES DOUCEURS ET GÂTEAUX
1. Vrai. 2. Vrai. 3. Faux. 4. Vrai. 5. Vrai. 6. Vrai. 7. Vrai. 8. Vrai. 9. Faux. 10. Vrai. 11. Faux. 12. Vrai. 13. Vrai. 14. Faux. 15. Vrai.

078 ▸ LA DÉMOGRAPHIE
1. A. 2. B. 3. A. 4. A. 5. B. 6. C. 7. B. 8. B. 9. B. 10. C. 11. A. 12. B. 13. B. 14. A. 15. A.

079 ▸ LES CHANSONS POPULAIRES
1. Il ne dure qu'un instant. 2. Sur le zizi. 3. Le long des golfes clairs. 4. Licence IV. 5. Ils se secouent le bas des reins. 6. Le petit vin blanc. 7. 20 ans. 8. Bleue. 9. Rouler dessous la table. 10. Le temps des cerises. 11. Ou alors demain. 12. Cadix. 13. *S'en faire*. 14. Pour se faire engueuler. 15. Carlos. 16. *À la queue leu leu*. 17. Son pays et Paris. 18. Du gendarme. 19. La chenille. 20. Maman.

080 ▸ LE GOUVERNEMENT
1. Président du Conseil. 2. Le Gouvernement. 3. Par le président de la République. 4. Il n'y siège pas. 5. De Louis-Philippe. 6. Le mercredi. 7. Oui. 8. Celle du Gouvernement. 9. Le Premier ministre. 10. De la IIIe République. 11. Laurent Fabius. 12. Aux deux. 13. Georges Pompidou. 14. Georges Pompidou. 15. Léon Schwartzenberg. 16. 2 jours. 17. Édith Cresson. 18. Bernard Tapie. 19. En 1997. 20. Jacques Chirac.

081 ▸ LES PARFUMS
1. *Chanel n° 5*. 2. Lancôme. 3. Un buste de femme. 4. Aux enfants. 5. Violet. 6. *Champagne*. 7. *Very Irresistible*. 8. *Calèche*. 9. *Champs-Élysées*. 10. *Hypocrite*. 11. Bleu. 12. Pour homme. 13. Une perle. 14. Paco Rabanne. 15. *Rive gauche*. 16. Oui. 17. Jaune. 18. Une étoile. 19. Les deux. 20. Cacharel.

082 ▸ LE SKI
1. Le ski de piste. 2. Le 3e sport national. 3. Aux bosses. 4. Dans les années 1930. 5. En 1896. 6. Oui. 7. Le 1er. 8. En 1936. 9. À Alberville. 10. 2. 11. À Jean Vuarnet. 12. Oui. 13. Carole Montillet. 14. 242,26 km/h. 15. 7 fois. 16. De 1 000 m. 17. Oui, en 1978. 18. 3. 19. Par Franck Piccard. 20. Lors d'un entraînement.

083 ▸ MOLIÈRE
1. Jean-Baptiste Poquelin. 2. Louis XIV. 3. De tapissier. 4. L'Illustre-Théâtre. 5. Dom Juan. 6. Ridicules. 7. Harpagon. 8. Au Petit-Bourbon. 9. Un faux dévot. 10. Pour dettes. 11. Au cimetière du Père-Lachaise. 12. *L'École des femmes et L'École des maris*. 13. De Scapin. 14. En prose. 15. Les deux. 16. Non. 17. Scaramouche. 18. Monsieur Jourdain. 19. *Le Tartuffe*. 20. *Le Malade imaginaire*.

084 ▸ LES ARBRES
1. Dans l'hémisphère nord. 2. D'un terrain humide. 3. D'Amérique du Nord. 4. 50 m. 5. Non, ils sont plus petits. 6. 1 à 2 m. 7. De 10 à 20 m. 8. Il s'adapte aux deux. 9. Le pin parasol 10. D'Australie. 11. Au moins 30 m. 12. Les terrains détrempés. 13. Non, il étouffe. 14. L'aulne. 15. Superficiel. 16. De 20 à 30 m. 17. Le couper à sa base. 18. Une forme de fuseau. 19. De 5 m. 20. Aux Antilles.

085 ▸ LES CHANTEURS FRANCOPHONES
1. Du curé. 2. Garou. 3. La Suisse. 4. Robert Charlebois. 5. Amadou et Mariam. 6. Tina Arena. 7. *Sensualité*. 8. Khaled. 9. *Le Plat Pays*. 10. Linda Lemay. 11. Plastic Bertrand. 12. La Grèce. 13. Stéphanie de Monaco. 14. Henri Dès. 15. Céline Dion. 16. *Un homme*. 17. Georges Moustaki. 18. Les Pays-Bas. 19. Fabienne Thibeault. 20. En Indonésie.

086 ▸ COUPLES CÉLÈBRES
1. Caroline de Monaco. 2. Monica Bellucci. 3. Jean-Pierre Pernaut. 4. Alizée. 5. Johnny Depp. 6. Bixente Lizarazu. 7. Dominique Strauss-Kahn. 8. Kylie Minogue. 9. Roger Vadim. 10. Benoît Magimel. 11. Flavie Flament. 12. Jane Birkin. 13. Sylvie Vartan. 14. Danièle. 15. Pierre Palmade. 16. Alexandra Lamy. 17. Prince. 18. Marie-Anne Chazel. 19. Maritie et Gilbert. 20. Adriana.

087 ▸ LA F1
1. À Magny-Cours. 2. En 2000. 3. Oui. 4. 2 heures. 5. Jean-Pierre Jabouille. 6. 2. 7. Au Castellet. 8. Dans l'écurie Ferrari. 9. 70. 10. Renault. 11. En 1950. 12. 12. 13. Alain Prost. 14. Oui. 15. À plus de grands prix. 16. Alain Prost. 17. 1. 18. La loi Évin. 19. Sur Ferrari. 20. 2.

088 ▸ LA TÉLÉ
1. *Bouillon de culture*. 2. *Thalassa*. 3. France 5. 4. Le domaine économique. 5. *E = M6*. 6. 22 ans. 7. À l'actualité. 8. Anne Sinclair. 9. *Culture pub*. 10. Pierre Tchernia. 11. *Ushuaïa*. 12. France 3. 13. Littéraire. 14. Dominique Chapatte. 15. Au cinéma. 16. Rêver. 17. France 2. 18. D'un débat. 19. Hebdomadaire. 20. Aux animaux.

089 ▸ POINT COMMUN
Ils évoquent des titres de chansons françaises (*Banana split, 69, année érotique, L'aigle noir, Les feuilles mortes*)

090 ▸ LES DUELS CÉLÈBRES
1. Lamartine. 2. Au pistolet. 3. Il les refusait. 4. Contre le marquis de Cuevas. 5. D'une blessure à l'œil. 6. Gaston Defferre. 7. À l'épée. 8. Paul Déroulède. 9. Oui, contre don Alonzo de Sotomayor. 10. À Richelieu.

091 ▸ LES VILLES THERMALES
1. A. 2. C. 3. B. 4. B. 5. C. 6. A. 7. B. 8. A. 9. B. 10. C. 11. C. 12. A. 13. A. 14. B. 15. C.

092 ▸ LA CORSE
1. Ajaccio. 2. L'olivier. 3. Oui. 4. Au nord de l'île. 5. Pascal Paoli. 6. Oui. 7. Le mouflon. 8. La vendetta. 9. Un fromage de brebis.

10. À Palaggiu, près de Sartène. 11. Le Cap-Corse. 12. Des châtaignes. 13. Avec du porc. 14. Un rallye automobile. 15. Une station balnéaire. 16. À Calacuccia. 17. Le GR 20. 18. Oui. 19. Le Grand Café Napoléon. 20. La grotte de Sdragonato.

093 ▸ LES MOULINS

1. Le moulin de Valmy. 2. Le moulin Richard de Bas. 3. À Ivry. 4. Des moulins à eau. 5. 4,85 m. 6. Il a été entièrement brûlé. 7. Le moulin de Rairé, en Vendée. 8. Des moulins bateaux. 9. La position de l'ennemi. 10. Le moulin de Bassilour. 11. Un seul. 12. Environ 400. 13. 2. 14. En Beauce. 15. Un moulin à eau. 16. Du XIIe siècle. 17. Des moulins à eau. 18. Des noix. 19. Oui, en été principalement. 20. En 1924, dans le Doubs.

094 ▸ LES SPÉCIALITÉS RÉGIONALES SALÉES

1. Des Pays-de-la-Loire. 2. Un plat lorrain. 3. D'Île-de-France. 4. Une saucisse de foie. 5. De Savoie. 6. De Bourgogne. 7. À la Réunion. 8. D'Aquitaine. 9. Un plat parisien. 10. Le Jura. 11. Les tabliers de sapeur. 12. Des beignets. 13. Des morceaux de pâtes. 14. Non. 15. Du Béarn. 16. Avec du bœuf en daube. 17. Du loup au fenouil. 18. Dans le Languedoc-Roussillon. 19. De la morue à la paimpolaise. 20. À Marie-Galante.

095 ▸ LA VOILE

1. Les Sables-d'Olonne. 2. Une régate. 3. En 1900. 4. Sur *Géronimo*. 5. À Saint-Malo. 6. En 1999. 7. 1838. 8. 3. 9. Sur le *Paul-Ricard*. 10. Vincent Riou. 11. Une transat en double. 12. 29. 13. En 34 min. 14. Oui. 15. 50 jours. 16. En 4 étapes. 17. À l'endroit. 18. Tous les 4 ans. 19. Lors de la Route du Rhum. 20. André Cornu.

096 ▸ EN QUELLE ANNÉE…

1. 1805. 2. 1940. 3. 1848. 4. 1936. 5. 1789. 6. 1572. 7. 1802. 8. 800. 9. 1214. 10. 1939. 11. 1991. 12. 732. 13. 1643. 14. 1929. 15. 1793. 16. 1949. 17. 1515. 18. 1945. 19. 1598. 20. 1756. 21. 1898. 22. 1353. 23. 1789. 24. 1909. 25. 1968. 26. 1628. 27. 1962. 28. 1900. 29. 52 avant J.-C. 30. 1297. 31. 1914. 32. 1895. 33. 1932. 34. 486. 35. 1680. 36. 1804. 37. 1534. 38. 1916. 39. 1099. 40. 1944. 41. 1792. 42. 1981. 43. 1562. 44. 1919. 45. 1870. 46. 1815. 47. 1979. 48. 1431. 49. 1791. 50. 1957.

097 ▸ LA POSTE

1. La confiance. 2. Les Postes, télécommunications et télédiffusion (PTT). 3. Chronopost international. 4. 0,53 €. 5. GeoPost. 6. Vert. 7. Les Prêt-à-poster. 8. En décembre 2005. 9. 1918. 10. Aucun, c'est le même prix. 11. La lettre recommandée. 12. L'opération Pièces jaunes. 13. 3 kg. 14. Du code postal. 15. Non. 16. 6 mois. 17. L'accusé de réception. 18. 6. 19. De connaître la date de la distribution. 20. Marianne.

098 ▸ LES ROMANCIERS DU XXe SIÈCLE

1. André Gide. 2. Jean-Paul Sartre. 3. *Le Château de ma mère*. 4. Frédéric Dard. 5. Un mouton. 6. *L'Amant*. 7. Louis-Ferdinand. 8. Pourpre. 9. *À la recherche du temps perdu*. 10. Albert Camus. 11. *Robinson Crusoé*. 12. Bernard Werber. 13. Léa. 14. « Terribles ». 15. L'Égypte ancienne. 16. *La Fée carabine*. 17. Patrick Poivre d'Arvor. 18. Jean Giono. 19. Manon. 20. Alain-Fournier.

099 ▸ JEAN-PAUL BELMONDO

1. 1933. 2. *En Chine*. 3. Bébel. 4. Un train. 5. Paul. 6. *Les Misérables*. 7. *Borsalino*. 8. Agent secret. 9. Légionnaire. 10. *Imogène*. 11. La formule 1. 12. Sophie Marceau. 13. *Enfant gâté*. 14. Pendant la Seconde Guerre mondiale. 15. Non. 16. Pour retrouver sa fiancée kidnappée. 17. Un voleur. 18. Natty. 19. Alain Delon. 20. Oui.

100 ▸ LA RÉGION PACA

1. Le melon. 2. À Gonfaron. 3. Marseille. 4. La Camargue. 5. Les calanques. 6. À Nice. 7. Les bories. 8. Le mont Ventoux. 9. Tartarin. 10. Manosque. 11. De gitans. 12. À la menthe. 13. Les pipes. 14. Le pastis. 15. La grotte Cosquer. 16. En Arles. 17. En fer forgé. 18. Le Masque de fer. 19. L'île du Levant. 20. L'Isle-sur-la-Sorgue.

101 ▸ LES RELIGIEUX

1. D'origine italienne. 2. Les Chiffonniers d'Emmaüs. 3. L'ordre des Franciscains. 4. Par l'évêque Cauchon. 5. Jean-Marie Lustiger. 6. Le cardinal de Richelieu. 7. Oui. 8. Monseigneur Gaillot. 9. Dans aucun, il était laïc. 10. Par saint Vincent de Paul. 11. Mazarin. 12. L'ordre des Dominicains. 13. Le curé d'Ars. 14. Grégoire XI. 15. Monseigneur Lefebvre. 16. Jésuite. 17. Le cardinal Villot. 18. À Dom Pérignon. 19. Avec sainte Jeanne de Chantal. 20. Philippe Barbarin.

102 ▸ FOOTBALL

1. La Coupe de France. 2. L'AJ Auxerre. 3. Les Girondins de Bordeaux. 4. En 1970, au Mexique. 5. Les Bleus. 6. Au stade de France. 7. En 1917. 8. 20. 9. L'AS Saint-Étienne. 10. L'Olympique de Marseille. 11. Par 3 à 0. 12. En 1995. 13. Un lion. 14. La Coupe intercontinentale. 15. Le Havre Athletic-Club. 16. L'Olympique de Marseille. 17. Elle a été annulée. 18. 700 000 €. 19. L'AJ Auxerre. 20. 45 ans.

103 ▸ CÉSARS

A. Nathalie Baye. D. Sylvie Testud. B. Isabelle Carré. C. Emmanuelle Devos.

104 ▸ LA FRANCE DANS L'EUROPE

1. Le 1er pays. 2. 16 %. 3. Non, c'est la 3e. 4. L'Allemagne. 5. 78. 6. 4 fois supérieur. 7. Le taux de natalité. 8. Non, c'est le contraire. 9. Elles sont supérieures. 10. Elle est supérieure.

105 ▸ LE BOIS

1. B et C. 2. C. 3. A et B. 4. A. 5. A. 6. C. 7. A. 8. C. 9. A et C. 10. A. 11. B. 12. A. 13. B. 14. A. 15. A.

106 ▸ LES ONG

1. « Touche pas à mon pote ». 2. En 1985. 3. En 1945. 4. La Croix-Rouge française. 5. Bernard Kouchner. 6. Non. 7. La Banque alimentaire. 8. Les malvoyants. 9. Les mines antipersonnelles. 10. Asmae. 11. Le commerce équitable. 12. Reporters sans frontières. 13. Aux enfants maltraités. 14. Le Secours catholique. 15. Ses 20 ans. 16. Aux jeunes en difficulté. 17. Jean-Pierre Papin. 18. L'Armée du Salut. 19. Médecins sans frontières. 20. Bernadette Chirac.

107 ▸ LES MONTAGNES

1. Des montagnes anciennes. 2. Très érodés. 3. En Bretagne. 4. Le mont Blanc. 5. Sur le Var. 6. 387 m. 7. Le Massif Central. 8. De 4 805 m. 9. Un glacier. 10. Les Alpes. 11. 350 km. 12. À l'est. 13. Du massif des Cévennes. 14. Le Vignemale. 15. Dans le Jura. 16. Le monte Cinto. 17. Le Grand-Cormier. 18. Au sud. 19. Le puy de Sancy. 20. 2 631 m.

108 ▸ LES APÉRITIFS ET DIGESTIFS

1. L'anis. 2. À Fécamp. 3. 40°. 4. … de vin blanc. 5. Un apéritif. 6. L'orange. 7. À base d'eau-de-vie. 8. La cerise. 9. Le cognac. 10. … d'armagnac. 11. L'anis. 12. Avec du quinquina. 13. De deux cépages. 14. À base de gentiane. 15. Par le docteur Fernet. 16. Le schnaps. 17. L'absinthe. 18. … d'oranges. 19. L'Izarra. 20. Le genièvre.

109 ▸ LES BRONZÉS

1. Patrice Leconte. 2. *Amour, coquillages et crustacés*. 3. Marie-Anne Chazel. 4. Médecin. 5. Le Splendid. 6. Jean-Claude Dusse. 7. *Étoile des neiges*. 8. Marcus. 9. Une fondue savoyarde. 10. Popeye. 11. *Amis pour la vie*. 12. Josiane Balasko. 13. 1978. 14. Dans un magasin de skis. 15. Jean-Claude Dusse (Michel Blanc). 16. *Prunus Resort*. 17. Roland Giraud. 18. Le karaté. 19. Un crapaud. 20. Des nanas.

110 ▸ PÂQUES

1. Pâques. 2. La Résurrection du Christ. 3. Crucifié. 4. À Jérusalem. 5. 3 jours. 6. En 325. 7. Du lundi de Pâques. 8. Des œufs en chocolat. 9. Férié. 10. Les cierges. 11. Les cloches. 12. Depuis le jeudi saint. 13. La multiplication. 14. L'agneau. 15. Le dimanche de Quasimodo. 16. Pâques closes. 17. Des œufs de poule. 18. Un agneau. 19. Le blanc. 20. À Rome.

111 ▸ LES PEINTRES

1. Elle « guide le peuple ». 2. *L'Angélus*. 3. Deux. 4. Classique. 5. Le radeau de la Méduse. 6. Le douanier Rousseau. 7. Auguste Renoir. 8. Du XIXe siècle. 9. *Le Déjeuner sur l'herbe*. 10. Henri. 11. La montagne Sainte-Victoire. 12. Non. 13. Le cubisme. 14. Jacques Louis David. 15. Elle est ronde. 16. Paul Gauguin. 17. La Russie. 18. L'impressionnisme. 19. Les deux. 20. Barbizon.

112 ▸ LES CHÂTEAUX

1. Le château de Fontainebleau. 2. Un incendie. 3. Honoré de Balzac. 4. Le château de Versailles. 5. André Le Nôtre. 6. Nicolas Fouquet. 7. La Vienne. 8. Richard Cœur de Lion. 9. Au XIIe siècle. 10. Le château de Vincennes. 11. Une réserve africaine. 12. Nantes. 13. À l'empereur d'Allemagne. 14. Dans le Bas-Rhin. 15. Des châteaux cathares. 16. De Condé. 17. 2001. 18. Avignon. 19. Gothique. 20. À Nohant.

113 ▸ RENAUD

1. Les mistrals gagnants. 2. Séchan. 3. Son HLM. 4. Il repartira. 5. *Chanson pour Pierrot*. 6. Chez la mère à Titi. 7. *En cloque*. 8. « Dix copains qui r'viennent ». 9. À Lola. 10. Elle met les bouts. 11. *Renard*. 12. Germaine. 13. À Coluche. 14. Margaret Thatcher. 15. *Chanson pour l'Éthiopie*. 16. *Germinal*. 17. *Laisse béton*. 18. *Un bandana rouge*. 19. *Marche à l'ombre*. 20. Ch'timi.

114 ▸ LES ANIMAUX FAMILIERS

1. Plus de chats. 2. Non, elle est interdite. 3. À partir de 40 kg. 4. 2,3 millions. 5. Les chiens vendus ou cédés. 6. À environ 40 000. 7. 8,8 millions. 8. La Fédération féline française. 9. 52,2 %. 10. Pour les enfants. 11. La 1re place. 12. Il a une plus forte densité. 13. 200 000. 14. 3 milliards d'euros. 15. Dans les foyers avec enfants. 16. Environ 85 €. 17. 10 tonnes. 18. 18 %. 19. Pour tenir compagnie. 20. Ils sont en augmentation.

115 ▸ LES SUPERFICIES

1. 552 000 km^2. 2. L'Alsace. 3. 24 725 km^2. 4. 4. 5. Plus grande. 6. Le Midi-Pyrénées. 7. Plus grande. 8. De taille équivalente. 9. La Creuse. 10. 105 km^2. 11. L'Aisne et l'Oise. 12. 8. 13. 10 fois. 14. Les Hauts-de-Seine. 15. La Gironde. 16. Oui. 17. 8 569 km^2. 18. Plus grande. 19. 5 fois. 20. 4 000 km^2.

116 ▸ LES CHAMPIGNONS

1. B. 2. A. 3. C. 4. C. 5. B. 6. C. 7. B. 8. A. 9. B. 10. A. 11. C. 12. C. 13. B. 14. A. 15. A.

117 ▸ LES SAINTS PATRONS

1. C. 2. B. 3. A. 4. A. 5. B. 6. C. 7. A. 8. B. 9. B. 10. A. 11. C. 12. A. 13. B. 14. B et C. 15. B.

118 ▸ MARSEILLE

1. Notre-Dame-de-la-Garde. 2. Les Bouches-du-Rhône. 3. Grand littoral. 4. Bleu et blanc. 5. Le pastis. 6. Le château d'If. 7. Marignane. 8. Sur le Vieux-Port. 9. *Le Pouce*. 10. La Canebière. 11. Le savon. 12. Les deux ! 13. La Vieille Charité. 14. La bouillabaisse. 15. Massalia. 16. Les santons. 17. Le palais du Pharo. 18. Fernandel. 19. Marcel Pagnol. 20. Phocéenne.

119 ▸ VICTOR HUGO

1. XIXe siècle. 2. Esmeralda. 3. Cosette. 4. Juliette Drouet. 5. Noyée. 6. *Hernani*. 7. De faire sonner les cloches. 8. *Les Filles du feu*. 9. Au romantisme. 10. Les Thénardier. 11. Une pièce de théâtre. 12. Non, c'est à Flaubert. 13. *Grand-père*. 14. Une chèvre. 15. Gavroche. 16. *La Légende des siècles*. 17. Napoléon III. 18. Claude Frollo. 19. Sur l'île de Jersey. 20. Au Panthéon.

120 ▸ DOUCEURS
1. Les madeleines. 2. Des petits pains d'épices. 3. Des croquets. 4. La liqueur de mirabelle. 5. Nancy. 6. Des petits gâteaux. 7. Des tourons au miel. 8. Des caissettes. 9. De grosses meringues. 10. En pot contenant de l'alcool. 11. De l'armagnac. 12. À Lyon. 13. Des croquets au miel. 14. La forme d'anneaux. 15. À Armentières, dans le Nord. 16. Des chocolats en forme de tuile. 17. Du Grand-Marnier. 18. Des biscuits aux amandes. 19. Des petits biscuits anisés. 20. À Cahors.

121 ▸ LE CYCLISME
1. 2 fois. 2. Nicolas Vouilloz. 3. Plus de fois 3e. 4. Le blaireau. 5. Oui, avec 36 victoires. 6. 3 fois. 7. En 1869. 8. Depuis 1896. 9. Environ 2 h 15. 10. Laurent Jalabert. 11. 100. 12. Paris-Roubaix. 13. Dans le critérium. 14. 42°. 15. 18 fois. 16. Des pavés. 17. Environ 102 000. 18. L'épreuve de vitesse. 19. En 1868. 20. 260 km.

122 ▸ MIOU-MIOU
1. *Les Valseuses*. 2. Patrick Dewaer. 3. 1950. 4. Herry. 5. Celui de meilleure actrice. 6. Thierry Lhermitte. 7. Agent secret. 8. La Maheude. 9. Coluche. 10. *Un indien dans la ville*. 11. Thierry Lhermitte. 12. Trop tranquilles. 13. *Nettoyage à sec*. 14. *Milou en mai*. 15. Louis de Funès. 16. Terence Hill. 17. 2. 18. *La Lectrice*. 19. Sandrine Bonnaire. 20. *Mariages !*

123 ▸ LES ANNÉES 1970
1. En juillet 1970. 2. Le Programme commun. 3. En 1973. 4. Le choc pétrolier. 5. En 1972. 6. Le MLF. 7. En 1972. 8. La tour Montparnasse. 9. La loi Veil. 10. Jacques Chirac. 11. Mars 1979. 12. De Citroën. 13. En 1973. 14. La loi sur l'avortement. 15. Jacques Mesrine. 16. Le baron Empain. 17. La peine de mort. 18. À Liévin. 19. *Le Norway*. 20. Le Centre Pompidou.

124 ▸ POINT COMMUN
Ce sont quatre gares parisiennes.

125 ▸ LES AVANCÉES SOCIALES
1. Les congés payés de 15 jours. 2. Le 1er janvier 2000. 3. La loi Roudy. 4. Renault. 5. En octobre 1988. 6. En 1964. 7. La médecine du travail. 8. Les allocations familiales. 9. Depuis le 21 avril 1944. 10. D'octobre 1945.

126 ▸ LES COULEURS DU VIN
1. Vrai. 2. Vrai. 3. Vrai. 4. Vrai. 5. Faux. 6. Faux. 7. Vrai. 8. Faux. 9. Vrai. 10. Faux. 11. Faux. 12. Vrai. 13. Vrai. 14. Vrai. 15. Vrai.

127 ▸ LES CHANTEUSES
1. Jeanne Mas. 2. France Gall. 3. Un violon. 4. Lio. 5. Il tue un chasseur. 6. *Lolita*. 7. Ses cheveux en brosse. 8. 13 ans. 9. Jenifer. 10. Noire. 11. Sylvie Vartan. 12. *Joe le taxi*. 13. Chimène Badi. 14. *Mademoiselle chante le blues*. 15. Arielle Dombasle. 16. L'Eurovision. 17. Fleur de Lys. 18. Zazie. 19. Dalida. 20. *Douces*.

128 ▸ LES PRÉFECTURES
1. Le préfet de région. 2. 1 seul. 3. Par le Conseil des ministres. 4. L'État. 5. Privas. 6. La police administrative et judiciaire. 7. Par Napoléon Ier. 8. Oui. 9. Commissaires de la République. 10. À Blois. 11. Cayenne. 12. Il est musulman. 13. Oui. 14. 6. 15. 22 ans. 16. Non. 17. Mayotte. 18. Le préfet de Corse, Claude Érignac. 19. Celle de Paris. 20. 8.

129 ▸ LA BASSE-NORMANDIE
1. Le Mont-Saint-Michel. 2. En 1944. 3. La Suisse normande. 4. Le cheval. 5. Le camembert. 6. Un point de dentelle. 7. Sur la Côte fleurie. 8. À Cherbourg. 9. L'andouille. 10. Un carnaval. 11. La tapisserie de Bayeux. 12. L'agneau. 13. La capitale des ruines. 14. À Villedieu-les-Poêles. 15. À Cabourg. 16. La fête des Marins. 17. À Aube. 18. Oui. 19. La basilique Sainte-Thérèse. 20. À Caen.

130 ▸ M6
1. La petite chaîne qui monte. 2. Le dimanche. 3. Métropole. 4. La trilogie du samedi. 5. *Mac Gyver*. 6. Orange. 7. *Le Six minutes*. 8. « 0 % foot ». 9. Séverine Ferrer. 10. Une série américaine. 11. Noir et rouge. 12. À l'actualité musicale. 13. La télé-réalité. 14. Privée. 15. *Consomag*. 16. *M6 Music*. 17. Oui. 18. TPS. 19. *M6 Boutique*. 20. 1987.

131 ▸ NAPOLÉON
1. Ajaccio. 2. Joséphine de Beauharnais. 3. L'Égypte. 4. Le 18 brumaire. 5. La Prusse. 6. Notre-Dame de Paris. 7. Le code civil. 8. Le passage de la Berezina. 9. L'Aiglon. 10. La bataille des Pyramides. 11. Sur l'île d'Elbe. 12. 1804. 13. Une victoire. 14. La Grande Armée. 15. Les Cent-Jours. 16. En Belgique. 17. L'ordre de la Légion d'honneur. 18. Aux Invalides. 19. Consul. 20. Sur l'île Sainte-Hélène.

132 ▸ LE PATINAGE ARTISTIQUE
1. En 1942. 2. Philippe Candeloro. 3. 39 000. 4. Aucun Français. 5. Le Trophée Bompard. 6. En 1865. 7. En 1974. 8. Patrick Péra. 9. 3 épreuves. 10. En 1889. 11. Tous les 2 ans. 12. Surya Bonaly. 13. Alain Calmat. 14. Nicole Hassler. 15. En danse. 16. 7 fois. 17. Napoléon III. 18. 18. 19. En couple. 20. Surya Bonaly.

133 ▸ LES PETITS MAMMIFÈRES
1. Vrai. 2. Vrai. 3. Faux. 4. Vrai. 5. Faux. 6. Faux. 7. Vrai. 8. Vrai. 9. Vrai. 10. Faux. 11. Vrai. 12. Faux. 13. Vrai. 14. Vrai. 15. Vrai.

134 ▸ LES IMPÔTS
1. C. 2. C. 3. A. 4. B. 5. C. 6. B. 7. C. 8. B. 9. A. 10. B. 11. A. 12. B. 13. B. 14. C. 15. A.

135 ▸ BORDEAUX
1. Aquitaine. 2. Alain Juppé. 3. Les Girondins. 4. Oui. 5. Les Bituriges. 6. La Garonne. 7. Pierre Palmade. 8. Du vin. 9. Jacques Chaban-Delmas. 10. Moins. 11. La Gironde. 12. Le Grand-théâtre. 13. La Guillotière. 14. Michel de Montaigne. 15. La place des Quinconces. 16. Le Stade bordelais. 17. Non. 18. Le cannelé. 19. Mérignac. 20. Montesquieu.

136 ▸ LES HUMORISTES
1. *Le Morning Live*. 2. Pierre Dac. 3. Nicolas Canteloup. 4. Le perroquet. 5. Dieudonné. 6. Pierre Desproges. 7. Dans *Fruits et légumes*. 8. Élie Kakou. 9. Didier Bénureau. 10. Professeur de philosophie. 11. Daniel Prévost. 12. Jean-Marc Thibault. 13. Sur Radio Nova. 14. Popeck. 15. Avocate. 16. Vincent Rouil. 17. Raymond Devos. 18. Dans *La Classe*. 19. Georges Bernier. 20. Professeur de gymnastique.

137 ▸ LES CHAMPIGNONS
A. Morille.
B. Lépiote.
C. Amanite phalloïde.
D. Chanterelle.

138 ▸ LES SCANDALES POLITIQUES
1. Aucun. 2. L'affaire des avions renifleurs. 3. Jean-Marie Tjibaou. 4. Georgina Dufoix. 5. Dans une mare. 6. Pierre Bérégovoy. 7. De Jacques Chaban-Delmas. 8. De Renault. 9. À l'Élysée. 10. Assassiné.

139 ▸ LES GRANDS PATRONS
1. B. 2. B. 3. A. 4. B. 5. C. 6. A. 7. C. 8. B. 9. C. 10. A. 11. C. 12. B. 13. B. 14. A. 15. A.

140 ▸ LES FEMMES ET HOMMES POLITIQUES
1. Non, c'est le contraire. 2. Le 20 août 1946. 3. De Jacques Delors. 4. Celui de l'Éducation. 5. À 22 ans. 6. Celui de Pierre Bérégovoy. 7. Nicolas Sarkozy. 8. Jack Lang. 9. Il était trotskiste. 10. Dominique Strauss-Kahn. 11. Jack Lang. 12. À l'âge de 38 ans. 13. Inspecteur des Finances. 14. Du parti socialiste. 15. En 2002. 16. Alain Juppé. 17. En 1993. 18. De Blois. 19. Le concours d'avocat. 20. Pour des emplois fictifs.

141 ▸ SANTÉ
1. 9. 2. Le virus HIV. 3. Centre hospitalier universitaire. 4. La contribution sociale généralisée (CSG). 5. 16 semaines. 6. Non. 7. 16 ans. 8. Au patient. 9. La carte Vitale. 10. 1975. 11. 1 €. 12. 3 jours. 13. Au sexe de l'assuré. 14. Une croix verte. 15. L'Établissement français du sang. 16. François Hollande. 17. Contre le tétanos. 18. L'INSERM. 19. En 1945. 20. Privé.

142 ▸ ÉGLISES ET CATHÉDRALES
1. La peste. 2. Néo-byzantin. 3. Bleu. 4. Saint Martin. 5. Sous la Révolution. 6. 3. 7. La butte Montmartre. 8. Au XXe siècle. 9. La Bonne Mère. 10. Une Vierge à l'Enfant. 11. Roman. 12. Reims. 13. La cathédrale d'Amiens. 14. L'église de la Madeleine. 15. La cathédrale de Rouen. 16. Saint Louis. 17. Le palais de justice. 18. Lourdes. 19. La basilique Saint-Denis. 20. L'Ange au sourire.

143 ▸ LES JEUX À LA TÉLÉ
1. *Qui veut gagner des millions ?* 2. *Le Maillon faible*. 3. La vachette. 4. Brosse à dents. 5. 9. 6. L'hélicoptère. 7. Philippe Risoli. 8. 12 h 20. 9. *Le Burger Quiz*. 10. *La Tête et les Jambes*. 11. L'océan Atlantique. 12. Maître Capello. 13. *Zone rouge*. 14. Bill. 15. *Jeopardy*. 16. *Les Z'amours*. 17. *Tournez manège*. 18. Thierry Beccaro. 19. *La Roue de la fortune*. 20. 4.

144 ▸ L'ARMÉE
1. Le président de la République. 2. Maréchal. 3. 5. 4. 5. Un régiment. 6. Les gendarmes. 7. 1970. 8. Le ministère de la Défense. 9. Caporal. 10. Toulon. 11. Le bataillon des chasseurs alpins. 12. Le génie. 13. La patrouille de France. 14. Salon-de-Provence. 15. L'adjudant. 16. La Marine nationale. 17. Les objecteurs de conscience. 18. 10 mois. 19. Non. 20. Les frégates.

145 ▸ ALAIN DELON
1. *Mélodie en sous-sol*. 2. Anthony. 3. La Tulipe noire. 4. Pendant la Révolution. 5. Claudia Cardinale. 6. Tancrède. 7. *Dancing machine*. 8. *Comme au cinéma*. 9. *Le Clan des Siciliens*. 10. Frank Riva. 11. Fabio Montale. 12. Romy Schneider. 13. *Flic*. 14. La Suisse. 15. *Le Lion*. 16. Casanova. 17. 1935. 18. Jean-Paul Belmondo. 19. *La Piscine*. 20. Mireille Darc.

146 ▸ POINT COMMUN
Chaque objet peut être associé à une lettre de l'alphabet (D, H, E, T).

147 ▸ LES TEMPS DE CUISSON
1. De 20 à 40 min. 2. 5 min. 3. Moins de temps. 4. 2 h environ. 5. 2 h 30. 6. 10 min de chaque côté. 7. 15 min. 8. 15 à 20 min. 9. 45 min. 10. 4 h.

148 ▸ LA TOUR EIFFEL
1. A. 2. B. 3. A. 4. C. 5. B. 6. B. 7. C. 8. C. 9. B. 10. A. 11. C. 12. C. 13. B. 14. B. 15. A.

149 ▸ CATHERINE DENEUVE
1. Peau d'Âne. 2. *Huit femmes*. 3. *Les Parapluies de Cherbourg*. 4. Marcello Mastroianni. 5. Elle se prostitue. 6. Françoise Dorléac. 7. Vincent Pérez. 8. 3. 9. *Le Dernier Métro*. 10. Daniel Auteuil. 11. Yves Montand. 12. Serge Gainsbourg. 13. *Place Vendôme*. 14. Christian. 15. *Pola X*. 16. Roger Vadim. 17. *Palais royal !* 18. Björk. 19. Gérard Depardieu. 20. Vincent Lindon.

150 ▸ LES ACADÉMIES
1. Par Richelieu. 2. En 1635. 3. 5. 4. La Coupole. 5. La Convention. 6. Oui. 7. Ils sont rémunérés. 8. Quai Conti, à Paris. 9. Pour 1 an. 10. Le prix Goncourt. 11. Marguerite Yourcenar. 12. Le jazz. 13. Du Consulat. 14. Par des familiers. 15. Par les frères Goncourt. 16. René Benjamin. 17. 1694. 18. Besançon. 19. Vert. 20. 40.

151 ▸ LOGOS DE MARQUES
1. Lacoste. 2. Un losange. 3. Un rouge-gorge. 4. Chanel. 5. Une cloche. 6. Larousse. 7. La Caisse d'épargne. 8. Jaune et bleu. 9. Le lion. 10. Un triangle. 11. Un hippocampe. 12. Une poule. 13. Président. 14. Un oiseau. 15. Fram. 16. Intermarché. 17. Picard. 18. Michelin. 19. Un triskèle. 20. Citroën.

152 ▸ LES PRISONS
1. Les prévenus. 2. 188. 3. De 58 200 personnes. 4. La prison de Clairvaux. 5. Depuis décembre 1985. 6. 115 environ. 7. Le tiers. 8. 18. 9. Environ 120 %. 10. Des cellules à 1

détenu. 11. En 1867. 12. Gaston Monnerville. 13. En hélicoptère. 14. Un cachot spécifique. 15. Oui. 8. 16. Environ 38 %. 17. À l'aide d'explosifs. 18. Pour le 14 juillet. 19. La loi Kouchner. 20. 3,8 %.

153 ▸ MYLÈNE FARMER

1. Gautier. 2. *Tort.* 3. *Sans contrefaçon.* 4. Seal. 5. Catin. 6. Laurent Boutonnat. 7. Alizée. 8. «Amour». 9. *Ainsi soit-je.* 10. 1961. 11. Se coucher. 12. *Anamorphosée.* 13. Un garçon. 14. De la lessive. 15. La Californie (*California*). 16. Ses fesses. 17. Du Canada. 18. *Fuck them all.* 19. *Envole-moi.* 20. X.

154 ▸ LES VOITURES

1. En 1948. 2. La Peugeot 204. 3. La 4L. 4. La DS. 5. En 1947. 6. La Traction. 7. À gauche. 8. Elle était en plastique. 9. De 1948. 10. À 1 300 000 ex. 11. L'Ami 6. 12. 3. 13. Jusqu'en 1978. 14. Elle avait 2 moteurs. 15. À 1 900 000 ex. 16. Par Panhard. 17. En 1928. 18. Un modèle inférieur. 19. Simca. 20. De 1954 à 1964.

155 ▸ LE MARIAGE

1. Il le suit. 2. Indissoluble. 3. De 1791. 4. Depuis 1185 environ. 5. Les fiançailles. 6. Les bans. 7. D'un contrat. 8. Prendre un engagement. 9. À la mairie. 10. Un certificat médical. 11. La promise. 12. Une bague. 13. Les accordailles. 14. L'annulaire. 15. À 15 ans. 16. De couleur noire. 17. Une fleur blanche. 18. La lune de miel. 19. De 1999. 20. Du tribunal d'instance.

156 ▸ LA COLONISATION ET LA DÉCOLONISATION

1. Vers 1938. 2. En 1894. 3. Oui, c'est une collectivité d'outre-mer. 4. Des comptoirs. 5. Des protectorats. 6. Le 2 septembre 1945. 7. Oui, et son équivalent au Sénat. 8. Djibouti. 9. En Afrique équatoriale française. 10. Dans la violence. 11. 3. 12. En 1962. 13. Le Dahomey. 14. En 1956. 15. Le régime de l'indigénat. 16. En 1912. 17. 2,3 millions. 18. Le 29 mars 1947. 19. Pour 2014. 20. 60 millions.

157 ▸ LES OISEAUX

1. Dans les parcs et jardins. 2. Le canard colvert. 3. 10 cm. 4. Près des rivières calmes. 5. En régions montagneuses. 6. Un oiseau sédentaire. 7. 1,20 m. 8. La sittelle torchepot. 9. Les forêts mixtes. 10. Pour la vie entière. 11. Sur les arbres malades. 12. Plutôt sédentaire. 13. Des fruits. 14. D'oiseaux capturés en vol. 15. Uniformément noir. 16. Gris-brun. 17. Le coucou gris. 18. Généralement trois. 19. Non, c'est le contraire. 20. 2 à 3.

158 ▸ LES PRIX NOBEL

1. Oui. 2. Un discours de réception. 3. 1,5 million de dollars. 4. Oui. 5. Avec Henri Becquerel. 6. Le prix Nobel de physique. 7. Il l'a refusé. 8. À Stockholm. 9. Le prix Nobel de la paix. 10. Lors d'une réception officielle. 11. Avec Jacques Monod. 12. En 1901. 13. En 1957. 14. Oui. 15. À la Croix-Rouge internationale. 16. Un diplôme et une médaille. 17. Leur fille Irène et son mari. 18. Gao Xingjian. 19. Le prix Nobel d'économie. 20. Parce qu'il n'existe pas.

159 ▸ CITATIONS

1. B. 2. A. 3. C. 4. C. 5. A. 6. B. 7. C. 8. C. 9. A. 10. A. 11. A. 12. B. 13. C. 14. B. 15. A.

160 ▸ L'HISTOIRE DU COSTUME

1. B. 2. B. 3. C. 4. A. 5. A. 6. B. 7. B. 8. B. 9. B. 10. C. 11. B. 12. A. 13. B. 14. A. 15. A.

161 ▸ PARIS

1. Paris. 2. 75. 3. La Seine. 4. Sainte Geneviève. 5. 20. 6. Paname. 7. Le RER. 8. Un bateau. 9. Les Parisii. 10. La Sorbonne. 11. Le baron Haussmann. 12. Le 15e. 13. Le Zouave. 14. Pour l'Exposition universelle. 15. La Défense. 16. Jacques Chirac. 17. Jean Tibéri. 18. En 1900. 19. Lutetia (Lutèce). 20. André Citroën. 21. La place de Grève. 22. Le tramway. 23. *Fluctuat nec mergitur.* 24. Des livres d'occasion. 25. L'aéroport d'Orly. 26. Le Paris Saint-Germain (PSG). 27. L'Île-de-France. 28. Les titis. 29. 26 millions. 30. Le Champ-de-Mars. 31. Un peu plus de 2 millions. 32. Le Forum des Halles. 33. La Nuit blanche. 34. Le pont d'Arcole. 35. Le cimetière du Père-Lachaise. 36. La Porte des Roses. 37. La Tour Montparnasse. 38. Le boulevard Saint-Michel. 39. Les deux. 40. Les bijouteries de luxe. 41. Bertrand Delanoë. 42. La place Charles de Gaulle. 43. 12. 44. La ligne 14. 45. Le parc de la Villette. 46. L'hôtel Crillon. 47. L'imprimerie-presse-édition. 48. Paris Plage. 49. La gare du Nord. 50. 8.

162 ▸ RACINE

1. Jean. 2. Au XVIIe siècle. 3. Port-Royal. 4. Molière. 5. *Polyeucte.* 6. Oriental. 7. Andromaque. 8. Hermione. 9. La tragédie. 10. 5. 11. Néron. 12. Junie. 13. Agamemnon. 14. L'Académie française. 15. Louis XIV. 16. Non. 17. Janséniste. 18. Classique. 19. En vers. 20. Titus.

163 ▸ LES CIMETIÈRES ET NÉCROPOLES

1. Le cimetière du Père-Lachaise. 2. Les épitaphes. 3. Par le viaduc du périphérique. 4. Des crématoriums. 5. En décembre 1780. 6. Le cimetière de la Chartreuse. 7. 2 enclos. 8. Il est escarpé. 9. Non, c'est interdit. 10. Vers l'anse du Souffleur. 11. Dans le 10e arrondissement. 12. Un amphithéâtre. 13. Les cendres de Pascal Paoli. 14. Des chapelles. 15. Il est privé. 16. Dans un jardin du souvenir. 17. Au cimetière Le Py. 18. De 422 ha. 19. Dans les églises. 20. Les rois de France.

164 ▸ LES OUTILS

A. Clé à pipe. B. Serre-joint. C. Ciseau à bois. D. Clé à molette.

165 ▸ LES RÉPLIQUES POLITIQUES

1. Aux Algériens. 2. «Au revoir». 3. Georges Marchais. 4. À Valéry Giscard d'Estaing. 5. Pour «Vive le Québec libre!». 6. À Jacques Chirac. 7. À la présidentielle de 1981. 8. Roger Peyrefitte. 9. «Vaste programme». 10. François Mitterrand.

166 ▸ LES CÉSARS

1. B. 2. B. 3. C. 4. A. 5. C. 6. B. 7. C. 8. C. 9. A. 10. A. 11. C. 12. B. 13. C. 14. A 15. A.

167 ▸ LA HAUTE-NORMANDIE

1. 100 m. 2. Le Havre. 3. Monet. 4. Le parc régional de Brotonne. 5. De style gothique. 6. Le Château-Gaillard. 7. De galets. 8. Le neufchâtel. 9. Un musée de la Verrerie. 10. Une abbaye. 11. Le GR 2. 12. Le lin. 13. À Étretat. 14. Des lunettes. 15. 8. 16. Fécamp. 17. Un musée du Peigne. 18. 1 410 m. 19. La sole. 20. À Cormeilles, dans l'Eure.

168 ▸ LES TÉLÉCOMMUNICATIONS

1. 1982. 2. Oui. 3. À l'annuaire téléphonique. 4. La France. 5. 118. 6. &. 7. Wanadoo. 8. Non. 9. Neuf Telecom. 10. SFR. 11. Alcatel. 12. Club Internet. 13. Télé2. 14. L'appel est gratuit. 15. Alice. 16. La Freebox. 17. Caramail. 18. Audiotel. 19. Orange. 20. Voila.

169 ▸ LES PEINTRES

1. Picasso. 2. Oui. 3. Paul. 4. Napoléon Ier. 5. Paul Gauguin. 6. David. 7. Au XIXe siècle. 8. Poète. 9. Camille. 10. Une danseuse du Moulin Rouge. 11. Jean Honoré Fragonard. 12. L'impressionnisme. 13. Ses portraits classiques. 14. *La Danse.* 15. Marie Laurencin. 16. Le fauvisme. 17. Claude Monet. 18. L'école de Pont-Aven. 19. Paul Gauguin. 20. Charles Le Brun.

170 ▸ ZIDANE

1. Zinédine. 2. Algérienne. 3. 1972. 4. À la Juventus de Turin. 5. 3 fois. 6. En 1992. 7. Le Real Madrid. 8. D'un accident de voiture. 9. À Marseille. 10. Oui. 11. À 13 ans. 12. À l'AS Cannes. 13. 2. 14. 2. 15. Contre le FC Nantes. 16. À 18 ans. 17. À l'entraîneur Roland Courbis. 18. Milieu offensif. 19. 2. 20. À 14,3 millions d'euros.

171 ▸ LES YÉ-YÉ

1. Les années 1960. 2. Françoise Hardy. 3. *Les Élucubrations.* 4. Le train. 5. Sylvie Vartan. 6. À son père. 7. Les Chaussettes noires. 8. 5 heures. 9. *Salut les copains.* 10. Johnny Hallyday. 11. Place de la Nation. 12. À l'anis. 13. Dick Rivers. 14. Franck Alamo. 15. Ne pas épouser une trop jolie fille. 16. Aline. 17. Les copains. 18. Sylvie Vartan. 19. Les cravates en cuir noir. 20. *Le temps.*

172 ▸ LE PORC

1. Du haut des cuisses antérieures. 2. La ventrêche. 3. 3. 4. Des saucisses. 5. Tout. 6. Une saucisse. 7. 3 à 4 h. 8. À l'eau. 9. 2 à 3 semaines. 10. À feu vif. 11. Le jambon de Paris. 12. L'andouille de Guéméné. 13. Avec la poitrine. 14. Le sanglier. 15. Avec du paprika. 16. Il est non fumé. 17. 5 à 6 semaines. 18. À 120° C. 19. Au sigle AAAAA. 20. Environ 1 h 30.

173 ▸ LES ROIS DE FRANCE

1. A. 2. C. 3. B. 4. B. 5. C. 6. C. 7. B. 8. C. 9. A. 10. B. 11. C. 12. B. 13. A. 14. C. 15. C.

174 ▸ LA GENDARMERIE

1. B. 2. C. 3. A. 4. A. 5. C. 6. C. 7. A. 8. A. 9. A. 10. B. 11. B. 12. B. 13. A. 14. A. 15. C.

175 ▸ L'HUMANITAIRE

1. Handicap International. 2. La recherche sur les myopathies. 3. L'opération Pièces jaunes. 4. Sol en Si. 5. Les deux. 6. Les Enfoirés. 7. Sidaction. 8. De chaussures. 9. Les Virades de l'espoir. 10. Aux personnes âgées hospitalisées. 11. Les maladies orphelines. 12. Solidays. 13. Le Secours populaire. 14. Le 17 octobre. 15. Des cartes de vœux. 16. Habitat et Humanisme. 17. «Que du bonheur». 18. Des autocollants. 19. La FIFA. 20. Brikkado.

176 ▸ TOULOUSE

1. La ville rose. 2. Claude Nougaro. 3. Plus. 4. Midi-Pyrénées. 5. 150. 6. La croix de Toulouse. 7. L'usine AZF. 8. Un, la Garonne. 9. La Cité de l'espace. 10. Saint-Étienne. 11. Le canal du Midi. 12. Philippe Douste-Blazy. 13. La Haute-Garonne. 14. La première. 15. Oui. 16. Le parc de la Tête d'or. 17. Airbus industries. 18. Le Capitole. 19. Zebda. 20. Le cachou.

177 ▸ TÉLÉPHONE

1. Jean-Louis Aubert. 2. *Cendrillon.* 3. D'un autre monde. 4. Trop cher. 5. Guitare. 6. Plus personne. 7. 4. 8. *Ça, c'est vraiment toi.* 9. «À New York avec toi». 10. La bombe humaine. 11. Du rock. 12. Le vaudou. 13. Une, Catherine Marienneau. 14. Sur une étrange idée. 15. 1986. 16. *Crache ton venin.* 17. 5. 18. Ton amour. 19. Les Rolling Stones. 20. *Au cœur de la nuit.*

178 ▸ ÉMILE ZOLA

1. XIXe siècle. 2. Raquin. 3. Naturalisme. 4. *Les Rougon-Macquart.* 5. L'abbé Mouret. 6. *Dames.* 7. «J'accuse». 8. De l'affaire Dreyfus. 9. *Germinal.* 10. Hachette. 11. Cézanne. 12. *D'amour.* 13. L'Angleterre. 14. Paris. 15. Oui. 16. *Le Roman expérimental.* 17. *Nana.* 18. Oui. 19. *Rougon.* 20. Au Panthéon.

179 ▸ LA DANSE

1. Maurice Béjart. 2. Patrick Dupont. 3. La bourrée. 4. Roland Petit. 5. Le French cancan. 6. Le quadrille. 7. La gavotte. 8. De Provence. 9. Galantes. 10. Louis XIV. 11. Danseur étoile. 12. Les petits rats de l'opéra. 13. Il est tiré d'un conte. 14. Six ans. 15. Le corps de ballet. 16. Rudolf Noureev. 17. Oui. 18. Marie-Claude Pietragalla. 19 . Non. 20. 19 ans.

180 ▸ LES MONUMENTS RELIGIEUX

1. L'église de Cluny. 2. L'ordre cistercien. 3. Saint Bernard. 4. Roman. 5. Caen. 6. L'abbaye de Fontevraud. 7. Bénédictine. 8. Non, en Italie. 9. L'hôpital du Val-de-Grâce. 10. Bourg-en-Bresse. 11. Un festival de musiques classique et baroque. 12. Saint-Guilhem-le-Désert. 13. Elle est en ruine. 14. Au Xe siècle. 15. Le pèlerinage de Saint-Jacques-de-Compostelle. 16. Dans l'Aude. 17. En brique. 18. Le lycée Henri-IV. 19. L'abbaye de Fontevraud. 20. Au XIIe siècle.

181 ▸ POINT COMMUN

Elles sont toutes nées un 29 février (Frédéric Chopin, Balthus, Gérard Darmon, Michelle Morgan).

182 ▸ LES FILMS D'ANIMATION

1. Lucky Luke. 2. Kirikou. 3. Un chien. 4. Margote. 5. Des grenouilles. 6. Jacques Prévert. 7. Tintin. 8. Vaillant. 9. Robinson. 10. De cyclisme.

183 ▸ LES ARTISTES DU XXe SIÈCLE

1. B. 2. A. 3. C. 4. A. 5. B. 6. A. 7. B. 8. C. 9. A. 10. A. 11. C. 12. A. 13. B. 14. A. 15. B.

184 ▸ ARTS

1. La Lorraine. 2. *Le Penseur.* 3. Le design. 4. Le dessin animé. 5. La statue de la Liberté. 6. Frédéric Auguste Bartholdi. 7. Hector Guimard. 8. Graveur. 9. À l'Hôtel de ville de Paris. 10. L'École de Nancy. 11. Émile Bourdelle. 12. L'Art nouveau. 13. Émile Gallé. 14. Calais. 15. Boulle. 16. Belfort. 17. La photographie aérienne. 18. Camille Claudel. 19. L'opéra Garnier. 20. Le verre.

185 ▸ LA BOURGOGNE

1. À côté de Nevers. 2. Un marteau-pilon. 3. À l'abbaye de Cîteaux. 4. Le musée de la Mine. 5. Les escargots. 6. Pour son pèlerinage. 7. L'abbaye de Cluny. 8. À Saulieu. 9. À Sens. 10. La vigne. 11. Les Hospices. 12. Oui. 13. Le musée d'Alésia. 14. Le pain d'épices. 15. Le lac des Settons. 16. À François Mitterrand. 17. D'inspiration Renaissance. 18. La vallée de la Cure. 19. Sur le mont Beuvray. 20. À Chalon-sur-Saône.

186 ▸ LA BANDE DESSINÉE

1. A. 2. A. 3. C. 4. C. 5. B. 6. C. 7. B. 8. A. 9. A. 10. B. 11. A. 12. C. 13. B. 14. C. 15. C.

187 ▸ ALAIN PROST

1. B. 2. A. 3. A. 4. C. 5. B. 6. A et C. 7. B. 8. C. 9. A. 10. C. 11. A. 12. B. 13. C. 14. B. 15. A.

188 ▸ LA FRANÇAISE DES JEUX

1. En 1933. 2. 2. 3. Un trèfle à quatre feuilles. 4. 49. 5. 1 €. 6. Bleue. 7. Un cochon. 8. *Star Wars.* 9. 6, plus le numéro complémentaire. 10. Ping-pong. 11. L'Euro Millions. 12. Les deux. 13. Sur France 2. 14. De grattage. 15. 12. 16. «Loto®, à qui le tour ?» 17. Tac-o-Tac gagnant à vie. 18. Un passage à la télévision. 19. Oui. 20. 2 euros.

189 ▸ LES EXPRESSIONS

1. Merlan frit. 2. Trente-et-un. 3. Chamade. 4. Canard. 5. Matinée. 6. Quarante. 7. Singe. 8. Bulle. 9. Par vaux. 10. Grain. 11. Bouts. 12. La farine. 13. Corneilles. 14. Blanc. 15. À gauche. 16. De la bête. 17. Tout honneur. 18. Blanc. 19. Merveilles. 20. Canard.

190 ▸ LES ACTEURS

1. Agent immobilier. 2. Arsène Lupin. 3. Jean Reno. 4. *La Fille sur le pont.* 5. Au beurre. 6. Gérard Philipe. 7. *Le Goût des autres.* 8. Incendiée. 9. Jacques Perrin. 10. Mathieu Kassovitz. 11. Les deux. 12. Gérard Jugnot. 13. *La Grande Bouffe.* 14. Jean Rochefort. 15. *Après la guerre.* 16. Michel Galabru. 17. Jean Carmet. 18. Guillaume Canet. 19. *Papy fait de la Résistance.* 20. Michel Blanc.

191 ▸ LE TOUR DE FRANCE

1. En 1903. 2. Le maillot jaune. 3. Sur 4 000 km. 4. Avec Jacques Anquetil. 5. *L'Auto-Journal.* 6. Raymond Poulidor. 7. Le maillot vert. 8. 260 km. 9. En 1910. 10. Le Tourmalet. 11. Richard Virenque. 12. En 1952. 13. 1 500. 14. À moins de 10 km. 15. Par le meilleur jeune. 16. Aucun Français. 17. En 1954. 18. Bernard Hinault. 19. Henri Anglade. 20. De 8 secondes.

192 ▸ FRANÇOIS MITTERRAND

1. Le 26 octobre 1916. 2. Vinaigrier. 3. De Sciences-Po. 4. En 1971. 5. Le 10 mai 1981. 6. Pierre Mauroy. 7. De la FGDS. 8. Ministre de l'Intérieur. 9. 49,19 %. 10. Mazarine Pingeot. 11. Édouard Balladur. 12. Oui, en 1956. 13. La francisque. 14. Dans *L'Écho de Paris.* 15. Édith Cresson. 16. 3. 17. 110. 18. Le Coup d'État permanent. 19. D'un cancer. 20. La Roche de Solutré.

193 ▸ THERMALISME, THALASSO ET BALNÉO

1. Non, c'est le contraire. 2. Loin de la mer, et en montagne. 3. 101. 4. Le spa. 5. Elles sont spécialisées. 6. 40 %. 7. Au XIXe siècle. 8. À Cilaos. 9. 500 000 curistes. 10. Les Thermes marins. 11. Un massage à quatre mains. 12. À vocation de détente. 13. Forme et randonnées. 14. Aquensis. 15. À Porticcio. 16. À ceux de Mouton-Rothschild. 17. À Roscoff. 18. La Bretagne. 19. À Moorea. 20. D'ordre dermatologique.

194 ▸ GÂTEAUX

A. Éclair. B. Kouglof. C. Religieuse. D. Mille-feuille.

195 ▸ LES PHARES

1. Sur terre. 2. Environ 381. 3. Oui, en été. 4. 22 m. 5. Plus aucun. 6. Pointe du Bel-Air. 7. C'est l'inverse. 8. Environ 53 km. 9. Sur l'îlot Cabrits. 10. Les Allemands.

196 ▸ SAN-ANTONIO

1. C. 2. B. 3. B. 4. A. 5. C. 6. C. 7. B. 8. A. 9. C. 10. A. 11. A. 12. C. 13. B. 14. A. 15. B.

197 ▸ LES SPÉCIALITÉS RÉGIONALES SUCRÉES

1. Une variété de brioche. 2. Des beignets. 3. D'Alsace. 4. Chauds. 5. De Bretagne. 6. Une tarte au fromage. 7. Chaude. 8. D'Alsace. 9. De la moelle de bœuf. 10. De la Réunion. 11. Des pommes caramélisées. 12. À base de pain rassis. 13. Une spécialité niçoise. 14. Des blancs montés en neige. 15. En Île-de-France. 16. À base de pâte à crêpe. 17. Au riz au lait. 18. La farine de manioc. 19. Très fraîches. 20. Des gâteaux à l'anis.

198 ▸ LES ANNÉES 1910

1. La crue de la Seine. 2. La Première Guerre mondiale. 3. Jules Bonnot. 4. Jean Jaurès. 5. De 10 heures. 6. Le 1er janvier 1910. 7. En 1910. 8. 700 000 morts. 9. Au Panthéon. 10. De la grippe espagnole. 11. Le vol de *La Joconde.* 12. Charles Péguy. 13. En 1913. 14. Avec des camions automobiles. 15. Par Pétain. 16. Le 1er juin 1911. 17. *Du côté de chez Swann.* 18. *Le Canard enchaîné.* 19. Dans le wagon de Foch. 20. Sur le toit des Galeries Lafayette.

199 ▸ LES DUOS

1. *Je t'aime moi non plus.* 2. *Manhattan - Kaboul.* 3. Ringo. 4. Zazie. 5. Elsa. 6. *Je te donne.* 7. Les deux. 8. Philippe Lavil. 9. *Lemon incest.* 10. Passi. 11. *De ma vie.* 12. Stone et Charden. 13. À Paris. 14. Andrea Bocelli. 15. Son père. 16. *Envie de toi.* 17. Véronique Jeannot. 18. Johnny Hallyday. 19. Sophie Marceau. 20. *Comme un boomerang.*

200 ▸ LOUIS PASTEUR

1. Au XIXe siècle. 2. 5. 3. Professeur. 4. Aux vaccins. 5. Une barbe et une moustache. 6. Au Panthéon. 7. Oui. 8. Il l'a infirmée. 9. Contre la tuberculose. 10. Oui. 11. À 40 ans. 12. De l'École normale supérieure. 13. La pasteurisation. 14. L'Institut Pasteur. 15. L'élevage du ver à soie. 16. La vaccination. 17. Oui. 18. Joseph Meister. 19. Pasteur lui-même. 20. Pour ses études sur le vin.

201 ▸ LA FRANCOPHONIE

1. Le 20 mars. 2. L'Organisation internationale de la francophonie. 3. Une cinquantaine. 4. Non. 5. Le Québec. 6. Montréal. 7. L'Alliance française. 8. La filière Français langue étrangère (FLE). 9. L'Acadie. 10. La Belgique. 11. Le Sénégal. 12. La Louisiane. 13. Les Cajuns. 14. Monaco. 15. C'est une principauté. 16. Pondichéry. 17. Madagascar. 18. TV5 (Monde). 19. 5. 20. 3.

202 ▸ LE JUDO

1. En 1935. 2. Celui de champion d'Europe. 3. La salle d'entraînement. 4. 7. 5. 1969. 6. Depuis 1971. 7. 2. 8. En 1951. 9. En 1971. 10. Le Comité national des grades. 11. Jean-Luc Rougé. 12. Jean De Herdt. 13. De 1974. 14. En 1996 et 2000. 15. Aucune. 16. En 1946. 17. Cécile Lebrun. 18. Près de 37 000. 19. En 1946. 20. Une médaille d'or.

203 ▸ POINT COMMUN

Chaque image symbolise une lettre de l'aphabet international (golf, hôtel, tango, whiskey).

204 ▸ LES BATEAUX

1. Un navire polaire. 2. Un bac. 3. À 2 km/h. 4. Des barges. 5. 414 m. 6. Un navire océanographique. 7. À 42 nœuds. 8. Les bisquines. 9. Sur des pirogues. 10. Un caïque.

205 ▸ LES SAUCES

1. B. 2. A. 3. A. 4. C. 5. C. 6. B et C. 7. A. 8. B. 9. B. 10. A et C. 11. C. 12. A et B. 13. B et C. 14. C. 15. A.

206 ▸ LE BAPTÊME

1. Immerger. 2. Un sacrement. 3. Toute l'année. 4. La IIIe République. 5. Un catéchumène. 6. À l'église. 7. Les fonts baptismaux. 8. Un cierge. 9. Le saint chrême. 10. Le blanc. 11. Le parrain. 12. L'infusion. 13. Sur le registre paroissial. 14. Une robe. 15. Un bonnet. 16. Toute personne. 17. Dans le Jourdain. 18. Par saint Jean Baptiste. 19. Le baptême de l'air. 20. Le passage de l'équateur.

207 ▸ LA POLICE NATIONALE

1. Le ministère de l'Intérieur. 2. Renseignements généraux. 3. Le commissaire divisionnaire. 4. Toulouse. 5. La maréchaussée. 6. Un master. 7. Le képi. 8. Municipale. 9. Le RAID. 10. Le préfet de police. 11. De la police. 12. La paix. 13. 3. 14. Au XIXe siècle. 15. Police judiciaire. 16. 1966. 17. Des groupes d'intervention de la Police nationale. 18. Police-secours. 19. Les brigades du Tigre. 20. Une licence.

208 ▸ MIDI-PYRÉNÉES

1. Toulouse. 2. Un pèlerinage à la Vierge. 3. Le canal du Midi. 4. Un observatoire. 5. Condom. 6. Un pont à haubans. 7. Le couteau. 8. À Bernadette Soubirous. 9. Le haricot blanc. 10. À côté de Moissac. 11. À Figeac. 12. Le château de Montségur. 13. La violette. 14. Oui. 15. De 440 m. 16. Le vin. 17. À Albi. 18. En Ariège. 19. L'ascenseur à poissons. 20. À Castres.

209 ▸ LINO VENTURA

1. L'Italie. 2. *Touchez pas au grisbi.* 3. *L'échafaud.* 4. Dans un *Maigret.* 5. De lutte. 6. De la fille d'un ami décédé. 7. Alain Delon. 8. 1919. 9. 100 000. 10. *La Gifle.* 11. Borroni. 12. *L'aventure c'est l'aventure.* 13. Agent des services spéciaux. 14. *Les ploucs.* 15. Perce-Neige. 16. *La Septième Cible.* 17. Jacques Brel. 18. À cause d'une blessure. 19. Pendant la Seconde Guerre mondiale. 20. 1987.

210 ▸ LES LIEUX DE PÈLERINAGE

1. Pau. 2. Saint-Jean-Pied-de-Port. 3. Le Puy-en-Velay. 4. 4. 5. Lourdes. 6. De Nevers. 7. Le Christ. 8. En Bourgogne. 9. Ars. 10. À la Vierge. 11. 7. 12. La cathédrale de Chartres. 13. Massabielle. 14. Bernadette Soubirous. 15. À l'eau. 16. Noir. 17. La basilique supérieure. 18. L'abbaye du Mont-Saint-Michel. 19. La Fraternité monastique de Jérusalem. 20. Sainte Thérèse.

211 ▸ L'ATHLÉTISME

1. Pierre Quinon, en 1964. 2. Les 200 et 400 m. 3. En 2005. 4. 5,98 m. 5. Guy Drut. 6. En 1976. 7. En 2003. 8. Non, aucune. 9. En 1996. 10. Jacky Boxberger. 11. Ladji Doucouré. 12. Aucun. 13. Christian Plaziat. 14. Au disque et au poids. 15. C'est équivalent. 16. Jean Bouin. 17. 4. 18. Aux championnats du monde. 19. Le cross. 20. En 90 jours.

212 ▸ LES SIGLES

1. Service d'aide médicale d'urgence. 2. Centre national de la recherche scientifique. 3. Direction départementale de l'action sanitaire et sociale. 4. Bibliothèque nationale de France. 5. Département d'outre-mer. 6. Maison des jeunes et de la culture. 7. Recherche et développement. 8. Société à responsabilité limitée. 9. Taxe sur la valeur ajoutée. 10. Revenu minimum d'insertion. 11. École nationale d'administration. 12. Directeur (ou direction) des ressources humaines. 13. Société nationale des chemins de fer français.

14. Contrat à durée déterminée.
15. Organisation du traité de l'Atlantique nord.
16. Conseil supérieur de l'audiovisuel.
17. Offre publique d'achat. 18. Questionnaire à choix multiples. 19. Direction départementale de l'équipement. 20. Compagnies républicaines de sécurité

213 ▸ LA TÉLÉ-RÉALITÉ

1. *Loft Story*. 2. *Koh-Lanta*. 3. Henri Leconte. 4. Laurence Boccolini. 5. Maçon. 6. *Popstars*. 7. L'île de la tentation. 8. Chavagnes. 9. Le cours Florent. 10. Une rose. 11. *Nice people*. 12. Benjamin Castaldi. 13. *Opération séduction*. 14. La cuisine. 15. *Mon incroyable fiancé*. 16. Les deux. 17. Le Camp des fortes têtes. 18. *Le Chantier*. 19. Le ménage. 20. Michel Fugain.

214 ▸ L'ASSEMBLÉE NATIONALE

1. Au Palais-Bourbon. 2. 23 ans. 3. Au suffrage universel direct. 4. 577. 5. L'UMP. 6. 5. 7. 84 ans et 3 mois. 8. 30 ans et 8 mois. 9. Pour 5 ans. 10. Non. 11. À mains levées. 12. Le doyen d'âge. 13. Son président. 14. Jean-Louis Debré. 15. Les propositions de loi. 16. À 4 600 €. 17. 6 vice-présidents. 18. À 5 100 €. 19. Au réseau SNCF. 20. Dans le *Journal officiel*.

215 ▸ JOHNNY HALLYDAY

1. Jean-Philippe Smet. 2. « Quelque chose de Tennessee ». 3. Laura. 4. L'idole des jeunes. 5. La nuit. 6. Au chanteur Antoine. 7. *L'Aventure, c'est l'aventure*. 8. Celles du pénitencier. 9. *Sang pour sang*. 10. Du blues. 11. La Harley Davidson. 12. Ses faux-pas. 13. Au stade de France. 14. *Da dou ron ron*. 15. Ton nom. 16. *De vivre*. 17. Laurent Gerra. 18. Gabrielle. 19. Læticia. 20. Au Parc des Princes.

216 ▸ CYCLISME

A. Jante. B. Rayon. C. Manivelle. D. Plateaux. E. Chaîne. F. Dérailleur. G. Selle. H. Cadre. I. Fourche. J. Leviers de frein.

217 ▸ LES MANNEQUINS

1. La Corse. 2. *La Bicyclette bleue*. 3. Carla Bruni. 4. Julien Clerc. 5. Vanessa Demouy. 6. Arthur. 7. Mixa. 8. *Astérix et Obélix : mission Cléopâtre*. 9. La Slovaquie. 10. Inès de la Fressange.

218 ▸ LES MOUVEMENTS ARTISTIQUES

1. C. 2. B. 3. A. 4. B. 5. A. 6. B. 7. A. 8. B. 9. C. 10. C. 11. A. 12. A. 13. B. 14. C. 15. A.

219 ▸ POT-POURRI

1. Ségolène Royal. 2. *Les Visiteurs*. 3. Le corbeau. 4. 21 ans. 5. Renault. 6. L'Italie. 7. *Le Mâle*. 8. Ariel Wizman. 9. Nadar. 10. César. 11. Au XVIIe siècle. 12. Les deux. 13. La Loire. 14. La DDASS. 15. Le 3e jeudi de novembre. 16. 13 h. 17. 14 h. 18. Comte. 19. Assassiné. 20. 1939.

220 ▸ BRIGITTE BARDOT

1. *Et Dieu créa la femme*. 2. Roger Vadim. 3. Une Harley Davidson. 4. Babette. 5. Les animaux. 6. Trop belle. 7. *Marguerite*. 8. Sacha Distel. 9. *Le Testament d'Orphée*. 10. Nicolas. 11. Michel Piccoli. 12. *Le Trou normand*. 13. Jacques Charrier. 14. Claudia Cardinale. 15. La Madrague. 16. Les bébés phoques. 17. 1973. 18. *Rhum*. 19. Abandonnée. 20. *Initiales BB*.

221 ▸ LA FRANCE VUE DE L'ÉTRANGER

1. La tour Eiffel. 2. Un béret. 3. Une baguette de pain. 4. Les *Froggies*. 5. Aux grenouilles que nous mangeons. 6. Arrogants. 7. Pour leurs grèves incessantes. 8. Leur élégance. 9. Les deux. 10. *Rendez-vous*. 11. Par les crottes de chien. 12. Leur romantisme. 13. Les Champs-Élysées. 14. Le vin rouge. 15. De l'Homme. 16. Nuls ! 17. Le camembert. 18. L'industrie du luxe. 19. Conservateurs. 20. Râleurs.

222 ▸ CANAL+

1. 1984. 2. *Les Guignols de l'info*. 3. Jean-Pierre Coffe. 4. José Garcia. 5. Canal Jimmy. 6. Le Groland. 7. Le cinéma pornographique. 8. Un décodeur. 9. Marc Toesca. 10. *Les Simpsons*. 11. Au football. 12. Les deux. 13. Canal+ rouge. 14. *20 h 10 pétantes*. 15. Les Nuls. 16. Jean-Yves Lafesse. 17. *Nulle part ailleurs*. 18. *90 minutes*. 19. Les deux. 20. Le PSG.

223 ▸ HYMNES, CHANTS POLITIQUES

1. L'*Internationale*. 2. Pendant la Commune de Paris. 3. L'U.R.S.S. 4. L'*Hymne à la joie*. 5. Ludwig van Beethoven. 6. Les aristocrates. 7. La Corse. 8. Ni Dieu, ni maître. 9. *La Jeune Garde*. 10. Rouge. 11. Le *Chant des ouvriers*. 12. La République. 13. Le vieux Joe. 14. Rouget de l'Isle. 15. « Aux armes Citoyens ! Formez vos bataillons ! » 16. Zebda. 17. Pendant la Commune de Paris. 18. Sainte Jeanne d'Arc. 19. La Bretagne. 20. Canon.

224 ▸ CORNEILLE

1. Au XVIIe siècle. 2. Le cardinal de Richelieu. 3. Médée. 4. Comique. 5. En Espagne. 6. Chimène. 7. Pour venger son père. 8. Un choix cornélien. 9. Au christianisme. 10. Auguste. 11. Pierre. 12. Racine. 13. Non. 14. D'*Andromède*. 15. Des jésuites. 16. « Que pour cette infamie. » 17. Thomas. 18. *Suréna*. 19. Oui. 20. Avocat.

225 ▸ GRENOBLE

1. B. 2. A. 3. B. 4. A. 5. C. 6. A. 7. B. 8. B. 9. C. 10. A. 11. B. 12. C. 13. B. 14. A. 15. A.

226 ▸ HENRI LECONTE

1. C. 2. B. 3. A. 4. A. 5. B. 6. B. 7. C. 8. C. 9. A. 10. B. 11. C. 12. A. 13. A. 14. B. 15. B.

227 ▸ L'AQUITAINE

1. La dune du Pilat. 2. Le béret. 3. Au Pays basque. 4. La truffe. 5. À Périgueux. 6. Une canne-épée. 7. Oui. 8. De la corrida. 9. La grotte de Lascaux. 10. L'ours. 11. Biarritz et Hossegor. 12. Le mascaret. 13. Le pruneau. 14. À Saint-Michel de Montaigne. 15. À Pau. 16. Une tomate. 17. L'Île aux Oiseaux. 18. Le couteau. 19. À Libourne. 20. De jus de raisin et d'armagnac.

228 ▸ JACQUES-YVES COUSTEAU

1. Dans la Marine nationale. 2. Océanographe. 3. *Par 18 mètres de fond*. 4. Le commandant Cousteau. 5. Oui. 6. Le scaphandre autonome. 7. Pour le cinéma. 8. Rouge. 9. À l'Académie française. 10. 2. 11. La *Calypso*. 12. Le *Moulin à vent*. 13. De 2 turbovoiles. 14. À 87 ans. 15. 144. 16. Protéger la planète. 17. En Antarctique. 18. Un dragueur de mines. 19. Protéger. 20. La palme d'or, à Cannes.

229 ▸ LES ANIMATEURS

1. Thomas Hugues. 2. *Capital*. 3. La Belgique. 4. Jean-Michel Larqué. 5. *Téléshopping*. 6. Stéphane Collaro. 7. Les deux. 8. Karl Zéro. 9. La Grèce. 10. De la clarinette. 11. Simone Garnier. 12. Georges Pernoud. 13. Alain Bougrain-Dubourg. 14. *La Chasse au trésor*. 15. Réservoir Prod. 16. *Les Grosses Têtes*. 17. Le dimanche. 18. Pascal Sevran. 19. Ses lunettes. 20. Yvan Le Bolloch'.

230 ▸ LES SERVICES PUBLICS

1. La Caisse primaire d'assurance maladie. 2. La Caisse d'allocations familiales. 3. L'Urssaf. 4. Les chambres de commerce et de l'industrie. 5. Aux demandeurs d'emplois. 6. 6. 7. Des cartes. 8. Le conservatoire du Littoral. 9. 7 500. 10. La Poste. 11. À la fourrière. 12. 2004. 13. Les Voies navigables de France (VNF). 14. Les pompiers. 15. Consommation. 16. Météo-France. 17. Le CNRS. 18. La SNCF. 19. Le Centre des monuments nationaux. 20. Agronomique.

231 ▸ LA FRANCE DES ANNÉES 2000

1. Le plan Vigipirate. 2. Le Contrat première embauche. 3. En Colombie. 4. Un visage. 5. Une canicule. 6. Le protocole de Kyoto. 7. Au service national. 8. L'*Erika*. 9. Dominique de Villepin. 10. À Johannesburg. 11. L'affaire d'Outreau. 12. L'A380. 13. La grippe aviaire. 14. Vilhonneur. 15. Le 17 février 2002. 16. Charm el-Cheikh. 17. Le quinquennat. 18. La loi sur la parité. 19. Des caricatures du prophète Mahomet. 20. Le Concorde. 21. *Ariane 5*. 22. 35 heures. 23. Charles Trenet. 24. Le chikungunya. 25. Le général Aussaresses. 26. La Corse. 27. L'Angola. 28. Yves Saint-Laurent. 29. La Télévision numérique terrestre (TNT). 30. En Côte-d'Ivoire. 31. Cadarache. 32. Un permis probatoire. 33. Internet. 34. Marie-José Pérec. 35. Le TGV Méditerranée. 36. Pendant le défilé du 14 juillet. 37. Bernard Loiseau. 38. Clichy-sous-Bois. 39. La guerre en Irak. 40. Air Lib. 41. Le tunnel du Mont-Blanc. 42. La Banque postale. 43. Non. 44. Florence Aubenas. 45. Galileo. 46. Laurence Parisot. 47. L'usine AZF. 48. La communauté de Taizé. 49. KLM. 50. L'Union pour un mouvement populaire (UMP).

232 ▸ JEANNE D'ARC

1. Domrémy. 2. Charles VII. 3. Les Anglais. 4. Par des voix célestes. 5. 13 ans. 6. Elle-même. 7. Compiègne. 8. La Lorraine. 9. La pucelle d'Orléans. 10. Les Bourguignons. 11. Rouen. 12. Brûlée vive. 13. Non. 14. XVe siècle. 15. Un évêque. 16. Oui. 17. De se vêtir comme un homme. 18. Gilles de Rais. 19. 19 ans. 20. Au XXe siècle.

233 ▸ LES ENTREPRISES

1. Fédération nationale d'achats pour cadres. 2. Danone. 3. Auchan. 4. Le BTP. 5. Bosch. 6. Saint-Étienne. 7. Il a fusionné avec Carrefour. 8. La Française des jeux. 9. Le mobilier et la publicité urbains. 10. Le Crédit lyonnais (LCL). 11. Édouard. 12. Publique. 13. Le TGV. 14. Total. 15. Nissan. 16. Orange. 17. Jean-Marie Messier. 18. TPS et CanalSat. 19. Louis Vuitton. 20. Les deux.

234 ▸ LES OISEAUX MIGRATEURS

1. À intervalles réguliers. 2. À la fin août. 3. En mars. 4. La cigogne blanche. 5. En groupes. 6. Au sud du Sahara. 7. D'Asie centrale 8. Dans la 2nde quinzaine de mars. 9. Dans les arbres. 10. 10 000 km. 11. En V. 12. Vers l'Europe orientale ou méridionale. 13. En Guyane. 14. Du champ magnétique terrestre. 15. Sur le pourtour méditerranéen. 16. En groupe. 17. Dans la savane africaine. 18. Dans les forêts. 19. Le long des côtes. 20. Vers la mi-mai.

235 ▸ LES SÉRIES TV

1. *Caméra café*. 2. *Salut les Musclés*. 3. *Hélène et les garçons*. 4. Jean Dujardin. 5. Black. 6. Les Deschiens. 7. *L'amour*. 8. Laure. 9. Étudiants. 10. La cour du roi Arthur. 11. *Une Journée Dehouf*. 12. *Classe mannequin*. 13. *Croissants*. 14. *Palace*. 15. Marseille. 16. *Jamais deux sans toi…t*. 17. Mallaury Nataf. 18. *H*. 19. Jérôme. 20. Son fils.

236 ▸ LA LANGUE FRANÇAISE

1. Le latin. 2. 3. 3. Des langues d'oc. 4. Les deux. 5. À l'anglais. 6. La Francophonie. 7. L'Alliance française. 8. L'Île-de-France. 9. Les serments de Strasbourg. 10. Baladeur. 11. Non. 12. 4 (en comptant les trémas). 13. L'Académie française. 14. Le Canada. 15. En 1539. 16. Les deux. 17. Les noms propres et les noms communs. 18. Littré. 19. Le grec ancien. 20. 60 000.

237 ▸ LE HANDISPORT

1. L'oiseau aux ailes brisées. 2. 16 000. 3. Oui, en 1990. 4. Isabelle Lafaye-Marziou. 5. 200. 6. En 1983. 7. Pierre Volait. 8. À Saint-Étienne. 9. 20. 10. En 1977. 11. 141. 12. 2. 13. À Tignes. 14. En natation. 15. En ski alpin. 16. 95. 17. Au 1 500 m fauteuil roulant. 18. Damien Seguin. 19. *La Nuit ensoleillée*. 20. En 1980.

238 ▸ SPORTIFS

A. Amélie Mauresmo (juillet 1979). C. Zinedine Zidane (juin 1972). D. David Douillet (février 1969). B. Marie-José Pérec (mai 1968).

239 ▸ LES CABARETS ET MUSIC-HALLS

1. Alain Bernardin. 2. Le Moulin-Rouge. 3. En 1893. 4. Aux Folies Bergères. 5. Rue des Lombards. 6. 500 000. 7. Un chansonnier. 8. Par Gustave Eiffel. 9. Rue d'Odessa. 10. La Plage de Paris.

240 ▸ LE SYSTÈME JUDICIAIRE
1. C. 2. A. 3. B. 4. A. 5. A. 6. C. 7. B. 8. C. 9. B. 10. C. 11. A. 12. A. 13. C. 14. C. 15. B.

241 ▸ LES ANNÉES 1980
1. La ligne Paris-Lyon. 2. Le *Rainbow Warrior.* 3. À Bouygues. 4. En 1983. 5. En 1981. 6. La rue des Rosiers. 7. L'abolition de la peine de mort. 8. En 1987. 9. Demain, j'enlève le haut. 10. Avec Daniel Balavoine. 11. Au Louvre. 12. Le virus du sida. 13. La cohabitation. 14. Le RMI. 15. Le 1er novembre 1984. 16. Navarro. 17. Jean-Marie Tjibaou. 18. Les infirmières. 19. Par Jean-Paul Goude. 20. En 1986.

242 ▸ JULES VERNE
1. Scientifiques. 2. 20 000. 3. XIXe siècle. 4. *La Lune.* 5. Hetzel. 6. Policier. 7. *Cinq semaines en ballon.* 8. Grant. 9. 80. 10. Le capitaine Nemo. 11. Non, c'est Walter Scott. 12. En Russie. 13. James Cook. 14. *La Terre.* 15. Passepartout. 16. *Voyages extraordinaires.* 17. *L'Île mystérieuse.* 18. *Voyage au centre de la Terre.* 19. 2005. 20. Dévalisé une banque.

243 ▸ STRASBOURG
1. L'Alsace. 2. Le marché de Noël. 3. Le général Kléber. 4. La saucisse de Strasbourg. 5. Le TGV est-européen. 6. L'Ill. 7. Oui. 8. La Petite France. 9. Du Parlement européen. 10. Oui, un port fluvial. 11. Le Bas-Rhin. 12. Argentoratum. 13. L'ENA. 14. Non. 15. Vauban. 16. Le festival Strasbourg-Méditerranée. 17. Le palais de l'Europe. 18. Les ponts couverts. 19. 3. 20. Gustave Doré.

244 ▸ ÉDITH PIAF
1. 1915. 2. Marcel Cerdan. 3. Le sable chaud. 4. *Mon manège à moi.* 5. Gassion. 6. Les Compagnons de la chanson. 7. Rien. 8. La Môme Piaf. 9. Yves Montand. 10. *L'Hymne à l'amour.* 11. 1,47 m. 12. Bonheur. 13. *Padam… padam.* 14. Charles Aznavour. 15. Le Carnegie Hall. 16. Une moto. 17. La foule. 18. Georges Moustaki. 19. Milord. 20. Au cimetière du Père La Chaise.

245 ▸ BOURVIL
1. À Bourville. 2. Oui. 3. André Raimbourg. 4. Le comique. 5. *Les Crayons.* 6. Un bon élève. 7. Avec Jean Gabin. 8. Environ 50. 9. Au gendarme. 10. Étienne Lorin. 11. Orphelin de père. 12. Oui. 13. Dans les radio-crochets. 14. *Dans La Grande Vadrouille.* 15. 3. 16. De 1945. 17. Une trompette. 18. Non. 19. De Gaulle. 20. *Le Cercle rouge.*

246 ▸ LE VEAU
1. Depuis le 1er janvier 1964. 2. L'oiseau sans tête. 3. 16. 4. 500 000. 5. 2 fois 5. 6. Après. 7. De la cuisse arrière. 8. Une côte parisienne. 9. À trois types. 10. À toutes les cuissons. 11. Une tranche épaisse. 12. L'axoa d'Espelette. 13. 125 kg. 14. Le blond de veau. 15. Le grenadin. 16. Le veau Orloff. 17. La quenelle. 18. La sauce financière. 19. À Antonin Carême. 20. 1 h.

247 ▸ LES MARÉCHAUX DE FRANCE
1. A. 2. C. 3. A. 4. B. 5. C. 6. A. 7. A. 8. B. 9. A et B. 10. B. 11. C. 12. A. 13. B. 14. C. 15. A.

248 ▸ LES COURSES AUTOMOBILES
1. B. 2. A. 3. C. 4. B. 5. A. 6. A. 7. C. 8. B. 9. C. 10. A. 11. B. 12. A. 13. B. 14. C. 15. A.

249 ▸ RHÔNE-ALPES
1. Les bouchons. 2. Oui, autour de Nyons. 3. Le Vercors. 4. Le musée de la Mine. 5. Non, au sud. 6. Une ville de plaine. 7. Le musée de la Cloche. 8. Une centrale nucléaire. 9. Un planétarium. 10. Non, le plus petit. 11. Le lac du Bourget. 12. À Oyonnax. 13. La chapellerie en feutre. 14. Non, car c'est le seul. 15. La tour du Crédit Lyonnais. 16. À Die. 17. Environ 600 km. 18. Les tramways. 19. 12 000 ha. 20. De 310 m.

250 ▸ LES RELIGIONS
1. Il n'y en a pas. 2. Environ 511 000. 3. La fille aînée de l'Église. 4. Le catholicisme. 5. Du ministère de l'Intérieur. 6. Un diocèse. 7. Jean Calvin. 8. 173. 9. La 2e. 10. 95. 11. Environ 350 000. 12. Environ 800 000. 13. Il est neutre. 14. 400. 15. Par l'édit de Nantes. 16. Environ 110. 17. En Alsace-Lorraine. 18. Environ 260 000. 19. Un cimetière orthodoxe. 20. Le culte vaudou.

251 ▸ LES AÉROPORTS
1. Plus grand. 2. Non. 3. L'aérogare. 4. 134 millions. 5. Un 3e aéroport. 6. Oui. 7. Environ 3 000 m. 8. 190. 9. Plus de 55 millions. 10. Les associations de riverains. 11. 4. 12. La nuisance sonore. 13. Le 24 février 1961. 14. 2. 15. Le Bourget. 16. 1945. 17. Militaire. 18. De 1936. 19. Oui. 20. Par la tour de contrôle.

252 ▸ YVES MONTAND
1. En Italie. 2. De la nitroglycérine. 3. Marilyn Monroe. 4. Papet. 5. Simone Signoret. 6. *La Folie des grandeurs.* 7. Sami Frey. 8. *Le 26.* 9. La bicyclette. 10. Z. 11. *Netchaïev est de retour.* 12. Un ancien policier. 13. Sur les grands boulevards. 14. Pendant la Seconde Guerre mondiale. 15. Catherine Allégret. 16. Romy Schneider. 17. Valentin. 18. Les feuilles mortes. 19. Vincent. 20. 70 ans.

253 ▸ LILLE
1. Le Nord. 2. De drapiers. 3. La grande braderie. 4. Les Lillois. 5. Au nord. 6. De la culture. 7. L'Eurostar. 8. Roubaix et Tourcoing. 9. La Hollande. 10. Martine Aubry. 11. Le textile. 12. Philippe Noiret. 13. La Deûle. 14. La Redoute. 15. Le 3e. 16. Charles de Gaulle. 17. Le beffroi de l'hôtel de ville. 18. La porte de Calais. 19. Le ch'timi. 20. Roger Salengro.

254 ▸ LA RÉVOLUTION
1. Le bonnet phrygien. 2. Marat. 3. Dans la baignoire de Marat. 4. Montagnard. 5. 1789. 6. Les deux. 7. La Déclaration des droits de l'homme et du citoyen. 8. Les sans-culottes. 9. Des privilèges de la noblesse et du clergé. 10. Les députés du tiers état. 11. La Bastille. 12. 1792. 13. La Terreur. 14. Aux Tuileries. 15. Robespierre. 16. À la Conciergerie. 17. Le club des Jacobins. 18. Desmoulins. 19. Les guerres de Vendée. 20. En janvier 1793.

255 ▸ JEAN-JACQUES GOLDMAN
1. *Gris foncé.* 2. *La Vie par procuration.* 3. Thaï Phong. 4. *Là-bas.* 5. Carole Fredericks. 6. Les violons. 7. Personne (*Je marche seul*). 8. Céline Dion. 9. Bonne. 10. Manqués. 11. *Chansons pour les pieds.* 12. De ses rêves. 13. *Comme toi.* 14. Elle attend. 15. *Matin.* 16. Les Chœurs de l'Armée rouge. 17. D'un signe. 18. *Envole-moi.* 19. *Il changeait la vie.* 20. *Elle a fait un bébé toute seule.*

256 ▸ LES ANNÉES 1900
1. Le capitaine Dreyfus. 2. Le fauvisme. 3. Les aventures de Bécassine. 4. L'Art nouveau. 5. En 1902. 6. Maurice Leblanc. 7. Louise Michel. 8. La traversée de la Manche. 9. Nijinski. 10. Le crucifix. 11. En 1904. 12. Le 9 décembre 1905. 13. *L'Humanité.* 14. Le 17 mars 1904. 15. En 1906. 16. L'escalier mobile. 17. Romain Rolland. 18. Le ministère du Travail. 19. *Le Penseur.* 20. André Gide.

257 ▸ LES MEURTRIERS ET BANDITS
1. Barbe-Bleue. 2. Des anarchistes. 3. Par Ravaillac. 4. On ne sait toujours pas. 5. Elle a été brûlée vive. 6. Pour le meurtre d'un enfant. 7. La Bretagne. 8. 11. 9. Jacques Mesrine. 10. Le Gentleman cambrioleur. 11. Un contrebandier. 12. Des appelés du contingent. 13. Emprisonnée puis libérée. 14. En 1946. 15. 13. 16. Un pirate. 17. Jean-Baptiste Troppmann. 18. Issei Sagawa. 19. Philippe Maurice. 20. « Réhabilitez-moi ».

258 ▸ LE THÉÂTRE MODERNE
1. *Les Bonnes.* 2. Chauve. 3. *Marie.* 4. Godot. 5. D'Irlande. 6. À Chaillot. 7. Le roi Ubu. 8. Jean-Paul Sartre. 9. Antigone. 10. Une comédie. 11. Terribles. 12. L'Arlésienne. 13. Le vaudeville. 14. Oui. 15. Sacha Guitry. 16. Caligula. 17. Noires. 18. Sales. 19. La guerre de Troie. 20. Le rhinocéros.

259 ▸ POINT COMMUN
Au château de Versailles.

260 ▸ LE RAP
1. IAM. 2. Diam's. 3. Disiz la Peste. 4. Suprême NTM. 5. Mc Solaar. 6. Criminel. 7. Doc Gynéco. 8. Stomy Bugsy. 9. Suprême NTM. 10. *Je mate.*

261 ▸ LE CALENDRIER RÉPUBLICAIN
1. B. 2. C. 3. B. 4. A. 5. C. 6. B. 7. A. 8. C. 9. B. 10. C. 11. A. 12. C. 13. C. 14. A. 15. A.

262 ▸ LA PRESSE QUOTIDIENNE
1. *Libération.* 2. *Le Monde.* 3. Ils sont distribués gratuitement. 4. *La Croix.* 5. Le sport. 6. Le Parti communiste français. 7. *Le Dauphiné libéré.* 8. L'Alsace. 9. Albert Camus. 10. Lyon. 11. *Ouest-France.* 12. Saumon. 13. *La Voix du Nord.* 14. *Le Télégramme de Mulhouse.* 15. *L'Humanité.* 16. *Le Parisien.* 17. Bordeaux. 18. De droite. 19. *Le Progrès.* 20. Le domaine économique.

263 ▸ MICHEL SERRAULT
1. *La Cage aux folles.* 2. Jean Poiret. 3. En 1928. 4. *Tout le monde il est gentil.* 5. Mathieu Kassowitz. 6. *Le nez.* 7. Arnaud. 8. Emmanuelle Béart. 9. *Joyeux Noël.* 10. Dans le pré. 11. Le Conservatoire. 12. « L'œil ». 13. Mathilde Seigner. 14. Belphégor. 15. Le docteur Petiot. 16. Rouge. 17. Louis XVI. 18. *Le Viager.* 19. Pierre Richard. 20. Les deux.

264 ▸ LES BATAILLES
1. 6 semaines. 2. Joseph Joffre. 3. Aux Anglais. 4. À l'Autriche. 5. L'empereur Napoléon III. 6. C'est l'inverse. 7. Le 6 juin 1944. 8. Les Prussiens et les Autrichiens. 9. Par des montagnards gascons. 10. En taxi. 11. Jean II le Bon. 12. D'Armagnacs et de Bourguignons. 13. Contre 40 000 soldats. 14. Le 15 août 1944. 15. En 1805. 16. Environ 350 000. 17. Une victoire française. 18. En mai et juin. 19. À Crécy. 20. La victoire de Castillon.

265 ▸ SPORTS
1. Jacques Secrétin. 2. Frédérick Bousquet. 3. En 2001. 4. Anne Boileau. 5. Tours. 6. La Seine. 7. En 1866. 8. 227. 9. Tony Parker. 10. En 1993. 11. Le RC Cannes. 12. Gravelines. 13. Christine Caron, en 1964. 14. La médaille de bronze. 15. Pierre Jonquères d'Oriola. 16. Non, jamais. 17. À Vichy. 18. Depuis 2001. 19. Au saut d'obstacles. 20. Au 200 m papillon.

266 ▸ LES COMPOSITEURS CLASSIQUES
1. Au XIXe siècle. 2. Hector Berlioz. 3. La Pologne. 4. Ses nocturnes. 5. Camille. 6. *Animaux.* 7. *Prélude à l'après-midi d'un faune.* 8. Maurice Ravel. 9. Du Conservatoire. 10. Oui. 11. *Les Dialogues des carmélites.* 12. Le Groupe des six. 13. Carmen. 14. *Pelléas et Mélisande.* 15. Un opéra fantastique. 16. Jacques Offenbach. 17. Au XVIIIe siècle. 18. Du printemps. 19. De l'Italie. 20. L'orgue.

267 ▸ LES PAPIERS ADMINISTRATIFS
1. 10 ans. 2. Non. 3. Dès sa naissance. 4. 2005. 5. Pour se rendre à l'étranger. 6. Jusqu'à 15 ans. 7. Les visas. 8. Non. 9. Rose. 10. La carte grise. 11. Le livret de famille. 12. 2000. 13. À la mairie du lieu de naissance. 14. Le casier judiciaire. 15. Cerfa. 16. Par la carte Vitale. 17. Le carnet de santé. 18. Aux SDF. 19. 2001. 20. La carte électorale.

268 ▸ L'ÎLE-DE-FRANCE
1. Les rois de France. 2. Des carrières de gypse. 3. Les puces. 4. La Défense. 5. 37. 6. Le canal de l'Ourcq. 7. Le métro. 8. Un parc zoologique. 9. À Rungis. 10. À Châtenay-Malabry. 11. À Montreuil. 12. Oui, à Suresnes. 13. Sa prison. 14. Les Catacombes. 15. L'aviron. 16. Sarcelles. 17. Le cimetière d'Ivry. 18. Les passages. 19. Des guinguettes. 20. À Saint-Cloud.

269 ▸ LES SÉRIES ET FEUILLETONS

1. Rose, la femme de ménage. 2. Tanguy et Laverdure. 3. *Pause-café.* 4. *Père et maire.* 5. Brocanteur. 6. France 2. 7. Nicole de Buron. 8. Bob Morane. 9. *Marc et Sophie.* 10. Contractuelle. 11. La Bretagne. 12. Jean-Claude Drouot. 13. À Saint-Tropez. 14. 1995. 15. Arsène Lupin. 16. *Famille d'accueil.* 17. Belgrand. 18. *Le Grand Patron.* 19. Beaumont. 20. Un ange gardien.

270 ▸ COLUCHE

1. 1946. 2. Par sa mère. 3. L'Olympia. 4. Michel Colucci. 5. SOS-Racisme. 6. Avec Thierry Le Luron. 7. En 1975. 8. *Le Café de la gare.* 9. 18. 10. Les Restos du cœur. 11. À l'élection présidentielle. 12. Avec Romain Bouteille. 13. 2. 14. Dans un accident de moto. 15. Pour *Tchao Pantin.* 16. Au vrai chic parisien. 17. Le record du kilomètre lancé. 18. *Le Four de guerre.* 19. À 41 ans. 20. La revue *Hara-kiri.*

271 ▸ LES VINS

1. Non, mais à la macération. 2. Il a tendance à perler. 3. L'irouleguy. 4. Dans la Drôme. 5. Majoritairement des rouges. 6. Également dans 3 autres communes. 7. Non, ni des blancs. 8. De la Corse du Nord. 9. 321. 10. Non, mais le pouilly-fumé. 11. Un vin d'Aquitaine. 12. Non, des blancs et des rouges. 13. Des vins fins à très fins. 14. C'est le contraire. 15. À mi-coteau. 16. Non, uniquement en rosé. 17. La noix. 18. Oui, dans les 3 catégories. 19. Des mousseux. 20. Non, avec 44 ha.

272 ▸ ARTHUR RIMBAUD

1. Vrai. 2. Vrai. 3. Faux. 4. Faux. 5. Faux. 6. Faux. 7. Vrai. 8. Faux. 9. Vrai. 10. Vrai. 11. Vrai. 12. Faux. 13. Vrai. 14. Vrai. 15. Faux.

273 ▸ LA NOBLESSE

1. B. 2. B et C. 3. A, B et C. 4. A. 5. B. 6. A. 7. B. 8. A et C. 9. B. 10. C. 11. A. 12. A et C. 13. B et C. 14. A. 15. C.

274 ▸ POT-POURRI

1. Pondichéry. 2. La quille. 3. Électricité de France (EDF). 4. Sainte Jeanne d'Arc. 5. « D'être bébé ». 6. La Provence. 7. Sacha Guitry. 8. Des sociétés cinématographiques. 9. « Quatorze heures. » 10. Des ingénieurs. 11. Gothique. 12. Rémi. 13. En Espagne. 14. La tapisserie. 15. Cajoline®. 16. Eddy Mitchell. 17. Au XIXe siècle. 18. David Douillet. 19. Narbonne. 20. Ministre des Affaires étrangères.

275 ▸ LES STATIONS DE RADIO

1. 107.7. 2. L'alouette. 3. Bleu. 4. France Info. 5. Au groupe Radio France. 6. Fun Radio. 7. 1997. 8. Du rock. 9. Une panthère noire. 10. Les NRJ Music Awards. 11. La région parisienne. 12. Radio Monte-Carlo. 13. Le rap. 14. NFM. 15. Privée. 16. Rire et chansons. 17. Nostalgie. 18. Bleue. 19. NRJ. 20. Luxembourg.

276 ▸ LES MONUMENTS DE PARIS

1. 1665. 2. La basilique du Sacré-Cœur. 3. La place Charles-de-Gaulle (Étoile). 4. La pyramide de verre. 5. La Conciergerie. 6. Le 4e. 7. Le palais du Luxembourg. 8. L'hôtel des Invalides. 9. Le 56e. 10. Le Panthéon. 11. Marie Curie. 12. L'obélisque de Louxor. 13. La Grande Arche de la Défense. 14. L'Assemblée nationale. 15. L'opéra Garnier. 16. Louis IX (Saint Louis). 17. En bronze. 18. Les deux. 19. François Mitterrand. 20. C'était une gare.

277 ▸ FABIEN BARTHEZ

1. En 1971. 2. Le club de Lavelanet, en Ariège. 3. Le Toulouse Football Club. 4. À Lavelanet. 5. Laurent Blanc. 6. À l'Olympique de Marseille. 7. Pour crachat sur un arbitre. 8. 1,83 m. 9. 7. 10. Le 1er. 11. 1 seul. 12. À Monaco. 13. Bernard Tapie. 14. Pascal Olmeta. 15. Robin Huc. 16. 10. 17. France-Croatie. 18. Le 26 mai 1994. 19. Au Manchester United. 20. En D1.

278 ▸ LES EXPRESSIONS FRANÇAISES

1. Rompus. 2. Du rouleau. 3. Mi-raisin. 4. La lettre. 5. À la poste. 6. En pâte. 7. Mort. 8. Sur la comète. 9. D'or. 10. Bon cœur. 11. Bec. 12. L'anglaise. 13. Partir. 14. Du beurre. 15. Pierre blanche. 16. De champ. 17. À l'oreille. 18. Grecques. 19. Au chat. 20. Chandelle.

279 ▸ LE MUSÉE D'ORSAY

1. Paris-Orléans. 2. Environ 80. 3. Du XIXe siècle. 4. *L'Angélus.* 5. 173 m. 6. Régulièrement. 7. Oui. 8. Une marquise. 9. Un musée national. 10. Une femme nue. 11. Du musée du Jeu de Paume. 12. 32 m. 13. Valery Giscard d'Estaing. 14. Oui. 15. Victor Laloux. 16. Sur trois niveaux. 17. 2 590 000 visiteurs. 18. Le 9 décembre 1986. 19. *L'Origine du monde.* 20. Théodore Chassériau.

280 ▸ LES FEUILLES

A. Châtaignier. B. Chêne. C. Peuplier. D. Platane.

281 ▸ LES HOMMES DE LOI

1. Fabrice Burgaud. 2. François Mitterrand. 3. Jacques Vergès. 4. Brigitte Raynaud. 5. Éric Halphen. 6. Robert Badinter. 7. Jean-Michel Lambert. 8. Arnaud Montebourg. 9. Éric de Montgolfier. 10. Arno.

282 ▸ ARCHITECTURE

1. C. 2. A. 3. A. 4. B. 5. C. 6. B. 7. A. 8. B. 9. C. 10. A. 11. B. 12. C. 13. A et C. 14. A. 15. C.

283 ▸ LES COMÉDIES MUSICALES

1. Quasimodo. 2. Richard Cocciante. 3. Patrick Fiori. 4. *Les Dix commandements.* 5. Moïse. 6. 2000. 7. *Roméo et Juliette.* 8. *Les Demoiselles de Rochefort.* 9. « Sœurs jumelles. » 10. Sous le signe des gémeaux. 11. Gérard Presgurvic. 12. Cécilia Cara. 13. *Le Roi Soleil.* 14. *Belle.* 15. Philippe Chatel. 16. Aux enfants. 17. *Starmania.* 18. 1978. 19. Daniel Balavoine. 20. *Les Dix commandements.*

284 ▸ FRANCE 3

1. 1972. 2. FR3. 3. France-Régions. 4. 20 h 20. 5. Aucune. 6. Mireille Dumas. 7. Une dictée. 8. Joël Robuchon. 9. Un œil. 10. Philippe de Carolis. 11. Une tirelire. 12. *Le 19/20.* 13. *La Classe.* 14. 21. 15. *Thalassa.* 16. Nécessaire. 17. Jean-Marie Cavada. 18. Bleu et blanc. 19. *J'ai pas faim.* 20. Maïté.

285 ▸ AFFAIRES JUDICIAIRES ET SCANDALES POLITICO-FINANCIERS

1. L'affaire Dominici 2. L'abbé Cottard. 3. Guillaume Seznec. 4. « Omar m'a tuer ». 5. L'affaire Elf. 6. L'affaire du sang contaminé. 7. Le petit Grégory Villemin. 8. Le RPR. 9. De pédophilie. 10. Guy Georges. 11. La Corse-du-Sud. 12. Le cyclisme. 13. La Société Générale. 14. Les disparues de l'Yonne. 15. Ministre de l'Économie. 16. Celui d'une paillote illégale. 17. Guy Drut. 18. Patrick Dils. 19. À Taiwan. 20. François Mitterrand.

286 ▸ LE CENTRE

1. Un festival d'orgue. 2. De vignobles. 3. Un pont-canal. 4. À La Châtre. 5. À Nogent-le-Rotrou. 6. Oui. 7. Deux flèches. 8. Le musée de Marcel Proust. 9. La faïencerie. 10. La culture du blé. 11. La cathédrale Saint-Étienne. 12. À Savonnières. 13. Par des étangs. 14. Au XIIe siècle. 15. Au percheron. 16. Bourges. 17. Le château de Blois. 18. Le musée Léonard-de-Vinci. 19. Raymond Isidore. 20. À Avoine.

287 ▸ LE FESTIVAL DE CANNES

1. Au palais des festivals. 2. La palme d'or. 3. Les starlettes. 4. Un certain regard. 5. Au mois de mai. 6. *Pulp Fiction.* 7. 1946. 8. Le lion d'or. 9. Non. 10. Le prix d'interprétation masculine. 11. *Sous le soleil de Satan.* 12. Emir Kusturika. 13. Lumière. 14. *La Vie rêvée des anges.* 15. La Quinzaine des réalisateurs. 16. 5. 17. Paris. 18. Non. 19. Radio Festival. 20. Les deux.

288 ▸ LE SÉNAT

1. Au palais du Luxembourg. 2. La Haute assemblée. 3. 331. 4. Au suffrage universel indirect. 5. 30 ans. 6. À 6 ans. 7. 3 ans. 8. Christian Poncelet. 9. Plus élevée. 10. Le 2e. 11. Oui. 12. 6 groupes. 13. Le président de la République. 14. Le Gouvernement. 15. La navette parlementaire. 16. Tous. 17. 2. 18. 5 307 €. 19. À 366 sièges. 20. Au Petit-Luxembourg.

289 ▸ LES HISTOIRES D'AMOUR

1. Virginie. 2. *Le Rouge et le noir* de Stendhal. 3. Emma Bovary. 4. La présidente de Tourvel. 5. Lancelot du Lac. 6. Marcel Pagnol. 7. Ils sont cousins. 8. Esmeralda. 9. Madame de La Fayette. 10. D'Artagnan. 11. Jean Racine. 12. Manon. 13. Abélard. 14. *Le Cid.* 15. Un philtre. 16. Marivaux. 17. *La Nuit des temps.* 18. Renaud. 19. Un démon. 20. Au Moyen Âge.

290 ▸ LA MUSIQUE DES ANNÉES 1980

1. Le groupe Niagara. 2. Magique. 3. D'être une femme libérée. 4. Jonathan. 5. Peter. 6. Elle danse tous les soirs. 7. Ève. 8. *C'est la ouate.* 9. *En l'an 2001.* 10. Le banana split. 11. La Compagnie créole. 12. *Revolver.* 13. Sabine Paturel. 14. *Étienne.* 15. Les démons de minuit. 16. Richard Gotainer. 17. *L'Aziza.* 18. Belle-Île (Belle-Île-en-Mer). 19. *Confidence.* 20. *Voyage, voyage.*

291 ▸ JEAN DE LA FONTAINE

1. Elle n'est pas prêteuse. 2. Louis XIV. 3 Un agneau. 4. « Il faut partir à point. ». 5. *Le Rat des villes et le rat des champs.* 6. Le roseau. 7. « D'un plus petit que soi. ». 8. Il se brise. 9. Au bœuf. 10. Ésope. 11. Les rats. 12. « Pourvu que Dieu lui prête vie. » 13. La cigogne. 14. Un lièvre. 15. 12. 16. La peste. 17. Une morale. 18. Ses enfants. 19. Un fromage. 20. *Le Charretier embourbé.*

292 ▸ GEORGES BRASSENS

1. Son arbre. 2. L'Auvergnat. 3. Cupidon. 4. Au gui l'an neuf. 5. Sur les bancs publics. 6. *La Chasse aux papillons.* 7. Sète. 8. Qu'on suive une autre route qu'eux. 9. *La Non demande en mariage.* 10. Un gorille. 11. « Quand on est con, on est con ». 12. Jacques Brel et Léo Ferré. 13. *Les Copains d'abord.* 14. Hélène. 15. Les trompettes de la renommée. 16. Bobino. 17. En fleur. 18. *Le Pornographe.* 19. D'*Émilie jolie.* 20. La messe.

293 ▸ POINT COMMUN

Leurs homonymes désignent également des personnalités du cinéma (Carole Bouquet, Christian Clavier, Louis Malle, Jean-Jacques Annault).

294 ▸ LES TABLEAUX CÉLÈBRES

1. Paul Cézanne. 2. Henri de Toulouse-Lautrec. 3. Nicolas Poussin. 4. Claude Monet. 5. Auguste Renoir. 6. Jean-Auguste-Dominique Ingres. 7. Jacques Louis David. 8. Antoine Watteau. 9. Édouard Manet. 10. Claude Monet.

295 ▸ LA GUERRE DE CENT ANS

1. A. 2. B. 3 B. 4. C. 5. A. 6. B. 7. C. 8. A. 9. C. 10. B. 11. C. 12. A. 13. B. 14. A. 15. A.

296 ▸ LES FUNÉRAILLES

1. La crémation. 2. De 1887. 3. La résurrection des morts. 4. Depuis 1963. 5. À la Toussaint. 6. Le chrysanthème. 7. Sur la tombe. 8. Les épitaphes. 9. Un faire-part. 10. Les trépassés. 11. Dans le carnet mondain. 12. Le carnet du jour. 13. Le glas. 14. La Toussaint. 15. Le 2 novembre. 16. Le jour des Trépassés. 17. Une bûche. 18. Il était chômé. 19. Depuis le IXe siècle. 20. Dans l'île de Sein.

297 ▸ VALÉRY GISCARD D'ESTAING

1. En 1926, le 2 février. 2. En Allemagne, à Coblence. 3. En 1954. 4. 4. 5. Son père Edmond. 6. Du Puy-de-Dôme. 7. La fédération des Républicains indépendants. 8. Robert Boulin. 9. Elle a échoué. 10. Ministre de l'Économie et des Finances. 11. À l'Académie française. 12. Jacques Chirac. 13. Avec des éboueurs. 14. De Chamalières. 15. Avec sa femme. 16. Une chaise vide. 17. Le chancelier Helmut Schmidt. 18. Raymond Barre. 19. Le Puy-de-Dôme. 20. L'affaire des diamants.

298 ▸ LES COURS D'EAU

1. 5. 2. Le bassin de la Loire. 3. Des digues. 4. 2. 5. Le Rhin. 6. Sur sa rive gauche. 7. Oui. 8. Le Trou du Toro. 9. Le bassin de la Loire. 10. Du XIIe siècle. 11. Non. 12. 77 780 km². 13. Les péniches. 14. L'Allier. 15. 17. 16. Dans le Tarn. 17. 750 km². 18. 13. 19. À l'île de la Réunion. 20. L'Oyapock.

299 ▸ LES PETITS GÂTEAUX ET CHOCOLATS

1. Aux fromages du même nom. 2. À l'orange. 3. Les croquets. 4. Des chocolats fourrés. 5. La forme d'un cœur. 6. Les tommes de Savoie. 7. La forme d'une bouteille. 8. De petits gâteaux. 9. De Tarascon. 10. Au Cointreau. 11. La forme d'une grappe de noisettes. 12. Des gâteaux secs. 13. Des chocolats. 14. Des raisins. 15. Un grain de raisin. 16. La forme de chardons. 17. À la mirabelle. 18. Les palets. 19. Aux noisettes grillées. 20. De couleur blanche.

300 ▸ LES VACANCES DES FRANÇAIS

1. Il a triplé. 2. À partir de 4 nuitées. 3. Les séjours chez des amis ou en famille. 4. 7 %. 5. 30 %. 6. De 3,5 %. 7. 59 %. 8. 17 millions. 9. Ceux du Nord-Pas-de-Calais. 10. 27 %. 11. À la mer. 12. Les moins de 25 ans. 13. 11 %. 14. Des visites à la famille. 15. 37 %. 16. Davantage partis. 17. 1 sur 2. 18. 4,2 séjours. 19. 4 millions. 20. 28 %. 21. 37,1 %. 22. 7 %. 23. 6. 24. 33 %. 25. Leclerc. 26. De 33 %. 27. L'Espagne. 28. 40 %. 29. 2,1 nuitées. 30. En famille. 31. Leur domicile. 32. 10 %. 33. Moins de 20 %. 34. 14 jours. 35. Par des désirs de sortie et de découverte. 36. 70 %. 37. C'est le contraire. 38. La région Rhône-Alpes. 39. 7,7 millions. 40. 72 %. 41. Changer de destination. 42. En retrait. 43. 19 %. 44. 44 €. 45. 9 %. 46. Près de 25 %. 47. 11,6 jours. 48. 5 %. 49. Non, c'est le contraire. 50. 14 %.

301 ▸ LES SAINTS FRANÇAIS

1. Sainte Bernadette. 2. Un archange. 3. 57. 4. Saint Yves. 5. À un taureau furieux. 6. Saint Bernard de Clairvaux. 7. À Paris. 8. Louis IX. 9. La patronne de Paris. 10. Saint Martin. 11. Benoît XV. 12. Sainte Bernadette. 13. À la Toussaint. 14. Saint Bernard de Menthon. 15. La gorge tranchée. 16. Sainte Odile. 17. Sainte Thérèse de Lisieux. 18. Eugène de Mazenod. 19. La cathédrale. 20. Sainte Jeanne de Chantal.

302 ▸ L'ARMÉE

1. Aspirants. 2. 9. 3. Des Alphajet. 4. L'amiral. 5. Le service national. 6. 1997. 7. 7. 8. Le capitaine. 9. À Saint-Cyr-l'École. 10. L'armée de terre. 11. L'escadron. 12. Charles de Gaulle. 13. La Légion étrangère. 14. 6. 15. Brest. 16. Un fantassin. 17. Des porte-avions. 18. Un avion de chasse. 19. Non. 20. L'École polytechnique.

303 ▸ LE MOYEN ÂGE

1. L'adoubement. 2. La féodalité. 3. Charles Martel. 4. La Jacquerie. 5. Charles VII. 6. L'Angleterre. 7. Louis IX (Saint Louis). 8. Les croisés. 9. Un casque. 10. Leurs vassaux. 11. Les Carolingiens. 12. De l'Église. 13. Les rois fainéants. 14. Un riche négociant. 15. 116 ans. 16. Avignon. 17. L'ordre des Templiers. 18. Philippe IV. 19. Oui. 20. La huitième.

304 ▸ LE TOUR DE FRANCE

1. 189. 2. 155. 3. 3 608 km. 4. D'Amsterdam, aux Pays-Bas. 5. 21 équipes. 6. De Strasbourg. 7. 41,65 km/h. 8. 3 fois. 9. À la 5e place. 10. 15 millions. 11. 2. 12. André Darrigade. 13. 170 pays. 14. De 15 min 51 s. 15. Guéret. 16. Depuis 1969. 17. 400 €. 18. 2 946 222 €. 19. 253 km, par Albert Bourlon. 20. 400 000 €.

305 ▸ LES PROVERBES

1. Qui croyait prendre. 2. Est à moitié pardonnée. 3. Châtie bien. 4. Craint l'eau froide. 5. Consent. 6. Tel fils. 7. Ne profite jamais. 8. Il faut le boire. 9. Avant de l'avoir tué. 10. À qui sait attendre. 11. Coutume. 12. En vaut deux. 13. N'a point d'oreilles. 14. N'a rien. 15. Plus on rit. 16. Font les bons amis. 17. Commence par soi-même. 18. Tout honneur. 19. Les grands remèdes. 20. S'y pique.

306 ▸ PIERRE ET MARIE CURIE

1. Au XIXe siècle. 2. Époux. 3. Le prix Nobel de physique. 4. Dans un hangar. 5. D'une leucémie. 6. Pierre. 7. À la Sorbonne. 8. Le polonium. 9. Oui. 10. Le radium. 11. La voiture radiologique. 12. Écrasé par une charrette. 13. Au Panthéon. 14. Aucun. 15. Par Marie Curie. 16. Sur lui-même. 17. Pierre. 18. La curiethérapie. 19. François Mitterrand. 20. Avec sa fille.

307 ▸ LES DENSITÉS DE POPULATION

1. 110 hab./km². 2. Paris. 3. Les Hauts-de-Seine. 4. 50 hab./km². 5. Moins de la moitié. 6. 238 hab./km². 7. 2 hab./km². 8. 31. 9. La Lozère. 10. La Martinique. 11. 2. 12. De 45 %. 13. 3 fois plus dense. 14. Moins dense. 15. Moins importante. 16. La Nouvelle-Calédonie. 17. La Creuse. 18. Elle a doublé. 19. Non, c'est l'inverse. 20. 11 fois.

308 ▸ LES ARBRES FRUITIERS

1. Un petit arbre rustique. 2. De plus de 100 ans. 3. Plus de 20 m. 4. Non, il produit de la gomme. 5. Oui, comme les abricotiers. 6. Un arbre rustique. 7. Du nord de la Chine. 8. Les terrains argileux. 9. Le cocotier. 10. 60 kg. 11. Il les redoute. 12. Par semi. 13. De l'Afghanistan. 14. Un arbre vigoureux. 15. De 11 à 20 m. 16. Les deux. 17. Les gelées tardives. 18. Vers l'an 1000. 19. 2. 20. Il doit être désherbé.

309 ▸ LA PRESSE HEBDOMADAIRE

1. *Le Canard enchaîné*. 2. *L'Express*. 3. *Le Nouvel Observateur*. 4. *Les Inrockuptibles*. 5. Vendredi, samedi, dimanche. 6. *Pèlerin*. 7. De gauche. 8. « Le poids des mots, le choc des photos. » 9. *Elle*. 10. *Courrier international*. 11. Le chien Z. 12. *L'Usine nouvelle*. 13. Aux femmes. 14. *Auto max*. 15. *Télé 7 jours*. 16. La Fnac. 17. En 1993. 18. *Paru vendu*. 19. Le lundi. 20. *Charlie Hebdo*.

310 ▸ LE THÉÂTRE

1. Naturel. 2. Monsieur Perrichon. 3. Victor Hugo. 4. Avec l'amour. 5. Madame Sans-Gêne. 6. Beaumarchais. 7. Des camélias. 8. Borgia. 9. De son valet. 10. Chantecler. 11. Cromwell. 12. En Italie. 13. Non. 14. À la tour de Nesle. 15. *De rien*. 16. Voltaire. 17. Cyrano de Bergerac. 18. Arlequin. 19. De Séville. 20. Marianne.

311 ▸ LE RUGBY

1. pilier (gauche). 2. talonneur. 3. pilier (droit). 4. 2e ligne (gauche). 5. 2e ligne (droit). 6. 3e ligne aile (gauche). 7. 3e ligne aile (droit). 8. 3e ligne centre. 9. demi de mêlée. 10. demi d'ouverture. 11. ailier (gauche). 12. centre (gauche). 13. centre (droit). 14. ailier (droit). 15. arrière.

312 ▸ RENNES

1. Les Rennais. 2. Les Trans Musicales. 3. Le parlement de Bretagne. 4. Les deux. 5. *Ouest-France*. 6. Yves Cochet. 7. 1. 8. La place des Lices. 9. En 1532. 10. Un parc.

313 ▸ JEAN GABIN

1. A. 2. B. 3. C. 4. A. 5. C. 6. A. 7. B. 8. C. 9. B. 10. A. 11. A. 12. C. 13. A. 14. B. 15. A.

314 ▸ LE NORD-PAS-DE-CALAIS

1. En 1983. 2. Un ch'timi. 3. À côté de Gravelines. 4. La bière. 5. À Cassel. 6. Un coron. 7. Les géants. 8. La ducasse. 9. Le Touquet-Paris-Plage. 10. En 1941. 11. Le bouillon. 12. La vieille Bourse. 13. Les cimetières militaires. 14. Des concours de pigeons voyageurs. 15. Par Vauban. 16. Les terrils. 17. Des plateaux de bois. 18. L'industrie textile. 19. Le parc de Barbieux. 20. Aux Bourgeois de Calais.

315 ▸ LES VESTIGES GALLO-ROMAINS

1. Le pont du Gard. 2. Nîmes. 3. D'un temple. 4. Un arc de triomphe. 5. L'amphithéâtre de Vienne. 6. Vaison-la-Romaine. 7. Son théâtre. 8. La via Agrippa. 9. Non. 10. Auguste. 11. Vienne. 12. La colline de Fourvière. 13. Un odéon. 14. Leurs arènes (amphithéâtres). 15. Un arc de triomphe. 16. Des thermes. 17. Le palais Gallien. 18. Lyon. 19. Les arènes de Lutèce. 20. Nîmes.

316 ▸ POT-POURRI

1. Oui. 2. Les esclaves africains. 3. Agence France presse. 4. Charlotte Gainsbourg. 5. L'A6. 6. *Super Nanny*. 7. Charles Baudelaire. 8. Nadar. 9. La Seine. 10. Le Premier ministre. 11. L'INSEE. 12. 2. 13. Évian. 14. Harlem Désir. 15. La Manche. 16. Le billet de 200 francs. 17. Perd sa place. 18. L'accordéon. 19. Pour faire des économies d'énergie. 20. Le siècle des Lumières.

317 ▸ SÉRIES POLICIÈRES

1. Sonia Rolland. 2. *Les Brigades du tigre*. 3. France 2. 4. *Une femme d'honneur*. 5. Ils sont jumeaux. 6. Paris. 7. *Trois femmes flics*. 8. *Les Cinq Dernières Minutes*. 9. Maigret. 10. *Vidocq*. 11. Yolande. 12. Le fils. 13. Véronique Genest. 14. Élodie. 15. *Central nuit*. 16. TF1. 17. *Le RAID*. 18. Détective privé. 19. Le commissaire Moulin. 20. *Les Enquêtes d'Éloïse Rome*.

318 ▸ LES ACTEURS

1. Richard Anconina. 2. *Cyrano de Bergerac*. 3. Richard Berry. 4. Fernandel. 5. Vercingétorix. 6. Agriculteur. 7. *Grosse fatigue*. 8. Beaumarchais. 9. Philippe Noiret. 10. Professeur. 11. Robert Hossein. 12. C'est son père. 13. Un abbé. 14. Gérard Jugnot. 15. *Amen*. 16. Jean-Pierre Bacri. 17. Jean Yanne. 18. *Le Huitième Jour*. 19. Thierry Lhermitte. 20. *L'Auberge espagnole*.

319 ▸ JACQUES CHIRAC

1. En novembre 1932. 2. 3. 3. Le RPR. 4. De l'ENA. 5. La Corrèze. 6. Valéry Giscard d'Estaing. 7. Sur la fracture sociale. 8. En mars 1986. 9. 52,64 %. 10. 5 ans. 11. Pour l'abolition. 12. Oui, en juin 1979. 13. 2. 14. Il est ministre de l'Agriculture. 15. *Une nouvelle France*. 16. Contre Le Pen. 17. Lieutenant. 18. 3. 19. De 1,7 million d'euros. 20. 18 ans.

320 ▸ POINT COMMUN

Ils portent tous le nom d'un parfum.

321 ▸ LE SYSTÈME FÉODAL

1. L'écuyer. 2. Son armée. 3. Divin. 4. Le fief. 5. Le roi. 6. À la prière. 7. L'hommage. 8. Oui. 9. Au Moyen Âge. 10. Félon.

322 ▸ LES TIMBRES-POSTE

1. A. 2. B. 3. B. 4. C. 5. B. 6. C. 7. A. 8. B. 9. A. 10. B. 11. A. 12. C. 13. A. 14. B. 15. B.

323 ▸ LES FROMAGES

1. À pâte fondue. 2. Oui, c'est un triple crème. 3. Le Roquefort. 4. Du 1er mai au 31 octobre. 5. À croûte fleurie. 6. Orange. 7. 40. 8. À pâte pressée non cuite. 9. Entre mai et octobre. 10. Par la famille Rouy, des fromagers. 11. Non cuite. 12. Des feuilles de platane. 13. Dans les pâtes fraîches. 14. Une pâte molle. 15. Cuite. 16. Dans du foin. 17. Non, c'était un fromage de chèvre. 18. Du saint-nectaire. 19. Le caiolar. 20. 75 %.

324 ▸ LES GARES

1. Le buffet de la gare. 2. Par une place. 3. La salle des pas perdus. 4. 3. 5. Une horloge. 6. Non. 7. La gare d'Orsay. 8. 57 m. 9. Un ticket de quai. 10. Au guichet. 11. Oui. 12. Par une halle. 13. Des lieux non-fumeurs. 14. La gare Montparnasse. 15. Le passage souterrain. 16. La gare de Bordeaux-Saint-Jean. 17. De la gare de l'Est. 18. 3. 19. De la gare d'Austerlitz. 20. La gare Saint-Lazare.

325 ▸ LES ANNÉES 1930

1. Le 3 septembre 1939. 2. La victoire du Front populaire. 3. *La Grande Illusion*. 4. En 1931. 5. Louis-Ferdinand Céline. 6. Léon Blum. 7. Par le Front populaire. 8. En 1930. 9. La SNCF. 10. L'Exposition coloniale. 11. *Marius*. 12. 12 jours. 13. À Bezons. 14. *L'Espoir*. 15. En 1937. 16. La radioactivité artificielle. 17. En 1935. 18. À Chamonix. 19. 40. 20. La capacité juridique.

326 ▸ THIERRY HENRY

1. Aux Ulis. 2. En 1994. 3. Le 17 août 1977. 4. Le centre de Monaco. 5. Jean Tigana. 6. La Coupe d'Europe junior. 7. 1,88 m. 8. Avec l'AS Monaco. 9. Attaquant. 10. 3 buts. 11. Le club des Ulis. 12. À l'Arsenal. 13. En 2000. 14. Sa rapidité. 15. 24. 16. En 2003. 17. 3 fois. 18. À la Juventus de Turin. 19. 4 buts. 20. 4 fois.

327 ▸ YANNICK NOAH

1. Le 18 mai 1960. 2. David Halliday. 3. Bob Marley. 4. Par Arthur Ashe. 5. À Sedan. 6. Zam Zam. 7. En 1990. 8. Les Enfants de la Terre. 9. Contre Mats Wilander. 10. Française. 11. Il en était capitaine. 12. Un programme de sport-études. 13. 4. 14. Des foyers d'accueil. 15. Black and What. 16. Il en est le parrain. 17. Footballeur. 18. *Secrets etc.* 19. Au Casino de Paris. 20. 1 million d'ex.

328 ▸ LES PLANTES

1. La vigne vierge. 2. Une plante aquatique. 3. Les épis d'orge. 4. Une plante annuelle. 5. Au bord des rivières. 6. Une plante grimpante. 7. D'Europe. 8. Dans les terrains à l'abandon. 9. Des plantes des bois. 10. Ils sont sensibles. 11. Par leur rhizome. 12. Une petite fougère. 13. Par drageonnage. 14. Les mousses. 15. 3 m de haut. 16. Les terrains secs. 17. 25 m. 18. À l'aide de spores. 19. Le rince-bouteilles. 20. Le typha.

329 ▸ LES SALAIRES

1. A. 2. A. 3. B. 4. C. 5. A. 6. A. 7. C. 8. A. 9. B. 10. A. 11. B. 12. C. 13. C. 14. B. 15. B.

330 ▸ FRANÇOIS Ier

1. B. 2. C. 3. A. 4. A. 5. C. 6. B. 7. C. 8. A. 9. B et C. 10. A. 11. B. 12. A et C. 13. B. 14. C. 15. B.

331 ▸ CLAUDE FRANÇOIS

1. En Égypte. 2. Une petite fille. 3. Les Clodettes. 4. *Comme d'habitude*. 5. 2. 6. Le lundi. 7. À Dannemois. 8. Les magnolias. 9. France Gall. 10. Le jour. 11. *Malheureux*. 12. Coco. 13. Il boira tout le Nil. 14. Rio de Janeiro. 15. *Podium*. 16. *Chanson populaire*. 17. Son père, sa mère, ses frères et ses sœurs. 18. Il chante. 19. 1962. 20. Électrocuté.

332 ▸ LES FÊTES ET SALONS DU LIVRE

1. Celui de Paris. 2. En 1981. 3. Au Grand Palais. 4. 200 000 environ. 5. En 1982. 6. 150 environ. 7. Mi-octobre. 8. À Angoulême. 9. À thème variable. 10. À Montreuil. 11. Le roman policier. 12. Par Jack Lang. 13. Depuis 1998. 14. Au premier roman. 15. Bécherel. 16. La Forêt des livres. 17. Une fête de la bande dessinée. 18. Metz. 19. L'Alsace. 20. À Périgueux.

333 ▸ POINT COMMUN

Elles désignent toutes une personnalité : Dominique A, Agnès B, Arthur H, Matthieu Chédid.

334 ▸ LA RÉSISTANCE

1. Conseil national de la Résistance. 2. Les maquisards. 3. 1940. 4. Combat. 5. Georges Bidault. 6. L'Angleterre. 7. Les Forces françaises de l'intérieur (FFI). 8. Au parti communiste. 9. Lucie Aubrac. 10. Max.

335 ▸ LES SOCIÉTÉS EXPORTATRICES

1. A. 2. C. 3. C. 4. A. 5. C. 6. A. 7. B. 8. A. 9. C. 10. C. 11. B. 12. B. 13. A. 14. B. 15. C.

336 ▸ CHARLEMAGNE

1. Les Carolingiens. 2. Son frère. 3. Au IXe siècle. 4. Berthe au grand pied. 5. Joyeuse. 6. À Rome. 7. Léon III. 8. En 800. 9. Roland. 10. Le col de Roncevaux. 11. D'Occident. 12. Les capitulaires. 13. Pépin le Bref. 14. Aix-la-Chapelle. 15. Non. 16. Des Lombards. 17. Les *missi dominici*. 18. L'École du palais. 19. Le pape. 20. L'empereur à la barbe fleurie.

337 ▸ POT-POURRI

1. Décathlon®. 2. Le musée du Louvre. 3. L'Ardèche. 4. Non. 5. Celle de Richard Virenque. 6. Un parapluie. 7. Blanc. 8. La Roumanie. 9. Le riz. 10. Olivia Adriaco. 11. Richard Cœur de Lion. 12. L'hexagone. 13. Féminin. 14. La mirabelle. 15. Marie Trintignant. 16. Le CAC 40. 17. La Loire. 18. Jaune. 19. Louis Chédid. 20. La Bretagne.

338 ▸ LES CATASTROPHES NATURELLES

1. 1 060. 2. Une tempête de vent. 3. Une épidémie de choléra. 4. 15 000. 5. La grippe espagnole. 6. 1910. 7. À Val d'Isère. 8. 30 000. 9. 5 %. 10. En 1450. 11. Le barrage de Malpasset. 12. Les feux de forêt. 13. En septembre 1992. 14. Un coup de grisou. 15. Environ 500. 16. Une épidémie de peste. 17. Nîmes. 18. Un glissement de terrain. 19. 1999. 20. 1 victime.

339 ▸ LES ÉMISSIONS JEUNESSE

1. *C'est pas sorcier*. 2. Sur leur prestation musicale. 3. Des lapins. 4. Casimir. 5. *KD2A*. 6. *Ça cartoon*. 7. Charlotte Kady. 8. *France Truc*. 9. Nicolas et Pimprenelle. 10. *Disney parade*. 11. *Les Visiteurs du mercredi*. 12. Les frères Bogdanov. 13. Des marionnettes. 14. *Téléchat*. 15. Un autobus jaune. 16. *Club Dorothée*. 17. France 5. 18. *Canaille peluche*. 19. *Chalu Maureen*. 20. Kidroïde.

340 ▸ LES FÊTES

1. La Saint-Valentin. 2. La Saint-Jean. 3. Sylvestre. 4. Le 25 décembre. 5. Décapité à Rome. 6. La Fête-Dieu. 7. Des feux de joie. 8. En 1950. 9. 3 semaines. 10. Le 30 novembre. 11. Depuis 1987. 12. Les catherinettes. 13. Le patron des horticulteurs. 14. En 1999. 15. Un chapeau. 16. Jaune et vert. 17. Non. 18. Le calendrier. 19. Saint Christophe. 20. La Sainte-Barbe.

341 ▸ LA GÉOGRAPHIE HUMAINE

1. Environ 62 millions. 2. 1,75 m. 3. 764 700 environ. 4. Bruns ou noirs. 5. 13 %. 6. 62,6 kg. 7. Plus de garçons. 8. La Moselle, avec 5,4 %. 9. 5,6 % environ. 10. 76,7 ans. 11. Plus du quart. 12. Environ 46 %. 13. De l'Algérie. 14. À 4 %. 15. 2,7 millions environ. 16. De 7 ans. 17. Environ 2 millions. 18. Le 1er pays. 19. 17 400. 20. 120 000.

342 ▸ LES MAISONS DE PERSONNALITÉS

1. Vrai. 2. Vrai. 3. Faux. 4. Vrai. 5. Faux. 6. Vrai. 7. Faux. 8. Vrai. 9. Vrai. 10. Faux. 11. Vrai. 12. Faux. 13. Vrai. 14. Faux. 15. Vrai.

343 ▸ DES ÉLUS CÉLÈBRES

1. A. 2. B. 3. A. 4. C. 5. A. 6. B. 7. A. 8. C. 9. A. 10. B. 11. C. 12. C. 13. A. 14. B. 15. B.

344 ▸ LA COMTESSE DE SÉGUR

1. Sophie. 2. La littérature enfantine. 3. Modèles. 4. Un âne. 5. La Russie. 6. *Rit*. 7. Ses petits-enfants. 8. Rostopchine. 9. Non, c'est Andersen. 10. *La Sœur de Gribouille*. 11. Le général Dourakine. 12. Au XIXe siècle. 13. Cadichon. 14. Sophie. 15. *Les Vacances*. 16. Madame de Rénal. 17. Non, c'était son vrai nom. 18. Madame Dabrovine. 19. Camille et Madeleine. 20. De travailler au moulin.

345 ▸ NICE

1. Le carnaval. 2. Nice. 3. À une salade. 4. Les Alpes-Maritimes. 5. La baie des Anges. 6. Les deux. 7. Le palais de la Méditerranée. 8. La Promenade des Anglais. 9. La victorieuse. 10. D'un tramway. 11. La maison de Savoie. 12. Nice-Côte-d'Azur. 13. Masséna. 14. L'observatoire. 15. Le Lympia. 16. L'olive. 17. Un aigle. 18. Sophia Antipolis. 19. Giuseppe Garibaldi. 20. Le Négresco.

346 ▸ LES COMÉDIES

1. *Pédale dure*. 2. Un chien. 3. Sami Naceri. 4. La tour Montparnasse. 5. La Carioca. 6. *Le Gendarme de Saint-Tropez* et suivants. 7. Benoît Poelvoorde. 8. *La Cage aux folles*. 9. Pierre Richard. 10. Louis de Funès. 11. Les Rois mages. 12. *Palais royal !* 13. Architecte. 14. André Dussolier. 15. Jacques Villeret. 16. *Brice de Nice*. 17. C'est la septième. 18. Une chaussure noire. 19. Gad Elmaleh. 20. Du Moyen Âge.

347 ▸ LA MONNAIE

1. Claude Debussy. 2. 6,55957. 3. Le billet de 300 euros. 4. Non. 5. 1360. 6. Les pièces d'1 et de 2 euros. 7. La livre bataille. 8. Antoine de Saint-Exupéry. 9. Vert. 10. En franc germinal. 11. Le 1er janvier 2002. 12. Louis XIII. 13. Marianne. 14. Le billet de 100 francs. 15. Liberté, Égalité, Fraternité. 16. La Banque de France. 17. La semeuse. 18. Pierre et Marie Curie. 19. Les pièces de 5, 10 et 20 centimes. 20. En 2012.

348 ▸ L'ALSACE

1. Le bretzel. 2. En grés rose. 3. Des façades à colombage. 4. La choucroute. 5. Sur 170 km. 6. Des portes fortifiées. 7. Riquewihr. 8. Le houblon. 9. L'activité pétrolière. 10. Autour de son château. 11. Un village médiéval. 12. Une mine d'argent. 13. À Fessenheim. 14. Des fifres. 15. À Strasbourg. 16. Sur les coteaux. 17. Guebwiller. 18. À Strasbourg. 19. Elles sont bombées. 20. Par rien.

349 ▸ LES ABRÉVIATIONS

1. Dr
2. km/h
3. c.-à-d.
4. Me
5. appt
6. g
7. cf.
8. Mlle
9. mm
10. etc.
11. n°
12. P.-d.g. ou P.D.G.
13. s.
14. MM
15. ex.
16. °C
17. bd
18. art.
19. P.-S.
20. l

350 ▸ ÉGLISE GOTHIQUE

A. Déambulatoire. B. Chœur. C. Croisée du transept. D. Bas-côté. E. Portail. F. Nef centrale. G. Bras nord du transept. H. Abside.

351 ▸ LES FORÊTS

1. Une forêt artificielle. 2. 16 982 ha. 3. Plus de 30 %. 4. Une forêt de chênes. 5. De 63 %. 6. Entre 1 500 et 2 200 m. 7. Oui, 2 fois plus environ. 8. À Basse-Terre. 9. Celui des Vosges. 10. 2,5 fois plus étendues.

352 ▸ LES COLONIES ET PROTECTORATS

1. C. 2. B. 3. B. 4. B. 5. C. 6. A. 7. A. 8. B. 9. A. 10. B. 11. A. 12. B. 13. B. 14. B. 15. C.

353 ▸ LE XVIe SIÈCLE

1. La bataille de Marignan. 2. Les Suisses. 3. Henri IV. 4. François II. 5. L'Italie. 6. Le Canada. 7. L'affaire des placards. 8. Henri II. 9. Le château de Chenonceau. 10. Le massacre de la Saint-Barthélemy. 11. Le Père du peuple. 12. Léonard de Vinci. 13. L'édit de Nantes. 14. Henri IV. 15. La Renaissance. 16. Le duc de Guise. 17. Protestant. 18. Charles Quint. 19. Les huguenots. 20. Non, au XVe siècle.

354 ▸ LE NUCLÉAIRE

1. En 1960. 2. Au Sahara, en Algérie. 3. De l'industrie civile. 4. À Marcoule, dans le Gard. 5. Souterrains. 6. Aucune. 7. Ils sont enfouis dans le sol. 8. En Polynésie. 9. Un centre de traitement. 10. Areva. 11. 10 ans. 12. L'atoll de Mururoa. 13. 193. 14. En 1968. 15. 19. 16. Oui, plusieurs milliers. 17. De 3e génération. 18. 15 millions d'euros. 19. En janvier 1996. 20. Ils sont simulés.

355 ▸ LES FILMS HISTORIQUES

1. Lucie Aubrac. 2. *Man to man*. 3. La guillotine. 4. Stalingrad. 5. Lacenaire. 6. *Indochine*. 7. Louis XIV. 8. Danton. 9. Conan. 10. Un escroc. 11. Lambert Wilson. 12. Simone Signoret. 13. *Le Souper*. 14. Valladolid. 15. Jean Moulin. 16. Dans le Gévaudan.

17. *Nuit et brouillard.* 18. Un castrat.
19. *Sept ans au Tibet.* 20. La Première Guerre mondiale.

356 ▸ LA COUPE DU MONDE DE FOOT DE 1998

1. En 1983. 2. 32. 3. Un ballon. 4. Du 10 juin au 12 juillet. 5. Par 9 voix. 6. 10. 7. Fernand Sastre. 8. 1,5 milliard de francs. 9. Le stade Vélodrome. 10. Ils étaient ronds. 11. La veille. 12. La 2e. 13. Strasbourg. 14. Environ 11 000 personnes. 15. 180. 16. 45. 17. Gloria Gaynor. 18. 400. 19. Marseille. 20. 700 000.

357 ▸ LES CONSTITUTIONS

1. De 1793. 2. Le Constitution de l'an I. 3. En 1875. 4. Par un coup d'État. 5. 14. 6. Pétain. 7. En 1946. 8. Du 4 octobre 1958. 9. Le président de la République. 10. Par la souveraineté populaire. 11. Le Congrès. 12. À Versailles. 13. Illimité. 14. Par référendum. 15. Le scrutin majoritaire. 16. La majorité des 3/5e. 17. Par l'article 89. 18. 17. 19. Celle de l'an I. 20. Le Conseil constitutionnel.

358 ▸ HUGUES AUFRAY

1. *Céline.* 2. Grise. 3. « Il va falloir en mettre un coup ». 4. 1929. 5. Un trois-mâts. 6. Dans le vent. 7. Le bon Dieu. 8. *Le Port de Tacoma.* 9. Stewball. 10. Bob Dylan. 11. À « monsieur le professeur ». 12. *Mon troupeau.* 13. Les chevaux. 14. Gros. 15. Un pipeau. 16. *Les Crayons de couleur.* 17. Renaud. 18. San Francisco. 19. *Le Poinçonneur des Lilas.* 20. Johnny Hallyday.

359 ▸ POINT COMMUN

Ce sont les surnoms de clubs de football (aiglon : Nice ; canaris : Nantes ; chaudron vert : Saint-Étienne ; sanglier : Sedan).

360 ▸ L'HABITAT

1. Le tuffeau. 2. Le chalet. 3. Troyes. 4. Le Beaujolais. 5. La brique. 6. D'ardoise. 7. Verte. 8. Les varangues. 9. Le Granite. 10. Dans le sud.

361 ▸ LES GRANDS FLÉAUX

1. Vrai. 2. Vrai. 3. Vrai. 4. Faux. 5. Vrai. 6. Faux. 7. Vrai. 8. Vrai. 9. Faux. 10. Vrai. 11. Faux. 12. Faux. 13. Vrai. 14. Vrai. 15. Faux.

362 ▸ MIMIE MATHY

1. 1957. 2. Marcel. 3. L'association Docteur Clown. 4. 1. 5. En 1979. 6. Dans *Une nounou pas comme les autres.* 7. Au Point-virgule. 8. À Lyon. 9. La bande des Enfoirés. 10. Dans le petit théâtre de Bouvard. 11. Le trio Les Filles. 12. Un DEUG de sciences économiques. 13. Avec Didier Biosca. 14. *C'est fort les filles.* 15. Le métier d'ange gardien. 16. Le 7 août 2005. 17. À Neuilly-sur-Seine. 18. Avec Pierre Palmade. 19. 1,32 m. 20. 200.

363 ▸ LES PISTES CYCLABLES

1. Une bande cyclable. 2. Non. 3. À fond bleu. 4. 2 500 km. 5. Une piste cyclable bidirectionnelle. 6. Non. 7. Le quart. 8. Oui. 9. Le piéton. 10. Strasbourg. 11. Sur aucune autoroute. 12. Un sas cyclable. 13. Le contresens cyclable. 14. 27 km. 15. Non. 16. Par un pictogramme vélo. 17. Oui. 18. Par un panneau. 19. 1,50 m. 20. Oui.

364 ▸ LA MUSIQUE DES ANNÉES 1990

1. Léa. 2. *Saga Africa.* 3. Les Innocents. 4. Fou. 5. Faudel. 6. Les valses de Vienne. 7. *L'Homme pressé.* 8. Suzette. 9. Le plastique. 10. Motivés. 11. *Dur, dur d'être bébé.* 12. Ophélie Winter. 13. À son voisin. 14. Sinclair. 15. En Italie. 16. Jean-Louis Aubert. 17. *Fruit de la passion.* 18. Les 2 be 3. 19. À Lambé. 20. Lâam.

365 ▸ LES BONBONS ET FRIANDISES

1. Un sucre d'orge. 2. À Dieppe et au Havre. 3. La forme de moines. 4. Les marquisettes. 5. À la décoration de desserts. 6. À Fécamp. 7. La forme d'un piment. 8. Le mimosa. 9. À Toulouse. 10. La forme de toques de cuisinier. 11. Au kirsch. 12. Oui, comme de Verdun. 13. D'Aix-en-Provence. 14. Les pralines. 15. Les chasselas. 16. À la crème de noisette. 17. À Valenciennes, dans le Nord. 18. La marque Cointreau. 19. À Nevers. 20. À base de praline.

366 ▸ L'AUVERGNE

1. Le puy de Dôme. 2. Vulcania. 3. De lauzes. 4. Des burons. 5. Le ravin de Corbeuf. 6. Du Puy-en-Velay. 7. Par la coutellerie. 8. Une montagne. 9. 400 pièces. 10. La verveine. 11. Par un téléphérique. 12. La dentelle au fuseau. 13. Une cité médiévale. 14. La châtaigne. 15. Le château d'Opme. 16. Sur le rocher Corneille. 17. L'église romane. 18. Pour ses orgues basaltiques. 19. De l'eau gazeuse. 20. En chaume de seigle.

367 ▸ GEORGES POMPIDOU

1. À Montboudif, dans le Cantal. 2. Le 5 juillet 1911. 3. Une anthologie de poésie. 4. Le centre Beaubourg. 5. Instituteur. 6. Une agrégation de lettres. 7. À Paris. 8. 1 enfant adoptif. 9. À la banque Rothschild. 10. Du général de Gaulle. 11. 2. 12. Le 15 juin 1969. 13. Une voie sur berge. 14. Il était pour. 15. La réforme oui, la chienlit non ! 16. En avril 1962. 17. L'affaire des micros. 18. Adapter la ville à la voiture. 19. Maurice Couve de Murville. 20. D'un cancer.

368 ▸ LES NOMS D'HABITANTS

1. Les Malouins. 2. Les habitants de Salers. 3. D'Épinal. 4. Les Conflentans. 5. Pamiers. 6. Elles peuvent changer. 7. Les Albenaciens. 8. À Rives. 9. Les deux. 10. Les Castels-Papals. 11. Des Saint-Cloutiens. 12. Les habitants d'Aix-les-Termes. 13. Les Joviniens. 14. …Léonais. 15. Le gentilé. 16. Des Vitriots. 17. Du Vésinet. 18. Des Rhétais. 19. …Bigourdains. 20. Les Albicois.

369 ▸ LES ÉMISSIONS DE DIVERTISSEMENT

1. Champs-Élysées. 2. Leur stress. 3. « Salut les p'tits clous ». 4. *Surprise sur prise.* 5. *Vidéo gag.* 6. *Ciel, mon mardi !* 7. Un corbeau. 8. Lulu. 9. La musique classique. 10. Fabrice. 11. *Nulle part ailleurs.* 12. *Le Morning Live.* 13. *Le Petit Rapporteur.* 14. Les deux. 15. De toute l'Europe. 16. Tatayet. 17. Canal+. 18. *Taratata.* 19. *Studio Gabriel.* 20. Les deux.

370 ▸ LES GRANDS RECORDS FRANÇAIS

1. 12 milliards d'euros. 2. 3,2 millions d'euros. 3. – 41 °C. 4. 10 000 €. 5. 122 ans. 6. Avec un pédalo. 7. 16 millions. 8. Louis Blériot, le 25 juillet 1909. 9. 2,07 m. 10. 23 693 742 €. 11. De 1472. 12. 543 g. 13. Plus de 500 km/h. 14. 3 millions. 15. 9,40 m. 16. 820 000 €, hors frais. 17. De 16 350 000. 18. À Arthur. 19. Claude Zidi. 20. Tartuffe. 21. 60 x 10 m. 22. 3 700 m. 23. De 1743, à Versailles. 24. Leclerc. 25. 7,5 millions. 26. 8,6 millions. 27. L'eau de Châteldon. 28. 87 jours 12 heures et 15 minutes. 29. *Carmen*, de Bizet. 30. 14 800. 31. Gilles de Rais. 32. En septembre 1975. 33. 25 000 t. 34. Jean-Marie Bigard. 35. Par le musée Pasteur de Dole. 36. 6 h 33 min. 37. Depuis février 1988. 38. 23,162 km. 39. Par Louis Bréguet. 40. À 147 m. 41. 1 600. 42. 8,50 m. 43. 30 millions d'euros. 44. Dans la cathédrale de Beauvais. 45. 2 500 kg. 46. La tour Eiffel. 47. 14,74 kg. 48. À 245 m. 49. L'observatoire de Paris. 50. 29 fois.

371 ▸ NANTES

1. Non. 2. Pays-de-la-Loire. 3. La Bretagne. 4. La Loire. 5. Les Canaris. 6. Jules Verne. 7. 1. 8. Le commerce triangulaire. 9. L'Erdre. 10. Du parti socialiste. 11. Le château des ducs de Bretagne. 12. Au nord. 13. L'île Saint-Louis. 14. Tri Yann. 15. Le stade de la Beaujoire. 16. 44. 17. Républicaine. 18. Océanique. 19. Un festival de musique. 20. Noir et blanc.

372 ▸ SŒUR EMMANUELLE

1. Marie-Madeleine Cinquin. 2. Aux pauvres. 3. Une petite dizaine. 4. À Bruxelles. 5. Algérienne. 6. Dans la congrégation Notre-Dame de Sion. 7. Les lettres et la philosophie. 8. Le Sud. 9. En 1908. 10. La disparition de son père. 11. Non, dans un bidonville du Caire. 12. Oui, plusieurs. 13. Elle militait pour. 14. En 1993. 15. *Les Confessions d'une religieuse.* 16. Oui, ainsi qu'à Tunis. 17. *Car l'amour est plus fort que la mort.* 18. Les Amis de sœur Emmanuelle. 19. De SDF. 20. La Légion d'honneur.

373 ▸ LES ANNÉES 1950

1. Alain Bombard. 2. De Rouffignac. 3. 1956. 4. Le Marché commun. 5. La cité radieuse. 6. Je vous ai compris. 7. Le Tour de France. 8. 331 km/h. 9. La Dauphine. 10. La pilule. 11. Le marathon. 12. *La Caravelle.* 13. En 1953. 14. Le Hula Hoop. 15. Europe 1. 16. Georges Brassens. 17. À Lacq. 18. De 1954. 19. Brigitte Bardot. 20. La nationalisation du canal de Suez par Nasser.

374 ▸ LES POÈTES

1. Joachim du Bellay. 2. Ivre. 3. Elsa. 4. Dépeuplé. 5. Stéphane. 6. Guillaume Apollinaire. 7. *La Ballade des pendus.* 8. Le pont Mirabeau. 9. La Pléiade. 10. Une orange. 11. Charles Baudelaire. 12. Apollinaire. 13. Victor Hugo. 14. En enfer. 15. L'Inconsolé. 16. Jean de La Fontaine. 17. XXe siècle. 18. Fabre d'Églantier. 19. La rose. 20. 17 ans.

375 ▸ JACQUES BREL

1. Belge. 2. Aux cochons. 3. Frida. 4. Dans le port d'Amsterdam. 5. Grand Jacques. 6. 1 000. 7. D'aviation. 8. Jef. 9. Benjamin. 10. 3. 11. Beau et con à la fois. 12. *La Chanson des vieux amants.* 13. *L'Homme de la Mancha.* 14. Parce que les fleurs, c'est périssable. 15. Varsovie. 16. Mathilde. 17. *Ne me quitte pas.* 18. Le monde entier. 19. Les îles Marquises. 20. D'une langue, le latin.

376 ▸ LES PORTS

1. Un port. 2. 370. 3. Oui. 4. Un anneau de port. 5. 6. 6. Un chenal. 7. Aucun. 8. Non. 9. À 80 km. 10. Les communes. 11. 1 524 m. 12. Les supertankers. 13. Non. 14. Port-Camargue. 15. Port-Racine. 16. 69 km. 17. Un port militaire. 18. Un quai. 19. 50 000 anneaux. 20. Du port de Cherbourg.

377 ▸ LA LECTURE ET LE LIVRE

1. Les femmes. 2. À Épinal. 3. 37 %. 4. 300. 5. En vacances. 6. 6 %. 7. Les femmes. 8. 1 000. 9. Le roman. 10. 35 millions. 11. Le sapeur Camembert. 12. 1953. 13. En 1985. 14. 20 000. 15. Des fleurs. 16. 23 %. 17. Depuis 1977. 18. Se détendre. 19. À un ami. 20. 60 000.

378 ▸ LES FLEURS

1. Au printemps. 2. Jaune. 3. Une plante de montagne. 4. Au printemps. 5. Elle n'en a aucune. 6. À la fin de l'hiver. 7. Bleu. 8. Non, ils fanent sitôt coupés. 9. Une fleur de grande taille. 10. Un parfum puissant. 11. Un rosier à grandes fleurs. 12. En automne. 13. De couleur bleue. 14. Dans les bois. 15. Les terrains calcaires. 16. Rose pâle. 17. Oui, comme celles des dahlias. 18. 5. 19. Des fleurs blanches. 20. L'étoile d'argent.

379 ▸ RAYMOND POULIDOR

1. Dans le cyclisme. 2. Le 15 avril 1936. 3. En 1952. 4. En 1972. 5. 20. 6. Le cadet. 7. Poupou. 8. Le prix de la Quasimodo. 9. D'Antonin Magne. 10. Oui, en 1961. 11. En 1964. 12. À Masbaraud-Mérignat. 13. En 1973. 14. Sur un tracteur. 15. En 1976. 16. À la 2e place. 17. Jacques Anquetil. 18. *Mon âge d'or.* 19. Sous la marque Mercier. 20. 5 fois.

380 ▸ LA CHAMPAGNE-ARDENNE

1. Une enceinte fortifiée. 2. Toute l'année. 3. À Nogent. 4. La Boisserie. 5. Nigloland. 6. À Sedan. 7. La betterave à sucre. 8. Un parc animalier. 9. À pans de bois. 10. Du XIIIe siècle. 11. La cathédrale Sainte-Mammès. 12. À Chooz. 13. À Revin. 14. La ville de Reims. 15. La manufacture du tapis. 16. Oui. 17. La pantoufle. 18. Le musée de l'Ardoise. 19. De style baroque. 20. À Bayel.

381 ▸ POINT COMMUN

Ils sont tous morts dans un accident de voiture (Albert Camus, Fernand Raynaud, Grace Kelly, Françoise Dorléac).

382 ▸ LES PERSONNAGES LITTÉRAIRES

1. Albertine. 2. Lancelot. 3. Jules Verne. 4. Le mouton. 5. Edmond Dantès. 6. Poète. 7. George Sand. 8. René. 9. *Les Trois Mousquetaires*. 10. Un paysan.

383 ▸ LES NAUFRAGES CÉLÈBRES

1. B. 2. A. 3. C. 4. C. 5. A. 6. A. 7. B. 8. C. 9. C. 10. A. 11. A. 12. A. 13. B. 14. B. 15. B.

384 ▸ LES ACTRICES

1. Jeanne Moreau. 2. Anémone. 3. *La Plage*. 4. Annie Girardot. 5. Arletty. 6. Nathalie Baye. 7. Valeria Bruni-Tedeschi. 8. Georges Lautner. 9. Un chien. 10. Isabelle Huppert. 11. Sylvette. 12. *Hôtel du Nord*. 13. Serveuse. 14. En Algérie. 15. *Les Randonneurs*. 16. Simone Signoret. 17. *Tatie Danielle*. 18. La maladie d'Alzheimer. 19. *La Bûche*. 20. Sandrine Bonnaire.

385 ▸ LE SYSTÈME ÉDUCATIF

1. 16 ans. 2. Cours élémentaire 2e année. 3. 3. 4. Le CP. 5. Le brevet des collèges. 6. 3. 7. Le ministère de l'Éducation nationale. 8. Brevet de technicien supérieur. 9. D'un lycée. 10. Dans les IUFM. 11. Il n'y a aucune limite fixée. 12. Cours préparatoire. 13. Le bac A. 14. 21 ans. 15. 1989. 16. Le doctorat. 17. 26 heures. 18. Le recteur. 19. Le bac. 20. 12 sur 20.

386 ▸ L'AGRICULTURE

1. La monoculture. 2. Moins de 900 000 personnes. 3. Dans le Sud-Est. 4. Le bassin aquitain. 5. Le 1er producteur. 6. Près de 30 %. 7. De 42 à 70 ha. 8. La 1re puissance. 9. C'est le contraire. 10. Vers le productivisme. 11. En 2013. 12. 80 000. 13. Environ 600 000. 14. En 1992. 15. 12 t/ha. 16. 10 fois moins. 17. L'aquaculture. 18. 16,8 %. 19. Il a baissé de 15 %. 20. Environ 300 000.

387 ▸ POT-POURRI

1. Clio. 2. Il s'est suicidé. 3. 1 million d'euros. 4. François Ier. 5. Le 1er mai. 6. Un record de longévité. 7. La Samaritaine. 8. Les Victoires de la musique. 9. Un pantalon. 10. Verte. 11. De 20 km/h. 12. En Bretagne. 13. La maladie de la vache folle. 14. Dans un bar. 15. Orange. 16. Les déchets nucléaires. 17. Non. 18. 1901. 19. En mousse. 20. José Bové.

388 ▸ DAVID DOUILLET

1. Le 17 février 1969. 2. Plus de 100 kg. 3. Le judo. 4. À la collecte des pièces jaunes. 5. À Rouen. 6. 1,96 m. 7. *David contre Goliath*. 8. Le club de Neufchâtel-en-Braye. 9. 3. 10. En 1990. 11. À 19 ans. 12. La Coupe du monde par équipe. 13. 6e dan. 14. Aux enfants hospitalisés. 15. Le Paris Saint-Germain. 16. Réservoir Sport. 17. En Afrique. 18. Les lourds. 19. La médaille d'or. 20. C'est une passion.

389 ▸ LA PRESSE MENSUELLE

1. *Hara-kiri*. 2. Rouge et blanc. 3. Les hommes. 4. *Pomme d'Api*. 5. *Notre temps*. 6. Les consommateurs. 7. *Science et vie*. 8. Aux femmes. 9. Mensuel. 10. *Marie Claire* et *Marie France*. 11. Les États-Unis. 12. *Tout*. 13. À la micro-informatique. 14. Prisma Presse. 15. *30 millions d'amis*. 16. Aux 15-25 ans. 17. L'économie. 18. *Okapi*. 19. Au cinéma. 20. Verte.

390 ▸ LES MÉDECINS CÉLÈBRES

1. C. 2. B. 3. A. 4. A. 5. B. 6. B. 7. C. 8. A. 9. B. 10. C. 11. B. 12. A. 13. B. 14. C. 15. A.

391 ▸ NOMS DE COMMUNES

1. Vrai. 2. Vrai. 3. Faux. 4. Vrai. 5. Vrai. 6. Faux. 7. Vrai. 8. Vrai. 9. Faux. 10. Vrai. 11. Faux. 12. Vrai. 13. Vrai. 14. Vrai. 15. Faux.

392 ▸ LES PUBS

1. Valérie Lemercier. 2. Une lessive. 3. Fou. 4. L'eau minérale Quézac. 5. « C'est pas grave ». 6. Pour Danette. 7. *Le Petit Chaperon rouge*. 8. Le lait Lactel. 9. Antikal. 10. « Oui, c'est moi ». 11. Un lapin rose. 12. Chez l'ambassadeur. 13. Carte noire. 14. « C'est doux, c'est neuf ? » 15. Les craquottes. 16. À fond la forme. 17. Petit écolier de Lu. 18. Il se décarcasse. 19. Glisser à plat ventre sur la table pour la dépoussiérer. 20. Le couscous Garbit.

393 ▸ LES LANGUES RÉGIONALES

1. La langue d'oïl. 2. La langue d'oc. 3. Un dialecte. 4. François Ier. 5. Au nord de la Loire. 6. 28. 7. Autour de Dunkerque. 8. En Seine-Maritime, surtout. 9. C'est une langue à part. 10. L'occitan. 11. Le gallo. 12. Plusieurs milliers. 13. Un dialecte germanique. 14. Dans les Pyrénées-Orientales. 15. Le picard. 16. Le savoyard. 17. Oui, dans les provinces basques. 18. Le créole. 19. Dans l'extrême Nord-Est. 20. Le forézien.

394 ▸ LA MUSIQUE DES ANNÉES 2000

1. Raphaël. 2. Mickey3D. 3. *En apesanteur*. 4. *Une fille d'avril*. 5. Luke. 6. À la lune. 7. La Grande Zoé. 8. *Superstar*. 9. Cali. 10. Le vent l'emportera. 11. Brigitte Fontaine. 12. Parce qu'on vient de loin. 13. Tout le bonheur du monde. 14. Un jedi. 15. *Rue de la Paix*. 16. *D'hiver*. 17. Au soleil. 18. *Si c'était hier*. 19. Une information. 20. Chimène Badi.

395 ▸ LES FEMMES ET HOMMES POLITIQUES

1. À Tunis. 2. Ils étaient agriculteurs. 3. Ministre de l'Éducation nationale. 4. Ségolène Royal. 5. Le journal télévisé de midi. 6. DSK. 7. Le 28 janvier 1955. 8. En ethnologie. 9. En 2001. 10. Le mammouth. 11. De Bègles. 12. Il est contre. 13. À 34 ans. 14. Celui de la Jeunesse et des Sports. 15. Jean-Pierre Raffarin. 16. L'insécurité. 17. Bertrand Delanoë. 18. De l'UDF. 19. Noël Mamère. 20. Oui, elle l'a annoncé.

396 ▸ LES ÉMISSIONS DE RADIO

1. Partout. 2. Le mouv'. 3. Une émission sur l'histoire. 4. *Pirates*. 5. De la valise. 6. Frédéric Mitterrand. 7. Europe 2. 8. Laurent Ruquier. 9. Sous la couette. 10. À la culture. 11. RTL. 12. Amanda Lear. 13. 1977. 14. *Le 6-9*. 15. Rire et chansons. 16. *Le Jeu des 1 000 francs* (devenu *Jeu des 1 000 euros*). 17. *Salut les copains*. 18. Les deux. 19. *Encore*. 20. *Allô Macha*.

397 ▸ LES GROUPES

1. Noir Désir. 2. Les Rita Mitsouko. 3. Les Charlots. 4. 2. 5. Louise attaque. 6. Indochine. 7. Manu Chao. 8. … *de rire*. 9. La Corse. 10. Mickaël Youn. 11. « le chemin ». 12. Toulouse. 13. Chic. 14. Il était une fois. 15. Les Charts. 16. « baskets ». 17. La Bretagne. 18. 3. 19. Louis Bertignac et les visiteurs. 20. *des étoiles*.

398 ▸ LES FILMS

1. Vanessa Paradis. 2. *L'Appât*. 3. 11. 4. *Je vous trouve très beau*. 5. Un internat. 6. Au 21. 7. Coluche. 8. Montmartre. 9. Froid. 10. Claude Chabrol. 11. *Les Couloirs du temps*. 12. Une boucherie. 13. Emmanuelle. 14. Jésus-Christ. 15. *Gazon maudit*. 16. Fanfan la Tulipe. 17. Michel Serrault. 18. *La Marche de l'empereur*. 19. *Le Mur de l'Atlantique*. 20. La Préhistoire.

399 ▸ LE RUGBY

1. 220 000. 2. De 1968 à 1973. 3. Le bouclier de Brennus. 4. 4 fois. 5. 15 joueurs. 6. Toulouse. 7. Fabien Galthié. 8. Oui. 9. En 1954. 10. Jusqu'en 1924. 11. 38. 12. Le Racing Club de France. 13. 6 fois. 14. Le monde de l'Ovalie. 15. En 2000. 16. En 1972. 17. En 1997 et en 1998. 18. 34 fois. 19. Fabien Pelous. 20. La France.

400 ▸ LE XVIIe SIÈCLE

1. Henri IV. 2. Un maréchal. 3. La guerre de Trente Ans. 4. Les traités de Westphalie. 5. Victorieuse. 6. Les places de sûreté. 7. Oui. 8. Les mazarinades. 9. Les duels. 10. Concino Concini. 11. Favorable. 12. L'affaire des poisons. 13. Le prince de Condé. 14. Le cardinal de Richelieu. 15. Son fils. 16. La Rochelle. 17. Le palais du Louvre. 18. Celle de Dévolution. 19. François Ravaillac. 20. Marie de Médicis.

401 ▸ LE CHÂTEAU DE VERSAILLES

1. À Louis XIV. 2. Le grand appartement du Roi. 3. Un pavillon de chasse. 4. Les gens de sa cour. 5. Dans la galerie des Glaces. 6. 9 hectares. 7. Oui, avec deux baignoires. 8. 72 m. 9. Le hameau de la Reine. 10. En 1770. 11. 17. 12. En marbres polychromes. 13. 2. 14. Devant son lit. 15. Pour Mme de Pompadour. 16. Oui. 17. En 1985. 18. À saint Louis. 19. Par Jules Hardouin-Mansart. 20. Un musée de l'Histoire de France.

402 ▸ JEUX DE SOCIÉTÉ

A. Jacquet. B. Échecs. C. Dames chinoises. D. Solitaire.

403 ▸ LES PLANTES CONDIMENTAIRES

1. Les sols légers et humides. 2. D'Amérique centrale. 3. Une plante vivace. 4. La famille des crocus. 5. D'Asie. 6. Oui, même acides. 7. Il accepte l'ombre. 8. 4 à 5 m. 9. Des souches traçantes. 10. Le persil commun.

404 ▸ LES COURSES HIPPIQUES

1. Vrai. 2. Faux. 3. Vrai. 4. Faux. 5. Faux. 6. Vrai. 7. Vrai. 8. Faux. 9. Vrai. 10. Vrai. 11. Vrai. 12. Faux. 13. Vrai. 14. Vrai. 15. Vrai.

405 ▸ ASTÉRIX

1. Assurancetourix. 2. Abraracourcix, le chef. 3. Livreur de menhirs. 4. 4. 5. *La Grande Traversée*. 6. La potion magique. 7. En Armorique. 8. Des plumes. 9. *Astérix le Gaulois*. 10. Un chien, Idéfix. 11. Assurancetourix, le barde. 12. *Pilote*. 13. Cléopâtre. 14. Bleu et blanc. 15. Uderzo. 16. *Astérix chez Rahazade*. 17. Druide. 18. Falbala. 19. Tartopum. 20. Agecanonix.

406 ▸ LES MÉTIERS D'AUTREFOIS

1. Les colporteurs. 2. Le métier de mineur. 3. Il aiguisait les couteaux. 4. Jusqu'au début du XXe siècle. 5. Les nourrices. 6. Un postillon. 7. Par des porteurs d'eau. 8. Les lavandières. 9. Des hirondelles. 10. Le vitrier. 11. Une gouvernante. 12. Les scieurs de long. 13. Un écrivain public. 14. D'un perruquier. 15. Les corsaires. 16. De Savoie. 17. Les bonnes à tout faire. 18. Les canuts. 19. Le métier de dentellière. 20. Chez le barbier.

407 ▸ MOLIÈRE

1. D'inceste. 2. Au XVIIe siècle. 3. *Le Bourgeois gentilhomme*. 4. De droit. 5. La statue du Commandeur. 6. *L'Amour médecin*. 7. Alceste. 8. Un paysan. 9. Médecin. 10. Monsieur Jourdain, le bourgeois gentilhomme. 11. Une cassette contenant de l'argent. 12. *Les Fourberies de Scapin*. 13. Cyrano de Bergerac. 14. Savantes. 15. Tartuffe. 16. Agnès. 17. Lully. 18. *Les Fausses Confidences*. 19. 51 ans. 20. Non.

408 ▸ LES GRANDS CHEFS

1. Joël Robuchon. 2. Troisgros. 3. Une toque aplatie. 4. Une barbe et des moustaches. 5. Au Grand Véfour, à Paris. 6. L'Abbaye de Collonges. 7. Marc Veyrat.. 8. L'opération Fou de France. 9. Bernard Loiseau. 10. Pour utiliser des herbes sauvages. 11. Drouant. 12. À Vienne, dans l'Isère. 13. Avenue Montaigne. 14. Guy Martin. 15. L'Hôtel de la Côte-d'Or. 16. À Valence, dans la Drôme. 17. À l'architecture. 18. À Georges Blanc. 19. À Romorantin-Lanthenay. 20. D'André Pic.

409 ▸ LA FRANCHE-COMTÉ

1. La saucisse. 2. Le tué. 3. La Saline royale. 4. Sur l'Ain. 5. Le vin jaune. 6. 40 %. 7. Le musée Peugeot. 8. La cité du jouet. 9. Sur un éperon rocheux. 10. À Ronchamp. 11. Par Vauban. 12. Une résurgence du Doubs. 13. Le clavelin. 14. L'absinthe. 15. Les pipes. 16. La Transjurassienne. 17. La Vache qui rit. 18. Les tavaillons. 19. À Bois-d'Amont. 20. Des morilles.

410 ▸ NICOLAS HULOT

1. Journaliste. 2. À Lille. 3. Animateur. 4. Dans le Morbihan. 5. En 1955. 6. Oui, mais il est décédé. 7. La médecine. 8. Aucun. 9. La protection de l'environnement. 10. Avec *Ushuaïa*. 11. À la protection

de la biodiversité. 12. Pour SIPA.
13. Pour la Nature et l'Homme.
14. Aussi aux adultes. 15. Oui, il est chevalier.
16. Un environnement mieux protégé.
17. Oui, pour l'instant. 18. Non, le changement climatique. 19. Plus de 1 500.
20. *Écologuide de A à Z.*

411 ▸ POINT COMMUN
Ils portent tous le nom d'un film (*Taxi, Le corbeau, Diabolo menthe, le Pianiste*).

412 ▸ LES FÊTES FOLLES
1. 24 heures. 2. À Biscarrosse. 3. De voitures à pédales. 4. De lancer de béret. 5. Une foire aux célibataires. 6. De caisses à savon.
7. Eu. 8. La fête des Jumeaux. 9. Trie-sur-Baïse. 10. La coupe Icare.

413 ▸ L'ÉDITION
1. Faux. 2. Vrai. 3. Faux. 4. Vrai. 5. Vrai.
6. Faux. 7. Vrai. 8. Vrai. 9. Faux. 10. Vrai.
11. Faux. 12. Vrai. 13. Faux. 14. Vrai. 15. Vrai.

414 ▸ LES SITES NATURELS
1. Par un conservatoire. 2. La forêt de Fontainebleau. 3. Parfois, à marée basse.
4. Sur 35 km. 5. De couleur blanche.
6. En Franche-Comté. 7. Le cirque de Gavarnie.
8. Des sentiers botaniques. 9. Oui, en promenade pédestre. 10. L'étang de Thau.
11. Des chauves-souris. 12. Le saut du Doubs.
13. La baie du mont Saint-Michel. 14. Le pont d'Espagne. 15. Dans le parc naturel du Morvan.
16. 17 millions. 17. Le gouffre de Proumeyssac.
18. 36 sites. 19. Depuis 1931.
20. Près de 2 600.

415 ▸ RICHELIEU
1. Au XVIIe siècle. 2. Louis XIII. 3. Armand Jean du Plessis. 4. Aux protestants. 5. La Journée des dupes. 6. L'Académie française.
7. Le cardinal Mazarin. 8. Marie de Médicis.
9. Son fils, Louis XIII. 10. Oui. 11. La maison d'Autriche. 12. Le Canada. 13. Le titre de duc.
14. Une monarchie absolue. 15. Les deux.
16. Oui. 17. La France. 18. Gaston d'Orléans.
19. 57 ans. 20. À la Sorbonne.

416 ▸ COCORICO
1. Bleu, blanc, rouge. 2. Le blanc.
3. Par Rouget de l'Isle. 4. Le bonnet phrygien.
5. Le bleu et le rouge. 6. En 1789.
7. La fleur de lis. 8. La cérémonie des couleurs.
9. Une cocarde tricolore. 10. Louis XVI, le 20 juin 1792. 11. Le soleil. 12. L'enseigne des seigneurs. 13. Marianne. 14. Le tricorne.
15. Le peintre David. 16. La croix de Lorraine.
17. La salamandre. 18. L'aigle. 19. L'hymne officieux. 20. Oui, en 1985.

417 ▸ LES GRANDS COUTURIERS
1. Pierre Cardin. 2. *Le Cinquième élément.*
3. En 1946. 4. André Courrèges. 5. 1995.
6. Bazar. 7. Le Larousse. 8. John Galliano.
9. Jean Paul Gaultier. 10. Gabrielle.
11. Le blanc. 12. Jean Patou. 13. Madonna.
14. Tom Ford. 15. Olivier. 16. Dior. 17. Audrey Hepburn. 18. *Maxim's.* 19. Karl Lagerfeld.
20. L'Allemagne.

418 ▸ LES PLUS BEAUX VILLAGES
1. À Saint-Rémy-de-Provence. 2. Sur 155 m.
3. Richement colorées. 4. Sur un promontoire escarpé. 5. De style roman et gothique.
6. À 2 042 m. 7. Du XVe siècle. 8. En grès calcaire. 9. Des maisons troglodytiques.
10. Pour ses faïences. 11. Elles sont fortifiées.
12. À Lourmarin. 13. Un village fortifié.
14. Son château fort. 15. Oui. 16. Le donjon.
17. Au XVIe siècle. 18. Elles sont multicolores.
19. Sur un escarpement rocheux.
20. Un puits.

419 ▸ LE XIXe SIÈCLE
1. La guerre de Crimée. 2. La Commune.
3. Adolphe. 4. Cayenne. 5. Louis-Philippe.
6. 18 ans. 7. À Sedan. 8. La garde nationale.
9. La Nouvelle-Calédonie. 10. Mac-Mahon.
11. L'Indochine. 12. Le timbre-poste.
13. La révolution de 1830.
14. Otto von Bismarck. 15. Une victoire.
16. Le métier à tisser automatique.
17. Émile Zola. 18. En 1848. 19. 5 ans.
20. De Bourbon-Orléans.

420 ▸ LES LOISIRS
1. Vrai. 2. Vrai. 3. Faux. 4. Vrai. 5. Vrai. 6. Vrai.
7. Faux. 8. Vrai. 9. Vrai. 10. Vrai. 11. Faux.
12. Vrai. 13. Vrai. 14. Faux. 15. Vrai.

421 ▸ LA MORT D'HOMMES ET DE FEMMES CÉLÈBRES
1. A. 2. B. 3. C. 4. A. 5. B. 6. C. 7. C. 8. A. 9. B.
10. A. 11. A. 12. C. 13. C. 14. B. 15. B.

422 ▸ NAPOLÉON
1. Son neveu. 2. 3. 3. Le Directoire.
4. Celui de roi de Rome. 5. Fouché.
6. La Banque de France. 7. Marie-Louise.
8. L'Autriche. 9. La Louisiane.
10. La Malmaison. 11. Au soleil. 12. 3.
13. Parce qu'elle ne lui donnait pas d'enfant.
14. Le duc d'Enghien. 15. L'Italie. 16. Au peuple britannique. 17. L'arc de triomphe de l'Étoile.
18. L'amiral Nelson. 19. La Martinique.
20. 1821.

423 ▸ LE LANGUEDOC-ROUSSILLON
1. Le Gard. 2. Dans la petite Camargue.
3. Carcassonne. 4. À Vergèze, dans le Gard.
5. Des moutons. 6. Dans l'Hérault. 7. À Ille-sur-Têt, dans le Riberal. 8. Le cassoulet.
9. À Uzès, dans le Gard. 10. À Nîmes.
11. La vigne. 12. À Odeillo. 13. Font-Romeu.
14. Le canal de la Robine. 15. La Côte vermeille.
16. À La Grande Motte. 17. La brandade.
18. Par Vauban. 19. À Codalet, près de Prades.
20. À Gruissan.

424 ▸ LES MONUMENTS DE FRANCE
1. Par ses alignements de menhirs.
2. Carcassonne. 3. 3. 4. La manufacture des Gobelins. 5. Bourges. 6. De la Renaissance.
7. Le Corbusier. 8. Caen. 9. Les Hospices civils.
10. Par un incendie. 11. Le Centre Pompidou.
12. Ses salines royales. 13. Vauban.
14. Le Gros Horloge. 15. Celle de Chartres.
16. Un phare. 17. Le facteur Cheval. 18. Provins.
19. Jeanne d'Arc. 20. Jean Nouvel.

425 ▸ TF1
1. Le groupe Bouygues. 2. 1974. 3. Les deux.
4. Non. 5. Littéraire. 6. Thierry Roland. 7. Bleu, blanc, rouge. 8. *Cocoricocoboy.* 9. À la marche.
10. Étienne Mougeotte. 11. Claire Chazal.
12. *Automoto.* 13. Ses 5 ans. 14. Télévision française 1. 15. Le bulletin météo.
16. Stéphane Bern. 17. *New York, unité spéciale.* 18. Au cirque. 19. 1987.
20. Patrick Le Lay.

426 ▸ LA PREMIÈRE GUERRE MONDIALE
1. Georges Clemenceau. 2. « Le père de la Victoire ». 3. Sarajevo. 4. Serbe. 5. Guillaume II.
6. 2. 7. Des chars d'assaut. 8. En 1916.
9. La bataille de Verdun. 10. La baïonnette.
11. Général. 12. Les Poilus. 13. Bleu.
14. Versailles. 15. Le Japon. 16. Le détroit des Dardanelles. 17. La Turquie. 18. Joffre.
19. Des taxis. 20. Rethondes.

427 ▸ LES GRANDS CORPS D'ÉTAT
1. 9. 2. Les anciens présidents de la République. 3. Yves Guéna. 4. Le Premier ministre. 5. À 68 ans. 6. Obligatoirement.
7. En 1958. 8. Aucune. 9. Son rapport public.
10. *Au Journal officiel.* 11. Elles sont incitées.
12. En 1781. 13. L'Inspection générale du Trésor. 14. Par Napoléon Ier. 15. Un corps diplomatique. 16. Lettre de créance. 17. 153.
18. Un rôle de protection. 19. En 5e position.
20. Elle est en vigueur.

428 ▸ FRANCIS CABREL
1. La dame de Haute-Savoie. 2. Agen.
3. *Sarbacane.* 4. Sur les lames de ton plancher.
5. *Il faudra leur dire.* 6. *Mourir.* 7. Les deux.
8. *Sur la Terre.* 9. Les brouillards. 10. Dick Rivers.
11. Du pêcheur. 12. *Je t'aimerai.* 13. Conseiller municipal. 14. *Les Murs de poussière.*
15. « J'aime pour toujours ». 16. *Octobre.*
17. Espagnol. 18. *De l'intérieur.*
19. Isabelle Boulay. 20. *La Corrida.*

429 ▸ LE TGV
1. Train à grande vitesse. 2. Alsthom.
3. En 1972. 4. Places assises. 5. Robert Galley.
6. La traction électrique. 7. Dans les 2 sens.
8. Paris-Lyon. 9. 1. 10. 200 km/h.
11. Pierre Messmer. 12. Aucun tunnel.
13. Blanches et orange. 14. 200 m.
15. À 350 km/h. 16. François Mitterrand.
17. À 270 km/h. 18. Michel Rocard.
19. 18 mois. 20. En 1996.

430 ▸ LE MOYEN ÂGE
1. Les troubadours (ou trouvères).
2. Philippe le Bel. 3. Des cages. 4. Sur le sel.
5. Saladin. 6. Hugues Capet. 7. Louis VI.
8. Les corporations. 9. Au XIe siècle.
10. L'amour courtois. 11. Le haubert.
12. Godefroy de Bouillon. 13. Jérusalem.
14. La peste noire. 15. Les cathares (ou albigeois). 16. Le donjon. 17. Celle de Cluny.
18. L'Inquisition. 19. Charles le Téméraire.
20. Le peuple juif.

431 ▸ LE LIMOUSIN
1. Pour la porcelaine. 2. Le plateau de Millevaches. 3. La tapisserie. 4. Oui.
5. Une foire du livre. 6. D'anciennes coulées de lave. 7. Le lac de Vassivière. 8. Un jardin aux épouvantails. 9. 600 ans. 10. Dans la tourbière du Longéroux. 11. Ses grosses tours rondes.
12. 60 m. 13. À 1 000 m. 14. Oui.
15. Une reconstitution médiévale.
16. Du XIIe siècle. 17. Un centre équestre.
18. Sa gare. 19. Toute l'année. 20. À Sarran.

432 ▸ POINT COMMUN
Elles illustrent chacune une fable de La Fontaine.

433 ▸ L'ÉLEVAGE
1. L'élevage de porcs. 2. De 16 millions de têtes.
3. 125 millions. 4. 152 €. 5. 70 %.
6. Près de 100 000. 7. Dans le centre.
8. De 10 %. 9. Le 1er 10. 2 fois moins.

434 ▸ VOLTAIRE
1. Vrai. 2. Faux. 3. Faux. 4. Vrai. 5. Vrai.
6. Faux. 7. Vrai. 8. Faux. 9. Faux. 10. Vrai.
11. Faux. 12. Vrai. 13. Vrai. 14. Faux. 15. Faux.

435 ▸ LES ÉCOMUSÉES
1. En Normandie, à Le Sap. 2. Oui, comme dans les musées. 3. Les techniques de distillation du kirch. 4. L'écomusée du Paris.
5. À Neufchef. 6. À Bayel, en Champagne-Ardennes. 7. En 9 lieux. 8. Non, à l'histoire de la céramique. 9. Oui, à Rivière-Pilote.
10. Un écomusée des Marais salants.
11. Des anciens mineurs. 12. Des métiers disparus. 13. À Grand-Bourg. 14. Non, à l'industrie textile. 15. À Gonfaron.
16. Toute l'année. 17. À Commana.
18. À Roanne. 19. Un observatoire ornithologique. 20. L'écomusée du Sel.

436 ▸ BERNARD KOUCHNER
1. Le 1er novembre 1939. 2. Avec Christine Ockrent. 3. Médecin gastro-entérologue.
4. En 1988. 5. En Avignon. 6. Sur la liste de Michel Rocard. 7. Avec l'abbé Pierre.
8. En 1992. 9. Du PCF. 10. Au Kosovo.
11. Avec le Secours médical français.
12. Au Parti radical-socialiste. 13. De Lionel Jospin. 14. Médecins Sans Frontières.
15. À titre personnel. 16. Évelyne Pisier.
17. Pour désaccord. 18. Par l'ONU.
19. Médecins du Monde. 20. De la Fondation Saint-Simon.

437 ▸ LES PRÉNOMS
1. Yann. 2. Léa. 3. Margot. 4. Pâques.
5. Oui. 6. Un seul. 7. Le Pays basque. 8. Non.
9. Une plante à fleurs. 10. Aristocratique.
11. Monique. 12. Dominique. 13. Guillaume.
14. Le XVIe siècle. 15. D'Italie. 16. Les deux.
17. Lucas. 18. La Bretagne. 19. Le juge aux affaires familiales. 20. Michel.

438 ▸ LA TÉLÉVISION
1. 1992. 2. La redevance télévisuelle.
3. Télévision numérique terrestre. 4. 5.
5. 1935. 6. Aux enfants. 7. Un carré blanc.
8. La Maison de la radio. 9. L'INA.
10. Dominique Farrugia. 11. Aux Français d'outre-mer. 12. Conseil supérieur de l'audiovisuel. 13. Hervé Bourges.
14. L'audience des chaînes de télévision.
15. CanalSat et TPS. 16. France 4. 17. 1968.
18. SECAM. 19. La musique. 20. 1944.

439 ▶ LA FRANCE EN CHIFFRES

1.1,8 %. 2. 10 % de moins. 3. Le tiers. 4. À 657,8 milliards d'euros. 5. *Ouest France.* 6. 13 %. 7. 1,5 milliard d'euros. 8. 335 525. 9. Elle a augmenté de 2 %. 10. 3 390 000. 11. Moins de 5 %. 12. 110. 13. 600 000 t. 14. 42 584. 15. 5 112. 16. 9,2 %. 17. 12 000. 18. 450 000. 19. 2,5 fois. 20. 2,25 %. 21. À environ 185 €. 22. 360 kg. 23. 16,2 %. 24. 26,4 milliards d'euros. 25. 75 %. 26. 84 %. 27. 41. 28. 160 millions d'euros. 29. De 75,8 %. 30. 50 000 touristes. 31. 32 000 décès. 32. 40 %. 33. Entre 80 000 et 100 000. 34. 12 500. 35. 78 %. 36. 50 % de moins. 37. À 14,6 millions de personnes. 38. 53 373. 39. 37 %. 40. Le 90 B. 41. 68 %. 42. 23 000. 43. 59 %. 44. 386. 45. 10 %. 46. 13 millions. 47. À plus de 2000. 48. 67. 49. À 50 %. 50. De 5,5 cm.

440 ▶ LES RÉPLIQUES CULTES

1. *La Cité de la peur.* 2. *Le Fabuleux Destin d'Amélie Poulain.* 3. *Les Visiteurs.* 4. *Le Père Noël est une ordure.* 5. *Le Corniaud.* 6. *La vie est un long fleuve tranquille.* 7. *Hôtel du Nord.* 8. *Le Dîner de cons.* 9. *La Folie des grandeurs.* 10. *Chouchou.* 11. *Le Pacha.* 12. *Les Valseuses.* 13. *La Septième Compagnie.* 14. *Les bronzés font du ski.* 15. *Quai des brumes.* 16. *Les Tontons flingueurs.* 17. *La Guerre des boutons.* 18. *Les Parapluies de Cherbourg.* 19. *La Femme du boulanger.* 20. *Les Bronzés.*

441 ▶ LE CODE DE LA ROUTE

1. Bleu et rouge. 2. Apprenti. 3. Oui. 4. 3 ans. 5. Jaune. 6. Dans le sens inverse des aiguilles d'une montre. 7. Oui. 8. Les feux de détresse. 9. 3 ans. 10. 6. 11. 90 km/h. 12. Jaune. 13. Le permis B. 14. Oui. 15. Dos à la route. 16. 6 mois. 17. Circulaires sur fond bleu. 18. 130 km/h. 19. Le permis à 1 euro par jour. 20. Une ligne blanche perpendiculaire à la route.

442 ▶ LA LITTÉRATURE ENFANTINE

1. Antoine de Saint-Exupéry. 2. Le Chat botté. 3. Nana. 4. Mouffetard. 5. Babar. 6. *Un bon petit diable.* 7. *Le Petit Chaperon rouge.* 8. Poudlard. 9. Une citrouille. 10. Seguin. 11. Une chienne. 12. Gédéon. 13. Non, danois. 14. La piqûre d'un fuseau. 15. Bécassine. 16. La Bibliothèque verte. 17. Oui. 18. Delphine et Marinette. 19. *L'Oye.* 20. Il tue toutes ses épouses.

443 ▶ LES SYNDICATS

1. Confédération générale du travail. 2. La Constitution. 3. Le délégué syndical. 4. Une cotisation. 5. En 1895. 6. Une organisation patronale. 7. Environ 5,3 %. 8. Non, après, en 1919. 9. 50. 10. De la CGT. 11. François Chérèque. 12. Non, c'est le contraire. 13. La CFE-CGC. 14. Un syndicat professionnel. 15. L'inspection du travail. 16. Georges Séguy. 17. Oui, la FNAP. 18. 600 millions. 19. Laurence Parisot. 20. 20.

444 ▶ LA LORRAINE

1. Domrémy, dans les Vosges. 2. Pour la cristallerie. 3. Par la Meuse. 4. Verdun. 5. Un ossuaire. 6. À Vaucouleurs. 7. Le lac de Gérardmer. 8. La petite Carcassonne. 9. 31. 10. Le barrage de Vieux-Pré. 11. Épépineuse de groseilles. 12. Une ville d'eau. 13. Le lac de Madine. 14. Le circuit du champ de bataille. 15. Oui, sur rendez-vous. 16. Le festival Renaissance. 17. Un lac glaciaire. 18. Le canoë et le kayak. 19. À Stenay. 20. Autour de Marsal.

445 ▶ LES GRANDES GRÈVES

1. Une grève générale. 2. En 2002. 3. L'insurrection contre les Allemands. 4. Dans les mines. 5. Les usines Citroën. 6. 7 millions. 7. D'occupation d'usines. 8. La grève des infirmières. 9. Les ouvriers de Renault. 10. La grève du métro. 11. La grève des mineurs. 12. 46 jours. 13. À un état de siège. 14. Le pilotage à deux. 15. Contre le contrat de plan. 16. Il est défenestré. 17. 20 milliards de francs. 18. La Caisse d'épargne. 19. 4 mois. 20. 805.

446 ▶ POINT COMMUN

Ces quatre mots peuvent être suivis de l'adjectif « rouge ».

447 ▶ LES PLATS DE POISSONS

1. La rouille. 2. Du vin rouge. 3. De la farine. 4. Des truites au bleu. 5. La raie. 6. Des champignons. 7. Les deux. 8. Une bourride. 9. Du vin blanc. 10. Un parmentier de poisson.

448 ▶ LES DÉBUTS DU CINÉMA

1. Faux. 2. Vrai. 3. Faux. 4. Faux. 5. Vrai. 6. Vrai. 7. Vrai. 8. Vrai. 9. Faux. 10. Vrai. 11. Faux. 12. Vrai. 13. Faux. 14. Vrai. 15. Vrai.

449 ▶ CHARLES AZNAVOUR

1. L'Arménie. 2. *La Bohème.* 3. La mamma. 4. En haut de l'affiche. 5. 1924. 6. *Tirez sur le pianiste.* 7. *D'aimer.* 8. Démodés. 9. Mes emmerdes. 10. Au bout de la Terre. 11. Édith Piaf. 12. Aznavour pour l'Arménie. 13. *For me, formidable.* 14. Venise. 15. Liza Minnelli. 16. *Douchka.* 17. Au mois de mai. 18. 20 ans. 19. Katia. 20. « Je n'aime que toi ».

450 ▶ LES AVIONS

1. Un aéronef. 2. Un hydravion. 3. Clément Ader. 4. Un planeur. 5. Non. 6. Une entreprise privée. 7. 2. 8. L'Éole I. 9. En 1911. 10. 2,5 fois plus. 11. À 100 km/h. 12. 3. 13. Les giroptères. 14. Ultraléger motorisé. 15. La Caravelle. 16. Avec un Mirage III. 17. Le rotor. 18. Environ 175 millions de dollars. 19. 3 h 30 min. 20. En mars 1978.

451 ▶ LES LÉGUMES

1. En été. 2. Une tomate. 3. Le haricot vert. 4. Une pomme de terre. 5. À Parmentier. 6. Non. 7. Une salade d'automne et d'hiver. 8. Le céleri. 9. La rose de Pâques. 10. D'Asie centrale. 11. La betterave. 12. De très petits tubercules. 13. Le chou de Bruxelles. 14. Une salade. 15. Le poireau. 16. Jusqu'à près de 10 ans. 17. Environ 120 mg. 18. Rouge. 19. Il faut les arroser. 20. L'acide oxalique.

452 ▶ LES PUBS

1. Atoll. 2. Omo. 3. « PARCE QUE ! » 4. Chico. 5. Son petit déjeuner avec des pains Krisprolls. 6. Mikado. 7. De pirates. 8. La 106. 9. Maurice. 10. Qu'elle va être grand-mère. 11. La mère Denis. 12. Euromillion. 13. Les rillettes Bordeau Chesnel. 14. Don Camillo (don Patillo). 15. Se « brosser ». 16. Claudia Schiffer. 17. Le bonbon Petit Pimousse. 18. Décap'four. 19. Monsieur Marie. 20. « Malabar ».

453 ▶ LES ANNÉES 1990

1. Jacques Chirac. 2. François Bayrou. 3. Il dissout l'Assemblée. 4. À Carpentras. 5. Henri Krasucki. 6. La carte à puce bancaire. 7. Claudie Haigneré. 8. Gainsbarre. 9. *L'Origine du monde.* 10. En 1997. 11. René Bousquet. 12. Celle du service national. 13. Le Nobel de physique. 14. En 1996. 15. Pierre Bérégovoy. 16. Arte. 17. Vaison-la-Romaine. 18. Celui de la voiture de l'année. 19. Les 35 heures. 20. Le Pacs.

454 ▶ L'AGNEAU

1. Avec l'épaule. 2. De 10 millions de têtes. 3. La selle. 4. Le navet. 5. Environ 230. 6. Ils sont moins gras. 7. La noisette. 8. Près de 50 races. 9. Le baron. 10. Oui. 11. Une découpe à la française. 12. Après 10 min de repos. 13. Le mérinos. 14. Les paquets. 15. Un morceau de poitrine. 16. La marque grévin de la baie. 17. En 1990. 18. De 10 à 12 min. 19. Les rognons blancs, ou testicules. 20. En 1946.

455 ▶ RAYMOND DEVOS

1. Le 9 novembre 1922. 2. En Belgique, à Mouscron. 3. Travailleur frontalier. 4. Du violon. 5. Les humoristes. 6. Des cours de théâtre. 7. Souvent, de plusieurs. 8. La mer. 9. Avec son attachée de presse. 10. 8. 11. Toujours. 12. Il a été déporté. 13. Une école de mime. 14. Le trampoline. 15. Pour Caen. 16. Les Trois Cousins. 17. Dans *Pierrot le Fou.* 18. Une fracture du sternum. 19. Hervé Guido. 20. Aucun.

456 ▶ LES CIMETIÈRES ET NÉCROPOLES

1. Le columbarium. 2. Souvent plus petites. 3. Au cimetière de Montrouge. 4. À Port-Joinville. 5. À Lyon. 6. Une urne carditaphe. 7. Les 20 %. 8. Autour des églises. 9. Des gouverneurs des Invalides, entre autres. 10. Environ 40 000. 11. Sous certaines conditions. 12. Jim Morrison. 13. Oui. 14. Un cimetière marin. 15. Le cimetière Notre-Dame de Lorette. 16. Le cimetière de Terre-Cabade. 17. François Mitterrand. 18. Face à la mer. 19. À Grainville-Langannerie. 20. À la Bibliothèque nationale.

457 ▶ L'ABBÉ PIERRE

1. Henri Grouès. 2. 7. 3. Oui, il est commandeur. 4. Plus d'une quinzaine. 5. En 1912. 6. Le nom de frère Philippe. 7. Avec Théodore Monod. 8. Fin 1954. 9. À la tribune de l'Assemblée nationale. 10. En 1938. 11. Dans une quarantaine de pays. 12. Le général de Gaulle. 13. *Hiver 54, l'abbé Pierre.* 14. Roger Garaudy. 15. De la Résistance. 16. Plus de 10 000. 17. En janvier 2004. 18. La Licra. 19. À Saint-Denis de la Réunion. 20. Le péché de chair.

458 ▶ LES RESSOURCES NATURELLES

1. La mine de Decazeville. 2. Des éoliennes. 3. Le charbon. 4. La houille blanche. 5. 500 000 tonnes. 6. L'usine de la Rance, en Bretagne. 7. À Lacq, dans le Sud-Ouest. 8. Grâce à l'uranium. 9. Elle est artificielle. 10. 1,5 %. 11. L'énergie géothermique. 12. En 1960. 13. Environ 70. 14. 77 %. 15. Du pétrole. 16. Le bassin parisien. 17. À Odeilho-Font-Romeu. 18. Le puits d'Oignies. 19. Dans les Dom. 20. La biomasse.

459 ▶ LES QUARTIERS DE PARIS

1. Bercy. 2. Le 20ᵉ. 3. Les Buttes Chaumont. 4. Le Marais. 5. La butte Montmartre. 6. Le quartier Latin. 7. Pigalle. 8. D'immigrés. 9. Le textile. 10. La butte aux Cailles.

460 ▶ ROUEN

1. Faux. 2. Faux. 3. Vrai. 4. Vrai. 5. Vrai. 6. Faux. 7. Vrai. 8. Vrai. 9. Faux. 10. Vrai. 11. Faux. 12. Faux. 13. Faux. 14. Vrai. 15. Faux.

461 ▶ L'ESCRIME

A. Fleuret. B. Épée. C. Sabre.

462 ▶ L'AÉRONAUTIQUE

1. *Ariane 5.* 2. Kourou, en Guyane. 3. Avec l'Angleterre et l'Allemagne. 4. Un programme civil. 5. Véronique. 6. En 1982. 7. À 3 étages. 8. En 1961. 9. Arianespace. 10. À Colomiers, près de Toulouse. 11. En 1968. 12. En mai 1974. 13. À capital européen. 14. Une comète et des astéroïdes. 15. 97 %. 16. D'Hammaguir, en Algérie. 17. *A-1 Astérix.* 18. À des lâchers de ballons. 19. Des satellites d'observation. 20. 850.

463 ▶ LES CÉLÉBRATIONS ET FESTIVITÉS

1. Un feu d'artifice. 2. La Révolution française. 3. La prise de la Bastille. 4. Jean-Paul Goude. 5. Tous les 25 ans. 6. Dans le Nord. 7. Le 4 juillet 1981. 8. Une garden-party. 9. Une fête patronale. 10. Sur les Champs-Élysées. 11. En 1958. 12. Le souvenir du soldat inconnu. 13. Dans les Dom. 14. L'armistice de 1945. 15. Jean Mineur. 16. À la mi-février. 17. En 1982. 18. L'année Mozart. 19. Vers le monument aux morts. 20. 15 millions.

464 ▶ L'OUTRE-MER

1. Pointe-à-Pitre. 2. La Soufrière. 3. Un béké. 4. 118 îles. 5. De plusieurs îles. 6. La canne à sucre. 7. Madagascar. 8. Basse-Terre. 9. Par la mer des Antilles. 10. 300 000 visiteurs. 11. Du rhum. 12. Un volcan actif. 13. 1 000 km^2. 14. Le Chameau. 15. 3. 16. La réserve Cousteau. 17. Un arbre toxique. 18. La plage des Salines. 19. De carreaux de céramique. 20. Une plante à fleurs.

465 ▶ LA BOXE ANGLAISE

1. Georges Carpentier. 2. Non. 3. Tony Zale. 4. Aucun Français. 5. La veille du combat. 6. Brahim Asloum. 7. Par Jean-Claude Bouttier. 8. Mahyar Monshipour. 9. 34 ans. 10. 12 mois.

11. 10 secondes. 12. En poids mouche. 13. 284 g. 14. En mi-lourd. 15. Brahim Asloum. 16. En super-welter. 17. Myriam Lamare. 18. 2 fois. 19. Dans un accident d'avion. 20. Aucun Français.

466 ▸ LES PAYS-DE-LA-LOIRE

1. Le sel. 2. Les 24 heures du Mans. 3. Le muscadet. 4. Les mouchoirs. 5. La Roche-sur-Yon. 6. À Nantes. 7. Pour ses faïences. 8. Le poulet. 9. L'abbaye de Fontevraud. 10. Saint-Gilles-Croix-de-Vie. 11. Avec le tuffeau. 12. La Mothe-Achard. 13. Oui. 14. Une école militaire. 15. Au château d'Angers. 16. L'Escal'Atlantic. 17. L'extraction d'ardoises. 18. L'Île-d'Yeu. 19. La Ferté-Bernard. 20. Le Jardin des plantes.

467 ▸ LES FESTIVALS D'ÉTÉ

1. Equestria. 2. Metz. 3. De montgolfières. 4. Un festival du cirque. 5. À Orange, dans le Vaucluse. 6. Les joutes nautiques. 7. À Charleville-Mézières. 8. Un festival international. 9. À Crozon, dans le Finistère. 10. Un festival de la Nuit du conte. 11. Un festival de jazz. 12. À Moirans-en-Montagne. 13. En 1905. 14. Un festival de théâtre de rue. 15. À Dunkerque. 16. Des Rencontres polyphoniques. 17. Les mardis soir. 18. Mimos. 19. Les Escales de Saint-Nazaire. 20. Un festival de musique.

468 ▸ COQUILLAGES ET CRUSTACÉS

1. Vrai. 2. Faux. 3. Vrai. 4. Faux. 5. Faux. 6. Vrai. 7. Vrai. 8. Vrai. 9. Faux. 10. Vrai. 11. Faux. 12. Faux. 13. Vrai. 14. Faux. 15. Vrai.

469 ▸ LES DICTIONNAIRES ET ENCYCLOPÉDIES

1. Faux. 2. Vrai. 3. Vrai. 4. Faux. 5. Faux. 6. Vrai. 7. Vrai. 8. Vrai. 9. Faux. 10. Vrai. 11. Vrai. 12. Faux. 13. Vrai. 14. Faux. 15. Vrai.

470 ▸ LOUIS DE FUNÈS

1. Aux choux. 2. Claude Gensac. 3. Chef d'orchestre. 4. Coluche. 5. Rabbi Jacob. 6. *L'Avare*. 7. Espagnole. 8. «Ma biche». 9. Non. 10. *La Folie des grandeurs*. 11. *Fantômas*. 12. Maire. 13. 6. 14. Mireille Darc. 15. Un infarctus. 16. Pendant la Seconde Guerre mondiale. 17. *Hibernatus*. 18. Saint-Tropez. 19. *Oscar*. 20. 1983.

471 ▸ LES MAIRES

1. La commune. 2. Par le conseil municipal. 3. L'écharpe tricolore. 4. 21 ans. 5. À ses adjoints. 6. Le maire. 7. 18 ans. 8. Par le conseil municipal. 9. Le maire. 10. Depuis 1890. 11. Non, ses adjoints aussi. 12. 114. 13. Des communes urbaines. 14. En 1946. 15. 105. 16. 10,8%. 17. Du parti communiste. 18. 30%. 19. Publiques. 20. À la majorité.

472 ▸ LA BD JEUNESSE

1. La salsepareille. 2. Boule. 3. 2. 4. Sylvette. 5. Nadia. 6. Un chien. 7. Flupke. 8. *Le Petit Marsupilami*. 9. De Bretagne. 10. Hercule. 11. Un Indien. 12. Cocker. 13. Zep. 14. Gargamel. 15. *L'Élève Ducobu*. 16. Benoît Brisefer. 17. Un savant un peu loufoque. 18. Lulu. 19. Pirlouit. 20. Cédric.

473 ▸ LES MONTAGNES

1. Oui. 2. La Montagne Pelée. 3. Lors du plissement alpin. 4. En Auvergne. 5. 450 km. 6. Saint-Pierre. 7. De type strombolien. 8. Le barrage de Serre-Ponçon. 9. Oui. 10. 4. 11. De 5760 av. J.-C. 12. Dans les Alpes. 13. La mer de Glace. 14. De 1976. 15. Un observatoire. 16. 851 m. 17. 12 km. 18. Par un téléphérique. 19. À 2 241 m. 20. Oui.

474 ▸ FRANCE 2

1. Antenne 2. 2. Publique. 3. Denise Fabre. 4. *Télématin*. 5. Les «teste-tout». 6. Les Molières. 7. 4. 8. *Urgences*. 9. Alain Delon. 10. Yves Mourousi. 11. À 1 h . 12. *Des chiffres et des lettres*. 13. *Les Shadoks*. 14. En deuxième partie de soirée. 15. Le fort Boyard. 16. Au domaine politique. 17. Christine Bravo. 18. *Friends*. 19. Thierry Ardisson. 20. Rouge et blanc.

475 ▸ LES CHAMPIGNONS

1. Le mycélium. 2. Absolument pas. 3. Non, il y en a moins. 4. Le champignon de Paris. 5. Un champignon à tubes. 6. Il pousse sur du bois. 7. Du lait. 8. Un champignon à plis. 9. Sous les feuillus. 10. Sur du fumier. 11. Avec les trompettes-de-la-mort. 12. Presque partout. 13. Il se liquéfie. 14. Un champignon à aiguillon. 15. La forme d'une massue. 16. Ils concentrent la pollution. 17. Il est dit excorié. 18. De petits poils minuscules. 19. Il servait de cuir à rasoir. 20. Une odeur de radis.

476 ▸ LA RÉVOLUTION

1. Le Comité de salut public. 2. Georges Danton. 3. 38 ans. 4. La cocarde. 5. Place de la Concorde. 6. La Convention nationale. 7. En 1792. 8. Les prêtres réfractaires ou insermentés. 9. Danton. 10. Les départements. 11. La Commune de Paris. 12. La carmagnole. 13. Maximilien. 14. À Varennes. 15. Les chouans. 16. L'assignat. 17. Le Serment du jeu de paume. 18. Le système métrique. 19. Le Tribunal révolutionnaire. 20. L'État.

477 ▸ ALAIN SOUCHON

1. *bobo*. 2. Non, c'est Kienast. 3. Dix ans. 4. Sentimentale. 5. Casablanca. 6. *Bidon*. 7. Jamais content. 8. Notre amour. 9. Laurent Voulzy. 10. Une Chrysler. 11. *Solitude*. 12. Ava Gardner. 13. *L'Été meurtrier*. 14. Véronique Sanson. 15. *Quand j'serai K.O.* 16. «Sous les jupes des filles». 17. *Les Regrets*. 18. De la rumba. 19. *Comédie*. 20. Pierre.

478 ▸ GÉRARD KLEIN

1. Le 29 octobre 1942. 2. La voix off de Prof. 3. *L'Instit*. 4. En 1999. 5. 13. 6. Celui du meilleur comédien de fiction. 7. En 1992. 8. Victor Novak. 9. Dans *Frantic*, en 1988. 10. 8 millions. 11. Dans *L'Angélus du corbeau*. 12. *Va savoir*. 13. Il les adore. 14. En Guyane. 15. Il adore les grandes tables. 16. 30 min. 17. Avec Annie Cordy. 18. Le télescope géant. 19. Dans la «Bibliothèque verte». 20. Il était 46e.

479 ▸ LES AUTOMOBILES

1. Par un moteur. 2. En 1890. 3. Par le code de la route. 4. Un coussin gonflable. 5. Un moyen de transport personnel. 6. En 1894. 7. Dans 95% des cas. 8. Des modèles standard. 9. Le châssis. 10. Du gazole. 11. En 1893. 12. Un 4 x 4. 13. L'ABS. 14. Par Napoléon Ier. 15. Le plomb. 16. Le miroir de courtoisie. 17. 155 g/km. 18. Joseph Cugnot. 19. Le diesel. 20. Un filtre à particules.

480 ▸ CHERCHEZ L'INTRUS

C. Marlène Jobert.

481 ▸ LES GRANDES ÉCOLES

1. L'École nationale d'administration (ENA). 2. L'architecture. 3. L'École centrale. 4. Paris. 5. Au XVIe siècle. 6. Oui. 7. Trois. 8. L'économie. 9. Des futurs professeurs. 10. X.

482 ▸ FIGURES HISTORIQUES

1. Vrai. 2. Vrai. 3. Faux. 4. Faux. 5. Vrai. 6. Faux. 7. Vrai. 8. Vrai. 9. Faux. 10. Vrai. 11. Faux. 12. Vrai. 13. Vrai. 14. Faux. 15. Vrai.

483 ▸ LA SECONDE GUERRE MONDIALE

1. Elles furent tondues. 2. 1940. 3. La ligne Maginot. 4. La «guerre éclair». 5. Le Service du travail obligatoire (STO). 6. Le poste de préfet. 7. Le peuple juif. 8. La zone libre et la zone occupée. 9. En zone occupée. 10. La ligne de démarcation. 11. Des tickets de rationnement. 12. Le marché noir. 13. Montoire. 14. La rafle du Vel' d'Hiv. 15. La relève. 16. La Provence. 17. Struthof. 18. Le Havre. 19. À Riom. 20. Une étoile jaune.

484 ▸ LA PICARDIE

1. La vigne. 2. À Amiens. 3. De la tapisserie. 4. 75 km^2. 5. De style gothique. 6. À Beauvais. 7. La tombe d'Alexandre Dumas. 8. La brosserie. 9. Les hortillonnages. 10. À Chiry-Ourscamp. 11. À Château-Thierry. 12. Le chemin des Dames. 13. À Guise, dans l'Aisne. 14. La cathédrale Notre-Dame. 15. L'industrie textile. 16. Sur 2,8 ha. 17. À Amiens. 18. Oui, selon les possibilités. 19. Au Crotoy. 20. L'Île des Peupliers.

485 ▸ SERGE GAINSBOURG

1. *La chance*. 2. Des havanes. 3. Régine. 4. *Comic strip*. 5. Élisa. 6. Brigitte Bardot. 7. *Que je m'en vais*. 8. *Comment te dire adieu*. 9. *Aux armes et caetera*. 10. Caouette. 11. La javanaise. 12. Des p'tits trous. 13. Un billet de 500 francs. 14. Petula Clark. 15. Bambou. 16. *Mon légionnaire*. 17. Gainsbarre. 18. *No comment*. 19. 1991. 20. Sa fille Charlotte.

486 ▸ LE CLIMAT

1. Par le climat continental tempéré. 2. Par un glacier. 3. Mars. 4. 23 °C. 5. Le climat océanique. 6. De janvier à mai. 7. Le climat méditerranéen. 8. Doux et pluvieux. 9. Le climat équatorial. 10. L'anticyclone des Açores. 11. De décembre à mars. 12. Environ 5,5 °C. 13. Constamment. 14. D'octobre à mars. 15. Il est chaud et sec. 16. De décembre à mars. 17. Des cyclones. 18. Oui. 19. 7,5 °C. 20. De 2 400 à 4 000 mm/an.

487 ▸ LES GRANDS COUTURIERS

1. Dior. 2. Une femme. 3. Christian Lacroix. 4. Le noir. 5. Jean Paul Gaultier. 6. Hubert. 7. *La Belle et la Bête*. 8. Le tailleur. 9. Yves Saint-Laurent. 10. Un oiseau. 11. Jean Bousquet. 12. La lingerie féminine. 13. Les Galeries Lafayette. 14. Aucune des deux. 15. L'Espagne. 16. La fin du monde. 17. En 1974. 18. Montaigne. 19. Emmanuel. 20. Yves Saint-Laurent.

488 ▸ SIMONE VEIL

1. Jacob. 2. Le 13 juillet 1927. 3. 3 fils. 4. De Michel Debré. 5. À Auschwitz. 6. À Nice. 7. Architecte. 8. Du garde des Sceaux Pléven. 9. En 1946. 10. Des Juifs laïcs. 11. Une loi sur l'adoption. 12. La 1re. 13. Sur la liste UDF. 14. À la carrière d'avocat. 15. Elle est ministre de la Santé. 16. Le poste de président du Parlement. 17. De très nombreux. 18. La loi sur l'interruption volontaire de grossesse. 19. Le gouvernement Balladur. 20. Le Conseil constitutionnel.

489 ▸ LES OS

À gauche, de haut en bas: clavicule; sternum; radius; phalange; péroné; tarse.
À droite, de haut en bas: vertèbre cervicale; omoplate; humérus; bassin; fémur; rotule.

490 ▸ SCIENCE-FICTION, FANTASY

1. Des singes. 2. *L'Atlantide*. 3. René Barjavel. 4. Le monde de la mort. 5. Les Elfes. 6. *Silence*. 7. *La Compagnie des glaces*. 8. Ange. 9. Ji. 10. L'immortalité.

491 ▸ L'ARC DE TRIOMPHE

1. Faux. 2. Vrai. 3. Vrai. 4. Faux. 5. Vrai. 6. Faux. 7. Vrai. 8. Faux. 9. Faux. 10. Vrai. 11. Vrai. 12. Vrai. 13. Faux. 14. Vrai. 15. Faux.

492 ▸ LE HANDICAP

1. En 2003. 2. Entre 6 et 10 millions. 3. Non, pas toujours. 4. 4. 5. Une rampe d'accès. 6. 20. 7. Aux Jeux paralympiques. 8. Oui, de plus en plus. 9. 54%. 10. Le Téléthon. 11. Oui, le prix Handi-Livres. 12. 110 000. 13. 150 000. 14. Une amende. 15. Patrick Segal. 16. La 9e semaine. 17. 42. 18. Dans *La Tête et les Jambes*. 19. Secrétaire d'État aux Handicapés. 20. En 2010.

493 ▸ LA MUSIQUE DES ANNÉES 1970

1. *Rock Connection*. 2. Patrick Juvet. 3. San Francisco. 4. *La Ballade des gens heureux*. 5. Bleue. 6. Au paradis. 7. Pour un flirt avec toi. 8. Le Big Bazar. 9. Les rois mages. 10. *Normandie*. 11. 18 ans. 12. Alain Chamfort. 13. Charlie. 14. Patrick Hernandez. 15. Jane Birkin. 16. Marteau. 17. En France. 18. De personne. 19. Pierre Groscolas. 20. *Starmania*.

494 ▸ LA Ve RÉPUBLIQUE

1. 1958. 2. Au président de la République. 3. Vincent Auriol. 4. 7 ans. 5. 5 ans. 6. Par les grands électeurs. 7. Georges Pompidou. 8. La cohabitation. 9. L'Assemblée

nationale. 10. 6 ans. 11. Le pouvoir exécutif. 12. François Hollande. 13. Jacques Chirac. 14. L'Union pour la démocratie française (UDF). 15. Lyon. 16. Laurent Fabius. 17. L'Union pour un mouvement populaire (UMP). 18. Oui. 19. François Mitterrand. 20. Le président de la République.

495 ▸ POT-POURRI

1. Mgr. 2. Le concours Lépine. 3. *Starmania*. 4. L'Homme au masque de fer. 5. Les casinos. 6. Saint-Michel. 7. Le poker. 8. Uzès. 9. Un foulard. 10. Le Viêt-nam. 11. Larusso. 12. L'Ancien Régime. 13. *Le Guide du routard*. 14. Monseigneur Lustiger. 15. Le pouvoir législatif. 16. La forêt de Brocéliande. 17. Roissy-Charles-de-Gaulle. 18. Les sapeurs-pompiers. 19. Blanc. 20. Christian Lacroix.

496 ▸ LES CANAUX

1. Le canal du Midi. 2. En règle générale, oui. 3. De 6 à 10 km/h. 4. Le canal des Vosges. 5. À Vitry-le-François. 6. De 240 km. 7. Toujours pas. 8. 12 000 bateaux. 9. Une vocation militaire. 10. C'est un canal-chenal. 11. Relier la Seine au Rhône. 12. Elles sont ovales. 13. L'Ourcq. 14. Le canal de la Robine. 15. Le canal de Briennes. 16. Du Rhin. 17. Le canal de Briare. 18. Au port de l'Arsenal. 19. Sur le canal de la Marne au Rhin. 20. Non, c'est l'inverse.

497 ▸ LES SIGLES

1. Agence nationale pour l'emploi. 2. Société protectrice des animaux. 3. Norme française. 4. Impôt sur la fortune. 5. Interruption volontaire de grossesse. 6. Paysage audiovisuel français. 7. Produit national brut. 8. Organisme génétiquement modifié. 9. Zone industrielle. 10. Pacte civil de solidarité. 11. Organisation mondiale de la santé. 12. Institut géographique national. 13. Société française de production. 14. Caisse d'allocations familiales. 15. Confédération française démocratique du travail. 16. Fonds monétaire international. 17. Journées mondiales de la jeunesse. 18. Train express régional. 19. Habitation à loyer modéré. 20. Comité international olympique.

498 ▸ ARCHITECTURE MODERNE

1. Faux. 2. Vrai. 3. Vrai. 4. Faux. 5. Vrai. 6. Faux. 7. Faux. 8. Vrai. 9. Vrai. 10. Faux. 11. Faux. 12. Faux. 13. Faux. 14. Vrai. 15. Vrai.

499 ▸ LES PERSONNAGES LITTÉRAIRES

1. Vrai. 2. Vrai. 3. Faux. 4. Faux. 5. Vrai. 6. Faux. 7. Vrai. 8. Vrai. 9. Vrai. 10. Faux. 11. Vrai. 12. Vrai. 13. Faux. 14. Faux. 15. Vrai.

500 ▸ LES ANNÉES 1960

1. Le nouveau franc. 2. Au Sahara. 3. Maurice Thorez. 4. Parti socialiste unifié. 5. Orly Sud. 6. *Zorro est arrivé*. 7. Éric Tabarly. 8. André Courrèges. 9. En 1965. 10. Édith Piaf. 11. En 1963. 12. En 1968. 13. L'Algérie. 14. Au *Torrey Canyon*. 15. En mai. 16. *Les Parapluies de Cherbourg*. 17. La Sorbonne. 18. Le suffrage universel. 19. Le Concorde. 20. Accords de Grenelle.

501 ▸ LUC BESSON

1. *Le Cinquième Élément*. 2. Le lait. 3. Jean-Hugues Anglade. 4. Jacques Mayol. 5. *Taxi*. 6. *Le Dernier Combat*. 7. Jeanne d'Arc. 8. Éric Serra. 9. Rosanna Arquette. 10. *Atlantis*. 11. Dans le métro. 12. Isabelle Adjani. 13. Anne Parillaud. 14. Arthur. 15. *Angel-A*. 16. Léon. 17. Les deux. 18. *Angel-A*. 19. Milla Jovovich. 20. Mathilda.

502 ▸ LE SYSTÈME ÉDUCATIF

1. 3. 2. Le CE2. 3. Le CNED. 4. Le master. 5. Le bac ES. 6. Non. 7. Une zone d'éducation prioritaire. 8. 30. 9. Le principal. 10. Un lycée professionnel. 11. 2. 12. 14/20. 13. Les professeurs des écoles. 14. 6 ans. 15. Littéraire. 16. Les deux sont possibles. 17. Brevet d'études professionnelles. 18. La 5e. 19. 3. 20. 8/20.

503 ▸ LES PARCS DE LOISIRS

1. Disneyland Paris. 2. Aux papillons. 3. À Plailly, dans l'Oise. 4. Sur 49 ha. 5. En mai 1987. 6. 140. 7. 1,1 million. 8. En 1992. 9. Le western. 10. À Saint-Nazaire. 11. 30 000 m². 12. La mine. 13. Un parc animalier. 14. Des tortues marines. 15. En 975. 16. Les insectes. 17. Vulcania. 18. Sur 11 000 m². 19. Walibi Schtroumpfs. 20. Bellevue.

504 ▸ LES SPORTIFS FRANÇAIS

1. Didier Auriol. 2. Laure Manaudou. 3. Aucune. 4. À l'épée. 5. Maurice Trintignant. 6. Du Super G. 7. En 2005. 8. Jeannie Longo. 9. Georges Carpentier. 10. Amélie Mauresmo. 11. Jean-Pierre Papin. 12. Au karaté. 13. 15. 14. Le 100 m dos. 15. Patrice Martin. 16. Le 400 m. 17. En tennis de table. 18. Nadège Bobillier. 19. Alain Prost. 20. Suzanne Lenglen. 21. Laurent Jalabert. 22. Annie Famose. 23. Contre Jack La Motta. 24. En descente VTT. 25. Alain Giletti. 26. Michèle Jacot. 27. Oui, en 1996. 28. Aurélie Lacour. 29. 3. 30. Au tir à l'arc. 31. Guy Drut. 32. Marie-José Pérec. 33. En 1999. 34. Oui, en 2000. 35. Le Président. 36. Céline Lebrun. 37. En 1996. 38. En 1967. 39. Philippe Goitschel. 40. Eva Serrano. 41. Thierry Omeyer. 42. L'Open d'Australie. 43. 4e. 44. Jean-Christophe Lafaille 45. 11 buts. 46. 2e. 47. Pour Benetton. 48. Il l'a perdu. 49. 6. 50. La médaille d'or.

505 ▸ LUCKY LUKE

1. Morris. 2. Son ombre. 3. 4. 4. Averell. 5. Blanc. 6. Calamity Jane. 7. René Goscinny. 8. *Le Bandit manchot*. 9. Un chien. 10. Au pénitencier. 11. La cigarette. 12. Sarah Bernhardt. 13. *Le Trésor des Dalton*. 14. Jolly Jumper. 15. Le soleil couchant. 16. Billy the Kid. 17. *Le Fil qui chante*. 18. Jaune. 19. Sweetie. 20. Laurent Gerra.

506 ▸ LE BŒUF

1. Une race à viande. 2. Des tournedos. 3. À 32 mois minimum. 4. Plus de 21. 5. Un grain très fin. 6. Le rumsteak. 7. 12 h. 8. Très allongée. 9. La baronne. 10. Un long poil brun rouge. 11. Un morceau arrière. 12. Un bœuf miroton. 13. À ragoût. 14. Celle de race gasconne. 15. Très épais. 16. De 2e catégorie. 17. 245 kg. 18. De la macreuse. 19. À rôtir. 20. À base de vin rouge.

507 ▸ POINT COMMUN

Elles ont toutes enregistré au moins un CD de chansons.

508 ▸ LES RÉALISATEURS

1. Patrice Leconte. 2. Jean Cocteau. 3. Patrice Chéreau. 4. Jean-Jacques Annaud. 5. Marcel Pagnol. 6. Guillaume Canet. 7. Jean-Pierre Melville. 8. Mathieu Kassovitz. 9. Jacques Becker. 10. Édouard Molinaro.

509 ▸ LITTÉRATURE

1. C. 2. B. 3. B. 4. B. 5. A. 6. C. 7. A et C. 8. A. 9. A. 10. B. 11. A. 12. A. 13. A. 14. C. 15. B.

510 ▸ LE POITOU-CHARENTES

1. À Angoulême. 2. Le fromage de chèvre. 3. En deux marais. 4. La corderie royale. 5. Oui. 6. À Melle. 7. L'île de Ré. 8. Un parc animalier. 9. À Jaunay-Clan. 10. En barque. 11. À Montmorillon. 12. Saint-Simon. 13. Un festival de jazz. 14. Une forme de coque de navire. 15. À l'orpaillage. 16. Oui. 17. La vallée des singes. 18. Le festival Piano en Saintonge. 19. À Coulonges-sur-L'Autize. 20. Le musée Théophraste-Renaudot.

511 ▸ LES ANIMATEURS RADIO

1. Jean-Pierre Coffe. 2. Arthur. 3. Cauet. 4. Laurent Ruquier. 5. De 6 h à 9 h. 6. *Les Grosses Têtes*. 7. Rire et chansons. 8. *Le Tribunal des flagrants délires*. 9. Difool. 10. Bruno. 11. Le dragster. 12. Non. 13. *Le maire*. 14. Jean-Pierre Foucault. 15. François Pérusse. 16. RTL. 17. Stéphane Bern. 18. Jean-Jean. 19. Au sport. 20. Miko.

512 ▸ LE RÉSEAU ROUTIER

1. Devant la cathédrale Notre-Dame. 2. Une voie express. 3. Non. 4. À des entreprises privées. 5. En blanc et rouge. 6. Aucune. 7. 27 500 km. 8. Du milieu du XVIIIe siècle. 9. Des communes. 10. 12 901 m. 11. À sens unique. 12. En France. 13. La forêt de Saint-Germain. 14. Non. 15. 16 m. 16. La loi de finances. 17. 80 millions. 18. De 2 km. 19. 21 000. 20. 7 millions d'euros.

513 ▸ MICHEL SARDOU

1. Comédienne. 2. Le France. 3. Dans le Connemara. 4. En 1947. 5. L'Afrique. 6. La maladie d'amour. 7. À Broadway. 8. Sandrine. 9. *Dix ans plus tôt*. 10. « En chantant ». 11. *Plaisir*. 12. Populaires. 13. Babette. 14. *Vladimir Ilitch*. 15. Au Paris-Dakar. 16. Le bac G. 17. Sa mère. 18. Oui. 19. Aux femmes des années 1980. 20. Au palais omnisports de Bercy.

514 ▸ LA FRANCE AU TEMPS DE LA GAULE

1. Vercingétorix. 2. À Alésia. 3. Les Francs. 4. Au Ve siècle. 5. La Gaule transalpine. 6. Les Mérovingiens. 7. Des Huns. 8. Des Wisigoths. 9. Sainte Blandine. 10. Clovis. 11. La Gaule chevelue. 12. Les Romains. 13. Le francique. 14. Saint Éloi. 15. Les braies. 16. Soissons. 17. La Bourgogne. 18. Childarthus. 19. Les champs Catalauniques. 20. Clotilde.

515 ▸ LES GROTTES

1. Non, ni en Bretagne. 2. Une rivière. 3. Non, mais une reconstitution. 4. La grotte de Lombrive. 5. Dans les roches calcaires. 6. En Eure-et-Loir. 7. Dans le Lot. 8. Oui, comme Lascaux. 9. Dans la vallée de la Vézère. 10. 40 m. 11. Le gouffre de Cabrespine. 12. Le gouffre de Proumeyssac. 13. En train. 14. Un impact thermique. 15. Jusqu'à 75 m. 16. 54 km. 17. Au Pays basque. 18. L'aragonite. 19. En 1940. 20. Non, en Isère.

516 ▸ LOISIRS

1. C. 2. B. 3. B. 4. C. 5. B. 6. A. 7. B. 8. C. 9. B. 10. A. 11. B. 12. A. 13. A. 14. B. 15. B.

517 ▸ ARTS

1. A. 2. B. 3. C. 4. A. 5. A et B. 6. B. 7. C. 8. C. 9. A. 10. A. 11. A. 12. B. 13. B. 14. C. 15. C.

518 ▸ LA PREMIÈRE GUERRE MONDIALE

1. Les deux. 2. Churchill. 3. L'Alsace. 4. Georges Clemenceau. 5. Oui. 6. L'ypérite (gaz moutarde). 7. Raymond Poincaré. 8. La IIIe République. 9. Bordeaux. 10. Rouge. 11. Un képi. 12. Celle de maréchal. 13. Les États-Unis. 14. Le chemin des Dames. 15. La guerre de position. 16. 1916. 17. 10. 18. Oui. 19. Le Sénégal. 20. La France.

519 ▸ LES SIGLES

1. L'Union fédérale des consommateurs. 2. Jésus-Christ. 3. Neuilly-Auteuil-Passy. 4. Terrestre. 5. Un Plan d'épargne logement. 6. L'Assedic. 7. Du travail. 8. Radio France International. 9. L'Ifremer. 10. Le polychlorure de vinyle. 11. Un diplôme d'études approfondies. 12. Contrat à durée indéterminée. 13. Le Contrat nouvelle embauche. 14. Un Train à grande vitesse. 15. Les deux. 16. Service à règlement différé. 17. Le Réseau express régional. 18. Patrick Poivre d'Arvor. 19. La Caisse nationale de prévoyance. 20. L'Allocation aux adultes handicapés.

520 ▸ ROIS ET REINES DE FRANCE

1. Napoléon III. 2. Louis VIII. 3. Louis XIV. 4. Napoléon Ier. 5. François Ier. 6. Louis XV. 7. Louis XVI. 8. Henri II. 9. Louis XIII. 10. Henri IV. 11. Charles VI. 12. Louis-Philippe. 13. Louis VII. 14. Louis XV. 15. Henri II. 16. Charles VII. 17. Henri IV. 18. François II. 19. Louis XIV. 20. Louis XV.

521 ▸ LES STATIONS DE SKI

1. Montgenève. 2. La vallée de la Tarentaise. 3. Font-Romeu. 4. En 1971. 5. 5. 6. De 325 km. 7. Dans les Pyrénées-Orientales. 8. Par un téléphérique. 9. À Val-d'Isère. 10. C'est une ville piétonne. 11. Le Pont d'Espagne. 12. 3. 13. Oui, depuis 2004. 14. À 2 705 m. 15. 187. 16. 3. 17. En 2003. 18. 8 personnes. 19. Monts-Jura et Les Rousses. 20. Non, c'est le contraire.

522 ▸ LES CHANTEURS
1. Max. 2. Vive. 3. *L'Opportuniste.* 4. Mirza. 5. Couleur menthe à l'eau. 6. Racine. 7. Elle rêve. 8. *Nuit.* 9. Gilbert Bécaud. 10. Maxime Le Forestier. 11. Sous les sunlights des tropiques. 12. Daniel Guichard. 13. Cécile. 14. Au Paradis. 15. *La Montagne.* 16. Herbert Léonard. 17. Son père. 18. Patrick Bruel. 19. *Vivants.* 20. Alain Chamfort.

523 ▸ LES PRIX LITTÉRAIRES
1. France Inter. 2. 15 000 €. 3. France Télévisions. 4. Non. 5. 5 ans. 6. En 1975. 7. Un repas. 8. 1975. 9. Le Goncourt. 10. Le prix Nadar. 11. Jean-Paul Sartre. 12. André Malraux. 13. Le prix Renaudot. 14. À 300 000 ex. 15. Le prix Médicis. 16. Comme le Goncourt de la géographie. 17. Des romans pour jeunes. 18. *Le Testament français.* 19. Le prix Apollinaire. 20. 2 500 auditeurs.

524 ▸ POINT COMMUN
De *La Guerre des boutons.*

525 ▸ MICHEL DRUCKER
1. Journaliste sportif. 2. Rouge. 3. *Vivement dimanche prochain.* 4. *Stars 90.* 5. *Champs-Élysées.* 6. Céline Dion. 7. Laurent Gerra. 8. *Pierre et le loup.* 9. Le football. 10. Il est son oncle.

526 ▸ LES PLUS BEAUX VILLAGES
1. B. 2. B. 3. A. 4. C. 5. A. 6. A. 7. B. 8. A. 9. A. 10. B. 11. C. 12. B. 13. A. 14. A. 15. B.

527 ▸ PARIS SOUTERRAIN
1. Des carrières de gypse. 2. 2 réseaux. 3. Non, du siècle des Lumières. 4. En 1898. 5. Sous les trottoirs. 6. Il est souterrain. 7. Le canal Saint-Martin. 8. Plus profondément. 9. À 2 étages. 10. Sous les chaussées. 11. La forteresse de Philippe Auguste. 12. En 1370. 13. 11 000 m². 14. Il reste inutilisé. 15. En 1927. 16. 4 à 5 m. 17. Les carrières des Capucins. 18. Depuis 1810. 19. 2 400 km. 20. Climespace.

528 ▸ LE SCOUTISME
1. Robert Baden-Powell. 2. Au XXe siècle. 3. Le louveteau. 4. La jeannette. 5. Triangulaire. 6. 2. 7. 6 ans. 8. Des jamborees. 9. 2004. 10. 54 000. 11. Catholique. 12. Les caravelles. 13. Rouge. 14. Le samedi. 15. Les sizaines. 16. Les scouts alpinistes. 17. Les JEM. 18. Les éclaireurs de France. 19. La fleur de lys. 20. 21 ans.

529 ▸ LES VILLES BALNÉAIRES
1. Cabourg. 2. La côte de Granit rose. 3. Au XIXe siècle. 4. Un océarium. 5. La Croisette. 6. Un port de pêche. 7. Un grand marais. 8. Plutôt âgée et aisée. 9. Pour sa plage. 10. Une plage de sable. 11. La Baule-Escoublac. 12. En 1855. 13. Le château Gilles de Rais. 14. En Provence. 15. Dans le Calvados. 16. Une forêt de conifères. 17. Sainte-Maxime. 18. Hyères. 19. Étretat. 20. Grâce à la reine Hortense.

530 ▸ LE XVIIIe SIÈCLE
1. Le siècle des Lumières. 2. Georges Louis Leclerc, comte de Buffon. 3. Les frères Montgolfier. 4. Le marquis de La Fayette. 5. Le Bien-Aimé. 6. La Corse. 7. La Pologne. 8. *L'Encyclopédie.* 9. Diderot. 10. 10. 11. Un collier. 12. De Louis XVI. 13. La Prusse. 14. Marseille. 15. La Pérouse. 16. L'Astrolabe. 17. Aux Britanniques. 18. Louis XIV. 19. La Lorraine. 20. Les despotes éclairés.

531 ▸ L'ENTRE-DEUX-GUERRES
1. L'Axe. 2. Les années folles. 3. Paul Deschanel. 4. Le franc Poincaré. 5. *Le Normandie.* 6. En 1936. 7. 12. 8. Le soldat inconnu. 9. Les radicaux. 10. Les accords de Matignon. 11. À 40 heures. 12. Il les brûlait. 13. Édouard Herriot. 14. La guerre. 15. Le Front populaire. 16. De gauche. 17. Léon Blum. 18. La Ruhr. 19. 1924. 20. Les Croix-de-Feu.

532 ▸ LES PLACES
1. La place Stanislas. 2. 12 ha. 3. De 1854. 4. 140 x 140 m. 5. 5. 6. L'obélisque de Louxor. 7. La place Bellecour. 8. 8 villes françaises. 9. La brique et la pierre. 10. De 1758. 11. La cour Napoléon. 12. Entre la République et la Bastille. 13. En 1607. 14. Par 12 hôtels. 15. Par J. Hardouin-Mansart. 16. 310 x 200 m. 17. Napoléon Ier. 18. La place Louis XV. 19. À Gabriel. 20. 1,8 ha.

533 ▸ LE LOUVRE
1. A. 2. A. 3. B. 4. B. 5. C. 6. A. 7. C. 8. C. 9. A. 10. A. 11. B. 12. B. 13. C. 14. A. 15. A.

534 ▸ LES COUPLES AU CINÉMA
1. A. 2. B. 3. C. 4. B. 5. A. 6. A. 7. C. 8. A. 9. A. 10. A. 11. A. 12. C. 13. C. 14. B. 15. B.

535 ▸ LES ÎLES
1. La Corse. 2. Depuis 1966. 3. 15. 4. Sur l'île du Levant. 5. Une île de la Manche. 6. À 10 km. 7. 61. 8. Le château d'If. 9. À 2 235 m. 10. Elle est bordée de falaises. 11. L'île de Fort Boyard. 12. Par un pont-levis. 13. 401. 14. 6 m. 15. 7 km. 16. À Hiva Oa. 17. Le Fort Royal. 18. 5. 19. La Citadelle. 20. 26° C.

536 ▸ GUERRES ET BATAILLES
1. La guerre de Cent Ans. 2. Bir-Hakeim. 3. Philippe Auguste. 4. La première guerre du Golfe. 5. 1991. 6. La guerre d'Indépendance américaine. 7. Napoléon Bonaparte. 8. Le XVIe siècle. 9. Le Front de libération nationale (FLN). 10. La guerre de Treize Ans. 11. Le Mexique. 12. Les homosexuels. 13. Une défaite. 14. Dien Bien Phu. 15. Les bourgeois de Calais. 16. Le duc de Wellington. 17. La bataille des Dunes. 18. Au XVIIe siècle. 19. La Première Guerre mondiale. 20. Le combat des Trente.

537 ▸ LES CARNAVALS
1. Le carnaval de Nice. 2. En janvier. 3. Des dragées en plâtre. 4. En paille. 5. Dans le Nord-Pas-de-Calais. 6. 65 000. 7. La corporation des carnavaliers. 8. Les Pailhasses. 9. Les chars satiriques. 10. Le char à l'effigie du maire. 11. La mascarade des soufflaculs. 12. Des batailles de fleurs. 13. Des pierrots espiègles. 14. Les fêtes à l'envers. 15. Le Bœuf gras. 16. Alexandre Sidro. 17. Les seringueux. 18. Gayant. 19. Aux femmes. 20. Le mercredi des Cendres.

538 ▸ POT-POURRI
1. Marcel. 2. *La Ferme célébrités.* 3. La charentaise. 4. *Le tempo.* 5. L'agrégation. 6. É. Leclerc. 7. À la lutte contre le cancer. 8. Elle est gratuite. 9. Des contractuels. 10. Monsieur Hulot. 11. 1944. 12. Des trois mousquetaires. 13. La coupe du monde de football de 1998. 14. *Le Fabuleux destin d'Amélie Poulain.* 15. Les accords de Schengen. 16. Un fada. 17. Dans le domaine médical. 18. La Bretagne. 19. La C.G.T. 20. La javel Lacroix.

CRÉDITS PHOTOS

© Gamma : p. 7, 55, 93 (sauf la première photo), 121, 191 (sauf la première photo), 239, 253.

© Photothèque Hachette : p. 27 (Colette par Henri Manuel, George Sand par Nadar, la comtesse de Ségur par Nadar, la marquise de Sévigné par Célestin Nanteuil), 65, 93 (photo de Frédéric Chopin), 131, 191 (photo d'Albert Camus), 215.

© Warner Bros : p. 261.

Dépôt légal : 71592 - juin 2006
ISBN : 2501-048-91-1
NUART : 4098240/01

Imprimé en Espagne par Graficas Estella